Wissenschaftliche Untersuchungen
zum Neuen Testament

Herausgegeben von
Martin Hengel und Otfried Hofius

99

Henning Paulsen

Zur Literatur und Geschichte des frühen Christentums

Gesammelte Aufsätze

herausgegeben von

Ute E. Eisen

Mohr Siebeck

Die Deutsche Bibliothek – CIP-Einheitsaufnahme

Paulsen, Henning:
Zur Literatur und Geschichte des frühen Christentums: gesammelte Aufsätze / Henning
Paulsen. Hrsg. von Ute E. Eisen. – Tübingen: Mohr Siebeck, 1997
  (Wissenschaftliche Untersuchungen zum Neuen Testament; 99)
  ISBN 3-16-146513-X

ISSN 0512-1604

Vorwort

Henning Paulsen war ein Neutestamentler und akademischer Lehrer, den die
Gabe des offenen wissenschaftlichen Diskurses auszeichnete, der zum Denken,
zum Weiterdenken anregte.

Seine Forschungsergebnisse umfassen eine Zeitspanne, die bis ins dritte Jahrhundert reicht und auch die Neuzeit miteinschließt. Neben seinen ausgeprägt
forschungsgeschichtlichen, hermeneutischen und methodologischen Interessen
sucht er immer wieder die Verbindung zur Philosophie, Literatur- und Geschichtswissenschaft. Vor allem hat er dabei die Epoche, die herkömmlich Urchristentum genannt wird, immer wieder abgeschritten und thematisiert. In
seinen Monographien widmet er sich Paulus und der Theologie des Ignatius von
Antiochien gleichermaßen, in seinen Aufsätzen den Synoptikern ebenso wie dem
Kerygma Petri. Es beschäftigen ihn Fragen des Anfangs dieser Epoche der
Frühzeit: Wie läßt sich der Charakter der Überlieferung am Anfang der christlichen Tradition beschreiben? Steht zu Beginn das Vieldeutige, Disparate, das im
Prozeß der Überlieferung zunehmend vereindeutigt wird, gerade auch im Vorgang der Verschriftung? Den Prozeß der Tradierung beschreibt er in der Dialektik von Überlieferung und Auslegung. In diesem dialektischen Prozeß gestaltet
sich die Geschichte und Theologie des frühen Christentums, die somit für ihn
erst und vor allem als Literaturgeschichte erkennbar und mittels traditions-,
form- und rezeptionsgeschichtlicher Methodik beschreibbar wird. Schließlich
die Frage: Wann endet die Epoche der Frühzeit? Wird der Übergang zur alten
Kirche literarisch greifbar, etwa in der Entstehung der christlichen Kommentarliteratur, und welche theologischen und sozialgeschichtlichen Aspekte sind für
diese Zäsur zu bedenken, Faktoren wie etwa die Herausbildung des Kanons und
ihre Konstitutiva? Das sind Fragen und Vorgänge, die seine Analysen entziffer-
bar machen. Übergreifend bleibt der Gedanke leitend, daß die Wahrheit des
Eingedenkens des Vergangenen nicht verfügbar ist.

In diesem Band sind die verstreut publizierten Aufsätze und ein Teil der
nachgelassenen Schriften des im Alter von 50 Jahren zu früh verstorbenen
Henning Paulsen versammelt. Sie werden begleitet von einer Gesamtbibliographie und erschlossen durch ein Stellen-, Autoren- und Sachregister. Von den
nachgelassenen Schriften konnten vier Manuskripte in diesen Band aufgenom-

men werden. Das ist der Aufsatz ‚Werdet Vorübergehende …‘, der in seiner Konzeption übergreifend ist und die Aufsatzsammlung eröffnet. Desweiteren wurde ‚Die Wunderüberlieferung in der Vita Apollonii des Philostratos‘ abgedruckt. Ein Vortrag, den Henning Paulsen 1989 vor der von ihm über Jahre mitgestalteten Projektgruppe ‚Formgeschichte‘ der Fachgruppe Neues Testament der Wissenschaftlichen Gesellschaft für Theologie gehalten hat. Außerdem wurden die ‚Prolegomena einer Geschichte der frühchristlichen Theologie‘ aufgenommen, die das erste Kapitel einer geplanten, aber nicht vollendeten Geschichte der frühchristlichen Theologie darstellen. Den Abschluß des Bandes bildet schließlich das nachgelassene Manuskript ‚Rudolf Bultmann 1933‘, das wohl in der Mitte der achtziger Jahre entstanden ist und ein Forschungsgebiet markiert, dem Henning Paulsen lange Jahre Aufmerksamkeit schenkte. Die bereits publizierten Aufsätze sind nur hinsichtlich der Korrektur von Druckfehlern verändert worden. Auch die nachgelassenen Manuskripte wurden, abgesehen von vereinzelt vervollständigten Literaturangaben, unverändert abgedruckt.

Nicht aufgenommen wurden die leicht zugänglichen Lexikonartikel und Exegesen für Predigtmeditationen, die in der Gesamtbibliographie am Ende dieses Bandes aufzufinden sind. Auf diese Bibliographie sei auch verwiesen im Hinblick auf die Monographien und Kommentare Henning Paulsens sowie seine nachgelassenen Schriften, die in diesem Band nicht abgedruckt werden konnten. Das ist zum einen das umfangreiche Manuskript ‚Die Geschichte der frühchristlichen Literatur‘. Es sollte den 1912 im ‚Handbuch zum Neuen Testament‘ erschienenen und vergriffenen Band von Paul Wendland ‚Die urchristlichen Literaturformen‘ ersetzen. Zum anderen konnte das nachgelassene Manuskript ‚Die Geschichte des frühen Christentums‘ wegen seines Umfanges in diesen Band nicht aufgenommen werden. Im Nachlaß fanden sich zudem Entwürfe für eine ’Geschichte der neutestamentlichen Wissenschaft‘, ein Projekt, das Henning Paulsen nicht mehr verwirklichen konnte.

Für das Zustandekommen dieses Bandes sei vor allem Andrea Paulsen gedankt, die die ungedruckten Manuskripte ihres Mannes bereitwillig zur Verfügung stellte und den Druck dieses Bandes befürwortete. Dank gilt auch Stefan Geiser. Er hat das Manuskript ‚Prolegomena einer Geschichte der frühchristlichen Theologie‘ für den Druck vorbereitet und sich darüber hinaus am Korrekturlesen und an der Erstellung des Registers beteiligt. Prof. Dr. Martin Hengel und Prof. Dr. Otfried Hofius sei für die Aufnahme des Bandes in die Reihe der ‚Wissenschaftlichen Untersuchungen zum Neuen Testament‘ gedankt.

Kiel, im Januar 1997   Ute E. Eisen

Geleitwort

von Ferdinand Hahn

Henning Paulsen ist am 28. 5. 1994 kurz nach seinem 50. Geburtstag aus dem irdischen Leben abgerufen worden. Nach menschlichem Ermessen ist er viel zu früh aus seiner intensiven und ertragreichen wissenschaftlichen Arbeit herausgerissen worden. Sein Tod war auch für mich ein schwerer persönlicher Verlust. Ich habe seinen Weg durch viele Jahre begleitet. Als hochbegabten Studenten habe ich ihn in Kiel kennengelernt, in Mainz war er mein Assistent und engagierter Mitarbeiter, dessen Promotion und Habilitation ich begleitet habe, und daraus war eine enge Freundschaft erwachsen, die bis zu seinem Lebensende bestand.

Zahlreiche Pläne hatte Henning Paulsen für seine weitere wissenschaftliche Arbeit bereits gefaßt, und er hätte zweifellos weitere wichtige Erkenntnisse und Anregungen vermitteln können. Wir können jetzt nur dankbar auf das zurückschauen, was er in der ihm gewährten Lebenszeit verwirklicht hat. Mehrere Buchpublikationen liegen vor: Seine Dissertation „Überlieferung und Auslegung in Römer 8" (WMANT 43, Neukirchen 1974), seine Habilitationsschrift „Studien zur Theologie des Ignatius von Antiochien" (FKDG 29, Göttingen 1978), seine Überarbeitung des Kommentars von Walter Bauer, „Die Briefe des Ignatius von Antiochia und der Polykarpbrief" (HNT 18, Tübingen 1985) und sein Kommentar „Der Zweite Petrusbrief und der Judasbrief" (KEK XII/2, Göttingen 1992). Verdienstvoll ist auch seine zusammen mit Andreas Lindemann herausgegebene zweisprachige Ausgabe der Apostolischen Väter (Tübingen 1992). Was sonst an exegetischer Forschung von ihm geleistet wurde, hat sich in zahlreichen Aufsätzen niedergeschlagen, die dankenswerterweise nun gesammelt publiziert werden. Auch bisher unveröffentlichte Studien werden hier zugänglich gemacht, darunter das umfangreiche Manuskript „Prolegomena einer Geschichte der frühchristlichen Theologie".

Henning Paulsen gehörte zu den wenigen jüngeren Neutestamentlern, die eine Forschungstradition neu aufgenommen haben, die um die letzte Jahrhundertwende und zu Beginn des 20. Jahrhunderts reiche Früchte getragen hatte: Die Verbindung der Exegese des Neuen Testaments mit der Erforschung der ältesten patristischen Literatur. So hat er sich schon frühzeitig Ignatius von Antiochien zugewandt und hat im Bereich der Patristik zahlreiche ertragreiche Studien vorgelegt. In Verbindung damit beschäftigen ihn die Fragen, wie es zu einer christlichen Theologie gekommen ist, wie diese sich über die urchristliche Zeit hinaus entwickelt hat und wie es schließlich zur Herausbildung eines christlichen Schriftenkanons kommen konnte. Seine subtilen Analysen und seine ausgewogenen Interpretationen verdienen hohe Anerkennung. Was alle Studien besonders auszeichnet, ist das ausgeprägte Methodenbewußtsein des Verfassers; so ist es nicht zufällig, daß er sich gerade dazu mehrfach geäußert hat. Nur bei selbstkritischer Reflexion über die angewandten methodischen Schritte waren für ihn Ergebnisse zu gewinnen und verantwortlich zu vertreten. Daran zeigt sich die Ernsthaftigkeit und Lauterkeit seines gesamten wissenschaftlichen Arbeitens.

Der vorliegende Aufsatzband gibt ein repräsentatives Bild von Paulsen neutestamentlicher und patristischer Forschung. Möge dem Autor posthum die ihm gebührende Aufmerksamkeit und Resonanz zuteil werden.

Inhalt

Paulus- und Synoptikerexegese

Studien zur Literatur des 2. und 3. Jahrhunderts

Die Genese der früchristlichen Theologie

Zur Geschichte und Methode der Wissenschaft vom frühen Christentum

Werdet Vorübergehende ...

Wer aber sind sie, sag mir, die
Fahrenden, diese ein wenig Flüchtigern
noch als wir selbst ...

Auf die erste, ihn verstörende und zutiefst beunruhigende Begegnung mit Stefan George im Dezember 1891 antwortet der achtzehnjährige Hugo von Hofmannsthal[1]:

einem, der vorübergeht.
du hast mich an dinge gemahnet
die heimlich in mir sind
du warst für die saiten der seele
der nächtige flüsternde wind

und wie das rätselhafte
das rufen der athmenden nacht
wenn draussen die wolken gleiten
und man aus dem traume erwacht

zu weicher blauer weite
die enge nähe schwillt
durch pappeln vor dem monde
ein leises zittern quillt

Dieses Gedicht, das zwischen zögernder Abwehr des Neuen, das als schwierig erfahren wird[2], und der Wahrnehmung des Großartigen, zwischen Angst und Anziehung sich bewegt, sucht beides im Gedanken, dem Bild des ,Vorübergehenden' zu fassen. Es trägt Züge der Bedrückung, die es durch die Verwendung eines literarischen Themas ordnet: das Gedicht Baudelaires ,Á une Passante'[3] wird nicht zitiert und doch erinnert[4]. Auch George selbst benutzte in den

---

[1] Briefwechsel zwischen George und Hofmannsthal, Berlin 1938, 9.

[2] Zur Interpretation vgl. R. ALEWYN, Unendliches Gespräch. Die Briefe Hugo von Hofmannsthals, Neue Rundschau 65, 1954, 538–567; TH. W. ADORNO, George und Hofmannsthal. Zum Briefwechsel, in: Prismen. Kulturkritik und Gesellschaft, Berlin-Frankfurt/M. 1955, 232–282.

[3] Vgl. die Deutung bei W. BENJAMIN, Über einige Motive bei Baudelaire, in: Gesammelte Schriften 1.2, 605–653, Frankfurt/M. 1974, 622ff.

[4] Zur Kenntnis bei Hofmannsthal vgl. DERS., Ad me ipsum, Neue Rundschau 65, 1954, 358–382, 375.

„Hymnen" (1890)[5] diesen Text[6] und übertrug ihn später selbst ins Deutsche.[7] Eine solche Literarisierung verdeckt die Schärfe der Auseinandersetzung und verschließt sich einer nur biographischen Deutung.[8] So kann Hofmannsthal selbst diesen Gedanken in ‚Der Tor und der Tod' noch einmal Claudio vorhalten[9] (und auch dies hat einen Ort in der Begegnung zwischen George und Hofmannsthal[10]):

> ... Ich habe dich, sagtest du, gemahnt an Dinge
> Die heimlich in dir schliefen, wie der Wind
> Der Nacht von fernem Ziel zuweilen redet ...

Wenn so beiläufig und doch gewichtig das Denkbild des ‚Vorübergehenden' benannt wird[11], so leuchtet darin über den Reiz des Ästhetischen an dieser Wegscheide der Moderne hinaus ein Reichtum an Assoziationen auf: die Verlockung, sich immer wieder der Dauer zu entziehen und jene Begegnungen zu vermeiden, die über flüchtige Berührungen hinausgehen. Derjenige, der sich auf die Verhältnisse und ihre Zufälligkeiten nicht einläßt, erscheint als von irdischen Beziehungen frei – er reist durch die Zeit und geht durch sie als Fremder hindurch. Diese Verweigerung rückt das ‚Vorübergehen' zugleich ins Zweideutige, und so fragt Stefan George Hofmannsthal: „(...) aber bleibe ich für sie nichts mehr als ‚einer der vorübergeht'?"[12] Solches ‚nur' setzt die Vergänglichkeit mit, das Stillstellen des Vergessens ist beschworen.[13] Aber das erschöpft niemals den Reichtum des Weitergehenden: im Vorübergehen sieht er getrennt von ihnen die Menschen und ihr Beziehungsgeflecht schärfer. Weil ihm dies gelingt, können die Bleibenden ihn nicht halten; aber seine Passage verändert auch sie selbst, durch ihn sind sie Betroffene. In diesem Entziehen des Vorübergehenden und der Brüchigkeit der von ihm Berührten klingt auch, ohne daß damit alle seine Inhalte bedacht wären, das Bild des Flaneurs mit als eines signum der Moderne.[14] Aber das Motiv ist überraschend genug mit der Geschichte des Urchristentums verwo-

---

[5] Vgl. vor allem das Gedicht „Von einer Begegnung"; zur Kritik W. Benjamin, Das Paris des Second Empire bei Baudelaire, in: Gesammelte Schriften 1.2, Frankfurt/M. 1974, 511–604, 547 f.

[6] Daß Hofmannsthal die frühen Gedichte Georges aus den „Hymnen" kannte, zeigt ders., Ad me ipsum, 373 („Einzige Berührung mit ihm ...").

[7] St. George, Baudelaire, Die Blumen des Bösen. Umdichtungen, Berlin [5]1920, 137.

[8] Zu möglichen biographischen Einschlüssen vgl. Adorno, George und Hofmannsthal, 245 f.

[9] Leipzig [12]1911, 33. Zur Deutung Alewyn, Unendliches Gespräch, 553. Der Text erschien erstmalig 1894.

[10] Daß gerade die Veröffentlichung dieses Textes zum ersten Bruch zwischen Hofmannsthal und George führte, zeigt Briefwechsel, 71 f.

[11] Adorno, George und Hofmannsthal, 237.

[12] Briefwechsel, 10.

[13] Adorno, George und Hofmannsthal, 237: „Er (scil. George) ist von Anbeginn darauf aus, das Sein vom Strom des Vergessens zu schützen, an dessen Rand gleichsam er sein Gebilde aufrichtet."

[14] W. Benjamin, Paris des Second Empire, 537 ff.

ben, es bringt grundsätzliche Erfahrungen der frühen Gemeinden auf einen angemessenen Begriff.

I.

Ernst Lohmeyer hat (unter Heranziehung älterer Überlegungen[15]) nachdrück-lich einer kurzen Bemerkung innerhalb der markinischen Perikope vom Seewan-del[16] Aufmerksamkeit zugewandt[17]: auf dem Höhepunkt der Krisis der bedroh-ten und geängsteten Jünger, von der Mk 6,45–52 erzählt, heißt es (V. 48b): ... καὶ ἤθελεν παρελθεῖν αὐτούς. Die Bemerkung gibt durch ihre Kürze Rätsel auf: soll gesagt sein, daß Jesus solches ἤθελεν trotz seiner Absicht nicht eigentlich gelingt, weil die Jünger eine Verhaltensänderung erzwingen?[18] Was bedeutet in diesem Zusammenhang die Fortsetzung in den V. 49.50?[19] Steht doch auch der Über-gang zur unmittelbaren Anrede an die Jünger (καὶ λέγει V. 50b) in gewisser Spannung zur Absicht des Offenbarers, von der V. 48b ausgeht.[20] Jede Lösung, die dem hermeneutischen Reichtum des Textes gerecht zu werden trachtet, muß bedenken, daß Mk 6,45–52 form-, traditions- und redaktionsgeschichtliche Schwierigkeiten aufgibt: die Verse lassen sich innerhalb des markinischen Zu-sammenhanges durchaus folgerichtig verstehen und sprechen das Thema der Jüngerschaft an, aber der Text enthält dennoch traditions- und formgeschichtli-che Implikationen. Nicht bruchlos erscheint die Verbindung zwischen Epipha-nie des Heilands und Rettungswunder[21]; damit aber ergibt sich methodisch zulässig der Schluß auf einen text- bzw. formgeschichtlichen Prozeß.[22] Sicher

---

[15] H. Windisch, „En hij wilde hen voorbijgaan". (Mc. 6,48), NThT 9, 1920, 298–308.

[16] Zur Analyse von Mk 6,45–52 vgl. E. Wendling, Die Entstehung des Marcus-Evange-liums, Tübingen 1908, 82ff.; R. Bultmann, Die Geschichte der synoptischen Tradition, FRLANT 12, Göttingen [7]1967, 231; M. Dibelius, Die Formgeschichte des Evangeliums, Tübingen [2]1933, 92; G. Theissen, Urchristliche Wundergeschichten. Ein Beitrag zur formge-schichtlichen Erforschung der synoptischen Evangelien, Gütersloh 1974, 186f.; L. Schenke, Die Wundererzählungen des Markusevangeliums, Stuttgart 1974, 238ff.; T. Snoy, Marc 6,48: „... et il voulait des dépasser". Proposition pour la solution d'une énigme, in: M. Sabbe (Hg.), L'Evangile selon Marc, BEThL 34, Louvain 1974, 347–363; H. Ritt, Der „Seewandel Jesu" (Mk 6,45–52 par), BZ NF 23, 1979, 71–84; J. P. Heil, Jesus Walking on the Sea, AnBib 87, Rom 1981, bes. 69ff.; H. Fleddermann, „And He Wanted to Pass by Them" (Mark 6:48c), CBQ 45, 1983, 389–395.

[17] E. Lohmeyer, Und Jesus ging vorüber, in: ders., Urchristliche Mystik. Neutestamentli-che Studien, Darmstadt 1955, 57–79.

[18] Zusammenstellung der älteren Lösungsversuche bei Windisch, „En hij wilde hen voorbij-gaan", 298ff.

[19] Wendling, Entstehung, 83.

[20] Theissen, Wundergeschichten, 187.

[21] Schenke, Wundererzählungen, 238ff.

[22] Vgl. zu solchen Überlegungen J. Gnilka, Das Evangelium nach Markus (Mk 1–8,26), EKK II/1, Neukirchen-Vluyn 1978, 265ff. Anders z.B. R. Pesch, Das Markusevangelium. 1. Teil, HThK II,1, 338. Pesch rechnet mit einer bereits vorliegenden Verbindung zwischen Epiphanie- und Rettungsmotiven.

wird sich die daraus resultierende Lösung nicht mit Sicherheit textlich zwingend machen lassen, aber das Nacheinander der Epiphanie- bzw. der Sturmstillungs- motive erscheint dennoch als wahrscheinlich.[23] Dies trifft auch dann zu, wenn sich die grundsätzliche, formgeschichtliche Möglichkeit einer Verbindung beider Motive nicht ausschließen läßt.[24] Dennoch liegt textgeschichtlich der Ursprung von Mk 6,45–52 in einer Epiphanieerzählung[25], die ihren Höhepunkt im See- wandel des Retters findet.[26] Ihre starke Orientierung an der offenbaren Macht des Wundertäters wird im markinischen Text überlagert durch das Wunder der Rettung, in dem Jesus seinen Jüngern zur Hilfe kommt.[27] Solche Verbindung beider Motive, die als bereits vormarkinisch sich denken läßt, wird von Markus in seinen theologischen Entwurf überzeugend integriert, wobei christologische Zuspitzung und gemeindliche Erfahrung ineinander übergehen.[28]

Diese textgeschichtliche Vermutung, wie hypothetisch auch immer sie sich entwirft, hat dann allerdings auch Folgerungen für Mk 6,48b: der Gedanke des παρελθεῖν läßt sich bruchlos dem Inventar einer Epiphanie- bzw. Theophanieü- berlieferung zuordnen.[29] Darin greift das Motiv einen zentralen Gedanken altte- stamentlicher Überlieferung auf[30], der in differenten Texten erkennbar wird[31]: der epiphane Gott im ‚Vorübergehen‘[32] erweist sich gerade so als der Neuma- chende, Verändernde, Verstörende, obwohl und weil er sich den menschlichen Bedingungen nicht anpaßt. Wenn diese Topik in der vormarkinischen Textgestalt auf Jesus angewandt wird, so rückt sie ihn nicht nur in das Licht des offenbaren Gottes, sondern bekennt ihn zugleich als den machtvollen und den verändernden Heiland.[33] Aber solche Einsicht, die sich zusätzlich auf Zusammenhänge antiker Religiosität beziehen kann[34], verstärkt noch die Rätselhaftigkeit des ἤθελεν.[35] Es bleibt in solchen Kontext schwer einzufügen und stimmt kaum zu der auf dem

---

[23] SCHENKE, Wundererzählungen, 243 f.

[24] Vgl. H. D. BETZ, Lukian von Samosata und das Neue Testament, TU 76, Berlin 1961, 167; THEISSEN, Wundergeschichten, 109.

[25] BULTMANN, Geschichte der synoptischen Tradition, 231: „(…) aber das ursprüngliche Motiv dieser Geschichte ist doch das Seewandeln, zu dem das Sturmmotiv (…) sekundär hinzugekommen ist."

[26] THEISSEN, Wundergeschichten, 186 f.

[27] SCHENKE, Wundererzählungen, 243 f.

[28] BULTMANN, Geschichte der synoptischen Tradition, 231; SCHENKE, Wundererzählungen, 238 ff.

[29] THEISSEN, Wundergeschichten, 186 f.

[30] Vgl. dazu vor allem LOHMEYER, Und Jesus ging vorüber; FLEDDERMANN, Mark 6:48c.

[31] Vgl. neben Ex 33,18–34,6 (dazu HEIL, Jesus Walking, 69 ff.) noch Amos 5,16 f.; 7,8; 8,2 (FLEDDERMANN, Mark 6:48c); Gen 32,32 LXX (LOHMEYER, Und Jesus ging vorüber, 70).

[32] Zu den inhaltlichen Aspekten vgl. J. JEREMIAS, Theophanie. Die Geschichte einer alttesta- mentlichen Gattung, WMANT 10, Neukirchen-Vluyn 1965, 65 f., 102 ff.

[33] LOHMEYER, Und Jesus ging vorüber, 68.

[34] H. BRAUN, „Der Fahrende", in: DERS., Gesammelte Studien zum Neuen Testament und seiner Umwelt, Tübingen 1962, 1–7.

[35] Daß Lohmeyer auf das Nichtgelingen der jesuanischen Absicht kaum eingeht, benennt eine Lücke seiner Studie.

Grunde liegenden Epiphanievorstellung.[36] Aber die Vermutung einer textgeschichtlichen Entwicklung gibt der knappen Wendung zusätzliche Tiefenschärfe: durch das hervorgehobene und nicht eingelöste ἤθελεν wird die ursprüngliche Epiphaniemotivik aufgebrochen.[37] Der Offenbarer Jesus erscheint jetzt in erster Linie als Retter angesichts der Notlage, in der sich die Jünger befinden. In einer solchen Pointierung und Veränderung gegebener Topik bleibt die Situation der Gemeinde gegenwärtig[38], die den Text neu liest und ihn in das eigene Leben einträgt. Für sie geht dieser Jesus gerade nicht ‚vorüber' an eigener Erfahrung von Vergeblichkeit, seine Epiphanie wird so wirklich, daß er als Offenbarer den Jüngern und vermittelt auch der Gemeinde sich zuwendet.[39] Mk 6,45–52 hebt die Gottmächtigkeit der Überlieferung auf, indem sie im Sinne der Kondeszenz gedeutet wird: nur weil Jesus nicht vorübergeht, gelingt die Rettung aus der Hilflosigkeit und Not.

II.

Wenn Mk 6,45–52 Jesus als den begreift, der aufgehalten zum Helfenden wird, und so vorhandene Epiphaniemotive im Hinweis auf die Heilszuwendung auslegt, so könnten dem jene beiläufigen Bemerkungen an die Seite gestellt werden[40], in denen synoptische Berufungstradition an das παράγειν Jesu[41] die geschehene Veränderung der Berufenen in der Nachfolge knüpft.[42] Solche mögliche Parallele darf bei aller Nähe nicht überbewertet werden[43]: das Motiv des ‚Vorübergehenden' hat innerhalb der Berufungsüberlieferung eine eigene Wertigkeit. Immerhin erscheint es in Mk 1,16–20[44] auch nicht als nur zufällig. Die Verse spiegeln sicher die Lage der Nachfolgenden, sie haben darin für die nachösterliche Gemeinde ätiologische Bedeutung. Aber sie benennen auch die

---

[36] Aus diesem Grunde hebt E. Lohmeyer auch stärker den Epiphaniecharakter der Überlieferung gegenüber dem ἤθελεν hervor.

[37] THEISSEN, Wundergeschichten, 187: „Man kann vermuten, daß es sich ursprünglich um eine Erscheinung handelt, bei der Jesus wirklich ‚vorüberging'." Dies schließt in sich, daß die Korrektur erzählerisch beabsichtigt ist.

[38] SCHENKE, Wundererzählungen, 251 ff.

[39] Ebd.

[40] Zu diesem Zusammenhang vgl. LOHMEYER, Und Jesus ging vorüber.

[41] Ebd., 77 f.: Die Formulierung „(...) hat niemals den Sinn, wie im AT, die unmittelbare Form göttlicher Epiphanie zu sein, aber sie hat auch nicht nur den äußeren Zweck, eine geschichtliche Situation des Lebens Jesu, wenn auch noch so allgemein und andeutend zu bezeichnen".

[42] Vgl. F. HAHN, Die Nachfolge Jesu in vorösterlicher Zeit, in: Die Anfänge der Kirche im Neuen Testament, Göttingen 1967, 7–36; M. HENGEL, Nachfolge und Charisma. Eine exegetisch-religionsgeschichtliche Studie zu Mt 8,21 f. und Jesu Ruf in die Nachfolge, BZNW 34, Berlin 1968.

[43] In der Berufungsüberlieferung bedeutet das Motiv der Epiphanie nur eine Nebenlinie (gegen LOHMEYER, Und Jesus ging vorüber, 68 f.), ohne daß es allerdings ganz fehlen würde.

[44] Zur Analyse vgl. zuletzt GNILKA und PESCH z. St.

Situation dessen, der beruft.[45] Den fremden Wanderer, der vorübergeht, prägt eine eigentümliche Voraussetzungslosigkeit[46]; die fehlende Erwähnung der Herkunft Jesu bedingt nicht allein der Stil, auch wenn die Verse ästhetisch nur ihn als den Bewegenden in die Mitte rücken.[47] Vielmehr kehrt darin Begründung und Inhalt gemeindlichen Lebens wieder, das bestimmt ist vom Vorübergehen des Herrn her.[48] Die sprachliche Verknappung des Textes, seine Verbindung mit alttestamentlicher Überlieferung[49] und die Einbindung eines jesuanischen Logions[50] gipfeln in solcher christologischen, darin jedoch zugleich gemeindebezogenen Pointe. Der ein nicht festgestelltes Leben führt und so die Menschen passiert[51], fällt aus den Bindungen dieser Welt heraus. Solche Unbedingtheit der Aussage muß nicht zum Schluß auf einen vorösterlichen Ursprung nötigen[52], aber die Zugehörigkeit zur frühen Jesusüberlieferung erscheint traditionsgeschichtlich als gesichert. Dazu stimmen auch andere Texte, die vergleichbar jesuanische Praxis auslegen: Die Logienquelle und die in ihr aufgenommenen Überlieferungen[53] entwerfen ein Bild Jesu, das Motive des Umherziehens und des Wanderns kennzeichnet.[54] Erneut schließt dies ein Urteil über die Gruppe in sich, die solche Traditionen und Texte kennzeichnet;[55] sie kann von eigener Existenz nichts anderes erwarten als jene Praxis, die sie Jesus selbst zuschreibt.[56] Auch in der Logienquelle bleibt in der Bezogenheit von Ruf in die Nachfolge und Antwort der Jünger Mk 1,16–20 sachlich anwesend. Zentral und schwierig zugleich erscheint vor allem der Textkomplex Mt 8,19–22/Luk 9,57–62.[57] Die

---

[45]   PESCH, Markusevangelium I, 108 ff.

[46]   Y. OTOMO, Nachfolge Jesu und Anfänge der Kirche im Neuen Testament. Eine exegetische Studie, Diss. theol. Mainz 1970, 29 f.

[47]   GNILKA, Markus I, 73.

[48]   PESCH, Markusevangelium I, 111.

[49]   Dazu ebd., 109 f.

[50]   Ebd., 113.

[51]   Vgl. HAHN, Nachfolge 9.

[52]   So ebd., 12 f.

[53]   Zu den geschichtlichen Bedingungen der Logienquelle vgl. z. B. P. HOFFMANN, Studien zur Theologie der Logienquelle, NTA 8, Münster 1972, 312 ff.; D. ZELLER, Die weisheitlichen Mahnsprüche bei den Synoptikern, Würzburg 1977, 196 ff.; A. POLAG, Die Christologie der Logienquelle, WMANT 45, Neukirchen-Vluyn 1977, 84 f.

[54]   POLAG, ebd., 85.

[55]   ZELLER, Mahnsprüche, 197.

[56]   OTOMO, Nachfolge Jesu, 43.

[57]   Zum Verständnis des Textes vgl. W. HAUPT, Worte Jesu und Gemeindeüberlieferung. Eine Untersuchung zur Quellengeschichte der Synopse, UNT 3, Leipzig 1913, 80; BULTMANN, Geschichte der synoptischen Tradition, 102, 161; W. SCHRAGE, Das Verhältnis des Thomas-Evangeliums zur synoptischen Tradition und zu den koptischen Evangelienübersetzungen, BZNW 29, Berlin 1964, 168 ff.; E. SCHWEIZER, Der Menschensohn (Zur eschatologischen Erwartung Jesu), in: DERS., Neotestamentica, Zürich-Stuttgart 1963, 56–84, 72; F. HAHN, Christologische Hoheitstitel. Ihre Geschichte im frühen Christentum, FRLANT 83, Göttingen ²1964, 83 f.; PH. VIELHAUER, Jesus und der Menschensohn, in: DERS., Aufsätze zum Neuen Testament, München 1965, 92–140, 123 ff.; OTOMO, Nachfolge Jesu, 42 ff.; C. COLPE, Art. ὁ υἱὸς τοῦ ἀνθρώπου, ThWNT 8, 403–481, 435,1 ff.

traditionsgeschichtliche Breite (ThEv 86)[58] zeigt, wie bedeutsam die Aussage empfunden und wie vielfältig sie rezipiert wurde. Am Anfang dürfte eine weisheitliche Gnome stehen (V. 20)[59], die von der Heimatlosigkeit des Menschen redet. Selbst wenn sie von Pessimismus und Resignation geprägt ist[60], so bleibt sie dennoch in der rekonstruierten Form hermeneutisch mehrdeutig; solche Heimatlosigkeit kann auch faktische Fremdheit spiegeln und darin sogar den Ruf zu solcher ‚Verfremdung' als ästhetischen Reiz einschließen. Sicher erfolgte die Verbindung mit dem Motiv des ‚Menschensohnes'[61] und die daraus sich ergebende ausdrückliche Christologie später[62], auch liegen am Ursprung des Textes nicht notwendig Nachfolgevorstellungen vor.[63] Dennoch: intentional läßt sich das anfängliche Logion im Sinne solcher Heimatlosigkeit und des nicht festgelegten Lebens verstehen. Daß dies dann zunehmend im Sinne der Nachfolge interpretiert und christologisch bestimmt wurde, spricht nicht dagegen. Allerdings ist in die gegenwärtige Gestaltung des Textkomplexes immer auch Praxis und Welterfahrung der ‚Q-Gruppe'[64] eingegangen. Wie dies bereits für Mk 1,16–20 galt, so verschränken sich erneut soziale Wirklichkeit[65] und christologische Motivation.[66] In dem Pathos dessen, der ortlos und afamiliär lebt, bildet sich zugleich die soziale Situation jener ab, die eigene Hoffnungen auf diesen Jesus setzen und sich ihm konform verhalten.[67] Aber der christologische Anspruch wird gewahrt und darin die Überzeugung, daß es sich gerade nicht nur um eine Wiederkehr und Reproduktion sozialer Bedingungen im Medium des Textes handelt. Für die Tradenten gilt die Unverfügbarkeit und Voraussetzungslosigkeit des Rufes in die Nachfolge, sie ist konstitutiv. Wenn in der Übernahme solcher Bedingungen das erneuernde Element urchristlicher Nachfolge hervortritt und sich die Praxis der Jünger deshalb an dem orientiert, der selbst ein Vorübergehender war[68], so zeigt sich dies noch an der sicher späten Komposition der Aussendungsrede[69], die solches bis in die Einzelheiten hinein auffächert.

---

[58] Vgl. SCHRAGE, ebd., 168 ff.

[59] HAHN, Hoheitstitel, 44.

[60] R. BULTMANN, Jesus, Tübingen 1958, 143.

[61] VIELHAUER, Jesus und der Menschensohn, 124.

[62] H. E. TÖDT, Der Menschensohn in der synoptischen Überlieferung, Gütersloh ²1963, 114.

[63] VIELHAUER, Jesus und der Menschensohn, 123; anders z. B. E. SCHWEIZER, Der Menschensohn, 72.

[64] P. HOFFMANN, Studien, 328.

[65] So vor allem ebd., 312 ff.

[66] Polags Überlegung (Christologie, 74, Anm. 233) weist in diese Richtung: „Die Heimatlosigkeit ist also nicht durch das Wandern bedingt, sondern sie ist sozusagen christologisch bestimmt (...)".

[67] OTOMO, Nachfolge Jesu, 43.

[68] HENGEL, Nachfolge und Charisma, 60.

[69] Vgl. dazu z. B. W. EGGER, Nachfolge als Weg zum Leben. Chancen neuerer exegetischer Methoden dargelegt an Mk 10,17–31, ÖBS 1, Klosterneuburg 1979; R. BUSEMANN, Die Jüngergemeinde nach Markus 10. Eine redaktionsgeschichtliche Untersuchung des 10. Kapitels im Markusevangelium, BBB 57, Königstein/Ts.-Bonn, 1983.

Bestimmte religionsgeschichtliche Überlegungen kommen hinzu[70]: zwar erscheint es als einsichtig, daß bei der erzählerischen Zuspitzung von Mk 1,16–20 die Elia-Tradition aufgenommen wird, und dies hat über die ästhetische Seite hinaus auch traditionsgeschichtliche Folgen: denn darin bot die Überlieferung ein Paradigma von Ruf und Antwort, in das hinein sich eigene Erfahrung der Nachfolge entwerfen ließ. Aber sehr viel schwieriger ist der Zusammenhang mit der Praxis innerhalb des Judentums zu bestimmen. Es entsteht kein eindeutiges Bild, jedoch weisen die Indizien eher in die entgegengesetzte Richtung[71]: für die Beziehung zwischen Lehrer und Schüler geht es ungleich stärker um die Ortsbezogenheit des Lehrens und Lernens in beschreibbarem sozialen Kontext[72] – und dies widerstreitet im Grunde dem Unterwegssein in der synoptischen Überlieferung.

Dennoch reicht die Einsicht in die relative Unvermitteltheit früher Nachfolgepraxis und ihre Provokation des Neuen allein noch nicht aus; sie entbindet jedenfalls nicht von der Frage nach der faktischen, der gesamtgesellschaftlichen Nötigung zu solchem Verhalten[73]: Ganz sicher trifft zunächst zu, daß in der erzählerischen Verdichtung vor allem der Logienquelle die realen Lebensbedingungen der Trägergruppen ihren Niederschlag gefunden haben.[74] Der Einwand von W. Stegemann gegen G. Theißen erscheint darin methodisch stichhaltig[75]: auch die gesellschaftliche Verelendung ist Ursache, bewegende Kraft der Heimatlosigkeit, von der die Texte reden.[76] Dies bleibt wichtig, obwohl die sozioökonomische Lage damaliger palästinischer Gesellschaft nur noch höchst vermittelt – und z.T. allein im Rückschlußverfahren – sich erschließen läßt.

Allerdings fällt auf der anderen Seite auf[77]: selbst wenn in Form und Inhalt früher jesuanischer Überlieferungen soziale wie sozioökonomische Bedingungen der sie tragenden Gruppen unmittelbar Eingang gefunden haben[78], so ge-

---

[70] Dazu vor allem M. Hengel, Nachfolge und Charisma.

[71] Ebd., 55 ff.

[72] Ebd., 59.

[73] Vgl. dazu die Auseinandersetzung zwischen G. Theissen, Wanderradikalismus. Literatursoziologische Aspekte der Überlieferung von Worten Jesu im Urchristentum, in: ders., Studien zur Soziologie des Urchristentums, WUNT 19, 79–105, Tübingen 1979 und W. Stegemann, Wanderradikalismus im Urchristentum? Historische und theologische Auseinandersetzung mit einer interessanten These, in: W. Schottroff–W. Stegemann (Hg.), Der Gott der kleinen Leute Bd. 2, München-Gelnhausen 1979, 94–120.

[74] Stegemann, ebd., 115: Die Texte „(…) reflektieren kein asketisches Ethos, sondern die Radikalität einer durch Armut, Hunger und Gewalt bestimmten Lebenslage".

[75] Ähnliches trifft auf die Kritik Stegemanns, ebd., 101 ff., an den methodischen Prämissen G. Theißens zu.

[76] Ebd., 113.

[77] Ebd., 113 f.: „Doch in Wahrheit unterscheidet sich die Existenzweise der Wanderpropheten nur um Nuancen von der der Armen und Bettler. Sie haben wohl den Schritt in die Nicht-Seßhaftigkeit freiwillig (!, H. P.) vollzogen."

[78] Vgl. auch G. Theissen, „Wir haben alles verlassen" (Mc. X,28). Nachfolge und soziale Entwurzelung in der jüdisch-palästinischen Gesellschaft des 1. Jahrhunderts n. Chr., in: Ders., Studien zur Soziologie des Urchristentums, WUNT 19, Tübingen 1979, 106–141, 106.

schieht dies ästhetisch vermittelt. Sofern diese Texte als Texte ethisches Verhalten herausfordern[79], entbehren sie nicht unmittelbarer wirkungsgeschichtlicher Kraft. Nicht nur kann eine Aussage wie Mk 1,16–20 in ihrer elaborierten Sprache mit *einer* sozialgeschichtlichen Konstellation gerade nicht verrechnet werden, sie zielt auf Wiederholbarkeit, und zudem verweigert sich die früh einsetzende (zunächst indirekte) Christologie dem Modell reiner sozialer Kausalität. Damit aber vermitteln sich in jenen Texten, die von einer Entsprechung zwischen dem handeln, der ein sozial nicht festgelegtes Leben führt, und denen, die ihm nachfolgen[80], die sozialen und ökonomischen Bedingungen der Trägergruppen[81]; aber zugleich gewinnen sie durch die Kraft ihrer Sprache und Theologie jene Stärke, die zukünftiges Leben vorstellt.[82]

Religionsgeschichtlich und -phänomenologisch enthält die kynische Überlieferung[83] und Praxis[84] in dieser Hinsicht a priori durchaus vergleichbare Züge[85] (und dies wurde bereits in der alten Kirche wahrgenommen!). Dennoch bleiben – wie bei der idealtypischen Gestalt des Sokrates[86], die ebenfalls nicht ohne Einfluß ist – die traditionsgeschichtlichen Linien im einzelnen schwer beschreibbar. Denn die kritische Sichtung der Überlieferung über Diogenes[87] und den Kynismus muß sich sowohl das Beharrungsvermögen kynischer Praxis wie auch den Neuansatz in der Kaiserzeit bewußt machen. Wenn Epiktet, diss. III,22[88] für eine mögliche Verbindung zwischen Kynismus und Urchristentum herangezogen wird[89], so ist zu bedenken, daß Epiktet – wie auch Dion Chrysostomus[90] – ein tendenziös gefärbtes Idealbild des wahren Kynikers entwirft. In ihm kehrt eine unter stoischem Einfluß veränderte soziale Praxis wieder, und der Text bricht zugleich früheren radikalen Absichten die Spitze ab. Natürlich läßt sich bezweifeln, ob hinter solchen Übermalungen noch die Anfänge des Kynismus

---

[79] STEGEMANN, Wanderradikalismus, 115.

[80] THEISSEN, Wanderradikalismus, 91.

[81] Ebd., 103.

[82] Denn auch einer anders gearteten sozialen Situation ist es nicht gelungen, die Aussage der Texte abzutöten (auch wenn dies durchaus im Einzelfall geschehen ist; THEISSEN, ebd.).

[83] HENGEL, Nachfolge und Charisma, 59.

[84] THEISSEN, Wanderradikalismus, 89.

[85] Ebd., 90.

[86] Vgl. K. DÖRING, Exemplum Socratis. Studien zur Sokratesnachwirkung in der kynisch-stoischen Popularphilosophie der frühen Kaiserzeit und im frühen Christentum, Hermes H. 42, Wiesbaden 1979. Zu den Sokratesbriefen (und ihre Hervorhebung der Armut) vgl. J. SYKUTRIS, Die Briefe des Sokrates und der Sokratiker, Paderborn 1933; B. FIORE, The Function of Personal Example in the Socratic and Pastoral Epistles, AnBib 105, Rom 1986, 101 ff.

[87] Vgl. zur traditionsgeschichtlichen Analyse G. A. GERHARD, Zur Legende vom Kyniker Diogenes, ARW 15, 1912, 388–408; K. VON FRITZ, Quellenuntersuchungen zu Leben und Philosophie des Diogenes von Sinope, Philol Suppl 18,2, Leipzig 1926.

[88] Dazu M. BILLERBECK, Epiktet. Vom Kynismus, PhAnt 34, Leiden 1978.

[89] THEISSEN, Wanderradikalismus, 90.

[90] Zur Wirkungsgeschichte des Kynismus insgesamt vgl. H. NIEHUES-PRÖBSTING, Der Kynismus des Diogenes und der Begriff des Zynismus, München 1979.

traditionsgeschichtlich wiederherstellbar sind[91], aber die vorhandenen Aussagen
lassen doch ein kohärentes Bild entstehen. Denn in der frühen kynischen Tradition sammeln sich die Züge, die auf eine Nicht-Festlegung der eigenen sozialen
Rolle abzielen[92]; die ästhetische Form der Chrie[93], die soziale Stabilität als
brüchig erweist, religiöse Erfahrung *und* Religionskritik[94] bei Diogenes[95] wie
auch die Analyse des τὸ νόμισμα παραχάττειν[96] sind neben der Konstituierung
eines Schülerkreises und anderen Aspekten zu nennen. Diese frühe Ideologie des
Kynismus erscheint zwar als Resultat einer neuen gesellschaftlichen Situation,
wie aus dem Motiv des ‚Weltbürgers‘ hervorgeht.[97] Sie hat aber zugleich eine
soziale Wirkungsgeschichte aus sich herausgesetzt, die am bewußten Betteln,
dem Umherziehen und der Verweigerung sozialer Rollen erkennbar wird.[98]
Auch wenn die späteren Texte[99] z. T. noch der Interpretation bedürfen[100], z. T.

---

[91] So vor allem bei GERHARD, Legende 388 ff. Daneben vgl. G. RUDBERG, Zur Diogenes-
Tradition, SymbOsloenses 14, 1935, 22–43; DERS., Zum Diogenes-Typus, SymbOsloenses 15/
16, 1936, 1–18; H. KUSCH, Art. Diogenes von Sinope, RAC 3, 1063–1075.

[92] Zur Geschichte des Kynismus insgesamt vgl. z. B. D. R. DUDLEY, A History of Cynicism.
From Diogenes to the 6th Century A. D., London 1937; R. HÖISTAD, Cynic Hero and Cynic
King. Studies in the Cynic Conception of Man, Lund 1948; K. HEINRICH, Antike Kyniker und
Zynismus in der Gegenwart, in: DERS., Parmenides und Jona. Vier Studien über das Verhältnis
von Philosophie und Mythologie, Frankfurt/M. 1966, 129–156; Niehues-Pröbsting, Kynismus;
F. G. DOWNING, Cynics and Christians, NTS 30, 1984, 584–593. Zum Kynismus in der
Kaiserzeit vgl. auch M. BILLERBECK, Der Kyniker Demetrius. Ein Beitrag zur Geschichte der
frühkaiserzeitlichen Popularphilosophie, PhAnt 36, Leiden 1979.

[93] Zur Geschichte der Chrie vgl. G. VON WARTENSLEBEN, Begriff der griechischen Chreia und
Beiträge zur Geschichte ihrer Form, Heidelberg 1901; A. PACKMOHR, De Diogenis Sinopensis
apophthegmatis quaestiones selectae, Diss. phil. Münster 1913; H. A. FISCHEL, Studies in
Cynicism and the Ancient Near East: The Transformation of a Chria, in: Religion in Antiquity.
Essays in Memory of E. R. Goodenough, Leiden 1968, 371–411; J. F. KINDSTRAND, Bion of
Borysthenes. A Collection of the Fragments with Introduction and Commentary, Uppsala
1976; R. F. Hock-E. N. O'Neil, The Chreia in Ancient Rhetoric. I. The Progymnasmata, SBL
Texts and Translations 27, Atlanta 1986.

[94] Vgl. H. RAHN, Die Frömmigkeit der Kyniker, Paideuma 7, 1959/61, 280–292.

[95] Zur Gesamtinterpretation des Diogenes vgl. vor allem von FRITZ, Quellenuntersuchungen; HEINRICH, Antike Kyniker.

[96] HEINRICH, Antike Kyniker, 142: Der antike Kynismus „(…) richtet sich gegen jene
Mächte seiner Zeit, die in den Augen des Kynikers dieser Drohung nicht zu widerstehen
vermochten: die schon zerbröckelnde Ordnung der polis, eine essentialistische Philosophie und
die politische Neuordnung durch den Universalstaat."

[97] Vgl. H. C. BALDRY, The Unity of Mankind in Greek Thought, Cambridge 1965, bes. 108 f.

[98] Zu den politischen Konsequenzen vgl. M. ROSTOVTZEFF, The Social and Economic History of the Roman Empire, I/II, Oxford ²1957, 115 ff. (und die Anm. 586 ff.).

[99] Zu Lukian vgl. J. BERNAYS, Lucian und die Kyniker, Berlin 1879; B. BALDWIN, Studies in
Lucian, Toronto 1973. Zu den Kyniker-Briefen W. CAPELLE, De Cynicorum Epistulis, Diss.
phil. Göttingen 1896. Vgl. auch H. W. ATTRIDGE, First-Century Cynicism in the Epistles of
Heraclitus, HThS 29, Missoula 1976; A. J. Malherbe, The Cynic Epistles. A Study Edition, SBL
Sources for Biblical Study 12, Missoula 1977.

[100] So sind die sozialen Konflikte, von denen die Acta Alexandrinorum Zeugnis ablegen, z. T.
in kynischer Terminologie formuliert, auch wenn dies nicht notwendig bedeuten muß, daß wir

noch nicht wirklich erschlossen sind, so weisen sie doch auf eine Haltung hin, die vom Ethos der Armut, dem Herumziehen und der Heimatlosigkeit geprägt wird.[101] Aber ob dies bereits genügt, den geschichtlichen Zusammenhang mit der frühen Jesustradition nachzuweisen, bleibt zweifelhaft.[102] Dennoch: die Bewegung der kynischen Wandermissionare hat die soziale und ideologische Möglichkeit (und Aufnahme) der Boten des frühen Christentums verstärkt.

III.

ThEv 42[103] formuliert: (Jesus sagte zu seinen Jüngern): „Werdet Vorübergehende."[104] Das Logion, zu dem es in der apokryphen Jesustradition trotz mancher Abschattungen[105] keine wirkliche Parallele gibt[106], zehrt von urchristlicher Überlieferung und Topik[107], aber es weist doch zugleich eine eigenständige Weltsicht auf. Darin läßt es sich dem Thomasevangelium und seiner Theologie integrieren[108], es berührt sich auf der redaktionellen Ebene mit anderen Logien: ThEv 55; 86; 101.[109] Ihnen eignet eine identische Zielrichtung: vorausgesetzt wird ein negativer Weltbegriff, der Kosmos erscheint als ein nur vorläufiger Aufenthaltsort für die Gnostiker[110], der sie gerade deshalb gefährdet. Der Glaubende soll nicht in der Welt zu Hause sein, und der Befreite nicht länger in ihr verweilen. Dieser Kosmos vergeht, er ist eine Stätte des Todes, ein Leichnam. So sicher darin die ursprüngliche Leidenschaft christlicher Eschatologie gegenwär-

---

es hier mit Kynikern zu tun haben (anders ROSTOVTZEFF, History, 115ff., vgl. auch 586ff.; dagegen H. MUSURILLO, The Acts of the Pagan Martyrs. Acta Alexandrinorum, Oxford 1954, 267ff.).

[101] Zu den kynischen Wanderpredigern vgl. auch R. HELM, Lucian und Menipp, Leipzig-Berlin 1906; G.A. GERHARD, Phoinix von Kolophon. Texte und Untersuchungen, Leipzig-Berlin 1909.

[102] Vgl. DOWNING, Cynics and Christians, 591.

[103] Zur Interpretation vgl. B. GÄRTNER, The Theology of the Gospel of Thomas, London 1961, 243ff.; J. JEREMIAS, Unbekannte Jesusworte, Gütersloh ⁴1965, 105ff.; J.-É. MÉNARD, La Gnose et les Textes de Nag Hammadi, in: B. Barc (Hg.), Colloque International sur les Textes de Nag Hammadi, Québec-Louvain 1981, 3–17, 12; O. BETZ-T. SCHRAMM, Perlenlied und Thomas-Evangelium, Zürich-Einsiedeln-Köln 1985, 97ff.

[104] Die Übersetzung bei GÄRTNER, ebd., 243 ‚Become, by passing away' erscheint demgegenüber als weniger wahrscheinlich.

[105] JEREMIAS, Unbekannte Jesusworte, 105ff.

[106] JEREMIAS, Unbekannte Jesusworte, verweist vor allem auf das Logion von der Welt als einer Brücke, über die der Mensch zu gehen hat (ähnlich BETZ-SCHRAMM, Perlenlied und Thomas-Evangelium, 99). Aber die Topik beider Logien differiert doch nicht unerheblich!

[107] JEREMIAS, ebd., 110; G. QUISPEL, The Gospel of Thomas Revisited, in: B. Barc (Hg.), Colloque International sur les Textes de Hag Hammadi, Québec-Louvain 1981, 218–266, 221.

[108] E. HAENCHEN, Die Anthropologie des Thomas-Evangeliums, in: Neues Testament und christliche Existenz, Festschrift f. H. Braun zum 70. Geburtstag, hrsg. v. H.D. Betz u. L. Schottroff, Tübingen 1973, 207–227, 207ff.

[109] Vgl. SCHRAGE, Verhältnis, 57ff., 120ff.

[110] Siehe auch NHC V,4 63,2; XIII,1 44,26.

tig erscheint, so wird sie doch in einer eigentümlichen Weise umgeformt[111] und begrenzt vergeistigt.[112] In dem allen scheint zutiefst ein Begriff des Fremden auf; eine Aussage, die unnachahmlich Hans Jonas als Zentrum gnostischer Existenz gedeutet hat.[113] Zunächst zielt sie auf Gott als den eigentlich Fremden, Befremdlichen, Unheimlichen.[114] Damit aber muß dieses Fremde innerhalb der Welt das Schicksal des Fremdlings erleiden[115], der niemals daheim sein kann. Es läßt sich mit Jonas von einem Urwort der Gnosis[116] sprechen, dem zudem auch der Entwurf der Erlösung korrespondiert[117], weil der Erlöser als der Fremde die in die Vergeblichkeit der Welt Geworfenen ihr erst ‚entfremden‘ muß.[118] Denn der Kosmos würde den Glaubenden, der sich auf ihn wirklich einließe, zerstören und des wahren Lebens berauben. Im Blick auf die Verfallenheit der Welt, die falsche und verfehlte Existenz, kann es nur den Durchgang zum Unendlichen, eine Befreiung geben, die sich durch die Vordergründigkeit von Bindungen nicht halten läßt. Die wahre Existenz dessen, dem der Erlöser begegnet ist, nötigt zu nichts anderem als dem ‚Vorübergehen‘, zur Hinreise in die Ewigkeit. Darin enthält ThEv 42 zentrale Einsichten christlicher Gnosis: neben der Endlichkeit und Vergeblichkeit bestehender Verhältnisse, die als scheinhaft und nur vorläufig sich entlarven, steht die Erfahrung, daß der Unerlöste solchem Zwang ausgeliefert ist (und darin die Macht von Herrschaft erleidet). Deshalb muß und darf der Einzelne, der durch den Erlöser zur Erkenntnis gelangt ist, mit dem vergänglichen Kosmos und seiner Verfallenheit sich nicht beflecken oder durch ihn aufhalten lassen: Werdet Vorübergehende!

Darin geht das Logion über einen nur traditionsgeschichtlichen Zusammenhang mit der synoptischen Überlieferung hinaus, in ihm wird der Klang eschatologischer Entschlossenheit, die sich auf die vergehende Welt nicht einlassen will, verändert aufgenommen.[119] Fragwürdig bleibt jedoch, ob und wie weit solcher

---

[111] Für den Begriff der ‚Fremdheit‘ vgl. SCHRAGE, Verhältnis, 57 ff., 77, 120 ff.

[112] So in ThEv 86; vgl. dazu GÄRTNER, Gospel of Thomas, 60 f.; A. STROBEL, Textgeschichtliches zum Thomas-Logion 86 (Mt 8,20/Luk 9,58), VigChr 17, 1963, 211–224.

[113] H. JONAS, Gnosis und spätantiker Geist, I, Göttingen ³1964, 96 ff.

[114] Ebd., 96.

[115] Ebd.: „Der Fremde, der sich nicht auskennt, verirrt sich in der Fremde, er irrt in ihr umher; kennt er sich aber allzu gut aus, so vergißt er wiederum seine eigentliche Fremdheit, er verirrt sich in einem anderen Sinn in der Fremde, indem er ihr verfällt, in ihr heimisch wird (...)".

[116] Vgl. ebd., 97.

[117] Ebd., 122 f: „(...) der Fremde kommt zum Fremden (in der Welt) und in auffallender Weise können Wesens- und Schicksalscharaktere des einen und des anderen wechselseitig alternieren (...)".

[118] Vgl. auch die Rede vom ‚Wandern‘ des Erlösers, auf die Jonas (ebd., 125) hinweist; Johannesbuch der Mandäer, 76 (p. 243 LIDZBARSKI): „Ich wanderte durch Generationen und Welten, durch Generationen und Welten wanderte ich, bis ich zum Tore von Jerusalem gelangte."

[119] THEISSEN, Wanderradikalismus, 103: „Die Logienüberlieferung konnte dort über ihren ursprünglichen Sitz im Leben hinausdringen, wo sie ihren Charakter änderte. Wo man ihren ethischen Radikalismus nicht praktizieren konnte, war es möglich, ihn in gnostischen Radikalis-

ideologischen Radikalität gesellschaftliche Praxis entspricht.[120] Denn die sozial-
geschichtliche Grundlage des Thomasevangeliums wie auch die geforderten
Folgen in der Praxis erscheinen als so verschlüsselt, daß ihre Dechiffrierung nicht
leicht gelingt. Wieder ist diese Beobachtung aber als solche sozialgeschichtlich
bedeutsam: sie unterstreicht, daß das Thomasevangelium Praxis in theologischer
Zuspitzung vermittelt und nicht von eigener theologischer Einsicht trennen will.
Deshalb muß dem Appell des ‚Werdet Vorübergehende‘ nicht unbedingt die
Nötigung zu sozialer Verweigerung entsprechen, es kann viel stärker auf der
redaktionsgeschichtlichen Ebene ein praktischer Quietismus beabsichtigt sein
(wie dies wohl in ThEv 86 der Fall ist). Auf der anderen Seite finden sich aber
auch innerhalb des Thomasevangeliums Spuren von Herrschaftskritik (ThEv 81;
98; 100), deren Traditionalität einer möglichen aktuellen Zuspitzung nicht widerstreiten muß.

In eine andere Richtung als ThEv 42 weisen jene gnostischen bzw. gnostisierenden Texte, die von einem Vorübergehenden des Erlösers reden: sie beschreiben ihn als den ‚Unerkannten‘[121], der sich bei seinem Weg zu den Verlorenen vor
den feindlichen Mächten verbirgt[122] und so ihrer Herrschaft nicht anheimfällt.
Seine Passage durch die Äonen ermöglicht erst Befreiung.

IV

Dennoch wäre es verfehlt, die Wirkungsgeschichte dieses Motivs[123] und seinen geschichtlichen Rang allein auf gnostische bzw. gnostisierende Texte einzu-
grenzen.[124] Schon jene Aussagen, die für die Erkenntnis der urchristlichen
Wandermissionare herangezogen[125] und darin instrumentalisiert werden, stellen

---

mus umzuwandeln. Aus Handlungs- wurde so ein Erkenntnisradikalismus, der nicht unbedingt
konkrete Folgen im Verhalten haben muß.“

[120] Dazu H. A. Green, The Economic and Social Origins of Gnosticism, SBL.DS 77, Atlanta
1985.

[121] Vgl. NHC III 124,3; VII 56,28.

[122] Zu dem Motiv in Texten der alten Kirche vgl. E. Peterson, Die Begegnung mit dem
Ungeheuer, in: ders., Frühkirche, Judentum und Gnosis, Freiburg-Rom-Wien 1959, 285–309,
297ff. (mit dem Hinweis auf ActPhil 40,31). Siehe auch die Anmerkungen bei H. Dörries–E.
Klostermann–M. Kroeger (Hg.), Die 50 geistlichen Homilien des Makarios, PTS 4, Berlin 1964,
290f.

[123] Zur Wirkungsgeschichte von Mt 8,20 par Lk 9,58 vgl. B. Kötting, Peregrinatio Religio-
sa. Wallfahrten in der Antike und das Pilgerwesen in der alten Kirche, FVK 33–35, Münster
²1980, 302ff. Aufschlußreich erscheint auch das aus Mt 25,35 resultierende Verhalten der
Gemeinden gegenüber den Fremden; vgl. M. Puzicha, Christus Peregrinus. Die Fremdenauf-
nahme (Mt 25,35) als Werk der privaten Wohltätigkeit im Urteil der Alten Kirche, MBT 47,
Münster 1980. Das Motiv reicht in seiner Wirkung dann weit in die mittelalterliche Theologie
hinein.

[124] Vgl. auch die Erwägungen – im Anschluß an H. Jonas – bei J. Taubes, Abendländische
Eschatologie, BSSP 3, Bern 1947, 27ff.

[125] So vor allem Theissen, Wanderradikalismus unter Aufnahme der Überlegungen bei

für sich genommen, in ihrem Kontext Dokumente jener radikalen Fremdheit dar. Dies trifft exemplarisch auf die Aussagen der Didache zu[126], auch wenn die Scheidung zwischen der übernommenen Tradition und dem Interesse der letzten Textgestalt nicht immer überzeugend gelingt.[127] Dennoch verweisen die Überlieferungen in Did 11–13[128] auf eine gemeindliche Situation, für die fehlende Seßhaftigkeit nichts Ungewöhnliches darstellt. Die ideologischen Voraussetzungen solchen Verhaltens treten nicht mehr klar hervor, wenngleich die ständige Rückbindung an den zu beachten ist. Jedoch orientiert sich die Haltung des ‚Didachisten‘ bei seiner Rezeption der Motive ersichtlich an der stabilitas loci, ohne allerdings damit die Aussagen prinzipiell zu desavouieren. Immerhin bleiben die Überlieferungen und die Position des Verfassers deshalb gewichtig, weil ihnen in der pseudoclementinischen Schrift ‚de virginitate‘[129] für den syrischen Bereich ein zusätzlicher, ergänzender Beleg an die Seite gestellt werden kann. Adolf von Harnack hat den doppeldeutigen Charakter des Textes überzeugend hervorgehoben: auf der einen Seite knüpfen die Überlegungen in ‚de virginitate‘ mit Nachdruck an Überlieferungen an, die noch unmittelbar ins Urchristentum zurückführen[130]; dies gilt vor allem von der Hervorhebung der Nichtseßhaftigkeit und des Wanderns. Aber auf der anderen Seite weisen viele Züge schon in die Folgezeit: neben dem asketischen Moment[131], das fast den Rang des Selbstzweckes erreicht[132], trifft dies auf Motive zu, die für die Entwicklung des Mönchtums bedeutsam werden sollten. So gewinnt in ‚de virginitate‘ für die ideologische Begründung des Umherziehens[133] der Gedanke der ἀποταγή[134] eine besondere

---

G. KRETSCHMAR, Ein Beitrag zur Frage nach dem Ursprung frühchristlicher Askese, ZThK 61, 1964, 27–67.

[126] K. NIEDERWIMMER, Zur Entwicklungsgeschichte des Wanderradikalismus im Traditionsbereich der Didache, WSt 11, 1977, 145–167. Siehe auch die Kommentierung bei W. RORDORF–A. TUILIER, La Doctrine des Douze Apôtres (Didachè), SC 248, Paris 1978 und K. WENGST, Didache (Apostellehre), Barnabasbrief, Zweiter Klemensbrief, Schrift an Diognet, Darmstadt 1984.

[127] Vgl. vor allem die Überlegungen bei NIEDERWIMMER, ebd.; WENGST, ebd., 20 ff.

[128] Vgl. die Kommentierung bei RORDORF und WENGST z. St.

[129] Zum Verständnis des Textes vgl. besonders A. HARNACK, Die pseudo-clementinischen Briefe de virginitate und die Entstehung des Mönchthums, SPAW 1891, 361–385; A. VÖÖBUS, History of Asceticism in the Syrian Orient. A Contribution to the History of Culture in the Near East, I, CSCO 184, Louvain 1958, 64 f.; S. L. DAVIES, The Revolt of the Widows. The Social World of the Apocryphal Acts, Carbondale/Edwardsville-London/Amsterdam 1980, 87 ff.

[130] HARNACK, ebd., 381: „Die Linie unserer Asketen reicht also bis zu den Ursprüngen des Christenthums zurück. Wohl ist hier eine Metamorphose vor sich gegangen (...), aber die Continuität ist unverkennbar."

[131] VÖÖBUS, History, I, 64 f.

[132] A. HARNACK, de virginitate, 382.

[133] Vgl. z. B. I, 3,6 (p. 5,21 Funk-Diekamp).

[134] Vgl. S. FRANK, ΑΓΓΕΛΙΚΟΣ ΒΙΟΣ. Begriffsanalytische und begriffsgeschichtliche Untersuchung zum „Engelgleichen Leben" im frühen Mönchtum, BGAM 26, Münster 1964, 18 ff. (vor allem im Blick auf das syrische Mönchtum).

Relevanz. Er wird unterstützt durch den aus Phil 3,20 entlehnten Hinweis auf das wahre πολίτευμα im Himmel. Allerdings belegen Didache und ‚de virginitate‘[135] begrenzt auch Widerstände und Krisis solcher Praxis, die darin jedenfalls nicht mehr fraglos akzeptiert wird. Dies weist zunächst auf tiefgreifende, sozialgeschichtliche Verwerfungen hin; sie lassen gegenüber der Überlieferung ein ortsgebundenes, z. T. urbanes Christentum als die sinnvollere, weil lebbare Form des Glaubens erscheinen. Und daß sich umgekehrt in bestimmten Bereichen der syrischen Kirche ältere Lebensformen bewahrten, bedeutet solcher Wahrnehmung ein zusätzliches Indiz. Dies hat dann auch theologische Folgen: in der neu gewonnenen Welterfahrung und dem Bewußtsein andauernder Zeit kann die Existenz auch der Glaubenden bei aller Vorläufigkeit nicht nur als ein Sein in der Fremde begriffen werden.

Dennoch behält die Einsicht in die Bedeutung von Wanderschaft, sozialer Unruhe und Fremdheit gegenüber der Welt für Bereiche der alten Kirche eine beispielhaft diakritische Bedeutung. So kehren bei der Entstehung des Mönchtums[136] Aspekte des Urchristentums wieder: Das mönchische Leben wird bestimmt von der Armut[137] und jener Askese[138], die in ihren theologischen Gründen von eschatologischem Anspruch herkommt. Und für weite Bereiche vor allem des syrischen Mönchtums bleibt in der Wirkungsgeschichte jesuanischer Überlieferung[139] die Nichtseßhaftigkeit, das Umherziehen grundlegend.[140] Die Bezeichnung der Wandermönche als ξενόι[141] unterstreicht, daß in diesem Verhalten die originäre, theologische Motivation[142] immer noch bewußt bleibt.[143] Die durch Wanderschaft gekennzeichnete Struktur der apokryphen Apostelak-

---

[135] Vgl. A. HARNACK, de virginitate, 385: „Unsere Urkunde (...) liegt auf der Scheidelinie zweier Zeiten. Sie eröffnet uns einen Blick nach rückwärts auf die urchristlichen Asketen (...), zugleich aber weist sie vorwärts auf das kommende Mönchthum. In der Zusammenfassung dieser beiden Momente liegt ihr unvergleichlicher Werth.“

[136] Vgl. K. HEUSSI, Der Ursprung des Mönchtums, Tübingen 1936, 280ff.; A. VÖÖBUS, History of Asceticism in the Syrian Orient, II, CSCO 197, Louvain 1960, 269ff.; S. FRANK, ΒΙΟΣ, 1ff.; B. LOHSE, Askese und Mönchtum in der Antike und in der alten Kirche, München–Wien 1969, 157ff.

[137] Vgl. FRANK, ebd., 47ff.; PUZICHA, Christus peregrinus, 24ff.; B. BÜCHLER, Die Armut der Armen. Über den ursprünglichen Sinn der mönchischen Armut, München 1980, 88ff.

[138] FRANK, ebd., 140ff.

[139] VÖÖBUS, History, II, 270.

[140] Vgl. jedoch auch die Einschränkungen bei B. LOHSE, Askese und Mönchtum, 159, der stärker den Einfluß heidnischer Askese hervorhebt. Zum Ganzen vgl. auch H. VON CAMPENHAUSEN, Die asketische Heimatlosigkeit im altkirchlichen und frühmittelalterlichen Mönchtum, in: Ders., Tradition und Leben. Kräfte der Kirchengeschichte. Aufsätze und Vorträge, Tübingen 1960, 290–317.

[141] VÖÖBUS, History, II,270.

[142] Vgl. auch R. REITZENSTEIN, Historia Monachorum und Historia Lausiaca. Eine Studie zur Geschichte des Mönchtums und der frühchristlichen Begriffe Gnostiker und Pneumatiker, FRLANT 24, Göttingen 1916, 49ff.

[143] Vgl. auch HEUSSI, Ursprung, 166f.

ten[144] wird zumeist mit dem Hinweis auf die antike Romantradition[145] und die Verpflichtung gegenüber der lukanischen Apostelgeschichte[146] gedeutet.[147] Dies läßt sich grundsätzlich durchaus vertreten, aber in der ästhetischen Gestaltung der Apostelakten, in ihrer Textwelt kehrt zugleich das Unstete, die Heimatlosigkeit (vgl. nur ActThom 61) der Glaubenden wieder.[148]

Die theologische Aussage der Fremdheit und deren praktische Umsetzung in einer nicht festgelegten Lebensführung begreift sich auf dem Hintergrund urchristlicher Aussagen, die mit unterschiedlichen Textsorten und differentem sozialgeschichtlichen Kontext solche Erfahrung verstärken: So greift Apk 14,4[149] signifikant Nachfolgeterminologie auf[150], und in der Konzeption des 1.Petr von Gemeinde wirkt solche Differenz zwischen Glaubenden und Welt grundlegend.[151] Der Hinweis auf das nur Vorläufige gemeindlicher Existenz und die Hinfälligkeit weltlicher Bindungen kehrt zudem auch in anderen Traditionszusammenhängen wieder: Nicht nur das Bewußtsein, daß die eigentliche Heimat der Christen im Himmel sich befindet, gehört in diesen Zusammenhang; auch die Verwendung von Begriffen wie παροικία[152], ἐπιθυμεῖν[153] hebt die Nachfolge in der Zeit als vorläufig besonders hervor. Vor allem bleibt es wichtig, daß das Verständnis des ‚Fremden‘[154] von den Gemeinden pointiert angeeignet wird. Sicher ist darin auch eine rechtliche Färbung mitgesetzt[155]: Weil die Christen die ‚Fremden‘ sind, sogar einen ‚fremden‘ Namen tragen[156], können sie nur eine Existenz auf Zeit in der Welt, aber nicht aus der Welt und zu ihren Bedingungen führen.[157] Dies wird ideologisch sogar dann noch festgehalten, wenn es sozialgeschichtlich bereits gewandeltes Verhalten geben mochte. Es bleibt ein integrati-

---

[144] Vgl. R. Söder, Die apokryphen Apostelgeschichten und die romanhafte Literatur der Antike, Stuttgart 1932; M. Blumenthal, Formen und Motive in den apokryphen Apostelgeschichten, TU 48,1, Leipzig 1937.

[145] Vgl. R. Söder, ebd., 21ff.

[146] Blumenthal, Formen und Motive, 153ff.

[147] Für die Beziehung zur hellenistischen Romanliteratur vgl. vor allem E. Rohde, Der griechische Roman und seine Vorläufer, Leipzig 1876, bes. 167ff.

[148] H. Windisch, Paulus und Christus. Ein biblisch-religionsgeschichtlicher Vergleich, UNT 24, Leipzig 1934, 157; Kretschmar, Beitrag, 35, Anm. 4.

[149] Vgl. zuletzt M. Karrer, Die Johannesoffenbarung als Brief. Studien zu ihrem liturgischen, historischen und theologischen Ort, FRLANT 140, Göttingen 1986, 211f.

[150] Es ist jedenfalls wenig wahrscheinlich, daß die Worte sekundär interpoliert worden sind; so H. Kraft, Die Offenbarung des Johannes, HNT 16a, Tübingen 1974, 189.

[151] Vgl. die schöne Studie von Ch. Wolff, Christ und Welt im 1. Petrusbrief, ThLZ 100, 1975, 333–342; Wolff rechnet allerdings wesentlich stärker (341) mit einem Sich-Einfügen der christlichen Gemeinde in die weltlichen Ordnungen.

[152] Besonders auffällig in der Vita Polycarpi 6, wo scharf zwischen dem irdischen παροικεῖν und dem himmlischen κατοικεῖν geschieden wird. Vgl. auch zu den politischen Implikationen des Begriffs Rostovtzeff, Roman Empire, 654, Anm. 4.

[153] Origenes, in Joh. 6,59, p. 168,3; Sextus-Sprüche 55.

[154] Vgl. vor allem G. Stählin, Art. ξένοι κτλ., ThWNT 5, 1–36.

[155] Ebd., 29,1ff.

[156] Ebd., 30.

[157] Siehe auch J. Gaudemet–E. Fascher, Art. Fremder, RAC 8, 306–347.

ver Teil christlicher Theologie, wenigstens im Grundsatz an der Vergeblichkeit des Kosmos festzuhalten und deshalb den Aufenthalt der Glaubenden als uneigentlich zu bestimmen.[158] Die klassische Formulierung des Diognetbriefes (5,5)[159] von den Christen als jenen Menschen, die ὡς ξένοι diese Welt bewohnen, wird ungeachtet ihres ideologischen Charakters nie wirklich aufgehoben.

Den Vorübergehenden hält nichts und niemand mehr – alles wird ihm zur Fremde und nur die Ferne zur Heimat: Erst im Eschaton erscheint als aufgehoben, was Leben zerstört.[160] Auch wenn der Bleibende ihn durch Berührung und Anruf aufhalten will – ,bist du *nur* einer, der vorübergeht?' –, so wird der Bleibende allein durch seine Passage empfindsam für den Weg der Nachfolge. Sie nur bietet die Möglichkeit der Veränderung in der Diagnose der Entfremdung.[161] Allein das Licht, das im Vorübergehen des Erlösers aufblitzt, gewährt Einsicht in die Zukunft, die noch nicht hergestellte Wahrheit leuchtet im ,Fremden' auf. Ein Logion wie ThEv 42 besteht zunächst darauf, daß die Distanz gegenüber dem abgelebten, dem ,toten Leben' den Fortgehenden bestärkt, indem es für ihn den Kosmos entlarvt. Aber der eschatologische Anspruch der urchristlichen Topik greift weiter, und wenn er in der Kirchengeschichte selten genug eingelöst worden ist[162], so bleibt er Herausforderung gegenüber allen Formen christlicher Existenz. Denn die subversive Kraft der urchristlichen Theologie, die Nachfolge als Ort eigener Fremdheit gegenüber der Welt bewahrt, hat die Geschichte noch nicht stillstellen können.

---

[158] Vgl. in Auseinandersetzung mit Basilides Clemens Alexandrinus, strom. 4,165,4.

[159] Zur Exegese des Textes vgl. vor allem R. BRÄNDLE, Die Ethik der „Schrift an Diognet". Eine Wiederaufnahme paulinischer und johanneischer Theologie am Ausgang des zweiten Jahrhunderts, AThANT 64, Zürich 1975, 80ff.; Wengst, 2. Clemens, 344ff.; A. LINDEMANN, Christliche Gemeinden und das Römische Reich im ersten und zweiten Jahrhundert, WuD 18, 1985, 105–133, bes. 125f.

[160] Vgl. die Schlußformulierungen bei E. BLOCH, Das Prinzip Hoffnung, Bd. 3, Frankfurt/M. 1974, 1628 mit der emphatischen Hervorhebung des Begriffs der ,Heimat' als jenem Ort, an dem ,Entfremdung' aufgehoben ist.

[161] TAUBES, Eschatologie.

[162] R. STRUNK, Nachfolge Christi. Erinnerung an eine evangelische Provokation, München 1981.

Paulus- und Synoptikerexegese

Einheit und Freiheit der Söhne Gottes – Gal 3,26–29

Meinem Lehrer Ferdinand Hahn gewidmet

Gal 3 26–29: ein paulinischer Text, der vor allem der Überleitung und zugleich der Verbindung zwischen zwei größeren Textkomplexen dient, dessen inhaltliche Aussagen zudem pointierter und sinnfälliger in anderem Zusammenhang ans Licht treten, ein Text, der darum auch kein besonderes Spezifikum paulinischen Denkens enthüllt – dies gibt wohl die bisherige opinio communis wieder[1]. Aber wie Texte ihren hermeneutischen Augenblick zu haben scheinen, so hat sich auch in den letzten Jahren das Interesse an Gal 3 26–29 in verschiedenen exegetischen Arbeiten[2] von neuem artikuliert.

1.

Sicher wird zunächst zu sagen sein, daß Gal 3 26–29 eine konkrete Aufgabe nicht allein für die Gedankenführung von Gal 3[3], sondern auch

---

[1] Der Text hat früher kaum eine gesonderte Behandlung erfahren. An Kommentaren vgl. z.B. F. Sieffert, Der Brief an die Galater (KEK VII) Göttingen [8]1894; W. Bousset, Der Brief an die Galater, in: SNT II, Göttingen [3]1917, 31–74; E. de Witt Burton, The Epistle to the Galatians (ICC), Edinburgh 1921; Th. Zahn, Der Brief des Paulus an die Galater (KNT 9), Leipzig [3]1922 (hg. v. F. Hauck); H. Lietzmann, An die Galater (HNT 10), Tübingen [4]1971; A. Oepke, Der Brief des Paulus an die Galater (ThHdK 9) Berlin [2]1957; H. Schlier, Der Brief an die Galater (KEK 7), Göttingen [14]1971; F. Mussner, Der Galaterbrief (HThK 9), Freiburg–Basel–Wien 1974.

[2] Unter diesen neueren Arbeiten sind vor allem zu nennen: R. Scroggs, Paul and the Eschatological Woman, JAAR 40, 1972, 283–303; D. Lührmann, Wo man nicht mehr Sklave oder Freier ist. Überlegungen zur Struktur früchchristlicher Gemeinden, WuD 13, 1975, 53–83; M. Bouttier, Complexio Oppositorum: Sur les Formules de I Cor. xii. 13; Gal. iii. 26–8; Col. iii. 10, 11, NTS 23, 1976/77, 1–19. Wichtige Aspekte des Textes werden erörtert bei M. Boucher, Some Unexplored Parallels to I Cor 11, 11–12 and Gal 3, 28: The NT on the Role of Women, CBQ 31, 1969, 50–58; W. A. Meeks, The Image of the Androgyne: Some uses of a Symbol in earliest Christianity, HR 13, 1974, 165–208.

[3] Vgl. G. Klein, Individualgeschichte und Weltgeschichte bei Paulus. Eine Interpretation ihres Verhältnisses im Galaterbrief, in: ders., Rekonstruktion und Interpretation (Ges.

im Blick auf die Argumentation des gesamten Briefes hat[4]. v. 29 zieht erkennbar das Resumée des vorhergegangen Beweisganges und knüpft in der Terminologie noch einmal an die Ausgangsposition von 3 6f. an[5], die in der sich anschließenden Digression durch Paulus ausführlich begründet und bewiesen worden war. Deshalb wird diese Zusammenfassung in v. 29 auch so gegeben, daß nicht nur an v. 6f. erinnert wird, sondern zugleich das Argument der sich an v. 7 anschließenden Verse mitklingt. Es geht also nicht allein um die Anknüpfung, sondern zugleich um die Modifikation jener Ausgangsthese: zunächst wird deshalb auch nicht der Begriff der Sohnschaft aus v. 7 aufgenommen, sondern in v. 29b vom τοῦ Ἀβραὰμ σπέρμα gesprochen. Dies läßt sich nur verstehen, wenn immer auch die Aussage von v. 16 berücksichtigt wird, der für den Gedankengang der sich anschließenden Verse eine Schlüsselstellung zukommt. An v. 16 erinnert zunächst das κατ᾽ ἐπαγγελίαν κληρονόμοι von v. 29b. Entscheidender erscheint jedoch noch das besonders betonte εἷς von v. 28, weil hier in Verbindung mit dem τοῦ Ἀβραὰμ σπέρμα von v. 29 noch einmal an die These von v. 16 angeknüpft wird[6], die sich entscheidend durch die Singularität des σπέρμα und die dadurch ermöglichte, christologische Interpretation definiert hatte.

Aber zugleich gilt auch dies: Gal 3 26–29 leitet zum Folgenden über und gehört in den Gedankengang hinein, der bis 4 7 reicht[7]. Dem präludieren bereits die Verse 3 24f., die zugleich noch einmal die Thematik des νόμος aufnehmen, aber darüber hinaus auf den Gedanken der Sohnschaft der Glaubenden hinführen, der für die Argumentation des Paulus bis 4 7 entscheidende Bedeutung hat[8]. Die Gedankenfolge ist im Einzelnen nicht immer einfach zu bestimmen[9]; dies liegt an der zuweilen schwierigen Verbindung der einzelnen Begriffe[10], die nicht nur innerhalb

---

Aufs.), BEvTh 50, München 1969, 180–224, dort 214f. Siehe auch W. Lütgert, Gesetz und Geist. Eine Untersuchung zur Vorgeschichte des Galaterbriefes, BFChTh 22, 6, Gütersloh 1919, 59ff.; unter den Kommentaren vor allem Lietzmann, Galater, 22f.

[4] Vgl. F. Hahn, Das Gesetzesverständnis im Römer- und Galaterbrief, ZNW 67, 1976, 29–63.

[5] Vgl. Schlier, Galater, 127; F. Hahn, Genesis 15, 6 im Neuen Testament, in: Probleme biblischer Theologie (Festschrift G. von Rad), München 1971, 90–107, dort 99.

[6] Vgl. H.-F. Weiss, »Volk Gottes« und »Leib Christi«. Überlegungen zur paulinischen Ekklesiologie, ThLZ 102, 1977, 411–420; dort 417; E. Schweizer, Erniedrigung und Erhöhung bei Jesus und seinen Nachfolgern, AThANT 28, Zürich ²1962, 70.

[7] Klein, Individualgeschichte und Weltgeschichte, 214.

[8] Auch Gal 4 8–11 gehört – in der Anwendung auf die Situation der galatischen Gemeinde – noch zu diesem Thema der Sohnschaft der Getauften hinzu, sofern hier die grundsätzliche Unumkehrbarkeit solcher Sohnschaft für die Galater artikuliert wird.

[9] Lietzmann, Galater, 22f.

[10] Im Blick auf v. 26 finden sich solche Erwägungen etwa bei Oepke, Galater, 88.

des Kontextes Entsprechungen finden, sondern mit bestimmten Topoi der anderen, paulinischen Briefe korrespondieren. Dennoch bleibt die Hauptthese deutlich genug: Es geht für Paulus um die christologisch begründete und bestimmte Sohnschaft der Glaubenden als das wahre Evangelium der Freiheit (3 26 4 5–7).

In enger Verbindung zu dieser Sohnschaft sind die anderen Motive der paulinischen Gedankenführung in diesen Versen zu sehen: Dies gilt etwa von jenen Größen, die Paulus dieser grundlegenden Freiheit der Christen gegenüberstellt und die jene Sohnschaft nicht allein bestimmen, sondern sie auch zeitlich definieren. Es handelt sich auf der einen Seite um den νόμος, dessen Funktion nun allerdings auf der Folie von Gal 3 differenziert zu sehen ist[11], andererseits um die versklavenden Mächte der στοιχεῖα[12]. In engem Zusammenhang mit dem grundlegenden Thema der Sohnschaft steht aber schließlich auch der Gegenbegriff von δοῦλοι / δουλεύειν (so z.B. in 4 3. 9) und das Motiv der κληρονομία / κληρονόμοι (3 29 4 7), das diese Verse erneut in den Horizont des ganzen dritten Kapitels rückt[13].

2.

2.1. So wenig dieser Kontext nur den Rahmen abgibt, innerhalb dessen Gal 3 26–29 ein Eigenleben führt, so sehr bleibt zu bedenken, daß die Verse in sich relativ geschlossen aufgebaut und gegliedert sind[14]:

---

[11] Für das Verständnis von νόμος in Gal 3 vgl. Hahn, Gesetzesverständnis (dort auch die Lit.), 51 ff.

[12] Zu στοιχεῖον vgl. z.B. M. Dibelius, Die Geisterwelt im Glauben des Paulus, Göttingen 1909, 78 ff. 140 ff.; G. Bornkamm, Die Häresie des Kolosserbriefes, in: ders., Das Ende des Gesetzes. Paulusstudien, BEvTh 16, München ⁴1963, 139–156; A. W. Cramer, Stoicheia tou Kosmou. Interpretatie van een nieuwtestamentliche Term, (Diss. Leiden), 's-Gravenhage 1961; G. Delling, Art. στοιχέω κτλ., ThWNT VII, Stuttgart 1964, 666–687; E. Schweizer, Die »Elemente der Welt« Gal 4, 3. 9; Kol. 2, 8. 20, in: Verborum Veritas (Festschrift G. Stählin), Wuppertal 1970, 245–259; Ph. Vielhauer, Gesetzesdienst und Stoicheiadienst im Galaterbrief, in: Rechtfertigung (Festschrift E. Käsemann), Tübingen 1976, 543–555; E. Schweizer, Der Brief an die Kolosser (EKK), Zürich–Neukirchen 1976, 100 ff.

[13] Zu κληρονομία vgl. etwa J. Behm, Der Begriff ΔΙΑΘΗΚΗ im Neuen Testament, Leipzig 1912; E. Lohmeyer, Diatheke. Ein Beitrag zur Erklärung des neutestamentlichen Begriffs, UNT 2, Leipzig 1913; J. D. Hester, Paul's Concept of Inheritance. A Contribution of the Understanding of Heilsgeschichte, SJTh.OP 14, Edinburgh 1968; P. Hammer, The Understanding of Inheritance (κληρονομία) in the New Testament, Diss. theol. Heidelberg 1958; P. Hammer, A Comparison of kleronomia in Paul and Ephesians, JBL 79, 1960, 267–272.

[14] Zum Aufbau des Stückes vgl. Lührmann, Wo man nicht mehr Sklave oder Freier ist, 57; Bouttier, Complexio Oppositorum, 4 ff.

26a Πάντες γὰρ υἱοὶ θεοῦ ἐστε
 b διὰ τῆς πίστεως ἐν Χριστῷ Ἰησοῦ
27a ὅσοι γὰρ εἰς Χριστὸν ἐβαπτίσθητε
 b Χριστὸν ἐνεδύσασθε
28a οὐκ ἔνι Ἰουδαῖος οὐδὲ Ἕλλην
 οὐκ ἔνι δοῦλος οὐδὲ ἐλεύθερος
 οὐκ ἔνι ἄρσεν καὶ θῆλυ
 b πάντες γὰρ ὑμεῖς εἷς ἐστε ἐν Χριστῷ Ἰησοῦ
29a εἰ δὲ ὑμεῖς Χριστοῦ
 b ἄρα τοῦ Ἀβραὰμ σπέρμα ἐστέ
 c κατ᾽ ἐπαγγελίαν κληρονόμοι.

Läßt man einmal den zusammenfassenden, eher argumentativ verfahrenden v. 29 außer acht, so fallen in den anderen Versen zunächst die betonten, hervorgehobenen πάντες-Formulierungen auf; charakteristisch ist eine Art Ringkomposition mit der Einleitung in v. 26a und dem Abschluß in v. 28b, deren Entsprechungsverhältnis kaum zufällig zu nennen ist. Zudem bleibt zu beachten, daß auch in dem ὅσοι von v. 27a inhaltlich das πάντες von v. 26a und 28b anwesend ist (also ein gängiges Stilmittel des ganzen Stückes vorliegen dürfte). Schließlich ist vor allem die Antithetik des v. 28a zu nennen, innerhalb derer die drei Gegensatzpaare zusätzlich noch chiastisch verschränkt sind. Der in sich geschlossene, kompositionelle Charakter der Verse wird innerhalb des Kontextes dadurch besonders hervorgehoben, daß gegenüber dem ἐσμεν von v. 25a in v. 26a mit ἐστε ein pointierter Wechsel der Redeform vorliegt. Erst in 4 1ff. knüpft Paulus mit dem οὕτως καὶ ὑμεῖς (4 3) wieder an 3 25 an. Diese Alternierung der Redeform unterstreicht erneut den inneren Zusammenhang der Texteinheit 3 26–29 und rechtfertigt eine gesonderte Behandlung des Stückes. Die Verse sind dabei in typischem Diatribenstil gehalten[15], aus dem sich v. 28a. b als besonders strukturiert herausheben läßt.

2.2. Solche stilistische Besonderheit des Textes macht es verständlich, daß in Analogie zu anderen Texten des Corpus Paulinum auch hier (wenn auch mit unterschiedlicher Akzentsetzung) eine vorpaulinische Einheit vermutet worden ist[16]. Solcher Schluß auf eine vorpaulinische

---

[15] R. Bultmann, Der Stil der paulinischen Predigt und die kynisch-stoische Diatribe, FRLANT 13, Göttingen 1910, 80ff. (vgl. auch 27ff.).

[16] So z.B. E. Larsson, Christus als Vorbild. Eine Untersuchung zu den paulinischen Tauf- und Eikontexten, ASNU 23, Uppsala 1962, 209 (im Zusammenhang einer Analyse von Kol 3 11); E. Käsemann, Zum Thema der urchristlichen Apokalyptik, in: ders., Exegetische Versuche und Besinnungen II, Göttingen 1964, 105–131, dort 124; W. Schmithals, Die Gnosis in Korinth. Eine Untersuchung zu den Korintherbriefen, FRLANT 66,

Tradition wird ungeachtet des offenkundigen Zusammenhangs der Verse eines nuancierten Beweises bedürfen, jedenfalls zwischen v. 28 a. b[17] und dem gesamten Stück trennen müssen, ja methodisch zusätzlich noch innerhalb von v. 28 zu differenzieren haben. Für die Wahrscheinlichkeit solch traditionsgeschichtlicher Hypothese spricht im Blick auf v. 28 a neben der gehobenen Sprache[18] die Parallelität von 1 Kor 12 13[19] und Kol 3 11[20].

1 Kor 12 13:

καὶ γὰρ ἐν ἑνὶ πνεύματι ἡμεῖς πάντες εἰς ἓν σῶμα ἐβαπτίσθημεν
εἴτε Ἰουδαῖοι εἴτε Ἕλληνες
εἴτε δοῦλοι εἴτε ἐλεύθεροι
καὶ πάντες ἓν πνεῦμα ἐποτίσθημεν

Kol 3 11:

ὅπου οὐκ ἔνι Ἕλλην καὶ Ἰουδαῖος
περιτομὴ καὶ ἀκροβυστία
βάρβαρος, Σκύθης, δοῦλος, ἐλεύθερος
ἀλλὰ πάντα καὶ ἐν πᾶσιν Χριστός.

Göttingen ³1969, 227; J. Eckert, Die urchristliche Verkündigung im Streit zwischen Paulus und seinen Gegnern nach dem Galaterbrief, BU 6, Regensburg 1971, 88 (v. 28 vorpaulinische Formel); Scroggs, Paul and the Eschatological Woman, 291 (zu Gal 3 27 f.); S. Schulz, Evangelium und Welt. Hauptprobleme einer Ethik des Neuen Testaments, in: Neues Testament und christliche Existenz (Festschrift H. Braun), Tübingen 1973, 483−502, dort 491 f.; Meeks, Image of the Androgyne 180; Lührmann, Wo man nicht mehr Sklave oder Freier ist 57 (zu v. 28); Bouttier, Complexio Oppositorum, 6; K. Niederwimmer, Askese und Mysterium. Über Ehe, Ehescheidung und Eheverzicht in den Anfängen des christlichen Glaubens, FRLANT 113, Göttingen 1975, 178 (zu Gal 3 28).

[17] Auf diesen Vers konzentriert sich kaum zufällig die Aufmerksamkeit der bisherigen traditionsgeschichtlichen Analyse des Textes; vgl. Anm. 16.

[18] Zu diesem Argument vgl. Lührmann, Wo man nicht mehr Sklave oder Freier ist, 57.

[19] Zu 1 Kor 12 13 vgl. J. Weiß, Der erste Korintherbrief, KEK V, Göttingen ⁹1910, 302 ff.; J. Jervell, Imago Dei. Gen. 1, 26 f. im Spätjudentum, in der Gnosis und in den paulinischen Briefen, FRLANT 76, Göttingen 1960, 294 f.; H. Conzelmann, Der erste Brief an die Korinther, KEK V, Göttingen ¹¹1961, 249 f.; Lührmann, Wo man nicht mehr Sklave oder Freier ist, 58 ff.; Bouttier, Complexio Oppositorum, 3 ff.; F. Hahn, Paulus und der Sklave Onesimus. Ein beachtenswerter Kommentar zum Philemonbrief, EvTh 37, 1977, 179−185, dort 182.

[20] Zu Kol 3 11 vgl. H. Windisch, Art. Ἕλλην κτλ., ThWNT II, Stuttgart 1935, 501−514, bes. 511 ff.; O. Michel, Art. Σκύθης, ThWNT VII, Stuttgart 1964, 448−451, dort 450. 19 ff.; M. Dibelius−H. Greeven, An die Kolosser, Epheser. An Philemon, HNT 12, Tübingen ³1953 42 f.; Larsson, Christus als Vorbild, 209; O. Merk, Handeln aus Glauben, MThSt 5, Marburg 1968, 204 ff.; E. Lohse, Die Briefe an die Kolosser und an Philemon, KEK IX/2, Göttingen ¹⁹1968, 202 ff.

Die Übereinstimmung unter diesen Texten reicht erstaunlich weit[21] und rechtfertigt wohl den Schluß auf die Traditionalität des Topos; dennoch bleiben auch die Unterschiede zwischen ihnen nicht zu übersehen[22]. Sie belegen immerhin, daß die traditionelle Wendung variabel angewandt werden konnte, zugleich aber bestimmte Elemente die drei Texte so sehr verbinden, daß solche Abweichungen die zugrundeliegende Gemeinsamkeit nicht zerbrechen. Sie besteht vor allem in der christologisch fundierten Aufhebung grundlegender, anthropologischer Gegensätze, deren Aufzählung im Einzelnen unterschiedlich gehandhabt werden kann. Der Nachsatz betont dies, indem er unter Verwendung des πάντες-Motivs diese Aufhebung noch einmal für die Glaubenden artikuliert. Geht man von der Erkenntnis der Traditionalität und Vorgegebenheit eines so bestimmten Motivzusammenhangs aus[23], bei der vor allem der Antithetik mit ihrer Betonung der Aufhebung solcher Unterschiede eine besondere Rolle zukommt, so rücken nun über 1 Kor 12 3 und Kol 3 11 hinaus Texte des Corpus Paulinum in den Mittelpunkt, die dieser Erkenntnis weitere Argumente liefern können.

1 Kor 7 19[24]:

> ἡ περιτομὴ οὐδέν ἐστιν
> καὶ ἡ ἀκροβυστία οὐδέν ἐστιν
> ἀλλὰ τήρησις ἐντολῶν θεοῦ

Gal 5 6[25]:

> ἐν γὰρ Χριστῷ Ἰησοῦ οὔτε περιτομή τι ἰσχύει οὔτε ἀκροβυστία
> ἀλλὰ πίστις δι᾽ ἀγάπης ἐνεργουμένη

Gal 6 15[26]:

> οὔτε γὰρ περιτομή τί ἐστιν οὔτε ἀκροβυστία
> ἀλλὰ καινὴ κτίσις.

---

[21] Bouttier, Complexio Oppositorum, 10.

[22] Besonders auffällig ist natürlich, daß im Unterschied zu 1 Kor 12 13 in der Reihe von Gal 3 28 a der Gegensatz von ἄρσεν − θῆλυ enthalten ist; zu der Differenz vgl. Jervell, Imago Dei, 294.

[23] Bouttier, Complexio Oppositorum, 10.

[24] Zu 1 Kor 7 19 vgl. J. Weiss, 1. Korinther, 186 f.; W. Bousset, Der erste Korintherbrief, in: SNT II, Göttingen ³1917, 74−167, dort 104; Conzelmann, 1. Korinther, 152; Lührmann, Wo man nicht mehr Sklave oder Freier ist, 61 f.; E. Fascher, Der erste Brief an die Korinther I, ThHK VII/1, Berlin 1975, 191 ff. Für den ganzen Zusammenhang wichtig S. S. Bartchy, ΜΑΛΛΟΝ ΧΡΗΣΑΙ. First-Century Slavery and the Interpretation of 1 Corinthians 7:21 (Society of Biblical Literature: Diss.Ser. 11), Cambridge/Mass. 1973.   [25] Vgl. Oepke, Galater, 119 ff.

[26] Dazu H. Schlier, Galater, 209; G. Schneider, Die Idee der Neuschöpfung beim Apostel Paulus und ihr religionsgeschichtlicher Hintergrund, TThZ 68, 1959, 257−270, bes. 264 ff.

Relativ konstant ist erneut nicht nur die antithetische Struktur der Aussage im Gegensatz von περιτομή und ἀκροβυστία, sondern auch die Betonung ihrer Aufhebung in einem Zustand, der durch einen mit ἀλλά eingeleiteten Satz näher beschrieben und bezeichnet wird. Der Schlüssel zu diesen in sich disparaten Äußerungen dürfte für Paulus in 2 Kor 5 17 zu finden sein:

ὥστε εἴ τις ἐν Χριστῷ, καινὴ κτίσις
τὰ ἀρχαῖα παρῆλθεν, ἰδοὺ γέγονεν καινά[27].

Die Einzelaussagen heben − innerhalb dieses traditionell vorgegebenen und strukturierten Kontextes − die Sätze dann in das Ensemble der paulinischen Theologie.

2.3. Nun legen es jedoch gerade die traditionellen Elemente nahe, weiterzufragen und auf eine Reihe apokrypher Überlieferungen des Urchristentums zu verweisen, deren Topik und Struktur verwandt zu nennen ist[28].

Mart Petri 9 (Lipsius−Bonnet I, 94, 13ff.):

ἐὰν μὴ ποιήσητε τὰ δεξιὰ ὡς τὰ ἀριστερὰ
καὶ τὰ ἀριστερὰ ὡς τὰ δεξιὰ
καὶ τὰ ἄνω ὡς τὰ κάτω
καὶ τὰ ὀπίσω ὡς τὰ ἔμπροσθεν
οὐ μὴ ἐπιγνῶτε τὴν βασιλείαν.

Das Motiv, das sich noch in anderen Texten belegen läßt[29], betont erneut die Aufhebung gegebener Verhältnisse als Vorbedingung für den Eintritt in die βασιλεία τοῦ θεοῦ. Noch deutlicher wird die Berührung mit der Tradition von Gal 3 28a in dem Text ThomEv 22[30]:

Jesus sah kleine (Kinder) saugen. Er sprach
zu seinen Jüngern: Diese Kleinen, die saugen,
gleichen denen, die eingehen ins Reich.

---

[27] Zu 2 Kor 5 17 vgl. H. Windisch, Der zweite Korintherbrief, KEK VI, Göttingen ⁹1924, 189f.; P. Stuhlmacher, Erwägungen zum ontologischen Charakter der καινὴ κτίσις, EvTh 27, 1967, 1−35; F. Hahn,»Siehe, jetzt ist der Tag des Heils«. Neuschöpfung und Versöhnung nach 2. Korinther 5, 14−6, 2, EvTh 33, 1973, 244−253.

[28] Für das Folgende vgl. E. Peterson, Einige Beobachtungen zu den Anfängen der christlichen Askese, in: ders., Frühkirche, Judentum und Gnosis, Rom−Freiburg−Wien 1959, 209−220, bes. 213f.; Niederwimmer, Askese und Mysterium, 176ff.; H. Paulsen, Studien zur Theologie des Ignatius von Antiochien, Göttingen 1978, 160ff.

[29] Vgl. die in sich differierende Überlieferung von ActPhil 140 (Lipsius−Bonnet II, 2, 74, 8ff. 20ff. 27ff.); siehe auch TestDomini (Rahmani p. 64); Hippolyt, In Danielem IV, 39 (Bonwetsch, 288, 9f.).

[30] Übersetzung nach E. Haenchen, Die Botschaft des Thomas-Evangeliums, Berlin 1961, 19, 20ff.

Sie sprachen zu ihm: Werden wir, indem wir klein sind,
eingehen in das Reich? Jesus sprach zu ihnen:
Wenn ihr die zwei (zu) eins macht und
wenn ihr macht das Innere wie das Äußere
und das Äußere wie das Innere und
das Obere wie das Untere, und wo ihr
macht das Männliche und das Weibliche zu einem
Einzigen, damit nicht das Männliche männlich und
das Weibliche weiblich ist, wenn ihr macht
Augen statt eines Auges und eine Hand
statt einer Hand und einen Fuß statt
eines Fußes und ein Bild statt eines Bildes,
dann werdet ihr eingehen in das Reich.

ThomEv 22[31] rekapituliert nicht allein bestimmte Theologumena
des ThomEv selbst[32] − und hat deshalb auch innerhalb des Kontextes
weitere Korrespondenzen[33] −, sondern stimmt in der Betonung der
eschatologischen Aufhebung aller Gegensätze überein mit jenem
apokryphen Herrenwort, das in unterschiedlicher Form überliefert ist
und die Antwort auf die Frage nach dem Kommen der βασιλεία τοῦ
θεοῦ geben will[34]:

2 Clem 12 2:

ἐπερωτηθεὶς γὰρ αὐτὸς ὁ κύριος ὑπό τινος, πότε ἥξει αὐτοῦ
ἡ βασιλεία εἶπεν·
Ὅταν ἔσται τὰ δύο ἕν
      καὶ τὸ ἔξω ὡς τὰ ἔσω
      καὶ τὸ ἄρσεν μετὰ τῆς θηλείας
      οὔτε ἄρσεν οὔτε θῆλυ

---

[31] Vgl. J. Doresse, L'évangile selon Thomas ou les paroles secrètes de Jésus, Paris 1959,
155 f.; R. McL. Wilson, Studies in the Gospel of Thomas, London 1960, 29 f.; M. Harl,
A propos des Logia de Jésus: le sens du mot ΜΟΝΑΧΟΣ, REG 73, 1960, 464−474; R.
M. Grant−D. N. Freedman, Geheime Worte Jesu. Das Thomas-Evangelium, Frank-
furt 1960, 137 ff.; B. Gärtner, The Theology of the Gospel according to Thomas, New
York 1961, 218 ff.; Haenchen, Botschaft des Thomas-Evangeliums, 52 ff.; R. Kasser,
L'évangile selon Thomas, Neuchatel 1961, 59 f.; A. F. J. Klijn, The »Single One« in the
Gospel of Thomas, JBL 81, 1962, 271−278; H. C. Kee, »Becoming a Child« in the
Gospel of Thomas, JBL 82, 1963, 307−314; H. J. W. Drijvers, Edessa und das jüdische
Christentum VigChr 24, 1970, 4−33.

[32] E. Haenchen, Die Anthropologie des Thomas-Evangeliums, in: Neues Testament und
christliche Existenz (Festschrift H. Braun), Tübingen 1973, 207−228, bes. 213 ff.

[33] Die Zusammenstellung der relevanten Texte bei McL. Wilson, Studies, 30; Klijn, Single
One, 271 ff.; Drijvers, Edessa, 18 f. − Log 22 bietet vor allem im Blick auf das Verständnis der ›Kleinen‹ Interpretationsschwierigkeiten; auch sonst ist der Text traditionsgeschichtlich nicht einheitlich.

[34] Zu dieser Überlieferung vgl. auch W. Bauer, Das Leben Jesu im Zeitalter der neutestamentlichen Apokryphen, Tübingen 1909, 327. 402 f.

ClemAl, strom. 3, 13, 92, 2 (Stählin, 238, 24 ff.):

> ὅταν τὸ τῆς αἰσχύνης ἔνδυμα πατήσητε
> καὶ ὅταν γένηται τὰ δύο ἕν
> καὶ τὸ ἄρρεν μετὰ τῆς θηλείας
> οὔτε ἄρρεν οὔτε θῆλυ.

Die hier aufgenommene Überlieferung läßt sich sicher nicht auf diese Texte einschränken[35]; dies erschwert in ganz besonderem Maße die traditionsgeschichtliche Analyse[36], weil das Motiv auch ohne feste, formale Einbindung weit verbreitet war. Dennoch lassen sich gewisse Grundzüge der Überlieferungsgeschichte noch erkennen:

Gerade in der Betonung des Unterschiedes der Geschlechter und seiner Beseitigung sind Berührungen mit gnostischen oder auch gnostisierenden Texten nicht zu übersehen[37]. Dies kann nicht überraschen bei einem Denken, das nicht nur das weibliche Element in besonderer Weise als den Ursprung allen Übels ansah[38], sondern im bloßen Tatbestand der Trennung der Geschlechter den Beweis der Gottesferne sah. Von daher mußte in der Aufhebung solcher Trennung[39] die Rückkehr zur ursprünglichen Einheit erblickt werden[40].

---

[35] Vgl. z. B. noch die naassenische Überlieferung bei Hippolyt, Ref. V, 7, 15 (W. Völker, Quellen zur Geschichte der christlichen Gnosis. Tübingen 1932, 13, 5 ff.); daneben die Zusammenstellung der Texte bei E. Klostermann, Apocrypha II: Evangelien, KlT 8, Berlin 1929, 15 f. Spuren der Tradition finden sich auch in dem von Klostermann, a. a. O., 23, Z. 16 ff. wiedergegebenen Papyrusfragment (hier allerdings mit dem Gewandmotiv verbunden). Einer gesonderten Analyse bedürfte die Frage nach der Funktion und Bedeutung des »Ägypterevangeliums« für diesen Traditionskomplex; vgl. hierzu H. Ch. Puech bei E. Hennecke–W. Schneemelcher, Neutestamentliche Apokryphen I, Tübingen ⁴1968, 215.

[36] Vgl. Niederwimmer, Askese und Mysterium, 178; Niederwimmer versucht in zwei Motive zu klassifizieren, von denen das eine die eschatologische Aufhebung der Gegensätze, das andere die Beseitigung der Scham als Folge der Entfremdung intendiere.

[37] Vgl. Schmithals, Gnosis in Korinth, 227. An Texten vgl. besonders das ›Evangelium nach Philippos‹ (W. C. Till, Das Evangelium nach Philippos, PTS 2, Berlin 1963); z. B. 71. 78 f. 83. 125 ff. Dazu siehe H.-G. Gaffron, Studien zum koptischen Philippusevangelium unter besonderer Berücksichtigung der Sakramente, Diss. theol. Bonn 1969, 199 f. Zum Ganzen vgl. jetzt K. Koschorke, Die Polemik der Gnostiker gegen das kirchliche Christentum, NHS 12, Leiden 1978.

[38] Vgl. Haenchen, Anthropologie, 213; Jervell, Imago Dei, 162 ff.

[39] Noch einmal ist zu betonen, daß die Trennung der Geschlechter exemplarischen Charakter hat und trotz gelegentlicher Isolierung des Motivs vor allem jenen μερισμός dokumentieren soll, der die gesamte Schöpfung durchzieht.

[40] Haenchen, Anthropologie, 214, Anm. 24, weist auf die letzte Konsequenz solchen Denkens hin: »An diesem Fall wird der Unterschied dieser Gnosis vom gleichzeitigen Christentum deutlich: Das ThEv sieht die Welt überhaupt nicht als göttliche Schöpfung an«.

In diesen Zusammenhang gehören dann neben dem Motiv des Brautgemachs[41] auch die verbreiteten Vorstellungen vom androgynen (Ur-)Menschen[42], die durchaus nicht auf gnostische Texte[43] zu beschränken sind[44]. Auch dem nach-alttestamentlichen Judentum[45] sind sie – wenn auch vielleicht erst in chronologisch späteren Texten[46] – nicht ganz fremd gewesen. Kaum zu bezweifeln ist, daß diese Texte und Zusammenhänge über weite Strecken eine besondere Affinität zu Gen 1 27[47] bzw. 2 24[48] aufweisen, also ein bewußter Rekurs auf die Urzeit und

---

[41] Zum Motiv des Brauchgemachs vgl. z.B. Gaffron, Studien, 191ff.

[42] Zu diesen androgynen Vorstellungen vgl. E. L. Dietrich, Der Urmensch als Androgyn, ZKG 58, 1939, 297–345; K. H. Rengstorf, Mann und Frau im Urchristentum (Arbeitsgemeinschaft für Forschung des Landes Nordrhein-Westfalen, Heft 12), Köln–Opladen 1954, 11f.; Jervell, Imago Dei, 107ff.; Schmithals, Gnosis in Korinth, 227 (vgl. die Nachträge auf S. 366); Boucher, Parallels, 50ff.; Bouttier, Complexio Oppositorum, 15ff.; Niederwimmer, Askese und Mysterium, 45ff.; siehe auch den Überblick bei M. Delcourt, Hermaphrodite. Mythes et rites de la Bisexualité dans l'Antiquité classique, Paris 1958. Für den religionsgeschichtlichen Kontext vgl. neben Meeks, Image of the Androgyne (Lit.) noch die mehr phänomenologisch orientierte Studie von H. Baumann, Das doppelte Geschlecht. Ethnologische Studien zur Bisexualität in Ritus und Mythos, Berlin 1955.

[43] Die Behauptung Haenchens (Anthropologie, 213) erscheint jedenfalls als übertrieben: »Mit dem Ideal des Androgynen hat das nichts zu tun; es war für die Gnostiker alles andere als ein Ideal«. Dagegen z.B. Meeks, Androgyne, 188f.

[44] Vgl. für den traditionsgeschichtlichen Zusammenhang vor allem C. Colpe, Heidnische, jüdische und christliche Überlieferung in den Schriften aus Nag Hammadi IV, JAC 18, 1975, 144–165. Die Motive verbinden sich leicht mit asketischen und enkratitischen Tendenzen; vgl. K. Müller, Die Forderung der Ehelosigkeit für alle Getauften in der alten Kirche, in: ders., Aus der akademischen Arbeit, Tübingen 1930, 63–79; H. von Campenhausen, Die Askese im Urchristentum, in: ders., Tradition und Leben, Tübingen 1960, 114–156; G. Kretschmar, Ein Beitrag zur Frage nach dem Ursprung frühchristlicher Askese, ZThK 61, 1964, 27–67; C. Tibiletti, Verginità e matrimonio in antichi scrittori cristiani, Università di Macerata: Annali della Facoltà di lettere e filosofia 2, 1969, 9–217; P. F. Beatrice, Continenza e matrimonio nel cristianesimo primitivo (secc. I–II), in: R. Cantalamessa (Hg.), Etica sessuale e matrimonio nel cristianesimo delle origine (Studia Patristica Mediolanensia 5), Milano 1976, 3–68.

[45] Vgl. Jervell, Imago Dei, 107ff. 161ff., der die rabbinischen Vorstellungen weitgehend auf gnostisches Traditionsmaterial zurückführt. Zu Philo siehe z.B. R. A. Baer, Philo's Use of the Categories Male and Female, ALG HL 3, Leiden 1970.

[46] Zum betreffenden Motiv im Buche Bahir und im Sohar vgl. G. Scholem, Von der mystischen Gestalt der Gottheit. Studien zu Grundbegriffen der Kabbala, Frankfurt 1973, 164. 177ff.

[47] Niederwimmer, Askese und Mysterium, 44f. Im Blick auf Gal 3 28a bleibt vor allem wichtig, daß der Gegensatz von ἄρσεν und θῆλυ terminologisch auf Gen 1 27 bzw. 2 24 zurückgeht.

[48] K. Stendahl, The Bible and the Role of Women. A Case Study in Hermeneutics, FB. B 15 Philadelphia 1966, 32; vgl. auch Jervell, Imago Dei, 107.

die Schöpfung gegeben werden soll. In dieser Hinsicht bedürfte deshalb auch ein Text wie Mk 10 2ff.[49] erneuter Diskussion[50]. Erwartet wird in dieser Topik inhaltlich eine Umstürzung und Umwertung aller Werte[51] dieses gegenwärtigen, negativ zu beurteilenden Kosmos, eine restitutio ad integrum[52] und eschatologische Neuschöpfung[53]. Die enge Verbindung des Gedankens mit dem Hereinbrechen der βασιλεία τοῦ θεοῦ liegt zwar nicht allen Texten zugrunde, dennoch läßt sich grundsätzlich von einer ursprünglichen endzeitlichen Einbindung des Topos ausgehen, die charakteristisch für diese Überlieferung ist[54].

Läßt dies alles die Traditionalität des in Gal 3 28a aufgenommenen Gedankens wahrscheinlich erscheinen, so ist die religionsgeschichtliche (wie die traditionsgeschichtliche) Provenienz des Stückes nicht mehr mit jener Sicherheit zu bestimmen, wie dies zuweilen behauptet worden ist[55]. Dafür ist das zugrundeliegende Motiv doch wohl zu sehr verbreitet gewesen, es kehrt in traditionsgeschichtlich kaum zu vermittelnden Zusammenhängen wieder[56]. Es wird sich wohl mit aller gebotenen Vorsicht traditionsgeschichtlich zunächst nicht mehr feststellen und aussagen lassen, als daß es sich hier um eine vorpaulinische Tradition handelt, die auf heidenchristliche, hellenistische Gemeinden zurückge-

---

[49] Das absolute Scheidungsverbot hat seine Pointe im Insistieren auf der ursprünglichen Einheit, die durch die Scheidung zerstört wird. Zum Zusammenhang mit der jesuanischen Überlieferung vgl. jetzt G. Strecker, Die Antithesen der Bergpredigt, ZNW 69, 1978, 36–72, bes. 52ff. (in Anm. 44 die Lit.); vgl. auch Niederwimmer, Askese und Mysterium, 44ff.

[50] Vgl. Rengstorf, Mann und Frau, 19f., der sogar mit einem direkten Einfluß dieser synoptischen Tradition auf Gal 3 28 rechnet; siehe auch Stendahl, Bible and the Role of Women, 32. Zu Mk 12 25 vgl. Rengstorf, Mann und Frau, 20f. Zum Ganzen vgl. J. G. Gager, Kingdom and Community. The Social World of Early Christianity, Englewood Cliffs 1975, 34f. (mit den Anm. auf S. 61).

[51] W. Bauer, Leben Jesu, 403.

[52] Vgl. Niederwimmer, Askese und Mysterium, 49.

[53] Vgl. E. Sjöberg, Wiedergeburt und Neuschöpfung im palästinischen Judentum, StTh 4, 1950, 44–85; E. Sjöberg, Neuschöpfung in den Toten-Meer-Rollen, StTh 9, 1955, 131–136; Schneider, Idee, 263f.; Stuhlmacher, Erwägungen, 20.

[54] Von Campenhausen, Askese, 149.

[55] Vgl. Schmithals, Gnosis in Korinth, 227: »Die Gnostiker werden die Formel, deren zukräftige Wirkung in der damaligen Zeit man sich wohl vorstellen kann, nach vollzogener Taufe im liturgischen Akt den Neugetauften zugesprochen haben . . .«. Dies weiß jedenfalls mehr, als historische Erkenntnis zuläßt.

[56] Auch die Kategorie ›enthusiastisch‹ ist, wenn sie über das Inhaltliche hinaus auf historische Deskription zielt, ungenau. Vgl. übrigens schon die Kritik des Begriffs bei F. Overbeck (im Nachlaß ONB A 222); dazu A. Pfeiffer, Franz Overbecks Kritik des Christentums (Studien zur Theologie und Geistesgeschichte des neunzehnten Jahrhunderts 19), Göttingen 1975, 58.

hen dürfte[57]. Für sie ist kennzeichnend, daß sie in antithetischer Struktur die Aufhebung irdischer Gegensätze wie Ἰουδαῖος – Ἕλλην, δοῦλος – ἐλεύθερος, ἄρσεν – θῆλυ aussagt, sie christologisch interpretiert und die Aussage eschatologisch ausrichtet[58].

Dies Ergebnis ist nach einer anderen Seite hin noch auszuweiten: Die zur Erklärung von Gal 3 28a oft herangezogene, jüdische Überlieferung[59] aus TBer 7, 18 (bzw. jBer 13b 57ff.; bMen 43b) ist keineswegs mit jener Sicherheit als Ursprung der Formulierung von Gal 3 28a anzusehen[60], mit der dies häufig behauptet worden ist[61]. Jene Worte, in denen der Betende Gott dafür dankt, daß er ihn nicht zu einem Heiden, nicht zu einer Frau, nicht zu einem Ungebildeten erschaffen habe, dürften zudem chronologisch erst relativ spät entstanden sein[62] und wären in ihren traditionsgeschichtlichen Bedingungen erst noch zu erhellen[63]. Entscheidender aber ist der inhaltliche Unterschied: Es geht in Gal 3 28a und der hier aufgenommenen Überlieferung nicht um die Aufwertung der im jüdischen Gebet negativ besetzten Größen von Frau, Heide und Sklave – jedenfalls ist dies nicht die primäre Intention der Aussage –, es kommt vielmehr vor allem auf die Negierung und die Aufhebung dieser Gegensätze an. Viel eher wäre deshalb an jene jüdischen Traditionen zu erinnern, in denen die Gleichheit aller vor Gott als dem Schöpfer prädiziert wird[64]. Diese Topik allerdings ist so sehr verbreitet[65], daß eine Herleitung von Gal 3 28a aus diesem Zusammenhang wenig Wahrscheinlichkeit besitzen dürfte.

---

[57] E. Käsemann, Amt und Gemeinde im Neuen Testament, in: ders., Exegetische Versuche und Besinnungen I, Göttingen 1960, 109–134, dort 115.

[58] Zuzugeben ist, daß auch eine solche Festellung zunächst einmal aporetisch ist; denn es ist nicht mehr auszumachen, welche konkreten Gemeinden hinter einer solchen Aussage zu erkennen sind. Auch die allgemeine Feststellung ›hellenistische, heidenchristliche Gemeinden‹ allein reicht ja gewiß nicht zu, um weitergehende Schlüsse zu ziehen.

[59] So z.B. pointiert Bousset, Galater, 59. Vgl. Th. Zahn, Galater, 188, Anm. 62; W. Bousset–H. Gressmann, Die Religion des Judentums im späthellenistischen Zeitalter, HNT 21, Tübingen, ³1926, 427, Anm. 1; Lietzmann, Galater, 22; Rengstorf, Mann und Frau, 13; J. J. Meuzelaar, Der Leib des Messias. Eine exegetische Studie über den Gedanken vom Leib Christi in den Paulusbriefen, Assen 1961, 84.

[60] Vgl. die einschränkenden Bemerkungen bei W. Schrage, Die konkreten Einzelgebote in der paulinischen Paränese, Gütersloh 1962, 118, Anm. 4.

[61] So etwa bei Oepke, Galater, 90.

[62] Boucher, Parallels, 54f.

[63] Vgl. Rengstorf, Mann und Frau, 13.

[64] Darauf weist vor allem M. Boucher für die jüdische Tradition hin (Parallels, 53); so auch schon F. Hauck–E. Bammel, Art. πτωχός κτλ., ThWNT VI, Stuttgart 1959, 897–915, dort 908, Anm. 216.

[65] Für die hellenistische Überlieferung vgl. z.B. Rengstorf, Mann und Frau, 13ff. Zum stoischen Universalismus, der bisweilen zu ähnlichen Formulierungen gekommen ist,

2.4. Wird von der Traditionalität der Topik von Gal 3 28 a ausgegangen[66], so bleibt zu überprüfen, wie weit der Argumentationsgang 3 26–28 als ganzer schon vorgegeben war. Dafür spricht zumindestens neben der Konstanz, mit der sich bestimmte Motive in den drei paulinischen Paralleltexten beobachten lassen[67], die stilistische Durchformung. In 3 28 b wird inhaltlich die eschatologische Erwartung der Aufhebung der Gegensätze mit dem Gedanken des σῶμα Χριστοῦ verbunden[68], auch wenn dies terminologisch nicht explizit ausgesprochen wird[69]. Die Eingliederung aber in dies σῶμα Χριστοῦ[70] konstituiert erst die Einheit[71]. Genauer ist, wie vor allem v. 27 mit dem εἰς Χριστὸν

---

vgl. P. Wendland, Die hellenistisch-römische Kultur in ihren Beziehungen zu Judentum und Christentum. Die urchristlichen Literaturformen, HNT I/2. 3, Tübingen ²·³1912, 230 ff.; A. Bodson, La morale sociale des derniers stoiciens, Sénèque, Epictète et Marc Aurèle, BFPUL 176, Paris 1967, 112 ff.

66 P. Stuhlmacher, Der Brief an Philemon (EKK), Zürich–Neukirchen 1975, 47 f., hat sich energisch gegen den vorpaulinischen Charakter von Gal 3 27 f. ausgesprochen. Für ihn handelt es sich (S. 48) sogar ». . . um einen Spitzensatz der paulinischen Ekklesiologie selbst . . .«. So richtig solche Zurückhaltung methodisch ist, so wird sie doch der weiten Verbreitung der Topik nicht gerecht; daß der Satz sich in die paulinische Ekklesiologie einfügt, widerspricht seinem traditionellen Charakter durchaus nicht.

67 Für die Einzelheiten vgl. Bouttier, Complexio Oppositorum; die Wiederkehr der Topik läßt sich vor allem an den Formulierungen, am Taufzusammenhang, dem Überkleidungsmotiv und dem ᾿Ιουδαῖος-῞Ελλην-Gedanken belegen.

68 Vgl J. Blank, Paulus und Jesus, StANT 18, München 1968, 272 ff.; E. Käsemann, Paulinische Perspektiven, Tübingen 1969, 178 ff.

69 Siehe C. Müller, Gottes Gerechtigkeit und Gottes Volk. Eine Untersuchung zu Römer 9–11, FRLANT 86, Göttingen 1964, 102 ff. Zur Verbindung von ἐν Χριστῷ ᾿Ιησοῦ und σῶμα Χριστοῦ vgl. E. Brandenburger, Adam und Christus, WMANT 7, Neukirchen 1962, 151 ff.

70 Zu σῶμα Χριστοῦ vgl. z. B. E. Käsemann, Leib und Leib Christi. Eine Untersuchung zur paulinischen Begrifflichkeit, BHTh 9, Tübingen 1933; Th. Soiron, Die Kirche als der Leib Christi, Düsseldorf 1951, 101 ff.; J. Reuss, Die Kirche als »Leib Christi« und die Herkunft dieser Vorstellung bei dem Apostel Paulus, BZ NF 2, 1958, 103–127; E. Schweizer–F. Baumgärtel, Art. σῶμα κτλ., ThWNT VII, Stuttgart 1964, 1024–1091; Meuzelaar, Leib des Messias; H. Schlier, Der Brief an die Epheser, ⁴Düsseldorf 1963, 90 ff.; E. Schweizer, Die Kirche als Leib Christi in den paulinischen Homologumena, in: ders., Neotestamentica (Ges. Aufs. I), Zürich–Stuttgart 1963, 272–292; E. Schweizer, Die Kirche als Leib Christi in den paulinischen Antilegomena, in: Neotestamentica, 293–316; Schmithals, Gnosis in Korinth, 60 ff.; H.-F. Weiss, »Volk Gottes« und »Leib Christi«, 411 ff.; R. H. Gundry, SOMA in Biblical Theology. With Emphasis on Pauline Anthropology, MSSNTS 29, Cambridge 1976.

71 E. Schweizer, Art. σῶμα κτλ., 1069, 2 ff. Ähnlich Käsemann, Leib und Leib Christi, 127; J. de Fraine, Adam und seine Nachkommen. Der Begriff der ›Korporativen Persönlichkeit‹ in der Heiligen Schrift, Köln 1962, 219 f. Zu dem systematischen Aspekt vgl. F. Gogarten, Die Verkündigung Jesu Christi, Tübingen ²1965, 244.

ἐβαπτίσθητε und dem Χριστὸν ἐνεδύσασθε belegt, an die Taufe gedacht[72], durch die Sohnschaft verliehen wird[73].

Hinzuweisen ist zudem noch auf das religionsgeschichtlich verbreitete Motiv des ›Überkleidens‹, des ἐνδύσασθαι[74], das in einem weiten Kontext steht[75]. Die ursprüngliche konkrete Vorstellung – das Überkleiden mit einem Gewand[76] – ist allerdings in der Tradition von Gal 3 26–28 wie überhaupt in der urchristlichen Überlieferung einem metaphorischen Gebrauch gewichen, auf jeden Fall aber verblaßt[77]. Sie unterstreicht hier in der Verbindung mit dem Motiv der Taufe noch einmal die Eingliederung in das σῶμα Χριστοῦ.

2.5. Nimmt man dies alles zusammen, so wird sich sagen lassen, daß einiges für die Aufnahme traditioneller Topik in Gal 3 26–28 spricht[78]. Diese Topik – innerhalb einer hellenistischen Gemeinde entstanden – hätte ihr Acumen in der Absicht, die Aufhebung der Gegensätze von Ἰουδαῖος und Ἕλλην, von δοῦλος und ἐλεύθερος, von ἄρσεν und θῆλυ an die Eingliederung in das σῶμα Χριστοῦ zu binden[79]. Paulus würde dann diese überlieferten Theologumena (vor allem durch 3 29) in die Gedankenführung des Galaterbriefes eingefügt haben[80].

Historisches Erkennen wird gut daran tun, auch in diesem Fall sich die bestehenden Argumente gegen eine solche Hypothese vor Augen zu führen und sich bewußt zu machen. Die große Schwierigkeit bleibt, daß der Beweis der Traditionalität im Blick auf 3 28a sehr

---

[72] Vgl. J. A. T. Robinson, The Body. A Study in Pauline Theology, London 1952, 257 ff.

[73] Zu dieser Verbindung von Taufe und Sohnschaft vgl. W. Bousset, Kyrios Christos, FRLANT 4, Göttingen ⁵1965, 108. 113 f. Daß auch Gal 4 1 ff. mit seiner Hervorhebung dieser Verbindung sich auf traditionelle Topik bezieht, kann ein Vergleich mit Röm 8 12 ff. im einzelnen belegen.

[74] Vgl. A. Schweitzer, Die Mystik des Apostels Paulus, Tübingen 1930, 134 f.; M. Dibelius, Paulus und die Mystik, in: ders., Botschaft und Geschichte II, Tübingen 1956, 134–159, bes. 142 f.; Oepke, Galater, 89; Schlier, Galater, 128 ff.; Larsson, Christus als Vorbild, 198.

[75] Zu der religionsgeschichtlichen Einordnung vgl. E. Peterson, Die Begegnung mit dem Ungeheuer, in: ders., Frühkirche, Judentum und Gnosis, Rom–Freiburg–Wien 1959, 285–309, dort 297, Anm. 48; Jervell, Imago Dei, 168; H. Löwe, Christus und die Christen, Diss. theol. Heidelberg 1965, II, 31, Anm. 201; Schlier, Epheser, 217 ff.; E. Brandenburger, Fleisch und Geist. Paulus und die dualistische Weisheit, WMANT 29, Neukirchen 1968.

[76] Dibelius, Paulus und die Mystik, 142; vgl. auch Bousset, Galater, 27; Käsemann, Leib und Leib Christi, 87 ff.

[77] Zur Kritik an einer allzu extensiven Auswertung der religionsgeschichtlichen Analogien für Gal 3 27 vgl. z. B. Oepke, Galater, 89.

[78] Dies wird auch durch die Beobachtung belegt, daß Paulus Gal 3 26–28 als ». . . unangefochtenen Grundsatz . . .« (Lührmann, Wo man nicht mehr Sklave oder Freier ist, 57) übernimmt, also nicht mehr zu beweisen braucht.

[79] E. Käsemann, Zum Thema der urchristlichen Apokalyptik, 124.

[80] Zu bedenken ist, daß in Gal 3 26 mit dem διὰ τῆς πίστεως ebenfalls ein paulinisches Interpretament vorliegen dürfte. Vgl. Merk, Handeln aus Glauben, 21.

viel eindeutiger zu führen ist als hinsichtlich 3 26. 27. 28 b. So sicher hier überlieferte Theologumena benutzt worden sind, so wenig kann ausgeschlossen werden, daß eben dies erst durch Paulus geschehen ist und Paulus sogar mit Hilfe dieser Topoi die Überlieferung von 3 28 a rezipiert hat. Die Frage muß deshalb offen bleiben, ob 3 26-28 als Ganzes vorpaulinisch gebildet ist oder erst auf der Ebene der paulinischen Gedankenführung mit Hilfe traditioneller Topik zur gegenwärtigen Einheit konfiguriert wurde.

Hingegen wird sich die Frage, ob 3 28 a jemals isoliert Bestand hatte, mit größerer Wahrscheinlichkeit entscheiden lassen. Dies legt nicht nur die weite Verbreitung des Topos, sondern auch sein Auftreten in unterschiedlichem Kontext nahe [81].

Die Sprengkraft und theologische Bedeutung dieser Aussagen für jene Gemeinden, die sie sich zu eigen machten, ist gewiß nicht gering einzuschätzen. Es ist wirklich so, daß diese eminent theologischen Aussagen gerade in der Aufhebung aller Gegensätze, in der eschatologischen Umwertung aller Werte eine unendliche Freiheit zum Ziel haben [82]. Und nicht zu übersehen bleibt, daß diese Aussagen in dem betonten Hinweis auf die Taufe, die Eingliederung in das σῶμα Χριστοῦ [83] und die Verleihung der Sohnschaft christologisch fundiert sind. So sehr deshalb die Überlieferung strikt *theologisch* argumentiert [84] und nicht auf eine unvermittelte, gesellschaftliche Veränderung drängt – dies wäre bei einer Aussage, die so pointiert gerade das Ende der Zeit in der restitutio ad integrum proklamiert, auch absurd –, so wenig kann geleugnet werden, daß sie durchaus konkrete Folgerungen aus sich herausgesetzt hat [85]. Wie sehr dies der Fall gewesen ist, könnte eine Analyse der paulinischen Briefe – vor allem der Korintherbriefe –

---

[81] Es ist natürlich verlockend, solche Aussage nun auf eine konkrete Gemeindesituation und eine für sie charakteristische historische Ausgangslage zurückzuführen – so könnte etwa der Kreis um Stephanus hier eine besondere Bedeutung gehabt haben (in diesem Sinn wohl Käsemann, Thema der urchristlichen Apokalyptik, 124). Aber ob gerade die weite Verbreitung der Topik – auch der Formel 3 28 a – einen solchen Schluß zuläßt, ist doch fraglich.

[82] Eindrucksvoll Käsemann, Zum Thema der urchristlichen Apokalyptik, 124 f.

[83] Zur Bedeutung von σῶμα Χριστοῦ bereits für die vorpaulinische Tradition vgl. Käsemann, Paulinische Perspektiven, 183.

[84] Man wird sich immer wieder den antezipatorischen Charakter solche Aussagen vor Augen führen müssen. Weder sind diese Texte nur Resultat gesellschaftlicher Praxis, noch gehen sie unvermittelt in ihr auf; indem sie entschlossen theologisch argumentieren und auf dieser theologischen Argumentation beharren, rücken sie die bestehende Wirklichkeit in das Licht des Eschaton.

[85] Es ist deshalb fraglich, ob der Satz Lührmanns, (Wo man nicht mehr Sklave oder Freier ist, 69): »Die prinzipielle Veränderbarkeit der Welt über eine bloße Umkehrung bestehender Verhältnisse hinaus ist also ein Gedanke, der erst neueren Datums ist und nicht im Sinne einer Wunschprojektion in die paulinische Theologie eingetragen werden darf . . .« schon für die originäre Überlieferung Beweiskraft hat.

zeigen[86]. Solche Wirkung gilt ja nicht nur von der viel diskutierten Frage der Behandlung der Sklaven[87], sondern trifft auch auf die Rolle der Frau zu. Gerade wenn der Unterschied der Geschlechter so radikal negiert wird, so ließe sich hieraus eine enthusiastische Konsequenz ziehen[88], die auf die praktische Umsetzung solcher Emanzipation drängt. Die Auseinandersetzung des Paulus mit solcher Auffassung wird durch 1 Kor 11 bzw. 14 belegt[89], sie ist aber durchaus nicht nur auf das Umfeld der paulinischen Gemeinden zu beschränken. Vielmehr läßt sich die Rolle, die Frauen durchaus nicht nur in den ›häretischen‹ Gruppen[90] bis weit ins zweite Jahrhundert hinein gespielt haben[91], gar nicht erklären ohne jenes Bewußtsein, das sich in der Tradition von Gal 3 28a so kräftig artikuliert.

3.

Die Schwierigkeit, die in Gal 3 26–28 übernommene Überlieferung genauer zu klassifizieren und auszugrenzen, erklärt sich, wenn bedacht wird, daß Paulus solche Überlieferung über weite Strecken zustimmend übernimmt[92]. Dennoch läßt sich erkennen, daß er auch in Gal 3 26–29

---

[86] Sie kann hier nicht geleistet werden, weil sie die im einzelnen unterschiedliche Front der paulinischen Auseinandersetzung und des paulinischen Dialogs mit seinen Gemeinden einbeziehen müßte. Für die korinthische Gemeinde vgl. z.B. Käsemann, Ruf der Freiheit, 82 ff.; Käsemann, Paulinische Perspektiven, 181 ff.

[87] Daß z.B. in 1 Kor 7 (und hier besonder in 7 21) brisante Fragen auftauchen, dürfte auch inhaltlich mit den Auswirkungen solcher Überlieferungen zusammenhängen, wie sie in Gal 3 28a tradiert sind. Vgl. J. Weiss, 1. Korintherbrief, 186 f.; Bousset, 1. Korinther, 104 f.; R. Bultmann, Karl Barth, »Die Auferstehung der Toten«, in: ders., Glauben und Verstehen I, Tübingen ²1954, 38–64, dort 46; Conzelmann, 1. Korinther, 152; Bartchy, ΜΑΛΛΟΝ ΧΡΗΣΑΙ; K. Niederwimmer, Zur Analyse der asketischen Motivation in 1 Kor 7, ThLZ 99, 1974, 241–248; Stuhlmacher, Philemon; P. Stuhlmacher, Rez. S. S. Bartchy, ΜΑΛΛΟΝ ΧΡΗΣΑΙ . . ., ThLZ 101, 1976, 837–839; Hahn, Paulus und der Sklave Onesimus, 179 ff.; E. Lohse, Rez. P. Stuhlmacher, Der Brief an Philemon . . ., ThLZ 102, 1977, 359–360.

[88] Vgl. Käsemann, Zum Thema der urchristlichen Apokalyptik, 125.

[89] Für diesen Zusammenhang siehe z.B. E. Kähler, Die Frau in den paulinischen Briefen unter besonderer Berücksichtigung des Begriffs der Unterordnung, Zürich–Frankfurt 1960; G. Fitzer, »Das Weib schweige in der Gemeinde«, TEH 110, München 1963.

[90] Zur Rolle der Frau in der Gnosis vgl. Schmithals, Gnosis in Korinth, 232 (mit dem Nachtrag S. 368).

[91] Vgl. vor allem A. von Harnack, Die Mission und Ausbreitung des Christentums in den ersten drei Jahrhunderten I/II, Leipzig ⁴1924, 589 ff.

[92] Darin liegt ja auch die Charakteristik der paulinischen Argumentation in 1 Kor, deren Gemeinsamkeiten mit dem Dialogpartner gerade die Schwierigkeiten der Abgrenzung hervorrufen.

interpretierend, kommentierend und verändernd in den Traditionsprozeß eingreift[93]:

Schon die Gewichtung der Reihe – so sehr die Beibehaltung aller drei Gegensatzpaare notiert werden muß[94] – legt den Akzent eindeutig auf die Antithese von Ἰουδαῖος/Ἕλλην und ihre Aufhebung im σῶμα Χριστοῦ[95]. Solche Betonung erklärt sich neben der gesamten Argumentation des Corpus Paulinum auch aus der Gedankenführung des Galaterbriefes. Hierher gehört vor allem auch, daß v. 29 die Tradition in die Kontinuität der Geschichte der Verheißung, in die Abrahamsüberlieferung rückt und einzubinden sucht[96].

Solche Aufhebung des Unterschiedes zwischen Ἰουδαῖος und Ἕλλην kann bei Paulus allerdings eine durchaus unterschiedliche Interpretation erfahren: In Röm 1–3 dient der Gedanke vor allem dem Nachweis der umfassenden Schuldverfallenheit beider Gruppen[97], während in Röm 10 11–13 von Paulus nun umgekehrt die Universalität der Gnade betont wird[98]. Auch der Gedanke des ἐνδύσασθαι – und dies gilt gerade von der Verbindung des Motivs mit der Taufe – hat bei Paulus ja einen weiten Kontext. Kennzeichnend wird durch dies Motiv nicht allein das Geschenk, die Gabe, das Schon-Geschehene ausgesagt (dies hat in Gal 3 26–29 sicher den Ton), sondern mit ihm genauso charakteristisch das Noch-Ausstehende, die Erwartung, ja Vorläufigkeit verbunden.

i. So rückt Röm 13 11–14[99] in der Spannung zwischen v. 12 und v. 14 (ἀποθώμεθα bzw. ἐνδυσώμεθα/ἐνδύσασθε) das Motiv in den Horizont von Indikativ und Imperativ[100]. Nicht

---

[93] Zu διὰ τῆς πίστεως vgl. Anm. 80.

[94] Daß in der Rezeption der Tradition in 1 Kor 12 13 gerade das Gegensatzpaar ἄρσεν / θῆλυ von Paulus nicht mitgenannt wird, ergibt sich konsequent aus der besonderen Situation der korinthischen Gemeinde und der paulinischen Haltung dazu.

[95] Vgl. C. Müller, Gottes Gerechtigkeit, 102 ff.

[96] Blank, Paulus und Jesus, 273, Anm. 28; H.-F. Weiss, »Volk Gottes« und »Leib Christi«, 417.

[97] Vgl. E. Käsemann, An die Römer, HNT 8 a, Tübingen 1973, 279. Zu dieser Verbindung von Gal 3 28 a mit Röm 10 11–13 bzw. 3 22 siehe auch F. Hahn, Das Verständnis der Mission im Neuen Testament, WMANT 13, Neukirchen 1963, 92.

[98] Vgl. C. Müller, Gottes Gerechtigkeit, 103 f.

[99] Zu Röm 13 8–10. 11–14 vgl. z. B. K. H. Schelkle, Zur biblischen und patristischen Verkündigung der Eschatologie (nach Röm 13 11–13), in: Verkündigung und Glaube (Festschrift F. X. Arnold), Freiburg 1958, 1–15; Schlier, Epheser, 240 ff. (vor allem wichtig im Blick auf die Verbindung mit Eph 5 14); Schrage, Einzelgebote, 21; E. Lövestam, Spiritual Wakefulness in the New Testament, LUA I, 53, 3, Lund 1963, 8 ff.; Merk, Handeln aus Glauben, 166; A. Grabner-Haider, Paraklese und Eschatologie bei Paulus. Mensch und Welt im Anspruch der Zukunft Gottes, NTA NS 4, Münster 1968,

ein für allemal haben die Glaubenden den Schritt vollzogen, nicht ein für allemal ist die Zeitenwende von ihnen ergriffen worden – anders wird dies z.B. in Gal 4 8 ff. expliziert[101] –, sie ist zwar geschehen, aber sie steht doch zugleich auch immer noch aus[102]. Von daher gilt: Die Glaubenden haben den κύριος zwar ›angezogen‹ (so Gal 3 26 Röm 13 14)[103], aber dies gibt nun gerade keine securitas, sondern jene certitudo, die auf der Grundlage des Satzes von 13 12 a zu der Aufforderung führt: ἀποθώμεθα οὖν τὰ ἔργα τοῦ σκότους ἐνδυσώμεθα δὲ τὰ ὅπλα τοῦ φωτός[104].

ii. Auch 2 Kor 5 1 ff. – ein Text, dessen Schwierigkeiten noch immer nicht hinreichend geklärt sind[105] – zeigt eine ähnliche Dialektik. Die Verse, die durch unterschiedliche

---

84 f.; A. L. Bencze, An Analysis of ›Romans XIII. 8–10‹, NTS 20, 1973/74, 90–92; G. Dautzenberg, Was bleibt von der Naherwartung? Zu Röm 13 11–14, in: Biblische Randbemerkungen (Festschrift R. Schnackenburg), Würzburg 1974, 361–374; U. B. Müller, Prophetie und Predigt im Neuen Testament. Formgeschichtliche Untersuchungen zur urchristlichen Prophetie, StNT 10, Gütersloh, 1975, 140 ff.; A. Vögtle, Röm 13 11–14 und die »Nah«-Erwartung, in: Rechtfertigung (Festschrift E. Käsemann), Tübingen 1976, 557–573.

100 Zu diesem Grundelement des Textes vgl. U. B. Müller, Prophetie und Predigt, 140 ff. Müller möchte Röm 13 11–14 darüber hinaus als Beispiel prophetischer Rede interpretieren (a.a.O., 143 f.). Zur (berechtigten) Kritik an dieser Hypothese vgl. jetzt G. Dautzenberg, Zur urchristlichen Prophetie, BZ NF 22, 1978, 125–132.

101 In Gal 4 8 ff. wird eindrucksvoll die Einmaligkeit des Übergangs zum Glauben auf den Begriff gebracht. Es ist deutlich, daß solche Topik vor allem für die Apologetik von Nutzen war, um die Einmaligkeit und Endgültigkeit des Wechsels zu betonen; vgl. zum Ganzen P. Tachau, »Einst« und »Jetzt« im Neuen Testament. Beobachtungen zu einem urchristlichen Predigtschema in der neutestamentlichen Briefliteratur und zu seiner Vorgeschichte, FRLANT 105, Göttingen 1972.

102 Dies bleibt nicht ohne Konsequenz für das paulinische Verständnis von Eschatologie. Während das ὥρα ἤδη κτλ. des Wächterrufes von Röm 13 11 a deutlich auf den eschatologischen ›Tag‹ hinweist, ist dies in dem ὡς ἐν ἡμέρᾳ von v. 13 verblaßt, jedenfalls mit dem ethischen Imperativ verbunden worden. Vgl. Lövestam, Wakefulness. Zu den hier entstehenden Fragen der paulinischen Eschatologie vgl. G. Klein, Apokalyptische Naherwartung bei Paulus, in: Neues Testament und christliche Existenz (Festschrift H. Braun), Tübingen 1973, 241–262; zum Paralleltext 1 Thess 5 1 ff. siehe H. von Campenhausen, Zur Auslegung von Röm 13, in: ders., Aus der Frühzeit des Christentums. Studien zur Kirchengeschichte des ersten und zweiten Jahrhunderts, Tübingen 1963, 81–101, dort 96 ff.; G. Friedrich, 1. Thessalonicher 5 1–11, der apologetische Einschub eines Späteren, ZThK 70, 1973, 288–315; Vögtle, Röm 13 11–14, 560 ff.

103 Zur Verbindung von Gal 3 26 f. mit Röm 13 14 siehe E. Lohse, Taufe und Rechtfertigung bei Paulus, in: ders., Die Einheit des Neuen Testaments, Göttingen ²1973, 228–244, dort 236; vgl. bereits H. Lietzmann, Galater, 22.

104 Röm 13 12 a dürfte an traditionelle Topik anknüpfen; vgl. Dautzenberg, Naherwartung, 362 ff.

105 Zu 2 Kor 5 1 ff. vgl. z.B. E. Grafe, Das Verhältnis der paulinischen Schriften zur Sapientia Salomonis, in: Theologische Abhandlungen C. von Weizsäcker gewidmet, Freiburg 1892, 251–286, bes. 274 ff.; P. Vielhauer, Oikodome. Das Bild vom Bau in der christlichen Literatur vom Neuen Testament bis Clemens Alexandrinus (Diss. theol. Heidelberg), Karlsruhe–Durlach 1940, 106 ff.; A. Feuillet, La demeure céleste et la

Überlieferungen geprägt sind[106], haben ihr Ziel in der Sehnsucht und dem Verlangen nach der himmlischen οἰκοδομή/οἰκητήριον. Dies wird – wahrscheinlich durch Paulus selbst[107] – zugespitzt und interpretiert mit dem Bild vom ἐπενδύσασθαι. Charakteristisch liegt nun der Ton auf dem ἐπ – ενδύσασθαι. Dies ist durchaus nicht gleichgültig – darf also in der Bedeutung nicht mit dem bloßen ἐνδύσασθαι identifiziert werden –, sondern belegt, daß Paulus die endgültige Vollendung als ein zusätzliches ›Überkleiden‹ begreift. Damit erklären sich auch die Schwierigkeiten von v. 3f. Gerade weil die Glaubenden in der Taufe bereits den Herrn angezogen haben[108], ist es für sie unmöglich, noch einmal γυμνοί zu werden (v. 3); es ist dies auch durchaus kein wünschenswerter Zustand (eindeutig v. 4b). Die paulinische Intention geht vielmehr darauf, daß der unter den Bedingungen des σῶμα angebrochene Herrschaftswechsel in der Gültigkeit der ζωή offenbar wird (v. 4)[109].

Auch die Aussage des πάντες γὰρ υἱοὶ θεοῦ ἐστε wird durch Paulus über Gal 3 26 hinaus in einen weiteren Horizont gerückt[110]. Schon 4 1ff. vertiefen den Gedanken[111], vor allem aber ist auf die enge sachliche Parallele in Röm 8 12ff. zu verweisen[112]. Erneut ist – ähnlich wie bei dem Motiv des ἐνδύσασθαι – die Doppelung des ὅσοι γὰρ πνεύματι θεοῦ ἄγονται, οὗτοι υἱοί εἰσιν θεοῦ (v. 14) auf der einen und des υἱοθεσίαν ἀπεκδεχόμενοι (v. 23) auf der anderen Seite zu beachten.

---

destinée des chrétiens (2 Cor 5 1–10), RSR 44, 1956, 161–192. 360–402; R. Berry, Death and Life in Christ – the Meaning of 2 Cor 5 1–10, SJTh 14, 1961, 60–76; G. Wagner, Das religionsgeschichtliche Problem von Röm 6 1–11, AThANT 39, Zürich 1962, 379ff.; R. Bultmann, Exegetische Probleme des zweiten Korintherbriefes, in: ders., Exegetica, Tübingen 1967, 298–322; U. Luz, Das Geschichtsverständnis des Paulus, BEvTh 49, München 1968, 359ff.; Brandenburger, Fleisch und Geist, 175f.; E. Fuchs, Glaube sans phrase. Zur Auslegung von II Cor 5 1–5, in: Festschrift E. Bizer, Neukirchen 1969, 21–31; L. Schottroff, Der Glaubende und die feindliche Welt. Beobachtungen zum gnostischen Dualismus und seiner Bedeutung für Paulus und das Johannesevangelium, WMANT 37, Neukirchen 1970, 145ff.; N. Baumert, Täglich sterben und auferstehen. Der Literalsinn von 2 Kor 4,12–5,10, StANT 34, München 1973, 142ff.; P. von der Osten-Sacken, Röm 8 als Beispiel paulinischer Soteriologie, FRLANT 112, Göttingen 1975, 104ff.

[106] Zur Traditionsgeschichte des Textes vgl. Schmithals, Gnosis in Korinth, 246ff.; Bultmann, Exegetische Probleme, 298ff.; von der Osten-Sacken, Römer 8, 104ff. Siehe auch E. E. Ellis, II Corinthians v. 1–10 in Pauline Eschatology, NTS 6, 1959/60, 211–224.

[107] Vgl. von der Osten-Sacken, Röm 8, 112.

[108] Die Gegengründe bei von der Osten-Sacken, Röm 8, 114, Anm. 121, sind nicht überzeugend.

[109] Insofern bedeutet für Paulus der Zustand der Nacktheit als Metapher für die Befreiung vom σῶμα – wie dies religionsgeschichtlich wohl gilt – durchaus kein erstrebenswertes Ziel.

[110] Vgl. W. Grundmann, Der Geist der Sohnschaft, Eine Studie zu Röm 8 15 und Gal 4 6, in: Disciplina Domini. TKS 1, 1963, 172–192.

[111] Siehe A. Duprez, Note sur le rôle de l'Esprit-Saint dans la filiation du chrétien. A propos de Gal 4 6, RSR 52, 1964, 421–431.

[112] Zum Vergleich beider Texte vgl. von der Osten-Sacken, Röm 8, 129ff.

Schließlich – und dies dürfte für Paulus in diesen Versen eine besondere Bedeutung haben – betont Gal 3 26–29 in der Verbindung mit der Argumentation des ganzen dritten Kapitels noch einmal die Bedeutung von σῶμα Χριστοῦ für die paulinische Theologie[113].

4.

So verschieden auch immer die Nuancen bisheriger Interpretation des Textes ausgefallen sind, so lassen sie doch bis zu diesem Punkt die Möglichkeit zu einem prinzipiellen (vor allem auch methodischen) Konsens erkennen. Aber Ratlosigkeit greift Platz, wenn die inhaltliche oder sozialethische Bedeutung des Textes diskutiert wird[114]. Wo dies überhaupt in den Blick kommt[115] wird sie entweder grundsätzlich bestritten[116] oder aber als nicht in der Absicht des Paulus liegend angesehen[117]. Solches praktisches Desinteresse des Paulus[118] wird zudem abgesichert durch den Hinweis auf das Ensemble paulinischer Ethik[119].

Gegenüber solchen Argumenten hat S. Schulz pointiert an die auch soziale Brisanz[120] von Gal 3 27f. erinnert[121]. Für ihn dokumentiert diese Tradition ein dualistisches Urchristentum[122] in emanzipatorischer Absicht, von dem Paulus sich negativ abgrenzen läßt. So sehr sich an den

---

[113] Blank, Paulus und Jesus, 272ff.

[114] Vgl. Stendahl, Bible and the Role of Women, 34ff.; R. Bultmann, Jesus und Paulus, in: ders., Exegetica, Tübingen 1967, 210–229, bes. 228f.; Gogarten, Verkündigung Jesu Christi, 470ff.; Lohse, Kolosser, 205; Scroggs, Paul and the Eschatological Woman, 283ff.; Schulz, Evangelium und Welt, 483ff.; Lührmann, Wo man nicht mehr Sklave oder Freier ist, 53ff.; Bouttier, Complexio Oppositorum, 15ff. Zum Ganzen siehe auch R. Völkl, Christ und Welt nach dem Neuen Testament, Würzburg 1961, 270ff.

[115] Es bleibt erstaunlich, wie sehr die bisherige Kommentarliteratur auf eine Erörterung dieses nicht unerheblichen Sachverhalts verzichtet.

[116] Vgl. Oepke, Galater, 91.

[117] Ein Muster aller nachfolgenden Äußerungen sind die Erwägungen bei R. Bultmann, Karl Barth, »Die Auferstehung der Toten«, 46 (im Zusammenhang von 1 Kor 7 19).

[118] Vgl. Völkl, Christ und Welt, 273; Boucher, Parallels, 56.

[119] Für diesen Gesamtzusammenhang wäre zu verweisen auf M. E. Andrews, The Problem of Motive in the Ethics of Paul, JR 13, 1933, 200–215; Schrage, Einzelgebote; Merk, Handeln aus Glauben; W. Schrage, Die Stellung zur Welt bei Paulus, Epiktet und in der Apokalyptik, ZThK 61, 1964, 125–154; V. P. Furnish, Theology and Ethics in Paul, Nashville 1968.

[120] Schulz, Evangelium und Welt, 492.

[121] Übrigens tendiert K. Stendahl, Bible and the Role of Women, schon in eine ähnliche Richtung; vgl. z. B. S. 33f. 36.

[122] Schulz, Evangelium und Welt, 484f.

überaus zugespitzten Äußerungen von Schulz Kritik üben ließe[123], wichtig und unumgänglich dürfte die traditionsgeschichtliche Differenzierung auch auf dieser Ebene sein, die Schulz vornimmt.

In der Tat hat die Überlieferung von Gal 3 26–27.28 a.b eine von der paulinischen Theologie unterscheidbare Aussage: sie postuliert die schon geschehene, eschatologisch begründete, neue Schöpfung als endgültig. Dies aber impliziert, daß auch hier das praktische Interesse zwar nicht zu leugnen ist, weil es in der Flucht der Gedanken liegt; aber die theologische Aussage erhält doch Prävalenz, und dies bedeutet, daß bereits in diesem Traditionsstadium die Bemühungen, solche Theologumena in die Wirklichkeit zu übersetzen, immer hinter der inhaltlichen Aussage zurückbleiben[124]. Diese theologische Aussagestruktur der Überlieferung wird von Paulus noch verschärft; auch wenn man in der Betonung der Christologie wie in dem Motiv des σῶμα Χριστοῦ keine Einschränkung sehen will[125], so bleibt doch deutlich, daß für Paulus in der überkommenen Tradition zunächst und vor allem eine theologische Aussage gemacht werden soll. Sie entwirft deshalb für ihn kein soziales Programm[126], sondern hat einen Vorgabecharakter, der die Wirklichkeit nicht selbstvergessen isoliert beläßt[127]. Ist Gal 3 28 – nach der Formulierung Lührmanns – ».. . ein Stück vorweggenommener Eschatologie unter den Bedingungen dieser Welt«[128], so wird darin noch einmal der vorgreifende Charakter dieser Äußerung im Horizont der paulinischen Eschatologie deutlich[129].

---

[123] Die Betroffenheit über die vorgebliche, sozialethische Bedeutungslosigkeit großer Teile urchristlicher Ethik dürfte die Analysen bei Schulz motivieren; sie ist jedenfalls positiv zu bedenken.

[124] Gegen Schulz, Evangelium und Welt, 493.

[125] Dies betont Schlier, Galater, 130, Anm. 5. Ähnlich Rengstorf, Mann und Frau, 10.

[126] Hahn, Paulus und der Sklave Onesimus, 185.

[127] Gerade die paulinische Argumentation in den Korintherbriefen zeigt, daß das Bewußtsein für den überschießenden, theologischen Charakter solcher Aussagen die Gegenwart nicht der Beliebigkeit überläßt.

[128] Lührmann, Wo man nicht mehr Sklave oder Freier ist, 70; Bouttier, Complexio Oppositorum, 17 f.

[129] Schon die vorpaulinische Überlieferung zielte als Hoffnung und Theologie nicht auf direkte gesellschaftliche Umsetzung. Sowenig ihre Annahme folgenlos bleiben kann (und auch nicht folgenlos geblieben ist), sowenig geht sie kongruent in dieser Wirklichkeit auf. Indem Paulus beides – Folge, aber auch theologische Hoffnung – gegenüber dem »Enthusiasmus« wahrt, hält er die ursprüngliche Intention der Überlieferung über weite Strecken durchaus fest. Einer gesonderten Analyse bedürfe noch die Art und Weise, in welcher die paulinische ›Schule‹ diese theologische Argumentation auf den gesellschaftlichen Begriff gebracht hat; vgl. Lührmann, Wo man nicht mehr Sklave oder Freier ist, 70 ff.

Solche Überlegungen führen dazu, von Gal 3 26–29 her und über diesen Text hinaus grundsätzliche Überlegungen zur sozialgeschichtlichen Fragestellung in den Blick zu fassen[130]: Wichtig ist, daß jenseits der Inhalte, die sich für eine solche Untersuchung natürlich zunächst anbieten, immer auch der Text selbst in seiner Form, seiner Absicht, seiner inhaltlichen Aussage sozialgeschichtliches Faktum ist[131]. Auch wenn die Übernahme der Überlieferung in Gal 3 26–29 durch Paulus selbst auf dem Weg über den Inhalt dieser Überlieferung bedeutsam ist, so hat der Prozeß, der diese Überlieferung ihn rezipieren läßt und innerhalb dessen seine Interpretation geschieht, sozialgeschichtlich große Relevanz. Entscheidend ist deshalb, daß jene hermeneutische Bewegung in den Blick kommt, die Inhalte in ihrer konkreten Gestalt faßt und konfiguriert. Denn erst so wird eine Sozialgeschichte des Urchristentums nicht immer nur jene, oft zudem eher beiläufig angesprochenen sozialen Themen behandeln, sondern die Theologie dieser Texte einbeziehen. Gal 3 26–29 ist, pointiert formuliert, deshalb sozialgeschichtlich relevant, sofern Paulus hier theologisch und strikt theologisch argumentiert[132]. Damit aber wird zugleich deutlich, daß Gal 3 26–29 mit dem theologischen Desinteresse an direkter gesellschaftlicher Vermittlung und mit dem Insistieren darauf, nur als Theologie praktisch zu werden, ein Gegenbild zur bestehenden Wirklichkeit schafft und sie so erst als scheinhaft entlarvt. Dies aber impliziert – jenseits aller Affirmation –, daß die antezipatorische Kraft eines solchen Textes sich nicht abbildhaft dechiffrieren läßt. Sie steht vielmehr noch aus[133], ihr Potential an auch gesellschaftlicher Hoffnung ist durch die Geschichte erst noch einzuholen.

---

[130] Zu solcher sozialgeschichtlichen Fragestellung vgl. zB. G. Theissen, Wanderradikalismus. Literatursoziologische Aspekte der Überlieferung von Worten Jesu im Urchristentum, ZThK 70, 1973, 245–271; ders., Soziale Integration und sakramentales Handeln. Eine Analyse von 1 Cor. XI, 17–34, NT 16, 1974, 179–206; ders., Soziale Schichtung in der korinthischen Gemeinde. Ein Beitrag zur Soziologie des hellenistischen Urchristentums, ZNW 65, 1974, 232–272.

[131] Zu vergleichen ist die Auseinandersetzung zwischen W. Benjamin und Th. W. Adorno über die sozialgeschichtliche Analyse von Kunst an Hand des Werks von Baudelaire; lehrreich z.B. der Brief Adornos vom 10. xi. 1938 (vgl. Th. W. Adorno, Über Walter Benjamin, Frankfurt 1970; 138f.).

[132] Bedenkenswert F. Overbeck, Christentum und Kultur. Gedanken und Anmerkungen zur modernen Theologie, Basel 1919, 26.

[133] Vgl. Stendahl, Bible and the Role of Women, 34; Meeks, Androgyne, 208.

Schisma und Häresie

Untersuchungen zu 1 Kor 11,18.19

1.1 In der Geschichte des Urchristentums haben seit W. Bauers bahnbrechender Untersuchung [1] die abweichenden Gruppen und ihre unterschiedliche Theologie die Aufmerksamkeit auf sich gezogen. Jedoch hat sich in der Diskussion über dies Thema bisher keine umfassende Lösung abgezeichnet [2]. Auf der einen Seite sind die grundsätzlichen Fragen noch immer nicht geklärt: Was bedeutet das Gegenüber von »Häresie« und Orthodoxie in der Sache, mit welchen Begriffen sind die unterschiedlichen Gruppen des Urchristentums zu benennen, wie ist die Tatsache zu berücksichtigen, daß zumeist die Texte der stärkeren Partei auf die Gegenwart gekommen sind? Auf der anderen Seite aber hat sich der gesamte Problembereich in eine Vielfalt von Einzelanalysen gegliedert, die in ihrem methodischen und sachlichen Interesse unterschieden sind. Forschungsgeschichtlich am Anfang steht zunächst jenes Vorgehen, mit dem die »Häretiker« selbst und ihre Auffassungen festgestellt werden sollen [3].

---

[1] W. BAUER, Rechtgläubigkeit und Ketzerei im ältesten Christentum (BHTh 10), 1934. G. STRECKER hat in der von ihm edierten 2. Aufl., 1964, 288 ff einen instruktiven Überblick über die Diskussion seit der 1. Aufl. gegeben. Vgl. außerdem noch H. D. BETZ, Orthodoxy and Heresy in Primitive Christianity (Interp. 19, 1965, 299–311).

[2] Aus der umfangreichen Lit. vgl. S. L. GREENSLADE, Schism in the Early Church, London 1953; H. KÖSTER, Art. Häretiker im Urchristentum, RGG[3] III, 17–21; DERS., Häretiker im Urchristentum als theologisches Problem (in: Zeit und Geschichte. Dankesgabe an R. Bultmann, 1964, 61–76); DERS.–J. M. ROBINSON, Entwicklungslinien durch die Welt des frühen Christentums, 1971; R. A. KRAFT, The Development of the Concept of »Orthodoxy« in Early Christianity (in: Current Issues in Biblical and Patristic Interpretation. FS M. C. Tenney, Grand Rapids 1975, 47–59); J. BLANK, Zum Problem »Häresie und Orthodoxie« im Urchristentum (in: Zur Geschichte des Urchristentums [QD 87], 1979, 142–160); K. BERGER, Die impliziten Gegner. Zur Methodik des Erschließens von »Gegnern« in neutestamentlichen Texten (in: Kirche. FS G. Bornkamm, 1980, 373–400; Lit.).

[3] Das klassische Beispiel solcher Forschungsrichtung bietet A. HILGENFELD, Die Ketzergeschichte des Urchristentums urkundlich dargestellt, (1884) Nachdr. 1966.

Solche Analyse – ein Kind des Historismus, aber in der Sache noch immer
von Bedeutung – betrachtet jene Texte, die sich mit Gegnern ausein-
andersetzen, notwendig vor allem als Mittel zur »historischen Wahrheit«,
sie verhört sie, um so das Geschehene noch genauer feststellen zu können.
Ihr methodisches Recht kann nicht bestritten werden, daß sie jedoch alle
Fragen beantwortet, wird sich kaum behaupten lassen; das erstaunlich
bunte Bild, das so verfahrende Untersuchungen von den Gegnern entworfen haben, gibt jedenfalls zu denken. Damit aber rücken die befrag-
ten Texte selbst in den Mittelpunkt der Aufmerksamkeit, ihre hermeneutische Bewegung und ihre eigene Rolle im Dialog mit dem Gegenüber
wird bedeutungsvoll [4]. In erster Linie geht es bei diesem methodischen
Procedere nicht mehr um die Deskription der gegnerischen Gruppen.
Vielmehr richtet sich das Interesse auf die Erhellung jenes Widerscheins,
den sie hervorrufen und bei ihrem jeweiligen Gegenüber auslösen. In
dieser Weise wird das gesamte Gebiet der Auseinandersetzungen zwischen
den einzelnen Gruppen des Urchristentums methodisch gegliedert [5] und
nach der Interdependenz zwischen beiden Seiten gefragt. In einem erstaunlichen Ausmaß verläuft dabei der Dialog der Parteien in den Bahnen traditionell vorgegebener Theologumena. Ihr topologischer Charakter nötigt zu überlieferungsgeschichtlichen Untersuchungen, die in der
Hervorhebung der Veränderung des überkommenen Materials auch das
aktuelle Interesse der jeweiligen Auseinandersetzung genauer bestimmen,
obwohl die konkreten Gegner dennoch oft genug ohne Profil bleiben [6].
Grundsätzlich zeigt sich an der wechselseitigen Bedingtheit des Streites
jedoch, wie sehr abweichende Meinungen und Gruppen, die sie vertreten
und mit ihrer Praxis abdecken, zu einem Problem für jene selbst werden,
die solche Auseinandersetzung führen. Dies gilt nicht nur für die konkrete
Veränderung, die in dieser wechselseitigen Beziehung auf beiden Seiten
entsteht, es zeigt sich auch an dem Versuch, im anderen Denken Züge des
eigenen anzugreifen und zu tabuisieren, jedenfalls jene Konsequenz nicht
zu ziehen, zu der eigene Theologie auch führen könnte. Vor allem aber
läßt die Polemik in ihren unterschiedlichen Ausprägungen deutlich genug

---

[4] Zur Erhellung der Interaktion zwischen beiden Seiten vgl. BERGER (s. Anm.
2).

[5] Zum religionsgeschichtlichen Problem s. K. RUDOLPH, Einige grundsätzliche
Bemerkungen zum Thema »Schisma und Häresie« unter religionsvergleichendem
Gesichtspunkt (in: Ex orbe religionum. FS G. Widengren II [SHR 22], 1972,
326–339).

[6] Besonders fällt dies etwa im Jud auf; vgl. dazu F. WISSE, The Epistle of
Jude in the History of Heresiology (in: Essays on the Nag Hammadi Texts. FS
A. Böhlig [Nag Hammadi Studies 3], 1972, 133–143); F. HAHN, Randbemer-
kungen zum Judasbrief (ThZ 37, 1981, 209–218).

noch erkennen, wie sehr das Auftreten, ja die bloße Existenz unterschiedlicher Gruppen und Meinungen innerhalb der eigenen Gemeinschaft zu einer Herausforderung des Wahrheitsanspruchs werden mußte. G. Ebeling hat sicher zu Recht darauf aufmerksam gemacht, daß für die alte Kirche das sich daraus ergebende, konfessionelle Problem in ganz hohem Maße schon gestellt war[7]. Dennoch ist das reine Faktum abweichender Meinungen und die Tatsache differierender Gruppen innerhalb der eigenen Gemeinschaft – gegenüber der inhaltlichen Polemik und der bewußten Abgrenzung – oft nur beiläufig und selten mit besonderem Gewicht thematisch behandelt worden. Allerdings trifft diese Beobachtung nicht generell zu: Man mag schon zögern, ob nicht auch das Bild der anfänglichen Einheit, wie es der alten Kirche lieb und vertraut war[8], Verarbeitung auch dieses Faktums war, z. T. jedenfalls die Sehnsucht nach der guten, alten Zeit angesichts gegenwärtiger Spannungen artikulierte. Zudem zeigen gnostische Texte eine gewisse Vertrautheit mit diesem Problem. Es ist aber als solches auch von der Großkirche partiell durchaus erkannt und behandelt worden, wobei dies häufig unter reflektierter Aufnahme von 1Kor 11, 18. 19 geschieht.

1.2 Die altkirchliche Exegese hat hier sicher Richtiges gespürt; denn die gesamte Korrespondenz des Paulus – vor allem aber sein Dialog mit der korinthischen Gemeinde und ihren unterschiedlichen Gruppen[9] – hat eine

---

[7] G. EBELING, Zur Geschichte des konfessionellen Problems (in: DERS., Wort Gottes und Tradition. Studien zu einer Hermeneutik der Konfessionen, 1966[2], 41–55).

[8] Explizit zuerst bei Hegesipp (Euseb, h. e. III, 32, 7). Jedoch dürfte der Gedanke einer »häresiefreien« Apostelzeit auch schon hinter dem Entwurf des 2Petr und der Apg stehen. Vgl. W. C. VAN UNNIK, Die Apostelgeschichte und die Häresien (in: Sparsa Collecta I [NT.S 29], 1973, 402–409); zum Ganzen auch BAUER (s. Anm. 1), 3 f.

[9] Die Lit. zu diesem Thema ist kaum noch zu überblicken; vgl. etwa F. C. BAUR, Die Christuspartei in der korinthischen Gemeinde, der Gegensatz des petrinischen und paulinischen Christentums in der alten Kirche, der Apostel Petrus in Rom (in: DERS., Ausgew. Werke I, 1963, 1–146); W. LÜTGERT, Freiheitspredigt und Schwarmgeister in Korinth. Ein Beitrag zur Charakteristik der Christuspartei (BFChTh 12, 3), 1908; J. WEISS, Das Urchristentum, 1917, 245 ff; J. MUNCK, Paulus und die Heilsgeschichte (AJut 26, 1), 1954, 127 ff; C. K. BARRETT, Cephas and Corinth (in: Abraham unser Vater. FS O. Michel, 1963, 1–12); N. A. DAHL, Paul and the Church at Corinth, according to 1 Corinthians 1: 10 – 4: 21 (in: Christian History and Interpretation. FS J. Knox, Cambridge 1967, 313–335); W. SCHMITHALS, Die Gnosis in Korinth. Eine Untersuchung zu den Korintherbriefen (FRLANT 66), 1969[3]; C. MACHALET, Paulus und seine Gegner. Eine Untersuchung zu den Korintherbriefen (Theok. 2), 1970/72, 183–203; G. THEISSEN, Soziale Integration und sakramentales Handeln.

Schlüsselrolle für die Anfänge solcher Auseinandersetzungen[10]. Selbst wenn die Erörterung und Klärung möglicher Teilungshypothesen[11] innerhalb der Briefe nach Korinth das Bild differenzierter erscheinen lassen (beides kann hier nur beiläufig geschehen), so kommt neben 1Kor 1, 10 ff und der sich daran knüpfenden Argumentation vor allem 1Kor 11, 18. 19 eine wichtige Funktion zu. Ein erster Blick auf den Text[12] ergibt: Paulus geht bei seiner Behandlung der Schwierigkeiten, die in Korinth im Zusammenhang mit der Mahlfeier entstanden sind[13], auch auf Nachrichten von Gruppenbildungen ein, die er mit dem Begriff σχίσματα benennt (11, 18). Er hat dieser Nachricht μέρος τι Glauben geschenkt: wenn auch nur zum Teil, bzw. wenigstens zum Teil, wobei sich das μέρος τι gegenüber dem Inhalt des Berichteten als leichte Einschränkung erweist[14]. Jedoch hält Paulus die Nachricht und damit auch die angesprochenen Verhältnisse in Korinth für glaubwürdig; er begründet dies[15] mit dem durch γάρ angeschlossenen Satz (11, 19):

Eine Analyse von 1. Cor. XI 17–34 (in: DERS., Studien zur Soziologie des Urchristentums [WUNT 19], 1979, 290–317); PH. VIELHAUER, Paulus und die Kephaspartei in Korinth (in: DERS., Oikodome. Aufsätze zum NT II [TB 65], 1979, 169–182).

[10] Zum grundsätzlichen Problem der Auseinandersetzung zwischen Paulus und seinen Gegnern vgl. L. GOPPELT, Kirche und Häresie nach Paulus (in: Gedenkschrift für W. Elert, 1955, 9–23); C. DIETZFELBINGER, Was ist Irrlehre? Eine Darstellung der theologischen und kirchlichen Haltung des Paulus (ThEx 143), 1967; E. GRAESSER, Das eine Evangelium. Hermeneutische Erwägungen zu Gal 1, 6–10 (in: DERS., Text und Situation. GAufs. zum NT, 1973, 84–122); J. J. GUNTHER, St. Paul's Opponents and their Background. A Study of Apocalyptic and Jewish Sectarian Teachings (NT.S 35), 1973; E. E. ELLIS, Paul and his Opponents: Trends in Research (in: Christianity, Judaism and Other Greco-Roman Cults. FS M. Smith [SJLA 12, 1], 1975, 264–298).

[11] Zu solchen Teilungshypothesen vgl. neben SCHMITHALS (s. Anm. 9) vor allem J. C. HURD, The Origin of I. Corinthians, London 1965. Darstellung der Problemlage und weitere Lit. bei W. G. KÜMMEL, Einleitung in das NT, 1973[17], 238 ff.

[12] 1Kor 11, 18. 19 ist neben der Kommentierung des 1Kor selten gesondert analysiert worden; vgl. etwa WEISS (s. Anm. 9), 252; H. SCHLIER, Art. αἱρέομαι κτλ., ThWNT I, (179–184) 182, 15 ff; MUNCK (s. Anm. 9), 128 ff; HURD (s. Anm. 11), 78 ff; SCHMITHALS (s. Anm. 9), 84 f. 315; G. DELLING, Merkmale der Kirche nach dem Neuen Testament (in: DERS., Studien zum NT und zum hellenistischen Judentum. GAufs. 1950–1968, 1970, 371–390).

[13] Vgl. G. BORNKAMM, Herrenmahl und Kirche bei Paulus (in: DERS., Studien zu Antike und Urchristentum. GAufs. II [BEvTh 28], 1959, 138–176), 141; THEISSEN (s. Anm. 9), 310.

[14] Vgl. C. HOLSTEN, Das Evangelium des Paulus I, 1, 1880, 355; J. WEISS, Der erste Korintherbrief (KEK 5), 1910[9], 279; THEISSEN (s. Anm. 9), 310.

[15] Zu diesem Übergang vgl. HOLSTEN, 355.

δεῖ γὰρ καὶ αἱρέσεις ἐν ὑμῖν εἶναι,
ἵνα καὶ [16] οἱ δόκιμοι φανεροὶ γένωνται ἐν ὑμῖν.

Dieser Satz gibt im Kontext der paulinischen Argumentation die Grundlage für die Glaubwürdigkeit des Berichts, daß in der korinthischen Gemeinde σχίσματα aufgetreten sind. Aber wie begründet sich diese Kausalität nun in den Einzelheiten? Glaubt Paulus den Nachrichten nur in dem Ausmaße, wie sie dem Satz 11, 19a entsprechen [17], oder begründet 19a gerade in seiner Allgemeinheit die spezielle Aussage von 11, 18 [18]? Warum ist 11, 19a unangefochtene Grundlage? Welche Bedeutung hat dann ἐν ὑμῖν von 19a, warum *muß* es auch αἱρέσεις in der korinthischen Gemeinde geben, und wie verhalten sich diese αἱρέσεις zu den σχίσματα von 11, 18? Sind beide Begriffe scharf voneinander abzugrenzen oder tendieren sie in Richtung Identität? Und wie stellt sich schließlich der Begründungszusammenhang zwischen 18/19a und dem Satz 19b her: Warum führt die Notwendigkeit der αἱρέσεις zum Offenbarwerden der δόκιμοι? So kurz der Text sich also gibt und so deutlich Paulus in 11, 20 ff wieder zu der in 11, 17 begonnenen Gedankenführung zurückkehrt, beide Verse sind voller Fragen. Die Problemlage wird zusätzlich noch dadurch kompliziert, daß in altkirchlichen Texten ein apokryphes Herrenwort überliefert wird, dessen Nähe zu 1Kor 11, 19a [19] schwerlich bestritten werden kann [20]. Dennoch ist die Bestimmung eines möglichen Zusammenhanges im einzelnen bisher kaum gelungen; wo er nicht überhaupt ignoriert wird [21], ist die bisherige Exegese von 1Kor 11, 19a mit ihm eigentümlich zögernd umgegangen [22].

---

[16] Die textkritische Beurteilung des καί in 19b erweist sich als ausgeprochen schwierig, zumal von der handschriftlichen Bezeugung her im Grunde eine klare Entscheidung kaum möglich ist. Letztlich dürfte die Präferenz für die eine oder die andere Lesart von der jeweiligen, inhaltlichen Argumentation her zu treffen sein. Die Alternativen sind jedenfalls deutlich, insofern das hinzugefügte καί den Vordersatz 19a nicht nur auf die Konsequenzen von 19b einengt. Die Auslassung des καί hingegen sieht in der consecutio von 19b die ausschließliche Zielsetzung von 19a. Vgl. dazu u.

[17] So THEISSEN (s. Anm. 9), 310.

[18] In diesem Sinne etwa HOLSTEN (s. Anm. 14), 355.

[19] Auf die altkirchliche Überlieferung hat nachdrücklich A. RESCH aufmerksam gemacht; vgl. Der Paulinismus und die Logia Jesu in ihrem gegenseitigen Verhältnis untersucht, 1904, 413 f; DERS., Agrapha. Aussercanonische Schriftfragmente (TU NF 15, 3. 4), (1906²) Nachdr. 1974, 100 f.

[20] Besonders pointiert TH. ZAHN, Geschichte des neutestamentlichen Kanons I, 1888, 544 ff.

[21] So lehnt SCHMITHALS (s. Anm. 9), 315 zwar die Interpretation von MUNCK ab, ohne das Logion der alten Kirche überhaupt heranzuziehen, auf das MUNCK sich zur Begründung seiner Argumentation z. T. berufen hatte.

[22] Charakteristisch z. B. W. BOUSSET, Der erste Brief an die Korinther (SNT

2. Sieht man zunächst einmal von 1Kor 11, 19a ab, so läßt sich die Tradition zuerst bei Justin nachweisen [23]. In Dial. c. Tryph. 35 [24] geht es ihm in der Auseinandersetzung mit seinem Gegenüber um dessen Beobachtung unterschiedlicher Gruppen innerhalb des Christentums [25]. Justin gibt die Existenz solcher Gruppen zwar unumwunden zu (35, 2), stellt sich selbst aber zu den πιστότεροι und den βεβαιότεροι im Blick auf jene Hoffnung, die von Jesus ausgegangen ist. Dies konkretisiert sich nun geradezu darin, daß die deviatorischen Gruppen die jesuanische Verheißung erfüllen; sie bestätigen durch ihre Existenz, was Jesus schon immer verheißen hatte. Justin verweist zur Begründung in 35, 3 auf vier jesuanische Logia, die diese Zukunft ansagen [26]:

1. Πολλοὶ ἐλεύσονται ἐπὶ τῷ ὀνόματί μου, ἔξωθεν ἐνδεδυμένοι δέρματα προβάτων, ἔσωθεν δέ εἰσι λύκοι ἅρπαγες.
2. Ἔσονται σχίσματα καὶ αἱρέσεις.
3. Προσέχετε ἀπὸ τῶν ψευδοπροφητῶν, οἵτινες ἐλεύσονται πρὸς ὑμᾶς, ἔξωθεν ἐνδεδυμένοι δέρματα προβάτων, ἔσωθεν δέ εἰσι λύκοι ἅρπαγες.

II, 1917³, 74–167), 130. Bousset geht hier nicht auf die altkirchliche Überlieferung ein, obwohl er ursprünglich den Erwägungen von Resch ausdrücklich zugestimmt hatte; vgl. W. Bousset, Die Evangeliencitate Justins des Märtyrers in ihrem Wert für die Evangelienkritik von neuem untersucht, 1891, 93 ff, bes. 96.

[23] Zur altkirchlichen Überlieferung vgl. neben den Arbeiten von Resch (s. Anm. 19) noch J. H. Ropes, Die Sprüche Jesu, die in den kanonischen Evangelien nicht überliefert sind (TU 14, 2), 1896; E. Massaux, Influence de l'Evangile de saint Matthieu sur la littérature chrétienne avant saint Irénée (DGMFT II, 42), Louvain-Gembloux 1950, 514 ff; J. Jeremias, Unbekannte Jesusworte, 1965⁴, 74 f; K. Beyschlag, Clemens Romanus und der Frühkatholizismus. Untersuchungen zu I Clemens 1–7 (BHTh 35), 1966, 92, bes. Anm. 1; A. J. Bellinzoni, The Sayings of Jesus in the Writings of Justin Martyr (NT.S 17), 1967, 100 ff; L. L. Kline, The Sayings of Jesus in the Pseudo-Clementine Homilies (SBL Diss. Ser. 14), Missoula 1975, 154 f. Zum grundsätzlichen Problem der Agrapha vgl. H. Köster, Die außerkanonischen Herrenworte (ZNW 48, 1957, 220–237); M. Mees, Außerkanonische Parallelstellen zu den Herrenworten und ihre Bedeutung (VetChr Quaderni 10), Bari 1975.

[24] Zur Analyse des Textes vgl. vor allem Zahn (s. Anm. 20); Resch, Paulinismus (s. Anm. 19), 413 f; Ropes (s. Anm. 23), 96 f; Resch, Agrapha (s. Anm. 19), 100 f; Bousset, Evangeliencitate (s. Anm. 22), 93 ff; G. Archambault, Justin. Dialogue avec Tryphon I. II (TDEHC 8/11), Paris 1909, I, 154 ff; Massaux (s. Anm. 23), 514 ff; Jeremias (s. ebd.), 74 f; Bellinzoni (s. ebd.), 100 ff; Kline (s. ebd.), 154 f; A. Lindemann, Paulus im ältesten Christentum. Das Bild des Apostels und die Rezeption der paulinischen Theologie in der frühchristlichen Literatur bis Marcion (BHTh 58), 1979, 360.

[25] Vgl. A. Harnack, Ist die Rede des Paulus in Athen ein ursprünglicher Bestandteil der Apostelgeschichte? Judentum und Judenchristentum in Justins Dialog mit Trypho, nebst einer Collation der Pariser Handschrift Nr. 4501 (TU 39, 1), 1913, 81.

[26] Text nach E. J. Goodspeed, Die ältesten Apologeten, 1914, 130.

4. Ἀναστήσονται πολλοὶ ψευδόχριστοι καὶ ψευδοαπόστολοι, καὶ πολλοὺς τῶν πιστῶν πλανήσουσιν.

Bei drei Worten (1.3.4.) ist ein Zusammenhang mit Texten des Matthäusevangeliums wahrscheinlich [27], wobei allerdings die Zusammenstellung zu einer Spruchkomposition auch dann noch von Interesse ist. Ob eine solche Makrostruktur Justin bereits vorlag, kann mit Sicherheit nicht mehr entschieden werden. Dafür spricht die auch sonst im Urchristentum und der alten Kirche erkennbare Tendenz, apokalyptische Stoffe zusammenzustellen [28]. Auf der anderen Seite läßt sich allerdings auch nicht ausschließen, daß Justin nur die Form einer apokalyptischen Spruchrede übernommen und selbst mit Traditionsgut angereichert hat, wobei sich beide Möglichkeiten auch nicht ausschließen müssen. Daß Justin selbst die Materialien in 35, 3 zusammengefügt hat, ließe sich zudem von seinem Interesse an bestimmten eschatologischen Motiven her begründen [29]; für den Dial. c. Tryph. wäre auf 51, 3 und 82, 1 ff zu verweisen [30].

Wichtig bleibt, daß das apokryphe Herrenwort ἔσονται σχίσματα καὶ αἱρέσεις in diesem eschatologischen Kontext erscheint. Es dient hier der Erklärung und Verarbeitung jener Gruppenphänomene innerhalb des Christentums, die ja nicht nur von den Juden der damaligen Zeit als argumentative Hilfe in der Auseinandersetzung verwandt wurden. Indem Justin auf die jesuanische Weissagung solcher Gruppen rekurrieren kann, vermag er das Erscheinen von Spannungen als konsequent zu begreifen, es kann ihn nicht mehr überraschen. Insofern erhalten die apokalyptischen Logia, die er in 35, 3 heranzieht, für ihn erhebliche, stabilisierende Bedeutung.

Unklar ist jedoch die traditionsgeschichtliche Herkunft bzw. Beurteilung des Logions, das von Justin auf Jesus zurückgeführt wird. Scheidet eine freie Neubildung als wenig wahrscheinlich aus [31], so ist vor allem

---

[27] Zum ersten Logion vgl. Mt 7, 15; 24, 5, zum dritten Mt 7, 15, zum vierten Mt 24, 11. 24. Zur Einzelanalyse vgl. vor allem MASSAUX (s. Anm. 23), 515 f.

[28] In diesem Sinne vor allem BELLINZONI (s. Anm. 23), 106, der von einer »sayings collection used by early Christian as a vade mecum against heresies« spricht. Die Gegenposition findet sich bei ZAHN (s. Anm. 20), 545, für den Justin kanonisches Material frei reproduziert.

[29] Vgl. L. ATZBERGER, Geschichte der christlichen Eschatologie innerhalb der vornicänischen Zeit, 1896, 149; L. W. BARNARD, Justin Martyr's Eschatology (VigChr 19, 1965, 86–98).

[30] Zu diesen Parallelen vgl. ZAHN (s. Anm. 20), 546; ARCHAMBAULT (s. Anm. 24) I, 156 Anm. 3.

[31] So etwa ZAHN, 546 f, für den Justin sich nicht damit begnügt zu sagen, daß Jesus die Häresien geweissagt habe, »sondern geradezu ein kurzes Wort dieses Inhalts von Jesus gesagt sein läßt«.

die Beziehung zu 1Kor 11, 19a schwer zu bestimmen. Gegen eine direkte Herleitung, die grundsätzlich gewiß nicht abzulehnen ist[32], ist zunächst auf die ambivalente Rolle zu verweisen, die für Justin (vor allem im Dial. c. Tryph.!) die Rezeption der paulinischen Texte spielt[33]. Vor allem wird jedoch die ausdrückliche Bezeichnung der Überlieferung als Logion Jesu – im Unterschied zu 1Kor 11, 19a – nicht leicht beiseite zu schieben sein[34]. Zudem fehlt in Dial. c. Tryph. 35, 3 das für 1Kor 11, 19a charakteristische δεῖ. Es ließe sich bei Justin nur aus dem allgemeinen Kontext herleiten, sofern man sagt, es sei in der Zuschreibung des Logions an Jesus automatisch mitgesetzt. Dies alles läßt den begründeten Schluß zu, daß Justin eine ihm als Logion Jesu bekannte Tradition rezipiert hat. Nicht mehr sicher zu entscheiden ist, ob dies Wort schon innerhalb des jetzigen Zusammenhanges an Justin überliefert worden ist. Die auch sonst belegbare Isolierung des Logions spricht aber doch für eine ursprünglich selbständige Existenz des Satzes. Justin hätte ihn dann mit den anderen apokalyptischen Worten zusammengestellt[35].

In eine ähnliche Richtung wie Justin geht PsClem, Hom. 16, 21, 4[36]:

Ἔσονται γάρ, ὡς ὁ κύριος εἶπεν,
ψευδαπόστολοι, ψευδεῖς προφῆται, αἱρέσεις, φιλαρχίαι.

Der Text, der nicht von dem häresiebezogenen Interesse der PsClementinen isoliert werden kann[37], benennt enumerativ die Gefährdungen der Gemeinde[38]. Auffällig bleibt die Doppelung der Reihe: Auf der einen Seite stehen die Personen (ψευδαπόστολοι bzw. ψευδεῖς προφῆται), wobei vor allem die ψευδεῖς προφῆται zum festen Inventar apokalyptischer Szenarien gehören[39], während andererseits αἱρέσεις und φιλαρχίαι die Gemeinde bedrohen. Gegenüber der Überlieferung bei Justin ist also das

---

[32] Vgl. LINDEMANN (s. Anm. 24), 360.

[33] Vgl. dazu HARNACK (s. Anm. 25), 50 f; LINDEMANN, 362 ff.

[34] Vgl. BELLINZONI (s. Anm. 23), 102.

[35] Vgl. RESCH, Paulinismus (s. Anm. 19), 413; ROPES (s. Anm. 23), 96; BOUSSET, Evangeliencitate (s. Anm. 22), 96.

[36] B. REHM – J. IRMSCHER – F. PASCHKE, Die Pseudoklementinen I. Homilien (GCS 42), 1969², 228, 11 f.

[37] Zur Analyse des Textes vgl. vor allem ROPES (s. Anm. 23), 96; JEREMIAS (s. ebd.), 74 f; KLINE (s. ebd.), 154 f. Allgemein s. L. CERFAUX, Le vrai prophète des Clémentines (RSR 18, 1928, 143–163); G. STRECKER, Das Judenchristentum in den Pseudoklementinen (TU 70), 1958; DERS. bei BAUER² (s. Anm. 1), 260 ff.

[38] Dies spielt auch sonst in den PsClementinen eine nicht unerhebliche Rolle; vgl. noch 2, 17, 4 (REHM 42, 8 ff).

[39] Bei den zahlreichen Belegen erübrigen sich die Einzelnachweise; aus der umfangreichen Lit. vgl. nur D. HILL, False Prophets and Charismatics: Structure and Interpretation in Matthew 7, 15–23 (Bib. 57, 1976, 327–348).

Logion ungeachtet der analogen Struktur nicht unerheblich verändert. Vor allem die Erwähnung der σχίσματα entfällt, bzw. sie wird durch φιλαρχίαι ersetzt. Demgegenüber entspricht die Überlieferung des Logions im 23. Kapitel der syr. Didaskalie wieder stärker Justin, Dial. c. Tryph. 35, 3 [40]:

> Darum werden die Heiden gerichtet, weil sie (Gott) nicht kannten, die Häretiker aber werden verdammt, weil sie sich gegen Gott erheben [41], wie auch unser Herr und Heiland Jesus gesagt hat: »Es werden Häresien und Spaltungen entstehen«, und abermals: »Wehe der Welt der Ärgernisse halber; es müssen ja Ärgernisse und Spaltungen kommen, jedoch wehe dem Manne, durch den sie kommen.«

Die Tradierung des Logions [42] entspricht im Wortlaut Justin, auch die syrischen Termini [43] entsprechen αἱρέσεις und σχίσματα. Der Satz steht innerhalb einer umfangreichen Auseinandersetzung mit Häresien und Häretikern [44], die das 23. Kapitel der syr. Didaskalie dominiert. Aufschlußreich beginnt die Aufzählung häretischer Gruppen mit den alttestamentlichen Typoi; dies ist – wie die Polemik in Jud und 2Petr belegt – bereits traditionell. Die Reihe wird dann – über das Logion hinaus – bis in die Gegenwart des Autors hinein verlängert, wobei Simon Magus eine besondere Bedeutung hat. Schwierig bleibt im ganzen Kapitel die Differenzierung zwischen traditionellem Material und aktuellen Anspielungen, die ja für die genauere Bestimmung der Gegner der syr. Didaskalie von erheblichem Gewicht ist [45]. Für die Übernahme eines traditionellen Logions innerhalb dieser Argumentation wäre als Begründung [46] sowohl an

---

[40] Übersetzung nach H. ACHELIS – J. FLEMMING, Die syrische Didaskalia übersetzt und erklärt (TU 10, 2), 1904, 118, 32 ff.

[41] Die Position der Häretiker wird also negativ gegen die Lage der Heiden abgehoben; wird den Heiden (nicht schuldhaftes) Nichtwissen zugeschrieben, so bedeutet Häresie für die syrische Didaskalie offene Rebellion. In diesem Gedanken kehrt abgewandelt das apologetische ἄγνοια-Motiv wieder.

[42] Vgl. auch R. H. CONNOLLY, Didascalia Apostolorum. The Syriac Version translated and accompanied by the Verona Latin Fragments, Oxford 1929, 194 ff; bes. 197, 25 ff; zur lat. Überlieferung vgl. F. X. FUNK, Didascalia et Constitutiones Apostolorum I. II, 1905, I, 310, 4 ff.

[43] Zum syr. Text vgl. M. D. GIBSON, The Didascalia Apostolorum in Syriac (HSem I), London 1903.

[44] Sie spielt zudem in der gesamten Schrift eine besondere, betonte Rolle; vgl. hierzu (und zu den schwierigen, damit verbundenen Problemen) ACHELIS-FLEMMING (s. Anm. 40), 354 ff; CONNOLLY (s. Anm. 42), xxvi ff; W. C. van UNNIK, De beteekenis van de mozaische wet voor de kerk van Christus volgens de syrische Didascalie (NAKG 31, 1939, 65–100), bes. 80; STRECKER bei BAUER² (s. Anm. 1), 248 ff.

[45] Vgl. dazu ACHELIS-FLEMMING, 356; STRECKER, 258 ff.

[46] CONNOLLY verweist für das Logion auf 1Kor 11, 19 (neben der sich anschlie-

Justin und die PsClementinen als auch an die Beobachtung zu erinnern, daß sich in der syr. Didaskalie auch sonst Agrapha erhalten haben [47].

Die sonst noch genannten Textzeugen für eine unabhängige Agraphon-Tradition [48] sind eher mit Skepsis zu beurteilen; zudem muß methodisch immer überlegt werden, ob nicht entweder eine unmittelbare Wirkung von 1Kor 11, 19a vorliegt oder nur ein verwandter traditionsgeschichtlicher Zusammenhang reproduziert wird.

Zur Wirkungsgeschichte von 1Kor 11, 19 gehört z. B. Clem. Al., strom. VII, 90, 4 [49]: »διὰ τοὺς δοκίμους« φησὶν »αἱ αἱρέσεις«. Clemens setzt sich in strom. VII, 90 [50] – ein wegen einer vermuteten (und möglichen) Beziehung auf ein Taufsymbol viel diskutierter Text [51] – mit dem Vorwurf der Griechen und Juden auseinander (89, 1. 2), das Christentum sei wegen der Vielfalt seiner Richtungen nicht glaubhaft. Nach verschiedenen Gegenargumenten und der Erinnerung an die ὁμολογία, die für die Christen verpflichtenden Charakter habe, fährt er fort: Kann denn jemand, dessen Seele krank und voll von Götzenbildern ist, die unterschiedlichen αἱρέσεις, die es im Christentum gibt, als Grund vorgeben, um nicht zum ἰατρός (scil. Christus) zu kommen [52]? Daran schließt sich dann das Zitat von 1Kor 11, 19a an. Bei seiner Auslegung des paulinischen Textes konzentriert sich Clemens vor allem auf die δόκιμοι: es sind entweder diejenigen, die zum Glauben kommen mit der Fähigkeit der richtigen Prüfung [53], oder aber jene, die durch ihr Sein im Glauben bereits zu δόκιμοι geworden sind. So aufschlußreich die Interpretation von δόκιμοι auch sein mag, gerade die Betonung dieses Motivs spricht für die Abhängigkeit von Paulus (zumal δόκιμοι bei der Tradierung des apokryphen Herrenwortes kaum eine Rolle spielt); zudem könnte sich auch φησίν durchaus auf den Apostel beziehen [54].

ßenden Zitation von Mt 18, 7), während ACHELIS-FLEMMING mit einem Fragezeichen an 1Kor 11, 19 erinnern und die Zitationsformel auf die Nähe von Mt 18, 7 zurückführen möchte. Nur wäre dagegen zu bedenken, daß die syr. Didaskalie sogar zusätzlich zu Mt 18, 7 ein σχίσματα hinzufügt, die Entwicklung also eher in die umgekehrte Richtung geht.

[47] Zum Schriftgebrauch der syr. Didaskalie vgl. vor allem ACHELIS-FLEMMING (s. Anm. 40), 318 ff; CONNOLLY (s. Anm. 42), lxxxvii ff; STRECKER, 250 ff.

[48] Besonders exzessiv in dieser Hinsicht RESCH, Paulinismus (s. Anm. 19), 413 f; DERS., Agrapha (s. ebd.), 100 f; dagegen s. ROPES (s. Anm. 23), 96 f.

[49] O. STÄHLIN – L. FRÜCHTEL, Clemens Alexandrinus III (GCS 17), 1970², 64, 15.

[50] Zu diesem Text vgl. W. VÖLKER, Der wahre Gnostiker nach Clemens Alexandrinus (TU 57), 1952, 159 Anm. 1; 357 Anm. 2.

[51] Vgl. dazu noch immer C. P. CASPARI, Hat die alexandrinische Kirche zur Zeit des Clemens ein Taufbekenntnis besessen, oder nicht? (ZKWL 7, 1886, 352–375).

[52] Für die Übersetzung vgl. auch O. STÄHLIN, Clemens von Alexandreia. Ausgew. Schriften V (BKV II, 20), 1938, z. St.

[53] Clemens erinnert hier an das von ihm (und der alten Kirche) geschätzte Agraphon von den bewährten Geldwechslern; für Clemens vgl. nur strom. I, 177, 2; II, 15, 4; VI, 81, 2. Zum Agraphon s. RESCH, Agrapha (s. Anm. 19), 112 ff; ROPES (s. Anm. 23), 141

[54] STÄHLIN ergänzt in seiner Übersetzung des Textes Paulus als das Subjekt des Satzes (». . . sagt der Apostel . . .«).

Als Beispiel für den Rekurs auf einen gemeinsamen, traditionsgeschichtlichen Hintergrund mag EpAp 29 (40) dienen[55]: »Wir (scil. die Jünger) sprachen ⟨aber zu ihm⟩: ›O Herr, ⟨werden⟩ denn Lehren von ⟨anderen⟩ existieren außer dem, was ⟨du⟩ uns gesagt hast?‹ ⟨...⟩ uns: ›Es ist nämlich notwendig, daß sie existieren, damit ⟨die⟩ Bösen und die Guten ⟨offenbar⟩ werden werden.‹« Sofern hier nicht einfach 1Kor 11, 19a zitiert wird[56], zeigt sich, daß EpAp einen Grundsatz übernimmt, der als eine allgemein anerkannte Wahrheit gilt.

Schwieriger verhält es sich hingegen mit jenen beiden Texten, die vor allem von A. Resch genannt werden; zum einen handelt es sich um Lactantius, Div. Inst. IV, 30: ante omnia scire nos convenit, et ipsum et legatos eius praedixisse, quod plurimae sectae et haereses haberent existere. Auf der anderen Seite steht Didymus, De Trin. III, 22: ὁ ἀποδεχθεὶς ἔχειν θησαυροὺς σοφίας καὶ γνώσεως, καὶ προμηνύσας· ἔσονται ἐν ὑμῖν αἱρέσεις καὶ σχίσματα. Sicher wird zu bedenken sein, daß in beiden Texten die Doppelung von αἱρέσεις und σχίσματα gegeben ist und auch eine Rückbindung der Überlieferung auf Jesus vorliegt. Dennoch verweist ἐν ὑμῖν bei Didymus eindeutig auf 1Kor 11, 19 (zudem sind auch die Probleme und Zuschreibung von De Trin. nicht unbestritten), und auch »legatos« bei Laktanz läßt immerhin eine Reminiszenz an den paulinischen Text vermuten. Dies alles macht vorsichtig gegenüber der Vermutung, beide Texte seien unabhängige Zeugen für das altkirchliche Agraphon.

Blickt man auf die Überlieferung des Logions bei Justin, den PsClementinen und der syr. Didaskalie – wobei die Texte untereinander kaum zusammenhängen dürften[57] –, so läßt sie bestimmte, zusammenfassende Ergebnisse zu:

– Die alte Kirche kennt eine Überlieferung und führt sie auf Jesus zurück, in der für die Endzeit αἱρέσεις und σχίσματα vorausgesagt werden[58]. Dies geschieht im einzelnen unterschiedlich, während die Struktur des Satzes bei allen Textzeugen einheitlich wiederkehrt.

– Das Logion setzt für das Auftreten eschatologischer Spannungen den Gedanken apokalyptischer Notwendigkeit voraus, der durch das Motiv des δεῖ nur auf den adäquaten Begriff gebracht wird[59].

– Die Überlieferung, wie sie in der alten Kirche vorliegt, verwendet αἱρέσεις und σχίσματα negativ; sie hat hierin erhebliche Bedeutung für die Geschichte beider Begriffe innerhalb des Christentums.

– Die altkirchliche Tradition ist von 1Kor 11, 19a nicht abhängig[60]. Dies

---

[55] Übersetzung nach H. DUENSING, Epistula Apostolorum (in: E. HENNECKE – W. SCHNEEMELCHER, Neutestamentliche Apokryphen in deutscher Übersetzung, 1968⁴, 126–155), 142.
[56] So verweist DUENSING bei seiner Übersetzung auf 1Kor 11, 19.
[57] Anders z. B. BELLINZONI (s. Anm. 23), 101 ff; KLINE (s. ebd.), 154 f. Vgl. dagegen JEREMIAS (s. ebd.), 74 f.
[58] Vgl. JEREMIAS, 75; BELLINZONI, 101.
[59] Vgl. E. FASCHER, Theologische Beobachtungen zu δεῖ (in: Neutestamentliche Studien für R. Bultmann [BZNW 21], 1954, 228–254).
[60] Vgl. BELLINZONI, 102.

stellt notwendig die Frage nach der Rolle von 1Kor 11, 19a in diesem
Traditionsprozeß und nach einer möglichen Beziehung des Paulus auf
diese apokryphe Aussage. Erst nach der Analyse von 1Kor 11, 18. 19 und
der Präzisierung dieser Relation wird sich auch über die traditions- und
religionsgeschichtliche Bedingtheit der Überlieferung Näheres aussagen
lassen.

3.1 Nun hat allerdings 1Kor 11, 18. 19 in der bisherigen Exegese des
Textes zumeist eine Auslegung erfahren, die von einer Beziehung des
Paulus auf eine – wie auch immer geartete – eschatologische Vorgabe ganz
absehen möchte. Mehr noch: Nach dem Vorgang der altkirchlichen Interpretation dieses Textes – jedenfalls eines nicht unbeträchtlichen Teils
dieser Interpretation – fand seit J. A. Bengel [61] die Meinung weite Zustimmung, Paulus berufe sich in 1Kor 11, 19a auf eine allgemein anerkannte (aber zeitunabhängige!) Satzwahrheit. »Erst im Streit zeigt sich
die Klarheit und Energie und Zuverlässigkeit des Charakters...« [62] so
hat J. Weiß klassisch formuliert [63], und diese Auffassung hat sich in unterschiedlichen Abwandlungen durchgesetzt [64]. Daß in der notwendigen
Stunde der Bewährung durch die αἱρέσεις die δόκιμοι nur desto klarer
hervortreten, begründet für solche Interpretation die Glaubwürdigkeit
der Nachrichten, die Paulus über die σχίσματα innerhalb der korinthischen
Gemeinde erhalten hat [65]. Selten wird dann allerdings noch reflektiert,
worauf Paulus die allgemeine Verbindlichkeit des Satzes 19a gründet [66].
Denn die Gültigkeit der Aussage wird ja von ihm auch bei den Brief-

---

[61] J. A. Bengel, Gnomon Novi Testamenti, 1891[8], 659.

[62] Weiss (s. Anm. 14), 280.

[63] Vgl. auch Weiss (s. Anm. 9), 252.

[64] Vgl. noch Hilgenfeld (s. Anm. 3), 1; A. Schlatter, Paulus der Bote Jesu.
Eine Deutung seiner Briefe an die Korinther, 1962[3], 317; Schmithals (s. Anm. 9),
315; H. Conzelmann, Der erste Brief an die Korinther (KEK V), 1969[11], z. St.;
Theissen (s. Anm. 9), 310.

[65] Theissen, ebd.: »Ebenso [scil.: ist es vielleicht Diplomatie], daß er [scil.
Paulus] unmittelbar darauf die grundsätzliche Legitimität von Spaltungen betont, als würde er den Nachrichten nur glauben, sofern sie von legitimen Konflikten zu berichten wüßten, also von Konflikten, die zur Erprobung der Gemeinde unvermeidlich seien...« Es ist aber die Frage, ob Paulus überhaupt
von dem Gedanken einer grundsätzlichen Legitimität der Spannungen in der Gemeinde oder aber von ihrer eschatologischen Notwendigkeit ausgeht.

[66] Beispiel sorgsamer Exegese bei Weiss (s. Anm. 14), 280 Anm. 1, der nach
dem Vorgang von Heinrici auf Cicero, Tusc. II, 2 verweist. Ob dies jedoch genügt, die Verbindlichkeit von 11, 19a für Paulus und die Gemeinde beweisbar
zu machen?

empfängern vorausgesetzt. Wird so 1Kor 11, 19a im Sinne von J. Weiß begriffen, so hat dies weitere Konsequenzen:

Es kann sich bei der Aussage des Paulus in 1Kor 11, 19a, wenn sie nicht eschatologisch verstanden wird, nur um eine eher ironisch gemeinte Bemerkung handeln [67]. Denn der Gedanke, es müsse eben Spaltungen innerhalb der Gemeinde geben, damit die δόκιμοι nur desto strahlender hervortreten, ist als allgemein anerkannte Satzwahrheit ja ein höchst gefährlicher Grundsatz [68]. Er wird weder dem korinthischen Gegenüber gerecht noch trägt er der Ernsthaftigkeit Rechnung, mit der Paulus sonst die Auseinandersetzung mit den Gegnern betreibt [69]. Er instrumentalisiert diese Spannungen geradezu, und Paulus muß deshalb eher ironisch argumentieren [70], wobei die Gedankenführung zudem die Identität von αἱρέσεις und σχίσματα voraussetzen muß [71], weil nur so die Kausalität zwischen 11, 18 und 11, 19a gewahrt bleibt. Will man sich dieser gewiß schwierigen Konsequenz einer ironischen Interpretation des Textes nicht anschließen, so bleibt mit W. Bousset [72] nur die Mutmaßung, Paulus zitiere einen Satz der Gegner: 11, 18. 19 lassen sich dann so verstehen, daß Paulus die Nachricht von den σχίσματα in der korinthischen Gemeinde für glaubhaft hält, weil die Korinther selbst sagen: Spannungen müssen sein, damit die δόκιμοι desto eindeutiger und klarer hervortreten.

Sind die Konsequenzen, die sich bei der Vermutung einer allgemeinen Satzwahrheit ergeben, schon für sich nicht frei von Zweifeln, und bekommen die Spaltungen eine geradezu positive Rolle, so bleiben darüber hinaus noch zwei weitere Schwierigkeiten zu bedenken:

Zum einen ist man genötigt, eine Berührung oder Relation zwischen 1Kor 11, 18. 19 und der Überlieferung der alten Kirche zu leugnen [73]

---

[67] Klar erkannt haben dies vor allem P. W. Schmiedel, Die Briefe an die Thessalonicher und an die Korinther (HC II), 1893², 159; Bousset, 1. Kor. (s. Anm. 22), 130.

[68] Bousset, ebd.

[69] Bousset, ebd.: »Will man mit der üblichen Auslegung die Worte nicht in der angedeuteten Weise ironisch fassen, so entsteht in der Tat ein nicht … erklärbarer Gegensatz zwischen der Behandlung der Parteistreitigkeiten hier und Kap. 1.« Und in der Tat formuliert Weiss (s. Anm. 14), 280: »Solange P.(aulus) noch so gute Wirkungen von den αἱρέσεις erwartet, konnte er nicht so trübe urteilen, wie in Kap. 1–4.«

[70] Schmiedel (s. Anm. 67), 159.

[71] Schmiedel, ebd.; vgl. auch Conzelmann (s. Anm. 64), 227 Anm. 13.

[72] Bousset, 1. Kor. (s. Anm. 22), 130: »Die Korinther mögen darauf hingewiesen haben, daß diese Gemeindekämpfe doch das Gute hätten, daß sich herausstelle, wer das bessere Recht auf seiner Seite habe. Paulus begnügt sich mit einer ironischen Wiederholung jenes gefährlichen Grundsatzes.«

[73] Schmithals (s. Anm. 9), 315 (gegen Munck): »Aber es ist unmöglich, die

bzw. jene von Paulus abhängig zu sehen. Beides erscheint als kaum denk- und durchführbar. Wenn Paulus jedoch eine unabhängige, apokalyptische Tradition in 11, 19a rezipiert hat, so bleibt die angedeutete Interpretation ebenfalls unzureichend. Denn daß Paulus eine solche Überlieferung nur ironisch anwendet, ist so wenig wahrscheinlich wie die Vermutung, Paulus übernehme einen solchen Satz aus dem Arsenal seiner Gegner. Diese dürften ihre Rolle und ihre Theologie kaum durch das Motiv der eschatologischen αἱρέσεις interpretiert oder in ihm wiedererkannt haben.

Auf der anderen Seite aber läßt sich neben dem Zwang der Identifikation von αἱρέσεις und σχίσματα [74] bei solchem Verständnis das Miteinander von 1Kor 11, 18 f und 1, 10 ff im Grunde nur auf dem Weg einer Teilungshypothese, d. h. der Zuteilung zu unterschiedlichen Briefen begreiflich machen [75]. Denn die Beiläufigkeit, ja mangelnde Ernsthaftigkeit, mit der Paulus in 11, 18 f auf die Gegner in Korinth eingeht [76], stimmt ja überhaupt nicht zum theologischen Gewicht des Dialogs in 1Kor 1, 10 ff. Die Möglichkeit einer solchen Teilungshypothese kann gewiß nicht a priori abgelehnt werden, aber bedenklich bleibt, daß die eine Hypothese – Paulus nimmt die Spaltungen in der Gemeinde (noch) nicht ernst – durch die andere – Zugehörigkeit zu zwei unterschiedlichen Briefen [77] – bewiesen werden soll.

3.2 Die Aporien und die Schwierigkeiten, mit denen ein Verständnis von 1Kor 11, 19a als allgemeiner, zeitloser Satzwahrheit behaftet ist, verringern sich wesentlich, wenn von der Rezeption einer apokalyptischen Tradition durch Paulus ausgegangen wird [78]. Sicher läßt sich diese Hypothese modifiziert anwenden [79], aber für die Übernahme einer anerkann-

---

αἱρέσεις von I 11, 18 f als einen ›Teil der zukünftigen Leiden, der Messiasnöte‹, anzusehen.« Der Beweis für solche Unmöglichkeit wird allerdings dann nicht angetreten.

[74] Eine Identität zwischen beiden Begriffen kann gewiß vom Grundsatz her nicht ausgeschlossen werden. Wenn sie aber a priori vorausgesetzt und nicht erst bewiesen wird, verdient eine Interpretation, die eine Differenzierung zwischen beiden Termini wenigstens als Möglichkeit zuläßt, den Vorzug.

[75] Vgl. SCHMITHALS (s. Anm. 9), 84 f; W. SCHENK, Der 1. Korintherbrief als Briefsammlung (ZNW 60, 1969, 219–243).

[76] Vgl. WEISS (s. Anm. 9), 252.

[77] Die übrigens auch bei einer anderen Auslegung des Textes bestritten werden kann; vgl. CONZELMANN (s. Anm. 64), 227; THEISSEN (s. Anm. 9), 311 Anm. 1.

[78] In diesem Sinne vgl. N. A. DAHL, Das Volk Gottes. Eine Untersuchung zum Kirchenbewußtsein des Urchristentums, 1963³, 224; SCHLIER (s. Anm. 12); MUNCK (s. Anm. 9), 127 ff; BORNKAMM (s. Anm. 13), 141; FASCHER (s. Anm. 59), 238; DELLING (s. Anm. 12), 386.

[79] Von Interesse ist übrigens, daß auch in der älteren Exegese – unabhängig

ten Überlieferung spricht zunächst neben der Tradition der alten Kirche [80] auch der unangefochtene, gültige Charakter, den die Aussage im Verständnis des Paulus wie auch der Briefempfänger hat. Vor allem entspricht dies auch dem Ernst der Auseinandersetzungen mit den korinthischen Gegnern ungleich mehr. Hat Paulus damit in 1Kor 11, 19a einen Satz übernommen [81], für den die eschatologische Notwendigkeit der αἱρέσεις unumstößlich ist [82], so ist allerdings diese Überlieferung, ihre Auslegung durch Paulus und ihr Gewicht im jetzigen Kontext genauer zu bestimmen:

Für die vorpaulinische Tradition hat das δεῖ sicher eine erhebliche Bedeutung besessen [83]. In ihm handelt es sich nicht so sehr um die Behauptung einer zeitunabhängigen, allgemeingültigen Wahrheit als vielmehr um die Ansage eschatologischer Zeit, wobei δεῖ gerade die Necessität und Unumstößlichkeit des Ablaufs unterstreichen soll [84]. Paulus dürfte diese Überlieferung bereits vorgefunden haben [85].

Überraschend fehlt in 1Kor 11, 19a die Erwähnung der σχίσματα. Der Begriff erscheint allerdings in 11, 18, und ein Vergleich mit 1, 10 zeigt, daß Paulus hier wie dort die Verhältnisse in Korinth durch die Benennung mit σχίσματα zu qualifizieren versucht. Die methodische Möglichkeit ist dann nicht auszuschließen, daß Paulus aus der Parallelformulierung

---

von einer eschatologischen Auslegung und ohne Beachtung der altkirchlichen Überlieferung – solche Deutung des Textes vorliegt; vgl. z. B. F. GODET, Kommentar zu dem ersten Briefe an die Korinther I. II, 1886/88, II, 86 f.

[80] Selbst wenn das Agraphon der alten Kirche scharf von 1Kor 11, 19a getrennt wird, belegt dennoch seine Existenz die Möglichkeit des Gedankens (unabhängig von Paulus!).

[81] Vgl. SCHLIER (s. Anm. 9), 182.

[82] DELLING (s. Anm. 12), 386; s. auch FASCHER (s. Anm. 59), 238.

[83] Zu den traditions- und religionsgeschichtlichen Voraussetzungen des δεῖ vgl. vor allem FASCHER (s. Anm. 59).

[84] Zu diesem Gedanken der Apokalyptik vgl. z. B. PH. VIELHAUER, Apokalypsen und Verwandtes (in: HENNECKE-SCHNEEMELCHER [s. Anm. 55] II, 1964³, 407–427), 410 f; W. HARNISCH, Verhängnis und Verheißung der Geschichte. Untersuchungen zum Zeit- und Geschichtsverständnis im 4. Buch Esra und in der syr. Baruchapokalypse (FRLANT 97), 1969, 248 ff.

[85] Immerhin sollte der Einwand von VIELHAUER, 429 f berücksichtigt werden: »Soviel wir aus seinen Briefen sehen können, hat Paulus apokalyptische Belehrungen größeren Umfangs nur über die Auferstehung und das Sein ›mit Christus‹ ... erteilt.« Jedenfalls warnt diese zutreffende Beobachtung davor, den Einfluß und die Bedeutung des δεῖ zu überschätzen. Zögernd auch WEISS (s. Anm. 14), 280. Zum gesamten Problemkreis vgl. J. BAUMGARTEN, Paulus und die Apokalyptik. Die Auslegung apokalyptischer Überlieferungen in den echten Paulusbriefen (WMANT 44), 1975.

σχίσματα καὶ αἱρέσεις, die ihm durch die Tradition vorgegeben war, ein wertendes Nacheinander gemacht hat und von der bereits entstandenen (mit σχίσματα bezeichneten) Situation in Korinth die zukünftige Bedrohung durch die αἱρέσεις unterschied. Aber in gleichem Maße bleibt es erwägenswert, daß die vorpaulinische Überlieferung auf die Aussage von der eschatologischen Notwendigkeit der αἱρέσεις eingeschränkt war und die Benennung der korinthischen Verhältnisse mit σχίσματα in 11, 18 auf Paulus selbst zurückgeht.

Faßt man die bisherigen Überlegungen im Blick auf die vorpaulinische Tradition zusammen, so zeigt sich: Paulus überliefert in 1Kor 11, 19a einen allgemein anerkannten Satz urchristlicher Theologie, der aus δεῖ (σχίσματα καὶ) αἱρέσεις εἶναι bestand. Diese Aussage spricht von der eschatologischen Notwendigkeit der αἱρέσεις, die eindeutig negativ bewertet werden[86].

Wenn so bereits die vorpaulinischen Gemeinden die Möglichkeit besaßen, Spannungen und Gefährdungen, Spaltungen und Parteien als Zeichen eschatologischer Zeit zu begreifen und innerhalb dieses Rahmens auszulegen, so bleibt für die paulinische Interpretation entscheidend, daß die Aussage auf die Situation der korinthischen Gemeinde bezogen wird: Die konkrete ἐκκλησία[87] ist der Ort der eschatologischen Gefährdung durch die σχίσματα bzw. die αἱρέσεις, und Paulus unterstreicht diese Konkretion durch das doppelte, betonte ἐν ὑμῖν[88]. Zugleich aber führt diese eschatologische Situation für die Gemeinde zur Offenbarung der δόκιμοι[89]. Sicher muß dieser Gedanke innerhalb des Corpus Paulinum nicht notwendig und nicht ausschließlich eschatologisch verstanden werden[90], aber neben Röm 5, 3 f mit der Klimax θλῖψις – ὑπομονή – δοκιμή – ἐλπίς rückt in den unmittelbaren Kontext von 1Kor 11, 19b doch 3, 1 ff (vgl. besonders 3, 3 ff. 13 ff)[91]. Der Text steht zwischen 1, 10 ff und 11, 18 f[92] und bedeutet in vielerlei Hinsicht eine exemplarische Anwendung von 1, 10 ff

---

[86] Zu den traditions- und religionsgeschichtlichen Bedingungen, unter denen der Satz entstanden ist, vgl. u.

[87] Vgl. W. Grundmann, Art. δόκιμος κτλ., ThWNT II, (258–264) 262, 16 ff.

[88] Daß von einigen Texten das zweite ἐν ὑμῖν nicht gelesen wird, wird man entweder auf Haplographie zurückführen oder darin eine Korrektur sehen können, die 1Kor 11, 19 wieder stärker als einen allgemeingültigen Satz interpretieren möchte.

[89] Vgl. dazu Grundmann, Art. δόκιμος (s. Anm. 87).

[90] So Grundmann, 262, 16 ff

[91] Vgl. dazu G. Klein, Das Problem des Schismas bei Paulus (Habil.-Schr. Bonn), 1961, 10 ff.

[92] Zu beachten ist auch die v. l. in 1Kor 3, 3, die – analog zu σχίσματα – die Reihe ζῆλος καὶ ἔρις um διχοστασίαι erweitert.

bzw. 11, 18 f [93] auf die konkreten Verhältnisse innerhalb der korinthischen Gemeinde.

Vor allem aber bot der Begriff σχίσματα [94] Paulus die Möglichkeit, die Spannungen in Korinth nicht nur zu beschreiben, sondern auch qualifizierend zu werten: Wie der gesamte Argumentationsgang von 1Kor 11, 12 ff zeigt, widerstreitet die bloße Tatsache des σχίσμα dem Wesen des eschatologischen σῶμα Χριστοῦ. Insofern ist es nur konsequent, wenn gerade dieser Begriff für Paulus bei Rezeption und Deutung der Überlieferung eine so herausragende Bedeutung gewinnt.

Dies zeigt auch der Paralleltext *1Kor 1, 10 f* [95]. Paulus rückt in diesem Text das Motiv der σχίσματα betont in den Mittelpunkt [96], wobei der Gedanke des σῶμα Χριστοῦ erneut mitgesetzt ist (vgl. vor allem die Betonung der Einheit durch τὸ αὐτὸ λέγειν bzw. ἐν τῷ αὐτῷ νοῒ καὶ ἐν τῇ αὐτῇ γνώμῃ). Im Unterschied zu 1Kor 11, 18 f bezieht sich allerdings die Information aus der korinthischen Gemeinde auf ἔριδες (1, 11) [97], die genauer die Zugehörigkeit zu bestimmten Schulhäuptern und das Hervorheben der Exklusivität solcher Zugehörigkeit ansprechen [98]. Es ist dies von Bedeutung: Nach 11, 18 hört Paulus von den σχίσματα – und schließt dann die Bemerkung in 11, 19 an –, in 1, 11 bezieht sich die Nachricht auf die ἔριδες, und dem schickt Paulus die interpretierende Bemerkung 1, 10 voraus. Dennoch ist der Unterschied zwischen beiden Texten in dieser Hinsicht nicht zu sehr zu betonen: in beiden trägt für Paulus das σχίσματα den Akzent, es stimmt am besten zu seiner Auffassung von der Gemeinde als einem σῶμα Χριστοῦ.

Röm 16, 17–20 [99] mit seiner entschiedenen Warnung vor den διχοστασίαι und den σκάνδαλα innerhalb der Gemeinde fügt sich in denselben sachlichen Zusammenhang ein [100]. Der Text wirkt im Argumentationsgefüge des Römerbriefes wie ein Fremdkörper [101], und auch die Bestimmung der angegriffenen Gegner ist

---

[93] Vgl. CONZELMANN (s. Anm. 64), 90.
[94] Vgl. hierzu CH. MAURER, Art. σχίζω κτλ., ThWNT VII, 959–965; KLEIN (s. Anm. 91).
[95] Dazu s. DAHL (s. Anm. 78), 224; SCHLATTER (s. Anm. 64), 67 ff; SCHMITHALS (s. Anm. 9), 188 ff; E. FASCHER, Der erste Brief des Paulus an die Korinther. 1. Teil (ThHK VII/1), 1975, 88 ff; U. WILCKENS, Zu 1Kor 2, 1–16 (in: Theologia Crucis – Signum Crucis. FS E. Dinkler, 1979, 501–538), 520.
[96] Dazu vor allem WILCKENS, ebd.
[97] WEISS (s. Anm. 14), 13.
[98] Vgl. vor allem BAUR (s. Anm. 9), 47 (107); VIELHAUER (s. ebd.), 170 ff.
[99] Zu dem Text s. W. SCHMITHALS, Die Irrlehrer von Röm. 16, 17–20 (in: DERS., Paulus und die Gnostiker. Untersuchungen zu den kleinen Paulusbriefen [ThF 35], 1965, 159–173); H.-M. SCHENKE, Aporien im Römerbrief (ThLZ 92, 1967, 881–888), 881 f; W. SCHMITHALS, Der Römerbrief als historisches Problem (StNT 9), 1975, 148 ff; E. KÄSEMANN, An die Römer (HNT 8a), 1973, 397 ff.
[100] Vgl. KÄSEMANN, 397.
[101] In dieser Erkenntnis stimmen alle bisherigen Analysen des Textes überein. Unterschiedlich sind dann jedoch die Folgerungen, die aus solchen Beobachtungen gezogen werden.

bisher noch nicht überzeugend gelungen [102] – vor allem weil Paulus in erheblichem Maße wieder topologische Motive verwendet [103]. Sicher erscheint nur: Paulus setzt den Gegnern mit dem Hinweis auf die διδαχή [104] einen klar umrissenen Begriff der Lehre entgegen, und vor allem erhält der Text mit 16, 20 eine eschatologische Dimension [105]. Nicht nur dies, sondern auch die zu σχίσματα parallele Formulierung διχοστασίαι verbindet Röm 16, 17–20 mit den Auseinandersetzungen der Korintherbriefe.

Gal 5, 20 [106] nennt unter den ἔργα τῆς σαρκός (5, 19) auch die ἐριθεῖαι, διχοστασίαι und αἱρέσεις. Daß diese Verhaltensformen nebeneinander stehen, ist ungeachtet des traditionellen Charakters solcher Zusammenstellungen [107] kaum zufällig: In der Tat stören die ἔργα τῆς σαρκός vor allem empfindlich das Leben innerhalb der Gemeinde [108].

Die Erwägungen zur vorpaulinischen Überlieferung in 1Kor 11, 19a und ihrer Interpretation durch Paulus im Kontext seiner Argumentation und Theologie lassen sich so zusammenfassen:
– Paulus übernimmt in 1Kor 11, 19a eine apokalyptische Aussage des Urchristentums, die vom notwendigen Entstehen der αἱρέσεις (und der σχίσματα) als Zeichen eschatologischer Gefährdung spricht. Σχίσματα und αἱρέσεις werden dabei notwendig negativ begriffen; dem schließt Paulus sich an [109]. Die Notwendigkeit zu solchen Spaltungen liegt deshalb nicht

---

[102] Schmithals rechnet mit einer antignostischen Frontstellung (Irrlehrer, 160), Käsemann (398) mit gnostisierenden Judenchristen, während Schenke (882 Anm. 1) zwar der Deutung auf Judaisten zustimmt, aber Paulus vor allem gegen Vertreter der offiziellen Kirche (d. h. Antiochia-Jerusalem) kämpfen sieht. Ist stärker als bisher zwischen traditionellem Material und aktueller Verwendung zu differenzieren, so könnten alle diese Vermutungen ein Teil an Wahrheit enthalten.

[103] Vgl. auch Schenke (s. Anm. 99), 882 Anm. 1.

[104] Vgl. Käsemann (s. Anm. 99), 398.

[105] Käsemann, 399.

[106] Vgl. S. Wibbing, Die Tugend- und Lasterkataloge im Neuen Testament und ihre Traditionsgeschichte unter besonderer Berücksichtigung der Qumran-Texte (BZNW 25), 1969, 95 ff; H. D. Betz, Galatians. A Commentary of Paul's Letter to the Churches in Galatia, Philadelphia 1979, 281 ff.

[107] Vgl. Betz, 281 ff.

[108] Vgl. Wibbing, 97.

[109] Eine nicht unerhebliche Konsequenz aus den bisherigen Überlegungen besteht in der Erkenntnis, daß die vorgebliche Leichtfertigkeit, mit der Paulus in 1Kor 11, 18 f die Gegner in Korinth behandle, als Grund für mögliche Teilungshypothesen nicht mehr ins Feld geführt werden kann. Im Gegenteil: Wie in 1, 10 ff, so sieht Paulus auch in 11, 18 f die Situation in Korinth als höchst bedrohlich an. Die Frage einer möglichen Zugehörigkeit zu verschiedenen Teilen der korinthischen Korrespondenz ist damit gewiß noch nicht entschieden (vgl. die besonnenen Argumente für eine solche Aufteilung bei Vielhauer [s. Anm. 9], 171), sie könnte sich aber in einer neuen Weise stellen. Für einen differierenden Kontext spricht, daß auf der einen Seite die ausgesprochene Parteibildung (1,

in einer allgemeinen Lebenswahrheit begründet, sondern in dem δεῖ des
Geschichtsablaufs [110].

– Diese Überlieferung wird durch das doppelte ἐν ὑμῖν, die Betonung von
σχίσματα und die Hinzufügung des Gedankens der endzeitlichen Bewährung auf die aktuelle Situation der korinthischen Gemeinde bezogen [111].
Zugleich ordnet sich der Text, wie dies 1Kor 1, 10 f; 3, 3 ff; Röm 16, 17–
20 und Gal 5, 20 belegen, in den weiteren Zusammenhang der paulinischen Theologie ein.

– Für den Zusammenhang zwischen 1Kor 11, 18 und 11, 19 bedeutet dies:
Die Nachricht von den Spannungen innerhalb der korinthischen Gemeinde
hält Paulus deshalb für μέρος τι glaubhaft und verstehbar, weil es nach
einer anerkannten Wahrheit sogar αἱρέσεις als Zeichen endzeitlicher Gefährdung geben muß [112]. Die Bezeichnung σχίσματα weist damit auf einen
schon bestehenden Zustand innerhalb der Gemeinde hin [113], während
αἱρέσεις unabwendbares Axiom der Zukunft ist. Solche Differenzierung,
die auch im Unterschied zwischen ὑπάρχειν in 11, 18 und εἶναι in 11, 19 [114]
zutage tritt, nimmt den σχίσματα gewiß nichts von ihrer Schärfe und Gefährlichkeit [115], rückt sie aber in den richtigen Horizont von gegenwärtiger und zukünftiger Bewährung. Σχίσματα und αἱρέσεις lassen sich damit
in der Tat unterschiedlich verstehen [116]: αἱρέσεις bedeutet gegenüber σχίσ-

---

10 ff), auf der anderen die verkehrte Mahlpraxis (11, 18 ff) im Vordergrund
steht. Denkbar wäre immerhin, daß für Paulus beides Ausdruck ein und derselben Sache ist, die sich nur in verschiedenen Phänomenen dokumentiert. Nur so
ließe sich ja auch die terminologisch ähnliche Charakteristik in beiden Texten
erklären. Eine verwandte, aber stärker an der Faktizität orientierte Erklärung
bei THEISSEN (s. Anm. 9), 310.

[110] Vgl. GOPPELT (s. Anm. 10), 14.

[111] Damit kann auch die Frage nach der Lesart καί in 11, 19b abschließend
beantwortet werden: 19b ohne καί bezieht die Wirkung von 19a ausschließlich
auf die Gemeinde in Korinth, während 19b mit der Lesart καί zwar in erster
Linie die Gemeinde in Korinth meint, aber doch zugleich das Bewußtsein wahrt,
in dem δεῖ αἱρέσεις εἶναι umfassende Wirkung zu intendieren. Dies dürfte der
Meinung des Paulus entsprechen.

[112] Dies impliziert, daß das καί von 11, 19a eine Steigerung beabsichtigt:
»sogar« αἱρέσεις muß es geben. Vgl. M. MEINERTZ, Σχίσμα und αἵρεσις im
Neuen Testament (BZ NF 1, 1957, 114–118). Ähnlich bereits PH. BACHMANN,
Der erste Brief des Paulus an die Korinther (KNT 7), 1910², 364.

[113] K. BARTH, Die Auferstehung der Toten. Eine akademische Vorlesung über
1. Kor 15, 1924, 33: Paulus »sieht voraus, daß aus den σχίσματα, den Abson-
derungen und Gruppenbildungen ... die αἱρέσεις sich ergeben werden, und er
sagt ihnen dieses Gericht über die Gemeinde voraus«.

[114] Vgl. GODET (s. Anm. 79) II, 86.

[115] BACHMANN (s. Anm. 112), 364.

[116] Allerdings ist auch eine Interpretation möglich, die von der Identität zwi-

ματα eine Steigerung[117] und bezeichnet eine noch stärkere, noch gefähr-
lichere Zerstörung des σῶμα Χριστοῦ[118].

Wird von Paulus – und auch bereits von der vorpaulinischen Überlieferung –
in dieser Weise bestehende Gruppenbildung innerhalb der Gemeinde ernstgenommen und in das Licht eschatologischer Notwendigkeit gestellt, so bedeutet
dies zunächst eine strikt theologische Interpretation der Spaltungen[119]. Aber
es hat auch die andere Konsequenz, von einer inhaltlichen, dialogischen Auseinandersetzung mit abweichender Meinung in der Gemeinde entbinden zu können.
Wenn es notwendig αἱρέσεις geben muß und diese eine vorgegebene, gültige
Wahrheit sind, dann liegt es nahe, aktuelle Spannungen und Separationen innerhalb der eschatologischen ἐκκλησία theologisch als αἱρέσεις zu interpretieren[120]. So sicher dabei der Inhalt jener abweichenden Meinung in den Hintergrund gerückt wird, so hat dies zugleich einen erheblich stabilisierenden Effekt.
Wie so oft bieten auch hier apokalyptische Gedanken von der Notwendigkeit
wie der Einsicht in den Ablauf der Geschichte[121] ein Modell, in das sich alle
auftretenden Ereignisse a priori einordnen lassen. Solches Szenarium bleibt,
weil es leicht zu Projektionen führen kann, jedoch bedenklich genug. Dies dürfte
letztlich begründen, daß Paulus diese Tradition eher zögernd (und nur in 1Kor
11, 19a!) verwendet und zudem alles auf den ekklesiologisch qualifizierten Begriff der σχίσματα konzentriert.

4. Um der paulinischen Aussage von 1Kor 11, 18. 19 ein Profil in ihrer
Zeit zu geben, ist es erforderlich, nach der Traditionsgeschichte der vorpaulinischen Überlieferung wie der Tradition der alten Kirche zu fragen
(1), ihre religionsgeschichtlichen Voraussetzungen zu erhellen (2), ihre

---

schen den σχίσματα und den αἱρέσεις ausgeht. Paulus hält dann die Nachricht
von den σχίσματα in der korinthischen Gemeinde deshalb für glaubhaft, weil
es ja auch (nach einer anerkannten Tradition) αἱρέσεις geben müsse. Bei einem
solchen Verständnis wird nicht von einem Nacheinander der σχίσματα und
αἱρέσεις ausgegangen, sondern aufgrund der Identität beider Begriffe läßt sich
die apokalyptische Überlieferung auf die Nachricht von den σχίσματα beziehen.
Jedoch dürfte die differenzierte Behandlung der beiden Begriffe eher zutreffen.
[117] Es hat sich in der Exegese des Textes die Gewohnheit herausgebildet, aus
verständlichen Gründen die Verwendung von αἱρέσεις bei Paulus scharf von der
späteren, »häresiologischen« Benutzung abzuheben. Das mag in vielerlei Hinsicht zutreffen, stimmt auch mit der eher beiläufigen Aufnahme des Begriffs
durch Paulus überein, und doch kann αἵρεσις eigentlich kaum schärfer ab-
qualifiziert werden als durch die apokalyptische Tradition (der Paulus sich ja
z. T. anschließt!). Die Annahme, daß der Begriff in 1Kor 11, 19 positiv gemeint
sei (so Schenk [s. Anm. 75], 228 f), ist jedenfalls unbegründet.
[118] Vgl. Schlier (s. Anm. 12), 182, 15 ff.
[119] Vielhauer (s. Anm. 9), 171.
[120] Zur Problematik solchen Vorgehens vgl. auch Klein (s. Anm. 91), 70 ff.
[121] Vielhauer (s. Anm. 84), 410 f.

Bedeutung für die Entwicklung von αἱρέσεις im Urchristentum (3) wie auch die Wirkungsgeschichte von 1Kor 11, 18. 19 zu reflektieren (4) [122].

4.1 Es hatte sich ergeben, daß Paulus in 1Kor 11, 19a auf eine Tradition zurückgreift, deren Inhalt aus einem δεῖ αἱρέσεις εἶναι besteht. Wie verhält sich diese vorpaulinische Überlieferung zur Tradition der alten Kirche? Sofern man nicht beide Überlieferungen identifiziert und vermutet, daß Paulus bereits dies Logion zitiert [123], wird man zunächst – bei aller inhaltlichen Nähe – von einer Differenz der Überlieferungen auszugehen haben [124]. Denn Paulus bezeichnet die von ihm rezipierte Tradition eindeutig nicht als ein Herrenwort [125]; dann jedoch ist es schwer verständlich, warum Paulus den Charakter des Logions als Herrenwort unterdrückt haben sollte [126]. Dies läßt jedenfalls die begründete Vermutung zu, daß die vorpaulinische Überlieferung ein älteres traditionsgeschichtliches Stadium gegenüber dem Agraphon der alten Kirche repräsentiert. Die altkirchliche Überlieferung hat die Aussage wesentlich stärker, als dies bei Paulus der Fall war, christologisch definiert [127].

Die traditionsgeschichtlichen Bedingungen, unter denen solche Überlieferung entstanden sein dürfte, lassen sich noch annähernd rekonstruieren: Auf der einen Seite begegnet eine spezifisch jesuanische Überlieferung, wie sie z. B. in Mt 10, 34 ff (Lk 12, 51–53 par.) vorliegt [128]. Nach dem

---

[122] Dazu allgemein J. BROSCH, Das Wesen der Häresie (GFTP 2), 1936; RUDOLPH (s. Anm. 5), 326 ff.

[123] So BOUSSET, Evangeliencitate (s. Anm. 22), 96.

[124] Vgl. auch die methodischen Möglichkeiten, die JEREMIAS (s. Anm. 23), 74 nennt: »Ist unser Wort vielleicht nur eine die Erfahrungen der Urkirche berücksichtigende ... freie Formulierung des eben zitierten Jesuswortes Mt 10, 35 f oder eine aus 1 Kor 11, 18 f erwachsene Weissagung, die Jesus in den Mund gelegt worden wäre? ... Oder ist unser Wort, das an sich nichts spezifisch Christliches enthält, ein Satz der spätjüdischen Apokalyptik, der irrtümlich Jesus zugeschrieben wurde?«

[125] Gegen BROSCH (s. Anm. 122), 35, der von einem echten Herrenwort spricht.

[126] Vgl. BELLINZONI (s. Anm. 23), 102.

[127] Als methodische Möglichkeit ließe sich noch an eine gleichzeitige Entstehung denken, so daß die Überlieferungen parallel zueinander entstanden wären. Größere Wahrscheinlichkeit besitzt demgegenüber die Vermutung, Paulus übernehme wie die alte Kirche direkt eine Tradition des nachalttestamentlichen Judentums (so BERGER [s. Anm. 2], 379 Anm. 42). Vgl. zu dieser Hypothese u.

[128] Zur Analyse von Mt 10, 34 ff vgl. z. B. A. HARNACK, »Ich bin gekommen«. Die ausdrücklichen Selbstzeugnisse Jesu über den Zweck seiner Sendung und seines Kommens (ZThK 22, 1912, 1–30); R. BULTMANN, Die Geschichte der synoptischen Tradition (FRLANT 29), 1970[8], 164 ff; O. BETZ, Jesu Heiliger Krieg (NT 2, 1958, 116–137); F. HAHN, Christologische Hoheitstitel (FRLANT 83), 1974[4], 166 f.

Vorgang von Mi 7, 6 [129] sagt Jesus für das Ende der Zeit Wirren voraus, die vor allem in familiären Zwistigkeiten und Trennungen bestehen. Allerdings bedeutet die Zuspitzung in 10, 34 eine nicht unerhebliche Verschärfung der Überlieferung [130]. Das Logion in Mt 10, 34 gehört zur Gruppe jener ἦλθον-Worte [131], die Jesu Sendung prägnant zusammenfassen wollen. In ihm vermittelt sich die Situation der nachösterlichen Gemeinde [132], einer Gemeinde, die in ihrer Gegenwart die Weissagung Jesu erfüllt sieht [133]. Das Logion gibt dann – auf eine andere, theologische Ebene gehoben [134] – dialektisch die Erfahrungen dieser Gemeinde wieder [135].

Modifiziert erscheint die Überlieferung von Mt 10, 34 ff auch in ThomEv 16 [136]: »Jesus sprach: Vielleicht denken die Menschen, daß ich kam zu bringen Frieden auf die Welt, und sie wissen nicht, daß ich kam zu bringen Trennung auf die Erde, Feuer, Schwert, Krieg. Denn fünf werden sein in einem Haus; drei werden sein gegen zwei, und zwei gegen drei, der Vater gegen den Sohn und der Sohn gegen den Vater, und sie werden dastehen als ein einziger.« Es geht in ThomEv 16 [137] nicht allein – und nicht einmal in erster Linie – um die Abkehr von der eigenen Familie als Folge der Gnosis [138], sondern zugleich um das Existieren des Gnostikers als μόναχος, wie das Ende von 16 deutlich zeigt [139]. Die ursprünglich eschatologische Färbung des Logions ist dabei kaum noch von Bedeutung [140].

Von dieser eigentlich jesuanischen Ausprägung der Traditionsgeschichte, wie sie in Mt 10, 34 ff begegnet, zu differenzieren ist der breite Strom apokalyptischer Vorhersagen und Szenarien [141], den das Motiv endzeit-

---

[129] Vgl. Harnack, 6; Bultmann, 166.

[130] Hahn (s. Anm. 128), 166.

[131] Dazu vgl. die sorgfältigen Analysen bei E. Arens, The ΗΛΘΟΝ-Sayings in the Synoptic Tradition. A Historico-critical Investigation, 1976, 63 ff.

[132] Bultmann (s. Anm. 128), 166.

[133] Für ein echtes Herrenwort plädiert hingegen Harnack (s. Anm. 128), 4.

[134] Denn schon sehr bald dürfte kaum noch zu unterscheiden sein, ob dieses Logion nur Resultat und Interpretation bestehender Gefährdung der Gemeinde ist oder nicht in seiner theologischen Deutung zugleich Wirklichkeit in die Zukunft hinein projiziert. Nur die Annahme beider Möglichkeiten kann im Grunde die relative Konsistenz des Motivs begreiflich machen.

[135] Vgl. auch Arens (s. Anm. 131), 86.

[136] Übersetzung nach E. Haenchen, Die Botschaft des Thomas-Evangeliums, 1961, 17, 31 ff.

[137] Zur Analyse s. z. B. Haenchen, 40 Anm. 14; 58 f; W. Schrage, Das Verhältnis des Thomas-Evangeliums zur synoptischen Tradition und zu den koptischen Evangelienübersetzungen (BZNW 29), 1964, 57 ff.

[138] Haenchen, 58.

[139] Vgl. Schrage, 60 ff.

[140] Vgl. auch ThomEv 55; 101.

[141] S. den Überblick bei Vielhauer (s. Anm. 84), 428 ff; reiches Material auch

licher αἱρέσεις traditionsgeschichtlich voraussetzt. Charakteristisch hierfür erscheint nicht nur die Betonung der letzten bösen Zeit[142], sondern auch die Erwartung endzeitlicher Widersacher[143]; schließlich spielt das Zerbrechen und die Zerstörung der familiären Bindungen[144] eine besonders gewichtige Rolle.

Auch wenn sich der Gedanke der eschatologischen Notwendigkeit der σχίσματα und αἱρέσεις in diesen allgemeinen, traditionsgeschichtlichen Kontext einfügt, so stellt doch die Betonung von Spannungen *innerhalb* der eigenen Gemeinschaft gegenüber der Zerrüttung familiärer Beziehungen und den endzeitlichen Widersachern der Gemeinschaft einen nicht unwesentlich neuen Aspekt dar[145]. Dies ist nur zu begreifen, wenn hier eigene Erfahrungen der urchristlichen Gemeinden theologisch verarbeitet werden[146].

4.2 Daß die Verdeutlichung eschatologischer Gefährdung durch die σχίσματα und αἱρέσεις in der Struktur und in der Aussage grundsätzlich mit der Apokalyptik des nachalttestamentlichen Judentums zu verbinden ist[147], bedarf keiner näheren Erläuterung: die Belege für die Enumeration eschatologischer Bedrohungen sind eindeutig genug. Nur die konkrete Herleitung der Tradition, die in 1Kor 11, 19a und dem Logion der alten Kirche rezipiert worden ist, gestaltet sich ausgesprochen schwierig[148].

---

bei R. Pesch, Naherwartungen. Tradition und Redaktion in Mk 13, 1968, 115 ff. 133 ff.

[142] Vgl. z. B. Did 16; dazu H. Köster, Synoptische Überlieferung bei den Apostolischen Vätern (TU 65), 1957, 177 ff; die Kommentierung in W. Rordorf-A. Tuilier, La Doctrine des Douze Apôtres (Didachè) (SC 248), Paris 1978; J. S. Kloppenborg, Didache 16, 6–8 und Special Matthaean Tradition (ZNW 70, 1979, 54–67). Aufschlußreich auch die eschatologischen Abschnitte in NHC VII, 3; dazu vgl. K. Koschorke, Die Polemik der Gnostiker gegen das kirchliche Christentum (Nag Hammadi Studies 12), 1978, 42 f.

[143] Vgl. Delling (s. Anm. 12), 386.

[144] Vgl. Mk 13, 12; der Text interpretiert parallel zu Mt 10, 35 f die Tradition Mi 7, 6. Dazu Pesch (s. Anm. 141), 133 f.

[145] Vgl. Rudolph (s. Anm. 5), 335.

[146] Vielhauer (s. Anm. 84), 431; Bellinzoni (s. Anm. 23), 102.

[147] S. etwa die Zusammenstellungen bei P. Volz, Die Eschatologie der jüdischen Gemeinde im neutestamentlichen Zeitalter, 1934², 85. 152 ff.

[148] Vgl. dazu W. Bacher, Die Agada der Tannaiten I, 1903², 20 f; I. Abrahams, Art. Heresy (Jewish), ERE VI, 622–624; Schlatter (s. Anm. 64), 317; Schlier (s. Anm. 12); Dahl (s. Anm. 78), 224; K. G. Kuhn, Achtzehngebet und Vaterunser und der Reim (WUNT 1), 1950, 18 ff; Goppelt (s. Anm. 10), 9 ff; Maurer (s. Anm. 94), 964, 10 ff; K. G. Kuhn, Giljonim und sifre minim (in: Judentum, Urchristentum, Kirche. FS J. Jeremias [BZNW 26], 1960, 24–61); Dahl (s. Anm. 9), 325 Anm. 2.

Zwar hat K. Berger auf Test Jud 22, 1 aufmerksam gemacht [149]; es handelt sich hier um einen Text, in dem die endzeitlichen Auseinandersetzungen angekündigt werden, zu denen auch die διαιρέσεις κατ᾽ ἀλλήλων zu rechnen sind. Neben den bekannt schwierigen Problemen des Test Jud läßt sich jedoch die Differenz zwischen αἱρέσεις und διαιρέσεις [150] nicht so einfach aus der Welt schaffen: Das voluntative Moment in αἱρέσεις fehlt dem distributiven διαιρέσεις ganz, auch der Gedanke einer Gruppe, die sich um eine bestimmte Auffassung versammelt, ist dem Gedanken der διαιρέσεις fremd. Der daneben als Voraussetzung der Überlieferung häufig genannte Satz der Rabbinen [151], es dürfe in der Gemeinde keine Parteiungen geben bzw. die Parteiungen dürften nicht zunehmen, zielt intentional in eine andere Richtung. Er geht von der anfänglichen, der urzeitlichen Einheit aus, die gegen Ende der Zeit wiederhergestellt wird. Demgegenüber betont die urchristliche Tradition gerade die Zunahme der αἱρέσεις vor dem Ende der Zeiten.

Immerhin ist die Sache ganz abgesehen von ihrer ideologischen Verarbeitung als solche dem nachalttestamentlichen Judentum sicher nicht fremd: dem σχίσμα entspricht ein *maḥalôqæt*, dem αἵρεσις ein *mîn* [152]. Charakteristisch für *maḥalôqæt* erscheint z. B. Pirqe Abot 5, 17 [153]: Es wird unterschieden zwischen einem Streit, der um die Sache Gottes willen geführt wird [154], und einem Streit, der sich gegen Gott richtet. Dies wird exemplarisch verdeutlicht an der Auseinandersetzung zwischen den Schulen Schammais und Hillels auf der einen und der Rebellion der Rotte Korah auf der anderen Seite. Erkennbar erhält hier die Parteiung als solche zunehmend einen negativen Akzent. Zwar ist das Verständnis von *mîn* (= αἵρεσις) bekannt diffizil [155]; dies betrifft vor allem die Frage

---

[149] BERGER (s. Anm. 2), 379 Anm. 42.

[150] Man vgl. z. B., in welcher – von αἱρέσεις unterschiedenen – Weise Paulus διαιρέσεις in 1Kor 12, 4 ff verwendet. Anders SCHENK (s. Anm. 75), 228, der beides parallelisiert.

[151] Vgl. DAHL (s. Anm. 78), 127. 224.

[152] Vgl. für σχίσματα vor allem SCHLATTER (s. Anm. 64), 316 Anm. 1; MAURER (s. Anm. 94), 964, 10 ff; für αἵρεσις z. B. KUHN, Giljonim (s. Anm. 148), 35.

[153] Weitere Belege bei J. LEVY, Neuhebräisches und chaldäisches Wörterbuch über die Talmudim und Midraschim, 1924², s. v. *maḥalôqæt*.

[154] Sofern dadurch die Wahrheit einer Sache befördert wird, erhält ein solcher Streit eine positive Bedeutung; dies erinnert an 1Kor 11, 19b.

[155] Neben KUHN, Giljonim (s. Anm. 148) vgl. noch W. BACHER, Le mot »Minim« dans le Talmud désigne-t-il quelquefois des Chrétiens? (REJ 38, 1899, 38–46); A. BÜCHLER, Über die Minim von Sephoris und Tiberias im zweiten und dritten Jahrhundert (in: Judaica. FS H. Cohen, 1912, 271–290); S. HAHN, Sifre Minim (in: Dissertationes in honorem Dr. E. Mahler, Budapest 1937, 427–435).

nach den durch den Begriff angesprochenen Gruppen [156]. Dennoch lassen
sich die Grundzüge des Verständnisses von *mîn* noch erkennen: Der Begriff (ursprünglich neutral gemeint) wird negativ besetzt und bezeichnet
dann Angehörige häretischer Gruppen innerhalb des Judentums. Gegen
Ende des zweiten Jahrhunderts wird er schließlich auch gegen andere
Religionen, vor allem gegen das Christentum, und deren Angehörige gewandt [157]. Im Grunde vollzieht sich hier – fernab aller Abhängigkeit –
eine dem Urchristentum analoge Entwicklung [158]: Ein Begriff, der sich zunächst gegen abweichende Gruppen innerhalb der eigenen Gemeinschaft
wendet, wird zunehmend zur Abgrenzung gegenüber »Häretikern« gebraucht. Jedoch fehlt gegenüber der urchristlichen Überlieferung in der
rabbinischen Tradition weithin die eschatologische Qualifizierung der
σχίσματα und αἱρέσεις.

4.3 Bekanntlich ist αἵρεσις im Hellenismus zunächst ein durchaus neutraler Begriff [159], der die Zugehörigkeit zu einer bestimmten Gruppe oder
Philosophenschule ohne Wertung anspricht [160]. Diese Verwendung von
αἵρεσις findet sich auch noch in Texten des nachalttestamentlichen Judentums [161], aber auch des Urchristentums (vgl. Apg 5, 17; 15, 5; 24, 5.
14; 26, 5; 28, 22). In der vorpaulinischen Überlieferung 1Kor 11, 19a –
und modifiziert auch in Gal 5, 20 – läßt sich αἵρεσις innerhalb des urchristlichen Traditionskreises [162] zum ersten Male in dieser ausgesprochen

---

Zum Ganzen s. auch H. A. Fischel, Rabbinic Literature and Greco-Roman Philosophy (StPB 21), Leiden 1973, 133 f.

[156] Sorgfältige Zusammenfassung der umfangreichen älteren Diskussion bei
E. Schwaab, Historische Einführung in das Achtzehngebet (BFChTh 17, 5), 1913.

[157] Für die Einzelheiten vgl. Kuhn, Giljonim (s. Anm. 148), 36 ff.

[158] Schlier (s. Anm. 12), 182, 1 ff hat dies energisch bestritten: »Denn die
Entwicklung des christlichen Begriffes verläuft nicht analog der des rabbinischen
Äquivalentes ... so, daß im Prozeß der Ausscheidung nicht orthodoxer Schulen
die heterodoxen Parteien die Bezeichnung Häresie erhielten. Vielmehr ist der
Begriff αἵρεσις im Christentum von vornherein suspekt, und wo er als christlicher terminus technicus im bewußten oder unbewußten Zusammenhang, sei es
mit den griechischen Philosophenschulen, sei es mit dem Judentum gebraucht wird,
ist er sofort Bezeichnung der außerchristlichen und außerkirchlichen Gemeinschaf-
ten.« Jedoch zeigt die Auseinandersetzung des Paulus in 1Kor 11, 18 f eindeutig,
daß hier zunächst innergemeindliche Gruppen attackiert werden; dies aber entspricht durchaus der Entwicklung innerhalb der rabbinischen Literatur.

[159] Vgl. dazu Schlier, 180 ff; Brosch (s. Anm. 122), 9 ff; Meinertz (s. Anm.
112), 114 ff; Kuhn, Giljonim (s. Anm. 148), 35.

[160] Vgl. Schlier, 180, 9 f.

[161] Zu den entsprechenden Texten bei Josephus vgl. Kuhn, Giljonim (s. Anm.
148), 35.

[162] Zur Entwicklung des Begriffs innerhalb der Geschichte des Urchristentums

negativen Färbung nachweisen [163]. Das hat – in Verbindung und Differenz mit σχίσμα [164] – nach Paulus Schule gemacht, wobei sich zeigt, daß mit demselben Terminus durchaus unterschiedliche Inhalte vermittelt werden können:

Noch im Umkreis der paulinischen Schriften steht die Warnung vor dem αἱρετικός Tit 3, 10 [165]. Unklar bleibt, wie weit ein Zusammenhang mit der auch sonst für die Pastoralbriefe wichtigen Polemik gegen Spaltungen vorliegt [166]. Da zudem die eschatologische Motivierung fehlt, wird das αἱρετικός paränetisch analog zum katalogartigen Gebrauch von αἱρέσεις in Gal 5, 20 zu beurteilen sein.

In den eschatologischen Kontext fügt sich hingegen die Verwendung des Begriffs in 2Petr 2, 1 durchaus ein. Der Verfasser erinnert an die ψευδοπροφῆται (wie 2, 15 ff zeigt, des alten Bundes) und sagt für die Zukunft der Gemeinde ψευδοδιδάσκαλοι voraus. Wird die Stilisierung des Briefes als eines petrinischen »Testaments« bedacht, so meint dies die Gegenwart der Briefempfänger, wobei auffällt, daß der Verfasser nicht mehr von ψευδοπροφῆται für die Zukunft spricht – signifikantes Ergebnis des Kampfes gegen die Prophetie am Ende des Urchristentums. Die ψευδοδιδάσκαλοι bedeuten deshalb höchste Gefahr, weil sie αἱρέσεις ἀπωλείας in die Gemeinde hineinbringen; ein deutliches Beispiel für die negative Färbung des Begriffs αἵρεσις.

Ignatius von Antiochien [167] orientiert sein Verständnis von αἵρεσις in Eph 6, 2; Trall 6, 1 an der Antithese zur Einheit der Gemeinde. Αἵρεσις (parallel formuliert zu dem von Ignatius bevorzugten Begriff μερισμός) ruft deshalb Krisis hervor, weil dadurch die von Gott gesetzte Einheit zerbrochen wird. Ignatius vermag in dieser Weise, das Phänomen der Separation grundsätzlich theologisch zu behandeln [168], und dies ver-

---

vgl. vor allem SCHLIER (s. Anm. 12), 182 ff; MEINERTZ (s. Anm. 112), 114 ff. Zur späteren, kirchenrechtlichen Akzentuierung s. C. SAUMAGNE, Du mot αἵρεσις dans l'édit licinien de l'année 313 (ThZ 10, 1954, 376–387).

[163] Vgl. BROSCH (s. Anm. 122), 9.

[164] Vgl. MAURER (s. Anm. 94), 964 f; GREENSLADE (s. Anm. 2), 15 ff; GUNTHER (s. Anm. 10), 147 ff. Zur Differenzierung zwischen beiden Begriffen s. auch A. SCHINDLER, Die Unterscheidung von Schisma und Häresie in Gesetzgebung und Polemik gegen den Donatismus (mit einer Bemerkung zur Datierung von Augustins Schrift: Contra epistulam Parmeniani) (in: Pietas. FS B. Kötting [JAC.E 8], 1980, 228–236).

[165] Vgl. M. DIBELIUS – H. CONZELMANN, Die Pastoralbriefe (HNT 13), 1955³, 113 f.

[166] DIBELIUS – CONZELMANN, 113 f.

[167] Vgl. dazu J. ROHDE, Häresie und Schisma im ersten Clemensbrief und in den Ignatius-Briefen (NT 10, 1968, 217–233).

[168] Eben dies erklärt dann auch die Schwierigkeit, die Gegner des Ignatius

bindet ihn intentional mit der paulinischen Position gegenüber den Gegnern in Korinth. Zugleich hat sich jedoch der Kirchenbegriff so sehr verändert, ist in einem solchen Ausmaß statisch geworden [169], daß αἵρεσις nicht mehr Anwesenheit eschatologischer Gefährdung bedeutet. Spaltung ist vielmehr als bloße Tatsache schon Störung der kirchlichen, durch den Bischof garantierten ἕνωσις und deshalb entschieden zu meiden [170].

Der Verfasser des 1. Clemensbriefes [171] verwendet den Begriff αἵρεσις nicht [172]; er gebraucht zur Kennzeichnung der Störung der gottgewollten Ordnung in der Gemeinde vor allem die Termini σχίσμα (2, 6; 46, 5. 9; 49, 5; 54, 2), στάσις, ζῆλος und ἔρις. Sie bedeuten den prinzipiellen Gegensatz zu der ὁμόνοια, der ὁμοφωνία der Gemeinde [173]: »Wer ... diese εἰρήνη stört, ist ein Sünder.« [174] Gegenüber dem paulinischen Verständnis wird das Faktum der gemeindlichen Separation wesentlich unter dem Gedanken des Naturrechts, der Störung der naturgegebenen Ordnung begriffen [175].

Es ist bedeutsam, daß die Tatsache der Häresie und Spaltung auch im Bereich der Gnosis (hier allerdings zumeist gegenüber der Großkirche) thematisiert worden ist [176]. Zu nennen sind vor allem NHC VII, 3 (ApkPetr) [177], NHC IX, 3 (TestVer) [178], NHC I, 5 (TracTrip), Hipp., ref. VIII, 10, 8 ff [179] und Pistis So-

---

über die traditionelle Topik hinaus näher zu bestimmen; vgl. H. PAULSEN, Studien zur Theologie des Ignatius von Antiochien (FKDG 29), 1978, 137 ff.

[169] Dazu F. H. KETTLER, Enderwartung und himmlischer Stufenbau im Kirchenbegriff des nachapostolischen Zeitalters (ThLZ 79, 1954, 385–392).

[170] Darum wird in IgnEph 6, 2 εὐταξία auch zum Gegenbegriff von αἵρεσις, während Ignatius in Trall 6, 1 das Bild von der Kirche als Pflanzung Gottes mitdenkt, der gegenüber die αἵρεσις eine βοτάνη ἀλλότρια ist.

[171] Vgl. dazu neben ROHDE (s. Anm. 167) noch F. GERKE, Die Stellung des ersten Clemensbriefes innerhalb der Entwicklung der altchristlichen Gemeindeverfassung und des Kirchenrechts (TU 47, 1), 1931; G. BRUNNER, Die theologische Mitte des Ersten Klemensbriefs. Ein Beitrag zur Hermeneutik frühchristlicher Texte (FTS 11), 1972. Zum Ganzen s. auch O. KNOCH, Eigenart und Bedeutung der Eschatologie im theologischen Aufriß des ersten Clemensbriefes (Theoph. 17), 1964.

[172] ROHDE (s. Anm. 167), 224 f.

[173] Zu ὁμόνοια und den traditionsgeschichtlichen Voraussetzungen des Begriffs vgl. BRUNNER (s. Anm. 171), 134 ff; s. auch GERKE (s. ebd.), 70.

[174] GERKE, 71.

[175] Zu σχίσμα vgl. auch noch Did 4, 3 bzw. Barn 19, 12.

[176] Vgl. dazu die sorgfältigen Analysen bei KOSCHORKE (s. Anm. 142).

[177] NHC VII, 3 p. 73, 23 ff; 74, 24 ff; 78, 6 ff; 77, 23 ff; dazu KOSCHORKE, 37 ff.

[178] NHC IX, 3 p. 73, 27 f u. ö.; zum Text insgesamt vgl. K. KOSCHORKE, Der gnostische Traktat »Testimonium Veritatis« aus dem Nag-Hammadi-Codex IX (ZNW 69, 1978, 91–117).

[179] Vgl. NHC I, 5 p. 112, 19 ff; 113, 11 ff. Zu Hipp., ref. VIII 10, 8 ff vgl. KOSCHORKE (s. Anm. 142), 189 ff.

phia[180]. Von außerordentlichem Interesse ist z. B. NHC IX, 3 p. 59, 4 ff, weil hier nacheinander αἱρετικός und σχίσμα genannt werden (zuvor in 59, 1 noch κρίσις). Der Text ist aber so schlecht erhalten, daß weitergehende Schlüsse kaum zulässig sind[181]. Immerhin lassen sich die Grundzüge des Verständnisses von αἵρεσις in den gnostischen Texten noch erkennen: Sie übernehmen wesentliche Elemente der großkirchlichen Traditionen in diesem Bereich[182] und wenden sie nun wiederum auf den großkirchlichen Gegner, der für sie geradezu zur αἵρεσις werden muß[183].

4.4 Die Tradition, die Paulus in 1Kor 11, 19a rezipiert hat, besitzt auf dem Weg über den paulinischen Text innerhalb der Theologie der alten Kirche eine aufschlußreiche Wirkungsgeschichte[184]. Dies gilt vor allem für den Kontext der Auseinandersetzung mit gegnerischen Gruppen. Exemplarisch[185] wird dies an der Interpretation des Textes bei Tertullian und Origenes sichtbar:

Tertullian hat in einer ganz erstaunlichen Intensität 1Kor 11, 19 zitiert und im Rahmen seiner Theologie ausgelegt[186]. Vor allem 11, 19a hat für seine Auseinandersetzung mit den Gegnern geradezu eine Schlüsselfunktion[187]. Die Gründe dafür liegen auf der Hand: Die Herausforderung durch die bloße Tatsache der Spaltungen innerhalb der Gemeinde macht Tertullian schwer zu schaffen, sie ist jedenfalls schwerer zu behandeln als die Polemik gegen die inhaltlichen Argumente der Gegner. In diesem Zweifel wird für Tertullian das Wort des Paulus zu einer wesentlichen Hilfe. Aus dem »oportet« des Apostels ergibt sich die heilsgeschichtliche

---

[180] Dabei erscheint die Sache in der Pistis Sophia vor allem unter dem Begriff der πλάνη.

[181] Koschorke (s. Anm. 178), 111 Anm. 90 verweist auf die apokryphe Tradition der alten Kirche.

[182] Koschorke (s. Anm. 142), 37.

[183] Dies gilt etwa von dem Motiv der principalitas veritatis et posteritas mendacitatis; vgl. Koschorke, ebd.

[184] Vgl. dazu die Zusammenstellung in: Biblia Patristica. Index des citations et allusions bibliques dans la littérature patristique I. II, Paris 1975/76; H. Grundmann, Oportet et haereses esse. Das Problem der Ketzerei im Spiegel der mittelalterlichen Bibelexegese (AKuG 45, 1963, 129–164).

[185] Zur Rezeption von 1Kor 11, 19 durch Clemens Alex., die ihren Akzent vor allem in der Betonung des δόκιμοι hat, vgl. o.

[186] Vgl. z. B. de praescr. haer. 4. 5. 30. 39; de anima 3; adv. Marc. V, 8; de res. carnis 40. 63; adv. Valent. 5; adv. Hermog. 1; adv. Praxean 10. Zur Behandlung des Textes durch Tertullian vgl. N. Brox, Offenbarung, Gnosis und gnostischer Mythos bei Irenäus von Lyon (SPS 1), 1966, 97; Beyschlag (s. Anm. 23), 92 Anm. 1.

[187] Auf der anderen Seite hat aber auch Tertullian für die Wirkungsgeschichte des Textes in der alten Kirche eine ausschlaggebende Bedeutung.

Notwendigkeit der Häresie [188]. Soll Paulus nicht der Lüge überführt werden, muß es gerade zu Spannungen, ja Spaltungen in der Gemeinde kommen [189]. Zudem ermöglicht erst die Konfrontation mit den Häretikern Bewährung; Tertullian benutzt hierfür dann 1Kor 11, 19b, um deutlich zu machen, daß der Glaube Kampf, Auseinandersetzung, Bewährung braucht [190]. Bei diesen Überlegungen rückt die eschatologische Komponente des Textes, die bei Tertullian nicht ganz verschwunden ist, immer mehr in den Hintergrund [191].

Für Origenes geht die Auslegung von 1Kor 11, 19 in eine doppelte Richtung: Auf der einen Seite setzt er sich [192], wie dies vor ihm bereits Justin und Clemens getan hatten [193], mit der kritischen Bestreitung des Christentums aufgrund der Vielfalt seiner Erscheinungsformen auseinander. Der Akzent liegt – analog zu Clemens – auf der Erläuterung des δόκιμοι von 11, 19b; wie in der Medizin und der Philosophie die unterschiedlichen Schulen der Erkenntnisbildung dienen, so schärfen auch im Christentum die Vielfalt der Gruppierungen und ihre Differenz gerade den Sinn für das Echte. Sie haben so einen durchaus positiven Rang, und es ist in der Tat eine Pointe, daß der naturrechtliche Zug, in dem Origenes mit modernen Auslegern des Textes übereinstimmt, hier wie dort zu einer positiven Beurteilung der αἱρέσεις führt. Auf der anderen Seite dient 1Kor 11, 19 Origenes zur Begründung des Gedankens, daß der Glaube nur im Widerspruch klar hervortritt [194]. Im Kontext einer Auslegung von Num 16 und dem Bericht über die Rotte Korah weist Ori-

---

[188] Vgl. Brox (s. Anm. 186), 97.

[189] Hierfür ist auch die Verbindung zwischen dem Kirchenbegriff Tertullians und seiner Auseinandersetzung mit den Häretikern von Bedeutung; vgl. dazu E. Altendorf, Einheit und Heiligkeit der Kirche. Untersuchungen zur Entwicklung des altchristlichen Kirchenbegriffs im Abendland von Tertullian bis zu den antidonatistischen Schriften Augustins (AKG 20), 1932, 11 ff, bes. 14.

[190] Zur Bedeutung des Gedankens der probatio für Tertullian vgl. Beyschlag (s. Anm. 23), 92.

[191] Von Interesse ist nach Tertullian vor allem Cyprian, der sich dem Thema Schisma und Häresie besonders ausführlich widmet: 1Kor 11, 19 wird zitiert Test. III, 93 und De unitate eccl. 10; dazu vgl. M. A. Fahey, Cyprian and the Bible: a Study in Third-Century Exegesis (BGBH 9), 1971, 459. Zum Problem insgesamt Altendorf (s. Anm. 189), 44 ff; G. Klein, Die hermeneutische Struktur des Kirchengedankens bei Cyprian (ZKG 68, 1957, 48–68). Klein dürfte jedoch in seiner aufschlußreichen Studie die Bedeutung Cyprians überschätzt haben; vgl. seine einschränkenden Bemerkungen aaO (s. Anm. 91) 26 Anm.

[192] Contra Celsum III, 12. 13.

[193] Vgl. dazu H. Chadwick, Origen: Contra Celsum, Cambridge 1980³, 135 Anm. 4.

[194] Vgl. in Numeros Homilia IX bei W. A. Baehrens, Origenes Werke VII/2: Die Homilien zu Numeri, Josua und Judices (GCS), 1921, 53 ff.

genes darauf hin, daß nur durch die Häretiker der Glaube eindeutig und bewährt erscheint [195]. Dieser Gedanke liegt nach seiner Meinung auch dem paulinischen Gedanken von 1Kor 11, 19 zugrunde: Gruppierungen in der Gemeinde gibt es, »ut certa et manifesta omnibus fiat fidelium atque infidelium differentia« [196].

5. Der Häresiebegriff der mittelalterlichen Theologie verläuft zwar weithin in den Bahnen, die durch die altkirchlichen Überlegungen abgesteckt worden sind [197], verstärkt jedoch zunehmend die kirchenrechtliche Ausrichtung mit der Festlegung kennzeichnender Merkmale des Häretischen. Aufschlußreich bleibt deshalb, in welchem Umfang mit der Reformation neues Nachdenken über den gesamten Problemkreis einsetzt [198]. So hat sich Luther schon sehr früh in den »Dictata super Psalterium« [199] um die Erhellung des Wesens der Häresie gemüht [200]. Viele in diesem Zusammenhang gewonnene Einsichten wurden auch später, als man ihn selbst zum Häretiker stempelte, von ihm beibehalten. Dabei sollte die Rückgabe des Vorwurfs an die römische Kirche: »Vos Romani estis haeretici et impii schismatici« [201], der man viele verwandte Äußerungen zur Seite stellen könnte, über eins nicht hinwegtäuschen: Sowohl die faktische Existenz zweier Kirchen [202] wie auch die Auseinandersetzung mit den Sekten innerhalb der eigenen Kirche [203] werden als theologische Herausforderung angesehen. Die Lösungsversuche der Reformationszeit sollen nicht in allen Einzelheiten reproduziert werden: Von erheblicher Bedeutung ist jedoch

---

[195] In Numeros Homilia IX, 1 p. 55, 10 ff BAEHRENS.

[196] Ebd. p. 55, 17 f BAEHRENS.

[197] Vgl. U. MAUSER, Der junge Luther und die Häresie (SVRG 184), 1968, 9 ff. Siehe auch GRUNDMANN (s. Anm. 184).

[198] Neben MAUSER (Anm. 197) vgl. noch H.-W. GENSICHEN, Damnamus. Die Verwerfung von Irrlehre bei Luther und im Luthertum des 16. Jh.s (AGTL 1), 1955.

[199] Vgl. die sorgfältige Analyse zu den »Dictata« bei MAUSER, 50 ff.

[200] Auffällig ist, wie sehr die äußeren Merkmale der Häresie, die für das scholastische (und kirchenrechtliche) Verständnis so wichtig geworden waren, bereits in den »Dictata super Psalterium« in den Hintergrund rücken.

[201] WA 6, 505, 23.

[202] EBELING (s. Anm. 7), 46 ff.

[203] Hierfür beruft sich Luther dann auf 1Kor 11, 19; vgl. GENSICHEN (s. Anm. 198), 57: »Die Kirche ganz ohne ›Rotten und Spaltung‹ kann es auf Erden nicht geben. Gewiß sind die Rotten, die die wahre christliche Einheit stören, vom Teufel; aber ebenso gewiß ist, daß sie sein müssen, wie Luther im Anschluß an 1Kor 11, 19 oft betont hat.« Vgl. auch Anm. 209 mit dem Verweis auf WA 18, 417, 22; 32, 474, 37; s. P. HINSCHIUS, Art. Häresie, RE VII, (319–321) 321.

zum einen, daß die una sancta ecclesia nur geglaubt und sichtbar allein
in der eschatologischen Vollendung werden kann [204], es kündigt sich hier
das dialektische Verhältnis von ecclesia visibilis und invisibilis an [205].
Zum andern ist der Versuch bedeutsam, die Grenze zwischen Kirche und
Häresie durch den Rückgriff auf die Schriftlehre als die sana doctrina
zu definieren [206]. Jedoch hat es sich für die weitere Dogmengeschichte des
Protestantismus als kaum lösbares Problem herausgestellt, daß über die
Auseinandersetzung mit der anderen Konfession hinaus die theologische
Bestimmung des Verhältnisses zu den Sekten in der eigenen Gemeinschaft
nicht eigentlich gelang [207] und man sich hier weiterhin mit einem unklar
gefaßten Häresiebegriff begnügte [208]. Gewichtig wird erst wieder der
Versuch Schleiermachers, eine Konstruktion des Häretischen in den §§ 20
und 21 seiner »Glaubenslehre« zu entwerfen, um aus dem Wesen des
Christentums das Häretische in seinen unterschiedlichen Gestalten typo-
logisch zu konstruieren [209]. Dieser Versuch Schleiermachers hat neben
seiner originellen Aufarbeitung des Problems innerhalb der Ekklesiologie [210] zunächst [211] Schule gemacht [212]. Dennoch konnte er sich nicht wirklich durchsetzen: Gegenwärtig ist die Diskussion über Begriff und Inhalt
der Häresie, soweit sie nicht bloß zögernd oder gar nicht geführt wird,
bestimmt durch das Häresieverständnis K. Barths [213] wie durch das Bemühen, im ökumenischen Dialog gegenüber der dogmatischen Abweichung den Gedanken der ethischen Häresie zu pointieren [214]. Trifft die

---

[204] EBELING (s. Anm. 7), 46.
[205] EBELING, 49; immer noch bedenkenswert für dies Thema A. RITSCHL, Über
die Begriffe: sichtbare und unsichtbare Kirche (in: DERS., GAufs., 1893, 68–99).
[206] Dazu GENSICHEN (s. Anm. 198), 38 ff.
[207] Vgl. pointiert EBELING (s. Anm. 7), 47.
[208] Zur späteren Entwicklung im Protestantismus vgl. z. B. P. TSCHACKERT,
Die Entstehung der lutherischen und der reformierten Kirchenlehre samt ihren
innerprotestantischen Gegensätzen, 1910; E. WOLF, Art. Häresie I. Systematisch,
RGG³ III, 13–15.
[209] Vgl. dazu K.-M. BECKMANN, Der Begriff der Häresie bei Schleiermacher
(FGLP X, 16), 1959.
[210] Vgl. vor allem §§ 148 ff der »Glaubenslehre«.
[211] So hat parallel zu Schleiermacher auch J. A. Möhler einen auffälligen Versuch unternommen, das Wesen und die Bedeutung der Häresie für die Kirche
neu zu bestimmen; vgl. J. A. MÖHLER, Die Einheit der Kirche oder das Prinzip
des Katholizismus, 1957, 103 ff.
[212] Vgl. z. B. A. RITSCHL, Unterricht in der christlichen Religion, 1881², 80 f.
[213] K. BARTH, Die Lehre vom Wort Gottes. Prolegomena zur kirchlichen
Dogmatik (KD I, 1), 1947⁵, 30 ff.
[214] Vgl. R. SLENCZKA, Die Lehre trennt – aber verbindet das Dienen? (KuD
19, 1973, 125–149).

Auffassung Barths zu [215], daß der Unglaube nur in der Gestalt der Häresie für den Glauben eine belangvolle Größe wird, als reiner Unglaube jedoch nicht [216], so stellt sich sinnvoll noch einmal die Frage nach einer zusammenfassenden Beurteilung von 1Kor 11, 18. 19: Paulus sieht sich in der korinthischen Gemeinde Spannungen und Auseinandersetzungen gegenüber, die er als σχίσματα bezeichnet und mit Hilfe einer ihm vorgegebenen apokalyptischen Überlieferung des Urchristentums deutet und interpretiert. Diese Tradition, die ähnlich in einem Herrenwort von Texten der alten Kirche tradiert wird, steht überlieferungsgeschichtlich im Kontext nachösterlicher Apokalyptik, die sich auch auf Jesus beruft (Mt 10, 34 ff), und religionsgeschichtlich im Horizont der Erwartungen des nachalttestamentlichen Judentums. Für Paulus wird sie wichtig, weil sie ihm ein Interpretationsmodell der Situation in Korinth bot und die dortigen Spannungen verständlich machte. Es muß geradezu als Zeichen eschatologischer Gefährdung in der Gemeinde αἱρέσεις geben, um so die δόκιμοι offenbar werden zu lassen. Diese Tradition ist selbst allerdings nicht ohne Probleme. Schon die Wirkungsgeschichte des Motivs zeigt, daß es zu Projektionen kommen kann – weil es solche αἱρέσεις gegen Ende der Zeit geben muß, gibt es sie auch – und damit eine argumentative Auseinandersetzung mit jenen Gruppen, die anders denken und handeln, unnötig, ja überflüssig wird. Der Vorteil, das Faktum der Spaltung theologisch in den Blick zu bekommen und zu reflektieren, entbindet so leicht vom inhaltlichen Dialog. Lautet in der Tat die grundlegende Frage an die weitere Entwicklung nach Paulus [217], »ob und wie lange es ihr gelingen wird, in der Weise des Paulus die eschatologische Ablehnung des Schismas zu bewähren in der Freiheit von der schismatischen Verabsolutierung faktischer Geschichtlichkeit«, dann ist diese Frage für die Folgezeit gewiß auch negativ zu beantworten. Dies aber schärft erneut den Blick für den zurückhaltenden Gebrauch, den Paulus von dieser Überlieferung in 1Kor 11, 18. 19 macht. Entscheidend bleibt für ihn in der eschatologischen Dimension der Gemeinde die Gefährdung des σῶμα Χριστοῦ durch die σχίσματα. Von diesem σῶμα Χριστοῦ her empfängt seine Ekklesiologie aber Maß und Wert.

---

[215] Barth, KD I, 1, 31.

[216] Barth fährt fort (ebd.): »Weil er [scil. der Unglaube] in der Häresie zugleich als eine Gestalt des Glaubens auftritt, darum wird er hier ernsthaft, darum kann und darum muß es zwischen dem Glauben und der Häresie Streit und zwar ernsten Streit geben.«

[217] Klein (s. Anm. 91), 72.

Mk 16,1–8

Über Jahre hinaus schienen trotz vielfältiger Einzeluntersuchungen die Akten über den Text Mk xvi 1-8 geschlossen zu sein.
Das lag gewiß zum überwiegenden Teil an der imponierenden Darstellung, die seine Probleme durch R. BULTMANN [1]) gefunden
haben [2]). BULTMANNS Lösungsversuch schien das Optimum an
Erreichbarem für diese Perikope zu bieten: Die bei ihm festzu-
stellende Verbindung historischer, literarkritischer und formgeschichtlicher Argumente war von unmittelbarer methodischer und
sachlicher Evidenz [3]). Mit den beginnenden Zweifeln an dieser
methodischen Korrelation und den Anfängen redaktionsgeschicht-

---

[1]) R. BULTMANN, *Die Geschichte der synoptischen Tradition*, Göttingen,
1961, 5. A., S. 308 ff.

[2]) Ihre Überzeugungskraft gründete sich zu einem großen Teil auch auf
die Souveränität, mit der BULTMANN bei diesem Text die Argumente der
älteren Literarkritik und der religionsgeschichtlichen Schule in die Diskussion zusammenfassend einbezog. Vgl. aus dieser älteren Literatur z.B.
H. J. HOLTZMANN, *Die Synoptiker*, HCNT I, 1, Tübingen-Leipzig, 1901,
3. A., z.St.; J. WEISS, *Das älteste Evangelium. Ein Beitrag zum Verständnis
des Markus-Evangeliums und der ältesten evangelischen Überlieferung.* Göttingen, 1903. S. 340 ff.; A. MEYER, *Die Auferstehung Christi. Die Berichte
über Auferstehung, Himmelfahrt und Pfingsten, ihre Entstehung, ihr geschichtlicher Hintergrund und ihre religiöse Bedeutung,* Tübingen, 1905; H. J. HOLTZ-
MANN, „Das leere Grab und die gegenwärtigen Verhandlungen über die
Auferstehung Jesu," *ThR* 9 (1906), 79-86, 119-132; J. WELLHAUSEN, *Das
Evangelium Marci übersetzt und erklärt,* Berlin, 1909, z.St.; D. VÖLTER, *Die
Entstehung des Glaubens an die Auferstehung Jesu. Eine historisch-kritische
Untersuchung.* Strassburg, 1910. S. 3 ff.; J. WEISS, *Die drei ältesten Evan-
gelien,* SNT I, Göttingen, 1917, 3. A.; W. BOUSSET, *Kyrios Christos. Geschichte
des Christusglaubens von den Anfängen des Christentums bis Irenaeus,* Göt-
tingen, 1965, 5. A., S. 64 f.

[3]) Eine Kritik der Exegese von Mk xvi 1-8, wie sie bei R. BULTMANN
vorliegt, sollte deshalb gerade die historische Evidenz in den Ergebnissen
seiner Untersuchungen nicht leichthin beiseiteschieben. Zu einer solchen
Auseinandersetzung vgl. vor allem R. PESCH, *Der Schluß der vormarkinischen
Passionsgeschichte und das Markusevangelium: Mk 15, 42-16, 8,* in M. SABBE
(Hg.): *L'Évangile selon Marc* (BEThL 34). S. 365-409. Gembloux, 1974;
E. STEGEMANN, *Das Markusevangelium als Ruf in die Nachfolge,* Diss. theol.
Heidelberg, 1974, S. 316 ff.

licher Analyse ⁴) hat notwendig auch die Diskussion über Mk xvi
1-8 von neuem begonnen ⁵). Das breite Spektrum der vorgeschla-

---

⁴) Ansätze dazu sind vor allem bei der Exegese des Textes durch E. Lohmeyer zu erkennen; vgl. z.B.: *Galiläa und Jerusalem*, FRLANT 52, Göttingen, 1936; *Das Evangelium des Markus*, MeyerK I, 2, Göttingen, 1957,
14. A. Konsequent durchgeführt dann von W. Marxsen, *Der Evangelist
Markus. Studien zur Redaktionsgeschichte des Evangeliums*, FRLANT 67,
Göttingen, 1959, 2. A.

⁵) Neben den bereits genannten Interpretationen von R. Pesch und
E. Stegemann (Anm. 3), vgl. z.B. noch: M. Goguel, *La foi à la résurrection
dans le Christianisme primitif. Étude d'histoire et de psychologie religieuses*,
Bibliothèque de l'école des hautes études 47, Paris, 1933; W. L. Knox,
,,The Ending of St. Mark's Gospel,'' *HThR* 35 (1942), 13-23; V. Taylor,
The Gospel according to St. Mark, London, 1953, z.St.; H. von Campenhau-
sen, *Der Ablauf der Ostereignisse und das leere Grab, Tradition und Leben*
(Kräfte der Kirchengeschichte), S. 48-113, Tübingen, 1960; E. Dhanis,
,,L'ensevelissement de Jésus et la visite au tombeau dans l'évangile de saint
Marc,'' *Greg*, 39 (1958), 367-410; H. Grass, *Ostergeschehen und Osterberichte*.
Göttingen, 1962, 2. A.; J. Bowman, *The Gospel of Mark. The New Christian
Jewish Passover Haggadah*, Studia Post-Biblica 8, Leiden, 1965; G. W. Ittel,
Ostern und das leere Grab. Gütersloh, 1967; K. Aland, *Bemerkungen zum
Schluß des Markusevangeliums*. Neotestamentica et Semitica (Festschr. M.
Black), S. 157-180, Edinburgh, 1969; E. Linnemann, ,,Der (wiedergefun-
dene) Markusschluß,'' *ZThK* 66 (1969), 255-287; L. Schenke, *Auferstehungs-
verkündigung und leeres Grab. Eine traditionsgeschichtliche Untersuchung von
Mk 16, 1-8*, SBS 33, Stuttgart, 1969, 2. A.; K. Aland, ,,Der wiedergefundene
Markusschluß?'' *ZThK* 67 (1970), 3-13; E. L. Bode, ,,A liturgical Sitz im
Leben for the Gospel tradition of the women's Easter visit to the tomb of
Jesus,'' *CBQ* 32 (1970), 237-242; E. L. Bode, *The First Easter Morning. The
Gospel Accounts of the Women's Visit to the Tomb of Jesus*, AnBibl 45, Rom,
1970; C. F. Evans, *Resurrection and the New Testament*, Studies in Biblical
Theology II, 12, London, 1970; U. Wilckens, *Auferstehung. Das biblische
Auferstehungszeugnis historisch untersucht und erklärt*, Themen der Theologie
4, Stuttgart-Berlin, 1970; H.-W. Bartsch, ,,Der Schluß des Markus-Evangeliums. Ein überlieferungsgeschichtliches Problem,'' *ThZ* 27 (1971), 241-
254; J. K. Elliott, ,,The Text and Language of the Endings to Mark's
Gospel,'' *ThZ* 27 (1971), 255-262; X. Leon-Dufour, *Résurrection de Jésus
et message pascal*. Paris, 1971; G. W. Trompf, ,,The first resurrection appearance and the ending of Mark's gospel,'' *NTSt* 18 (1971/72), 308-330;
I. Broer, *Die Urgemeinde und das Grab Jesu. Eine Analyse der Grablegungsgeschichte im Neuen Testament*, StANT 31, München, 1972; J. van Cangh,
,,La Galilée dans l'évangile de Marc: un lieu théologique?'' *RB* 79 (1972),
59-75; W. Schmithals, ,,Der Markusschluß, die Verklärungsgeschichte und
die Aussendung der Zwölf,'' *ZThK* 69 (1972), 379-411; R. H. Fuller, *The
Formation of the Resurrection Narratives*, London, 1972; D. Dormeyer, *Die
Passion Jesu als Verhaltensmodell. Literarische und theologische Analyse der
Traditions- und Redaktionsgeschichte der Markuspassion*, NTA 11, Münster,
1974; E. Güttgemanns, *Linguistische Analyse von Mk xvi 1-8*, Linguistica
Biblica H. 11/12, S. 13-53, Bonn, 1974, 3. A.; W. R. Farmer, *The last twelve
verses of Mark*, SNTS MonSer 25, Cambridge, 1974. Vgl. jetzt R. Pesch,
Das Markusevangelium. II. Teil, HThK II, 1, Freiburg-Basel-Wien, 1976,
S. 40 ff. (Lit.).

genen Lösungen mag wegen der erheblichen grundsätzlichen Differenzen zunächst zu jener Resignation führen, die exegetische Übereinstimmung prinzipiell und a priori als unmöglich erscheinen läßt, zufällig wird man aber das sich in ihnen dokumentierende Interesse an Mk xvi 1-8 nicht nennen können: Die Probleme des Textes müssen sich jeder Exegese als Probe auf das Exempel ihres methodischen Wahrheitsanspruchs anbieten.

I.

Schon die Textkritik [6]) kehrt aus diesen Gründen immer erneut zu Mk xvi 1-8 zurück. Zwar, die Zuversicht, daß sich aus der Fülle des textkritischen Materials noch Funken für die literarkritische Analyse des Textes schlagen lassen [7]), ist geschwunden [8]): ,,Die Frage des Markus-Schlusses sollte darum grundsätzlich aus dem Bereich textkritischer in den Bereich literarkritischer Diskussion verlegt werden'' [9]). Aber die Varianten in der Überlieferung des Textes bleiben auch so noch aufschlußreich genug; fünf verschiedene Formen des Textes lassen sich in den Handschriften belegen und nachweisen [10]):

1. Mk xvi 1-8
2. Mk xvi 1-8 + 9-20 (mit textkritischen Zeichen)
3. Mk xvi 1-8 + 9-20 (als fortlaufender Text)
4. Mk xvi 1-8 + kürzerer Schluß
5. Mk xvi 1-8 + Kombination von kürzerem und längerem
       Schluß [11]).

---

[6]) Neben den Analysen von K. ALAND (vgl. Anm. 5) siehe aus der älteren Literatur vor allem die immer noch aufschlußreichen Ausführungen bei Th. ZAHN, *Geschichte des neutestamentlichen Kanons*, II, 2, Erlangen-Leipzig, 1892. S. 910-938.

[7]) Ansätze dazu sind in der Forschungsgeschichte des Textes häufig zu beobachten; der letzte Versuch in dieser Richtung bei LINNEMANN, *Markusschluß*. Siehe auch FARMER, *Last twelve verses*.

[8]) Vgl. nur die überzeugende Destruktion der Hypothesen E. LINNEMANNS durch K. ALAND, *Der wiedergefundene Markusschluß?*, z.B. S. 12: "...kann die Textkritik nach ihrer Erfahrung mit der Tenazität der neutestamentlichen Überlieferung...jedoch nur mit allem Nachdruck feststellen, daß der ursprüngliche Markusschluß von E. Linnemann nicht wiedergefunden, sondern nur erfunden ist."

[9]) H.-W. BARTSCH. *Schluß*, S. 242.

[10]) Vgl. ZAHN, *Geschichte des neutestamentlichen Kanons*, S. 911 ff.; ALAND, *Der wiedergefundene Markusschluß?*, S. 10.

[11]) Mit ALAND (a.a.O., S. 10) ließe sich dem als sechste selbständige Textform eventuell noch hinzufügen: Mk xvi 1-8 + 9-14 + Freer-Logion + 15-20.

An Mk xvi 1-8 ist also schon sehr früh und in einer ganz erstaunlich umfangreichen Weise geändert und „gebessert" worden, und
dies läßt unübersehbar erkennen, daß der neuralgische Punkt der
Perikope — der apokopierte Schluß in V. 8 — stets als besonderer
Anstoß empfunden worden ist [12]). Diese „literarkritische" Motivation verbindet jene Änderungen zwar intentional mit manchen
modernen Exegesen des Textes, dennoch führen die Kriterien in-
nerer wie äußerer Textkritik zur eindeutigen Feststellung, daß
Mk xvi 1-8 die älteste überlieferte Textform ist [13]).

Damit kann natürlich nicht ausgeschlossen werden, daß es
schon zuvor zu einer textkritisch dann nicht mehr verifizierbaren
Änderung am Textbestand von Mk xvi 1-8 gekommen ist [14]); allerdings erscheint dies doch als recht wenig wahrscheinlich. Und
es besteht darüber hinaus auch keine Notwendigkeit, von der
Literarkritik her den Text in seiner gegenwärtigen Gestalt als unvollständig anzusehen [15]) und aus diesem Grund einen anderen
Abschluß des markinischen Evangeliums zu postulieren [16]). Sicher

---

[12]) Das erklärt wohl auch das hohe Alter der zweiten Variante; ZAHN,
Geschichte des neutestamentlichen Kanons, S. 924: „Mc. 16, 9-20 ist als anerkannter und in gewissen Kreisen allein bekannter Schluss des Ev. bis über
die Mitte des 2. Jahrhunderts hinauf zu verfolgen und ist von der Mitte des
4. Jahrhunderts an rasch zu beinah unbestrittener Alleinherrschaft ge.angt".

[13]) Vgl. ZAHN, *Geschichte des neutestamentlichen Kanons* S. 910 f.; ALAND,
Der wiedergefundene Markusschluß?

[14]) Mehrere Möglichkeiten wie Blattabbruch, Vertauschung von Blät-
tern, bewußte Änderung zu einem ganz frühen Zeitpunkt lassen sich denken.
Sie bleiben aber rein spekulativ und haben in jedem Fall die Tendenz der
textkritischen Entwicklung gegen sich.

[15]) So z.B. O. LINDTON," Der vermißte Markusschluß," *ThBl* 8 (1929)
229-234; H. WAETJEN, „The Ending of Mark and the Gospel's Shift in
Eschatology," *ASTI* 4 (1965), 114-131, S. 126; BODE, *First Easter Morning*,
S. 46; STEGEMANN, *Ruf in die Nachfolge*, S. 316 ff.; E. GÜTTGEMANNS,
Linguistische Analyse, S. 46 f.: „Der von der traditionellen Exegese als
Rätsel empfundene letzte Satz des ‚normalisierten Textes' paßt sich ohne
Schwierigkeit in die Text-Theorie der Generativen Poetik ein". R. PESCH,
Schluß, S. 383: „Insofern die Passionsgeschichte mit der Auferstehungsbot-
schaft in die Situation der hörenden Gemeinde mündet, darf keine erzählte
Nachinformation mehr folgen und muß V. 8 mit der Notiz über das Schweigen der Frauen ursprünglich sein". Während die Betonung des originären
Abschlusses des Evangeliums in Mk xvi 1-8 zunehmend die Regel wird,
zeigt die Äußerung von J. WEISS, (*Die drei ältesten Evangelien*, S. 224: „Es
ist vielleicht doch nicht so undenkbar, daß die Schrift des Markus einst
mit xvi 8 geschlossen hat"), welche Änderung in der exegetischen Situation
sich seitdem vollzogen hat.

[16]) So vor allem R. BULTMANN, *Synoptische Tradition*, S. 308: „...
dem m.E. zu postulierenden Schluß des Mk, der von der Erscheinung Jesu

sind die Lösungsmöglichkeiten, die hier bestehen, im einzelnen noch
zu differenzieren [17]): Einmal ist zu fragen, ob allein xvi 8 ein in
sich geschlossener, isoliert denkbarer Satz ist; sodann wäre zu
prüfen, ob xvi 1-8 eine abgerundete Perikope darstellt [18]), und erst
abschließend ließe sich überlegen, ob in Mk 16, 1-8 ein adäquater
Abschluß des Markusevangeliums vorliegt. Die beiden ersten Fragen dürften sicher zu bejahen sein, aber auch bei dem eigentlichen
Streitpunkt — der Stellung und Funktion von Mk xvi 1-8 innerhalb
des gesamten Evangeliums — wird sich begründet kaum eine andere
Antwort geben lassen. So wenig damit schon die offenkundigen
Schwierigkeiten beseitigt sind, die xvi 1-8 als abschließender Text
des Markusevangeliums bereitet, die Aporien sind bei der gegenteiligen Annahme jedenfalls wesentlich größer [19]). Nicht zufällig
erscheinen jene Argumente, die solche Hypothese stützen sollen,
nicht so sehr auf den Text selbst bezogen [20]), sondern vor allem in

---

in Galiläa berichtet haben muß". S. 309: ,,Daß die alte Überlieferung aber
von ihrer (scil. der Jünger) Flucht nach Galiläa erzählte, und daß sie dort
die ersten Erscheinungen des Auferstandenen lokalisierte, ist mir nicht
zweifelhaft". Vgl. daneben auch noch E. HIRSCH, *Die Auferstehungsge-
schichten und der christliche Glaube*, Tübingen, 1940, S. 3: ,,Was einmal im
Markus und seinen Vorgestalten oder Quellen nach Mark. xvi 8 gestanden
hat, das sagt uns keine Handschrift: eine kirchliche Schere hat es wegge-
schnitten". Siehe daneben noch E. LINNEMANN, *Markusschluß*; N. Q.
HAMILTON, ,,Resurrection Traditions and the Composition of Mark",
JBL 84 (1965), 415-421; C. J. REEDY, ,,Mk 8:31-11:10 and the Gospel
ending", *CBQ* 34 (1972), 188-197.

[17]) BULTMANN, *Synoptische Tradition* S. 309, Anm. 1: ,,Von dieser Frage,
ob der Schluß des Mk fehlt, ob also Mk ursprünglich über die Grabesgeschichte hinaus noch einen Bericht von einer Erscheinung des Auferstandenen gebracht hat, muß man die Frage scharf unterscheiden, ob die Perikope xvi 1-8 vollständig ist und in V. 8 ihren ursprünglichen und organischen Schluß hat". Vgl. auch H. WEINACHT, *Die Menschwerdung des Sohnes
Gottes im Markusevangelium*, Hermeneutische Untersuchungen zur Theologie
13, Tübingen, 1972, S. 163 ff.

[18]) Vgl. H. J. HOLTZMANN, *Das leere Grab*, S. 80: ,,Auch wenn das Evangelium, was möglich ist, ursprünglich weiterlief, so bildet 16, 8 immer einen
Einschnitt..." H. GRASS, *Ostergeschehen*, S. 16 (im Blick auf xvi 8): ,,...
wenigstens der Perikopenschluss der Grabesgeschichte..." Auch BULTMANN
(a.a.O., S. 309, Anm. 1), stimmt dieser zweiten Frage ausdrücklich zu.

[19]) Zutreffend GRASS, *Ostergeschehen* S. 17: ,,Gewichtiger als die positiven
Begründungen dafür, daß das Evangelium ursprünglich mit xvi 8 geschlossen habe, sind die negativen".

[20]) Diese Beobachtung hat E. GÜTTGEMANNS begründet seiner vehementen
Kritik an der bisherigen Deutung des Textes zugrundegelegt; vgl. z.B. a.a.O.,
S. 14: ,,Diese (scil. die traditionelleExegese) ist jedoch insofern dem modernen linguistischen Text-Begriff gegenüber völlig inadäquat, als sie die Logik
der Historie mit der semantischen Isotopie des Textes verwechselt...". In

eine übergreifende historische Begründung eingebettet. Nur ein literarkritischer Purismus wird sich freilich solchen historischen Gründen verschließen können [21]), wenn sie so zwingend sind, daß literarkritische Operationen unumgänglich erscheinen, bzw. wenn die Schwierigkeiten des Textes nur auf dem Wege einer solchen literarkritischen Änderung behoben werden können. Gerade dies wird sich aber von Mk xvi 1-8 nicht sagen lassen, vielmehr bleibt der Versuch zu unternehmen, den Text zu analysieren, ohne von Anfang an vor den Schwierigkeiten einer solchen Analyse zu kapitulieren [22]). Zunächst wird man sich deshalb an das Diktum WELLHAUSENS halten können: ,,Es fehlt nichts; es wäre schade, wenn noch etwas hinterher käme'' [23]).

Wie wenig überzeugend sich die Annahme, daß Mk xvi 1-8 nicht den genuinen Abschluß des markinischen Evangeliums bilde, literarkritisch durchführen läßt, belegt auch der neueste Versuch zu einer solchen Lösung bei W. SCHMITHALS [24]). Auf Grund einer komplizierten und hypothesenreichen Beweisführung wird eine vormarkinische Ostergeschichte rekonstruiert, die aus Mk xvi 1-8; ix 2-8a par; iii 13-19 par; xvi 15-20 bestanden

---

diesem Sinne dann ö.; vgl. z.B. auch S. 16: ,,Die Isotopie des Textes wird also an der Logik der Historie gemessen''.

[21]) Die Kritik, die E. LINNEMANN am Beharren auf Mk xvi 1-8 als Abschluß des Markusevangeliums übt (a.a.O., S. 256: ,,Das Postulat eines verlorenen Markusschlusses ist also problematisch; aber der Versuch, aus dieser Not eine Tugend zu machen und Mk xvi 8 für das ursprüngliche Ende des Markusevangeliums zu erklären, ist auch nicht besser dran.''), ist dann berechtigt, wenn solch Beharren grundlos bleibt, und sich nicht mehr die Schwierigkeiten des Textes bewußt macht.

[22]) Ein besonders charakteristisches Beispiel einer Literarkritik, die nur noch Objektivation eigener ,,Vorurteile'' ist, findet sich bei H. R. BALZ, ,,Furcht vor Gott? Überlegungen zu einem vergessenen Motiv biblischer Theologie'', *EvTheol* 29 (1969), 626-644, S. 631: ,,Die Reaktion auf diese schlagartig bewußtwerdende Unmittelbarkeit der Macht Gottes, die in Jesus und in seinem Geschick offenbar wird, besteht aber nicht in Flucht und Verzweiflung, sondern in der Anbetung und im Lob Gottes...Deshalb kann auch der jetzige, mit Mk xvi 8 vorliegende Abschluß des alten Teils des Markusevangeliums nicht der ursprüngliche Schluß gewesen sein.'' Vgl. auch H. R. BALZ, *Art.* φοβέω κτλ. ThW 9, 186-216, S. 207, 5 ff.: ,,Selbst wenn traditionsgeschichtlich der Gottesschrecken angesichts der Kreuzigung des Heilsbringers die primäre christologische Aussage sein könnte, widerspräche das doch der Konzeption des Mk, der von der neuen Lebenswirklichkeit der Nachfolger Jesu auf Grund der Auferstehungswirklichkeit gesprochen haben muß. Diese nachösterliche Wirklichkeit steht aber nicht mehr unter dem Zeichen der Furcht u des Mißverstehens, sondern in ihr wird die vorösterliche Verborgenheit der Herrlichkeit Jesu durchbrochen durch die österliche Erfahrung seiner Epiphanie''.

[23]) WELLHAUSEN, *Evangelium Marci*, S. 137.
[24]) SCHMITHALS, *Markusschluß*, S. 379 ff.

haben soll [25]). Interessant ist erneut, daß die eigentliche Motivation zu solchem Vorgehen vor allem aus den Text übergreifenden Argumenten herrührt: „Als abrupt aber muß man unter allen Umständen ansehen, daß das Evangelium mit der Perikope vom leeren Grab schließt... Erst von der Begegnung mit dem Auferstandenen her fanden ja die geschichtlichen Ereignisse wie Kreuzigung, Tod, Begräbnis und leeres Grab überhaupt ein theologisches Interesse. Nur auf Grund dieser Begegnung konnte eine Passionsgeschichte erzählt werden. Abrupt ist also der Schluß des Markusevangeliums, weil integrierende, und zwar gerade die fundamental integrierenden Teile des kerygmatischen Erzählzusammenhangs von Jesu Leiden, Sterben und Auferstehen dem Evangelium anscheinend von Anfang an gefehlt haben" [26]). Der rein axiomatische Charakter solcher Literarkritik [27]) wird auch nicht dadurch aufgehoben, daß SCHMITHALS methodisch sorgfältig das Problem auf die Ebene der Überlieferungsgeschichte und damit auf die vormarkinischen Stoffe ausweitet [28]). Zu bedenken bleibt dennoch, daß die Ablehnung der literarkritischen Thesen von SCHMITHALS nicht notwendig zu einer Kritik seiner formgeschichtlichen Beobachtungen (z.B. im Blick auf den formgeschichtlichen Charakter der Verklärungsgeschichte) führen muß [29]). Grundsätzlich allerdings belegt der Beitrag von

---

[25]) SCHMITHALS, *Markusschluß*, S. 408.

[26]) SCHMITHALS, *Markusschluß*, S. 380.

[27]) Zur Kritik an SCHMITHALS vgl. vor allem E. STEGEMANN, *Ruf in die Nachfolge*, S. 325: „So gesehen, ist aber die zuletzt von W. Schmithals behauptete ursprüngliche Verknüpfung der Geschichte vom leeren Grab mit der Verklärungstradition ausgesprochen hypothetisch. Denn selbst wenn man die zahlreichen Schwierigkeiten außer Acht läßt, die die phantasiereichen, methodisch einfach nicht mehr kontrollierbaren Konjekturen und Rekonstruktionen von Schmithals dem Leser zumuten, so stellt ja die Verklärung gleichsam eine Konkurrenztradition zur Grabesgeschichte dar... Nur wird man bei der Annahme eines ursprünglichen Zusammenhanges zwischen Mk xvi 1-8 und ix 2-8 sichere literarische Indizien nennen müssen, die diese Annahme wahrscheinlich machen. Schmithals postuliert sie einfach, indem er den redaktionellen Vers Mk xvi 8b ohne triftigen Grund für vormarkinische Redaktion hält, die auf die folgende Verklärungsgeschichte vorbereitet... Das reicht kaum hin, um die Hypothese aus der bloßen Denkbarkeit in historische Wahrscheinlichkeit zu überführen".

[28]) SCHMITHALS, a.a.O., S. 383: „Damit aber (scil. daß der Text zu einem vormarkinischen Erzählfaden gehört) verlagert sich das Problem des Markusschlusses, dessen Lösung zumeist in der Überlieferungsgeschichte des Markusevangeliums gesucht wurde, auf die Überlieferungsgeschichte der Quelle, aus der Markus seine Passions- und Ostergeschichte nimmt: Der kurze Schluß, der als der ursprüngliche Schluß des Markusevangeliums angenommen werden muß, kann nicht zugleich der ursprüngliche Schluß des Markus vorgegebenen Erzählfadens gewesen sein. Entweder besaß das Exemplar dieser Quelle, aus der Markus schöpfte, den Schluß nicht mehr, und Markus half sich, indem er die aus dem Bekenntnis bekannten Ereignisse in xiv 28 und xvi 7 andeutete; oder Markus hat die Berichte von diesen Ereignissen aus uns vorerst unbekannten Gründen gestrichen und durch xiv 28 und xvi 7 notdürftig ersetzt".

[29]) E. STEGEMANN, *Ruf in die Nachfolge*, S. 325: „Gewiß, das ist kein Grund, die Tradition hinter Mk ix 2-8 nicht als alte Ostertradition zu verstehen oder die Möglichkeit einer Fortsetzung undenkbar zu machen. Im

SCHMITHALS schlagend jene Aporien literarkritischer Analyse, die bei der
Postulierung eines anderen Markusschlusses als xvi 1-8 mit Notwendigkeit
entstehen [30]).

2.

Literarkritisch muß also zunächst nicht nur von der Integrität
der Einheit Mk xvi 1-8, sondern auch davon ausgegangen werden,
daß diese Verse den genuinen Abschluß des markinischen Evangeliums bilden [31]). Auf der Ebene der markinischen Rezeption
und Argumentation ist der Text deshalb auf jeden Fall als in sich
stimmiger Zusammenhang zu betrachten [32]); dies trifft selbst dann
zu, wenn man die Verse isoliert und als in sich geschlossene Perikope
analysieren möchte. Insofern ist allen Exegeten recht zu geben,
die methodisch zunächst und vor allem auf der Notwendigkeit
einer Analyse des überlieferten Textes innerhalb des jetzigen Zusammenhanges beharren und deshalb nicht bereit sind, noch erkennbare Schwierigkeiten literarkritisch aus der Welt zu schaffen.

In diesem Kontext ist vor allem der konsequente Aufsatz von R. PESCH [33])
zu nennen, der im Insistieren auf der rationalen Aufweis- und Nachprüf-
barkeit exegetischer Kriterien und Argumente jedenfalls eine ganze Reihe
geläufiger Interpretationsmuster des Textes als fragwürdig erwiesen hat.
Das gilt auch von dem Beweis der Zusammengehörigkeit der Perikopen
xv 42 ff. bzw. xvi 1 ff.[34]), in dem die Analysen PESCHS ihr eigentliches Telos

---

Gegenteil deutet vieles daraufhin, daß die Verklärung die Apotheose und
Entrückung Jesu in den Himmel ursprünglich aussagte''.

[30]) Das gilt dann konsequent auch von der Erklärung des jetzigen Textes
durch SCHMITHALS, a.a.O., S. 410: ,,Wegen seiner Theorie von der vorösterlichen geheimen und schließlich (xiv 62) öffentlichen Epiphanie mußte
Markus also die Geschichten streichen, die Jesu Messianität überhaupt erst
österlich epiphan werden lassen. Zugleich konnte er diese österlichen Berichte
innerhalb seines Evangeliums zur Unterstützung seines redaktionellen Entwurfs gut gebrauchen''.

[31]) Von dieser Prämisse gehen die Analysen von R. PESCH, E. GÜTTGE-
MANNS und E. STEGEMANN zurecht aus.

[32]) Das wird forschungsgeschichtlich schon dadurch belegt, daß sich die
Hypothese von nachmarkinischen Glossen kaum finden läßt (in der Tat
auch nicht zu beweisen ist), der Text also durchweg als integrativer Bestandteil des Markusevangeliums angesehen und als solcher erklärt wird.

[33]) R. PESCH, *Schluß*, S. 365 ff.

[34]) Vgl. schon E. WENDLING, *Die Entstehung des Marcus-Evangeliums,
Philologische Untersuchungen*, Tübingen, 1908, S. 210: ,,xv 40 - xvi 8 ist
eine zusammenhängende Legende, in der (2-3) Frauen als Augenzeuginnen
für Tod und Bestattung Jesu sowie für das leergefundene Grab auftreten''.
WENDLING hält diese Legende dann allerdings für sekundär (,,Es bedarf
kaum eines Beweises, daß diese Legende nicht zum ältesten Bericht gehört'').
Für einen Zusammenhang beider Perikopen vgl. auch DHANIS, *Ensevelissement*, S. 367 ff.

haben [35]). Auch der Hypothese, daß solche Zusammengehörigkeit schon für die vormarkinische Ebene zu gelten habe [36]), wird man eine prinzipielle Möglichkeit nicht gut absprechen können [37]). Ob damit freilich bereits schon die Unmöglichkeit, eine originäre (selbständige und vormarkinische) kleine Einheit in Mk xvi 1-8 anzunehmen, nachgewiesen ist, dürfte umstritten bleiben [38]): Entscheidend ist in diesem Zusammenhang die Frage, ob sich die Kritik explizit und ausschließlich am bestehenden Text zu orientieren habe oder ob sich über mögliche literarische Vorstufen hinaus (mit denen ja auch R. Pesch rechnet) [39]) noch mehr über die historische Konstituierung des Textes (und damit über seine Geschichte) erkennen läßt.

Genügt es also bei diesem Ergebnis stehenzubleiben, bei der Feststellung, daß der Text Mk xvi 1-8 auf der Ebene des Markusevangeliums Sinn hat? Und wenn dies zutrifft, warum ist dann

---

[35]) Vgl. z.B. S. 386: „Die Erzählung von der Grablegung Jesu Mk xv 42-47 und die Erzählung von der Auferstehungsverkündigung im leeren Grab sind alte Bestandteile der vormarkinischen Passionsgeschichte und zugleich der ursprüngliche Abschluß des Markusevangeliums. Beide Perikopen sind nie isoliert umlaufende Erzählungen gewesen. Beide Erzählungen sind nicht nur mit der Passionsgeschichte verknüpft, sondern in Vor- und Rückblick eng aufeinander bezogen. Sie sind offenbar miteinander und mit der Passionsgeschichte gleichzeitig entstanden".

[36]) Das hängt natürlich mit der Hypothese einer vormarkinischen Passionsgeschichte zusammen; vgl. Pesch, a.a.O., S. 366 f.: „Falls die vormarkinische Passionsgeschichte ... ursprünglich mit Mk x 32-34 einsetzte und vor Mk xiv 1 - xvi 8 noch die Perikopen Mk x 46-52 (?); Mk xi 1-10; Mk xi 15-19; Mk xi 27-33 (?); Mk xii 1-12 (?); Mk xii 41-44 und Mk xiii 1-2 (?) umfaßte, muß eine Untersuchung von Mk xv 42 - xvi 8 ... diesen ganzen angedeuteten Zusammenhang im Auge behalten". Vgl. dazu grundsätzlich G. Schneider, „Das Problem einer vorkanonischen Passionserzählung", *BZ* 16 (1972), 222-244.

[37]) Vgl. S. 162 ff.

[38]) Das hängt wohl mit der Frage zusammen, ob die Alternative von R. Pesch (a.a.O. S. 367) als sachgemäß akzeptiert wird: „Handelt es sich um isoliert tradierbare Perikopen oder um Bestandteile der Passionsgeschichte?" Das letztere ist jedenfalls nicht zu bestreiten, weil es im jetzigen Textstadium eine Selbstverständlichkeit darstellt. Das schließt methodisch aber durchaus nicht die Möglichkeit aus, auf einer früheren geschichtlichen Stufe des Textes mit einer isolierten Entstehung der Einheiten zu rechnen. Daß der Text allerdings solcher geschichtlichen Profilierung, die man nicht sofort als „Historismus" abtun sollte (Pesch, a.a.O., S. 371, Anm. 10), bedarf, bleibt zwingend nachzuweisen. Übrigens dürften sich auch für Pesch analoge Probleme stellen, wenn nach den geschichtlichen Konstituanten der vormarkinischen Passionsgeschichte gefragt wird.

[39]) Hierin dürfte ein Unterschied gegenüber den Analysen von E. Güttgemanns zu sehen sein; vgl. E. Güttgemanns, *Offene Fragen zur Formgeschichte des Evangeliums*, BEvTh 54, München, 1971, 2. A., S. 228 f.: „Wir sollten uns darum mit der innermarkinischen Strukturanalyse ... begnügen. So interessant historisch die Rekonstruktion hypothetischer Vorstadien auch sein mag, vordringlicher zum Verständnis der Evangelien-Form ist die funktionale Strukturanalyse der vorfindlichen ‚literarischen Gestalt' ".

noch auf eine Entwicklung, auf eine Geschichte des Textes zu reflektieren? [40]) Darauf läßt sich eine doppelte Antwort geben:

Wird mit einer Geschichte des Textes gerechnet, so ist man nicht mehr genötigt, disparate Dinge auf der Ebene der Redaktion miteinander zu harmonisieren (oder literarkritisch zu beseitigen), sondern kann sie als Niederschlag einer längeren geschichtlichen Entwicklung begreifen, die zur konkreten Textkonfiguration Mk xvi 1-8 geführt hat. Gerade wenn man den Verfasser des markinischen Evangeliums als einen konservativen Redaktor begreift [41]), bleiben solche inhaltlichen Anstöße nicht auf den Evangelisten, sondern auf die voraufgehende Traditionsbildung der urchristlichen Gemeinde zurückzuführen. Dies schließt zugleich ein, daß sich auf diese Weise der historische Ort des markinischen Evangeliums und seiner Gemeinden genauer erfassen und beschreiben läßt.

Zudem bietet der Text Mk xvi 1-8 selbst einen kompositionellen Anstoß im Sinne der klassischen Literarkritik, der nicht notwendig zu Operationen auf der literarischen Ebene führen muß — also nicht die Integrität des markinischen Textes in Frage stellt —, wohl aber zu dem Schluß zwingt, daß xvi 1-8 bereits eine Geschichte gehabt haben: Eine solche historische Profilierung indiziert vor allem die Nennung der Frauennamen in ihrer Differenz gegenüber xv 40 bzw. xv 47 [42]). Dies rechtfertigt zugleich auch

---

[40]) Dies zielt durchaus nicht auf eine direkte, unvermittelte Verbindung von Literarkritik und historischen Argumenten, die sich am Inhalt des Textes orientieren. Dagegen hat GÜTTGEMANNS m.E. zurecht protestiert (GÜTTGEMANNS, *Linguistische Analyse*, S. 16): „Damit ist die textsemantische Frage auf die Frage des iconischen Abbildungswertes der Texte eingeschränkt: Weil die Text-Variationen keine Icon der ‚Historie' sein können, darum enthalten sie auch textsemantisch keine Isotopie". Vielmehr orientiert sich der intendierte Begriff der Textgeschichte an jenen historischen Konstituanten, die urchristliche Texte erst ermöglicht haben.

[41]) Vgl. dazu R. PESCH, *Schluß*, S. 374 f.

[42]) Nicht zufällig ist der Beweisgang von R. PESCH im Blick auf xvi 1 nicht von jener Stringenz, die seinen sonstigen Argumenten eignet. Vgl. a.a.O., S. 379: „Die Möglichkeit, daß ein Redaktor... den Neueinsatz der bedeutenden letzten Perikope von der Auferstehungsverkündigung im leeren Grab besonders signalisieren wollte... und deshalb noch einmal die in xv 40 genannten Frauen einführte, ist begründbar, die Gründe haben aber nicht so viel Gewicht, daß die Möglichkeit der ursprünglichen Nennung dreier der vier in xv 40 genannten Frauen durch den ersten Erzähler hinfällig würde". S. 379 f.: „Die Annahme einer redaktionellen Zufügung der Namenliste in xvi 1 wäre auch insofern plausibel, als sich nach Streichung der Namenliste ein vorzüglicher Übergang von xv 47 zu xvi 1 ergibt...". Erinnert dies schon an alte Formen der Literarkritik — und ist dies umso erstaunlicher, wenn man mit einem „konservativen" Redaktor Markus zu

eine heuristische Isolierung der Einheit xvi 1-8 und da dieser
Unterschied in der Namensnennung kaum auf die Konzeption des
Markus zurückzuführen ist [43]), erscheint die Annahme nicht als
unwahrscheinlich, daß sich in der erneuten und differierenden
Nennung der Frauennamen in xvi 1 ein älteres Stadium der Text-
entwicklung erkennen läßt [44]), das deshalb noch genauer zu erklären bleibt [45]).

Ist dadurch der Blick geschärft worden, so wird man die Einheit
aber auf analoge Indizien zu überprüfen haben: Hierbei bietet sich
vor allem xvi 7 an. Das καθὼς εἶπεν ὑμῖν verweist im markinischen
Argumentationszusammenhang eindeutig auf die korrespondierende
Aussage in xiv 28: ἀλλὰ μετὰ τὸ ἐγερθῆναί με προάξω ὑμᾶς εἰς τὴν
Γαλιλαίαν [46]). Dieser geradezu literarische Hinweis, der eben darum

---

rechnen hat —, so kann der Schluß, den PESCH zieht, nicht mehr verwundern: ,,Jedenfalls ist von den drei Namenlisten, wenn überhaupt eine, nur
die dritte sekundär'' (a.a.O., S. 386).

[43]) Vgl. dagegen GÜTTGEMANNS, *Linguistische Analyse*, S. 20: ,,Es ist
daher informationstheoretisch eine petitio principii, zwischen Mk xv 47
und xvi 1 eine Redundanz zu analysieren und den diesem Urteil entgegen-
stehenden nichtredundanten oder nur teil-redundanten Wortlaut als Un-
genauigkeit der Tradition, auf die der Evangelist keinen Wert legte, zu
klassifizieren''. So richtig dies Argument für sich genommen ist, die Schwierigkeit von xvi 1 bleibt auch dann noch bestehen: nicht die Redundanz von
xvi 1 allein, sondern die Differenz von xvi 1 gegenüber xv 47 nötigt zu der
Annahme, daß die jetzige Textform mehrere geschichtliche Stadien durch-
laufen hat.

[44]) Vgl. BULTMANN, *Synoptische Tradition*, S. 308: ,,Die Geschichte von
den Frauen am Ostermorgen ist eine ganz sekundäre Bildung, die ursprünglich weder mit den bei Mk vorhergehenden Stücken zusammenhängt — denn
nach xv 40, 47 wären sonst die Frauen nicht mehr so genannt worden, und
ihre Absicht, den Leichnam einzubalsamieren, stimmt nicht zu xv 46, wo
keineswegs daran gedacht ist, daß die Bestattung Jesu eine unvollständige
und vorläufige ist...''. M. DIBELIUS, *Die Formgeschichte des Evangeliums*,
Tübingen, 1961, 4. A., S. 191: ,,Daß sie (scil. die Legende vom leeren Grab)
ursprünglich vom Zusammenhang unabhängig war, sieht man an der Nennung der Frauen am Anfang, die nach der Erwähnung in xv 47 überflüssig
erscheint''. Vgl. ähnlich auch SCHENKE, *Auferstehungsverkündigung*, S. 20 ff.;
BROER, *Grab Jesu*, S. 87 ff.; W. SCHENK, *Der Passionsbericht nach Markus.
Untersuchungen zur Überlieferungsgeschichte der Passionstraditionen*, Gütersloh, 1974, S. 259.

[45]) Das bedeutet nicht notwendig literarkritische Operationen, wie dies
seit WELLHAUSEN (*Evangelium Marci*, S. 135) immer wieder (zumeist mit
der Tendenz, die Namen zu streichen) vorgeschlagen worden ist.

[46]) BULTMANN, *Synoptische Tradition*, S. 309: ,,V. 7 ist also ebenso wie
xiv 28 eine von Mk in das Traditionsstück eingesetzte verklammernde Bemerkung, die Jesu Erscheinung in Galiläa vorbereiten soll''. W. MICHAELIS,
Die Erscheinungen des Auferstandenen, Basel, 1944, S. 19 ff.; W. MARXSEN,
Der Evangelist Markus, S. 47 f.; SCHENKE, *Auferstehungsverkündigung*, S.

die Isotopie des gegenwärtigen Textes durchaus nicht stört [47]) und
seine Einordnung in den weiteren markinischen Kontext nur belegt,
ist zunächst vor allem für die redaktionsgeschichtliche Analyse
von besonderer Bedeutung [48]). Bedenkt man freilich, daß solche
bewußte Korrespondenz zwischen xvi 7 und xiv 28 gerade einer
Isolierung der Einheit — wie sie auf Grund von xvi 1 nahelag —
widerspricht, so weist dieser doch auch literarkritische Anstoß
erneut auf eine längere Geschichte der Texteinheit hin. Solche
Hypothese läßt sich zudem noch durch weitere Beobachtungen
stützen und ergänzen:

So ist jener Vers xiv 28, auf den hin xvi 7 orientiert ist, ebenfalls
in seinem jetzigen Kontext nicht unumstritten [49]). Der Stichwortanschluß von xiv 29 (σκανδαλισθήσονται) an xiv 27 (σκανδαλισθήσεσθε)
läßt sich nicht übersehen; er bedeutet in Verbindung mit dem
verdächtigen Neueinsatz des ἀλλά in xiv 28 [50]) einen starken Hinweis auf den sekundären Charakter des Verses im Verhältnis zu
den anderen Komponenten der Einheit [51]). Dem widerspricht auch

---

44 ff.; Linnemann, *Markusschluß*, S. 267; Schmithals, *Markusschluß*, S.
381; Dormeyer, *Passion Jesu*, S. 225 f.; B. Steinseifer, ,,Der Ort der Erscheinungen des Auferstandenen. Zur Frage alter galiläischer Ostertraditionen'', *ZNW* 62 (1971), 232-265, S. 251 ff.

[47]) Vgl. Güttgemanns, *Linguistische Analyse*, S. 22: ,,Der Textlinguist
wird also zu entscheiden haben, ob die Isotopie des Textes durch V. 7 gestört
wird. Das ist jedoch aus mehreren Gründen fragwürdig''. Vgl. auch S. 23:
,,... dann hat die These von der Nicht-Ursprünglichkeit des Verses 7 keine
linguistische Basis mehr''. Fraglich bleibt dann aber, ob sich der Exeget mit
der Feststellung begnügen sollte (S. 25): ,,Gleichgültig, in welchem Textbildungsstadium Mk xvi 7 konstituiert worden ist, wenn sich funktional durch
dieses Textelement nichts ändert..., dann ist es a priori möglicher Bestandteil des Textes und der Zeitpunkt seiner performativen Erscheinung ist
textsemantisch gleichgültig''.

[48]) Bei einer solchen Analyse werden dann auch die anderen Verbindungen von xvi 7 bedeutungsvoll sein. Vgl. M. Horstmann, *Studien zur
markinischen Christologie. Mk 8, 27 - 9, 13 als Zugang zum Christusbild des
zweiten Evangeliums*, NTA 6, Münster, 1969, S. 128 ff. Vgl. zum Ganzen auch
bereits W. Bousset, *Kyrios Christos*, S. 65, Anm. 1: ,,Auch Mk. xvi 7 zeigt
sich vielleicht die Feder des Evangelisten. Denn dieselbe die Flucht der
Jünger nach Galiläa verwischende oder beschönigende Tendenz wird Mk
xiv 27 f. sichtbar''.

[49]) Zu xiv 28 vgl. vor allem L. Schenke, *Studien zur Passionsgeschichte
des Markus. Tradition und Redaktion in Markus 14, 1-42*, FzB 4, Würzburg,
1971, S. 370 ff.

[50]) Daß auch xvi 7 mit einem ἀλλά einsetzt, wird man deshalb schwerlich
für einen Zufall halten können.

[51]) Schenke, *Studien* S. 378: ,,Damit scheinen in Mk xiv 28 manche Linien
des Markusevangeliums zusammenzulaufen, und der Gedanke des Voran-

nicht, daß xiv 28 möglicherweise ein vormarkinisches Logion reproduziert [52]) — wenn auch eine Komposition durch Markus ebenfalls nicht auszuschließen bleibt [53]) —; entscheidend ist vielmehr,
daß der gegenwärtige redaktionelle Charakter des Verses, der damit
die theologische und kompositionelle Absicht des Markus wiedergibt, nicht geleugnet werden kann [54]). Das aber kann auch für
xvi 7 nicht ohne Folgen bleiben [55]), wenn dieser Vers explizit auf
xiv 28 verweist [56]). Es macht die Annahme, daß Markus die Einheit
xvi 1-8 in V. 7 redaktionell zuspitzt, plausibel und begründbar [57]).
Wenn zudem zwar der jetzige Argumentationszusammenhang von
xvi 1-8 im Markusevangelium Sinn ergibt und verstehbar ist, so

---

gehens Jesu nach Galiläa muß daher als überzeugendes Argument für die
markinische Gestaltung von Mk xiv 28 angesehen werden". SCHENKE neigt
zu der Annahme, daß xiv 27b ebenfalls redaktionell gebildet ist (a.a.O.,
S. 388). Vgl. zum Ganzen auch MARXSEN, *Evangelist Markus*, S. 48; SCHMIT-
HALS, *Markusschluß*, S. 381.

[52]) Für M. DIBELIUS (*Formgeschichte*, S. 182) ist der Vers eben darum
auch Indiz eines älteren Zusammenhanges: „...also zeigt sich auch hier der
Zusammenhang eines älteren Berichtes". Vgl. auch LINNEMANN, *Markusschluß*, S. 275.

[53]) So SCHENKE, *Studien*, S. 374: „Es macht nun keine Schwierigkeiten,
auch Mk xiv 28 als markinische Bildung anzusehen". STEINSEIFER, *Ort der
Erscheinungen*, S. 253: „Über den redaktionellen Charakter von Mk xiv 28
und xvi 7 und über die ausdrückliche und beabsichtigte Zuordnung beider
Verse ist kein sinnvoller Zweifel möglich".

[54]) G. KLEIN, *Die Verleugnung des Petrus. Eine traditionsgeschichtliche
Untersuchung*, Rekonstruktion und Interpretation, Gesammelte Aufsätze
zum Neuen Testament (BEv Th 50), S. 49-89, München, 1969, S. 60: „Aber
sollte selbst V. 28 archaisch sein, so könnte er doch keinesfalls an unserer
Stelle seinen ursprünglichen Ort haben... Daß V. 28 nicht ursprünglich in
den Kontext von V. 26-31 hineingehört, dürfte also feststehen".

[55]) Vgl. schon VÖLTER, *Entstehung des Glaubens*, S. 7: „Denn wenn 14, 28
eine Zutat des Evangelisten ist, dann muß von 16, 7 dasselbe gelten".

[56]) Dabei ist kaum noch zu entscheiden, ob xvi 7 auf xiv 28 hin kompo-
niert ist, oder beide Verse gleichzeitig entstanden zu denken sind. Das hängt
mit dem Problem der Traditionalität von xiv 28 zusammen; ist das Logion
vormarkinisch, so bleibt es wahrscheinlicher, daß Markus mit seiner Übernahme auch xvi 7 gebildet hat. Ist es hingegen markinischer Herkunft, so
wird man beide Verse für gleichzeitige markinische Redaktion halten müssen.
Die Frage nach den traditionsgeschichtlichen Implikaten von xvi 7 (und
xiv 28) ist mit der Erkenntnis ihrer Redaktionalität durchaus nicht beantwortet.

[57]) Die überlegenswerten Gegengründe bei GÜTTGEMANNS und R. PESCH
sind in ihrer Argumentationskraft vor allem auf den jetzigen markinischen
bzw. (mit R. PESCH) auf den vormarkinischen Zusammenhang zu beziehen.
Rechnet man jedoch mit der grundsätzlichen Möglichkeit einer originären
kleinen Einheit, so wird man kompositionelle Hinweise wie xvi 7 nicht einfach ignorieren können.

läßt sich auf der anderen Seite doch auch nicht übersehen, daß der Anschluß von xvi 8 an xvi 6 durchaus möglich und denkbar ist [58]). Zwar kann dieser Erwägung allein sicher keine ausschlaggebende Bedeutung zukommen, sie hat aber — wenn man die anderen Indizien hinzunimmt — subsidiäre Funktion [59]). Nimmt man deshalb alle diese Gründe zusammen, so ist der Schluß von erheblicher Wahrscheinlichkeit, daß xvi 7 erst auf der redaktionellen Ebene entstanden ist [60]), bzw. hinzugefügt wurde und so die markinischen Intentionen gültig abdecken kann [61]). Allenfalls wird man eine solche Redaktion noch auf eine vormarkinische Komposition schieben können [62]), wenn sich die Zugehörigkeit von xvi 7 wie auch xiv 28 zu ihr nachweisen läßt.

Aus dem sekundären Charakter von xvi 7 ergeben sich dann aber weitere Konsequenzen: Schon B. BAUER [63]) hat auf den schwierigen Vers xvi 8 aufmerksam gemacht, bei dem sich in der Tat die Pro-

---

[58]) SCHENKE, Auferstehungsverkündigung S. 47: „V. 8a bezieht sich also über V. 7 hinweg auf V. 6. Somit ist V. 7 auch durch V. 8a als redaktioneller Einschub gekennzeichnet".

[59]) Es ist zweifellos zutreffend, daß man im Stadium der Literarkritik Schlüsse aus dem Inhalt des Textes zunächst vermeiden sollte. Das kann aber auch zum positivistischen Berührungsverbot werden: Wird von dem redaktionellen Charakter von xvi 7 ausgegangen, so kann man bestimmte theologische Argumente (Erwähnung von Galiläa usw.), die für eine markinische Komposition sprechen, nicht grundsätzlich außer acht lassen.

[60]) Neben den bereits genannten Exegeten, die für eine solche Entscheidung plädieren, vgl. z.B. noch E. KLOSTERMANN, *Das Markusevangelium*, HNT 3, Tübingen, 1926, 2. A., S. 191; MICHAELIS, *Erscheinungen des Auferstandenen*, S. 20; W. GRUNDMANN, *Das Evangelium nach Markus*, ThHK 2, Berlin, 1959, 2. A., S. 321; GRASS, *Ostergeschehen*, S. 21; E. STEGEMANN, *Ruf in die Nachfolge*, S. 318.

[61]) E. GRÄSSER, *Das Problem der Parusieverzögerung in den synoptischen Evangelien und in der Apostelgeschichte*, BZNW 22, Berlin, 1960, 2. A., S. 30, Anm. 7: „Die Stellung von Mc xvi 7 im Zusammenhang ist sicher Arbeit des Evangelisten...". U. WILCKENS, *Der Ursprung der Überlieferung der Erscheinungen des Auferstandenen. Dogma und Denkstrukturen* (Festschr. E. SCHLINK), S. 56-95, Göttingen, 1963, S. 78 f.

[62]) Die grundsätzliche Erkenntnis, daß V. 7 gegenüber einer originären Einheit sekundär ist, wird aber dann ebenfalls festzuhalten sein.

[63]) B. BAUER, *Kritik der evangelischen Geschichte der Synoptiker und des Johannes*, Bd. 3, Braunschweig, 1842, S. 324: „Nach diesen Worten (scil. V. 7) sogleich und nicht erst später fängt der Schluß an, den spätere Hände dem Urevangelium angefügt haben und der den ächten Schluß verdrängt hat... (Selbst die Worte in V. 8)... sind schon zum Theil das Werk der spätern Hand... sie sind in dieser spätern Form ungehörig, denn der Engel, den die Frauen im Grabe antrafen, hat ihnen bereits alle Furcht benommen. Rein und allein aber der spätern Hand gehört das folgende an, daß die Frauen aus Furcht Niemandem etwas sagten...".

bleme des Textes häufen [64]). Die auffallende Verstärkung in den Termini der Furcht (τρόμος καὶ ἔκστασις/ἐφοβοῦντο) ist auch literarkritisch nicht ohne Belang, wenn man methodisch von den inhaltlichen Argumenten zunächst einmal absehen will. Hinzu kommt, daß xvi 8b (καὶ οὐδενὶ οὐδὲν εἶπαν, ἐφοβοῦντο γάρ) kompositionell an V. 7 anknüpft; der redaktionellen Intention von V. 7 würde damit die Aussage des Verschweigens in V. 8 entsprechen [65]). Ist dies ein Hinweis darauf, daß der vorredaktionelle Abschluß der Perikope in xvi 6, 8a zu sehen ist [66]), so muß erneut einschränkend hinzugefügt werden, daß der vorliegende Text damit auf der redaktionellen (bzw. der markinischen) Ebene durchaus nicht als unsinnig oder unverständlich denunziert werden soll [67]), wohl aber wird man auf eine textgeschichtliche Verifikation literarkritischer Argumente auch in xvi 8b nicht gut verzichten können. Dabei sollte der Einwand nicht übersehen werden, daß die Stringenz des Nachweises im Unterschied zu xvi 7 nur abgeleitet werden kann; auch muß zugegeben werden, daß bei der Annahme des redaktionellen Cha-

---

[64]) Vgl. dazu Bousset, *Kyrios Christos*, S. 65, Anm. 1; Grass, *Ostergeschehen*, S. 21; U. Wilckens, *Ursprung der Überlieferung*, S. 78, Anm. 60; Schenke, *Auferstehungsverkündigung*, S. 47 ff.; Steinseifer, *Ort der Erscheinungen*, S. 251; E. Stegemann, *Ruf in die Nachfolge*, S. 319; Schenk, *Passionsbericht*, S. 269; Dormeyer, *Passion Jesu*, S. 226 f.

[65]) U. Wilckens, *Ursprung der Überlieferung*, S. 78, Anm. 60: „... zumal man m.E. xvi 8b nicht anders als durch die Annahme markinischredaktioneller Hinzufügung zu dem ursprünglichen Perikopenschluß Mk xvi 8a zureichend erklären kann!... Dann ist die Spannung zu V. 7 beabsichtigt, was man wiederum nur im Zusammenhang der markinischen Geheimnistheorie verstehen kann, die zur Parusie nirgendwo eine Beziehung hat".

[66]) Schenk, *Passionsbericht*, S. 269: „Vers 8b ist seiner Form nach als nachgetragener Begründungssatz mit gar sicher redaktionell und unterliegt so demselben Urteil wie Vers 4b... Der weiterführende Satz Vers 8c, der als zweite Reaktion der Frauen ihr Schweigen beschreibt, ist durch die doppelte Negation als markinisch gekennzeichnet". Vgl. Schenke, *Auferstehungsverkündigung*, S. 47; E. Stegemann, *Ruf in die Nachfolge*, S. 319. Dormeyer, *Passion Jesu* S. 227 führt V. 8b auf einen nachmarkinischen Glossator (G) zurück: „Diese gemeinsame Abweichung der Seitenreferenten Mt/Lk läßt für V. 8b wieder die Hand G vermuten. Entscheidend aber spricht gegen Rmk die falsche Anwendung des red. Schweigegebotes".

[67]) Vgl. dazu R. Pesch, *Schluß*, S. 381: „Die Bemerkung über das Schweigen der Frauen... bringt die Erzählung zum Abschluß...". Das ist für die Redaktion sicher zutreffend. Ob diese Beobachtung einer gewollten Spannung zu V. 7 auch schon die Reflektion auf eine Textgeschichte ausschließt, bleibt aber zweifelhaft. Die Häufung der Termini des Erschreckens bedeutet aber auch literarkritisch ein Kriterium und die Korrespondenz mit V. 7 ist (wenn dieser Vers redaktionell ist) von Bedeutung.

rakters von xvi 7 nicht notwendig auch V. 8b als redaktionell zu postulieren ist [68]). Zwar scheint die Hypothese einer redaktionellen Hinzufügung von V. 8b immer noch die besseren Argumente auf ihrer Seite zu haben [69]), methodische Vorsicht macht es jedoch erforderlich, bei der weiteren Analyse des Textes zunächst mit beiden Möglichkeiten zu rechnen und sie darum beide der Untersuchung alternativ zugrundezulegen [70]).

Ist die Problematik einer redaktionellen Überarbeitung schon bei V. 8b nicht mehr so einleuchtend wie bei V. 7, so verringert sich die Wahrscheinlichkeit und Evidenz ganz erheblich in den anderen, in der exegetischen Diskussion belegbaren, Fällen [71]):

i. Wohl ist die Beobachtung von Gewicht, daß in xvi 1, 2 eine Dublette in der Zeitangabe vorliegt (διαγενομένου τοῦ σαββάτου bzw. λίαν πρωῒ τῇ μιᾷ τῶν σαββάτων); solche Dubletten haben für die Literarkritik zweifellos Bedeutung, wie sie auch Indiz für Veränderungen des Textes auf einer früheren Ebene sein können. Aber dies Problem von xvi 1, 2 erkennen heißt in diesem Falle noch nicht es lösen: Ob man nun die erste oder die zweite Zeitangabe für sekundär halten will [72]) oder ob man auf die Hypothese redaktioneller Überarbeitung ganz zu verzichten hat [73]), läßt sich nicht mehr sicher entscheiden [74]).

---

[68]) R. PESCH, *Schluß*, S. 381, Anm. 80: ,,Auch wer V. 7 als Einschub bewertet, muß V. 8c (Schweigen der Frauen) nicht als Zusatz auffassen...''.

[69]) Von Bedeutung ist zudem auch ein sprachliches Argument: Die doppelte Verneinung von V. 8b (οὐδενὶ οὐδὲν εἶπαν) hat innerhalb des markinischen Evangeliums mehrere Parallelen; vgl. dazu HORSTMANN, *Christologie*, S. 128; SCHENK, *Passionsbericht*, S. 269. Auch die redaktionsgeschichtliche Analyse kann diese Hypothese stützen; vgl. S. 168 f.

[70]) Dabei sollte im Blick auf die Annahme einer Redaktion in V. 8b erneut unterschieden werden: Entweder geht die Hinzufügung auf das Stadium einer vormarkinischen Passionsgeschichte zurück oder sie entspricht der markinischen Intention. An eine Glosse zu denken (so DORMEYER; vgl. Anm. 66) ,ist nicht erforderlich.

[71]) Zu der literarkritischen Hypothese H. VON CAMPENHAUSENS, die inhaltliche Voraussetzungen hat und von einem dezidierten Verständnis von xvi 8 ausgeht, vgl. S. 168 f.

[72]) Vgl. die weitgehenden Hypothesen bei SCHENKE, *Auferstehungsverkündigung* S. 35: ,,Vers xvi 1 muß als Einschub eines Redaktors erklärt werden, der die Grablegungsperikope xv 42-47 und die Tradition vom Gang der Frauen am Sonntagmorgen zum Grab Jesu miteinander verknüpfen wollte. Er mußte ein Motiv angeben, warum die Frauen so früh zum Grabe gingen... Da in dem Traditionsstück xv 42-47 nicht ausdrücklich von einer Salbung gesprochen wurde, war es möglich, als Motiv für den Gang der Frauen die Salbungsabsicht anzugeben''. Vgl. auch SCHENK, *Passionsbericht*, S. 260 f.; DORMEYER, *Passion Jesu*, S. 222.

[73]) So R. PESCH, *Schluß*, S. 380. Wenn überhaupt, so dürfte die Wahrscheinlichkeit einer weiteren redaktionellen Überarbeitung beim Einsatz der Perikope in xvi 1 noch am größten sein.

[74]) Daß methodisch die These einer redaktionellen Überarbeitung gerade

ii. Noch unwahrscheinlicher sind aber jene Vorschläge, die mit einer redaktionellen Überarbeitung in xvi 3 f. rechnen [75]). Dafür reichen die Differenzen zwischen μνῆμα und μνημεῖον [76]) und die anderen Indizien weder in sprachlicher [77]) noch in sachlicher Hinsicht aus [78]). Die inhaltlichen Gründe, die solche Vermutungen z.B. rechtfertigen sollen — etwa der Hinweis auf die Unsinnigkeit der erneuten Frage von xvi 3 nach der Aussage von xv 47 [79]) —, sind als literarkritische Argumente allein keinesfalls ausreichend. Ihnen gegenüber ist der Hinweis von E. Güttgemanns, daß hier eine allzu einfache Ikon-Theorie (Entsprechung von Textinhalt und inhaltlicher Geschichte) literarkritisches Vorgehen begründen soll und daß solches procedere methodisch problematisch ist, zutreffend.

iii. Ganz ausscheiden sollten aber die noch weiterreichenden literarkritischen Hypothesen, wie sie in der neueren Diskussion vor allem von Dormeyer [80]), aber auch von Schenk [81]) aufgestellt worden sind. Die

---

zum Beginn einer Einheit nicht einer gewissen Einsichtigkeit entbehrt, soll damit nicht bestritten werden.

[75]) So z.B. Schenke, *Auferstehungsverkündigung*, S. 42 f.: ,,Weiterhin hat (scil. der Redaktor) durch eine geschickte literarische Frage, die er den Frauen auf dem Gang zum Grab in den Mund legte, das Problem aufgegriffen, daß das Grab nach xv 46 durch einen Stein verschlossen war." Noch weitergehend Schenk, *Passionsbericht*, S. 262: ,,Doch ist dieser Erzähler hier erst Markus gewesen, denn der Inhalt von Vers 3 setzt die Begräbnisgeschichte aus xv 42 ff. voraus... Aus den gleichen sachlichen Gründen ist auch der zugehörige Vers 4 dann als redaktionell zu beurteilen".

[76]) Vgl. zu solchen Hypothesen auch E. Hirsch, *Frühgeschichte des Evangeliums*, Bd. 1, Tübingen, 1941, S. 177 ff.

[77]) Siehe M. Zerwick, *Untersuchungen zum Markus-Stil. Ein Beitrag zur stilistischen Durcharbeitung des Neuen Testaments*, Scripta Pontificii Instituti Biblici 41, Rom, 1937, S. 135 f.

[78]) Vgl. auch E. Stegemann, *Ruf in die Nachfolge*, S. 320: ,,Doch wird man noch Mk xvi 1 (ohne die Namen der Frauen) als markinische Redaktion verständlich machen können, so scheint mir das im Blick auf Mk xvi 3 f. zu gewagt". R. Pesch, *Schluß*, S. 381: ,,Die nachtragartige Angabe über die Größe des Verschlußsteins des Grabes V. 4b kann nicht als Glosse verdächtigt werden. Die kurze Angabe schließt sich am besten an V. 4a... an, sie schlösse weitaus weniger gut an V. 3 an. In ihrer jetzigen Stellung im Text vermittelt sie überdies einen nicht ausgesprochenen Sinnbezug: der Engel habe den schweren Stein weggewälzt".

[79]) Dies Argument, das in der früheren Diskussion des Textes eine gewichtige Rolle gespielt hat, klingt auch noch bei Schenke an.

[80]) Für Dormeyer ergeben sich nach einer im Einzelnen nicht überzeugenden Argumentation, die weithin ihre Gründe auch gar nicht dem Text entnimmt, als literarische Einheiten:
xvi 1, 2b, 4a, 5, 6, 7, 8a (die Verse werden auf den sekundären Redaktor der Markuspassion zurückgeführt)
xvi 2a.3.4b (die Verse lassen sich der markinischen Redaktion zuweisen)
xvi 8b (die Aussage geht nach Dormeyer auf eine nachmarkinische Glosse zurück; vgl. Anm. 66).

[81]) Schenk, *Passionsbericht*, S. 270: ,,...daß man nicht mehr der geläufigen Ansicht folgen kann, daß Mark xvi 1-6, 8 eine vormarkinische Perikope vorliege, die Markus nur durch Vers 7 erweitert habe. Die markinische Redaktion ist wesentlich umfangreicher und umfaßt Teile oder

textimmanenten Gründe sind in beiden Fällen so gering, die Analyse so deutlich von anderen Faktoren bestimmt, daß man von einer hinreichenden literarkritischen Begründung nicht sprechen kann.

Faßt man die literarkritischen Erwägungen zusammen, so läßt sich eine redaktionelle Überarbeitung in xvi 7 und xvi 8b vermuten (möglicherweise auch nur in xvi 7) [82]); andere literarkritische Änderungen des Textes sind — trotz gewisser Anhaltspunkte in xvi 1, 2 — nicht überzeugend durchzuführen. Für den Fortgang der Analyse von Mk xvi 1-8 bedeutet dies: Zunächst bleibt grundsätzlich festzustellen, daß die Erkenntnis redaktioneller Veränderungen durchaus nicht nur und nicht einmal in erster Linie, wie dies von der früheren Literarkritik stets betont wurde, den sekundären Charakter eines Textes belegt [83]). Gerade Mk xvi 1-8 zeigt vielmehr exemplarisch, daß solche redaktionelle Veränderung gleichzeitig auch Indiz für eine längere Geschichte des Textes und damit für das Alter der originären Überlieferung sein kann. Das schließt allerdings die Notwendigkeit ein, nicht allein die ursprüngliche Fassung dieser Überlieferung genau zu erfassen, sondern auch ihren Weg in der Geschichte der urchristlichen Gemeinden vor Markus zu verfolgen. Dabei muß dann vor allem auch endgültig geklärt werden, welcher Phase der Textgeschichte die redaktionellen Änderungen zuzuweisen bleiben: Gehen sie auf Markus zurück oder sind sie ihm bereits überliefert worden?

3.

Es hat sich schon bei dieser literarkritischen Diskussion des Textes Mk xvi 1-8 gezeigt, daß die Postulierung einer ursprünglich isoliert umlaufenden Einheit xvi 1-8 durchaus nicht unbestritten ist [84]). Die Kritik an einer solchen Hypothese orientiert sich dabei nicht einmal so sehr an der heuristischen Möglichkeit einer Ausgrenzung der Verse — dies zu bestreiten, wäre für die prinzipielle

---

Ganzheiten jedes Verses. Dagegen liegt in Vers 2a, 1aβ, 1bβ, 4aβ, 5b, 6aα, 6b, 7aβ, 8aβ ein Bestandteil der Praes.-hist. Schicht vor, so daß man bestreiten muß, daß diese Traditionsschicht eine reine Passionsgeschichte gewesen ist''.

[82]) Vgl. auch Evans, *Resurrection and the New Testament*, S. 78 f.

[83]) Darauf liegt auch bei der Analyse des Textes durch R. Bultmann noch der Ton.

[84]) In dieser Tendenz liegt vor allem das methodische Interesse des Beitrags von R. Pesch; allerdings bleibt zu bedenken, daß auch seine Hypothese eines vormarkinischen Passionszusammenhangs durchaus nicht den Rückschluß auf eine frühere Stufe der Textgeschichte unzulässig macht.

Art des methodischen Vorgehens ja auch durchaus nebensächlich
—, sondern sie geht vor allem auf die grundsätzliche Überprüfung
solcher formgeschichtlichen Annahme [85]). Solcher Kritik ist sofort
zuzugeben, daß der Ausgangspunkt der Formgeschichte im Interesse
an den vorliterarischen, kleinen Einheiten durchaus nicht voraus-
setzungslos war, sondern von einer bestimmten geistesgeschichtlichen Konstellation ausgegangen ist [86]). Doch schließt dies gerade
nicht aus, daß in solchem Interesse der Formgeschichte zugleich
erhebliche Möglichkeiten einer besseren Erfassung der Textent-
wicklung in der Geschichte der urchristlichen Gemeinden erkennbar
werden. Gegenüber einer Verflüchtigung konkreter Geschichte [87])
sollte deshalb auf der form*geschichtlichen* Analyse des Textes geradezu insistiert werden. Man darf zudem auch nicht übersehen,
daß die Einheit Mk xvi 1-8 selbst eine solche methodische Hypothese gerechtfertigt erscheinen läßt. Vor allem der Neueinsatz in
xvi 1 spricht für das Recht der Vermutung, daß in Mk xvi 1-6, 8a
eine ursprünglich isoliert umlaufende, kleine Einheit vorliegt. Allerdings — und dies setzt die Skepsis gegenüber der formgeschichtlichen Analyse des Textes in ein anfängliches Recht — präzis in
ihrem Wortbestand wird sich diese originäre Einheit nicht mehr
bestimmen lassen [88]): Schon das αὐτόν in V. 1 weist für die literarische Ebene auf eine so enge Verzahnung des Textes mit dem
Zusammenhang hin, die auch durch den Schluß auf ein ursprüngliches τὸν Ἰησοῦν nicht aufgehoben wird, daß man mit literarkritischen Folgerungen auf der Grundlage der formgeschichtlichen
Prämissen vorsichtig sein muß [89]). Solche enge Verzahnung mit

---

[85]) Formgeschichtliche Analysen des Textes finden sich vor allem bei
Bultmann, *Synoptische Tradition*, S. 308 ff.; Dibelius, *Formgeschichte*,
S. 190 ff.; Schenke, *Auferstehungsverkündigung*; Bode, *First Easter Morning*.

[86]) Vgl. dazu vor allem E. Güttgemanns, *Offene Fragen*.

[87]) Es ist deshalb kein Zufall, daß bei R. Pesch (a.a.O., S. 387 ff.) nicht
mehr von „Formgeschichte", sondern von „formkritischen Fragen" die
Rede ist; diese terminologische Differenz schlägt sich inhaltlich in der Einengung der Fragestellung auf die literarische Ebene nieder.

[88]) Wird freilich die methodische Differenz zwischen Literarkritik und
Formgeschichte beachtet — gerade der Verzicht, Probleme des Textes
literarkritisch aufzuheben, initiiert Formgeschichte —, so wird sich diese
Aporie als konsequent ansehen lassen.

[89]) Die Feststellung von R. Pesch, *Schluß*, S. 371, Anm. 10: „Es ist erstaunlich, daß in der bisherigen exegetischen Diskussion m.W. noch niemals
darauf aufmerksam gemacht wurde, daß mit Mk xvi 1 f. keine selbständige
Erzählung einsetzen kann", trifft deshalb auch nur für die literarische
Ebene zu.

dem Kontext der Passionsgeschichte [90]) auf der literarischen Ebene
desavouiert nun wiederum gerade nicht die grundsätzliche Möglichkeit, von einer ursprünglichen Einheit Mk xvi 1-6, 8a auszugehen, in diesen Versen jedenfalls ihren Grundbestand zu sehen.
Kaum anders verhält es sich mit jenen Schwierigkeiten, Mk xvi
1-6, 8a formal zu definieren. Zwar wird man das Inventar der
Perikope immerhin als legendarisch [91]) bezeichnen können [92]), was
aber die Bestimmung des ‚Sitzes im Leben' betrifft, so ist man
bisher über das Stadium der Vermutungen nicht hinausgekommen. BULTMANN hatte von xvi 8 her den Text vor allem in einer
apologetischen Tendenz gesehen und deshalb von einer apologetischen Legende gesprochen [93]). Trifft allerdings die Vermutung
einer redaktionellen Hinzufügung gerade von xvi 8b zu, so ist dies
im Blick auf den Text nur sehr schwer nachzuvollziehen; auch die
vorgestellte geschichtliche Situation einer solchen Apologetik bleibt
undeutlich [94]). Konsequent suchte demgegenüber L. SCHENKE die
von ihm ausgegrenzte Einheit formgeschichtlich als Kultätiologie
zu bestimmen [95]); der Text spiegelt nach dieser Auffassung eine
bestimmte liturgische Entwicklung des Urchristentums wieder, die

---

[90]) Wie sie auch sonst im Text zu beobachten ist; vgl. dazu PESCH,
Schlu , S. 367 ff.

[91]) Vgl. dazu M. ALBERTZ, ,,Zur Formengeschichte der Auferstehungs-
berichte", *ZNW* 21 (1922), 259-269 (ALBERTZ bezeichnet den Text genauer
als Angelophanie); L. BRUN, *Die Auferstehung Christi in der urchristlichen
Ueberlieferung*, Oslo-Giessen, 1925, S. 9 ff.; DIBELIUS, *Formgeschichte*, S. 191:
,,Es ist echter Legenden-Ton in der Geschichte..."; J. FINEGAN, *Die
Überlieferung der Leidens- und Auferstehungsgeschichte Jesu*, BZNW 15,
Gießen, 1934, S. 106; ITTEL, *Ostern und das leere Grab*, S. 9 ff.; DORMEYER,
Passion Jesu, S. 229 ff., S. 229: ,,Als Form der Illustration wählte Rs die
atl. Gattung der Angelophanie". D. stellt dann im Einzelnen die formge-
schichtlichen Merkmale der Angelophanie zusammen.

[92]) Dem stimmt auch R. PESCH (a.a.O., S. 403) im Zusammenhang seiner
Überlieferungskritik des Textes zu: ,,Der Grabbesuch der Frauen ist in
allen wesentlichen Zügen... legendär erzählt".

[93]) BULTMANN, *Synoptische Tradition*, S. 314: ,,Die Geschichte ist eine
apologetische Legende, wie Mk xvi 8... deutlich zeigt".

[94]) Zur Kritik an R. BULTMANNS Bestimmung des ‚Sitzes im Leben', vgl.
z.B. SCHENKE, *Auferstehungsverkündigung*.

[95]) SCHENKE, *Auferstehungsverkündigung*, S. 88: ,,Die ursprüngliche Erzählung vom Gang der Frauen zum Grab am Ostermorgen ist eine mit dem
in der christlichen Urgemeinde von Jerusalem bekannten und verehrten
leeren Grab verbundene ätiologische Legende, die eine zumindest jährlich
am Gedächtnistag der Auferstehung Jesu bei Sonnenaufgang im oder am
leeren Grab stattfindende kultische Feier der Gemeinde zum Gedächtnis
und zur feierlichen Begehung der Auferstehung des Gekreuzigten begründete
und begleitete".

sich am „leeren Grab" orientiert [96]). Für methodisch zulässig wird
man diese Hypothesen durchaus halten können [97]), aber es erscheint
doch als zweifelhaft, daß die Annahme einer solchen Kultätiologie
durch die Textbasis wirklich hinreichend gesichert ist [98]); auch der
singuläre Charakter, der Mk xvi 1-8 bei solcher Hypothese zukommt, macht sie nicht gerade wahrscheinlicher. Wenn man sich
diese Schwierigkeiten einer Bestimmung des „Sitzes im Leben"
bewußt macht und nach einer neuen Lösung sucht, so bleibt zu
erwägen, ob in diesem Kontext nicht jene traditionsgeschichtlichen
Konstituanten heranzuziehen sind, die der Gemeinde zur Herausbildung des Textes von entscheidender Bedeutung waren. Sofern
Traditionsgeschichte über die Form hinaus auch inhaltliche Kriterien heranzieht, sind methodische Probleme gewiß nicht zu übersehen, aber der argumentative und kompositionelle Schwerpunkt
der Einheit liegt eindeutig in der Botschaft des νεάνισκος von V. 6:

Ἰησοῦν ζητεῖτε τὸν Ναζαρηνὸν τὸν ἐσταυρωμένον·
ἠγέρθη, οὐκ ἔστιν ὧδε κτλ.

In diesen Worten des Engels [99]) trägt vor allem das ἠγέρθη den
Ton [100]). Um dieses Zentrum, die Keimzelle der Einheit, herum

---

[96]) SCHENKE, a.a.O., S. 112: „Wir müssen bedenken, daß die Kultätiologie
in Mk xvi 1-8 nur eine Funktion innerhalb des Gemeindekults besaß... Als
zum Gemeindekult gehörende Erzählung hatte die Tradition Mk xvi 1-8 in
keiner Weise die Tendenz, missionarisch zu wirken. Sie spielte zwar in der
Gemeindefeier, nicht aber in der urchristlichen Missionspredigt eine Rolle".

[97]) Vgl. die Zustimmung bei P. STUHLMACHER, „Kritischer müßten mir
die Historisch-Kritischen sein", *ThQ* 153 (1974), 244-251, S. 248: „Ich
beurteile Mk xvi 1-8 deshalb ... als eine alte Jerusalemer Glaubenslegende,
die in ätiologischer Form begründet, weshalb sich die Christen in Jerusalem
der Verehrung Jesu als eines noch im Grabe ruhenden prophetischen Märtyrers gerade verwehren und ihn angesichts seines leeren Grabes als bereits
auferstandenen Herrn anbeten und verkündigen müssen".

[98]) Zur Kritik an SCHENKE vgl. BODE, *Liturgical Sitz im Leben*, S. 237 ff.;
BODE selbst kommt zu dem Schluß (S. 241): „Our conclusion... is that a
very possible explanation of the origin of Christian Sunday worship is to
be found in the tradition of the visit to Jesus' tomb on the first day of the
wekk". S. 242: „...the tradition of the Easter visit to the tomb of Jesus
most probably was the source of the liturgical commemoration of Jesus'
resurrection on the first day of the week". Diese Lösung — Historizität des
Grabbesuchs und sich daraus ergebende Sonntagsfeier — ist aber kaum
überzeugender.

[99]) Mit WAETJEN (*Ending*, S. 114 ff.) an die Identität des νεάνισκος von
xvi 5 mit dem Jüngling von xiv 51 f. zu denken, ist wenig wahrscheinlich.

[100]) Vgl. dazu SCHENKE, *Auferstehungsverkündigung*, S. 64 ff.

gruppieren sich die weiteren Motive: Das leere Grab [101]) und das Erschrecken der Frauen [102]).

Das viel verhandelte Problem des ,,leeren Grabes'' soll im Kontext dieser Arbeit nicht behandelt werden. Wird allerdings von traditions- und formgeschichtlichen Erwägungen her das Zentrum der Perikope in der Botschaft von xvi 6 f. gesehen, so wird man schwerlich das ,,leere Grab'' als das zu interpretierende ,,Datum'' ansehen können [103]). Vielmehr dürfte der in der Einheit Mk xvi 1-6, 8a legendarische Zug des ,leeren Grabes' gerade durch die inhaltliche Aussage des ἠγέρθη initiiert sein [104]) und ihrer Interpretation dienen. Natürlich mag man erwägen, daß solche Interpretamente der Gemeinde nicht ohne historischen Anlaß entstanden sind; ihn aber direkt aus dem Inhalt des Berichteten zu substituieren, ist methodisch fragwürdig. Die geschichtliche Nötigung, das ἠγέρθη durch den Hinweis auf das ,,leere Grab'' zu dokumentieren, ist nur von jenen Faktoren her zu verstehen, die urchristliche Gemeindebildung ermöglicht und beeinflußt haben.

In dem ἠγέρθη wird dabei eine gängige Formulierung der urchristlichen Theologie und Traditionsbildung aufgenommen und reproduziert [105]), die in der Verkündigung beheimatet ist [106]). Auf

---

[101]) Vgl. zum Folgenden auch G. BALDENSPERGER, *Le tombeau vide. La légende et l'histoire*, ÉHPhR 30, Paris, 1935; ITTEL, *Ostern und das leere Grab*, S. 9 ff.

[102]) xvi 8a ist im Zusammenhang dieser Motivik als formgeschichtlich sinnvoller Abschluß der originären Einheit anzusehen, wie sich auch deutlich aus formgeschichtlichen Parallelen ergibt. Wesentlich schwieriger ist es, auf dieser Stufe auch xvi 8b als formgemäß zu akzeptieren; vor allem die Häufung in den Termini der Furcht muß auffallen, während die Tatsache des Verschweigens nicht unerhört erscheint. Die formgeschichtliche Analyse verstärkt so den Eindruck der Redaktionalität von xvi 8b.

[103]) In diesem Sinne z.B. STUHLMACHER, ,,Kritischer'', S. 248: ,,Das leere Grab ist keine mißglückte apologetische Erfindung der christlichen Missionare, sondern ein ihnen vorgegebenes Phänomen, das ihre Stellungnahme und kerygmatische Verarbeitung erzwang''. Vgl. auch H. J. HOLTZMANN, *Das leere Grab*, S. 79; A. STROBEL, *Kerygma und Apokalyptik. Ein religionsgeschichtlicher Beitrag zur Christusfrage*, Göttingen, 1967, S. 175 f.

[104]) Vgl. W. NAUCK, ,,Die Bedeutung des leeren Grabes für den Glauben an den Auferstandenen'', *ZNW* 47 (1956), 243-267; H.-W. BARTSCH, *Das Auferstehungszeugnis. Sein historisches und sein theologisches Problem*, ThF 41, Hamburg-Bergstedt, 1965, S. 9 ff.; R. PESCH, *Schluß*, S. 403.

[105]) R. PESCH, *Schluß*, S. 402: ,,Die Botschaft des Engels... enthält das urchristliche Kerygma in einer ad-hoc Formulierung, die zum erzählerischen Abschluß der Passionsgeschichte paßt; deutlich ist der Rückgriff auf Mk xiv 28. Das vorgegebene ,Datum' kann das Kerygma sein!''

[106]) Dabei ist durchaus zuzugestehen, daß die Aussage formal eng in den jetzigen Kontext eingebunden ist; vgl. SCHENKE, *Auferstehungsverkündigung*, S. 73: ,,Das Engelswort xvi 6 ist nicht nachträglich in den Zusammenhang eingefügt worden. Es ist keine von der Grabesgeschichte unabhängige, aus sich selbst verständliche frühchristliche Bekenntnisformel, wie wir sie in den Paulusbriefen und der Apostelgeschichte vorfinden''. S. 78 f.: ,,Diese Orts- und Situationsgebundenheit der Bekenntnisformel Mk xvi 6 scheint

diese Weise gewinnt die Betonung der legendarischen Motive in
Mk xvi 1-6, 8a eine neue Relevanz: Es wird deutlich, daß sie
gegenüber der Formulierung von xvi 6 vor allem subsidiären, inter-
pretierenden Charakter haben [107]). Die am Tage liegenden Schwierigkeiten einer präzisen Deskription von Mk xvi 1-6, 8a unter
formgeschichtlichen Kategorien erweisen sich so als folgerichtig;
sind die legendenartigen Züge Objektivationen der Auferstehungsverkündigung des ἠγέρθη [108]), so liegt die primäre Intention — und
damit der ‚Sitz im Leben' — von Mk xvi 1-6, 8a in der urchristlichen
Verkündigung und ihrem Versuch, die Auferstehungstradition den
Gemeinden bewußt zu machen.

Allerdings ist damit der Inhalt des ἠγέρθη von xvi 6 noch nicht
— weder form- noch traditionsgeschichtlich — genau bestimmt.
E. STEGEMANN hat in einer neuen Analyse des Textes nachdrücklich [109]) an die Untersuchung von E. BICKERMANN [110]) erinnert,
deren Acumen in dem Nachweis einer Entrückungschristologie auf
Grund gerade der formalen Motive des Textes liegt [111]). Auch wenn

---

daher das am meisten zu beachtende Charakteristikum von Mk xvi 6 zu
sein". Aber indem auch SCHENKE in dem Terminus ,,Bekenntnisformel" den
überschießenden — m.E. formbildenden — Charakter von Mk xvi 6 zugesteht, zeigt sich, daß man die Situationsgebundenheit von Mk xvi 6 nicht
zu sehr pressen sollte.

[107]) Damit bestätigt sich auch von Mk xvi 6 her an einem Einzelpunkt die
grundlegende These R. BULTMANNS — modifiziert auch von M. DIBELIUS
vertreten —, daß die formgeschichtliche Keimzelle in der urchristlichen
Verkündigung und deren Tradition zu sehen ist.

[108]) Unter diesem Aspekt wird man auch erwägen können, ob die Zeit-
angaben in xvi 1 f. nicht Reflex urchristlicher Verkündigungtradition ist;
vgl. R. PESCH, *Schluß*, S. 401 f.: ,,Als zeitliches Datum wird der erste
Wochentag, der Tag nach dem Sabbat, angegeben... Dieses Datum könnte
...aus dem Kerygma von der Auferweckung am dritten Tag (1 Kor xv 3 f.)
erschlossen worden sein".

[109]) Vgl. dazu E. STEGEMANN, *Ruf in die Nachfolge*, S. 321 ff.

[110]) E. BICKERMANN, ,,Das leere Grab", *ZNW* 23 (1924), 281-292. Wiederaufnahme seiner Thesen auch bei M. GOGUEL, *La foi à la résurrection*,
S. 213 ff.

[111]) BICKERMANN, a.a.O., S. 286: ,,Mc übertrug diesen üblichen Beweis
der Entrückung auf die Auferstehung". S. 286 f.: ,,Das leere Grab beweist
die Entrückung. Die Auferstehung wird dagegen niemals durch das Verschwinden des Leichnams bezeichnet oder erwiesen, sondern ausschließlich
durch das Erscheinen des Wiederbelebten". S. 288: ,,Es entsteht also ein
prinzipieller Unterschied zwischen einer Entrückungs- und einer Auferstehungsgeschichte: für jene genügt der Nachweis des Verschwindens, diese
fordert den Beweis des Wiederdaseins". Vgl. dann STEGEMANN, *Ruf in die
Nachfolge*, S. 323: ,,Gerade diese erstaunliche, in sich gewiß differierende
Verbreitung der Entrückungsvorstellung läßt sie als volkstümliches Inter-

zu bezweifeln ist, daß die religionsgeschichtlichen Theorien BICKER-
MANNs in jeder Hinsicht konsequent begründet sind [112]), von den
legendarischen Topoi der Einheit her sind seine Hypothesen grundsätzlich nicht problematisch. Entscheidender Einwand gegen sie
bleibt deshalb mit BULTMANN gerade der Verweis auf das ἠγέρθη
von V. 6 [113]); steht dies am Beginn der Geschichte des Textes, so
beweist dies, daß nicht das ἠγέρθη, sondern die mit den Legenden-
motiven verbundene Entrückungschristologie interpretiert werden
soll, bzw. zur weiteren Deutung des ἠγέρθη herangezogen worden
ist [114]).

Formgeschichtlich steht dann am Beginn der Textgeschichte die
Einheit Mk xvi 1-6, 8a [115]); sie hat ihren Mittelpunkt in der Botschaft von V. 6 und dient so — in der erzählerischen Objektivation
der Auferstehungstradition — urchristlicher Verkündigung [116]).

---

pretament erscheinen, das die Akzeptation Gottes für einen verachteten und
verkannten Frommen oder Gerechten, seine Bewahrung im Himmel anzeigt". S. 324: ,,Die Engelsbotschaft ist darum in der asyndetischen', for-
melhaften Struktur das Bekenntnis der Gemeinde zu Jesus von Nazareth,
dem Gekreuzigten, der zum Menschensohn-Richter eingesetzt ist".

[112]) Das gilt z.B. von der ziemlich unterschiedslosen Heranziehung von
Materialien aus dem Hellenismus und dem nachalttestamentlichen Judentum. Vgl. zur Auseinandersetzung mit BICKERMANN auch U. WILCKENS,
Ursprung der Überlieferung, S. 91.

[113]) BULTMANN, *Synoptische Tradition*, S. 315, Anm. 2: ,,Die Geschichte
vom leeren Grab ist aber zweifellos keine Entrückungslegende, sondern eine
apologetische Legende... wie die Formulierung Mk xvi 6 deutlich zeigt.
Und es ist ein Irrtum, daß die Grabesgeschichte die unmittelbare Erhöhung
Jesu voraussetzt; das Gegenteil ist der Fall, wie das Motiv des weggewälzten
Steines zeigt".

[114]) Zur Auferstehungsterminologie von Mk xvi 6 vgl. auch G. MINETTE
DE TILLESSE, *Le Secret Messianique dans l'Évangile de Marc*, Lectio Divina
47, Paris, 1968, S. 96 f.

[115]) Dies Ergebnis der Formgeschichte bestätigt noch einmal die grundsätzliche Möglichkeit einer Isolierung von Mk xvi 1-6.8a auf der vorliterarischen Ebene. Zwar ist nicht grundsätzlich zu bestreiten, daß die Auferstehungsaussage häufig im Kontext anderer, formelhafter Formulierungen anzutreffen ist, aber das bedeutet noch keinen zwingenden Beweis für die
Notwendigkeit einer gleichzeitigen Ausweitung dieser Formeln zu einem
zusammenhängenden Erzählfaden. Das gilt umso mehr, wenn man die
formale Varianz dieser Formelreihungen in Betracht zieht; zudem zeigt die
Art und Weise, in der die Auferstehungsaussage von V. 6 sich der Legenden-
motive bemachtigt, eher die Anfangsphase dieser Entwicklung als ein fort-
geschrittenes Stadium.

[116]) Über das Alter dieser Überlieferung läßt sich nichts Genaues mehr
erkennen, weil sichere Indizien sprachlicher und sachlicher Art fehlen.
Spricht die Tradition in V. 6 selbst für ein hohes Alter, so widersteht dem
die Ausgestaltung mit den legendarischen Motiven — die Textgeschichte
läßt deshalb nur relative Schlüsse zu.

4.

Läßt sich so der Ausgangspunkt der Textgeschichte von Mk xvi 1-8 in der Einheit xvi 1-6, 8a (und deren Keimzelle xvi 6) noch annähernd beschreiben, so bleibt die Frage, ob sich Zwischenstationen der Entwicklung des Textes bis hin zur markinischen Redaktion noch erkennen lassen; oder ist vielmehr von der gegenteiligen Annahme auszugehen, daß markinische Redaktion Mk xvi 1-6, 8a direkt mit dem vormarkinischen Passionszusammenhang verbunden hat? Für beide Möglichkeiten lassen sich gute Gründe anführen:

So spricht für einen früheren, schon vormarkinischen Konnex mit xv 42 ff. und darüber hinaus der ganzen Passionsgeschichte vor allem, daß die Verbindung so eng zu sein scheint, daß diese kompositionelle Einheit Markus sicher schon vorgelegen haben muß [117]). Darüber hinaus wäre zu bedenken, daß die theologische Klammer zwischen Tod und Auferstehung (etwa in der kerygmatischen Tradition) eine Passionsüberlieferung auf der erzählerischen Ebene höchst unwahrscheinlich erscheinen läßt, die nicht ihren genuinen Abschluß in einer Auferstehungstradition hatte [118]).

Unter jenen Gründen, die gegen einen ursprünglichen Zusammenhang mit der Passionsüberlieferung sprechen, wird man den Argumenten, die einer originären Verbindung mit xv 42 ff. widerstreiten [119]), das größte Gewicht beimessen müssen: Hierbei spielt erneut die Nennung der Frauennamen in xvi 1 die entscheidende Rolle, sie akzentuiert einen Neueinsatz [120]). Wird dagegen eine mehrstu-

---

[117]) Vgl. dazu vor allem die Nachweise bei R. PESCH, *Schluß*.

[118]) Vgl. S. 160 f..

[119]) BROER, *Grab Jesu*, S. 86: „Die Frage, ob Mk xv 42-47 und xvi 1-8 eine ursprüngliche Einheit bilden, steht und fällt also mit der literarkritischen Frage, ob die Frauenlisten traditionell dem Mk schon vorgegeben und immer mit den jeweiligen Perikopen verbunden waren, oder ob diese und ggf. welche auf den zweiten Evangelisten zurückzuführen sind". Vgl. auch LOHMEYER, *Markus*, S. 353; SCHENKE, *Auferstehungsverkündigung*, S. 11 ff.

[120]) BROER, *Grab Jesu*, S. 135: „Mk xv 42-47 und xvi 1-8 sind keine ursprüngliche Einheit, da die Namenslisten in xv 47 und xvi 1 traditionell sind und sich von daher wegen der harten Aufeinanderfolge der zwei Frauenlisten und der Differenzen beim zweiten Namen die Annahme einer einheitlichen Bildung verbietet". Anders z.B. M. HENGEL, *Maria Magdalena und die Frauen als Zeugen*, *Abraham unser Vater* (Festschr. O. MICHEL), S. 243-256. Leiden, 1963. S. 253: „Diese Tatsache (scil. der Entsprechung von xvi 8 und xiv 50) verstärkt die schon geäußerte Vermutung..., daß die Erzählung vom leeren Grab noch in einem festen, auf einen früheren Stand der Überlieferung zurückgehenden Zusammenhang mit der Leidens- und Grablegungsgeschichte steht...".

fige Textgeschichte angenommen — die Hypothese einer bereits vormarkinischen Verbindung beider Einheiten —, so ist kaum erklärbar, warum die Differenz der Frauennamen nicht stärkeren Ausgleich erfahren hat.

Spricht dies für die markinische Hinzufügung von Mk xvi 1-6, 8a zu einem bereits vormarkinischen Traditionszusammenhang, so wäre dem noch hinzuzufügen, daß auch die formale Struktur des Textes generell gegenüber den anderen Perikopen des Passionszusammenhangs differiert; dies wird auch von jenen Exegeten zugestanden, die an eine Zugehörigkeit der Einheit zu einem bereits vormarkinischen Kontext denken. Kann dies allein darum noch nicht als zureichender Grund angesehen werden, so belegt es doch die prinzipielle Offenheit in der Komposition gegen Ende eines hypothetisch anzunehmenden Passionszusammenhanges. Das aber erhöht die Wahrscheinlichkeit einer erst späteren Hinzufügung, wobei das Stadium solcher Adjunktion allerdings erst noch zu präzisieren bliebe [121]).

Wägt man beide Erklärungsmöglichkeiten gegeneinander ab, so läßt sich die Entscheidung nicht eindeutig fällen; aber der Charakter des Stückes — vor allem auch die Abgrenzung gegen xv 42 ff. — läßt den Schluß auf eine erst sekundäre Hinzufügung zu einem vormarkinischen Passionszusammenhang [122]) zu. Diese Verbindung wäre dann auf Markus selbst zurückzuführen [123]).

Jede Exegese eines so umstrittenen Textes wie Mk xvi 1-8 wird bei einer getroffenen Entscheidung gut daran tun, sich auch die Alternativen ihres eigenen Lösungsversuches deutlich zu machen:
— Einmal ließe sich annehmen, daß ein vormarkinischer Passionszusammenhang immer schon den Text Mk xvi 1-6, 8a konstitutiv enthalten hat; die Perikope bildete geradezu den entscheidenden, krönenden Abschluß der gesamten Textfolge. Markus hätte durch die redaktionelle Interpretation der VV. 7, 8b diesem Zusammenhang eine bestimmte Richtung gegeben.
— Oder aber: Schon bei der Komposition des vormarkinischen Passions-

---

[121]) Zu bedenken bleibt auch, daß das ἠγέρθη — anders als die traditionelle Aussagen über den Tod Jesu — in Mk xvi 1-6, 8a nur eine relativ knappe Entfaltung erfahren hat, daß also die traditions- und formgeschichtliche Entwicklung erst am Anfang zu stehen scheint.

[122]) Vgl. auch SCHENKE, *Auferstehungsverkündigung*, S. 14: ,,Weder aus der Erwähnung des Grabes noch aus der Datierung der Ereignisse in beiden Perikopen lassen sich daher positive Gründe für einen ursprünglichen Zusammenhang von Mk xv 42-47 und Mk xvi 1-8 gewinnen''.

[123]) Andernfalls müßte man mit einer vormarkinischen Hinzufügung von xvi 1-6, 8a (+ V. 7, 8b ?) zu der noch älteren Passionsgeschichte rechnen — eine wohl doch nur rein theoretische Möglichkeit.

zusammenhanges wurde die ursprüngliche Einheit Mk xvi 1-6, 8a mit Hilfe
der redaktionellen Bemerkungen xvi 7, 8b in den Kontext eingearbeitet.

Von diesen beiden Eventualitäten ist die zweite wegen der engen Verbindung von xiv 28 und xvi 7 — deren Zurückführung auf Markus doch
wohl wahrscheinlich ist — historisch weniger plausibel als die erste.

Ausgangspunkt der Textgeschichte ist für Mk xvi 1-8 damit die
Einheit Mk xvi 1-6, 8a; ihre formgeschichtlichen Konstitutiva sind
die traditionelle Auferstehungsaussage von V. 6 und die sich daran
anschließenden legendarischen Motive. Als „Sitz im Leben" ist für
diese Einheit die Verkündigung der urchristlichen Gemeinden anzusehen, über das Alter läßt sich Sicheres nicht mehr ausmachen.
Die originäre Einheit Mk xvi 1-6, 8a ist entweder bereits vor Markus
Bestandteil eines vormarkinischen Passionszusammenhanges gewesen und dann durch den Evangelisten mit Hilfe von VV. 7, 8b
rezipiert worden oder — und dies ist wahrscheinlicher — sie ist von
ihm an einen vorgegebenen Passionszusammenhang angeschlossen
worden; dies geschah mit Hilfe der redaktionellen Interpretationen
xvi 7, 8b.

Man wird solches Ergebnis nicht unbedingt als befriedigend bezeichnen können; dies betrifft nicht einmal so sehr den materialen
Teil der Beweisführung sondern vor allem das stets zuzugestehende
Bewußtsein des Hypothetischen und Ungewissen, das solchem
Konstrukt historischer Kritik gegenüber dem bloßen Insistieren
auf der Ebene des Textes immer eigen ist. Dies Unabgeschlossene,
Offene, das ja allen verwandten Untersuchungen nicht zufällig
ebenfalls innewohnt, muß bedacht werden, zumal sich seine Ursachen und Gründe noch erkennen lassen: Zum einen wäre hier die
objektive Schwierigkeit zu nennen, die Beziehung zwischen den
urchristlichen Texten und jener Geschichte, die Texte wie Mk xvi
1-6, 8a erst ermöglicht hat, genau zu erfassen. Die Annahme einer
Gemeinde, die in ihrer Verkündigung einen solchen Text formte,
läßt sich allein an Hand von Mk xvi 1-6, 8a nicht objektivieren, sie
bleibt nach wie vor Bestandteil einer prinzipiellen Einsicht in die
Geschichte des Urchristentums, die am konkreten Text und seiner
Analyse nur hypothetisch substituiert werden kann. Zugleich läßt
sich aber auch jenes Modell nicht in allen Einzelheiten verifizieren,
das jenen Prozeß ins Auge faßt, in dem kollektive Texte wie Mk
xvi 1-6, 8a sei es durch neue geschichtliche Bedingungen, sei es
durch individuelle Interpretation Veränderung erfahren haben.
Was solchem Modell Kraft und Überzeugung verleiht, liegt gerade
in jenem Argumentationsgang, der sich am spezifischen Einzeltext

orientiert. Auf der anderen Seite ist jedoch zu bedenken, daß sich kaum eine Texttheorie entwickeln läßt, die unabhängig von aller historischen Konkretion als Satzwahrheit an allen Texten zu verifizieren ist; indem vielmehr gerade in einen Einzeltext wie Mk xvi 1-8 geschichtliche Konstellationen einfließen, hat jede Textuntersuchung Teil am hypothetischen Charakter historischer Analyse.

5.

Solche Unsicherheiten verringern sich jedoch erheblich, wenn auf die Funktion des Textes innerhalb des markinischen Evangeliums und für die markinische Theologie reflektiert wird. Dies, herkömmlich als redaktionsgeschichtlich rubrizierte, Vorgehen [124]) sollte freilich berücksichtigen, daß die markinische Redaktion durchaus nicht allein auf Hinzufügungen zur oder Änderungen der originären Überlieferung einzuengen ist. Von Bedeutung für die Redaktion ist gerade auch das, was ohne Änderung und Zusatz aus der Überlieferung reproduziert wird. Dennoch bieten sich für die redaktionsgeschichtliche Analyse zunächst die markinischen Interpretamente in xvi 7, 8b an [125]).

xvi 7 muß dabei innerhalb des Markusevangeliums im Zusammenhang mit xiv 28 interpretiert werden [126]); ein Vergleich des Inhaltes der beiden Texte kann dies belegen:

xiv 28

ἀλλὰ μετὰ τὸ ἐγερθῆναί με προάξω ὑμᾶς εἰς τὴν Γαλιλαίαν.

xvi 7

προάγω ὑμᾶς εἰς τὴν Γαλιλαίαν
ἐκεῖ αὐτὸν ὄψεσθε, καθὼς εἶπεν ὑμῖν.

---

[124]) Zu diesem methodischen Aspekt bei Markus vgl. grundsätzlich R. H. STEIN, ,,The proper methodology of ascertaining a Markan redaction history'', *NovTest* 13 (1971), 181-198.

[125]) Vgl. E. STEGEMANN, *Ruf in die Nachfolge*, S. 325: ,,Wer die markinische Interpretation der Tradition vom leeren Grab verstehen will, bemüht sich selbstverständlich um eine Auslegung vornehmlich der redaktionellen Zusätze in V. 7 und V. 8b sowie deren eigentümliches Verhältnis zueinander. Allerdings können diese Zusätze ja nur Orientierungshilfen für ein redaktionelles Gesamtverständnis der Geschichte vom leeren Grab sein, ja muß diese überhaupt als Abschluß der Passionsgeschichte und im Kontext des Evangeliums begriffen werden, wenn anders der Evangelist in seiner literarisch eigenartigen Arbeitsweise ernst genommen werden soll''.

[126]) Vgl. S. 151 f.

In beiden Texten trägt das προάγειν den Ton (προάξω/προάγω); während freilich das προάξω in xiv 28 strikt futurisch gefaßt ist, steht dem in xvi 7 ein wesentlich stärker gegenwartsbezogenes προάγω entgegen, dessen Zukunftskomponente allein noch in dem προ- zu sehen ist. xvi 7 und xiv 28 verhalten sich so zueinander wie Erfüllung und Verheißung (bzw. Weissagung) [127]. Daß deshalb das μετὰ τὸ ἐγερθῆναί με von xiv 28 in xvi 7 keine Entsprechung hat, ist nur konsequent zu nennen; mit der Aussage von xvi 6 hat sich gerade die Zusage von xiv 28 bestätigt und erfüllt [128]. Auf der anderen Seite wird nun aber auch xvi 7 in dem ὄψεσθε um eine neue Größe erweitert [129]. Um den Sinn dieses ,,Sehens" ist viel gerätselt worden, vor allem seit E. LOHMEYER [130]) und dann auch W. MARXSEN [131]) die Aussage auf die Parusie bezogen haben. Auch wenn sich die sprachliche Möglichkeit solcher Interpretation nicht grundsätzlich wird bestreiten lassen, näher liegt dennoch ein allgemeineres, nicht eingeengtes Verständnis: Es geht grundsätzlich um das Sehen des Auferstandenen [132]. Dieses Sehen wird nun durch Markus in Galiläa lokalisiert; die Bedeutung dieser Ortsangabe für den markinischen Gesamtentwurf [133]) wird auch durch

---

[127]) Vgl. MARXSEN, *Evangelist Markus* S. 47: Mk xiv 28 und xvi 7 ,,. . . verhalten sich also wie Weissagung und Erfüllung".

[128]) Vgl. LOHMEYER, *Galiläa und Jerusalem*, S. 12: ,,In Mk xvi 7 ist der Anfang der Prophetie von xiv 28 fortgelassen. . . der Grund liegt auf der Hand, die Tatsache der Auferstehung ist soeben in Mk xvi 5 f. verkündet". Vgl. SCHENKE, *Auferstehungsverkündigung*, S. 44 ff.; STEINSEIFER, *Ort der Erscheinungen*, S. 251 ff.; STEGEMANN, *Ruf in die Nachfolge*, S. 329.

[139]) Zum Sehen vgl. W. MICHAELIS, *Art.* ὁράω κτλ. ThW 5, 315-381. Zum Ganzen siehe R. H. LIGHTFOOT, *Locality and Doctrine in the Gospels*, London, 1938, S. 23 ff.; R. H. LIGHTFOOT, *The Gospel Message of St. Mark*, Oxford, 1962, S. 80 ff.; Th. LORENZEN, ,,Ist der Auferstandene in Galiläa erschienen? Bemerkungen zu einem Aufsatz von B. Steinseifer", *ZNW* 64 (1973), 209-221.

[130]) Vgl. z.B. LOHMEYER, *Markus*, S. 356: ,,Dann kündet dieses Wort keine Erscheinung des Auferstandenen an, zum mindesten nicht solche, die die Tatsache der Auferstehung bezeugen, sondern es spricht von der Parusie, die alles bisherige eschatologische Geschehen vollendet". Vgl. auch R. H. LIGHTFOOT, *Locality and Doctrine*, S. 63.

[131]) Siehe MARXSEN, *Evangelist Markus*, S. 73 ff.

[132]) Zur Auseinandersetzung mit LOHMEYER und MARXSEN vgl. E. GRÄSSER, *Parusieverzögerung*, S. 30 f.; U. WILCKENS, *Ursprung der Überlieferung*, S. 78, Anm. 25: H. CONZELMANN, *Historie und Theologie in den synoptischen Passionsberichten*, Theologie als Schriftauslegung, Aufsätze zum Neuen Testament (BEvTh 65), S. 74-90, München, 1974, S. 85, Anm. 25; R. H. STEIN, ,,A short note on Mark xiv 28 und xvi 7", *NTSt* 20 (1974), 445-452.

[133]) Vgl. LIGHTFOOT, *Locality and Doctrine*, S. 64: ,,Galilee, not Jerusalem, is thus to be the centre of interest and expectation for disciples; and the consummation, not a temporary appearance, is the purpose of the ,preven-

die Funktion von Galiläa in den anderen markinischen Texten gedeckt [134]). Dabei geht es gerade nicht um eine nur geographische Angabe, sondern in der Kontrastierung zu Jerusalem gewinnt der Verweis auf Galiläa [135]) für Markus eine explizit theologische Funktion [136]): Die Verheißung des V. 7 verweist nicht nur auf das Initium des Evangeliums und den Beginn der jesuanischen Verkündigung gerade in Galiläa [137]), damit verbunden hat sie ihr Interesse an der Gegenwart markinischer Gemeinden [138]). In ihrem Zug nach Galiläa, in ihrer Nachfolge des Gekreuzigten [139]), haben die Jünger Verweis-

---

ting' thither''. S. 65: ,,...that St. Mark should be regarded as a witness to an expectation of one appearance or manifestation of the crucified and risen Lord in Galilee; and that this appearance or manifestation was to be the consummation itself''.

[134]) Vgl. dazu W. MICHAELIS, *Erscheinungen des Auferstandenen*, S. 57 ff.; LOHMEYER, *Galiläa und Jerusalem*; MARXSEN, *Evangelist Markus*, S. 73 ff.; G. H. BOOBYER, ,,Galilee and Galileans in St. Mark's Gospel'', *BJRL* 25 (1952/53), 334-348; C. F. EVANS, ,,I will go before you into Galilee'', *JThSt* 5 (1954), 3-18; L. E. ELLIOTT-BINNS, *Galilean Christianity*, Studies in Biblical Theology 16, London, 1956; G. SCHILLE, ,,Die Topographie des Markusevangeliums, ihre Hintergründe und ihre Einordnung'', *ZDPV* 73 (1957), 133-166; M. KARNETZKI, ,,Die Galiläische Redaktion im Markusevangelium'', *ZNW* 52 (1961), 238-272; GRASS, *Ostergeschehen* S. 113 ff.; T. A. BURKILL, *Mysterious Revelation. An Examination of the Philosophy of St. Mark's Gospel*, Ithaca-New York, 1963, S. 252 ff.; LINNEMANN, *Markusschluß*, S. 275 ff.; STEINSEIFER, *Ort der Erscheinungen*, S. 232 ff.; J. M. VAN CANGH, ,,La Galilée dans l'évangile de Marc; un lieu théologique?'' *PB* 79 (1972) 59-75; SCHENKE, *Studien*, S. 442 ff.; LORENZEN, *Galiläa*, S. 209 ff.

[135]) So z.B. R. H. LIGHTFOOT, *Locality and Doctrine*, S. 124: ,,Galilee and Jerusalem therefore stand in opposition to each other, as the story of the gospel runs in St. Mark''.

[136]) Vgl. dazu SCHENKE, *Auferstehungsverkündigung*, S. 43 ff.; SCHENKE, *Studien*, S. 454 ff.; STEGEMANN, *Ruf in die Nachfolge*, S. 329 ff.

[137]) R. PESCH, *Schluß*, S. 408: ,,Im Rahmen des Markusevangeliums wird mit dem offenen Schluß auf den Beginn des Evangeliums, die Sammlung der Jünger in Galiläa, zurückverwiesen und damit der aktuelle Anspruch des ganzen Evangeliums unterstrichen''. E. STEGEMANN, *Ruf in die Nachfolge*, S. 332: ,,...ist aber die Reaktion der Frauen... Ausdruck eben der Furcht, die die Jünger schon beim ersten Zug nach Jerusalem erfaßte''. Siehe auch SCHENKE, *Studien*, S. 454 f.

[138]) Grundsätzlich (sieht man einmal von den historistischen Konsequenzen ab) richtig SCHENKE, *Auferstehungsverkündigung*, S. 51, Anm.: ,,Das Problem, um das es ihm geht, ist ein Gegenwartsproblem seiner Gemeinde, die möglicherweise in Versuchung ist, sich zu sehr auf Jerusalem als den vermeintlichen Mittelpunkt der Urgemeinde auszurichten''.

[139]) xvi 7 verweist deshalb inhaltlich auch auf x 32: hier wie dort geht es um die Nachfolge des Gekreuzigten (vgl. auch die Korrelation mit xvi 6). Dazu siehe HORSTMANN, *Christologie*, S. 131: ,,Der Zug des Auferstandenen verläuft in umgekehrter Richtung wie der Weg des geschichtlichen Jesus, der den Jüngern nach Jerusalem vorangeht''.

charakter; für Markus wird so auch die Gemeinde neu konstituiert [140]) — nun freilich in dem Sinne, daß sie nicht auf sich beschränkt bleibt; der Zug nach Galiläa dokumentiert vielmehr [141])
die Notwendigkeit zur Heidenmission [142]).

Solches Ergebnis wird sich nun allerdings an V. 8b [143]) zu bewähren haben [144]). Denn auch wenn man den redaktionellen Charakter von xvi 8b postuliert, so bleibt selbst dann das Schweigen
der Frauen nach xvi 7 der Probestein jeglicher inhaltlichen Interpretation des Textes [145]). Sieht man einmal von dem Versuch ab,
die Aussage des V. 8b bereits für die vormarkinische Einheit der

---

[140]) E. STEGEMANN, *Ruf in die Nachfolge*, S. 326: „Denn augenscheinlich
manifestiert sich in den Zusätzen das Interesse des Evangelisten an der
ekklesiologischen Relevanz der Ereignisse der Geschichte Jesu, das auch
sonst dominiert".

[141]) Zur Wegeterminologie (προάγειν) vgl. HORSTMANN, *Christologie*, S.
128 ff.; P. HOFFMANN, *Mk viii 31. Zur Herkunft und markinischen Rezeption
einer alten Überlieferung, Orientierung an Jesus* (Festschr. J. SCHMID),
S. 170-204, Freiburg-Basel-Wien, 1973, S. 190, bes. Anm. 71.

[142]) Das deckt sich mit der sonstigen Haltung des Markusevangeliums zur
Heidenmission; vgl. dazu z.B. F. HAHN, *Das Verständnis der Mission im
Neuen Testament*, WMANT 13, Neukirchen-Vluyn, 1963, S. 95 ff., S. 101:
„Der Tod Jesu, mit dem die Juden über ihn das Urteil sprechen wollten,
war in Wahrheit das endgültige Urteil über den jüdischen Gottesdienst und
damit über das Judentum überhaupt. Doch gleichzeitig mit diesem Straf-
gericht vollzieht sich die Annahme der Heiden". Siehe auch H. KASTING,
Die Anfänge der urchristlichen Mission, BEvTh 55. München, 1969, S. 82 ff.

[143]) Dabei wird man prinzipiell die Bedenken bei J. M. ROBINSON, *Das
Geschichtsverständnis des Markus-Evangeliums*, AThANT 30, Zürich, 1956,
S. 86 berücksichtigen müssen: „Andererseits aber ist auch die Annahme eines
Abbruchs des Markusevangeliums mit xvi 8 noch immer zu wenig bewiesen,
als dass man daraus theologische Schlüsse ziehen könnte, die überdies
bestenfalls Argumente e silentio wären. Letztlich bliebe eben auch in diesem
Falle die gesamte Beweislast auf anderen Stellen des Evangeliums hängen,
nicht auf dem dunklen Schluss".

[144]) Für eine redaktionsgeschichtliche Interpretation von xvi 8(b) vgl.
vor allem WELLHAUSEN, *Evangelium Marci*, S. 136; BOUSSET, *Kyrios
Christos*, S. 65; LINDTON, *Markusschluß*, Sp. 231 ff.; E. HIRSCH, *Auferste-
hungsgeschichten*, S. 27 ff.; R. H. LIGHTFOOT, *Locality and Doctrine*, S. 29 ff.;
MICHAELIS, *Erscheinungen des Auferstandenen*, S. 20 ff.; W. C. ALLEN, „St.
Mark XVI 8. ‚They were afraid'. Why?" *JThSt* 47 (1946), 46-49; MARXSEN,
Evangelist Markus, S. 47 ff.; GRASS, *Ostergeschehen*, S. 21 ff.; H. VON CAM-
PENHAUSEN, *Ablauf*, S. 73 ff.; SCHENKE, *Auferstehungsverkündigung*, S. 49 ff.;
MINETTE DE TILLESSE, *Secret Messianique*, S. 32, 265; BODE, *First Easter
Morning*, S. 40 ff.; STEGEMANN, *Ruf in die Nachfolge*, S. 326 ff.

[145]) Vgl. J. SCHNIEWIND, *Das Evangelium nach Markus*, NTD 1, Göttingen, 1952, 6. A., S. 205: „Einzigartig in unserer Erzählung ist das Schweigen der Frauen".

Exegese zugrundezulegen [146]), so bieten sich für das Verständnis des V. 8b auf der Ebene des Markusevangeliums methodisch zunächst zwei Möglichkeiten an [147]), die es zu diskutieren gilt [148]): So ließe sich V. 8b in seiner Hinzufügung zur vorgegebenen Einheit als der Versuch begreifen, die Nichtbefolgung des Wortes xvi 6 f. durch die markinischen Gemeinden rechtfertigend zu begründen [149]). Erklärt werden soll auf diese Weise, warum man entgegen dem expliziten Auftrag des Auferstandenen in Jerusalem blieb. In der Tendenz ähnlich erscheint die Hypothese, das Schweigen der Frauen apologetisch zu erklären: Markus (bzw. seine Vorgänger) wollen auf diese Weise die erst späte Promulgierung der Erzählung Mk xvi 1-8 begreiflich erscheinen lassen [150]). Beiden Hypothesen gemeinsam ist, daß sie mit einem direkten, nicht vermittelten Niederschlag der historischen Situation des Markus bzw. der markinischen Gemeinden auf die Entstehung und inhaltliche Gestaltung des Textes rechnen. Solchem methodischen Vorgehen kann der Vorwurf des Historisierens nicht erspart bleiben; zudem wird bei der in

---

[146]) So vor allem R. Bultmann, der dann den V. 8b wie die ganze Einheit apologetisch interpretiert.

[147]) Vgl. auch die Kategorisierung bei Bode, *First Easter Morning*, S. 38 ff., der vier Möglichkeiten nennt: 1. „...the silence explains why the late legend of the empty tomb was for so long unknown...'' 2. „...the silence is part of Mark's messianic secret theme...'' 3. „...the silence was temporary, provisional, conditioned...'' 4. „...the silence is apologetical ...''.

[148]) Ausscheiden sollten Gewaltstreiche von der Art, wie sie sich bei A. Meyer, *Auferstehung*, S. 27 finden: „Da die Jünger doch nach Galiläa gehen — was haben sie denn in Jerusalem noch zu suchen? — und Jesus jedenfalls ihnen dort erscheinen wird, so macht es nichts für den Fortgang der Handlung aus, ob die Frauen die Botschaft ausrichten''.

[149]) Schenke, *Auferstehungsverkündigung*, S. 49: „Es kommt dem Evangelisten gerade darauf an, zu verdeutlichen, daß der Auftrag des Engels nicht weitergegeben wird''. Siehe auch Schenke, *Studien*, S. 457 f.

[150]) So vor allem von Campenhausen, *Ablauf*, S. 73: „Es entsteht der schwerlich erwünschte Eindruck, die Frauen seien nach diesem wunderbaren Erlebnis dem eindeutigen Befehl des Engels nicht gehorsam gewesen. Der klar und nachdrücklich formulierte Auftrag kommt also... überhaupt nicht ans Ziel, und es bleibt unklar, wie die Jünger dann überhaupt noch nach Galiläa gelangt sind, wo ihnen Christus erscheinen soll. Trotzdem wird das völlige Schweigen der Frauen so nachdrücklich begründet und hervorgehoben, daß man es keineswegs überhören kann. Der Erzähler ist hieran interessiert, er will damit etwas Besonders sagen...''. S. 75: „Man kann den Text im Sinne jedes naiven Lesers und somit auch des Verfassers schwerlich anders verstehen, als daß die Frauen zunächst geschwiegen hätten, so daß die folgenden Geschehnisse also ohne ihr Zutun und ohne Rücksicht auf das leere Grab in Gang kamen''.

diesem Fall vorausgesetzten besseren Einsicht des Markus der V. 7 und damit die Inkonzinnität der Redaktion doppelt unverständlich [151]). Deshalb ist jene Erklärung methodisch vorzuziehen, die sich zunächst an der Textebene und damit am Miteinander von markinischer Theologie und markinischer Gemeinde orientiert [152]). Auch dann, wenn Mk xvi 8b nicht direkt auf eine historische Situation übertragen, sondern von der Verkündigung des Markus her erklärt wird [153]), bleibt freilich das Schweigen der Frauen nach der Botschaft des Engels überraschend genug [154]). Das gilt umso mehr, wenn der markinische Schlüsseltext ix 9 [155]) mit der korrespondierenden Aussage ··· διεστείλατο αὐτοῖς ἵνα μηδενὶ ἃ εἶδον διηγήσωνται εἰ μὴ ὅταν ὁ υἱὸς τοῦ ἀνθρώπου ἐκ νεκρῶν ἀναστῇ zur Erklärung herangezogen wird [156]). Wird sich die Verbindung zwischen beiden

---

[151]) Weshalb es dann auch nur konsequent zu nennen ist, bei einer solchen Hypothese erneut zu einer apologetischen Bestimmung zu gelangen, die von der früheren Lösung BULTMANNS nicht weit entfernt ist (sie nur auch für die redaktionelle Fassung evident machen will).

[152]) Vgl. hierzu vor allem E. GÜTTGEMANNS, *Linguistische Analyse*. Siehe aber auch bereits G. BERTRAM, *Die Leidensgeschichte Jesu und der Christuskult*, FRLANT 32, Göttingen, 1922, S. 70, Anm. 1: ,,Was von den Frauen in jener letzten Zeile berichtet wird, das soll auch der Eindruck sein, den diese Auferstehungsgeschichte, den das ganze Evangelium auf den Leser macht... Solch indirekter Appell an die Leser findet sich in zahlreichen Erzählungen...".

[153]) Für eine solche Erklärung vgl. vor allem W. MARXSEN, *Evangelist Markus*; SCHENKE, *Auferstehungsverkündigung*; E. STEGEMANN, *Ruf in die Nachfolge*.

[154]) Eine Erklärung, wie sie R. PESCH gibt (*Schluß*, S. 381): ,,Daß die Frauen mit ihrem Schweigen... dem Auftrag des Engels... nicht entsprechen, ist eine Spannung, die gewollt ist...", wird diesen Schwierigkeiten doch wohl nicht ganz gerecht.

[155]) Vgl. dazu nach wie vor besonders W. WREDE, *Das Messiasgeheimnis in den Evangelien*, Göttingen, 1963, 3. A., S. 67: ,,... während seines Erdenlebens ist Jesu Messianität überhaupt Geheimnis und soll es sein; niemand — ausser den Vertrauten Jesu — soll von ihr erfahren; mit der Auferstehung aber erfolgt die Entschleierung. Dies ist in der Tat der entscheidende Gedanke, die Pointe der ganzen Auffassung des Markus". Vor allem methodisch von Gewicht sind auch die Sätze, die bei WREDE in diesem Zusammenhang finden (vgl. z.B. S. 71): ,,Ich nannte den Gedanken des Markus einen theologischen Gedanken, um damit auszudrücken, dass er nicht den Charakter einer geschichtlichen — gleichgiltig ob einer geschichtlich richtigen oder nur aus der Geschichte gedachten — Vorstellung besitzen". Vgl. zu Mk ix 9 und seiner Beziehung zu xvi 8(b) noch W. BOUSSET, *Kyrios Christos*, S. 65, Anm. 1; HORSTMANN, *Christologie*, S. 128 ff.; ALLEN, *St. Mark xvi 8*, S. 46 ff.

[156]) Vgl. dazu auch G. STRECKER, *Zur Messiasgeheimnistheorie im Markusevangelium*, Studia Evangelica 3 (TU 88), S. 87-104, Berlin, 1964; G. STRECKER, ,,Die Leidens- und Auferstehungsvoraussagen im Markusevangelium", *ZThK* 64 (1967), 16-39.

Texten überhaupt nicht leugnen lassen, so scheint xvi 8b Mk ix 9 zunächst strikt zu widersprechen [157]. Ist seit der Auferstehung die Verborgenheit des Erlösers der Offenbarung gewichen [158], so bleibt die Reaktion der Frauen doppelt unverständlich; der bloße Verweis auf das noch fortdauernde Jüngerunverständnis dürfte für eine Interpretation von xvi 8b allein jedenfalls nicht genügen. Gegenüber diesen Schwierigkeiten gilt es zunächst zu erkennen, daß Markus mit seinem Evangelium verkündigt, daß es also bei allen Aussagen um eine Relation zur Gemeinde geht. Dann aber sind xvi 7, 8b nicht als historischer Rapport an Zurückliegendem auszurichten [159], sondern an die Zukunft der Glaubenden zu binden. Deshalb gilt es bei einer Lösung zu bedenken, daß für das Markusevangelium der Auftrag von xvi 6 f. gerade ausgerichtet wird und nicht im Schweigen bleibt [160]. Die markinische Gemeinde hört im

---

[157] Siehe die etwas ratlosen Erklärungen bei U. Luz, „Das Geheimnismotiv und die markinische Christologie", *ZNW* 56 (1965), 9-30. S. 26, Anm. 84: „. . . daß die Reaktion der Frauen Mc xvi 8 mir rätselhaft bleibt . . . Zu ix 9 besteht auf jeden Fall ein Widerspruch. Anzunehmen, daß Mc gegen eine Theologie polemisiert, die der Auferstehung . . . die Ermächtigung zur verstehenden Verkündigung zuschreibt, bereitet trotz xv 39 nach ix 9 Mühe. Daß er den heidnischen Hauptmann gegen die Frauen ausspielen will, weil er diese xv 40 f., 47 redaktionell zugesetzt hat und sie positiv charakterisiert. . . Bleibt noch die Möglichkeit, daß Mc durch die Furcht der Frauen ohne direkte Polemik auf die Hauptsache zurückweisen wollte, nämlich von der Grabgeschichte auf das Kreuz xv 33-39. Oder hätte ein allfällig vorhandener alter Markusschluß mit weiteren Erscheinungen die Stelle geklärt? Wir wissen es nicht". Vgl. dazu MINETTE DE TILLESSE, *Secret Messianique*, S. 32.

[158] Dies gilt allerdings doch wohl nicht uneingeschränkt; vgl. dazu HORSTMANN, *Christologie*, S. 134: „Die Struktur der Offenbarung, die Markus zunächst für den geschichtlichen Weg Jesu aufzeigt, bleibt auch nach Ostern gültig".

[159] Was L. SCHENKE im Blick auf das „Schweigegebot" konstatiert (*Die Wundererzählungen des Markusevangeliums*, Stuttgart, 1974, S. 401): „Markus kommt es bei seinen redaktionellen Einfügungen nicht darauf an, daß die Gebote auch tatsächlich gehalten werden, sondern daß sie überhaupt ergehen", läßt sich modifiziert auch auf xvi 8b übertragen: Markus intendiert in xvi 8b nicht so sehr, daß die Botschaft xvi 6 f. historisch von den Frauen verschwiegen worden ist, sondern daß (neben den Worten xvi 6 f.) die Frauen überhaupt noch schweigen! Damit wird dies Schweigen exemplarisch für die Situation der Gemeinde nach Ostern.

[160] Umfassend hat diesen Aspekt E. GÜTTGEMANNS zur Geltung gebracht; vgl. dann auch R. PESCH, *Schluß*, S. 383: „Die Angabe über das Schweigen der Frauen V. 8 ist das adäquate literarische Mittel, den Erzählzusammenhang zum Abschluß zu bringen und den Hörer zugleich über ihn hinauszuführen. Hier wäre über den ‚Sitz im Leben' und die hermeneutische Funktion der Passionsgeschichte zu reflektieren. Insofern die Passionsgeschichte mit

Evangelium sehr wohl die Aufforderung des Engels, deren Zukunftskomponente deshalb nicht zufällig ist und auch nicht auf der
historischen Ebene einzulösende (und deshalb zurückliegende) Verheißung bleibt. Sie ist vielmehr gebunden an die Situation der markinischen Gemeinden. Auf solche Weise gewinnt dann auch das
Verhalten der Frauen eine neue, gesonderte Valenz. So sehr es auf
das Wort xvi 6 f. hinweisen soll, so macht es doch auch zugleich
deutlich, daß selbst nach der Auferstehung Nachfolge als an die
Zeit gebunden Nachfolge im Leiden ist [161]). Nicht zufällig entspricht die Aktion der Frauen — bzw. ihre Nicht-Aktion — wie
phasenverschoben dem Verhalten der Jünger [162]) unter dem
Kreuz [163]). Auch nach der Auferstehung kann von einer „theologia gloriae" überhaupt keine Rede sein [164]). In der Nachfolge als

---

der Auferstehungsbotschaft in die Situation der hörenden Gemeinde mündet,
darf keine erzählte Nachinformation mehr folgen und muß V. 8 mit der
Notiz über das Schweigen der Frauen ursprünglich sein". Vgl. auch S. 381,
408.

[161]) Vgl. E. STEGEMANN, *Ruf in die Nachfolge*, S. 331: „Gehen sie (scil.
die Jünger) aber selbst den Kreuzweg, dann erscheint ihnen der Auferstandene. Das Geheimnis nämlich, das die Person Jesu als Leidensgeheimnis
umgab während seiner irdischen Sendung, ist nach der Auferstehung nicht
mehr festzuhalten. Denn von nun an ist klar, daß der Gottessohn der Gekreuzigte ist. Die Auferstehung bestätigt den Leidensweg als den Heilsweg".

[162]) Vgl. E. GÜTTGEMANNS, *Linguistische Analyse*, S. 46: „Makrosyntak-
tisch ist die ‚Flucht' der Frauen vielleicht sogar die Negation der ‚Flucht'
der Jünger (Mk xiv 50, 52): Die Jünger fliehen von dem Protagonisten und
brechen damit die positive Kommunikation mit ihm ab... die Frauen fliehen
von dem inadäquaten ‚Ort' des Protagonisten und stellen damit die positive
Kommunikation wieder her, indem sie zugleich die negative Kommunikation
(‚Suche' nach dem toten Jesus!) abbrechen". Zu dem Verhalten der Frauen
und den ihm korrespondierenden Aussagen des markinischen Evangeliums
vgl. K. TAGAWA, *Miracles et Evangile. La pensée personelle de l'évangéliste
Marc*, ÉHPhR 62, Paris, 1966, S. 105 ff.

[163]) Dazu vor allem HENGEL, *Maria Magdalena*, S. 243 ff., S. 253: „Für
die Frauen hat erst in der Flucht vom leeren Grab das Skandalon seinen
Höhepunkt erreicht, im Gegensatz zu den Jüngern, die den Herrn schon in
Gethsemane verließen". Es entsprechen sich also xvi 8b und xiv 50.

[164]) Vgl. dazu U. B. MÜLLER, „Die christologische Absicht des Markusevangeliums und die Verklärungsgeschichte", *ZNW* 64 (1973), 159-193,
S. 193: „Grundlage dafür ist die polemisch akzentuierte Kreuzestheologie,
die an Paulus erinnert. Ohne die in den korinthischen Auseinandersetzungen
profilierte theologia crucis des Paulus ist die christologische Intention des
Evangelisten kaum denkbar; sie scheint seine Basis zu sein... Kreuzestheologie liegt erst da vor, wo das Kreuz Vorzeichen aller Theologie wird,
wo es das Maß für die Christologie ist. Markus kann deshalb als Kreuzes-
theologe gelten, ohne daß die Aussage über die Heilsbedeutung des Todes
eine nennenswerte Bedeutung bei ihm hat...".

der Kreuzesnachfolge [165]) bleiben so die Verheißung des „Sehens"
und das Verstummen der Gemeinde eng aufeinander bezogen [166])
und als unlösbare Einheit verbunden.

Erst wenn sich so die Tendenz jener expliziten Redaktion für die Aussageintention des markinischen Evangeliums deutlicher erkennen läßt, wird
man zu prüfen haben, wie solche Theologie historisch im Urchristentum
einzuordnen ist. Es geht also nicht um einen direkten Rückschluß vom
Inhalt her zu den geschichtlichen Ergebnissen; diese lassen sich vielmehr
allein durch die Einbeziehung des Entwurfs der markinischen Theologie
erzielen. Dann aber bleibt das Insistieren des Markus auf einer Kreuzestheologie [167]), das den Entwurf seines Evangeliums durchzieht und ihn
bestimmt [168]), der Ausgangspunkt: der markinischen theologia crucis hat
vordringlich jede historische Analyse zu dienen [169]), indem sie nach deren
historischen Konstituanten fragt.

So sehr es zutrifft, daß sich die markinische Aussageintention
vor allem und in erster Linie in den redaktionellen Bemerkungen

---

[165]) Vgl. J. Roloff, „Das Markusevangelium als Geschichtsdarstellung",
EvTheol 29 (1969), 73-92, S. 92: „Nicht umsonst zeichnet Mk. dies Versagen
während der Passion mit aller Schärfe nach: so in der Gethsemaneszene...,
so in der rätselhaften Episode vom fliehenden Jüngling..., so schließlich
in der Flucht der Frauen vom Grab...".

[166]) Conzelmann, *Historie und Theologie*, S. 85: „Die Auferweckung bestätigt, daß die Passion das Heilswerk ist. Erscheinungen des Auferstandenen braucht Markus nicht zu erzählen. Die Auferweckung ist bei ihm
auf die Passion zurückbezogen".

[167]) Davon differieren grundsätzlich die Anmerkungen zur markinischen
Theologie bei E. Käsemann, *Der Ruf der Freiheit*, Tübingen, 1968, 2. A.,
S. 76 ff.; S. 77: „Die irdische Epiphanie des Himmelsherren ist also der
zentrale Gegenstand des Markus-Evangeliums, und ihre Bedeutung für die
Menschen besteht darin, daß er die teuflischen Mächte austreibt, die Irdischen
also befreit und in das Reich des göttlichen Friedens stellt. Formuliert man
so, ergibt sich ohne weiteres, daß hier die Botschaft der urchristlichen
Hymnen vom Herrschaftsantritt des Christus als des Kosmokrators und der
sie begleitenden Anerkennung seitens der dämonischen Gewalten in Er-
zählungsform umgegossen und auf den über die Erde schreitenden Jesus
übertragen worden ist. Das mythische Schema der Hymnen ist... histori-
siert". Ob diese für das Traditionsmaterial zutreffende Charakteristik auch
für die markinische Redaktion in all ihren Teilen gilt, läßt sich bezweifeln.

[168]) Vgl. (auch zur Auseinandersetzung mit Käsemann) Schenke, *Wundererzählungen*, S. 395: „Der Akzent, den der Evangelist mit dieser strikten
Darstellung der Geschichte Jesu als Kreuzweg setzt, bildet den Kontrapunkt
zur Vorstellung der markinischen Gemeinde von der Geschichte Jesu als
Epiphaniegeschehen". Vgl. in einem ähnlichen Sinn (wenn auch mit weitergehenden Konsequenzen) U. B. Müller, *Christologische Absicht*, S. 192.

[169]) Dies kann, eingeengt allein auf Mk xvi 1-8, nicht geleistet werden;
wichtig wäre eine erneute Aufnahme der Analysen bei M. Werner, *Der
Einfluß paulinischer Theologie im Markusevangelium. Eine Studie zur neutestamentlichen Theologie*, BZNW 1, Gießen, 1923, die allerdings zu sehr auf
verbale Konnexe beschränkt sind.

xvi 7, 8b erkennen läßt, außer Acht lassen darf man auch nicht,
daß der ursprünglichen Einheit als solcher für Markus eine Bedeutung eignet — daß also die Einfügung in das Evangelium auch
ihren Grund im Inhalt der Überlieferung selbst hat [170]). So deckt
sich natürlich das markinische Interesse an der Überlieferung mit
deren zentralen Aussage von der Auferstehung des Gekreuzigten.
Entscheidend bleibt auch für Markus gerade jene Identität von
Kreuz und Auferstehung, die schon die Überlieferung enthielt.
Aber auch die Erwähnung der Frauen, die bereits die vormarkinische Tradition bot, kongruiert im wesentlichen mit der markinischen Redaktion; sie enthielt vor allem die Möglichkeit jene
Linie zu personalisieren, die von den Anfängen der Verkündigung
in Galiläa bis zur Passion reicht [171]).

Wie sich nun allerdings markinische Redaktion in Zusätzen zur
Überlieferung und in Übereinstimmung mit der vorauflaufenden
Tradition dokumentiert, so zeigt sie sich schließlich auch in der
Bedeutung der Perikope für den gesamtkompositionellen Rahmen
des markinischen Evangeliums. So wird sich zum einen nicht
übersehen lassen, daß die Salbungsabsicht der Frauen kaum zufällig mit der Salbung in Bethanien korrespondiert [172]). Erneut zeigt
sich dabei die Struktur von Vorwegnahme (προέλαβεν) und Erfüllung. Wenn zudem richtig ist, daß Mk xvi 1-8 den genuinen und
nicht zu bestreitenden Abschluß des markinischen Evangeliums
bietet, so hat dies auch Konsequenzen für den Gesamtentwurf dieses
Evangeliums. In dem erneuten Verweis auf Galiläa in xvi 7 wird
bewußt an den Beginn der Verkündigung erinnert und damit an
den Beginn des Evangeliums; theologische Aussage und kompositionelle Absicht fallen zusammen. Die Verse 16, 1-8 haben deshalb
nicht nur die Absicht, allein die Passionsgeschichte sinnvoll abzu-
schließen, sondern zugleich die Gesamtkomposition des Evangeliums

---

[170]) Wie ja auch die beiden redaktionellen Anmerkungen in xvi 7, 8b
inhaltlich der Tradition nicht zuwiderlaufen, sondern bereits in ihr angelegte
Linien verstärken und verdeutlichen.

[171]) PESCH, *Schluß*, S. 408: ,,Im Rahmen des Markusevangeliums wird
mit dem offenen Schluß auf den Beginn des Evangeliums, die Sammlung
der Jünger in Galiläa, zurückverwiesen und damit der aktuelle Anspruch
des ganzen Evangeliums unterstrichen".

[172]) Vgl. dazu R. PESCH, *Die Salbung Jesu in Bethanien (Mk 14, 3-9).
Eine Studie zur Passionsgeschichte. Orientierung an Jesus* (Festschr. J.
SCHMID), S. 267-285, Freiburg-Basel-Wien, 1973; siehe auch WENDLING,
Entstehung, S. 168; GRÄSSER, *Parusieverzögerung*, S. 41.

adäquat zu beenden [173]). Das aber bedeutet, daß nicht nur die Identität von Kreuz und Auferstehung angesprochen wird, sondern daß es in der Relation auf die Gemeinde zugleich um die Realisierung dieser Identität in der Nachfolge geht [174]).

---

[173]) Vgl. M. HORSTMANN, *Christologie*, S. 132: „Der Auferweckte selbst führt seine Jünger an den Ort, an dem er ihnen während seines geschichtlichen Auftretens in verhüllter Form bereits seine österliche Herrlichkeit geoffenbart hatte. Indem Markus zu einer Relektüre des Evangeliums auffordert, um so dem Auferstandenen zu begegnen, stellt er eine Kontinuität vom geschichtlichen Jesus zum österlichen Christus heraus".

[174]) Zu den weiteren theologischen Motiven der Einheit vgl. noch R. PESCH, *Schluß*, S. 404 ff.

Die Witwe und der Richter (Lk 18,1–8)

In einem Brief, den Karl Marx 1843 an Arnold Ruge richtete[1], findet sich die Bemerkung:

„Es wird sich dann (scil. bei der Reform des Bewußtseins) zeigen, daß die Welt längst den Traum von einer Sache besitzt, von der sie nur das Bewußtsein besitzen muß, um sie wirklich zu besitzen."

Mit diesem kurzen, aber aufschlußreichen Satz[2] wird ein Thema angeschlagen, das über den engeren Zusammenhang hinaus nicht allein für die Aufklärung in ihrer Zerstörung des mythischen Scheins bestimmend war; europäische Philosophie hatte in solchem Ziel immer schon ihre Aufgabe gesehen[3], daraus Antrieb und Kraft gewonnen. Die Arbeit an den überkommenen Bildern und Mythen verbindet sich deshalb unauflöslich mit ihrer kritischen Durchdringung.[4] Jedoch soll in der Befreiung von der eigentümlichen Kraft der Bilder zugleich ihr ‚vernünftiger' Kern bewahrt bleiben, und diese Absicht mündet in den unermüdlichen Versuch, ihre Welt lesbarer und so rational zu machen.[5] Die Zuversicht allerdings, in einer Art Tausch für die Aufhebung der Bilder, der Träume und der Metaphern die unverhüllte Wahrheit in Besitz zu nehmen[6], hat sich nicht bewahrheitet.[7] Der Zerstörung der Bilder

---

[1] MEW 1,346.

[2] Zur Analyse des Satzes vgl. vor allem E. Bloch, Das Prinzip Hoffnung, Bd. 1–3, stw 1–3, Frankfurt/M. 1974, bes. 3, 1612 ff.; ders., Philosophische Aufsätze zur objektiven Phantasie, Frankfurt/M. 1969, 163 ff.; ders., Atheismus im Christentum, Frankfurt/M. 1968, 64 ff., 344 ff.

[3] Vgl. E. Cassirer, Wesen und Wirkung des Symbolbegriffs, Darmstadt 1956, bes. 199 f.

[4] Dazu H. Blumenberg, Paradigmen zu einer Metaphorologie, ABG 6, 1960, 7–142; ders., Arbeit am Mythos, Frankfurt/M. 1979, 254, 438 ff.; ders., Die Lesbarkeit der Welt, Frankfurt/M. 1982.

[5] Vgl. P. Ricoeur, Die Interpretation. Ein Versuch über Freud, stw 76, Frankfurt/M. 1974, 52.

[6] Lehrreich die Bemerkung Blochs (Prinzip Hoffnung 1,91) zur Freudschen Traumdeutung: „Für Freud ist der manifeste Trauminhalt schlechthin nur verkleidet oder Maskenball; die Deutung wird der Aschermittwoch ... immerhin intendiert die Freudsche Traumdeutung wieder den nackten Text."

[7] Auch die Fortsetzung bei Marx (MEW 1,346) liest sich gegenwärtig nur mit tiefem Zögern: „Es wird sich endlich zeigen, daß die Menschheit keine neue Arbeit beginnt, sondern mit Bewußtsein ihre alte Arbeit zustande bringt."

folgte selten genug die Herrschaft des klaren Bewußtseins über die gemeinte Sache. Das beruht zunächst sicher auf der fortdauernden Stärke
der Metaphern und der in ihnen bewahrten Träume, die gerade so nicht
Rückschritt intendieren, sondern in die Zukunft weisen.[8] Es liegt aber
zugleich in der Enttäuschung beschlossen, daß sich bei solchem Übergang auf eine andere Ebene der spezifische Reiz der Ikonizität unmöglich bewahren ließ. Was das Bild als Hoffnung und Traum vorgab,
kann der Begriff und das vernünftige Bewußtsein nur in seltenen Au-
genblicken einlösen.[9] Allerdings bleibt auf der anderen Seite der
Wunsch und die Notwendigkeit kaum zu vermeiden, über das Bildhafte
hinauszugreifen und sich der gemeinten Sache zu versichern. Wer sich
solcher Notwendigkeit verschließt, läuft Gefahr, dem Archaischen
blind, anheimzufallen.[10] Zudem provozieren die Bilder in ihrem Verweischarakter und aufgrund ihrer metaphorischen Stärke geradezu eine
solche Anstrengung des Begriffs.[11]

Wie spannungsreich und zugleich unvermeidbar dies Vorgehen ist,
erweist sich im Horizont christlicher Überlieferung vor allem an der
bisherigen Behandlung und Diskussion der neutestamentlichen Para- |
beln und Gleichnisse.[12] Denn auch ihre Interpretation verläuft in einer
vergleichbaren Richtung:

---

[8] Blumenberg, Paradigmen 10.
[9] Cassirer, Wesen und Wirkung 200; zum Ganzen vgl. auch H.-G. Gadamer, Wahrheit
und Methode. Grundzüge einer philosophischen Hermeneutik, Tübingen 1975[4], 383 ff.
[10] Bloch, Prinzip Hoffnung 3,1613 f.
[11] Ricoeur, Interpretation 52.
[12] Zur Gleichnisinterpretation vgl. A. Jülicher, Die Gleichnisreden Jesu, Tübingen
1910[2]; E. Lohmeyer, Vom Sinn der Gleichnisse Jesu, in: Ders., Urchristliche Mystik.
Neutestamentliche Studien 123–157, Darmstadt 1955; J. Jeremias, Die Gleichnisse Jesu,
Göttingen 1962[6]; E. Jüngel, Paulus und Jesus, HUTh 2, Tübingen 1964[2]; E. Linnemann,
Gleichnisse Jesu. Einführung und Auslegung, Göttingen 1975[6]; R. W. Funk, Language,
Hermeneutic, and Word of God, New York 1966; K.-P. Jörns, Die Gleichnisverkündigung Jesu. Reden von Gott als Wort Gottes, in: Der Ruf Jesu und die Antwort der Gemeinde (Festschr. J. Jeremias), 157–178, Göttingen 1970; D. O. Via, Die Gleichnisse
Jesu. Ihre literarische und existentiale Dimension, BEvTh 57, München 1970; J. D. Crossan, Parable and Example in the Teaching of Jesus, NTS 18, 1971/72, 285–307; W. Harnisch, Die Ironie als Stilmittel in Gleichnissen Jesu, EvTh 32, 1972, 421–436; E. Gütte-
manns, Die linguistisch-didaktische Methodik der Gleichnisse Jesu, in: Ders., studia
linguistica neotestamentica, BEvTh 60, 99–183, München 1973; D. O. Via, Parable and
Example Story: A Literary-Structuralist Approach, LingBibl 25/26, 1973, 21–30; K. Berger, Materialien zu Form und Überlieferungsgeschichte neutestamentlicher Gleichnisse,
NT 15, 1973, 1–37; W. Harnisch, Die Sprachkraft der Analogie. Zur These vom ,argu-
mentativen Charakter' der Gleichnisse Jesu, StTh 28, 1974, 1–20; T. Aurelio, Disclosures
in den Gleichnissen Jesu, Regensburger Studien zur Theologie 8, Frankfurt/M. 1977;
G. Sellin, Allegorie und ,Gleichnis'. Zur Formenlehre der synoptischen Gleichnisse,
ZThK 75, 1978, 281–335; W. Harnisch, Die Metapher als heuristisches Prinzip. Neuer-

Auf der einen Seite wird der Versuch unternommen, ihren Inhalt und ihre sachliche Absicht jenseits der sprachlichen Konfiguration zu erfassen und zu benennen.[13] Aber wenn so die sprachliche und ästhetische Vielfalt des Objekts entziffert scheint, dann zerstört dies nicht allein | den ursprünglichen Eindruck des Textes[14], es instrumentalisiert und verdinglicht ihn zugleich, um ihn sich so verfügbar zu machen.[15] Folgerichtig stellt sich dann immer wieder Enttäuschung ein über die Leere der so erzielten Ergebnisse, der sich die Schwierigkeit zugesellt, diesen aporetischen Weg zu vermeiden.

Der deshalb auf der anderen Seite erteilte Rat, die Gleichnisse nur noch zu erzählen und so in ihre sprachliche Welt einzutreten[16], erscheint begreiflich genug. Aber auch er führt letztlich zu einer Bewußtlosigkeit[17], die historische Kritik nur noch als traumatisches Verhängnis erfahren kann und sie darum außer Kraft zu setzen trachtet.

---

scheinungen zur Hermeneutik der Gleichnisreden Jesu, VF 24, 1979, 53–89; J. Delorme (Hrsg.), Zeichen und Gleichnisse. Evangelientext und semiotische Forschung, Düsseldorf 1979; H. Weder, Die Gleichnisse Jesu als Metaphern. Traditions- und redaktionsgeschichtliche Analysen und Interpretationen, FRLANT 120, Göttingen 1980²; D. Flusser, Die rabbinischen Gleichnisse und der Gleichniserzähler Jesus. 1. Teil: Das Wesen der Gleichnisse, Bern–Frankfurt/M. 1981; H. Frankemölle, Kommunikatives Handeln in Gleichnissen Jesu. Historisch-kritische und pragmatische Exegese. Eine kritische Sichtung, NTS 28, 1982, 61–90; R. W. Funk, Die Struktur der erzählenden Gleichnisse Jesu, in: W. Harnisch (Hrsg.), Die neutestamentliche Gleichnisforschung im Horizont von Hermeneutik und Literaturwissenschaft 224–247, Darmstadt 1982. Forschungsüberblick und Bibliographie bei M. Mees, Die moderne Deutung der Parabeln und ihre Probleme, VetChr 11, 1974, 416–433; J. D. Crossan, A Basic Bibliography for Parables Research, Semeia 1, 1974, 236–273; W. S. Kissinger, The Parables of Jesus. A History of Interpretation and Bibliography, Metuchen-London 1979. Zum Metaphernbegriff vgl. z. B. E. R. Curtius, Europäische Literatur und lateinisches Mittelalter, Bern–München 1961³, 138 ff.; Blumenberg, Paradigmen; H. Weinrich, Sprache in Texten, Stuttgart 1976; P. Ricoeur-E. Jüngel, Metapher. Zur Hermeneutik religiöser Sprache, Sond.heft EvTh, München 1974; Chr. Hardmeier, Texttheorie und biblische Exegese. Zur rhetorischen Funktion der Trauermetaphorik in der Prophetie, BEvTh 79, München 1978; Blumenberg, Lesbarkeit der Welt; M. S. Kjärgaard, Metaforen: Form og Funktion, DTT 45, 1982, 225–242.

[13] Zur Kritik dieses Ansatzes vgl. Weder, Gleichnisse 17 ff.

[14] Chr. Link, Die Welt als Gleichnis. Studien zum Problem der natürlichen Theologie, BEvTh 73, München 1976, 286 ff. 290: „Was die Gleichnisse sagen, kann nicht auch noch anders gesagt werden."

[15] Cassirer, Wesen und Wirkung 200 ff., bes. 208 ff.

[16] L. Schottroff, Die Erzählung vom Pharisäer und Zöllner als Beispiel für die theologische Kunst des Überredens, in: Neues Testament und christliche Existenz (Festschr. H. Braun), 439-461, Tübingen 1973, bes. 460; Weder, Gleichnisse 65 ff.

[17] Vgl. F. Jameson, Die Ontologie des Noch-Nicht-Seins im Übergang zum allegorisch-symbolischen Antizipieren: Kunst als Organon kritisch-utopischer Philosophie, in: B. Schmidt (Hrsg.), Materialien zu Ernst Blochs ‚Prinzip Hoffnung‘, stw 111, 403–439, Frankfurt/M. 1978, 438.

Wenn in der bisherigen Rezeptionsgeschichte der Gleichnisse die Erfahrung der Fremdheit niemals losgelöst vom Wunsch nach der Aufhebung und Durchdringung der Bilderwelt geschieht, so liegt in dieser Spannung deshalb nicht nur die Schwierigkeit, sondern zugleich eine Aufgabe ihrer Interpretation. Sie wird dann nicht allein darauf bestehen, die ursprüngliche Überlieferung zu rekonstruieren[18] und zu verstehen, sondern über ein solches Verständnis hinaus nach den historischen Voraussetzungen des Textes[19] und seiner Wirkungsgeschichte[20] innerhalb des Urchristentums zu fragen haben.

1.

Die Einheit Lk 18,1–8[21], ein Stück des lukanischen Sondergutes[22], entwirft sich in diesem spannungsreichen Rahmen der Gleichnisforschung. | Schon innerhalb des Textes lassen sich Spannungen nicht übersehen[23]. Werden sie nicht durch künstliche Erklärungen beseitigt oder ganz ignoriert, so deuten sie an, daß das Stück sich in seiner gegenwärtigen

---

[18] Crossan, Parable and Example 303; ähnlich Weder, Gleichnisse 97.

[19] Weder, Gleichnisse 97 f.

[20] Weder, Gleichnisse 98.

[21] Aus der Lit. zu Lk 18,1–8 vgl. Jülicher, Gleichnisreden II,276 ff.; C. A. Bugge, Die Haupt-Parabeln Jesu, Giessen 1903, 467 ff.; A. Schlatter, Das Evangelium des Lukas aus seinen Quellen erklärt, Stuttgart 1931, 393 ff.; M. Sabbe, Het eschatologisch Gebed in Lc. 18,1–8, CBG I,2, 1955, 361–369; Jeremias, Gleichnisse Jesu S. 153 ff.; Linnemann Gleichnisse 126 ff.; C. Spicq, La parabole de la veuve obstinée et du juge inerte, aux decisions impromptues (Lc. xviii,1–8), RB 68, 1961, 68–90; W. Ott, Gebet und Heil. Die Bedeutung der Gebetsparänese in der lukanischen Theologie, StANT 12, München 1965, 19 ff.; H. Deschryver, La parabole du juge malveillant (Luc 18,1–8), RHPhR 48, 1968, 355–366; W. Grundmann, Das Evangelium nach Lukas, ThHK 3, Berlin 1969²·⁵, 345 ff.; G. Delling, Das Gleichnis vom gottlosen Richter, in: Ders., Studien zum Neuen Testament und zum hellenistischen Judentum. Ges. Aufsätze 1950–1968, 203–225, Berlin 1970; Harnisch, Ironie 430 ff.; G. Stählin, Das Bild der Witwe. Ein Beitrag zur Bildersprache der Bibel und zum Phänomen der Personifikation in der Antike, JAC 17, 1974, 5–20; G. Schneider, Parusiegleichnisse im Lukas-Evangelium, SBS 74, Stuttgart 1975, 71 ff.; H. Zimmermann, Das Gleichnis vom Richter und der Witwe (Lk 18,1–8), in: Die Kirche des Anfangs (Festschr. H. Schürmann), EThSt 38, 79–95, Leipzig 1977; G. Schneider, Das Evangelium nach Lukas. Kap. 11–24, ÖTK 3/2, Gütersloh-Würzburg 1977, 359 ff.; I. H. Marshall, The Gospel of Luke. A Commentary on the Greek Text, Exeter 1978, 669 ff.; Weder, Gleichnisse Jesu 267 ff.; Flusser, Gleichniserzähler Jesus 85 ff.; E. Schweizer, Das Evangelium nach Lukas, NTD 3, Göttingen 1982, 184 ff.

[22] Vgl. K. Bornhäuser, Studien zum Sondergut des Lukas, Gütersloh 1934, 161 ff.; F. Rehkopf, Die lukanische Sonderquelle. Ihr Umfang und Sprachgebrauch, WUNT 5, Tübingen 1959; G. Sellin, Lukas als Gleichniserzähler: die Erzählung vom barmherzigen Samariter (Lk 10,25–37), ZNW 65, 1974, 166–189 / 66, 1975, 19–60.

[23] Wenn auch die Lösungen im Einzelnen divergieren, so ist die Einsicht in diese Spannungen Konsens der Forschung; vgl. bereits D. F. Strauß, Das Leben Jesu, kritisch bearbeitet, Bd. 1, Tübingen 1840⁴, 627.

Gestalt einem längeren geschichtlichen Prozeß verdankt.[24] Brüche und Nahtstellen machen deutlich, daß auch dieser Text immer schon zur Sprache geronnene Geschichte ist:

– Bereits die doppelte Einleitung in 18,1 bzw. 18,2 bleibt als Indiz auffällig genug. Solche Dublette, wie sie in dem ἔλεγεν bzw. dem λέγων vorliegt, muß umso mehr beachtet werden, weil 18,1 mit dem Hinweis auf das Gebet ein Thema anspricht, das für die Ebene des Lukasevangeliums und der lukanischen Theologie insgesamt von erheblicher Bedeutung ist.[25] Nicht nur die Verbindung mit Lk 17, 22–37[26], sondern auch die Verzahnung mit 18,9 ff.[27] führen diesen Zusammenhang im unmittelbaren Kontext deutlich vor Augen.

– Aber auch 18,6 bezeichnet mit dem εἶπεν δὲ ὁ κύριος einen schon immer beachteten, literarisch auffälligen Einschnitt innerhalb der gegenwärtigen Gestalt des Textes. An die Parabel in 18,2–5 schließt sich | eine Deutung des Kyrios an, die in 18,6–8a zu einer theologischen Aussage führt und darin die Summe aus 18,2–5 ziehen möchte. Die Schwierigkeiten, mit denen vor allem 18,7b das Verständnis belastet, werden noch zu klären sein. Aber schon jetzt muß gefragt werden, ob die Interpretation von 18,6–8a insgesamt alle Schattierungen des Bildes angemessen wiedergibt und im intensiven Rekurs auf das Motiv des Rechtschaffens sachgemäß vorgeht. Zudem hat der Einschnitt von 18,6 innerhalb des lukanischen Sondergutes in 16,8 eine unmittelbare, stilistische Parallele, deren textgeschichtliche Probleme immerhin als vergleichbar erscheinen.

– Schließlich beginnt mit 18,8b inhaltlich noch einmal ein neues Thema[28]: an die Stelle Gottes tritt jetzt das Handeln des kommenden Menschensohns. Der Text nimmt mit diesem Hinweis nicht nur Lk 17,22–37[29] wieder auf, sondern appelliert in der Frage nach dem Glauben unmittelbar an die Leser und leitet so pointiert in ihre Lebenswelt über.

Wenn an diesen drei Punkten innerhalb von Lk 18,1–8 zunächst die geschichtliche Tiefenschärfe des Textes aufscheint, so weist dies durch-

---

[24] Jülicher, Gleichnisreden II,290.

[25] Vgl. Ott, Gebet und Heil 19 ff.; Zimmermann, Gleichnis 79.

[26] O. Merk, Das Reich Gottes in den lukanischen Schriften, in: Jesus und Paulus (Festschr. W. G. Kümmel), 201–220, Göttingen 1978², 217.

[27] E. Klostermann, Das Lukasevangelium HNT 5, Tübingen 1929², 177; Flusser, Gleichniserzähler Jesus 87.

[28] Anders z. B. Delling, Vom gottlosen Richter 220 f.: „Der formale Subjektwechsel . . . ist kein sachlicher und vollends kein Hinweis auf verschiedene Hände; Gott erfüllt die Bitte um sein richtendes Handeln durch die Sendung des Menschensohnes . . .“

[29] Zimmermann, Gleichnis 94.

aus noch nicht den Weg zu einer eindeutigen, unzweifelhaften Erklärung des Beobachteten. Dennoch kann eine Analyse, die auf diese Klippen achtet, größere historische Wahrscheinlichkeit für sich beanspruchen als die Behauptung, der Text sei ausschließlich und zureichend in seiner jetzt vorliegenden Gestalt der Interpretation zugrundezulegen:

Dies bedeutet, daß 18,1 mit dem betonten Hinweis auf die Thematik des Betens redaktionell die lukanische Intention wiedergibt[30]; ähnliches trifft für die Verbindung zwischen dem Kommen des Menschensohns und dem Glauben der Gemeinde (18,8b) zu.[31] Für beide Annahmen spricht neben der nahtlosen Übereinstimmung mit den sonstigen Aussagen lukanischer Theologie und der engen Verzahnung mit dem unmittelbaren Kontext auch die Inkohärenz gegenüber der Thematik von | 18,2–5.6–8a[32]: weder ist der Hinweis auf das anhaltende Gebet noch die Person des Menschensohns der Parabel schlüssig zu entnehmen.[33]

Ungleich schwieriger erscheint demgegenüber eine akzeptable Erklärung des Neueinsatzes in 18,6–8a. Daß 18,2–5.6–8a insgesamt vorlukanisch sein dürfte, wird durch die Parallele in 16,1–8.9ff. bewiesen.[34] Dort macht die Spannung zwischen Gleichnis (16,1–7) und Deutung 16,8) auf der einen und den lukanischen Zusätzen (16,9ff.) auf der anderen Seite deutlich, daß Lukas 18,6–8a jedenfalls als Bestandteil der ihm vorliegenden Überlieferung gekannt hat.[35] Dies präzisiert das Problem für 18,1–8a: bei einem vorlukanischen Charakter dieser Verse[36] wird zu fragen sein, ob 18,2–5 jemals isoliert bestanden haben kann

---

[30] Auch dies ist Allgemeingut in der Erforschung der Einheit; vgl. z. B. Ott, Gebet und Heil 19.

[31] Jedoch erscheint das Urteil hier nicht so gesichert wie bei 18,1; vgl. etwa Weder, Gleichnisse 269, der mit einer schon vorlukanischen Redaktion in 18,8 rechnet. Aber die Parallelität zu 17,22–37 und 21,36 belegt – jenseits der Traditionalität des Gedankens – die Nähe zur lukanischen Intention; vgl. H. E. Tödt, Der Menschensohn in der synoptischen Überlieferung, Gütersloh 1963², 92; Zimmermann, Gleichnis 94.

[32] R. Geiger, Die lukanischen Endzeitreden. Studien zur Eschatologie des Lukas-Evangeliums, EHS XXIII/16, Frankfurt/M. – Bern 1976², 20ff.

[33] Vgl. auch R. Bultmann, Die Geschichte der synoptischen Tradition, FRLANT 12, Göttingen 1970⁸, 189.

[34] F. Katz, Lk 9,52–11,36. Beobachtungen zur Logienquelle und ihrer hellenistisch-judenchristlichen Redaktion, Diss.theol., Mainz 1973, 149ff. hält deshalb sogar die Vermutung für möglich, daß beide Gleichnisse derselben Quelle entnommen sind. Auch wenn dies nicht zwingend erscheint, so behält seine Beobachtung dennoch Gewicht (149): „Bezeichnenderweise ist mit dieser sprachlichen Gemeinsamkeit auch jeweils die Kyrios-Bezeichnung verknüpft, und zwar finden sich diese beiden Symptome jeweils in der Anwendung des Gleichnisses, die auf vorlukanische Tradition zurückgeht."

[35] Weder, Gleichnisse Jesu 268, A.129.

[36] Für eine lukanische Redaktion bereits in 18,6–8a.b plädiert hingegen z. B. Ott, Gebet und Heil 34ff., der deshalb auch in der Kyrios-Bezeichnung von 18,6 keine vorlk Eigentümlichkeit zu sehen vermag.

oder immer schon der Deutung von 18,6–8a bedurfte.[37] Für beide Positionen lassen sich gute Gründe anführen:

18,2–5 als eigenständige Einheit wäre in der Tat außerordentlich knapp[38], und die isolierte Existenz dieser Verse erscheint deshalb als nur schwer vorstellbar.[39] Auf der anderen Seite ist der sekundäre Charakter der Hinzufügung von 18,6–8a vor allem im Blick auf den Kyrios-Titel[40] und die Spannung zwischen Bild und Deutung doch so auffällig, daß der Schluß auf eine textgeschichtlich erst spätere Stufe kaum zu vermeiden ist.[41] Auch die Parallelität zwischen 18,6–8a und 16,8[42] bzw. 11,8[43] spricht eher für als gegen das spätere Hinzuwachsen der Deutung.[44] Selbst wenn die Schwierigkeiten eines solchen Zirkelschlusses zugegeben werden, so bleibt zudem das inhaltliche Argument gewichtig genug: 18,6–8a verfährt gegenüber der Vielschichtigkeit der Parabel (18,2–5) selektiv und greift mit dem Motiv der ἐκδίκησις und der Beziehung der Gestalt des Richters auf Gott nur bestimmte Einzelzüge auf.[45]

Wenn aber Lk 18,2–5 als Ausgangspunkt der Textgeschichte hypothetisch zugrundegelegt wird[46], so sollen damit die Schwierigkeiten der getroffenen Entscheidung nicht überspielt oder gar geleugnet werden, sie bleiben vielmehr Bestandteil der Analyse, die darin offen und umkehrbar ist. Auch in dieser methodischen Einsicht liegt ein zusätzliches Indiz für 18,2–5 als dem Einsatz der textgeschichtlichen Entwicklung; denn diese Hypothese wahrt am stärksten den offenen, vielschichtigen Charakter der Gleichnisverkündigung Jesu.[47]

Dies bedeutet: die Textgeschichte von Lk 18,1–8 beginnt mit der Parabel in 18,2–5[48]; ihr ist dann sekundär, aber noch vor Lukas eine erste

---

[37] J. Wellhausen, Das Evangelium Lucae, Berlin 1904, 98: „Die Fabel läßt sich ohne das folgende Epimythion gar nicht begreifen."

[38] W. G. Kümmel, Verheißung und Erfüllung. Untersuchungen zur eschatologischen Verkündigung Jesu, AThANT 6, Zürich 1953², 52 f.

[39] Weder, Gleichnisse Jesu 268.

[40] F. Hahn, Christologische Hoheitstitel. Ihre Geschichte im frühen Christentum, FRLANT 83, Göttingen 1965³, 89.

[41] Bultmann, Synoptische Tradition 189.

[42] Vgl. Katz, Lk 9,52–11,36 149.

[43] Jeremias, Gleichnisse Jesu 155.

[44] Methodisch sinnvoll Harnisch, Ironie 431: „Da sich gegen die Ursprünglichkeit der Anwendung V.6–8a gewichtige Argumente anführen lassen, beschränke ich mich zunächst auf eine Analyse der VV.2–5, die den eigentlichen Parabelkern bilden."

[45] Vgl. Linnemann, Gleichnisse 185 f.

[46] H. J. Holtzmann, Die Synoptiker, HC I,1, Tübingen 1901³, 396.

[47] Harnisch, Ironie 431 f. Daß solche Vermutung durch die Interpretation einzulösen bleibt, bedarf keiner weiteren Begründung.

[48] Hahn, Hoheitstitel 89; Geiger, Lukanische Endzeitreden 20.

Deutung in 18,6–8a hinzugewachsen. Lukas hat das ihm vorliegende Traditionsstück 18,2–8a durch die Interpretamente in 18,1 bzw. 18,8b in den näheren Kontext von 17,22–37 und 18,9 ff. und darüber hinaus in das Ensemble seiner Theologie eingefügt.

Noch weitergehende Rekonstruktionen der Textgeschichte dürften die Schwierigkeiten eher verstärken: E. Schweizer[49] rekonstruiert eine Urform in 18,2–5.7a.8a, von der die Zwischenstufe 18,2–5.6.7a.b.8a.b abgehoben werden kann, während auf die lukanische Redaktion allein 18,1 zurückzuführen ist.[50] Für eine solche Hypothese[51] spricht, daß damit die Problematik von 18,6 auf der ältesten Stufe vermieden wird (und auf diese Weise eine Parallele zu 11,5–8 vorliegt). Dennoch bleiben Zweifel bestehen: neben der prinzipiellen Unwahrscheinlichkeit eines so komplizierten Textprozesses, erscheint die postulierte Einheit 18,2–5.7a.8a als in sich wenig geschlossen. Vor allem der Übergang von 18,5 zu 18,7a bleibt hart, der Wechsel vom inneren Monolog des Richters zur Erklärung Jesu muß überraschen[52].

2.

Wenn so am Beginn der Textgeschichte die Parabel[53] in Lk 18,2–5 steht, dann hat auch die inhaltliche Interpretation sich zunächst und vor allem an diesen Versen zu orientieren; sie darf nicht a priori schon auf die in 18,6–8a bzw. 18,1.8b gegebene Deutung ausweichen und sie als sachgemäß eigenem Verständnis substituieren. Auf den ersten Blick handelt es sich bei 18,2–5 um eine durchaus alltägliche, eindeutige Geschichte[54]:

Ein Richter, dessen Existenz negativ charakterisiert und beurteilt wird (er fürchtet Gott nicht und nimmt auf die Menschen keinerlei Rücksichten[55]), und eine Witwe treffen in einer Stadt aufeinander. Die

---

[49] Schweizer, Evangelium nach Lukas 184 ff., bes. 186.

[50] Schweizer, a.a.O. 186.

[51] Dies bedeutet (Schweizer 185): „Die älteste Form des Gleichnisses gipfelte in dem ‚wieviel mehr‘. Sie schärfte die Gewißheit ein, daß Gott die Bitten der bedrängten ‚Witwe‘, also seiner Gemeinde, die um das Kommen des Reiches bittet, erhört."

[52] Weder, Gleichnisse Jesu 269 betrachtet 18,2–7 als in sich geschlossene Einheit und sieht in V.7fin.8 eine vorlukanische Kommentierung (18,1 geht auf Lukas zurück). Aber auch dies erscheint nicht als zwingend, weil der Einschnitt 18,6 auch dann als Problem bestehen bleibt.

[53] Zur Kennzeichnung als Parabel vgl. E. Fuchs, Hermeneutik, Bad Cannstatt 1958², 224.

[54] Jeremias, Gleichnisse Jesu 154 ff.

[55] Insofern trifft die Charakteristik von 18,6 mit dem κριτὴς τῆς ἀδικίας das Richtige; dazu vgl. F. Büchsel, Art. κρίνω κτλ·, ThWNT 3,920–955, 944, A.2.

Frau verlangt vom Richter, er solle ihr gegenüber einem Widersacher
Recht verschaffen. Kaum noch läßt sich ausmachen, worum es juri-
stisch bei dieser Angelegenheit ging; deshalb erscheinen auch alle Spe-
kulationen müßig, die den Inhalt der Auseinandersetzung näher beschreiben möchten.[56] Die Erzählung verweigert darauf die Antwort,
und dies trifft auch für die Identität des Widersachers der Witwe zu.
Der Fortgang der Parabel hängt davon ab, daß der Richter sich geraume Zeit (ἐπὶ χρόνον) der Bitte um Rechtshilfe verschließt. Erst als
die Beharrlichkeit der Frau nicht nachläßt und ihm die fortdauernde
Mühe lästig zu werden beginnt, gibt er nach. Eine einfache, einsichtige,
eben alltägliche Geschichte – dies gilt aber nur solange, wie das Auge
des Betrachters das sachlich und literarisch angelegte Konfliktpotential
des Textes bloß streift. Bei genauerem Hinsehen treten die Konturen
schärfer hervor:

Da ist etwa der kunstvoll aufgebaute, innere Monolog des Richters[57],
sein Überlegen und zögerndes In-sich-gehen, das dem Ganzen spieleri-
sche Züge verleiht.[58] Vor allem aber fällt auf, wie sehr die beiden Personen der Einheit in ihrem Gegen- und Miteinander die Darstellung glie-
dern und zugleich vorantreiben. Dies betonen auch die Züge des
Burlesken[59], ja Komischen: in der Sprache kehrt der Ernst des Gerichts-
verfahrens durchaus nicht wieder. Daß der Richter sich vor dem Schlag
unters Auge fürchten muß – mag dies nun übertragen[60] oder reali-
stisch[61] zu erklären sein –, löst die literarische Spannung in einem be-
freienden Lachen auf.[62] Dies schließt in sich, daß die alltägliche Wirklichkeit und ihre Erfahrung durch das erzählerische Medium ästhetisch

---

[56] Vgl. J. D. M. Derrett, Law in the New Testament: The Parable of the Unjust Judge,
NTS 18, 1971/72, 178–191.

[57] Beobachtungen hierzu schon bei C. Weizsäcker, Untersuchungen über die evangelische Geschichte, ihre Quellen und den Gang ihrer Entwicklung, Gotha 1864, 209 f.

[58] G. Eichholz, Das Gleichnis als Spiel, in: Ders., Tradition und Interpretation. Studien zum Neuen Testament und zur Hermeneutik, ThB 29, 57–77, München 1965, 61;
Eichholz verweist für das lukanische Sondergut noch auf 12,16 ff.; 15,11 ff.; 16,1 ff. und
18,9 ff.

[59] Vgl. L. Ragaz, Die Gleichnisse Jesu. Seine soziale Botschaft, Hamburg 1971, 158;
Harnisch, Ironie 433.

[60] Jeremias, Gleichnisse Jesu 153: ,durch Quengelei fertig machen'; K. Weiß, Art.
ὑπωπιάζω, ThWNT 8, 588–590, 589, 13 ff.: ,bloßstellen, aufreiben'; Derrett, Law in the
New Testament 189 ff.: ,das Gesicht verlieren'.

[61] So Weder, Gleichnisse Jesu 270, A.139. Vom Gefälle des Textes her könnte diese
Auffassung wahrscheinlicher sein; aber der Ausdruck könnte zugleich auch die übertra-
gene Verstehensnuance implizieren.

[62] J. Weiß-W. Bousset, Das Lukasevangelium, SNT 1,392–511, Göttingen 1917³, 450;
E. Biser, Die Gleichnisse Jesu. Versuch einer Deutung, München 1965, 63.

zutiefst verfremdet wird. Dazu gehören auch die holzschnittartige Hervorhebung der beiden Hauptpersonen[63] – *der* Richter, *die* Witwe[64] – und die zurückhaltende Schilderung des Handlungsablaufs, die eher ausspart als beschreibt und darin das soziale Umfeld der beiden Personen und ihres Konfliktes nur ganz vorsichtig andeutet.[65] Natürlich bleibt zu bedenken, daß in Lk 18,2–5 der gesellschaftlich Stärkere unterliegt[66] und die Erzählung daraus eine zusätzliche Pointe gewinnt. Aber dies bewegt sich doch im wesentlichen noch auf der literarischen Ebene; bedeutsam hierfür erscheint sicher auch der Schluß, der im Monolog des Richters den Ausgang mehr offenhält als daß er ihn benennt. In solcher Zurückhaltung greift er unmittelbar in die Wirklichkeit der Hörer über[67], um bei ihnen so die Arbeit der Phantasie und des Schöpferischen freizusetzen. Sie sind dadurch unmittelbar in das Geschehen einbezogen[68], und die Brücke zu ihrer eigenen Wirklichkeit wird geschlagen.[69]

Allerdings nötigt gerade dieser offene Schluß nicht nur gegenwärtigem Rechtsbewußtsein und Erfahrung Zweifel ab[70]; auch alle Bemühungen, solchen Ausgang durch Parallelen aus der Jurisdiktion oder Alltagswelt der damaligen Zeit wahrscheinlicher zu machen, treffen den Text in seiner erzählerischen Prägnanz nicht[71], sie gehen an seiner Intention vorbei. Daß ein Richter, der Gott nicht fürchtet und auf die Menschen keine Rücksicht nimmt, aus Angst vor einem ‚blauen Auge‘ ausgerechnet der Beharrlichkeit einer Witwe nachgegeben haben sollte, dies kann und darf der Hörer der Parabel gerade nicht für selbstverständlich oder gar alltäglich halten.[72]

---

[63] Weder, Gleichnisse Jesu 270.

[64] Insofern treffen die Beobachtungen von G. Stählin, Bild der Witwe zu (7 ff.), es handle sich immer schon um ein stehendes Bild. Ob dies allerdings auf die Jüngergemeinde zu deuten ist (19), und man sogar von allegorieartigen Zügen sprechen kann (7), bleibt jedoch sehr zweifelhaft.

[65] Vgl. Berger, Materialien 33 ff., der die traditionelle Topik von 18,1–8 betont. Daraus ergibt sich in der Tat eine gewisse Unabhängigkeit von der konkreten sozialen Situation des Entstehens. Aber die traditionsgeschichtlichen Nachweise Bergers bleiben strittig (dies gilt z. B. vom Hinweis auf Hermas, vis. 3,3.1 f.), und über die Funktion der Topik im gegenwärtigen Zusammenhang ist damit noch nichts ausgesagt.

[66] Harnisch, Ironie 433.

[67] Vgl. für Lk 18,9 ff. Schottroff, Pharisäer und Zöllner 461.

[68] Vgl. die außerordentlichen Bemerkungen bei Funk, Language, Hermeneutic, and Word of God 142 ff.

[69] Funk, a.a.O. 143.

[70] Gegen Derrett, Law in the New Testament.

[71] Harnisch, Ironie 431.

[72] Harnisch, Ironie 431: „Die Erzählung verweist nicht auf eine tatsächliche Begebenheit, wie man gelegentlich meint.“

Auch hierin erscheint die Wirklichkeit, von der sich der Stoff der Einheit nährt und von der sie ausgeht, als eigentümlich aufgerauht, in ihren Widersprüchen freigelegt und in ihren Hintergründen erhellt. Aus solcher Spannung zwischen Wirklichkeitserfahrung *und* ihrer Verfremdung, wie sie konstitutiv der Metapher zugehört[73], entsteht der eigentliche Reiz von Lk 18,2–5, ohne daß solche Einsicht allerdings bereits das Verständnis des Textes sicherstellte. Sofern die Auslegung nicht von vorneherein in 18,6–8a die ursprüngliche Absicht zu erkennen meinte[74] oder die lukanische Aussage von 18,1 (bzw. 18,8b) als sachgemäße Deutung akzeptierte[75], sah sie sich deshalb erheblichen Schwierigkeiten konfrontiert: |

Methodisch hat sogar die Vermutung R. Bultmanns, der ursprüngliche Text sei in seiner Intention gegenwärtig nicht mehr zu erhellen[76], durchaus Vorteile. Sie muß die bestehende Dunkelheit und Doppelbödigkeit von 18,2–5 der eigenen Deutung nicht schon als Inhalt vorgeben. Diese Hypothese verdient jedenfalls den Vorzug gegenüber einer Erklärung der Parabel im Sinne jener einfachen Satzwahrheit, daß anhaltendes Bitten und dauerndes Gebet letztlich helfen wird[77], daß Geduld doch endlich zum Ziele führt. Bleibt hier nur noch fraglich, ob es sich um ein allgemeines oder um ein auf das Reich Gottes ausgerichtetes Bitten handelt[78], so bringt ein solcher Satz zwar den Text auf einen einsichtigen, eindeutigen Begriff[79], aber er würdigt seine ästhetische Vielfalt zum reinen Illustrationsmaterial herab. In solchem Verlust seiner erzählerischen Autonomie wird die Welt seiner Bilder und seiner Metaphern nicht wirklich betreten.[80] Dies mahnt aber auch zur Vorsicht gegenüber Erklärungen, die sich allein an bestimmten Einzelmotiven orientieren (wie der Ungerechtigkeit des Richters oder der Beharrlichkeit der Witwe, der Beziehung zwischen den beiden Akteuren und

---

[73] E. Jüngel, Metapher 119.

[74] So z. B. Stählin, Bild der Witwe 20.

[75] Vgl. Weder, Gleichnisse Jesu 270 f.

[76] Bultmann, Synoptische Tradition 216; ähnlich (wenn auch mit anderen Konsequenzen) Delling, Vom gottlosen Richter 206.

[77] Seit Jülicher, Gleichnisreden II,288 ein gängiges Modell der Interpretation.

[78] Wellhausen, Evangelium Lucae 98: „Das Gebet, in dem man beständig anhalten soll, hat nämlich keinen beliebigen Inhalt . . ., sondern den bestimmten und gleichbleibenden Inhalt: dein Reich komme."

[79] Jülicher, Gleichnisreden II,288 f. bestimmt das Ziel der Einheit im *Veranschaulichen* der Erhörungsgewißheit für unaufhörliches Gebet; vgl. auch Weiß-Bousset, Lukasevangelium 450.

[80] Funk, Language, Hermeneutic, and Word of God 152 ff.; Harnisch, Analogie 1 ff.

dem letztendlichen Nachgeben des sozial Einflußreichen[81]). Aber auch die Hypothese, die den Text konsequent aus einer bestimmten Situation der jesuanischen Verkündigung herleitet[82] und darin sein Verständnis begründet, führt nicht weiter, weil sie faktisch zu noch zweifelhafteren Konstruktionen[83] nötigt.[84] |

Eine der Parabel Lk 18,2–5 angemessene Deutung sollte sich angesichts der Interpretationsprobleme auf zwei Überlegungen stützen und sie betont in den Mittelpunkt rücken[85]:

Zunächst stellt auch dieser Text eine selbständige, in sich geschlossene ästhetische Einheit dar, eine Welt für sich, in der nicht so sehr argumentiert[86] oder pädagogisch überzeugt[87] als vielmehr durch die Kraft der Sprache die Einsicht in eine tiefere, genauere Wahrheit hergestellt werden soll.[88] Wer sie deshalb nur begrifflich entziffert und so auf eine andere, praktikablere Ebene überführen will, dem entzieht sie sich und dem bleibt sie verschlossen. Wenn die Parabel bei diesem Vorgehen ihr Geheimnis behält oder gerade erst zum Geheimnis wird, dann bedeutet es positiv, daß sie als Ensemble in der Vielfalt ihrer erzählerischen Beziehungen die Deutung *ist.* Jüngels grundsätzliche Beobachtung zu den Gleichnissen gilt auch für Lk 18,2–5[89]: „Im Gleichnis spitzt sich die Sprache so zu, daß das, wovon die Rede ist, in der Sprache selbst konkret wird und eben dadurch die Angesprochenen in ihrer eigenen Existenz neu bestimmt."

Dies heißt aber zugleich: Lk 18,2–5 bringt so – und nur so – die βασιλεία τοῦ θεοῦ zur Sprache.[90] Auch diese Parabel ist (nach der For-

---

[81] Daß allerdings ein solches Ausgehen von Einzelmotiven schon früh einsetzt, zeigt die Wirkungsgeschichte von 18,2–5.

[82] So vor allem Delling, Vom gottlosen Richter 203 ff.

[83] Delling, Vom gottlosen Richter 222: „... ist es keine Frage, daß ihre (scil. der Perikope) Aussagen zuerst in eine in Palästina gegebene Situation hineingesprochen sind; daß die Auserwählten Jesusgläubige sind, wird üblicherweise als selbstverständlich vorausgesetzt. Die Aussagen lassen sich indessen auch als von Jesus an jüdische Fromme gerichtet verstehen; sie erhalten dadurch sogar eine besondere Geprägtheit."

[84] Auf der anderen Seite läßt sich allerdings auch die Behauptung, es handle sich um ein Prophetenwort, das im Namen Jesu an die Gemeinde gerichtet sei (so Linnemann, Gleichnisse 128), durch nichts beweisen.

[85] Zum Folgenden vgl. vor allem E. Jüngel, Gott als Geheimnis der Welt. Zur Begründung der Theologie des Gekreuzigten im Streit zwischen Theismus und Atheismus, Tübingen 1977, 383 ff.

[86] Harnisch, Analogie 1.17.

[87] Crossan, Parable and Example 305 f.

[88] Crossan, Parable and Example 306.

[89] Jüngel, Gott als Geheimnis der Welt 400.

[90] Jüngel, Paulus und Jesus 138 f.

mulierung H. Weders[91]) ein Ereignis der Nähe der Gottesherrschaft, und der Kompaß der Eschatologie pendelt auch hier die Nadel des Verstehens ein.[92] Wenn die βασιλεία τοῦ θεοῦ im Gleichnis als Gleichnis zur Sprache kommt[93], dann gilt begrenzt sogar, daß sie Sprache ist.[94] Lk 18,2–5 bleibt deshalb als Ganzes, als kühne Metapher und im strukturellen Geflecht seiner Textur Ereignis des Reiches Gottes. Gerade darin wird es zur eschatologischen, den Hörer überführenden Wahrheit.[95]

Gegenüber der Einseitigkeit, mit der die jesuanische Verkündigung der Gottesherrschaft als exklusiver Interpretationsrahmen der Gleichnisse betont wird, bleibt die Gefahr der Tautologie zu bedenken: weil in den Gleichnissen von der βασιλεία τοῦ θεοῦ gesprochen wird, läßt sich ihre Gegenwart in ihnen auch nachweisen. Es muß deshalb geprüft werden, ob nicht innerhalb eines solchen Kontextes weiter differenziert werden kann.[96] Denn auch wenn notwendig von der Gottesherrschaft die Rede ist[97], so läge dann in der jeweiligen Parabel doch eine je eigene Konkretisierung solcher Verkündigung vor. Dies könnte zwar der Vielfalt der Gleichnissorten gerecht werden, aber die faktische Durchführung dieses Programms stößt doch bei Lk 18,2–5 auf nicht unerhebliche Schwierigkeiten. Zwar läßt sich mit Harnisch daran erinnern[98], daß in der Verkehrung und Verfremdung der alltäglichen Wirklichkeit diese βασιλεία τοῦ θεοῦ eindeutig und unzweifelhaft wird. Insofern wird man es nicht für zufällig halten dürfen, daß der Richter als der vermeintlich Mächtigere gegenüber der Witwe zum Unterlegenen wird; aber daß Lk 18,2–5 metaphorisch damit der in Mt 5,6 angesprochenen Sache des Hungers nach der Gerechtigkeit entspricht[99], läßt sich nicht ohne Zögern bejahen.[100] Auch wenn man Stoffauswahl und Akteure in die Überlegungen einbeziehen muß, so bleibt doch daran zu erinnern, daß die Parabel Lk 18,2–5 primär in ihrer sprachlichen Gestalt Ansage und Gegenwart des Reiches Gottes ist.

---

[91] Weder, Gleichnisse Jesu 272.
[92] Link, Welt als Gleichnis 288 ff.
[93] Weder, Gleichnisse Jesu 60 ff.
[94] Weinrich, Sprache in Texten 295 ff.
[95] Jüngel, Gott als Geheimnis der Welt 402.
[96] Sellin, Allegorie 313 ff.
[97] Sellin, Allegorie 320 f.
[98] Harnisch, Ironie 433 ff.
[99] Ähnlich bereits (B. Weiß) – J. Weiß, Die Evangelien des Markus und Lukas, KEK I,2, Göttingen 1892[8]; dann Harnisch, Ironie 434: „Könnte nicht gerade ein Wort wie Mt 5,6 . . . als die eigentliche Sachhälfte von Lk 18,2–5 gelten?"
[100] Vgl. Harnisch, Analogie 15 f.

Ein solches Verständnis von Lk 18,2–5 gewinnt Profil durch zwei
weitere Texte des lukanischen Sondergutes:
Vor allem *Lk 11,5–8*[101] läßt sich entgegen allen Zweifeln[102] als unmit-
telbare, sachliche Parallele zu 18,2–5 interpretieren.[103] Auch wenn |
beide Parabeln ihre eigene Kraft entfalten[104], so bleibt ihre Nähe in
der Sache eindeutig.[105] Der Einwand, Lk 11,5–8 gehöre zur Gruppe
der τίς ἐξ ὑμῶν˚ – Gleichnisse[106] und unterscheide sich darin formal
charakteristisch von 18,2–5, macht gerade auf Interpretationsprobleme von 11,5–8 aufmerksam. Denn trotz der Einleitung mit τίς ἐξ
ὑμῶν 11,5 fällt auf Grund des differierenden Subjektes in 11,8[107] der
Text letztlich aus der Gruppe dieser Gleichnisse heraus[108], zumindestens werden seine traditionsgeschichtlichen Probleme deutlich. Die
Parabel in 11,5–7 selbst ist eindeutig und klar: ihre erzählerische
Struktur ist 18,2–5 unmittelbar benachbart.[109] Dies gilt für die Gegenüberstellung der beiden handelnden Personen, dies trifft auf die
Form des inneren Monologs in 11,7 zu (der allerdings mehr extro-
vertiert erscheint), es gilt schließlich auch für die komischen Züge
der Einheit. Die Schwierigkeit in 11,8 (διά γε τὴν ἀναίδειαν)[110] wird
von 18,2–5 aus einsichtiger, wenn auch nicht unbedingt erklärbar:
hier wie dort schließt die Parabel mit einem offenen, am Hörer orientierten Appell. Die Aussage 11,8 präzisiert dies, wobei zu fragen
bleibt, wessen ἀναίδεια gemeint ist: steht der Gebetene auf, weil der
Freund so beharrlich an die Tür pocht[111], oder gibt er nach, weil er
sich schämen müßte, wenn er dem Freund nicht helfen würde.[112] Für

---

[101] Zu Lk 11,5–8 vgl. Jülicher, Gleichnisreden II,268 ff.; Jeremias, Gleichnisse Jesu
157 ff.; Jüngel, Paulus und Jesus 155 ff.; Ott, Gebet und Heil 99 ff.; E. Güttgemanns,
Struktural-generative Analyse der Parabel „Vom bittenden Freund" (Lk 11,5–8), LingBibl
2, 1970, 7–11; W. Magaß, Zur Semiotik der erzählten Indezenz, LingBibl 2, 1970, 3–7;
Marshall, Gospel of Luke 462 ff. (Lit.).
[102] So vor allem Weder, Gleichnisse Jesu 270.
[103] Zur Parallelität beider Texte vgl. nur (bei unterschiedlicher Begründung im Einzelnen) Holtzmann, Synoptiker 395 ff.; Jülicher, Gleichnisreden II,283; Ragaz, Gleichnisse
Jesu 157 ff.; G. Eichholz, Gleichnisse der Evangelien. Form, Überlieferung, Auslegung,
Neukirchen-Vluyn 1971, 111; W. Schmithals, Das Evangelium nach Lukas, ZBK 3.1, Zürich 1980, 178.
[104] Weder, Gleichnisse Jesu 270.
[105] Jeremias, Gleichnisse Jesu 155.
[106] Vgl. H. Greeven, „Wer unter euch . . .?", WuD 3, 1952, 86–101.
[107] Diese Differenz wird in der Interpretation des Textes oft zu wenig beachtet!
[108] Greeven, „Wer unter euch . . .?" 91 f. Ob sich daraus allerdings die Notwendigkeit
ergibt, eine ursprüngliche Gestalt des Gleichnisses anzunehmen, die den Angeredeten als
den Gewährenden kannte (Greeven 91), und so die Kongruenz mit den anderen Gleichnissen herzustellen, ist fraglich. Wahrscheinlicher dürfte die Sekundarität der Einleitung
in 11,5 sein.
[109] Ott, Gebet und Heil 19 ff.
[110] Marshall, Gospel of Luke 464 f.
[111] Diskussion der Möglichkeiten bei Jülicher, Gleichnisreden II,268 ff.; Jeremias,
Gleichnisse Jesu 157 ff.
[112] Jeremias, Gleichnisse Jesu 158; Jüngel, Paulus und Jesus 156.

beide Möglichkeiten läßt sich argumentieren; wahrscheinlicher ist
wohl, daß von den Motiven des Gebetenen[113] und nicht von der
Dringlichkeit des Bittenden gesprochen werden soll.[114] Entscheidend
ist, daß 11,5–8 als selbständige Einheit[115] die Gottesherrschaft zur
Sprache bringt und darin 18,2–5 unmittelbar nahe kommt, ohne daß
dies notwendig zu literarkritischen Urteilen[116] führen muß.[117]
Aber auch in *Lk 16,1–7.8.9* hat 18,2–5 – über die Parallele zwischen
16,8 und 18,6 hinaus[118] – Entsprechungen.[119] Zwar erweist sich die
traditions- und redaktionsgeschichtliche Analyse[120] von 16,1 ff. als
diffizil, wobei möglicherweise von der textgeschichtlichen Priorität
der Einheit 16,1–7 auszugehen ist.[121] Wieder fällt jedoch die Verfremdung der Wirklichkeit, der innere Monolog, die Konzentrierung
auf zwei Personen und die List des Unterlegenen auf.[122]

3.

Es wäre eine Illusion zu meinen, daß die so gefaßte text- und redaktionsgeschichtliche Rekonstruktion von Lk 18,1–8 und die Interpretation von 18,2–5 als dem Einsatz solcher Geschichte über die Möglichkeit zum Konsens hinaus unstrittig werden könnten. Hat dies in den

---

[113] Jüngel, Paulus und Jesus 156: „Um seiner selbst willen gibt der Gebetene dem Bittenden, was er braucht. Er mag nicht als schamlos dastehen, indem er sich der Verlegenheit des Nächsten entzieht oder verschließt."

[114] Die Doppeldeutigkeit des διά γε τὴν ἀναίδειαν ist jedoch kaum ein Zufall; daß in
einem textgeschichtlich späteren Stadium die Aussage stärker auf die Beharrlichkeit des
Bittenden zielte, läßt sich kaum ausschließen. Sie entspricht darin 18,6–8a.

[115] Magaß, Indezenz 3.

[116] Vor allem Ott, Gebet und Heil 19 ff. hat eine komplizierte Traditionsgeschichte beider Einheiten entworfen: Am Anfang steht nach seinem Verständnis 18,2–5; diese Parabel
zieht 11,5–7 an sich und interpretiert den Text durch 11,8, wobei 18,6–8a.b den gemeinsamen Abschluß bilden. „Es muß also, soll diese Zusammenstellung von 11,5–8;
18,2–5.6–7 überhaupt möglich und sinnvoll sein, in dieser Zusammenstellung ein Gedankengang vorliegen, für den 11,5-8 und 18,2-5 einerseits und 18,6 f. andererseits nicht nur
keinen Gegensatz bilden, sondern vielmehr . . . aufeinander bezogen sind." (61) Auf Lk
geht dann wesentlich die Trennung beider Parabeln und die neue Pointe für 11,5–8 zurück.

[117] Das Recht der Hypothesen bei Ott liegt in der bestehenden Parallelität beider
Texte, die schon immer literarkritische Operationen möglich erscheinen ließ. Dennoch
bleibt die Frage, ob die Traditionsgeschichte beider Einheiten literarkritisch aufgehellt
werden kann. Vgl. zur Kritik an Ott z. B. Marshall, Gospel of Luke 463.

[118] I. H. Marshall, Luke xvi.8 – Who Commended the Unjust Steward?, JThS 19,
1968, 617–619, 618.

[119] Zum Text vgl. Jülicher, Gleichnisreden II,495 ff.; V. Howard, Das Ego Jesu in den
synoptischen Evangelien. Untersuchungen zum Sprachgebrauch Jesu, MThSt 14, Marburg 1975, 215 ff.; Weder, Gleichnisse Jesu 262 ff. (Lit.).

[120] Dazu vor allem Weder, Gleichnisse Jesu 262 ff.

[121] Howard, Ego Jesu 215.

[122] Jülicher, Gleichnisreden II,509.

tatsächlichen Schwierigkeiten des Textes seinen Grund, so schärfen solche Probleme zugleich den Sinn für die Wirkungsgeschichte[123] der Einheit. Die Nötigung, die Vielfalt der anfänglichen Parabel eindeutig zu | machen und so sicherzustellen[124], erscheint als begreiflich; zudem ist zu bedenken, daß der Text selbst trotz aller Spannung zwischen Sprache und Wirklichkeit zur Praxis drängt.[125] Er bedarf gerade in seiner ästhetischen Autorität der handlungsorientierten Rezeption:

– Wenn die bisherige Analyse des Textes zutrifft, dann beginnt die Wirkungsgeschichte von 18,2–5 mit der Auslegung durch 18,6–8a[126]. Im Begriff der ‚Auserwählten‘[127] wird die Situation der endzeitlichen Gemeinde expliziert[128]. Die Beharrlichkeit der Witwe, die geradezu als Bild dieser Gemeinde sich verstehen läßt[129], kehrt im unaufhörlichen Rufen der Glaubenden wieder, die angesichts der eschatologischen Gefährdung auf Hilfe hoffen. Der Übergang von 18,2–5 zu 18,6–8a vollzieht sich unter Verwendung des Schlusses vom Leichteren zum Schwereren[130]: wenn schon der Richter den Bitten einer Witwe nachgibt, wird Gott erst recht und bald seiner Gemeinde Recht verschaffen und ihr im endzeitlichen Rechtsstreit beistehen. Diese theologische Einbindung des ἐκδίκησις – Motivs wird erleichtert durch die Rezeption eines überlieferten Topos: Gott ist derjenige, der für die Glaubenden Recht durchsetzt.[131]

Dieser Eindeutigkeit, mit 18,2–5 ausgelegt wird, widersetzt sich dann desto mehr 18,7b:

καί μακροθυμεῖ ἐπ᾽ αὐτοῖς;

Die Vershälfte hat eine wahre Fülle unterschiedlicher Lösungsversuche nach sich gezogen, wobei schon Textgestaltung und Übersetzung umstritten sind. Jedoch lassen sich die differierenden Hypothesen in zwei Hauptrichtungen typisieren: Einmal intendiert 18,7b mit der Rede

---

[123] Zur Wirkungsgeschichte von Lk 18,2–5.6–8 insgesamt vgl. R. Geiger, Lukanische Endzeitreden 20ff.; Weder, Gleichnisse Jesu 272ff.; E. Schweizer, Evangelium nach Lukas 184ff.

[124] Jüngel, Jesus und Paulus 139; Crossan, Parable and Example 304f.

[125] Jüngel, Gott als Geheimnis der Welt 403.

[126] Zu Lk 18,6–8a vgl. bes. Jülicher, Gleichnisreden II, 286ff.; Delling, Vom gottlosen Richter 216ff.; Schneider, Parusie-Gleichnisse 71ff.; J. Ernst, Herr der Geschichte. Perspektiven der lukanischen Eschatologie, SBS 88, Stuttgart 1978, 37ff.

[127] Vgl. G. Schrenk, Art. ἐκλεκτός, ThWNT 4, 186–197, 192f.

[128] Delling, Vom gottlosen Richter 216: „. . . Benennung derer, die auf Gottes eschatologisches Handeln hoffen, und denen Gottes Heilszusage gilt.“

[129] Stählin, Bild der Witwe 19.

[130] Weder, Gleichnisse Jesu 271ff.

[131] Vgl. Rm 12,19; dazu U. Wilckens, Der Brief an die Römer (Röm 12–16), EKK VI,3, Neukirchen-Vluyn 1982, 25f.

von der Langmut Gottes eine positive Aussage: Gott hat mit seiner Ge-
meinde Geduld.[132] Dabei macht es nicht viel aus, ob die Vershälfte dann |
als Aussage oder als eine angehängte[133] Frage interpretiert wird.[134]
Fraglich bleibt nur, in welchem konkreten Sinn sich diese Langmut der
Gemeinde gegenüber erweist.[135]

Der andere Erklärungsversuch, der auf Jülicher zurückgeht[136], will
das μακροθυμεῖν als Langmut Gott gerade nicht zuschreiben: auf die
Frage: ‚Sollte Gott aber seinen Auserwählten . . . nicht Recht verschaffen, sollte er ihnen gegenüber langmütig sein?‘[137] wird für die zweite
Fragehälfte ein emphatisches Nein erwartet. Solche Interpretation muß
allerdings eine gewisse Inkonsequenz im Satzbau auf sich nehmen[138]
und zudem mit einem relativ selbständigen Charakter der zweiten
Frage rechnen.[139]

Für diese zweite Lösung spricht vor allem die inhaltliche Schwäche
einer positiven Aussage göttlicher Geduld: 18,7b nimmt so das zurück,
was 18,7a mit dem Hinweis auf das Rechtshandeln Gottes in Kürze gerade gegeben hatte. Wichtiger noch erscheint der traditionsgeschichtliche Hintergrund des Motivs. Als Ausgangspunkt spielt Jesus Sirach 35,

---

[132] So z. B. Delling. Vom gottlosen Richter 218, A.76, der dann als Verständnis festhält: „. . . er (scil. Gott) übt ihnen gegenüber ja (tatsächlich) Langmut, sein Zögern ist . . .
zugleich ein gnädiges Zuwarten gegenüber seiner Gemeinde . . .“

[133] Th. Zahn, Das Evangelium des Lucas ausgelegt, KNT 3, Leipzig 1913[1.2], 609:
„Warum aber sollte an diesen Satz, auch wenn er in Form einer sich beantwortenden
Frage ausgesprochen ist, nicht mit einem ‚und‘ eine zweite Aussage über dasselbe Sub-
ject . . . angeschlossen werden können.“

[134] Dies kann dann im Einzelnen sehr unterschiedlich geschehen; vgl. die Erörterungen bei H. Riesenfeld, Zu μακροθυμεῖν (Lk 18,7), in: Neutestamentliche Aufsätze
(Festschr. J. Schmid), 214–217, Regensburg 1963. Riesenfeld schlägt als Übersetzung vor
(217): ‚Wird nicht Gott Recht . . . verschaffen seinen Auserwählten, die Tag und Nacht
zu ihm rufen, auch wenn (es so aussieht, als ob) er in bezug auf sie auf sich warten läßt.‘
Auch die sekundäre Lesart μακροθυμῶν besetzt den Gedanken positiv: Gott ist mit seinen Auserwählten geduldig.

[135] Bevorzugt wird zumeist ein positives Verständnis des Hinauszögerns: Gott gibt seiner Gemeinde noch eine Chance, wobei dann die Spannung zu 18,7a und 18,8a besonders schwer erträglich wird. Daß 18,7b von der Langmut gegenüber den Gottlosen redet,
ist aus der Traditionsgeschichte des Motivs eingetragen (gegen Grundmann, Evangelium
nach Lukas 348).

[136] Jülicher, Gleichnisreden II,287: „Der Verf. von 7b gibt also nicht einmal ein schein-
bares Zögern Gottes in Erhörung der Rachegebete seiner Frommen zu; entrüstet stellt er
die Frage: ist Gott ein μακροθυμῶν in Sachen seiner Getreuen?“

[137] Weder, Gleichnis Jesu 269, A.132. Weder übersetzt: ‚Und zieht er es lange hin bei
ihnen?‘

[138] Vgl. Wellhausen, Evangelium Lucae 98 f.

[139] Ernst, Herr der Geschichte 38: „Am einfachsten erklärt sich der Satz als Doppel-
frage, welche im ersten Teil die Antwort ‚natürlich ja‘ und im zweiten Teil ‚selbstverständlich nicht‘ erwarten läßt.“

16–23 eine Rolle.[140] In der Terminologie (Rolle der Witwe; Gott als derjenige, der Recht schafft; sein baldiges Eingreifen) ist eine Beziehung zu diesem Text kaum zu übersehen[141], aber es bleiben doch Unterschiede bestehen[142], über die Relation auf verwandte Traditionszusammenhänge geht die Parallelität kaum hinaus.[143]

Wohl aber spielt das Thema der Langmut Gottes[144], seiner eschatologischen Geduld, in anderen urchristlichen Texten eine wichtige Rolle (Rm 2,4[145], 2 Petr 3, Jak 5,7 ff.) und nimmt in ihnen einen Gedanken der nachalttestamentlichen, vor allem apokalyptischen Theologie auf.[146] In ihm wird erhofft, daß Gott seinem Volk noch eine letzte Chance[147] zur Umkehr und darin die Möglichkeit zur Besinnung[148] einräumt. Die Langmut Gottes wird in diesem Kontext durchaus positiv begriffen, das Hinauszögern des Endes ist ein Zeichen der göttlichen Barmherzigkeit.

Lk 18,7b interpretiert demgegenüber den Gedanken neu[149]: Weil Gott sich bald für seine ‚Erwählten‘ einsetzt und für sie Partei ergreift, ist auch die Zeit seiner Langmut vorüber.[150] Damit aber schlägt sich in der Auslegung 18,6–8a die ungebrochene, eschatologische Erwartung urchristlicher Gemeinden nieder. Sie verstehen die Parabel so, daß sie untrennbar bleibt von den eigenen Hoffnungen auf unmittelbare Befreiung aus den Leiden der Endzeit, gerade weil diese nur den ohnmächtigen Schrei der Bitte zu Gott als Helfer zulassen. Für die ‚Auser-

---

[140] Vgl. Jülicher, Gleichnisreden II,286; Riesenfeld, μακροθυμεῖν 214 ff.; Stählin, Bild der Witwe 5; Marshall, Gospel of Luke 675.

[141] Vgl. vor allem Riesenfeld, μακροθυμεῖν 216 f.

[142] Skeptisch Delling, Vom gottlosen Richter 217: „Trotz mehrerer Berührungen im Vokabular vermag Sir. 35,12–24 keine der Fragen von Lk. 18,1–8 zu entscheiden, gerade auch nicht die von V.7.“

[143] Daß z. B. 18,7 die jesuanische Kenntnis des alten Testaments belege und das Gleichnis nur so zu begreifen sei (Stählin, Bild der Witwe 5), geht jedenfalls zu weit.

[144] Zum Motiv der Langmut Gottes vgl. F. Horst, Art. μακροθυμία κτλ·, ThWNT 4,377–390; W. Harnisch, Verhängnis und Verheißung der Geschichte. Untersuchungen zum Zeit- und Geschichtsverständnis im 4. Buch Esra und in der syr. Baruchapokalypse, FRLANT 97, Göttingen 1969, 175 ff.

[145] Vgl. auch Rm 9,22 f.; dazu U. Luz, Das Geschichtsverständnis des Paulus, BEvTh 49, München 1968, 241 ff.

[146] Vgl. 4. Esra 7,74; 9,9–12; syr. Bar. 24,2; dazu Harnisch, Verhängnis und Verheißung 306 ff.

[147] In diesem Sinne schon J. Bengel, Gnomon Novi Testamenti, Stuttgart 1915[8] z. St.

[148] Dies wird dann z. T. auch auf die Deutung von Lk 18,7b übertragen; vgl. Horst, Art. μακροθυμία 383,29 ff.40 ff.

[149] Holtzmann, Synoptiker 396: „. . . steht nicht im Sinne der Langmut, wie in den verwandten Stellen II Pt 3,9; Jak 5,7.8 und bei Pls . . .“

[150] Vgl. G. Schrenk, Art. ἐκλεκτός 192 f.

wählten' schließt erst dies die Parabel auf, daß sie im Bild der beharrlichen Witwe, die schließlich durch den Richter doch ihr Recht erhält, eigene Erfahrungen eschatologischen Verlangens und endzeitli- | cher Erwartung wiederfinden. Wenn zudem die in der Parabel beschlossene Christologie (Jesus als der Erzähler![151]) durch den Kyriosbegriff in 18,6 expliziert wird, so liegt darin jetzt der Grund und die Legitimation solcher gemeindlichen Hoffnungen.

– Die Rezeptionsgeschichte von 18,2–5.6–8a setzt sich fort in den lukanischen Interpretamenten von 18,1[152] und 18,8b[153]: 18,1 betont Lukas vor allem die Aufforderung zum unablässigen Gebet[154], in dem die Gemeinde sich auch angesichts gegenwärtigen Leidens bewähren soll.[155] Mit dieser inhaltlichen Bestimmung der Parabel durch Lukas wird die Beharrlichkeit und das intensive Bitten der Witwe in einer bestimmten Richtung festgelegt und im Zusammenhang seiner Theologie, aber auch mit Blick auf seine Gemeinden, interpretiert.[156] Solches Verständnis liest aus der Gestalt der Witwe weniger den möglichen Erfolg solcher Beharrlichkeit als vielmehr die Aufforderung zum beständigen Gebet heraus.

Aufschlußreich aber erscheint vor allem die abschließende Frage in 18,8b[157], die unmittelbar in die Wirklichkeit der Hörer überleitet. Der Hinweis auf den kommenden Menschensohn greift zwar ein bekanntes eschatologisches Theologumenon auf[158], aber im Grunde geschieht dies, um die Sehnsucht von 18,6–8a eher skeptisch zurückzunehmen[159]; ihr wird nach dem bekannten Wort J. Wellhausens[160] ein Dämpfer aufgesetzt.[161] Es läßt sich deshalb auch kaum bestreiten, daß 18,8b eine di-

---

[151] Weder, Gleichnisse Jesu 272 f.

[152] E. Gräßer, Das Problem der Parusieverzögerung in den synoptischen Evangelien und in der Apostelgeschichte, BZNW 22, Berlin 1977³, 36 ff.; Schneider, Parusie-Gleichnisse 71.

[153] Gräßer, Parusieverzögerung 37 f.

[154] Vgl. Ott, Gebet und Heil; S. S. Smalley, Spirit, Kingdom and Prayer in Luke-Acts, NT 15, 1973, 59–71.

[155] Zum ἐγκακεῖν in seiner eschatologischen Bestimmung vgl. W. Grundmann, Art. κακός κτλ·, THWNT 3,470–487, 487,8 ff.

[156] G. Stählin, Art. χήρα, THWNT 9, 428–454, 438,8 ff.

[157] Dazu vgl. Gräßer, Parusieverzögerung 37 f.; Schmithals, Evangelium nach Lukas 179; J.-W. Taeger, Der Mensch und sein Heil. Studien zum Bild des Menschen und zur Sicht der Bekehrung bei Lukas, StNT 14, Gütersloh 1982, 111 f.

[158] Vgl. W. Bousset, Kyrios Christos, FRLANT 4, Göttingen 1965⁵, 6; Tödt, Menschensohn 92 f.; D. R. Catchpole, The Son of Man's Search for Faith (Luke xviii 8b), NT 19, 1977, 81–104; C. Colpe, Art. ὁ υἱὸς τοῦ ἀνθρώπου, THWNT 8, 403–481, 437 f.

[159] Taeger, Mensch und sein Heil 112.

[160] Wellhausen, Evangelium Lucae 99.

[161] Gräßer, Parusieverzögerung 37.

stanzierte Haltung zur eschatologischen Unmittelbarkeit ausdrückt[162] |
und darin möglicherweise sogar das Thema der Parusieverzögerung
anklingt.[163] In solcher Zielsetzung stimmt 18,8b mit Aussagen der lukanischen Eschatologie durchaus überein[164]; so hält der Satz zwar grundsätzlich an der Enderwartung fest[165], aber er rechnet zugleich mit einem längeren, sich dehnenden Zeitraum.[166] Dem entspricht auch die
betonte Aufnahme des Glaubensbegriffs in 18,8b[167]: zweifelndes Überlegen – wird es denn überhaupt noch Glauben geben?[168] – und appella-
tive Sprache[169] – wenn es doch noch Glauben gäbe! – vermischen sich,
ohne daß ein genauer historischer Anlaß zum so fixierten Verständnis
von πίστις sich noch ausmachen ließe.[170] Nur dies erscheint sicher:
Glaube kommt in 18,8b schon in die Nähe einer bestimmten, genau be-
schreibbaren Sache[171], er soll nahezu technisch bereits das richtige
‚Christentum' bezeichnen.[172]

Eindeutig bildet 18,8b in seiner distanzierten, gegenüber der Eschatologie zurückgenommenen Aussage und durch die definitorische Verwendung von πίστις jenen Punkt der Einheit, der sich am weitesten
vom textgeschichtlichen Ursprung der Parabel in 18,2–5 entfernt hat.

---

[162] H. Conzelmann, Die Mitte der Zeit. Studien zur Theologie des Lukas, BHTh 17,
Tübingen 1964⁵, 103.

[163] Gräßer, Parusieverzögerung 38.

[164] Vgl. dazu W. C. Robinson, The Way of the Lord. A Study of History and Eschatology in the Gospel of Luke, Diss. theol., Basel 1962; E. E. Ellis, Die Funktion der Eschatologie im Lukasevangelium, ZThK 66, 1969, 387–402; R. Geiger, Lukanische Endzeitreden; Merk, Reich Gottes 203, A.8; Ernst, Herr der Geschichte; L. Sabourin, The
Eschatology of Luke, Biblical Theology Bulletin 12, 1982, 73-76.

[165] Zum lukanischen Verständnis der Parusie vgl. R. H. Hiers, The Problem of the De-
lay of the Parousia in Luke-Acts, NTS 20, 1974, 145–155; Schneider, Parusie-Gleichnisse.

[166] Schneider, Parusie-Gleichnisse 91.

[167] Dazu vgl. Wellhausen, Evangelium Lucae 99; Bousset, Kyrios Christos 6, A.2; Gräßer, Parusieverzögerung 38, A.2; Tödt, Menschensohn 93; S. Brown, Apostasy and Perseverance in the Theology of Luke, AnBib 36, Rom 1969, 45 f.; W. Schenk, Glaube im lukanischen Doppelwerk, in: Glaube im Neuen Testament (Festschr. H. Binder), 69-92,
Neukirchen-Vluyn 1982, 82.

[168] Deutlich A. Schlatter, Der Glaube im Neuen Testament, Calw–Stuttgart 1896², 9:
„Aber der Bereitwilligkeit Gottes zur endgültigen Erlösung tritt der Blick auf die Gestal-
tung der Dinge auf Erden beschränkend entgegen: wird sich hier Glaube finden?" Vgl.
J. Green, Tagebücher 1928–1945, Wien 1952, 278: „Ich denke, in der ganzen Heiligen
Schrift steht kein Vers zu lesen, beängstigender als dieser."

[169] Schenk, Glaube im lukanischen Doppelwerk 82.

[170] So Brown, Apostasy 45 f., der an Verfolgungssituationen denkt, die zu Apostasien
geführt haben.

[171] Brown, Apostasy 45.

[172] Wellhausen, Evangelium Lucae 99: „. . . bedeutet das richtige Christentum . . ."

Letztlich resultiert die Frage von 18,8b weniger aus einer neuen, situativ bedingten Auslegung von 18,2–5 als vielmehr aus dem Dialog mit | 18,6–8a. Nur in einer dialektisch vermittelten Weise ließe sich sagen, daß 18,8b so gegenüber der eschatologischen Präzisierung von 18,6–8a den umfassenden Charakter von 18,2–5 noch einmal zur Geltung bringen will.

Jenseits des konkreten Prozesses der Wirkungsgeschichte von 18,2–5 und der darin deutlich werdenden Einbettung der Parabel in die Entwicklung der urchristlichen Theologie[173] bleibt schließlich das *Faktum* solcher Wirkungsgeschichte zu bedenken:

Zu einer solchen Reflexion nötigt sicher auch jene Interpretationsgeschichte des Textes, die über den unmittelbaren, historischen Niederschlag hinaus bis in die Gegenwart führt. Die Willkür des Umgangs mit 18,2–5[174] (bzw. 18,1–8) fällt vor allem im Blick auf die allegorischen Deutungen sofort auf[175]; aber auch in ihnen wird das Bemühen sichtbar, des Textes sich zu bemächtigen und seiner Kräfte sich zu versichern. Allerdings initiiert dies zugleich ein Vernichtendes, Auslöschendes: die Welt der Bilder, die anfänglich eine Einheit bildete, wird zerstört.

Solche Tendenzen gelten schon für die direkte Rezeption von 18,2–5, in der die chromatische Vielfalt des Textes nicht mehr bewahrt werden kann.[176] Die Parabel wird auf jeweils einen, ganz eindeutigen Nenner' gebracht, so daß sie sich in eine bestimmte Situation hinein auslegt. Dieser gemeindlichen Notwendigkeit entspringt sie sogar und von ihr hängt sie wenigstens zum Teil ab. Das Schwebende der ästhetischen Komposition verliert seine Besonderheit zugunsten einer präzisen Anwendung und einer bewußten Handlungsanweisung. Wenn einer solchen Aufarbeitung nicht daran gelegen sein kann, das schwierige

---

[173] Funk, Language, Hermeneutic, and Word of God 135, A. 11.

[174] Jülicher, Gleichnisreden II,289: „Die Kirche hat alsbald mit der gewissermaßen zweiköpfigen Parabel das willkürlichste Spiel getrieben . . .“

[175] Vgl. die abenteuerliche Interpretation bei Hippolyt, De antichristo 56f., p.37,9ff. Achelis, der den Richter auf den Antichristen, die Witwe auf Jerusalem deutet; auffällig ist, daß sich seine Auslegung vor allem auf 18,2–5 bezieht.

[176] In der Möglichkeit, neue Deutungen zuzulassen, besteht freilich eine Chance des Textes; vgl. Blumenberg, Lesbarkeit der Welt 21: „Hermeneutik geht auf das, was nicht nur je einen Sinn haben und preisgeben soll und für alle Zeiten behalten kann, sondern was gerade wegen seiner Vieldeutigkeit seine Auslegungen in seine Bedeutung aufnimmt. Sie unterstellt ihrem Gegenstand, sich durch ständig neue Auslegung anzureichern, so daß er seine geschichtliche Wirklichkeit geradezu darin hat, neue Lesarten anzunehmen, neue Interpretationen zu tragen. Nur durch die Zeit und in geschichtlichen Horizonten wird realisiert, was gar nicht auf einmal in simultaner Eindeutigkeit da sein und gehabt werden kann.“

Gesamtgefüge aufzunehmen, so muß sie sich notwendig auf Teile des
Ganzen beschränken, sie hervorheben und genauer bestimmen:

18,6–8a unterstreicht vor allem jenen Zug der Parabel, daß der Richter sich der Witwe, die ihn beharrlich bittet und an ihn appelliert, nicht
verschließen kann und ihr schließlich Recht verschaffen wird. In den
Mittelpunkt einer solchen Deutung tritt, wie vor allem 18,7 belegt, das
ἐκδικεῖν Gottes. Hinzu kommt mit dem einleitenden εἶπεν δὲ ὁ κύριος
von 18,6 die christologische Explikation, die sich folgerichtig auf die
Erwählten bezieht. Dies wird notwendig eschatologisch begriffen und
so zum Ausdruck der Sehnsucht, daß Gott seiner Gemeinde in ihrer
endzeitlichen Gefährdung zur Seite treten und ihr helfen wird.

In *18,1* betont Lukas dadurch, daß er an die Nachdrücklichkeit des
Betens anknüpft, die allgemeine, paränetische Aufforderung zum Gebet, wobei nicht allein die Person der Witwe, sondern auch ihr Dialog
mit dem Richter eine Rolle spielt.

18,8b schließlich überprüft kritisch die eschatologische Erwartung
der Gemeinde, die in 18,6–8a deutlich zu Tage trat; die abschließende
Frage leitet in die Situation der Gegenwart über, von deren fehlendem
oder erhofftem Glauben als einer fest umrissenen Größe jetzt gesprochen werden kann.

In diesem Prozeß der Aufnahme und Auslegung bringen sich die Gemeinde und Lukas selbst in den Dialog mit 18,2–5 ein, mehr noch: sie
verändern den Text, weil sie ihn für sich beanspruchen und seine Autorität der eigenen Welt adaptieren. Dem Verlust der ursprünglichen, hermeneutischen Möglichkeiten[177] entspricht positiv die Einzeichnung in
die Koordinaten der gelebten Existenz; die eigenen Hoffnungen, Erfahrungen und Enttäuschungen greifen gestaltend in den Text- und Rezeptionsprozeß ein.

Von solcher Überlegung her bestimmt sich deshalb auch die Beantwortung der Frage nach dem ‚Sitz im Leben‘ von Lk 18,1–8; ihr kann
mit dem Hinweis auf die Urheberschaft Jesu für 18,2–5 nicht ausgewi-
chen werden[178], weil selbst dann zu überprüfen ist, unter welchen gesellschaftlichen Bedingungen der Text weiter tradiert wurde. Die gemeindliche Konditionierung der Hinzufügungen in 18,6–8a bzw.
18,1.8b kann noch eindeutig erkannt werden[179] und bleibt hierfür ein |

---

[177] Funk, Language, Hermeneutic, and Word of God 134f.
[178] Auf Jesus führen die Parabel z. B. zurück Jeremias, Gleichnisse Jesu 156; Delling,
Vom gottlosen Richter; Stählin, Bild der Witwe; Weder, Gleichnisse Jesu 271f.
[179] Harnisch, Analogie 15.

wichtiges Indiz. Für die Bestimmung der Parabel in 18,2–5 läßt sich die Frage ungleich schwerer beantworten; in diesem Text wird der Zeit und der Situation in der Tat ein Widerständiges entgegengesetzt[180], das sich von der Verkündigung Jesu[181] grundsätzlich nicht trennen läßt.[182] Die Parabel erweist sich so in ihrer Sprachlichkeit selbst als schöpferisch, gerade weil sie zu immer neuer Deutung aus der Position lebendiger Betroffenheit heraus drängt. In solcher Praxisorientierung der Träume, Metaphern und Bilder, zu der die Wirkungsgeschichte notwendig führen muß, in ihrer Umwandlung in die nüchterne Welt des Alltags wird zugleich aber die Kraft des Textes nie ganz ausgeschöpft. Wenn die Gemeinde in ihrer Tradierung den Text als einen Jesus-text festhält, so bewahrt sie das Bewußtsein der Vorgabe der ursprünglichen Parabel. Aber in der situationsbezogenen Wirkungsgeschichte wird das nur Affirmative solcher Vorgabe gerade geleugnet.[183] Die Geschichte der urchristlichen Gemeinden nach Ostern führt in ihrer Aufnahme der Gleichnisse gegenüber der Vieldeutigkeit, ja Zweideutigkeit des Anfangs zur Eindeutigkeit.[184]

4.

Zu den überraschenden Ergebnissen einer Beschäftigung und Auseinandersetzung mit den Gleichnissen gehört, daß sie, die auf den ersten Blick in erstaunlichem Maße angefüllt sind mit dem Inventar des Alltäglichen, über die Realität der urchristlichen Gemeinden und ihrer Praxis so wenig aussagen. Franz Kafka hat solche Erfahrung in seinem Text ‚Von den Gleichnissen' angesprochen[185]: |

---

[180] Harnisch, Analogie 15 f.

[181] F. Hahn, Methodologische Überlegungen zur Rückfrage nach Jesus, in: K. Kertelge (Hrsg.), Rückfrage nach Jesus, QD 63, 11–77, Freiburg–Basel–Wien 1977², 46.

[182] Weder, Gleichnisse Jesu 85.

[183] Sicher gilt, daß die Gleichnisse Jesu nicht auf die Bedürfnisse einer gesellschaftlichen Situation zu reduzieren sind, sondern ihr immer auch einen Widerstand entgegensetzen, eine Gegenwelt entgegenhalten (Harnisch, Analogie 15 f.); aber ihre gesellschaftlich produktive Kraft widerspricht dem Verdacht des schönen Scheins. Wenn die Gottesherrschaft als Gleichnis nicht von menschlichen Wünschen abhängig ist, „. . . ein unabhängiges Ereignis, das den Anspruch erhebt, der Situation menschlicher Existenz hilfreich entsprechen zu können . . ." (Harnisch, Analogie 16), so darf der bewegende Charakter der Parabel nicht auf solche hilfreiche Entsprechung reduziert werden, er weist in die Zukunft.

[184] Ricoeur, Die Interpretation 54.

[185] F. Kafka, Von den Gleichnissen, in: Ders., Beim Bau der Chinesischen Mauer, Berlin 1931, 34. Zur Auslegung des Textes vgl. W. Benjamin, Gesammelte Schriften, Bd. II, 3, Frankfurt/M. 1977, 1260 f.

„Viele beklagen sich, daß die Worte der Weisen immer wieder nur
Gleichnisse seien, aber unverwendbar im täglichen Leben, und nur
dieses allein haben wir . . . Alle diese Gleichnisse wollen eigentlich
nur sagen, daß das Unfaßbare unfaßbar ist, und das haben wir ge-
wußt. Aber das, womit wir uns jeden Tag abmühen, sind andere
Dinge. Darauf sagte einer: Warum wehrt ihr euch? Würdet ihr den
Gleichnissen folgen, dann wäret ihr selbst Gleichnisse geworden und
damit schon der täglichen Mühe frei.
Ein anderer sagte: Ich wette, daß auch das ein Gleichnis ist.
Der erste sagte: Du hast gewonnen.
Der zweite sagte: Aber leider nur im Gleichnis.
Der erste sagte: Nein, in Wirklichkeit; im Gleichnis hast du verlo-
ren.“

In solcher vexierartig aufscheinenden Verweigerung des Gleichnisses
gegenüber jeder konkreten Handlungsanweisung liegt zwar die Nötigung und Provokation zur Wirkungsgeschichte und zu praxisnaher Rezeption. Diese allerdings bietet jener Gleichnisdeutung den Grund, die
von solcher Intentionalität des Textes ganz absehen will[186] und ihn gerade nicht mehr auf seine Absichten hin befragt.[187] Ihre Konsequenz,
daß das Reich Gottes als Sprache zur Welt kommt und nur so Wahrheit
beanspruchen kann, muß folgerichtig zu systematischen Erwägungen
führen.[188] Gleichnis, Parabel und Metapher erscheinen so als die Form
weltlicher Rede, die allein der Inkarnation angemessen ist[189]; ja, sie ver-
körpern jene Möglichkeit, sachgemäß von Gott im Kontext der Welt
noch *reden* zu können[190]: „Gott kann nur im Gleichnis als Gott erkannt
werden.“[191]
Solche Einsicht allerdings läuft nicht nur immer wieder Gefahr, ihren Gegenstand zu verfehlen; sie muß sich zugleich hüten, selbst zu einem Teil jener hermetischen Literatur zu werden, die ihr Genüge in
sich trägt und nicht mehr über sich hinausweist. Wer sich auf die
Sprachwelt der Gleichnisse einläßt, begibt sich in der Tat auf eine aben- |

---

[186] Crossan, Parable and Example 306; Delorme, Zeichen und Gleichnisse 157 ff.

[187] Delorme, Zeichen und Gleichnisse 161.

[188] Dazu vor allem Link, Welt als Gleichnis; siehe auch I. U. Dalferth, Religiöse Rede
von Gott, BEvTh 87, München 1981.

[189] G. Ebeling, Evangelische Evangelienauslegung. Eine Untersuchung zu Luthers
Hermeneutik, FGLP X,1, München 1942, 108: „Das Gleichnis ist die der Inkarnation
entsprechende Form der Rede . . .“

[190] E. Jüngel, Anthropomorphismus als Grundproblem neuzeitlicher Hermeneutik, in:
Verifikationen (Festschr. G. Ebeling), 499–521, Tübingen 1982.

[191] Link, Welt als Gleichnis 287.

teuerliche Reise in die Zukunft[192], von der er nicht weiß, wohin sie ihn trägt. Dies freilich kann nicht auf sozialgeschichtliche Implikationen verzichten, sofern Welt im ‚Voraus‘ der Sprache wahrgenommen wird und veränderbar erscheint. Die Einzelzüge von Lk 18,1–8 sind in ihrer Sprachlichkeit historisch konstituiert[193], aber das Geflecht dieses Textes ist mehr als die Summe seiner Zeit, es begegnet ihr im Widerspruch der Form eigenständig. Verfremdet die Parabel als Ankunft der Gottesherrschaft durch die Kühnheit ihrer Metaphern[194] die Wirklichkeit, so bricht sie diese zugleich auf. Im Lichte des Messianischen, mit dem sie die Welt überschüttet, läßt sie deren Konturen nur desto klarer in ihrer Brüchigkeit hervortreten und entlarvt sie zugleich.

Aber wenn dies zutrifft, dann wird auch diese Sprachfigur sich die Überprüfung gefallen lassen müssen, ob sie nicht gerade so, in ihrer entschlossenen Abriegelung gegenüber der alltäglichen Praxis, jener desto sicherer anheimfällt und zu bloßem, wenn auch schönen, Schein verkommt. Es hängt viel davon ab, wie weit eine solche Parabel nicht nur Herausforderung und Anspruch gegenüber ihrer Zeit bleibt, sondern darin zugleich eine Wirkungsgeschichte praktischen Handelns heraufführt.[195]

Lk 18,1–8, eine Parabel zwischen Traum und Bewußtsein, – für die gegenwärtige Auseinandersetzung mit diesem Text meint dies die Überlegung, ob seine Bilderwelt schon tot, durch die Zeit festgelegt und von der Geschichte leer geschrieben ist. Fordert die Parabel in ihrer Gestalt als Sprache die Gegenwart noch so heraus, daß sie sich in diese Welt der Bilder hinein entwerfen kann?[196] Über die aktuelle Wahrheit des |

---

[192] Funk, Language, Hermeneutic, and Word of God 1962: Die Parabeln „. . . are language events in which the hearer has to choose between worlds. If he elects the parabolic world, he is invited to dispose himself to concrete reality as it is ordered in the parable, and venture, without benefit of landmark but on the parable's authority, into the future.“

[193] Dies hat für das Bild der ‚Witwe‘ vor allem Stählin, Bild der Witwe nachdrücklich aufgezeigt.

[194] Weder, Gleichnisse Jesu 75.

[195] Dies setzt das Miteinander von Parabel und Wirkungsgeschichte noch einmal ins Recht. Erst jene Zeit, in der die Wirklichkeit das Gleichnis überholt hat, macht es überflüssig, weil sie seiner nicht mehr bedarf – darin aber liegt gerade die antizipatorische Kraft dieser Texte.

[196] Blumenberg, Paradigmen 10: „Der Aufweis absoluter Metaphern müßte uns wohl überhaupt veranlassen, das Verhältnis von Phantasie und Logos neu zu durchdenken, und zwar in dem Sinne, den Bereich der Phantasie nicht nur als Substrat für Transformationen ins Begriffliche zu nehmen . . ., sondern als eine katalysatorische Sphäre, an der sich zwar ständig die Begriffswelt bereichert, aber ohne diesen fundierenden Bestand dabei umzuwandeln und aufzuzehren.“

Textes als einer Metapher der Gottesherrschaft entscheidet deshalb immer auch die Art des Umgangs mit ihm:

Läßt sich die Parabel noch in Praxis übersetzen und gelingt es dabei, ihre Träume als Träume zu bewahren, die Kraft des Metaphorischen nicht zu zerstören? Oder wird die Wahrheit der Bilderwelt nur so festgehalten, daß sie sich partiell umsetzt in Handlungsanweisungen der List des Schwächeren gegenüber dem Stärkeren? Wenn allerdings die Parabel jener Ort ist, an dem Traum und Bewußtsein zusammenfallen[197], so befinden wir uns auch heute noch in ihrer Schuld, wir besitzen sie nicht, weil sie uns voraus[198] ist.

---

[197] Jameson, Ontologie 438.
[198] K. H. Bohrer, Die „Antizipation" beim literarischen Werturteil. Über die analytische Illusion, Akzente 25, 1978, 104–120, 120.

Studien zur Literatur
des 2. und 3. Jahrhunderts

Ignatius von Antiochien

I Leben und Werk

Mit Ignatius von Antiochien begegnet uns am Ausgang des Urchristentums noch einmal eine Persönlichkeit mit klar umrissenem Profil. Die Nachrichten allerdings, die unabhängig von seinen Briefen sich erhalten haben, sind eher spärlicher Natur: zwar wissen Euseb (h. e. III, 22.36,2) und Origenes (hom. VI in Luc.) zu berichten, daß Ignatius – abgesehen von Petrus – nach Euodios der zweite Bischof von Antiochien gewesen sei. Aber dies erscheint doch nicht als zweifelsfrei, und auch die eusebianische Chronik mit der chronologischen Fixierung des Martyriums auf die Zeit des Trajan ist in ihrer Glaubwürdigkeit nicht unstrittig. Beachtet man jedoch, daß sich Polycarp bereits um die Sammlung der ignatianischen Briefe besorgt zeigt (Pol. Phil. 9,1 f.), so läßt dies in Verbindung mit der eusebianischen Notiz den Schluß zu, daß Ignatius zur Zeit des Trajan in Rom den Tod gefunden hat. Die ignatianischen Märtyrerakten erweisen sich demgegenüber als gänzlich sekundär.

Wenn Person und Werk nahezu deckungsgleich werden, so hat dies für die ignatianischen Briefe eine doppelte Konsequenz:

Es erklärt zunächst die unsichere Quellenlage und macht es begreiflich, daß sich die »Echtheit« der ignatianischen Briefe immer wieder mit Gründen bestreiten ließ. Euseb weiß (h. e. III, 36,5–11) von sieben Schreiben, die Ignatius auf dem Transport nach Rom verfaßt habe: vier von Smyrna aus an die Gemeinden in Ephesus (Eph.), Magnesia (Magn.), Tralles (Trall.) und Rom (Rm.); drei von Troas aus an die Gemeinden in Philadelphia (Phld.), Smyrna (Sm.) und den Bischof Polycarp von Smyrna (Pol.). Seitdem gibt es eine »ignatianische Frage«; denn es lassen sich nach Euseb zusätzliche, Ignatius zugeschriebene Texte nachweisen, die im vierten Jahrhundert entstanden sein dürften (in Verbindung mit der Entstehung der »Apostolischen Konstitutionen«). Daneben aber wurde auch an den bei Euseb genannten Briefen immer wieder geändert und durch Zusätze korrigiert. Die Sekundarität dieser längeren Version der Briefe ließ sich so wenig bestreiten wie das spätere Alter einer gekürzten (syrisch erhaltenen) Fassung. Seit den Untersuchungen von Th. Zahn hat sich die Hypothese im wesentlichen bewährt, daß die seit dem 17. Jahrhundert handschriftlich bekannte »gemischte Sammlung« dem ursprünglichen Text des Ignatius am nächsten kommt. Dies gilt, auch wenn Zweifel immer wieder aufflammen am ignatianischen Ursprung selbst dieser Version. Sie verdient dennoch Glaubwürdigkeit, sofern bedacht wird, daß auch ihr Text von Fall zu Fall der Überprüfung bedarf und zu diskutieren bleibt.

Historische Erkenntnis wird auf der anderen Seite von der Identität zwischen Person und Werk her die ignatianischen Briefe als Briefe in ihre Überlegungen einbeziehen und würdigen müssen. Zwar weisen die ignatianischen Texte durchaus Berührungen mit der urchristlichen Briefliteratur auf, sie entsprechen in mancher Hinsicht auch antiker Rhetorik, in ihrer gegenwärtigen, kontingenten Gestalt jedoch lassen sie sich nicht von diesen Parallelen her begreifen, sie haben vielmehr in Sprache und Stil ihren eigenen Rang. Bedenkt man zudem die kurze Spanne Zeit, innerhalb derer Ignatius die Briefe verfaßt hat, so fällt auf, wie sehr sie einer bestimmten Reihenfolge in den Themen und einer durchgehenden formalen Struktur entbehren. Dies zeigt, daß Ignatius in ihnen wirklich zur Sprache kommt und eine Reduzierung auf einen gemeindlichen »Sitz im Leben« ihnen nicht gerecht wird. Solcher durchaus individueller Charakter dokumentiert sich vor allem auch in der Eindrücklichkeit der ignatianischen Sprache: sie ist durchsetzt von Neologismen, von Wortspielen, einem höchst bewegten, rhetorisch und argumentativ arbeitenden Stil. Berührungen mit Redefiguren der hellenistischen Literatur (der »asianischen Rhetorik«) lassen sich erneut nicht übersehen, aber die Situation des Ignatius kehrt in der Intensität seiner Sprache wieder: sie expliziert den Gemeinden seinen Weg ins Martyrium.

II Der Märtyrer

Jenseits der sprachlichen Konfiguration erweist sich der Zugang zu den ignatianischen Briefen als außerordentlich schwierig und mühsam: der Reichtum der in ihnen enthaltenen Motive, die Vielfalt der angesprochenen Themen und zunächst auch der zusammenhanglose Charakter der Texte verschließt sich raschem Zugriff. Wird allerdings die Individualität ignatianischen Denkens ernst genommen, so spricht hier ein Einzelner, der sich auf dem Weg ins Martyrium weiß. Ihm wird seine Zukunft als eine Zukunft des Leidens wichtig, und dies schließt vor allem die Hoffnung ein, Martyrium als unmittelbaren Zugang zu Gott zu verwirklichen, im Tod zu Gott zu gelangen. Vor allem der Brief nach Rom bietet für diesen Komplex eindrückliche Belege:
»Ich schreibe allen Kirchen und fordere alle dringlich auf, daß ich bereitwillig für Gott sterbe, sofern ihr es nur nicht verhindert. Ich ermahne euch, daß ihr kein

unzeitiges Wohlwollen für mich werdet! Laßt mich ein Fraß für die Bestien sein, durch die es möglich ist, zu Gott zu gelangen! Ich bin Weizen Gottes und durch die Zähne der Bestien werde ich gemahlen, um als reines Brot Christi erfunden zu werden.«

Solche Sätze (Rm. 4,1), denen sich andere leicht an die Seite rücken ließen (vgl. auch Rm. 7), machen in ihrer befremdlichen Dringlichkeit klar: Ignatius geht als Einzelner dem Martyrium entgegen und differenziert seine Zukunft von der Situation der Gemeinden. In dieser Isolierung weiß er sich der Gemeinschaft aller Glaubenden unterlegen und dazu stimmt auch, daß er seinen Gang in den Tod nicht zur verpflichtenden Norm christlichen Verhaltens erhebt. Für Ignatius ist dies sein direkter, unverstellter Zugang zum Heil, das im Leben der Gemeinden in anderer Form gegenwärtig wird.

Daraus ergibt sich innerhalb der ignatianischen Briefe notwendig eine radikale Neufassung der herkömmlichen Eschatologie des Urchristentums: sie läßt sich zwar rudimentär durchaus noch in den Briefen nachweisen und wird dann zumeist auf die gemeindliche Situation bezogen (vgl. etwa Eph. 11,1; 16,1 f.; Magn. 5,1 f.; Trall. 2,1; 8,1 f.; Sm. 7,1; Pol. 2,3; 5,2). Aber ihre Aufnahme durch Ignatius geschieht in diesen Texten nur beiläufig; zudem verändert sich in diesem Zusammenhang auch die Rede von der christlichen »Hoffnung« in auffälliger Weise: sie kann z. T. unmittelbar mit Christus identifiziert werden (vgl. etwa Eph. 21,2; Magn. 11,1 u. ö.). Dieser Beiläufigkeit widersetzt sich die Beobachtung, daß ignatianische Hoffnung auf die Teilhabe an Gott im Martyrium zielt, die Zeit endgültig aufhebt: »Schön ist es, von der Welt unterzugehen zu Gott, damit ich aufgehe bei ihm!« (Rm. 2,2) Solche Sehnsucht, die Ignatius auffällig intensiv mit dem Gedanken der Teilhabe an Gott verbindet, erwartet im Tod die eigentliche Zukunft und wahres Leben als individuelle Erlösung des Märtyrers.

Diese umfassende Orientierung der Zukunft am Martyrium verbindet sich mit der Beobachtung, daß dieser Weg des Ignatius in seiner Singularität unmittelbar der Christologie sich zuordnen läßt: Ignatius weiß sich im Leiden an Christus gewiesen, mit ihm möchte er verbunden sein. Deshalb kann er sagen: »Laßt mich Nachahmer (mimetes) des Leidens meines Gottes sein!« (Rm. 6,3), und damit verbindet sich die strikt martyrologische Einbindung des Jüngerverständnisses. Erst auf dem Weg zum Tode wird Ignatius recht eigentlich zum Jünger seines Herrn (Eph. 1,2; 3,1; Rm. 5,1.3; 4,2 u. ö.).

So gibt es für Ignatius nur das eine Ziel, im Tod zu Gott zu gelangen (Rm. 7,2) und darin in der Nachfolge des Leidens seines Herrn zu leben. Dies aber impliziert zugleich eine Umwertung aller Werte: »Seid nachsichtig mit mir, Brüder. Hindert mich nicht zu leben, wollt nicht meinen Tod. Verschenkt nicht den, der zu Gott gehören will, an die Welt und betrügt ihn nicht durch die Materie! Laßt mich das reine Licht empfangen. Dort angekommen werde ich Mensch sein!« (Rm. 6,2)

III   Geist – Gott – Christus

Das Miteinander traditioneller Thematik und durchgreifender Neuinterpretation durch Ignatius läßt sich auch bei seinem Geistverständnis, seinen theologischen Aussagen und seiner Christologie beobachten:
Ignatius' Pneumatologie kennt durchaus die gewohnten Kontexte des Urchristentums, wobei Ignatius allerdings ihre Übernahme ohne großen Nachdruck vollzieht. Umso eindeutiger und bewußter versteht er sich selbst aber auf dem Hintergrund pneumatischer Erfahrungen: die in den Briefeingängen wiederkehrende, stereotype Bezeichnung als »Theophorus« (»Gottesträger«) verweist auf einen pneumatologischen Kontext (vgl. auch Eph. 9,2!). Neben Rm. 7,2 spricht vor allem Phld. 7 solche Geisterfahrung direkt an; in einer Konfliktsituation innerhalb der Gemeinde tritt Ignatius als Pneumatiker auf: »Ich schrie in eurer Mitte, ich rief mit lauter Stimme, mit der Stimme Gottes: Haltet zum Bischof, zum Presbyterium, zu den Diakonen!« (Phld. 7,1). Das Pneumatische solcher Aussage wird durch die einleitende Begrifflichkeit – sie kennzeichnet das Anschließende als Akklamation – und durch die Fortsetzung in 7,2 zweifelsfrei erwiesen. Dagegen spricht auch nicht die Kongruenz solcher Geistrede mit der Theologie des Ingatius; sie belegt freilich, daß Ignatius als Pneumatiker ursprünglich prophetische Funktionen beansprucht und daß es hier zu Ablösungserscheinungen kommt. Schließlich ist zu beachten, wie sehr Ignatius von der scharfen Antithese zwischen »Fleisch« und Geist (sarx-pneuma) ausgeht, aber diesen Gegensatz letztlich im Miteinander der beiden Größen aufgehoben wissen will (vgl. Eph. 8,2): die Einheit von sarx und pneuma wird dann entscheidend. Nur von dieser Synthese her läßt sich auch begreifen, daß für Ignatius im Blick auf den auferstandenen Christus nicht nur das pneuma, sondern auch die sarx wichtig wird (Sm. 3,2 unter Aufnahme einer apokryphen Auferstehungstradition!).
Auch die eigentlich theologischen Aussagen der ignatianischen Briefe lassen sich durch die Spannung zwischen traditionellen Theologumena und einem kühnen Neuansatz charakterisieren: Gott ist für Ignatius vor allem der Jenseitige, dessen Existenz durch den Kosmos nicht tingiert wird. An keinem Punkt wird diese Transzendenz so nachdrücklich angesprochen wie in der Aussage vom Schweigen (sige), das Gott eignet (vgl. vor allem Magn. 8,2). Die Pointe belegt Ignatius an einem zunächst überraschenden Gedanken: dem Schweigen des Bischofs. »Und je mehr einer einen Bischof schweigen sieht, umso mehr soll er Scheu vor ihm haben; denn jeden, den der Hausherr zur Verwaltung seines Hauses schickt, müssen wir so annehmen wie den, der ihn sendet.« (Eph. 6,1; vgl. Phld. 1,1). Unter Verwendung des Repräsentationsgedankens heißt dies, daß in dem Schweigen der Bischöfe inhaltlich das Schweigen Gottes anwesend zu denken ist, der Bischof entspricht Gott. Solche Zuordnung von Theologie und »Schweigen«

nötigt zur Präzisierung der Frage nach der Offenbarung: der eine Gott offenbart sich durch seinen Sohn, der als Wort (logos) aus dem Schweigen hervorgeht (Magn. 8,2; vgl. 7,2); in diesem Christus bricht Gott sein Schweigen (Rm. 8,2). Wenn Gott durch Christus »redet«, sich offenbart, so erklärt sich auch die Konsequenz, mit der Ignatius diesem Christus Bezeichnungen wie »Wort« (logos), »Mund« (stoma) und »Sinn« (gnome; Eph. 3,2) beigibt. Die unauflösliche Verbindung zwischen dem transzendenten Gott und dem inkarnierten Sohn belegt vor allem die dialektische Aussage in Pol. 3,2:

»Harre auf den, der jenseits der Zeit ist, den Zeitlosen
den Unsichtbaren, der um unseretwillen sichtbar wurde,
den Ungreifbaren,
den Leidensunfähigen, der um unseretwillen litt,
den, der auf jegliche Weise duldete um unseretwillen.«

Deutlich ist, wie sehr sich ursprünglich negativ gefaßte Gottesprädikationen mit den christologischen Intentionen des Ignatius zu neuer Einheit zusammenfügen. Christologie als Offenbarung und Erlösung – um diese beiden Pole kreist ignatianisches Interesse, ohne daß sich erneut übersehen ließe, wie sehr auch seine Christologie noch gewohnte Gedanken weiterträgt. Aber die Nachdrücklichkeit des Ignatius, mit der diese Verbindung von Offenbarung und Erlösung herausgestellt wird, ist neuartig, und daß Christus in den ignatianischen Briefen mit dem Titel »Gott« benannt wird, macht dies noch deutlicher. Kein Text zeigt dies so nachhaltig wie Eph. 19, ein Lied, das Ignatius unter Verwendung von Traditionsmaterial stilisiert haben dürfte; der Hymnus antwortet auf die Frage nach dem »Wie« der Offenbarung:

»Ein Stern erstrahlte am Himmel,
heller als alle Sterne,
und sein Licht war unsagbar,
und seine Neuheit rief Fremdheit hervor.
Alle übrigen Sterne aber
zusammen mit Sonne und Mond
wurden für den Stern zum Reigen.
Er selbst aber übertraf durch sein Licht alle,
und es herrschte Verwirrung, woher die neue, ihnen ungleiche Erscheinung käme.«

Für Ignatius hängt nun alles daran, daß die Inkarnation des Erlösers in ihren universalen, soteriologischen Konsequenzen begriffen wird: ihre grundstürzende Neuheit besteht in der Aufhebung von Zauberei und Bosheit, in der Zerstörung der Macht des »Nichtwissens« (agnoia) und der Beseitigung der Gewalt des Todes durch die Herrschaft des Lebens. Die kosmologischen Implikationen solcher Christologie rechtfertigen für Ignatius die Rede vom umfassenden »Heilsplan« (oikonomia; Eph. 20,1), der im »neuen Menschen« Jesus Christus zentriert ist. Aber sie provozieren sicher zugleich die Frage nach der

Bedeutung des irdischen Herrn für die ignatianische Theologie; es dürfte deshalb kaum zufällig sein, daß Ignatius so sehr auf der Verbindung von Fleisch *und* Geist beharrt (und dies gründet nicht allein in der Auseinandersetzung mit abweichenden Meinungen innerhalb seiner Gemeinde).

IV   Der Bischof und die Gemeinde

Ignatius attackiert unter betonter Heranziehung des »Häresie«-Begriffs die Gegner seiner Theologie (Eph. 6,2; Trall. 1); sie spielen als unmittelbare, aber auch als direkte Gesprächspartner für die Herausbildung seiner Theologie eine erhebliche Rolle. Dies wird auch nicht durch die Beobachtung aufgehoben, daß ihre präzise Bestimmung außerordentlich schwierig erscheint. Daß ein Zusammenhang mit »judaistischen« Gruppen besteht, läßt sich bezweifeln; mit größerer Sicherheit läßt sich erkennen, daß Ignatius ihnen »Doketismus« vorwirft (vgl. z. B. Trall. 10,1; Sm. 2,1; 4,2). Deshalb ist für ihn die sarkische Existenz des Erlösers unaufgebbar, und dies trifft auch auf den Leib des Auferstandenen zu. Solche historische Zuordnung der Gegner des Ignatius besitzt auch deshalb Wahrscheinlichkeit, weil sie mit der Beobachtung übereinkommt, daß die ignatianischen Briefe nicht fern vom Umkreis der johanneischen »Schule« entstanden sind (vor allem die »Häretiker« der johanneischen Briefe lassen sich parallelisieren!). Aber jenseits der geschichtlichen Deskription fällt auf, daß die ignatianische Theologie – vor allem seine Christologie – eine gewisse Affinität zu den Anschauungen der Gegner aufweist. Vor allem aber gilt: Ignatius diskutiert nicht in erster Linie die inhaltliche Identität der »Häretiker«, sondern betont die Tatsache der gemeindlichen Spaltung: die Gegner zerstören durch ihre bloße Existenz die Einheit der Gemeinde.
Damit aber erscheint im Gegenbild der entscheidende Gedanke der ignatianischen Ekklesiologie; Gemeinde ist nur zu verstehen vom Gedanken der Einheit her: »Wenn ich nämlich in kurzer Zeit zu eurem Bischof ein so vertrautes Verhältnis gewann, nicht menschlicher, sondern geistlicher Art, um wieviel mehr preise ich euch glücklich, die ihr mit ihm so verbunden seid wie die Kirche mit Jesus Christus und wie Jesus Christus mit dem Vater, auf daß alles in Einheit sich zusammenfüge.« (Eph. 5,1; vgl. Phld. 3,2; Sm. 1,2). In dieser umfassenden Aussage wird deutlich, daß sich ignatianische Ekklesiologie mit dem Ensemble seiner Theologie verbindet; die konkrete Einheit innerhalb der Gemeinde stützt sich auf die enge Korrelation zwischen Ekklesia und Christus, der wiederum vom Vater nicht zu trennen ist. Diesem grundsätzlichen Motiv der »Einheit« ordnen sich die vielfältigen ekklesiologischen Motive zu, die sich in den ignatia-

nischen Briefen in großer Zahl finden: dies gilt vom Gedanken, daß sich die vorfindliche Gemeinde nicht sondern lasse von ihrem himmlischen Gegenbild und beides sich verschränke; es trifft auch auf die Aussage von der Gemeinde als der »Braut« Christi zu, die wohl hinter Pol. 5,1 zu sehen ist; auch das Motiv des Leibes Christi findet sich in den ignatianischen Briefen eher beiläufig (vgl. Sm. 1,2; Eph. 4,1f.; Trall. 11,2) und ohne daß es von Ignatius als entscheidender Gedanke herausgestellt würde; selbst die wirkungsgeschichtlich bedeutsame Anrede der römischen Gemeinde in der Adresse des Römerbriefes als diejenige, »... die den Vorsitz in der Liebe führt«, markiert innerhalb der ignatianischen Ekklesiologie eher eine Nebenlinie (und ist zudem viel stärker am Wunsch des Ignatius nach dem Martyrium gegenüber den Römern orientiert!). Wenn diese Gedanken zusammenklingen in der Betonung der Einheit der Gemeinde, so wird die Ekklesia zum Gegenbild gegenüber dem Kosmos, sie bleibt auch in ihrer geschichtlichen Konkretheit nicht auf die Zeit beschränkt (vgl. etwa Eph. 8,1). Wohl aber nötigt die Pointierung der Einheit Ignatius dazu, der Verfassung der Gemeinde und besonders dem Bischofsamt herausragende Bedeutung zuzuordnen: »Wo auch immer der Bischof erscheint, dort soll die Gemeinde sein, wie auch dort, wo Jesus Christus ist, die »katholische« Kirche ist. Ohne Bischof darf man weder taufen noch die Agape halten; was aber jener für gut befindet, das ist auch Gott wohlgefällig ...« (Sm. 8,2). Für diese Aussage ist schon die erstmalige Verwendung des Begriffs der »katholike ekklesia« auffällig genug, aber noch bedeutsamer wird der Nachdruck, mit dem Ignatius in diesem Text (dem andere sich unschwer parallelisieren lassen) die Rolle des Bischofamtes hervorhebt: er tritt geradezu an die Stelle Gottes (vgl. Sm. 8,1, verbunden mit dem Gedanken des abgestuften Amtes: Bischof-Presbyter-Diakone). Die ignatianische Auffassung, die deshalb zugleich die Funktion des Bischofs in der gottesdienstlichen Liturgie herausstellt und in ihm den Repräsentanten der Gemeinde sieht, ist für seine Zeit in der Tat außerordentlich. Dennoch bleibt die Hypothese höchst umstritten, Ignatius spiegele mit solcher Aussage die konkreten gemeindlichen Verhältnisse; vielmehr dürften wir an diesem Punkt seiner theologischen Hoffnung begegnen. Gerade weil die Ekklesiologie unlösbar in den Gesamtentwurf seines Denkens eingebunden ist, erscheint sie weniger als Reflex gemeindlicher Verhältnisse denn als Konsequenz seines theologischen Ansatzes.

Zu dieser prinzipiellen Rolle von Kirche und Gemeinde gehört schließlich auch die konstitutive Aufgabe, die Ignatius dem Abendmahl zuweist (demgegenüber rückt sein Taufverständnis in auffälliger Weise in den Hintergrund; die Taufe wird jenseits der Selbstverständlichkeit nicht gesondert thematisiert). Auch die Eucharistie orientiert sich gegenüber den Gegnern an der Einheit der Gemeinde und artikuliert zugleich den Zusammenhang zwischen Opferbegriff und solcher Ekklesiologie. Vor allem jedoch manifestiert sich im Abendmahl für die Glaubenden die Gegenwart des Heils, in der klassischen Formulierung Eph. 20,2: es geht für die Gemeinde darum, ein Brot zu brechen, das ein »Heilmittel der

Unsterblichkeit« (pharmakon athanasias), ein Gegengift gegen den Tod (und für das Leben in Christus) ist. Von dieser Garantie des wahren Lebens im Mahl der *einen* Gemeinde her fällt noch einmal ein Licht auf den Mangel, den Ignatius in seinem individuellen Weg zum Martyrium empfindet, so wenig dies seine Sehnsucht nach Gott aufhebt.

V Kirche und Welt

So sehr die Ekklesiologie innerhalb der ignatianischen Briefe eine herausgehobene Stellung einnimmt, so eigentümlich zögernd und zurückhaltend wendet sich Ignatius den Fragen der Ethik und Paränese zu. Vor allem der Brief an Polycarp zeigt, wie nahtlos von ihm die traditionelle Topik übernommen werden konnte, ohne daß dies zu wesentlicher Neuinterpretation führt. Wenn Sm. 6,2 den Gegnern vorwirft, sie kümmerten sich nicht um die Liebespflicht, nicht um Witwe und Waise, nicht um den Bedrängten, den Gefesselten oder Freigelassenen, nicht um den Hungernden oder Dürstenden, so bleibt das positive Gegenbild durchaus im Rahmen des Gewohnten (nur die Herausstellung der Verfolgungssituation geht auf Ignatius zurück!). Dennoch belegt schon Sm. 6,2, wie sehr die Abwehr der »Häretiker« von Ignatius als Impuls für das ethische Verhalten der eigenen Gemeinde begriffen wird (vgl. Magn. 10,2 f. in der terminologischen Fixierung des »Christentums« gegenüber dem Judentum; Eph. 7,1; Phld. 8,1: Spaltung und Zorn verhindern die Gegenwart Gottes in der Gemeinde). Allerdings orientiert sich solche Paränese prinzipiell an der konkreten Gemeindesituation, um sie ethisch zu durchdringen und so aufzuarbeiten. In zwei inhaltlichen Komplexen bemühen sich die ignatianischen Briefe jedoch, Paränese und Ethos grundsätzlich zu fundieren:

Auf der einen Seite gewinnt der Begriff der Angemessenheit, der Adäquanz eine besondere Bedeutung (unter Rekurs auf ältere Traditionen!). Ignatius versucht so, das Verhalten der Glaubenden an übergeordneten Größen zu orientieren und von ihnen her zu normieren (vgl. z. B. Eph. 2,1 f.; 4,1; Magn. 12,1; Trall. 4,2 u. ö.; bes. deutlich Sm. 9,2). Wenn sich die Gemeinde in der angemessenen Beziehung zu Christus und Gott befindet, dann hat dies Konsequenzen für das ethische Verhalten. Sie ergeben sich zudem aus dem Motiv, daß die Christen Tempel des Kyrios seien (Eph. 15,2); die Gegenwart des Herrn bedingt das Handeln der Glaubenden.

Auf der anderen Seite versucht Ignatius unter Verwendung älterer Überlieferungen durch die Synthese von Glaube *und* Liebe die paränetischen Einzeltraditionen zu einer neuen Einheit zusammenzufügen: »Hiervon ist euch nichts verborgen, wenn ihr vollkommen Glauben und Liebe auf Jesus Christus ausrichtet;

Anfang ist der Glaube, das Ende aber die Liebe. Beides jedoch vereinigt, das ist Gott; alles andere aber, das zur Tugendhaftigkeit gehört, folgt daraus.« (Eph. 14,1) In diesem Text, der ins Zentrum der ignatianischen Theologie führt, wird der Versuch unternommen, ethisches Verhalten prinzipiell in Glaube und Liebe zu fundieren, die in ihrer Einheit unmittelbar zu Gott gehören. Dennoch ist die Folgerung, daß sich die konkrete Paränese aus diesen Prinzipien unmittelbar herleiten läßt, bei Ignatius zunächst nur Postulat und allein in Ansätzen verwirklicht.

Aus dieser Problematik ergibt sich auch die Schwierigkeit, der sich eine sozialgeschichtliche Fragestellung gegenübersieht, die aus den ignatianischen Briefen allein Informationen über Praxis und gesellschaftliche Situation der ignatianischen Gemeinden gewinnen will. Sicher sind diese Texte auch Dokument des Lebens der kleinasiatischen Christen. Aufschlußreicher jedoch bleibt, wie sehr ihre gesellschaftliche Situation im Prozeß der ignatianischen Theologie vermittelt und gebrochen wiederkehrt.

VI   Erlösung und Gegenwart des Heils

Die Vielfalt der von Ignatius aufgegriffenen Themen, der Reichtum seines Denkens verschließt sich zwar einer eilfertigen Systematisierung. Aber die Einsicht in den Prozeßcharakter dieser Theologie provoziert zugleich die Frage, was sie denn diakritisch von anderen theologischen Entwürfen ihrer Zeit unterscheidet und ihr eigenes Profil verleiht. Immerhin fällt auf, mit welchem Nachdruck Ignatius die Sehnsucht nach Erlösung *und* die Gewißheit der Gegenwart des Heils betont, beides im Gedanken der »Einheit« zu vermitteln sucht: So sind die ignatianischen Briefe durchzogen von dem tiefen Verlangen, der Erlösung als Durchbruch durch die Mauer dieser Welt unmittelbar teilhaftig zu werden. Dafür erscheint die Sehnsucht des Ignatius, im Martyrium von der Vergänglichkeit dieser Welt befreit zu werden und so bei Gott zu sein, nur als sinnfälliger Ausdruck: in ihm ist kein Feuer mehr, das noch an der Materie Nahrung hätte, »... dagegen ist aber ein lebendiges, redendes Wasser in mir, das mir im Innern sagt: Auf zum Vater!« (Rm. 7,2) Solches Verlangen bleibt jedoch nicht auf das Martyrium beschränkt, sondern kehrt auch in den anderen Feldern seines Denkens wieder; dies gilt für die Neuinterpretation herkömmlicher Eschatologie, trifft auf den Wunsch nach Aufhebung der Zeit und der Endlichkeit zu und nötigt zur negativen Qualifizierung der vorfindlichen Welt. Dieses Verlangen nach Erlösung und Aufhebung der Trennung von Gott bindet sich vor allem an die Person des Bischofs und die Individualität ignatianischen Denkens, es will ganz bewußt von ihr nicht absehen. Aber hinzugenommen werden muß auch die Einsicht, daß für die Gemeinde, an die sich Ignatius wendet, Heil durchaus nicht nur ferne Zukunft meint und nur jenseitig erfahrbar wäre. Christologie als Rettung, Ekklesiologie und Eucharistie indizieren vielmehr die vorhandene Gegenwart des Heils in der versammelten, geeinten Gemeinde. Das Irdische gewinnt solchem Verständnis nach Recht und Würde zwar erst aus der Beziehung auf die Transzendenz, aber diese ist doch anwesend gedacht. In diesem höchst spannungsreichen Verhältnis zwischen dem Wunsch nach Befreiung aus der Endlichkeit und dem Vertrauen auf die Anwesenheit des Göttlichen in der Zeit liegt ein wesentlicher Zug der ignatianischen Theologie beschlossen.

Noch einmal ist der sprachliche Ausdruck der ignatianischen Briefe zu bedenken: die Häufung der Doppelausdrücke, die Neigung zur Antithese und ihrem gegensätzlichen Miteinander begründet ein wesentliches Moment der ignatianischen Theologie. Wenn Ignatius die Spaltung und Trennung als das eigentlich Negative ansieht, dann können erst Fleisch und Geist, erst Liebe und Glaube die ganze Wahrheit meinen, dann ist die Einheit Gott. In diesem Begriff der »Einheit« liegt ein zentrales Thema des ignatianischen Denkens. Das durchgängige Erscheinen des Gedankens in den Briefen und seine Verbindung mit allen wesentlichen Themen, die Ignatius anspricht, bleibt so beachtenswert, daß in ihm in der Tat Neues im Prozeß der urchristlichen Theologie angesprochen ist: Der Märtyrer ist deshalb ein Mensch, der zur »Einigung« verfertigt ist (Phld. 9,1), und dies meint die durch den Tod gewährleistete Einheit mit Gott (wobei zu bedenken bleibt, daß diese nicht denkbar ist ohne die Verbindung zwischen Sohn und Vater!). Für die Gemeinden ist solche Einheit Bild und Wirklichkeit in einem, und darum bedeuten die »Häretiker« in ihrer Existenz höchste Gefährdung: denn sie gefährden durch ihre Spaltung jene Homogenität der Ekklesia, in der die Mächte der Finsternis besiegt werden.

In dieser Doppelung von Märtyrer und Gemeinde, die auch im Begriff der Einheit wiederkehrt, scheint noch einmal die Dynamik ignatianischen Denkens auf: Der Wunsch nach unmittelbarer Erlösung und die Gewißheit der Gegenwart des Heils bedeuten ihm den Inbegriff des Christentums.

VII   Historischer Ort

Die Einsicht in die Prinzipien ignatianischer Theologie verschärft und präzisiert die Frage nach dem historischen Ort solchen Denkens innerhalb des Urchristentums. Dies zielt gerade nicht auf den Nachweis möglicher Abhängigkeiten des Ignatius oder das bloße Herausarbeiten von Parallelen, sondern auf die Deskription seiner Rolle in der Zeit:

Zunächst muß hierbei beachtet werden, daß sich Ignatius in differenzierter Weise

der Überlieferung bemächtigt: Analog zum sparsamen Gebrauch, den die Briefe
vom Alten Testament machen, ist auch der ausdrückliche Rekurs auf andere
urchristliche Texte in Form eines Zitates außerordentlich selten. Die Wertschätzung des Paulus durch Ignatius hat in der realen Kenntnis seiner Texte durchaus
keine Entsprechung; entgegen manchen Behauptungen lassen sich Zitate aus dem
Corpus Paulinum nur in geringer Zahl (und dann ohne besondere Betonung!)
nachweisen. Vermuten läßt sich eine literarische Kenntnis des 1. Korintherbriefes und des deuteropaulinischen Epheserbriefes, während die oft postulierte
Abhängigkeit von den johanneischen Schriften kaum bewiesen werden kann (die
herangezogenen Texte deuten vielmehr auf traditionsgeschichtliche Entsprechung!). Allein die Kenntnis des Matthäusevangeliums ist nicht auszuschließen,
obwohl auch hier nur Sm. 1,1 an Mt. 3,15 erinnert. Schließlich wird in Sm. 3,2
und 4,2 mit der Rezeption apokrypher Traditionen zu rechnen sein, deren
Entstehung jedoch nicht mehr genau festzustellen ist. Dies bedeutet: nicht die
Tatsache eines gelegentlichen Zitates, sondern die Seltenheit solchen Rückbezu-
ges bleibt für die ignatianischen Briefe zu bedenken.
Jedoch lassen sich innerhalb der Texte Überlieferungsstücke nachweisen, die
deutlich machen können, wie sehr das Oeuvre des Ignatius in den allgemeinen
Traditionsprozeß seiner Zeit integriert ist. Dies gilt exemplarisch von Eph. 7,2
und 18,2: in beiden Texten rezipiert Ignatius christologische Überlieferung.
Jedoch erweist sich die Scheidung zwischen Vorgabe und Auslegung als
mühsam, und darin wird erkennbar, wie sehr es Ignatius um die Einfügung in
seinen theologischen Entwurf geht.
Schließlich ist die ignatianische Theologie auch darin Theologie in ihrer Zeit, daß
sich in ihr Berührungen mit hellenistischer Religiosität und den Anschauungen
anderer Traditionskreise nachweisen lassen. Aber auch dies geschieht wenig
intensiv; zudem verdanken sich zwar einzelne Aussagen, aber gerade nicht der
Gesamtentwurf der ignatianischen Theologie solcher Begegnung. Der Ansatz
seines Denkens läßt sich durch religionsgeschichtliche Parallelen zwar erhellen,
aber nicht begründen.
Die souveräne Art und Weise, in der Ignatius sich mit Überlieferung auseinandersetzt, belegt exemplarisch Phld. 8,2: In der Auseinandersetzung mit Gegnern
in dieser Gemeinde wird Ignatius vorgehalten, daß auch das »Evangelium« (hier
noch im Sinne der Heilsverkündigung begriffen!) der Aufweisbarkeit an
»Urkunden« bedürfe, wobei wahrscheinlich an alttestamentliche Texte zu denken ist. Ignatius geht auf diese Argumentation ein, indem er den Gegnern
vorhält: »Es steht geschrieben!« Aber genau dies erscheint ihnen als fragwürdig,
sie verlangen gegenüber einer solchen, affirmativen Behauptung einen detaillierten (Schrift-)Beweis. In charakteristischer Weise bricht Ignatius an diesem Punkt
den Streit ab: ohne sich auf die Forderung seiner Dialogpartner einzulassen, zieht
er sich auf inhaltliche Kriterien seiner Verkündigung zurück und benennt mit
Kreuz, Tod und Auferstehung die ihm entscheidenden Heilsdaten. Sie bestim-

men für Ignatius das »Evangelium« in der Sache und haben gegenüber aller
schriftlich eingebundenen Tradition unbestrittene Priorität. Der antiochenische
Bischof orientiert sich darin an der aktuellen Verkündigung und ihrem Inhalt,
für den ein sichernder Rekurs auf Überlieferung nur zweitrangig erscheinen
muß.

Beides – erkennbare Beziehung auf Traditionen und Insistieren auf der sachlichen Beschreibung des »Evangeliums« – läßt die Rolle klarer hervortreten, die
Ignatius in der Geschichte des Urchristentums zukommt und ihm Selbständigkeit zuweist. Zwar muß überlegt werden, ob nicht die ignatianische Theologie
insgesamt wichtige Anstöße dem Entwurf der paulinischen und (oder) der
johanneischen Theologie verdankt, wobei sich dies gerade nicht auf einzelne
Topoi eingrenzen ließe. Ein solcher Nachweis dürfte Schwierigkeiten hervorrufen: denn dort, wo die Parallelen besonders signifikant sind (dies gilt in der
Beziehung zu Paulus z. B. von der Theologie des »Leidens«!), fallen die Unterschiede in gleicher Weise auf. Dies läßt den Schluß zu, daß ignatianisches
Denken insgesamt weder von Paulus noch von der johanneischen Theologie
sich herleiten läßt; auch die Behauptung, es handle sich um eine eigenständige
Weiterentwicklung, kann letztlich nicht bewiesen werden. Positiv bedeutet
solche Einsicht, daß Ignatius und ignatianische Theologie einen eigenen Ort in
der Geschichte des Urchristentums einnehmen. Die größte historische (und
traditionsgeschichtliche) Nähe läßt sich gegenüber dem deuteropaulinischen
Epheserbrief und der johanneischen »Schule« erkennen, deren Entstehung auch
zeitlich nicht zu sehr von Ignatius entfernt zu denken ist.

Der wirkungsgeschichtliche Einfluß der ignatianischen Theologie läßt sich
innerhalb der Folgezeit nur sehr gebrochen wahrnehmen: die Nennung seines
Namens und die Hochschätzung seiner Person deckt sich nicht mit der Aufnahme seines Denkens, und umgekehrt erweist sich die gelegentliche Wiederkehr ignatianischer Topoi kaum als Echo seines theologischen Ansatzes. Sicher
gilt jedoch, daß Ignatius mit bestimmten Aspekten seiner Theologie grundsätzliche Einsichten des altkirchlichen Denkens vorwegnimmt und darin seine
wirkungsgeschichtliche Bedeutung liegt: dies trifft auf die Verschränkung von
Erlösungshoffnung und der Repräsentanz des Himmlischen im Irdischen zu,
die von der Gegenwärtigkeit des Heils nicht absieht; auch die eigentümliche
Form der ignatianischen Christologie in ihrer Pointierung von Inkarnation,
Offenbarung und Erlösung kehrt in ähnlicher Form durchaus wieder; für die
Frage nach der Wirkungsgeschichte der ignatianischen Theologie spielt ganz
sicher sein Verständnis der Ekklesiologie und die Hervorhebung des Episkopats
eine wichtige Rolle. Beides, Ekklesiologie und Episkopat, sind bis in die
Gegenwart hinein mit dem Namen des Ignatius verknüpft.

Gerade in diesem Kontext wird das Problem der ignatianischen Wirkungsgeschichte jedoch noch einmal deutlich: wo der Episkopat in seiner ausschlagge-
benden Funktion in den Mittelpunkt gerückt wird, geschieht dies zumeist ohne

jene spezifisch theologische Begründung, die für das ignatianische Verständnis charakteristisch war.

Die Bedeutsamkeit der ignatianischen Theologie und des Corpus Ignatianum liegt auf der einen Seite in der Tatsache begründet, daß Ignatius bestimmte Entwicklungen und Tendenzen des Urchristentums abschließt und in seinem Denken noch einmal benennt. In vielfacher Hinsicht bleibt er dabei noch ganz in der Flucht dieser urchristlichen Gedanken, er überschreitet sie nicht wesentlich (auch wenn er sie durchaus im Kontext seiner Theologie neu bestimmen kann). Auf der anderen Seite jedoch nimmt ignatianisches Denken an manchen Punkten spätere Entwicklungen der Kirchen- und Theologiegeschichte vorweg, sie sind in ihm jedenfalls z. T. schon angelegt. Deutlich wird dies vor allem am ignatianischen Kirchenverständnis und seiner Betonung des Episkopats. In dieser doppelten Funktion steht Ignatius zwischen Urchristentum und alter Kirche. Solche Deskription trifft solange zu, wie sie nicht vergißt, daß der Anspruch des ignatianischen Denkens nicht in einem so gefaßten, funktionalen Verständnis seiner Theologie aufgeht. Die Sehnsucht, im Martyrium ganz bei Gott zu sein, und der nachdrückliche Hinweis auf die »Einheit« der Gemeinde dokumentieren, wie sehr diese Theologie über ihren historischen Ort hinaus von Bedeutung bleibt.

Quellen

F. X. Funk – K. Bihlmeyer (Hg.): Die Apostolischen Väter. 2. Aufl. Tübingen 1956.
J. A. Fischer: Die Apostolischen Väter, München 1956.

Darstellungen

Bartsch, H.-W.: Gnostisches Gut und Gemeindetradition bei Ignatius von Antiochien. Gütersloh 1940.
Bauer, W.: Die Apostolischen Väter. Die Briefe des Ignatius von Antiochia und der Polycarpbrief. Tübingen 1920.
Baumeister, Th.: Die Anfänge der Theologie des Martyriums. Münster 1980.
Bommes, K.: Weizen Gottes. Untersuchungen zur Theologie des Martyriums bei Ignatius von Antiochien. Köln-Bonn 1976.
Meinhold, P.: Studien zu Ignatius von Antiochien. Mainz 1979.
Paulsen, H.: Studien zur Theologie des Ignatius von Antiochien. Göttingen 1978.
Schlier, H.: Religionsgeschichtliche Untersuchungen zu den Ignatiusbriefen. Gießen 1929.
Zahn, Th.: Ignatius von Antiochien. Gotha 1868.

Kanon und Geschichte

Bemerkungen zum Zweiten Petrusbrief

1. Herbert Braun hat in zwei engagierten Beiträgen die Frage nach der Mitte des Neuen Testaments – dem ‚Kanon im Kanon‘ – vorangetrieben.[1] Als Ergebnis bildet sich heraus, daß historische Kritik den Kanon dann am gründlichsten respektiert, wenn sie an ihm als einer formalen Größe nur relativ interessiert ist und ihre Leidenschaft sich auf jene Mitte richtet, von der die Hauptteile des Kanons bestimmt werden.[2] Dies definiert für Braun auf der einen Seite das Zentrum des Neuen Testaments: es ist „... der radikal geforderte und in Frage gestellte als der im Jesusgeschehen gehaltene Mensch."[3] Aber es nötigt zugleich auf der anderen Seite zu einem bestimmten Umgang mit dem Kanon, sofern die Exegese, die auf die Botschaft merkt, die Schlacken im Kanon paralysiert.[4] Das Eindrückliche an diesen Hypothesen liegt neben der inhaltlichen Definition des ‚Kanons im Kanon‘ in der Verschränkung systematischer Erörterung und historischer Urteile.[5] Denn daß es sich bei der Annäherung an die Mitte des Neuen Testaments auch um ein systematisches (z. T. sogar voreingenommenes) Urteil handelt, dem zumeist sogar die geschichtliche Begründung fehlt, läßt sich kaum bestreiten. Jedenfalls bleibt es auffällig genug, daß die Destruktion des Kanonsbegriffs durch die historische Kritik[6] die Diskussion über den ‚Kanon im Kanon‘ eigentümlich unberührt gelassen hat (und dies belegt die Prävalenz des systematischen Aspekts!). Nur verbindet sich mit diesem theologischen Urteil immer auch die Einsicht in die historische Entwicklung des Urchristentums.[7] Wenn in dieser eigentümlichen Verschränkung der Urteilsbildung die Frage nach dem ‚Kanon im Kanon‘ brisant wird, so entstehen hier auch Probleme und kritische Bedenken: denn ohne detaillierte, historische Gründe wird dem jeweiligen Text Gewalt

---

[1] H. BRAUN, Hebt die heutige neutestamentlich-exegetische Forschung den Kanon auf?, in: DERS., Gesammelte Studien zum Neuen Testament und seiner Umwelt, Tübingen 1962, 310–324; H. BRAUN, Die Problematik einer Theologie des Neuen Testaments, ebd. 325–341.

[2] H. BRAUN, Kanon 324.

[3] H. BRAUN, Kanon 323.

[4] H. BRAUN, Kanon 323.

[5] Zur Frage nach dem ‚Kanon im Kanon‘ vgl. die Beiträge in dem von E. KÄSEMANN herausgegebenen Band: Das Neue Testament als Kanon. Dokumentation und kritische Analyse zur gegenwärtigen Diskussion, Göttingen 1970 und die Diskussion bei W. SCHRAGE, Die Frage nach der Mitte und dem Kanon im Kanon des Neuen Testaments in der neueren Diskussion, in: Rechtfertigung (Festschr. E. Käsemann), Tübingen 1976, 415–442.

[6] Vgl. W. WREDE, Über Aufgabe und Methode der sogenannten neutestamentlichen Theologie, Göttingen 1897, 11.

[7] H. BRAUN, Kanon 323.

angetan, wie auf der anderen Seite historische Kritik im Anspruch ihrer universalen Geltung[8] die eigenen, ideologischen Voraussetzungen vergißt.

Einer exemplarischen Behandlung dieser vielfältigen Implikate bietet sich der zweite Petrusbrief vor allem deshalb an, weil bisheriger Forschung inhaltliche Kritik des Textes einhelliger und kaum bezweifelter Konsens zu sein scheint. Das Sündenregister ist jedenfalls reichhaltig genug[9]: es handelt sich um ein Schreiben, dessen Anschauungen „… sowohl mit anderen neutestamentlichen Aussagen als auch mit evangelischen Grundpositionen unübersehbar konkurrieren …"[10], dessen Polemik gegen die Gegner „… wie ein grausiges Vorzeichen künftiger Scheiterhaufen …"[11] wirkt, kurz: um einen höchst unsympathischen Text, dessen Aufnahme in den Kanon besser unterblieben wäre.[12] Kaum noch wird die List der Geschichte wahrgenommen, daß ein Brief, der so entschieden den Prozeß der Kanonbildung befördert hat, nun selbst von diesem Kanon her der Kritik unterliegt.[13] Selbst wenn der zweite Petrusbrief gegenwärtig nicht mehr in jenem Maße vernachlässigt wird[14], wie dies einst kennzeichnend war[15], so bleibt kritische Distanz Gemeingut der Forschung. Sie gründet im wissenschaftlichen Einverständnis, daß der Text nur eine Randexistenz innerhalb der urchristlichen Literatur führt. Dieser Konsens jedoch scheint der historischen Konkretion nicht mehr zu bedürfen, ihm genügen intuitive Geschmacksurteile und der Hinweis auf dogmatische Grundpositionen.[16] Dies gilt übrigens nicht minder von der eher verzweifelten Apologetik des Textes.[17] Eine Ausnahme bildet noch

---

[8] Dazu vgl. die wichtigen Erörterungen bei M. Trowitzsch, Verstehen und Freiheit. Umrisse zu einer theologischen Kritik der hermeneutischen Urteilskraft, ThSt(B) 126, Zürich 1981.

[9] Eindrückliche Zusammenstellung aller nur denkbaren Anklagepunkte bei S. Schulz, Die Mitte der Schrift. Der Frühkatholizismus im Neuen Testament als Herausforderung an den Protestantismus, Stuttgart-Berlin 1976, 294 ff.

[10] (H. Balz) – W. Schrage, Die „Katholischen" Briefe, NTD 10, Göttingen [11]1973, 118.

[11] G. Klein, Der zweite Petrusbrief und der neutestamentliche Kanon, in: Ders., Ärgernisse. Konfrontationen mit dem Neuen Testament, München 1970, 109–114. 113.

[12] G. Hollmann – W. Bousset, Der Brief des Judas und der zweite Brief des Petrus, SNT 3, 292–318, Göttingen [3]1917, 318.

[13] G. Klein, Der zweite Petrusbrief, 113 f.: „Ausgerechnet derjenige neutestamentliche Verfasser, der als einziger das seitdem herrschend gewordene Kanonsverständnis verficht, paßt mit seinem Denken in die Vorstellung eines einheitlichen Kanons am allerwenigsten."

[14] Vgl. T. Fornberg, An Early Church in a Pluralistic Society. A Study of 2 Peter, CB. NT 9, Lund 1977 (dazu G. Streckers Rez. in SEA 43, 1978, 162–166); J. H. Neyrey, The Form and Background of the Polemic in 2 Peter, Diss. Yale 1977.

[15] D. J. Rowston, The Most neglected Book in the New Testament, NT 21, 1975, 554–563.

[16] Wenn Luther formuliert (Vorrhede auff die Episteln Sanct Jacobi vnnd Judas; WA DB 7, 384, 29 ff.): „Was Christum nicht leret, das ist nicht Apostolisch, wens gleich Petrus odder Paulus leret, Widerumb, was Christum predigt, das ist Apostolisch, wens gleych Judas, Annas, Pilatus und Herodes thett.", so besteht auch hier die Gefahr einer theologischen Tautologie, sofern der historische Ort des jeweiligen Textes nicht mitbedacht wird. Vgl. W. Mostert, Scriptura sacra sui ipsius interpres, LuJ 46, 1979, 60–96.

[17] So z. B. J. Zmijewski, Apostolische Paradosis und Pseudepigraphie im Neuen Testament. „Durch Erinnerung wachhalten" (2 Petr 1,13; 3,1), BZ NF 23, 1979, 161–171. Daß im pseudepigraphischen zweiten Petrusbrief der gleiche Geist wirke, den Jesus selbst den Aposteln verheißen habe, ist historisch doch sehr zweifelhaft (gegen Zmijewski 171).

immer die Analyse von E. Käsemann[18], weil sie nachhaltig historische Beschreibung ihres Gegenstands *und* sachliche Kritik miteinander verbindet[19] (und der Begriff des ‚Frühkatholizismus'[20] sucht beides zu bündeln und zusammenzufassen). Dennoch bleibt auch die Studie von Käsemann nicht in erster Linie an einer Kritik des zweiten Petrusbriefes interessiert, weil dieser letztlich Repräsentant des ‚Frühkatholizismus' ist. Die Fragen, mit denen die Analyse ihre Pointe benennt, zeigen dies:

„Was ist es um eine Eschatologie, die wie diejenige unseres Briefes nur noch die Hoffnung auf den siegreichen Einmarsch der Gläubigen in das ewige Reich und die Vernichtung der Gottlosen kennt? Was ist es um einen Kanon, in welchem der 2. Petr. als klarstes Zeugnis des Frühkatholizismus Platz hat? Was ist es um eine Kirche, welche sich der Ketzer so erwehrt, daß sie selber zwischen Geist und Buchstaben nicht mehr unterscheidet, das Evangelium mit ihrer Tradition und tatsächlich mit einer religiösen Weltanschauung identifiziert, die Schriftauslegung durch Lehrgesetz reguliert und aus dem Glauben das Jasagen zur orthodoxen Dogmatik macht?"[21] Nicht eigentlich der einzelne Text ist Objekt der Kritik[22], er dient vielmehr als eindeutiger Beleg, als klarer Ausdruck einer zugrundeliegenden Geschichte, die ihn erst ermöglicht und notwendig macht. Die Orientierung der kritischen Anfrage an den Themenkomplexen Eschatologie, Kanon und Kirchenverständnis belegen solchen Verweischarakter eindeutig. Wird der Text einem so gefaßten Verständnis zum Zeugen[23], dann ist seine Funktion für die Kritik genau definiert: er bietet das Material zur Rekonstruktion urchristlicher Geschichte und ihrer präziseren Erfassung. Das aber impliziert zugleich eine Veränderung im Objekt solcher Kritik: sie zielt nicht mehr in erster Linie auf den zweiten Petrusbrief, sondern richtet sich vor allem auf die geschichtliche Substruktur des Textes.

2. „Thatsache ist der Grund alles Göttlichen der Religion, und diese kann nur in Geschichte dargestellt, ja sie muß selbst fortgehend lebendige Geschichte werden. Geschichte ist also der Grund der Bibel ..."[24]

Historisches Verstehen, das diesen Satz Herders beherzigt, wird in der Tat stärker noch, als dies bei bisheriger Analyse des zweiten Petrusbriefes geschehen ist, die Dialektik zwischen dem konkreten Text und seiner, ihn konstituierenden

---

[18] E. Käsemann, Eine Apologie der urchristlichen Eschatologie, in: Ders., Exegetische Versuche und Besinnungen I, 135–157, Göttingen 1960.

[19] Die Kritik, die sowohl Fornberg als auch Neyrey (Anm. 14) an Käsemann üben, verfehlt diesen Punkt.

[20] Vgl. noch E. Käsemann, Paulus und der Frühkatholizismus, in: Ders., Exegetische Versuche und Besinnungen II, 239–252, Göttingen 1964.

[21] Käsemann, Apologie 157.

[22] Noch deutlicher wird diese Spannung bei Schulz: der Text ist das „... eindeutigste Zeugnis des Frühkatholizismus ...", ein „... Dokument des fortgeschrittenen Frühkatholizismus (sic!) ..." (Mitte der Schrift 294).

[23] Vgl. schon Wrede, Aufgabe 41.

[24] J. G. Herder, Briefe, das Studium der Theologie betreffend, ²1785. Sämtl. Werke 10, 140; vgl. Käsemann, Kanon 400.

Geschichte in ihre Überlegungen einbeziehen müssen. So wenig beide Seiten gesondert werden dürfen, so notwendig wird dadurch eine differenzierte Erfassung des Gegenstandes historischer Kritik. Eine Auseinandersetzung mit dem zweiten Petrusbrief wird deshalb zunächst auf die Besonderheit dieses Textes achten, um seine ihm eigene, genuine Position in der Geschichte urchristlicher Theologie zu erfassen. Aber zugleich kann sie dies nur tun, wenn sie ihn immer auch als Ausdruck[25] seiner Geschichte begreift; auch der zweite Petrusbrief kann nicht ungeschichtlich getrennt von seiner Zeit, mit der er sich auseinandersetzt[26], erklärt werden. Entscheidend bleibt allerdings, daß damit auch zwischen Text und Geschichte der Prozeß gesellschaftlicher Vermittlung einbezogen wird.[27] Kritik des zweiten Petrusbriefes, die den Text ernst nimmt und sich in der Reflexion der eigenen Voraussetzungen vollzieht, hat sich so konsequent Rechenschaft zu geben über ihr Ziel: Orientiert sie sich primär am Text, kritisiert sie seine geschichtliche Basis oder setzt sie sich mit der Art und Weise auseinander, wie der Text diese Geschichte als Text vermittelt?

Für den zweiten Petrusbrief als Text erscheint als kennzeichnend, daß sein Autor pointiert die Thematik des ‚Erinnerns' in den Mittelpunkt rückt.[28] Wenn beachtet wird, wie sehr dieser Begriff an bestimmten zentralen Texten des Briefes evoziert wird (1,12 f.; 1,15; 3,1 f.), so läßt sich der Schluß nicht umgehen, daß für den Verfasser damit ein Schlüsselbegriff gemeint ist.[29] Wenn zudem diese Aufforderung zur Erinnerung dem sterbenden Petrus in den Mund gelegt wird, dann insistiert der Brief gegenüber den Gemeinden an die er sich wendet, mit apostolischer Autorität auf dieser Arbeit des Erinnerns. Dem widerspricht auch nicht, daß der Gegenstand des Eingedenkens als eher verschwommen erscheint: 1,12 meint wohl das den Glaubenden schon gegebene Heil, 1,13 fehlt schon auf Grund der Konstruktion das Objekt, während 1,15 wieder sehr ungenau und vage bleibt. Allein 3,2 belegt mit dem Verweis auf das Traditionsprinzip des Briefes kaum zufällig den Gegenstand des Erinnerns: es handelt sich um die Worte der heiligen Propheten (gemeint ist das Alte Testament) sowie um das durch die Apostel vermittelte Gebot des Herrn und Heilands.[30] Allerdings zeigen die Texte über 3,2 hinaus, daß für den Verfasser alles am Prozeß des

---

[25] Zu diesem Ausdrucksbegriff vgl. R. Tiedemann, Studien zur Philosophie Walter Benjamins, es 644, Frankfurt 1973, 128 ff.

[26] Vor allem Fornberg hat in seiner Studie diese Enkulturation des zweiten Petrusbriefes mit Hilfe des environment-Begriffs in den Vordergrund gerückt.

[27] Zum Verständnis so gefaßter Vermittlung vgl. H. Paulsen, Zur Wissenschaft vom Urchristentum und der alten Kirche – ein methodischer Versuch, ZNW 68, 1977, 200–230, 224 f.

[28] Vgl. Zmijewski, Paradosis.

[29] A. Schlatter, Die Theologie des Neuen Testaments. II. Teil: Die Lehre der Apostel, Calw/Stuttgart 1910, 457: „Indem der Schreiber die Gemeinde im Namen des Petrus an das erinnern will, was sie erhalten hat, bezeichnet er die Erinnerung, die immer wieder auf das apostolische Wort zurückgreift, als die Bedingung für den Bestand der Kirche."

[30] In der Veränderung gegenüber Jud. 17, von dem der zweite Petrusbrief abhängt, ist die Intention von 3,2 gut zu erkennen; vgl. auch F. Hahn, Randbemerkungen zum Judasbrief, ThZ 37, 1981, 209–218.

Erinnerns selbst hängt: die Gemeinde, an die sich der Brief richtet, wird an die Vergangenheit verwiesen; wenn diese im Eingedenken aufgearbeitet werden soll, dann tritt ihr verpflichtender Charakter nur desto klarer hervor. ‚Erinnerung‘ bedeutet so durchaus Vergegenwärtigung: der sterbende Petrus bleibt den Glaubenden noch immer präsente Autorität. Aber zugleich wird Distanz und Vorordnung apostolischer Zeit vor der Gegenwart der Gemeinden stets gewahrt. Solcher ‚Erinnerung‘ ordnen sich folgerichtig auch andere Topoi des Briefes unter: das gilt vom Traditionsprinzip mit dem Verweis auf das Alte Testament und das Gebot des Herrn (3,1 f.), wie ihm auch die Betonung der Augenzeugenschaft der Apostel dienen soll (1,16 ff.). Der diffizile Text, der einer gesonderten Analyse bedürfte[31], soll ja nicht nur legitimieren (dies ganz sicher auch) sondern die Deutung der Vergangenheit durch die apostolischen Zeugen sicherstellen (vgl. vor allem 1,20 f.). Daran orientiert sich auch die Behandlung der Gestalt des Paulus in 3,14 ff.[32], die durchaus von der faktischen Kenntnis der paulinischen Briefe zu unterscheiden ist.[33] Eine Polemik gegen Paulus[34] dürfte kaum beabsichtigt sein[35], auch der Hinweis, daß diese Verse etwas vom beginnenden Primat des Petrus verraten[36], hilft nicht weiter. Für den sterbenden Petrus ist Paulus durchaus der ‚geliebte Bruder‘ (3,15); wie anders hätte er ihn auch bezeichnen sollen, der doch bei den in 1,16 ff. geschilderten Ereignissen nicht beteiligt sein konnte. Auch die Bemerkung von der ‚Weisheit‘, die Paulus gegeben sei (3,15), besitzt keinen ironischen Beiklang, sondern zeigt, daß für den Brief ‚Paulus‘ durchaus einen Rang in der christlichen ‚Urgeschichte‘ einnimmt. Aber es gibt eben nur die eine Tradition, die erinnert werden soll und in der Sache übereinstimmen muß. Der zweite Petrusbrief erscheint deshalb neben anderen Texten des zweiten Jahrhunderts nicht nur als Beispiel für die sachliche Vorordnung der Überlieferung, sondern belegt zugleich, wie entschlossen die eigene Geschichte von der Gegenwart her einer ‚relecture‘ unterzogen wird. Bei diesem Vorgang kann dann durchaus beides zusammenfallen: die tatsächliche Unkenntnis der

---

[31] Vgl. FORNBERG, Early Church 78 ff.; NEYREY, Form and Background 79 ff. Aus der älteren Lit. z. B. E. MOLLAND, La thèse „La prophétie n'est jamais venue de la volonté de l'homme" (2 Pierre 1, 21) et les Pseudo-Clémentines, StTh 9, 1955, 67–85; W. MARXSEN, Der „Frühkatholizismus" im Neuen Testament, BSt 21, Neukirchen-Vluyn 1958, 7 ff.

[32] Vgl. dazu jetzt die eindrückliche Analyse bei A. LINDEMANN, Paulus im ältesten Christentum. Das Bild des Apostels und die Rezeption der paulinischen Theologie in der frühchristlichen Literatur bis Marcion, BHTh 58, Tübingen 1979, 91 ff., 261 ff.

[33] Solche Kenntnis dürfte eher gering zu veranschlagen sein; vgl. LINDEMANN, Paulus 261 f.

[34] Eine Annahme, die in der älteren Lit. verbreitet ist; vgl. J. WAGENMANN, Die Stellung des Apostels Paulus neben den Zwölf in den ersten zwei Jahrhunderten, BZNW 3, Gießen 1926, 170 ff.

[35] Die richtige Erklärung findet sich übrigens schon bei F. C. BAUR, Kirchengeschichte der drei ersten Jahrhunderte, Tübingen ³1863, 143: „Es ist darin nur ausgesprochen, was schon längst im Sinne der überwiegenden Mehrheit liegen musste, dass man keine Ursache habe, dem Apostel die Anerkennung zu verweigern …"

[36] So etwa R. E. BROWN–K. P. DONFRIED–J. REUMANN, Der Petrus der Bibel. Eine ökumenische Untersuchung, Stuttgart 1976, 134 ff.

paulinischen Theologie und die Hochschätzung des ‚Paulus‘ als eines Kronzeugen der Vergangenheit.

In dem Beharren des Textes auf der Vorgabe der Vergangenheit und ihrer Aufarbeitung durch die ‚Erinnerung‘ liegt auch der Schlüssel für die Dechiffrierung der historischen Grundlage des Textes[37]: der zweite Petrusbrief ist eben darin Ausdruck des unendlichen Abstands gegenüber dem Ursprung, er benennt die Differenz der zweiten Generation zur Urzeit nicht nur, sondern sucht sie durch die Anstrengung des Begriffs einzuschärfen. Insofern erscheint das Fehlen konkreter gesellschaftlicher Erfahrung in der Argumentation des Briefes[38] als ein Indiz ihrer tatsächlichen Gegenwart. Der zweite Petrusbrief bringt die Erfahrungen, die Praxis seiner Gemeinden als Gemeinden der zweiten Generation im hermeneutisch verschlüsselten Prozeß seiner Theologie auf einen angemessenen Begriff, er ist so auf der ‚Höhe‘ seiner Zeit.

Solche Vermittlung zwischen Text und Basis wird geleistet durch die Form des zweiten Petrusbriefes: der Brief will ja, wie 1,1 ausdrücklich betont, vom Apostel Petrus geschrieben sein. Es geht genauer um jenen Petrus, der sich dem Tode gegenübersieht und sich in der Nähe des Todes weiß (1,12 ff.), wobei der Verfasser auf eine spezielle Offenbarung des Kyrios verweisen kann (1,14). Wenn der Text in dieser Weise zum Vermächtnis, dem ‚Testament‘ des Apostels wird[39], so rückt er damit in die Nähe anderer urchristlicher Texte, die ebenfalls den testamentarischen Charakter einer Botschaft hervorheben.[40] Solche Topik erinnert an einen breit gefächerten, religions- und traditionsgeschichtlichen Hintergrund, dessen Einzelheiten noch immer nicht aufgehellt sind.[41] Deutlich erscheint nur, daß der Verfasser des zweiten Petrusbriefes die ihm vertraute Topik des Testamentes in einer für ihn charakteristischen Weise abwandelt: er konzipiert den Text als Brief, um ihm so über die Situation des Sterbenden hinaus universale Geltung zu verschaffen.[42] Wenn jener Petrus, der dem Tode entgegengeht, seinen Gemeinden einen Brief als letzte Äußerung hinterläßt, dann sind dessen Inhalte (so banal auch immer sie sein mögen!) von allerhöchstem Gewicht. Denn die angenommene Situation führt ja folgerichtig dazu, daß es sich um eine exklusive, alles andere bestimmende und normierende Überlieferung handeln muß. Der Text spricht das ‚letzte Wort‘, das alles andere in den Schatten stellt.

---

[37] Vgl. FORNBERG, Early Church 116 ff.

[38] Die Differenz in den Ergebnissen bei Fornberg und Neyrey erscheint als Indiz solchen Fehlens konkreter Daten gesellschaftlicher Praxis.

[39] Vgl. J. MUNCK, Discours d'adieu dans le Nouveau Testament et dans la littérature biblique, in: Aux sources de la tradition chrétienne, Festschr. M. Goguel, Neuchatel-Paris 1950, 155–170.

[40] So z. B. Apg. 20,17 ff.; dazu H.-J. MICHEL, Die Abschiedsrede des Paulus an die Kirche Apg 20,17–38. Motivgeschichte und theologische Bedeutung, StANT 35, München 1970.

[41] Vgl. E. VON NORDHEIM, Die Lehre der Alten. Das Testament als Literaturgattung in Israel und im Alten Vorderen Orient, Diss. theol., München 1973; E. CORTÈS, Los Discursos de Adiós de Gn 49 a Jn 13–17. Pistas para la historia de ùn género literario en la antigua literatura judia, CSPac 23, Barcelona 1976.

[42] Die Gattungsmerkmale des ‚Briefes‘ nehmen so die Topik des Testaments auf und interpretieren sie.

Deshalb kann sich auch jene Gemeinde, an die solches ‚Testament' ergeht und die das Erbe des ‚Petrus' antritt, in einer besonderen Art und Weise dieser Vergangenheit versichern. Die Verbindung von Brief und Topik des ‚Testaments' ist deshalb nicht zufällig, sondern erweist sich als durchdacht und konsequent: der Brief wird als das letzte, das endgültige Wort des Petrus aufgewertet, während sein Testament nun nicht nur auf einige Wenige begrenzt bleibt, sondern als Vermächtnis an alle Glaubenden (vgl. 1,1) über die Zeiten hinweg in Kraft tritt.[43]

Die Analyse des zweiten Petrusbriefes läßt sich so zusammenfassen:

– Der pseudepigraphische Charakter des Textes dient dazu, sich der Vergangenheit zu vergewissern und zugleich eine sachliche Kontinuität mit ihr herzustellen. Dies wird gewährleistet durch die Fiktion, der Brief sei vom Apostel Petrus geschrieben. Daß der Text pseudepigraphisch ist, wird so zum Reflex des unendlichen Abstands gegenüber dieser Vergangenheit.

– Es ist das ‚Testament' des Petrus, das hier gegenüber den Gemeinden gegenwärtige Geltung beansprucht. Deshalb haben seine Worte besondere Dignität: wenn die Gemeinden das ‚Testament' des Petrus erhalten, so erfahren sie noch einmal, daß bereits alles gesagt worden ist und im Grunde über dies Gesagte nichts mehr hinausführt. Was bleibt, ist die bewußte Arbeit des Erinnerns.

– Zugleich stellt die Vergangenheit, zu der Eingedenken die Brücke schlägt, eine Einheit dar: es kann, es darf in ihr keine Spannungen oder gar Differenzen geben. Deshalb erscheint Paulus als der ‚geliebte Bruder' des Petrus, und die Texte des Alten Testaments bedürfen der sachgemäßen Auslegung durch die Apostel.

3. Eine kritische Auseinandersetzung mit diesem Entwurf dürfte kaum zum Erfolg führen, wenn sie den zweiten Petrusbrief isoliert und von der Geschichte abstrahiert polemisch angreift und so seine historische Bedingtheit vergißt. Aber auch eine Kritik der historischen Basis des Textes verfehlt den Text, sofern über den zweiten Petrusbrief hinaus der umfassende Wandel des Urchristentums zur alten Kirche ins Blickfeld gerät.[44] Gerade gegenüber dieser prinzipiellen Veränderung soll damit kein Kritikverbot gefordert werden[45], dies wäre die Kapitulation vor der Macht des Faktischen[46], vielmehr bleibt die Macht des Vergangenen in den gegenwärtigen Gedanken hineinzunehmen. Dennoch kann die kritische Auseinandersetzung mit dem konkreten Text des zweiten Petrusbriefes letztlich nur darauf gehen, *wie* der Verfasser seine Zeit im Prozeß seiner Theologie vermittelt und aufnimmt. Im Nachlaß Walter Benjamins findet sich eine kurze Anmerkung, die die so begriffene Kritik eindrücklich benennt[47]:

---

[43] Deshalb ist der Text notwendig als Pseudepigraphon abgefaßt, weil so die Teilhabe an der Vergangenheit sichergestellt ist.

[44] Vgl. E. Käsemann, Paulus und Frühkatholizismus 245.

[45] Dazu M. Trowitzsch, Auslegung und Anfechtung, EvTh 43, 1983, 52–65. Die Entlarvung der ‚Allmacht' historischer Kritik ist, so richtig sie erscheint, nicht ohne Gefahr.

[46] H. Regius (M. Horkheimer), Dämmerung. Notizen in Deutschland, Frankfurt/M. ²1974, 353 f.

[47] Der Text findet sich im Nachlaß Ms 473 (= W. Benjamin, Gesammelte Schriften, I. 3, Frankfurt/M. 1974, 1242).

„Der landläufigen Darstellung der Geschichte liegt die Herstellung einer Kontinuität am Herzen. Sie legt auf diejenigen Elemente des Gewesenen Wert, die schon in seine Nachwirkung eingegangen sind. Ihr entgehen die Stellen, an denen die Überlieferung abbricht u(nd) damit ihre Schroffen u(nd) Zacken, die dem einen Halt bieten, der über sie hinausgelangen will."

Historische Kritik, die sich dies bewußt macht, daß das Ganze mitnichten das Wahre ist, kann am zweiten Petrusbrief beobachten, wie sehr er sich nur noch affirmativ auf seine Zeit einläßt[48], ohne ihr noch Widerstand in der Sache zu bieten. Mit seinem Rekurs auf die Vergangenheit der Apostelzeit droht die Gegenwart verfehlt zu werden, die Kraft des Eschaton wird in die kleine Münze des Alltäglichen eingetauscht. Aller Beteuerung in 2. Petr. 3 zum Trotz wird die Eschatologie dem Brief vom Fundament der Theologie zu einem ihrer Teile.[49] Daran zeigt sich, daß das Eingehen in die Geschichte, der Vermittlungsprozeß der Theologie nicht ohne Reduktion des eschatologischen Moments erfolgt[50], dessen Würde in der Leugnung des Bestehenden und seiner Entlarvung als Schein bestanden hatte.[51]

Sicher wird sich jetzt erneut die Frage nach der angemessenen, sachlichen Beurteilung solcher historischen Kritik stellen[52], die den Betrachtenden aus seiner distanzierten Haltung aufstört und ihn unmittelbar herausfordert.[53] Die Gegenwart wird sich dann nicht nur in den Horizont des Vergangenen einholen lassen[54], sondern es so in die eigene Zeit hineinnehmen, daß das Kontinuum der Geschichte aufgesprengt wird. Aber dies geschieht doch jetzt so, daß im Nachdenken über die vermittelte Beziehung zwischen Text und Geschichte dem historischen Objekt nicht mehr Gewalt angetan wird. Gegen allen Doketismus wird dann – in diesem Miteinander – die Dialektik von Evangelium und Geschichte sichtbar: „Der Kanon gibt das Evangelium so wieder, wie es in die Geschichte eingegangen ist."[55]

---

[48] Vgl. die wichtigen Erörterungen bei H.-J. Schmitz, Frühkatholizismus bei Adolf von Harnack, Rudolph Sohm und Ernst Käsemann, Düsseldorf 1977, 207 ff.

[49] Dies dürfte E. Käsemann, Apologie, überzeugend nachgewiesen haben.

[50] Diese Reduktion wird Exegese nicht ohne Bewegung und Melancholie wahrnehmen und sich deshalb immer auch als ein Stück ‚Trauerarbeit' verstehen; vgl. R. Wehrli, Alter und Tod des Christentums bei Franz Overbeck, Zürich 1977, 216 ff., 229 ff. (Metatheologie als Trauerarbeit).

[51] Käsemann, Paulus und Frühkatholizismus 245 f.

[52] Dazu vor allem W. Schrage, Frage nach der Mitte.

[53] H. Braun, Kanon 323: „Erst wenn diese Meinungen zu mir sprechen, mich mahnen und kritisieren und überwinden, erst wo ich diese Meinungen inhaltlich weitergebe und zum Sprechen bringe, erst wo ich verkünde, erst dann und dort gilt die Kategorie der Wahrheit und der Offenbarung."

[54] Trowitzsch, Verstehen und Freiheit 52 ff.

[55] Käsemann, Kanon 408.

Paypyrus Oxyrhynchus I. 5
und die
διαδοχὴ τῶν προφητῶν

Zu den Reliquien der altkirchlichen Literatur, die bis heute der Forschung
Rätsel aufgeben, gehört das knappe Papyrusstück P.Oxy. 1. 5, dessen erste
Edition B. P. Grenfell und A. S. Hunt zu verdanken ist:[1]

```
    τιν..[
    λος τοῦ πν(εύματο)ς τοῦ προφητ[ι
    κοῦ ὁ κείμενος ἐπ' αὐτῷ
    π[..]. [............] .ν, καὶ
5   πλησθεὶς ὁ ἄνθρωπος ἐκεῖ-
    νος τῷ πν(εύματ)ι τῷ ἀγίῳ λα
    λεῖκαθὼς ὁ (κύριο)ς βούλετε,
    οὕτως φανερὸν ἔστε τὸ
    πν(εῦμ)α τῆς θειότητος. τὸ γὰρ
10  προφητικὸν πν(εῦμ)α τὸ σω
    ματεῖόν ἐστιν τῆς προ
    φητικῆς τάξεως, ὃ ἔστιν
    τὸ σῶμα τῆς σαρκὸς Ἰ(ησο)ῦ Χρισ(το)ῦ
    τὸ μιγὲν τῇ ἀνθρωπότη
15  τι διὰ Μαρίας. ὅτι δὲ
    δοχῇ δεκτικόν ἐστιν
```

Um die Interpretation des Textes hat sich vor allem A. Harnack verdient
gemacht;[2] es gelang ihm, das Bruchstück – das nur in recto noch eine sinnvolle Entzifferung zuläßt[3] – wenigstens z. T. sicher zuzuschreiben. Harnack

---

[1] B. P. Grenfell–A. S. Hunt, *The Oxyrhynchus Papyri*, Part 1 (London, 1898), S. 8 f. Der o. wiedergegebene Text enthält die Verbesserungen und Präzisionen A. Harnacks.

[2] A. Harnack, 'Über zwei von Grenfell und Hunt entdeckte und publicirte altchristliche Fragmente', SBA (1898), S. 516–20.

[3] P.Oxy. 1. 5 verso lautet:

```
      [.........]κ
      [.]ν πν(ευμ)[....].ν
      επε[
      εαν[.....]ω[
5     κα[......]τε[
      λικο[....] Δαυ[ιδ
      εμετ.[....]με [
      μασ[.....]ει. [
      τισθ[.....]ολ[
10    οὔτε...[.]ου[
      καλύψε[ι]σοι [.....]. ε-
      [τ]οῦ ἀνθ[ρώ]πο[υ
      π οὐρανίοις μ[
```

erkannte nämlich, daß in Z. 1–9 ein Zitat von Hermas, *mand.* 11. 9 f. vorliegt.[4] An dies Zitat schließen sich nun die für P.Oxy. 1. 5 charakteristischen Worte an: τὸ γὰρ προφητικὸν πνεῦμα τὸ σωματεῖόν ἐστιν τῆς προφητικῆς τάξεως, ὅ ἐστιν τὸ σῶμα τῆς σαρκὸς Ἰησοῦ Χριστοῦ τὸ μιγὲν τῇ ἀνθρωπότητι διὰ Μαρίας.

Auch für die Interpretation dieser Aussagen hat Harnack das Wesentliche wohl klargestellt; sie knüpft an das Wort des Hermas vom προφητικὸν πνεῦμα an, wobei dies προφητικὸν πνεῦμα vom Verfasser mit dem σωματεῖον τῆς προφητικῆς τάξεως identifiziert wird.[5] Das Offenbarwerden des göttlichen Geistes, von dem Hermas spricht (φανερὸν ἔσται τὸ πνεῦμα τῆς θειότητος), sieht das Fragment gebunden an das σωματεῖον τῆς προφητικῆς τάξεως.[6] Nicht sicher zu entscheiden bleibt, ob in diesem Terminus eine interpretative Deutung von προφητικὸν πνεῦμα vorliegt oder ob beide Größen inhaltlich geradezu identifiziert werden sollen.[7] Die enge Bindung zwischen ihnen bleibt in jedem Falle ganz auffällig;[8] indem P.Oxy. 1. 5 das πνεῦμα τῆς θειότητος des Hirten mit dem προφητικὸν πνεῦμα in eins setzt[9] und zugleich mit dem σωματεῖον τῆς προφητικῆς τάξεως verknüpft,[10] hebt es nachdrücklich die Rolle der Prophetie hervor. Exceptionell bleibt natürlich die Wendung vom σωματεῖον τῆς προφητικῆς τάξεως; zwar ist die philologische Aufhellung wohl eindeutig gelungen,[11] sofern σωματεῖον 'Collegium', 'Stand' bedeutet. Daraus läßt sich mit Harnack für die Interpretation des Textes folgern:[12] 'In einer ungewöhnlich starken Weise, fast pleonastisch, drückt er (scil. der Vf.) damit die Vorstellung aus, dass die Propheten eine besondere Gruppe und einen besonderen Stand in der Kirche bilden.' Vielleicht kann man sogar noch darüber hinausgehen: Aus der

---

[4] A. Harnack, a. a. O. S. 517. Zur Interpretation des Hermas-Textes vgl. M. Dibelius, *Der Hirt des Hermas*, HNT Ergänzungsband IV (Tübingen, 1923), S. 536 ff.; J. Reiling, *Hermas and Christian Prophecy. A Study of the Eleventh Mandate*, NovTestSuppl 37 (Leiden, 1973). Dort auch die wichtigste Lit.

[5] Zu bedenken bleibt, daß Hermas von einem ἄγγελος τοῦ προφητικοῦ πνεύματος spricht, also differenziert; das Fragment redet hingegen nur noch von einem προφητικὸν πνεῦμα.

[6] Dabei dürfte der Grund für die Rezeption des Hermastextes also nicht nur in den Termini ἄγγελος τοῦ προφητικοῦ πνεύματος bzw. πνεῦμα τῆς θειότητος liegen; auch der Aspekt des φανερὸν ἔσται spielt eine wichtige Rolle, weil der Geist der wahren Prophetie (von dem im 'Hirten' die Rede ist) für P.Oxy. 1. 5 im σωματεῖον τῆς προφητικῆς τάξεως zu Tage tritt.

[7] Harnack, a. a. O. S. 518 übersetzt: 'Der prophetische Geist ist (stellt sich dar als) das Collegium der Propheten (des Propheten-Standes).'

[8] Der Unterschied zwischen den beiden Erklärungsmöglichkeiten sollte jedenfalls nicht überbetont werden: Versteht man die Aussage τὸ γὰρ προφητικὸν πνεῦμα τὸ σωματεῖον ἐστιν τῆς προφητικῆς τάξεως im Sinne von: 'Der prophetische Geist bedeutet das σωματεῖον τῆς προφητικῆς τάξεως', so führt auch dies faktisch zu einer Identifikation beider Größen. Eine solche Auslegung würde nur den Kommentarcharakter von P.Oxy. 1. 5 stärker profilieren, insofern auch ein Beitrag zum formgeschichtlichen Verständnis des Textes leisten können.

[9] Dabei bot das ἄγγελος τοῦ προφητικοῦ πνεύματος für solche Interpretation einen zusätzlichen Anhaltspunkt.

[10] Harnack, a. a. O. S. 518: '...dass der göttliche Geist, welcher mit dem prophetischen identisch ist, in den Propheten in die Erscheinung tritt'.

[11] Vgl. hierfür neben Harnack vor allem J. B. Lightfoot, *The Apostolic Fathers* II, 1, 2 (London, 1889), 2. A. (zur Stelle Ign. *Sm.* 11. 2).

[12] Harnack, a. a. O. S. 519.

Dichte der Formulierung σωματεῖον τῆς προφητικῆς τάξεως – für die Bedeutung 'Stand' hätte ja das einfache τάξις ausgereicht[13] – wird dem σωματεῖον eine besondere, nuancierte Bedeutung zuzuschreiben sein. Gesagt werden soll, daß dies σωματεῖον die ekklesiologische Konkretion des σῶμα Χριστοῦ sein soll, in ihm das σῶμα Χριστοῦ anwesend zu denken ist.[14] Dabei bleibt, wie dies schon die gegenüber dem σῶμα differenzierte Verwendung von σωματεῖον belegt, allerdings zugleich die Differenz festzuhalten. Eine solche Deutung ist umso leichter nachzuvollziehen, als sie auch in Ign. *Sm.* 11. 2 angenommen werden kann.[15] Die Interpretation dieses Textes ist zweifellos umstritten, gewisse Grundzüge lassen sich aber nicht verkennen. Das σωματεῖον[16] der Gemeinde zu Smyrna als Konkretion des σῶμα Χριστοῦ soll nach den Leiden der Verfolgung wiederhergestellt werden,[17] σωματεῖον dürfte also auch hier eine ekklesiologische Funktion besitzen.

Blickt man nun im Ganzen auf den Inhalt von P.Oxy. 1. 5, so kann natürlich gesagt werden: 'Der Gedanke, dass der göttliche Geist nicht nur in den Propheten wirkt, sondern in ihnen zu wirklicher Erscheinung kommt, ist dem christlichen Altertum geläufig und ergab sich aus dem Wesen und der Form der Prophetie von selbst.'[18] Dennoch muß die Betonung der Rolle der Prophetie und der Propheten – vor allem im Blick auf die Entstehungszeit des Textes – als ganz auffällig angesehen werden, weil sie pointiert beiden sachliche Priorität zuweisen will.

Gerade gegenüber dieser betonten Einschätzung der Rolle der Prophetie durch den Text – wie sie vor allem durch die Deutung Harnacks initiiert wurde – hat Reiling Zweifel und Bedenken geäußert.[19] Wenn Harnack den Sinn des Papyrus so auffaßte, '. . . that within the church there was a body of prophets which claimed to be the body of Christ proper. . .',[20] dann läuft dies nach Reiling der Intention des Hermas[21] strikt entgegen.[22] Und da das Fragment gerade den Text des Hirten

---

[13] Dabei wird man fragen müssen, ob τάξις darüber hinaus noch eine Bedeutungsnuance hat, die sich aus den anschließenden Zeilen ergibt. Vgl. S. 447.

[14] Vgl. hierfür auch den Nebensatz ὅ ἐστιν τὸ σῶμα τῆς σαρκὸς Ἰησοῦ Χριστοῦ τὸ μιγὲν τῇ ἀνθρωπότητι διὰ Μαρίας; zu seiner Interpretation vgl. Harnack, a. a. O. S. 519.

[15] Dazu siehe H. Paulsen, *Studien zur Theologie des Ignatius von Antiochien.* Forschungen zur kirchen- und Dogmengeschichte 29 (Göttingen, 1978), S. 147 ff. (Lit.)

[16] Die gängige Wiedergabe des σωματεῖον von *Sm.* 11. 2 mit 'armer Leib' ist jedenfalls (auch von P.Oxy. 1. 5 her!) aufzugeben. Vgl. H. Paulsen, a. a. O. S. 148 ff.

[17] Der in *Sm.* 11. 2 auftretende Gedanke einer Differenzierung zwischen σῶμα Χριστοῦ und seiner konkreten Erscheinung in der Einzelgemeinde ist traditionell; vgl. Paulsen, a. a. O. S. 150.

[18] Harnack, a. a. O. S. 518 f.

[19] Reiling, a. a. O. S. 125, Anm. 2.

[20] Reiling, a. a. O. S. 125, Anm. 2.

[21] Sie interpretiert Reiling (a. a. O. S. 125) so: 'When, however, the congregation and the prophet have the same endowment with the divine Spirit, then it certainly follows that any member of the congregation can be chosen by the Spirit to be filled and to speak as the Lord wills. The church consists of potential prophets. There is no specific προφητική τάξις within the church, but the church itself is a προφητική τάξις.'

[22] Reiling, a. a. O. S. 125, Anm. 2: 'This interpretation, however, makes the text say the opposite of the Hermas text which it quotes and purports to explain.' Mir scheint, daß damit eine prinzipiell richtige Einsicht doch überbetont wird; denn entgegen der Auffassung Reilings tendiert das ὁ ἄνθρωπος ὁ ἔχων τὸ πνεῦμα θεῖον doch bereits zu einer singulären, vereinzelnden Rolle gegenüber

auslegen möchte, so sei es deshalb unumgänglich, P.Oxy. ı. 5 analog zu verstehen;
wie dort ist auch in diesem Text die gesamte Kirche als προφητική τάξις zu
verstehen.[23] Aber diese Korrektur bringt über Harnacks Deutung hinaus keinen
Fortschritt:

1. Einmal ist zu bedenken, daß in der Interpretation durch P.Oxy. ı. 5 das
πνεῦμα θεοῦ des Hirten ausgelegt werden soll und dabei eindeutig an die προφητική τάξις gebunden wird, welche nun wiederum mit dem σῶμα Χριστοῦ in
Verbindung zu bringen ist. Das Fragment hat also durchaus kein Interesse daran,
das σῶμα Χριστοῦ in Ganzen als prophetisch zu erweisen, sondern will in der Tat
die Bedeutung der Prophetie dadurch unterstreichen, daß in ihr das σῶμα
Χριστοῦ recht eigentlich zur Erscheinung kommen soll.

2. Eine grundsätzliche Erwägung muß hinzugefügt werden: Reiling geht von
der Voraussetzung aus, daß die Auslegung des Hermastextes durch P.Oxy. ı. 5
in einem adäquaten Sinne erfolgt sei und beide Texte also übereinstimmen. Dies
aber ist methodisch nicht überzeugend: P.Oxy. ı. 5 ist vielmehr daran interessiert – und gibt dies Interesse auch zu erkennen – den Text des Hirten auf einen
bestehenden Zustand hin auszulegen. Das aber schließt die Möglichkeit ein, daß
die ursprüngliche Absicht des interpretierten Textes dabei verändert wird. Indem
das πνεῦμα θεοῦ des Hermas und sein Offenbarwerden ausgelegt wird, erfährt es
Erweiterung und Akzentuierung zugleich. Dabei ist deshalb auch gar nicht einmal
so sehr der inhaltliche Bruch zwischen den beiden Texten zu betonen; vielmehr
stellt P.Oxy. ı. 5 nur einen Aspekt des übernommenen Aussagezusammenhanges
in den Mittelpunkt und zieht diesen allen anderen vor.

3. Steht so die προφητική τάξις im Zentrum der über den Hermastext hin-
ausgehenden Aussage, so bleibt die Einengung von τάξις auf eine bestimmte
Gruppe von Menschen[24] in jedem Falle das Wahrscheinliche; daß diese προφητική
τάξις mit dem gesamten σῶμα Χριστοῦ gleichzusetzen ist, läßt sich weder durch
die Terminologie selbst noch durch die Gesamtinterpretation des Textes beweisen.

Ein weiterer, möglicherweise entscheidender Einwand gegen Reilings
Auffassung ergibt sich nun allerdings von einem Punkte des Textes her, den

dem Gros der Gemeinde, dessen potentielle Prophetie darum ja nicht zu bestreiten ist. Die Unterscheidung zwischen dem geistbegabten Einzelnen und der Gemeinde als seinem Auditorium
zeichnet sich bereits im Text des Hirten ab; insofern aber ist auch die Interpretation durch P.Oxy.
ı. 5 – wie sie von Harnack inhaltlich fixiert wurde – nicht in einen so strikten Gegensatz zum
'Hirten' zu bringen, wie dies Reiling postuliert.

[23] Reiling, a. a. O. S. 125, Anm. 2: 'Though the text is in need of new treatment it may be
posited here that the explanation that the body of Christ, the church, itself is τὸ σωματεῖον τῆς προφητικῆς τάξεως, and consists of prophets, is more obvious and more consistent with Hermas' view.'
Man könnte für ein solches – umfassend ekklesiologisches – Verständnis etwa auf den Begriff von
charisma veritatis bei Irenäus verweisen; vgl. hierfür K. Müller, 'Kleine Beiträge zur alten Kirchengeschichte', *Z.N.W.* xxiii (1924), 214–47, S. 216 ff.

[24] Προφητική τάξις findet sich noch bei Herakleon, fragm. 5 (W. Völker, *Quellen zur Geschichte der
christlichen Gnosis* (Tübingen, 1932), S. 65, 16 ff.):

ʿΟ λόγος μὲν ὁ σωτήρ ἐστιν, φωνὴ δὲ ἡ ἐν τῇ ἐρήμῳ ἡ διὰ ʾΙωάννου διανοουμένη, ἦχος δὲ πᾶσα προφητικὴ τάξις.

Herakleon illustriert die Klimax ἦχος – φωνή – λόγος, die (wenn auch mit Variationen) traditionell
vorgegeben ist, durch die wertende Reihenfolge προφητική τάξις – Johannes der Täufer – Christus.
Gedacht ist also an die alttestamentlichen Propheten, die von Herakleon als Gruppe gefaßt werden.
Ob dabei τάξις noch innerhalb einer solchen Gruppe im Sinne chronologischer Reihung nuancieren
soll, ist wenig wahrscheinlich. Dagegen spricht vor allem auch der sonst feststellbare technische
Gebrauch von τάξις, der sich an bestimmten Amtsgruppen innerhalb der Gemeinde orientiert; vgl.
hierfür die sich bei G. W. H. Lampe, *A Patristic Greek Lexicon* (Cambridge, 1968), s.v. findenden
Belege.

Harnack bei seiner Interpretation nicht weiter beachtet hatte. Es handelt sich um die korrupten Zeilen 15 f.:[25]

...ὅτι δὲ
δοχῇ δεκτικόν ἐστιν.

Dies gibt so kaum Sinn, vor allem die Wendung des δοχῇ δέχεσθαι ist nicht zu verstehen. Bedenkt man allerdings Argumentation und Aussage der anderen Textbestandteile, so liegt eine Konjektur auf der Hand:

...ὅτι δὲ δια
δοχῇ δεκτικόν ἐστιν.

Es ist also ein ursprüngliches δια in Z. 15 ausgefallen;[26] bei dem so konjizierten Text[27] weist P.Oxy. i. 5 dann nicht nur das πνεῦμα θεοῦ exklusiv dem σωματεῖον τῆς προφητικῆς τάξεως zu, das so zur konkreten Erscheinung des σῶμα Χριστοῦ wird. Τάξις, das insofern nicht nur statischer Begriff ist,[28] deutet bereits auf das hin, was Z. 15 f. prononciert aussprechen: Das πνεῦμα θεοῦ, das in der Prophetie epiphan wird, ist an die διαδοχή gebunden und wird durch diese weitergegeben.[29]

Trifft ein solches Verständnis von P.Oxy. i. 5 zu, so ordnet sich der Text in die Reihe jener Belege ein, die von einer wie auch immer gearteten διαδοχή sprechen;[30] aus dem 2. Jahrhundert sind neben Hegesipp[31] noch

---

[25] Harnack, a. a. O. S. 518 druckt zwar noch Z. 15 f., fügt aber keine weitere Erklärung hinzu; Reiling verzichtet auf jegliche Erörterung der weiteren Textpassage.

[26] Die Zeilenlänge läßt eine solche Konjektur jedenfalls plausibel erscheinen; will man sie nicht akzeptieren, so wird immer noch zu erwägen sein, ob nicht das δέ für ein ursprüngliches δια steht. Immerhin wird selbst bei der Beibehaltung des Textes zu prüfen sein, ob nicht eine Interpretation des rätselhaften δοχῇ δεκτικόν ἐστιν in eine verwandte Richtung zu gehen hätte, δοχή also mit διαδοχή zu parallelisieren wäre.

[27] Unklar ist in jedem Fall der Einsatz des ὅτι; es ist nicht auszuschließen, daß an einen Begründungszusammenhang zu denken bleibt. Aber wie sich ὅστις und ὅς in der Koine zunehmend nicht mehr scharf trennen lassen, so dürfte das ὅτι δέ des Textes einem ὃ δέ entsprechen. Es liegt also eine durch das δέ angezeigte Parallelformulierung zu dem Satz von Z. 12 ff. und dessen Einleitung mit ὃ ἐστιν vor.

[28] Eine solche statische Interpretation des Begriffs im Sinne von 'Stand' findet sich vor allem bei Harnack, a. a. O. S. 519. Das ist sicher nicht unzutreffend; wird aber die Korrespondenz zwischen τάξις und διαδοχή beachtet, so bekommt auch τάξις in P.Oxy. i. 5 eine Nuancierung im Sinne einer Abfolge.

[29] Der Text orientiert damit die *diauoxή* nicht so sehr an den Einzelpersonen als vielmehr an der Gruppe, dem σωματεῖον. Das erinnert an I Clem 22,4; 44. Vgl. H. von Campenhausen, 'Die Nachfolge des Jakobus. Zur Frage eines urchristlichen "Kalifats".' *Aus der Frühzeit des Christentums. Studien zur Kirchengeschichte des ersten und zweiten Jahrhunderts*, S. 135–51 (Tübingen, 1963), S. 150.

[30] Nahezu vollständige Zusammenstellung aller relevanten Texte bei C. H. Turner, 'Apostolic Succession', in H. B. Swete (Hgb.), *Essays on the Early History of the Church and the Ministry*, S. 93–214 (London, 1921), 2. A. S. 197 ff.

[31] Euseb. h.e. ii. 23. 4; iv. 22. 3. Vgl. hierzu F. Overbeck, 'Über die Anfänge der Kirchengeschichtsschreibung.' *Progr. zur Rektoratsfeier der Universität Basel* (Basel, 1892), S. 17 ff.; Th. Zahn, *Brüder und Vettern Jesu*, *FGNK* vi, S. 225–363 (Leipzig, 1900); H. J. Lawlor, *Eusebiana. Essays on the Ecclesiastical History of Eusebius Pamphili, ca 264–349 A.D.* Bishop of Caesarea (Oxford, 1912), S. i ff., 66 ff.; N. Hyldahl, 'Hegesipps Hypomnemata', *St.Th.* xiv (1960), 70–114; von Campenhausen, 'Nachfolge des Jakobus', S. 143; W. Bauer, *Rechtgläubigkeit und Ketzerei im ältesten Christentum*, *B.H.Th.* x, 1964, 2. A. S. 199, Anm. 1; H. Kemler, 'Der Herrenbruder Jakobus bei Hegesipp und in der lrühchristlichen Literatur', Diss. theol. (Teildruck) (Göttingen, 1966).

der Brief des Ptolemaios an Flora,[32] Irenäus[33] und der antimontanistische 'Anonymus'[34] in Betracht zu ziehen.[35] Die Texte geben nun allerdings der Interpretation in Einzelnen mancherlei Rätsel und Schwierigkeiten auf;[36] sie lassen sich in ihrer Disparatheit sicher auch nicht in ein einheitliches traditionsgeschichtliches Bild einordnen.[37] Immerhin fallen von P.Oxy. 1. 5 her einige charakteristische Punkte auf:

– Der Konnex zwischen τάξις[38] und διαδοχή[39] ist technisch zu nennen. Vor allem bei Irenäus sind beide Termini in charakteristischer Weise miteinander verbunden:[40] Τάξις und διαδοχή erklären sich gegenseitig,[41] wie sich auch die Verbindung mit δέχεσθαι in diesem Kontext findet.[42]

---

[32] Epiphanius, *pan.* 33. 7; vgl. dazu die Kommentierung in der Ausgabe von G. Quispel, *Ptolémée. Lettre à Flora*, SC 24 (Paris, 1949). Siehe auch G. Quispel, 'La lettre de Ptolémée à Flora', *Vig.Chr.* II (1948), 17–56.

[33] Zusammenstellung der Texte bei Turner, a. a. O. S. 200 f. Für den sachlichen Kontext bei Irenäus vgl. aus der Fülle der Literatur z. B. Müller, 'Kleine Beiträge', S. 216 ff.; D. B. Reynders, *Paradosis, Le progrès de l'idée de tradition jusqu'à saint Irénée*. *Recherches de théologie ancienne et médiévale* III (1933), 155–91; A. Benoit, 'Écriture et tradition chez Saint Irénée', *R.H.Ph.R.* XL (1960), 32–43.

[34] Euseb, *h.e.* V. 16. 7–V. 17. 4. Für die Interpretation des Textes verweise ich auf meine Analyse: 'Die Bedeutung des Montanismus für die Herausbildung des Kanons.' *Vig. Chr.* XXXII (1978), 19–52. Dort auch die Lit.

[35] In Betracht kommt noch Clem. Al. *strom.* VI. 7. 61. Zur Interpretation dieses wichtigen Textes vgl. vor allem E. Caspar, *Die älteste römische Bischofsliste. Kritische Studien zum Formproblem des eusebianischen Kanons sowie zur Geschichte der ältesten Bischofslisten und ihrer Entstehung aus apostolischen Sukzessionsreihen.* Schriften der Königsberger gelehrten Gesellschaft II, 4 (Berlin, 1926), S. 251 f.

[36] So vor allem bei Hegesipp. Vgl. dazu vor allem die eindringenden Analysen bei Caspar, *Bischofsliste*, S. 233 ff. Daneben siehe noch Th. Klauser, *Die Anfänge der römischen Bischofsliste*, Bonner Zeitschrift für Theologie und Seelsorge VIII (1931), 193–213; H. von Campenhausen, *Kirchliches Amt und geistliche Vollmacht in den ersten drei Jahrhunderten, BH.Th.* XIV (1963), 2. A. S. 179 ff. M.E. ist das strittige διαδοχήν ἐποιησάμην gegen Zahn, der ein διατριβήν konjizierte, und auch Caspar beizubehalten. Hegesipp '...will sagen, daß er den echten Lehrzusammenhang für die zu seiner Zeit amtierenden Bischöfe nicht nur behauptet, sondern auch nachgewiesen habe...' (von Campenhausen, *Kirchliches Amt und geistliche Vollmacht*, S. 180).

[37] Für eine solche traditionsgeschichtliche Analyse des διαδοχή-Motivs vgl. vor allem Caspar, *Bischofsliste*. Daneben siehe noch Turner, a. a. O.; Klauser, *Bischofsliste*; A. von Harnack, *Entstehung und Entwicklung der Kirchenverfassung und des Kirchenrechts in den zwei ersten Jahrhunderten* (Leipzig, 1910), S. 87 ff.; G. Dix, 'The Ministry in the early Church', in K. E. Kirk (Hgb.), *The Apostolic Ministry. Essays on the History of the Doctrine of Episcopacy*, S. 183–303 (London, 1946), S. 201 ff.; A. Ehrhardt, *The Apostolic Succession in the first two Centuries of the Church* (London, 1953); W. Schmithals, *Das kirchliche Apostelamt.* FRLANT 81 (Göttingen, 1961), S. 263 ff.; von Campenhausen, *Kirchliches Amt und geistliche Vollmacht*, S. 163 ff.

[38] Dabei greift τάξις zugleich auch einen – dem Hellenismus vertrauten – Ordnungsbegriff auf. Zum Ganzen vgl. auch G. Delling, Art. τάσσω κτλ., *Th.Wb.* 8. 27 ff. A. Dihle hat dort (S. 27, Anm. 1) auf das charakteristische Fehlen des sonst überaus geläufigen τάξις bzw. διάταξις in der urchristlichen Literatur aufmerksam gemacht. Daß der Begriff nun so pointiert aufgegriffen wird, ist kaum ein Zufall.

[39] Zu διαδοχή siehe noch E. Hatch – (A. von Harnack), *Die Gesellschaftsverfassung der christlichen Kirchen im Alterthum* (Gießen, 1883) – S. 104, Anm. 46; Zahn, *Brüder und Vettern Jesu*, S. 233 ff.; Caspar, *Bischofsliste*, S. 232 ff.; Reynders, *Paradosis*, S. 155 ff.; Bauer, *Rechtgläubigkeit und Ketzerei*, S. 199, Anm. 1.

[40] Vgl. dazu Caspar, *Bischofsliste*, S. 227 f. Übrigens unterstreicht P.Oxy. 1. 5 erneut das Recht der Lesart διαδοχή gegenüber dem sekundären διδαχή. Caspar, a. a. O. S. 230 ff. hat dabei ingeniös nachgewiesen, daß sich im korrigierenden διδαχή die Unkenntnis des ursprünglichen Gebrauchs von διαδοχή niederschlägt.

[41] Vgl. vor allem die enge Parallelisierung in *h.e.* V. 6. 1–4: τῇ αὐτῇ τάξει καὶ τῇ αὐτῇ διαδοχῇ ἥ τε ἀπὸ τῶν ἀποστόλων ἐν τῇ ἐκκλησίᾳ παράδοσις καὶ τὸ τῆς ἀληθείας κήρυγμα κατήντηκεν εἰς ἡμᾶς.

[42] Siehe Caspar, *Bischofsliste*, S. 229 f.

– Von besonderem Interesse aber ist die Aussage des antimontanistischen 'Anonymus' (Euseb, *h.e.* v, 17, 4); die Vorstellungen des P.Oxy. 1. 5 kehren hier präzise wieder: Das gilt sowohl von der Bindung des προφητικὸν πνεῦμα an die διαδοχή als auch von der durchgängigen Orientierung dieses χάρισμα an der Prophetie.[43]

Aus den Texten ergibt sich, daß das Motiv der διαδοχή zunächst durchaus nicht nur auf das Bischofsamt zu beziehen ist oder nur für dieses Gültigkeit hat.[44] Es hat vielmehr eine weit grundsätzlichere Aufgabe: Ausgesagt werden soll die prinzipielle Überlegenheit der Vergangenheit, wie sie in der παρά-δοσις ihren Niederschlag gefunden hat,[45] gegenüber der Gegenwart des Aussagenden. Zugleich impliziert dies die fortdauernde, inhaltliche Konti-nuität zwischen dieser Vergangenheit und der Gegenwart, die vor allem in der garantierten Identität der Überlieferung, des traditum gesehen wird.[46] Διαδοχή bezeichnet also erst in einem späteren Stadium der Entwicklung eine durch Namen charakterisierte Liste,[47] während es in den Texten des zweiten Jahrhunderts vor allem inhaltliche Kontinuität begrifflich zu fassen sucht.[48] Dabei ist das sich im Terminus der διαδοχή dokumentierende Motiv sicher älter als seine endgültige, begriffliche Fixierung.[49] Das ergibt sich nicht nur auf Grund prinzipieller, religionsgeschichtlicher Überlegungen, sondern etwa auch aus der Beobachtung, daß ähnliche Tendenzen bereits in den Pastoralbriefen erkennbar werden.[50] Immerhin wäre auch noch zu bedenken,

---

[43] Zu beachten ist auch, daß sich diese prophetische Diadoche für den 'Anonymus' auf die 'Schrift' gründen läßt: δεῖν γὰρ εἶναι τὸ προφητικὸν χάρισμα πάσῃ τῇ ἐκκλησίᾳ μέχρι τῆς τελείας παρουσίας ὁ ἀπόστολος ἀξιοῖ. Gedacht ist wohl – in Verbindung mit Eph. 4. 11 – an 1 Kor. 1. 7. Auffallen muß auch, in welchem Maße der 'Anonymus' διαδοχή und παράδοσις in *h.e.* v. 16. 7 miteinander verbindet. Daraus wird deutlich, daß διαδοχή in erster Linie an einen bestimmten Inhalt gebunden ist (wobei die Personen als die Träger dieses Inhalts noch in den Hintergrund rücken).

[44] Harnack, *Entstehung und Entwicklung*, S. 88: 'War der ὀρθὸς λόγος θεοῦ die Hauptsache in der Kirche, auf der sich alles auferbaute, und waren die monarchischen Bischöfe zu despotischen Führern und Lehrern...geworden, so brauchte man nicht erst zu fragen, woher und warum der Successionsgedanke auf sie übertragen worden ist. Er mußte sich von selbst einstellen, und auch die Tatsache, daß er sehr bald ausschließlich nur an den Bischöfen haftet und alle anderen Successionen dahinschwanden, verlangt keine Erklärung; denn sie ist nur ein Specialfall in der allgemeinen Entwicklung des Episkopats, der alle anderen Rivalen besiegt.'

[45] Dies erklärt dann auch die Nähe von παράδοσις und διαδοχή in den Texten.

[46] Caspar, *Bischofsliste*, S. 230: '"Apostolische Sukzession" und "apostolische Lehrtradition" sind hier überall nicht allein parallele, sondern nahe verwandte Begriffe, die man genetivisch ver-knüpfen oder einfach miteinander vertauschen kann: die Sukzession ist das Gefäß, dessen Inhalt die Lehrtradition ist, oder die Verkörperung dieser Idee, das Concretum, das jenem Abstractum entspricht.'

[47] Vgl. Caspar, *Bischofsliste*, S. 235: 'In Wahrheit haben die frühesten so gut wie die neuesten Interpreten die Hauptschwierigkeit selbst geschaffen: sie stammt aus einer irrigen Übertragung der Bedeutung διαδοχή = Sukzessionenliste, die seit Eusebius die herrschende wurde, auf ein Quellen-zeugnis der älteren Zeit.'

[48] Allerdings sollte man den Gegensatz zwischen diesen beiden Bedeutung – so richtig er von Caspar herausgestellt worden ist – auch nicht überbetonen; die Verwendung des Begriffs durch den antimontanistischen 'Anonymus' zeigt jedenfalls, daß die Übergänge fließend gewesen sind. Aber es ist in der Tat zutreffend, daß mit der exklusiven Bindung des Gedankens an den Episkopat auch eine grundlegende inhaltliche Änderung erfolgt; vgl. von Campenhausen, *Kirchliches Amt und geist-liche Vollmacht*, S. 178 ff.

[49] Man kann durchaus an die Analogie der Kanonisierung denken: auch hier sind die Implikate des Prozesses jedenfalls älter als die abschließende, begriffliche Fixierung.

[50] Vgl. hierfür K. Wegenast, *Das Verständnis der Tradition bei Paulus und in den Deuteropaulinen*,

daß die unterschiedlichen Texte, die im zweiten Jahrhundert das διαδοχή-Motiv rezipieren, ebenfalls eine länger andauernde Traditionsgeschichte wahrscheinlich machen. Daraus dürfte sich jedenfalls eine nuanciertere Beurteilung der Entstehungsgeschichte des Gedankens ergeben. Sicher ist richtig, daß sich das Motiv der διαδοχή explizit zum ersten Mal in einem gnostisierenden Kontext, bei Ptolemaios, findet.[51] Die chronologische Priorität des Auftretens von διαδοχή in 'häretischen' Kreisen muß zweifellos festgehalten und bedacht werden;[52] dies gilt umso mehr, als der Gedanke – auch ohne den Terminus διαδοχή – für diese Gruppen eine erhebliche, theologische Bedeutung besaß.[53] Dennoch schließt dies nun gerade nicht aus, daß das Motiv intentional der Großkirche sehr wohl vertraut gewesen ist; auch in diesem Fall wird also von den 'Häretikern' nur das gestoßen, was in der Orthodoxie schon fällt.

Es müssen noch die Konsequenzen für die religionsgeschichtliche Derivation des διαδοχή-Motivs gezogen werden.[54] Zu recht hat man sowohl auf bestimmte Tendenzen im nachalttestamentlichen Judentum[55] als auch für den hellenistischen Bereich auf philosophische[56] und historische[57] Traditionen verwiesen. Dennoch bleibt die Behauptung einer direkten Übernahme des Motivs im Blick auf die fraglichen Texte eigentümlich unbefriedigend, sie kann jedenfalls nicht generalisiert werden.[58] Solche Insuffizienz ist kaum

WMANT 8 (Neukirchen-Vluyn, 1962), S. 132 ff.; N. Brox, *Die Pastoralbriefe*, RNT VII, 2 (Regensburg, 1969), 4. A. S. 241. Möglicherweise sind die Überlegungen der Pastoralbriefe durch einen gnostisierenden Gegner geradezu veranlaßt (oder doch erheblich verstärkt) worden: dies wird durch den Hinweis auf die γενεαλογίαι der Gegner immerhin nahegelegt, wie es auch die Bevorzugung von παραθήκη gegenüber dem Terminus παράδοσις erklären könnte.

[51] Vgl. Reynders, *Paradosis*, S. 173.

[52] Vgl. H. von Campenhausen, *Lehrreihen und Bischofsreihen im 2. Jahrhundert. In Memoriam E. Lohmeyer*, S. 240–9 (Stuttgart, 1951), S. 243; W. Bauer, *Rechtgläubigkeit und Ketzerei*, S. 123 f.; von Campenhausen, *Kirchliches Amt und geistliche Vollmacht*, S. 182.

[53] Nur so erklärt sich die Wertschätzung von speziellen Offenbarungen sei es des Auferstandenen, sei es der Apostel in diesen Kreisen. Vgl. die klassische Formulierung bei A. von Harnack, *Lehrbuch der Dogmengeschichte*. Bd. I (Tübingen, 1931), 5. A. S. 280 f. (in der Anm.): 'Es ist aber schliesslich darauf hinzuweisen, dass es das höchste Anliegen gerade der bedeutendsten Gnostiker gewesen ist, den historischen Beweis der Apostolizität ihrer Lehre durch pünktlichen Nachweis der Traditionsglieder zu liefern...Auch hier steht es wiederum so, dass der Gnosticismus die allgemeine Voraussetzung, dass das Werthgeschätzte das Apostolische sei, mit der Christenheit überhaupt geteilt hat...dass es aber zuerst künstliche Traditionsketten geschaffen hat, und dass die Kirche ihm hierin erst gefolgt ist...Die wirklich bedeutenden Gnostiker haben vielmehr ihrer Absicht nach auf der Tradition Stellung genommen; ja sie haben zuerst in der Christenheit Umfang, Inhalt und Art der Fortpflanzung der Tradition bestimmt. Sie sind die ersten christlichen Theologen.'

[54] Vgl. von Harnack, *Entstehung und Entwicklung*, S. 87; von Campenhausen, *Lehrreihen und Bischofsreihen*, S. 248 f.; Ehrhardt, *Apostolic Succession*, S. 35 ff.; Wegenast, *Verständnis der Tradition*, S. 123 ff.; Schmithals, *Apostelamt*, S. 263 ff.; von Campenhausen, *Kirchliches Amt und geistliche Vollmacht*, S. 174 ff.

[55] Dazu siehe vor allem W. Bacher, *Tradition und Tradenten in den Schulen Palästinas und Babyloniens* (Leipzig, 1914). Vgl. auch E. Schweizer, *Gemeinde und Gemeindeordnung im Neuen Testament*, A.Th.A.N.T. XXXV (1959), S. 10; Wegenast, *Verständnis der Tradition*, S. 24 ff.

[56] Neben den in Anm. 54 genannten Untersuchungen vgl. noch E. Norden, *Agnostos. Theos. Untersuchungen zur Formengeschichte religiöser Rede* (Darmstadt, 1956), 4. A. S. 290 ff. Kollation der Texte bei Turner, a. a. O. S. 197 ff.   [57] Vgl. Turner, a. a. O. S. 197.

[58] H. von Campenhausen, *Kirchliches Amt und geistliche Vollmacht*, S. 174 f.: 'Seit Jahrhunderten spielten die Begriffe der "Paradosis" und "Diadoche" im antiken philosophischen Schulwesen ihre Rolle, um die gleichsam genealogische Fortpflanzung der Lehrüberlieferung vom ursprünglichen

zufällig:[59] Denn wo sich das Motiv in christlichen Texten findet, ist es einmal den spezifisch theologischen Traditionen bereits so sehr amalgamiert, daß eine religionsgeschichtliche Ableitung an der jeweiligen historischen Kontingenz vorbeiführen muß. Zudem bleibt zu berücksichtigen, daß der Einfluß aus anderen, außerchristlichen Traditionskreisen differenziert zu sehen ist.[60] Gerade im Blick auf die Prophetendiadoche wäre etwa darauf zu verweisen, daß es bereits im nachalttestamentlichen Judentum ähnliche Überlegungen gab,[61] deren Einfluß prinzipiell nicht bestritten werden kann.[62] Nur ist eine Anknüpfung an diese Tradition beim antimontanistischen 'Anonymus' (wie auch bei den Montanisten) sehr wenig wahrscheinlich, da hier prononciert nur von den christlichen Propheten die Rede ist. Im Blick auf P.Oxy. 1. 5 muß die Frage offen bleiben,[63] aber die Argumentation im Anschluß an den Hermas-Text spricht doch eher für eine Ausrichtung an der spezifisch christlichen Prophetie. Erst auf Grund der Auseinandersetzung mit dem Montanismus tritt die alttestamentliche Prophetie immer stärker als Regulativ in den Vordergrund; die Reihe der Propheten wird mit Hilfe von Luk 16. 16 grundsätzlich auf die Zeit bis zur Epiphanie Christi eingeschränkt[64] und in diesem Kontext bot sich dann der Rückgriff auf jüdische

Lehrer zu dessen Schülern und späteren Schulvorstehern zu erläutern...Wir stehen mit diesen ursprünglich philosophischen Begriffen in der Welt, in der sich auch die gnostischen Lehrer vom Schlage eines Valentin oder Ptolemäus zu Hause gefühlt haben. Auch sie werden sich als "Philosophen" gewußt haben, so gut wie auf katholischer Seite ein Justin oder Klemens von Alexandrien. Die terminologische Beziehung drückt also auch hier die sachliche, historische und soziologische Verwandtschaft aus.' Wenn man an die fraglichen Texte denkt, wird sich dies gewiß nicht verallgemeinern lassen: Gilt solche Herleitung auch für die Verwendung des Begriffs beim antimontanistichen 'Anonymus'? Ist sie schon bei Hegesipp als gesichert anzusehen?

[59] Schmithals, a. a. O. S. 264 verweist gegenüber von Campenhausen zunächst auf das Judentum, um dann abschließend jedoch festzustellen (Anm. 201): 'Es mag sich durchaus um eine originale Idee des Hegesipp gehandelt haben, den ihm aus dem Judentum bekannten Brauch der Aufstellung von Sukzessionsreihen für die frühkatholische Kirche fruchtbar zu machen.' Auch dies dürfte, wenn man die anderen Texte hinzunimmt, den historischen Prozeß zu sehr vereinfachen.

[60] Auch der Einfluß historiographischer Traditionen bei der Rezeption des διαδοχή-Begriffs durch Euseb ist mitzubedenken. Vgl. hierfür nach dem Vorgang von Overbeck (*Kirchengeschichtsschreibung*, S. 43 ff.) vor allem E. Schwartz, 'Eusebios', *Griechisches Geschichtsschreiber*, S. 495–598 (Leipzig, 1959)S. 533 f. Vgl. auch Caspar, *Bischofsliste*, S. 120 ff.

[61] Vgl. A. von Harnack, *Die Mission und Ausbreitung des Christentums in den ersten drei Jahrhunderten* (Leipzig, 1924), 4. A. S. 345, Anm. 1. Harnack verweist in diesem Kontext auf Josephus, *c. Apionem* 1. 8 f. (siehe auch Euseb, *h.e.* iii. 10. 4). Vgl. hierzu G. Delling, *Die biblische Prophetie bei Josephus. Josephus-Studien. Untersuchungen zu Josephus, dem antiken Judentum und dem Neuen Testament* (Festschr. O. Michel), S. 109–21 (Göttingen, 1974). Delling verweist auch noch auf 1. 41 (a. a. O. S. 109). Zum Zusammenhang mit der Kanontheorie des Josephus vgl. R. Meyer, *Bemerkungen zum literargeschichtlichen Hintergrund der Kanontheorie des Josephus. Josephus-Studien. Untersuchungen zu Josephus, dem antiken Judentum und dem Neuen Testament* (Festschr. O. Michel), S. 285–99, 288 f.

[62] Vgl. A. Ehrhardt, *Apostolic Succession*, S. 83 ff.

[63] Zu beachten ist, daß in dem nicht mehr zu entziffernden verso-Text von David die Rede ist (und zwar offenkundig im Blick auf seine pneumatische Begabung!).

[64] Interessant ist in diesem Zusammenhang auch der Dialog zwischen einem Montanisten und einem 'Orthodoxen'; Text bei P. de Labriolle, *Les sources de l'histoire du Montanisme* (Fribourg–Paris, 1913), S. 93 ff. Der Vertreter des Montanismus attackiert die Behauptung, die Prophetie habe mit Christus ihren Abschluß gefunden (p. 96. 5 ff. de Labriolle):
Καί τοι γε ὑμεῖς τὰ Παύλου καταργεῖτε λέγοντες μετὰ Χριστὸν μὴ εἶναι προφήτας.
Der Vertreter der Großkirche leugnet dies zwar (vgl. auch p. 97. 1 f.), aber für ganz grundlos wird

Prophetentraditionen geradezu an.[65]

Einen Sonderfall stellt ein von Zahn – nach dem Vorgang von Amelli – edierter Text des beginnenden vierten Jahrhunderts dar.[66] In ihm ist eine Liste alttestamentlicher Propheten (Z. 15 ff.) mit neutestamentlichen Namen gekoppelt (Z. 21 ff.), wobei jeweils Schriftzitate zur Begründung beigegeben sind. Interessant an dieser kompendienartigen Zusammenstellung ist, daß der Verfasser über die Grenzen des neutestamentlichen Kanons hinausgeht.[67] Er führt einen Ausspruch des Cyprian als prophetisches Zeugnis an (Z. 100 ff.); zugleich wendet er sich scharf gegen die montanistische Prophetie (Z. 104 ff.), die für ihn in der Tat noch eine reale Gefahr darstellt.[68] Jedoch wird man sagen können, daß über die bloße Nennung der Namen hinaus der Gedanke einer prophetischen Diadoche für den Verfasser kaum eine besondere Rolle gespielt hat.[69]

Wenn P.Oxy. 1. 5, indem es sich so in einen weiteren, sachlichen Kontext einordnen läßt, eine stärkere, inhaltliche Profilierung gewonnen hat, so dürfte sich nicht allein das Recht der vorgenommenen Konjektur bestätigen, sondern man wird sich nun auch begründeter jenen Fragen zuwenden können, die noch ungelöst sind: Wann ist das Stück entstanden und von wem ist es verfaßt worden?[70] Harnack hatte eine zeitliche Ansetzung gegen Ende des zweiten Jahrhunderts vorgeschlagen[71] und als möglichen Verfasser – wenn auch zurückhaltend – auf Melito von Sardes verwiesen.[72] Gegen diese Datierung wird sich Entscheidendes kaum einwenden lassen, auch die Rückführung auf Melito läßt sich grundsätzlich gewiß nicht ausschließen. Aber Zweifel sind hier doch angebracht;[73] dies gilt umso mehr, als die neu

---

man die These nicht halten dürfen. In diesem Kontext ist auch die gewundene Erklärung beachtenswert, mit der dem montanistischen Vorwurf begegnet wird, die Großkirche behaupte das Verbot einer Prophetie der Frauen (p. 105, 11 ff. de Labriolle).

[65] Vgl. hierfür vor allem Ehrhardt, *Apostolic Succession*, S. 46 f. Zu der in diesem Zusammenhang wichtigen Chronik des Hippolyt vgl. auch Caspar, *Bischofsliste*, S. 92 ff.

[66] Th. Zahn, *Ein Kompendium der biblischen Prophetie aus der afrikanischen Kirche um 305–325. Geschichtliche Studien A. Hauck z. 70. Geburtstage*, S. 52–63. Der Text auf den S. 54–9.

[67] Vgl. Zahn, a. a. O. S. 61.

[68] Zahn, a. a. O. S. 61: 'Von den hartnäckig an deren Lehre festhaltenden Kataphrygern spricht er in geringschätzigem Ton, andererseits aber als von einer in seiner Gegenwart noch beachtenswerten häretischen Partei.'

[69] Das hängt damit zusammen, daß es dem Verfasser nicht so sehr um die personale Komponente als vielmehr um das Wesen der Prophetie und des Prophezeiens zu tun ist. Hierin ist auch ein Gliederungsprinzip des Textes zu sehen; vgl. den Versuch, die Arten der Prophetie zu unterscheiden: *extasis* (Z. 5) – *visiones* (Z. 8) – *somnia* (Z. 8 f.) – *per nubem* (Z. 9) – *vox de caelo* (Z. 10) – *accepta parabula* (Z. 11 f.) – *repletio spiritus sancti* (Z. 12 f.).

[70] So sehr freilich beides von Interesse ist, so sehr muß man auch bedenken, daß die sachliche Interpretation des Textes im Kontext von Prophetie und Prophetendiadoche das entscheidende Gewicht besitzt.

[71] Harnack, a. a. O. S. 519.

[72] Harnack, a. a. O. S. 520: 'Jeder Kenner der Fragmente dieses Schriftstellers und seiner Stellung in der Kirchengeschichte wird zugestehen, dass die Hypothese, er sei der Verfasser der Schrift, welcher unser Fragment angehört, etwas Verlockendes hat.' Harnack fügt dann allerdings hinzu: 'Doch ist das neue Fragment zu kurz, um einen sicheren Schluß auf seinen Autor zu gestatten.'

[73] Zumal Harnack selbst an seiner ursprünglichen Hypothese unsicher wurde; so verweist er (*Dogmengeschichte* I. 437, Anm. 2 – vgl. auch *Mission und Ausbreitung*, S. 363, Anm. 1) auf den Brief des Serapion an Caricus und Pontius Euseb, *h.e.* v. 19. 2) und fragt: 'Stammt das Stück (scil.

entdeckte 'Passa-Homilie' sicher keinen zusätzlichen, positiven Beweis liefern kann.[74] Es wird deshalb bei der Vermutung bleiben müssen, daß P.Oxy. 1. 5 in einer nicht mehr genau zu erkennenden Weise in die Anfangsphase der Auseinandersetzung mit dem Montanismus hineingehört. Denn nur im Horizont dieses Konfliktes ist in ähnlich exponierter Weise von einer Prophetendiadoche die Rede,[75] wie sich auch die pointierte Hervorhebung der Prophetie in P.Oxy. 1. 5 (gegen Ende des zweiten Jahrhunderts!) in diesem Zusammenhang gut begreifen läßt. Auf welche Seite des Konfliktes der Text allerdings zu stellen ist, muß offen bleiben, weil die Prophetendiadoche bei beiden Parteien nicht zu bestreitende Tatsache war.[76] Auch die Rezeption des Hermas-Textes vermag keine Klarheit zu bringen, weil der 'Hirte' beiden Seiten aus genau gegenteiligem Grunde obsolet wurde:[77] der Großkirche wegen der Wertschätzung der Prophetie, den Montanisten wegen der laxen Bußauffassung. Die Bedeutung jedoch, die P.Oxy. 1. 5 für die Beurteilung der altkirchlichen Prophetie und für die Theorie von der διαδοχή τῶν προφητῶν zukommt, wird durch diese Aporien nicht gemindert.

P.Oxy. 1. 5) etwa aus diesem Brief?' Aufschlußreich ist dieser Text ohne Zweifel; nicht so sehr wegen einer zwar möglichen (aber doch wohl nicht wahrscheinlichen) Abfassung von P.Oxy. 1. 5 durch Serapion als vielmehr dafür, daß der Terminus προφητική τάξις noch zu Beginn des dritten Jahrhunderts technisch gebräuchlich war: ὅπως δὲ καὶ τοῦτο εἰδῆτε ὅτι τῆς ψευδοῦς ταύτης τάξεως τῆς ἐπικαλουμένης νέας προφητείας ἐβδέλυκται ἡ ἐνέργεια παρὰ πάσῃ τῇ ἐν κόσμῳ ἀδελφότητι....

[74] Προφήτης in der 'Passa-Homilie' bezieht sich eindeutig auf die alttestamentlichen Propheten.

[75] Zumal man im Blick auf die Äußerung des Serapion (siehe Anm. 73) nicht ausschließen kann, daß προφητική τάξις als Selbstbezeichnung auf die Montanisten zurückgeht oder doch immerhin ihre Terminologie spiegelt.

[76] Denn die Argumentation des antimontanistischen 'Anonymus' ist in ihrer Pointierung ja nur dann zu begreifen, wenn auch die Montanisten das Prinzip solcher Prophetendiadoche anerkannten.

[77] Zur Wirkungsgeschichte des Hirten vgl. vor allem Th. Zahn, *Geschichte des neutestamentlichen Kanons*, I. 1 (Erlangen, 1888), S. 327 ff. Unerläßlich hierfür auch die Zusammenstellung bei A. Harnack, *Geschichte der altchristlichen Literatur bis Eusebius*, I. 1 (Leipzig, 1958), 2. A. S. 49 ff.

Das Kerygma Petri
und die urchristliche Apologetik

Noch immer geht die methodische Rekonstruktion urchristlicher Geschichte im Blick auf den Übergang zur alten Kirche vom Eindruck des gleichsam Schockartigen, eines zugleich materialen Umschlags, einer tiefgreifenden Umwälzung aus. Das Modell historischer Diskontinuität – dessen erkenntnistheoretische Voraussetzungen und Ziele nicht übersehen werden sollten[1] – wird zunächst auch nicht durch jene Texte fraglich oder gar aufgehoben, die unter der Bezeichnung ,Apostolische Väter' firmieren. Denn jene sind, so disparat sie für sich genommen auch sein mögen, zum überwiegenden Teil noch viel zu sehr mit neutestamentlichen Texten verbunden, als daß sie allein jenen Übergang begreiflicher machen könnten. Viel eher wäre schon an die methodischen Versuche zu erinnern, einzelne Traditionen, Formeln und Motive sei es wirkungsgeschichtlich in ihrer Fortdauer, sei es archäologisch in ihrer Vorgeschichte und Genese zu erfassen. Solches Bemühen hat gewiß das Bild der urchristlichen Geschichte und ihrer Theologie nuancierter und vielfältiger erscheinen lassen, ohne daß jedoch jene prinzipielle Diskontinuität zur alten Kirche damit schon beseitigt wäre. Dies gilt um so mehr, als ja auch methodisch mit dem Nachweis der Wiederkehr und Aufnahme von Traditionen, Formeln und Motiven ein geschichtlicher Zusammenhang nicht notwendig angenommen werden muß. Schließlich nützt auch der Hinweis auf den Kanon, wenn er isoliert herangezogen wird, wenig: Denn weder bietet der abgeschlossene Kanon die Grenze zwischen Urchristentum und alter Kirche, noch macht er auf der anderen Seite die Möglichkeit evident, von einer Kontinuität zwischen beiden Größen zu sprechen.

---

[1] Das zeigt sich z. B. an *F. Overbeck*, der solches Modell der Diskontinuität gewiß am nachdrücklichsten vertreten hat; vgl. vor allem ,Über die Anfänge der patristischen Literatur': HZ 48 (1882), 417–472 (= Darmstadt 1954). Vgl. dazu *Ph. Vielhauer*, Franz Overbeck und die neutestamentliche Wissenschaft: Aufsätze zum Neuen Testament (ThB 31), 235–252; *A. Pfeiffer*, Franz Overbecks Kritik des Christentums (Studien zur Theologie und Geistesgeschichte des Neunzehnten Jahrhunderts 19) Göttingen 1975; vgl. bes. S. 141ff.

Es liegt angesichts solcher Schwierigkeiten nahe, das zugrundeliegende
Problem vor allem auf dem Gebiet der urchristlichen Apologetik[2] erneut
aufzusuchen, weil damit auch inhaltlich jener Bereich benannt ist, an dem
zumeist der Umschlag vom Urchristentum zur alten Kirche exemplarisch
belegt wird[3]. Forschungsgeschichtlich dominierte zunächst – in Analogie
zum Modell historischer Diskontinuität – die Hypothese eines eher unvermittelten Einsetzens der Apologetik, das deshalb gerne mit der Verweltlichung des Evangeliums verbunden wurde. Apologetik wird so zum gleichsam weltzugewandten, fortschrittlichen Bruder jener häretischen Gruppen,
die der Kirche den Spiegel der Vergangenheit vorhalten, um sie bei dieser
zu behaften. Allerdings erwies sich dies Bild denn doch als zu einfach; vor
allem die Beobachtung, daß schon neutestamentliche Texte angeblich genuin apologetische Theologumena enthalten, mußte solche Hypothesen ins
Unrecht setzen. Nur ist ein historischer Rahmen, in den sich solche Beobachtungen zu einem neuen Bild fügen ließen, damit immer noch nicht gegeben. Denn es bleibt zweifelhaft, ob in diesen Theologumena nur ein
Nachklang der nachalttestamentlichen, jüdischen Apologetik[4] oder der Be-

---

[2] Zur urchristlichen/altkirchlichen Apologetik und ihrer Geschichte vgl. bes.
A. Harnack, Die Überlieferung der griechischen Apologeten des zweiten Jahrhunderts in der alten Kirche und im Mittelalter (TU I,1.2) Leipzig 1882; *O. Pfleiderer*, Das Urchristentum. Seine Schriften und Lehren, Berlin 1902, Bd. 2, S.
681ff.; *K. Axenfeld*, Die jüdische Propaganda als Vorläuferin und Wegbereiterin
der urchristlichen Mission: Missionswissenschaftliche Studien (Festschr. G.
Warneck) Berlin 1904, S. 1–80; *J. Geffcken*, Zwei griechische Apologeten, Leipzig-
Berlin 1907; *A. Puech*, Les apologistes grecs du IIe siècle de notre ère, Paris 1912;
P. Wendland, Die hellenistisch-römische Kultur in ihren Beziehungen zu Judentum und Christentum. Die urchristlichen Literaturformen (HNT I,2.3) 2.3.A.
Tübingen 1912, S. 391ff.; *A. Hauck*, Apologetik in der alten Kirche, Leipzig
1918; *A. von Harnack*, Die Mission und Ausbreitung des Christentums in den
ersten drei Jahrhunderten, 4.A. Leipzig 1924; *M. Pellegrino*, Gli Apologeti Grec,
del II secolo. Saggio sui rapporti fra il Cristianesimo primitivo e la cultura classicai
Rom 1947; *M. Pellegrino*, Studi su l'antica apologetica (Storia e letteratura 14)
Rom 1947; *V. Monachino*, Intento pratico e propagandistico nell'apologetica
greca del II secolo: Greg 32, 1951, 5–49; *H. Lietzmann*, Geschichte der alten
Kirche, Bd. 2, 3.A. Berlin 1961, S. 172ff.

[3] Auch hier wäre beispielhaft auf *F. Overbeck* zu verweisen; vgl. schon ‚Über
Entstehung und Recht einer rein historischen Betrachtung der neutestamentlichen
Schriften in der Theologie', Basel 1871 (mit der pointierten Nennung von Ire-
naeus, Clemens und Tertullian; vgl. z. B. S. 6ff.).

[4] Zur nachalttestamentlichen, jüdischen Apologetik vgl. z. B. *C. Siegfried*, Die
Episode des jüdischen Hellenismus in der nachexilischen Entwickelung des Ju-
denthums: Jahrbuch für jüdische Geschichte und Literatur 3, 1900, 42–60; *M.
Friedländer*, Synagoge und Kirche in ihren Anfängen, Berlin 1908; *M. Friedländer*,
Geschichte der jüdischen Apologetik als Vorgeschichte des Christentums, Zürich
1903; *P. Krüger*, Philo und Josephus als Apologeten des Judentums, Leipzig
1906; *J. Bergmann*, Jüdische Apologetik im neutestamentlichen Zeitalter, Berlin
1908; *A. Causse*, La propaganda juive et l'hellénisme: RHPhR 3, 1923, 397–414;
P. Dalbert, Die Theologie der hellenistisch-jüdischen Missionsliteratur unter Ausschluß von Philo und Josephus (ThF 4) Hamburg 1954; *V. Tcherikover*, Jewish
Apologetic Literature Reconsidered: Symbolae R. Taubenschlag dedicatae Bd. 3,
Wroclaw-Warschau 1957, S. 169–193; *V. Tcherikover*, Hellenistic Civilization and
the Jews, Philadelphia 1959.

ginn einer spezifisch urchristlichen Theologieform vorliegt. Wenn die Geschichte der Apologetik in der Tat älter ist als das Christentum[5], läßt sich dann von einem nahtlosen Übergang ‚nachalttestamentliches Judentum – Urchristentum – alte Kirche' sprechen[6]? Eine historische Differenzierung würde dann materialiter allerdings unmöglich gemacht[7], sie wäre zumindest nicht auf dem Felde der apologetischen Literatur aufzusuchen.

Angesichts der sich aus diesen Überlegungen ergebenden Unsicherheit bleibt erneut daran zu erinnern, daß dies alles zuerst und vor allem auch ein Problem der Form- bzw. der Literaturgeschichte darstellt. Jener zu diskutierende Übergang vom Urchristentum zur alten Kirche muß sich – wenn er sich nicht zur bloßen Chimäre verflüchtigen soll – vor allem auch im Wandel der Formen und in der Veränderung der Literatur niederschlagen und an ihr sich belegen lassen. Damit aber richtet sich das Interesse notwendig auf jene literarischen Relikte früher Apologetik, auf die apologetischen Fragmente Melitos[8] und des Quadratus[9], deren Torso aber kaum weitergehende Schlüsse zulassen dürfte. Neben der Apologie des Aristides[10] sind vor allem die noch erhaltenen Bruchstücke des ‚Kerygma Petri' (KerP) zu nennen[11]. Sie bedürfen schon deshalb einer gesonderten Unter-

---

[5] *P. Wendland*, Urchristliche Literaturformen S. 391: „So paradox es klingt, die Geschichte dieser Apologetik ist älter als das Christentum selbst."

[6] Vgl. *G. Loeschcke*, Zwei kirchengeschichtliche Entwürfe, Tübingen 1913, S. 3: „Mir will scheinen, als wäre die Kirche nicht auf dem Boden des Evangeliums aufgebaut, sondern aus der hellenistisch-jüdischen Synagoge herausgewachsen." Das hat dann die Konsequenz (a. a. O. S. 9): „Die Geschichtsschreibung, die Glaube, Ethik, Frömmigkeit der Kirche aus dem Evangelium entwickelt, ist zugunsten der anderen abzulösen, die die ganze Kirche aus der Synagoge entwickelt."

[7] Man sollte zudem nicht vergessen, daß dieses Modell historischer Abfolge nicht ohne geistesgeschichtliche Implikationen ist; vor allem die Christentumskritik des jungen Hegel hatte daran eine wichtige Stütze. Vgl. dazu *P. Cornehl*, Die Zukunft der Versöhnung. Eschatologie und Emanzipation in der Aufklärung, bei Hegel und in der Hegelschen Schule, Göttingen 1971, S. 99 ff. S. 147, Anm. 65.

[8] Zur Überlieferung vgl. *Harnack*, Überlieferung der griechischen Apologeten S. 240 ff. Text bei *O. Perler*, Méliton de Sardes. Sur la pâque et fragments (SC 123) Paris 1966.

[9] Text bei *G. Ruhbach*, Altkirchliche Apologeten (Texte zur Kirchen- und Theologiegeschichte 1) Gütersloh 1966, S. 13.

[10] Text bei *Ruhbach*, Altkirchliche Apologeten S. 15 ff. Zur Apologie des Aristides vgl. vor allem *Harnack*, Überlieferung der griechischen Apologeten S. 109 ff.; *R. Seeberg*, Die Apologie des Aristides: NKZ 2, 1891, 935–966; *E. Hennecke*, Die Apologie des Aristides. Recension und Rekonstruktion des Textes (TU 4,3) Leipzig 1893; *R. Seeberg*, Die Apologie des Aristides (FGNK V,2) Erlangen-Leipzig 1893; *J. R. Harris*, The Apology of Aristides on behalf of the Christians (TSt I,1) Cambridge 1893; *Puech*, Apologistes Grecs S. 35 ff.; *Pellegrino*, Apologeti Greci S. 25 ff.; *G. C. O'Ceallaigh*, „Marcianus" Aristides on the Worship of God: HThR 51, 1958, 227–254; *W. C. van Unnik*, Die Gotteslehre bei Aristides und in gnostischen Schriften: ThZ 17, 1961, 166–174.

[11] Zum KerP vgl. *Th. Zahn*, Geschichte des neutestamentlichen Kanons, Bd. II,2. Erlangen-Leipzig 1890, S. 820ff.; *E. von Dobschütz*, Das Kerygma Petri kritisch untersucht (TU 11,1) Leipzig 1893; *G. Krüger*, Geschichte der altchristlichen Litteratur in den ersten drei Jahrhunderten, 1.2.A. Freiburg-Leipzig 1895, S.

suchung, weil sie nach dem gängigen Urteil bisheriger Forschung[12] den inhaltlichen wie chronologischen Beginn der altkirchlichen Apologetik repräsentieren[13].

I.

Jede Untersuchung des KerP wird von Anfang an sich die Gefahr in die Erinnerung rufen müssen, von einer schmalen Basis aus allzu weitgehende Schlüsse zu ziehen[14]; denn jene Stücke, die sich bei Clemens Alexandrinus finden[15], sind eben nur Fragmente. Was darüber hinaus dem KerP noch zuzuweisen wäre, bleibt – soweit es in der Sache über Clemens Alexandrinus hinausgeht[16] – höchst unsicher[17]. Daß korrelierende Überlieferung in so frappierender Weise nahezu vollständig fehlt, dürfte sachlich vor allem darin

---

38f.; *O. Pfleiderer*, Urchristentum II, 616ff.; *Geffcken*, Zwei griechische Apologeten S. xxxiii; *Puech*, Apologistes grecs S. 32ff.; *P. Wendland*, Urchristliche Literaturformen S. 394ff.; *O. Bardenhewer*, Geschichte der altkirchlichen Literatur, Bd. 1, 2.A. Freiburg/Br., S. 547ff.; *J. N. Reagan*, The Preaching of Peter: The Beginning of Christian Apologetic, Chicago 1923; *E. Hennecke*, Missionspredigt des Petrus: *E. Hennecke* (Hg.), Neutestamentliche Apokryphen, 2. A. Tübingen 1924, S. 143–146; *Pellegrino*, Apologeti Greci S. 20ff.; *A. Harnack*, Geschichte der altchristlichen Literatur bis Eusebius, I,1. 2.A. Leipzig 1958, S. 25ff.; *W. Schneemelcher*, Das Kerygma Petrou: *E. Hennecke – W. Schneemelcher* (Hgg.), Neutestamentliche Apokryphen, Bd. 2, Tübingen 1964, S. 58–63; *M. G. Mara*, Il Kerygma Petrou: Studi e Materiali di Storia delle Religioni 38 (Studi in onore di A. Pincherle), 314–342, Rom 1967; *R. Brändle*, Die Ethik der „Schrift an Diognet". Eine Wiederaufnahme paulinischer und johanneischer Theologie am Ausgang des zweiten Jahrhunderts (AThANT 64) Zürich 1975, S. 19ff.
    [12] Zur Forschungsgeschichte des KerP vgl. *von Dobschütz*, Kerygma Petri S. 6ff.; *Reagan*, Preaching of Peter S. 1ff.; *M. G. Mara*, Kerygma Petrou S. 314ff.
    [13] Der Titel der Untersuchung von *Reagan* (vgl. Anm. 11) ist insofern für die bisherige Forschungsgeschichte des KerP exemplarisch.
    [14] Vgl. *Bardenhewer*, Geschichte der altkirchlichen Literatur I, 548: „Ein greifbares Bild der zu Grunde gegangenen Schrift läßt sich den dürftigen und zusammenhanglosen Resten nicht mehr entnehmen."
    [15] Ausgabe der Fragmente bei *E. Klostermann*, Apocrypha I. Reste des Petrusevangeliums, der Petrus-Apokalypse und des Kerygma Petri (KlT 3) Berlin 1933, S. 13ff. Daneben vgl. vor allem noch die Textgestaltung bzw. Rekonstruktion der Schrift bei *E. von Dobschütz*, Kerygma Petri S. 17ff.; *Mara*, Kerygma Petrou S. 320ff. Deutsche Übersetzungen des Textes neben *von Dobschütz* bei *Hennecke* und *Schneemelcher* (vgl. Anm. 11).
    [16] Das Zitat bei Origenes (Comm. in Io. XIII,17) stimmt trotz einiger Abweichungen in den Einzelheiten in der Sache jedenfalls mit dem von Clemens überlieferten Fragment überein.
    [17] Vgl. die Diskussion der fraglichen Texte bei *von Dobschütz*, Kerygma Petri S. 105ff. *Von Dobschütz* hält die Wahrscheinlichkeit einer Zugehörigkeit für noch am größten bei einem von Greg. Naz. überlieferten Wort (a. a. O. S. 109: „Dies ist ein schönes, kerniges Dictum, dem sich das Wort an solchen Sprüchen überhaupt reichen Ignatius vergleichen läßt [ad Smyrn. 4,2] . . . Der Spruch würde in das K. P. wohl passen, seine Stelle aber wäre ihm kaum anzuweisen, da jeder Zusammenhang fehlt." Der fragliche Text bei Greg. Naz. ep. 20; or. 17, c. 5; Elias Cret. MPG 36,395). Dennoch wird man auch bei diesem Wort einen gewissen Zweifel nicht unterdrücken können, da es in der Tat nur schwer im sachlichen

seinen Grund haben, daß das KerP wegen der Benutzung durch Herakleon[18] frühzeitig diskreditiert worden ist[19]. Für Clemens allerdings hat der Text einen vollkommen unbestrittenen, ja autoritativen Charakter[20], und nicht nur dies erweckt den Eindruck einer gewissen Zuverlässigkeit seiner Wiedergabe. Von Vollständigkeit jedoch kann keine Rede mehr sein, eine exakte Rekonstruktion des KerP ist deshalb nicht mehr möglich.[21] Es kann vielmehr nur darum gehen, den vorliegenden Fragmenten[22] eine einsehbare Reihenfolge zu geben[23], aus der sich der Argumentationsgang des Textes wenigstens annähernd noch erschließen läßt:

Kontext der anderen Fragmente unterzubringen ist. Und beim nicht gerade geringen Umfang der pseudopetrinischen Literatur wird man die Zuschreibung des Logions zur Διδασκαλία Πέτρου durch Greg. Naz. allein nicht für zureichend halten können.

[18] Daß Herakleon gerade das KerP benutzt hat, erklärt sich nicht nur aus der übereinstimmenden theologia via negationis (die Herakleon zum mindesten gelegen kommen mußte), sondern vor allem aus der akzentuierten Übernahme und Neuinterpretation der Dreiteilung ‚Griechen-Juden-Christen‘ im KerP durch ihn; diese Klassifizierung eignete sich gut für seine Auslegung von Joh 4,21 f. Vgl. vor allem fragm. 20–22 (*W. Völker*, Quellen zur Geschichte der christlichen Gnosis, Tübingen 1932, S. 73 ff.). Zum Ganzen vgl. jetzt *E. Pagels*, The Johannine Gospel in Gnostic Exegesis: Heracleon's Commentary on John (Society of Biblical Literature. MonSer 17), Nashville-New York 1973.

[19] So schon bei Origenes. Vgl. dazu *Zahn*, Geschichte des neutestamentlichen Kanons II, 820 f.

[20] Für Clemens gilt, „... daß er in der That die Schrift für ein Werk des Apostels hielt und sie darum als echte Quelle für die apostolische Geschichte und Lehre benutzte." (*von Dobschütz*, Kerygma Petri S. 8).

[21] Vgl. auch *W. Schneemelcher*, Kerygma Petrou S. 59: „Angesichts dieser Sachlage mußte auf den Versuch, die Fragmente in ihrer vermutlichen ursprünglichen Reihenfolge wiederzugeben, von vornherein verzichtet werden." Anders z. B. *J. A. Robinson* (im Apendix zu *J. R. Harris*, The Apology of Aristides S. 68 ff., bes. S. 86 ff.), der durch die Verbindung mit der ApolArist einen geschlossenen Zusammenhang konstruieren wollte; diese Hypothese muß aber als gescheitert angesehen werden.

[22] Die Zählung der Fragmente differiert:

von Dobschütz / Mara	Klostermann
I	1
II	2
III	2
IV	2
V	2
VI	3
VII	3
VIII	3
IX	4
X	4

Im Folgenden wird die Zählung von *Klostermann* übernommen, allerdings im einzelnen wieder untergliedert:
1, 2a–2d, 3a–3c, 4a.b.
Die Entsprechung zur Zählung bei *von Dobschütz* und *Mara* ist so ohne Schwierigkeiten zu ersehen.

[23] Insofern hat ein solcher Versuch natürlich vor allem heuristische Funktion; die angenommene Rekonstruktion berührt sich in vielem mit der bei *von Dobschütz* hergestellten Reihenfolge (vgl. a. a. O. S. 79 f.).

Das KerP dürfte mit fragm. 3b eingesetzt haben[24]; die im Text vorgestellte Situation ist die der nachösterlichen Jüngerbelehrung, die Lage μετὰ τὴν ἀνάστασιν. Beginnt der Text so mit dem ἐξελεξάμην ὑμᾶς δώδεκα μαθητάς, so dürfte sich daran fragm. 3a angeschlossen haben. Dies ergibt sich formal vor allem aus dem διὰ τοῦ ὀνόματός μου, das die Fortdauer der Rede des Auferstandenen anzeigt (vgl. damit auch das διὰ . . . πίστεως ἐμῆς von fragm. 3b). An die Aufforderung zur Mission an Israel schließt sich – und darauf läuft die Intention von fragm. 3a hinaus – das Motiv der weltweiten Sendung an (ἐξέλθετε εἰς τὸν κόσμον). Es liegt nahe, fragm. 3b.a mit 3c fortzusetzen; wie in fragm. 3a Israel die Möglichkeit zur Umkehr eingeräumt wird (ἐὰν μὲν οὖν τις θελήσῃ τοῦ Ἰσραήλ μετανοῆσαι), so gilt dies nach fragm. 3c generell für den gesamten Kosmos, also auch für die „Heiden".[25] Dennoch bleiben Interpretationsschwierigkeiten bei fragm. 3c bestehen: An wen richtet sich das ὑμῶν des Fragmentes? Daß die Jünger gemeint sein sollten, wie es sich durch den Zusammenhang der Rede des Auferstandenen nahelegt, erscheint als extrem unwahrscheinlich.[26] Man könnte deshalb bezweifeln, ob fragm. 3c überhaupt zum KerP zu zählen ist; auf der anderen Seite stimmt allerdings der Inhalt des Fragmentes so mit der Tendenz des KerP überein, daß ein solcher Schritt durchaus nicht als zwingend erscheint.[27] Wahrscheinlicher ist deshalb, daß die clementinische Zusammenfassung des πάσαις δ'ἄνωθεν ταῖς ψυχαῖς εἴρηται ταῖς λογικαῖς eine Einfügung des ὑμῶν in den ursprünglichen Kontext durch Clemens erforderlich gemacht hat.[28] Möglicherweise wird man auch damit rechnen müssen, daß in 3c eine inhaltlich durchaus zutreffende Summierung der Theologie des KerP durch Clemens gegeben werden soll.

Auch wenn sich hierfür gewiß kein zwingender Beweis führen läßt[29], so dürfte fragm. 4a.b wohl nach fragm. 3 zu stellen sein; es würde sich dann in diesem Fragment korrespondierend zum Auftrag des Auferstandenen in fragm. 3 die schriftgemäße Fundierung der sich anschließenden Verkündi-

---

[24] So auch *von Dobschütz*, Kerygma Petri S. 79; zutreffend auch seine Bemerkung, „. . . daß die Einleitung bei Clem. Al. wahrscheinlich nicht dem Text, sondern der Situation entnommen ist . . ."

[25] *Von Dobschütz*, Kerygma Petri S. 57: „. . . aber es ist doch bedeutend wahrscheinlicher, daß diese Verheißung der Sündenvergebung hier an Heiden gerichtet sein soll." Fragm. 3a.c entsprechen sich auf diese Weise auch in der Komposition.

[26] Darauf hat als erster nachhaltig *E. Hennecke*, Missionspredigt, aufmerksam gemacht (a. a. O. S. 144): „Falls a 4 überhaupt, wie es aber doch nach dem Satzinhalt scheint, dem Schriftstück entnommen ist, würde es nach der Reihenfolge bei Clemens Alex. vielmehr hinter 1 zu stellen sein. Es scheint aber weniger gut zu passen, daß den Jüngern von Jesus allgemeine Vergebung der Sünden in Aussicht gestellt wird, als daß Petrus dieselbe seinem Publikum verspricht."

[27] *Von Dobschütz*, Kerygma Petri S. 24: „Ist diese Stelle auch nicht ausdrücklich als Citat aus dem K.P. angeführt, so legt doch der Zusammenhang es nahe, sie darauf zurückzuführen, und der Inhalt bestätigt die Zugehörigkeit zum K.P."

[28] Fragm. 3c würde dann aber noch zur Situation der Rede des Auferstandenen gehören und nicht schon, wie *Hennecke* vorschlägt (vgl. Anm. 26), zur Rede des Petrus.

[29] Anders z. B. *von Dobschütz* (a. a. O. S. 79), der einen Zusammenhang mit fragm. 2 annimmt.

gung finden.[30] Dies ist auch schon deshalb nicht unwahrscheinlich, weil das εὔρομεν von fragm. 2d erkennbar auf das ἡμεῖς δὲ ἀναπτύξαντες . . . εὔρομεν von fragm. 4a rekurriert. Schließlich folgt mit fragm. 2 der eigentliche Schwerpunkt des KerP; der Auseinandersetzung mit der griechischen und jüdischen Gottesverehrung wird die christliche scharf kontrastiert. Dieser Antithese vorauf geht in fragm. 2a die positive Bezeichnung der wahren Gottesverehrung. Fragm. 2a macht dabei einen in sich geschlossenen, zusammenhängenden Eindruck, so daß mit einer umfangreicheren Lücke kaum zu rechnen ist.[31]

Diffizil bleibt zum Schluß vor allem die Stellung von fragm. 1; zweifellos handelt es sich bei dieser kurzen Aussage – der Bezeichnung des κύριος als νόμος und λόγος – um jenes Fragment, das in die Gedankenführung des KerP am schwierigsten einzuordnen bleibt. Will man eine Hypothese wagen, so ließe sich noch am ehesten an einen Zusammenhang mit fragm. 4 und der dort gegebenen Begründung der Christologie in der Schrift denken.[32]

Die von Clemens Alexandrinus reproduzierten Fragmente des KerP dürften damit ursprünglich so geordnet gewesen sein:

fragm. 3b
3a
3c
4
(1)
2a
2b
2c
2d

Einen positiven Beweis für die Richtigkeit solcher hypothetischen Gliederung wird man vor allem im Blick auf fragm. 2 auch darin sehen können, daß sowohl ApolAristides[33] als auch der Diognetbrief[34] sich eines verwandten Gliederungsprinzips bedienen: Hier wie dort wird der falschen Gottesverehrung der Griechen und Juden die Wahrheit des Christentums kontrastiert. Dabei verweisen Identität

---

[30] Man mag im Blick auf den Einsatz mit dem betonten ἡμεῖς δέ auch an das formal verwandte, ebenfalls erstmalig auftretende ἡμεῖς δὲ οἱ δώδεκα μαθηταὶ τοῦ κυρίου des Petrusevangeliums (XIV, 59) erinnern; auch dies spricht für eine Verbindung mit fragm. 2.

[31] Die Annahme einer Lücke ist am wahrscheinlichsten noch vor fragm. 2d, da der Einsatz mit dem ὥστε in der Tat schwierig ist. Das Ausgefallene kann aber nicht sehr erheblich gewesen sein, da die kompositionelle Einheit von fragm. 2 deutlich ist.

[32] Eine solche Vermutung hängt natürlich ganz erheblich vom inhaltlichen Verständnis der Bezeichnung des κύριος als νόμος und λόγος ab. Vgl. dazu S. 23ff.

[33] Vgl. *Brändle*, Ethik S. 19: „Schon in der ältesten christlichen Apologie, dem Kerygma Petri, lag wahrscheinlich folgende Reihenfolge der Darstellung vor: 1. von den Heiden (Fragm. III) – 2. von den Juden (Fragm. IV) – 3. positive Darstellung des christlichen Glaubens (Fragm. V–X). Diese Reihenfolge hat sich fest eingebürgert in der christlichen Apologetik."

[34] Zur Apologetik des Diognetbriefes vgl. jetzt vor allem *W. Eltester*, Das Mysterium des Christentums. Anmerkungen zum Diognetbrief: ZNW 61, 1970, 278–293.

der Komposition bei Differenz im verwendeten Material (wie auch im Umfang der Argumentation) auf die Traditionalität solcher Motivkette. Das bestätigt nicht nur erneut die Unversehrtheit von fragm. 2, sondern nötigt zur Prüfung, ob KerP diese Tradition in die Apologetik der alten Kirche eingebracht hat oder schon von anderen Überlieferungen abhängig ist.[35]

So sicher man davon ausgehen darf, daß gegenüber dem ursprünglichen KerP noch Lücken vorliegen, so sicher ist auch, daß sich diese nicht mehr genau bezeichnen lassen. Mutmaßungen darüber sind deshalb auch von nur geringem Nutzen.[36] Nicht einfach läßt sich die Form des KerP bestimmen; es bietet sich an – und dies gilt schon auf Grund des Titels[37] –, von einer Predigt zu sprechen, κήρυγμα also auch als formale Charakteristik gelten zu lassen[38]. Ob der Zusatz Πέτρου den Text direkt auf Petrus zurückführen soll[39] oder diesen nur als Garanten für den Inhalt des κήρυγμα bezeichnen will, wird man nicht mehr sicher entscheiden können[40]. Wahrscheinlich soll aber der Titel, ausgehend vom Schwerpunkt der Argumentation in fragm. 2 – also eindeutig jenem Teil, in dem Petrus redet –, den Charakter des Ganzen kennzeichnen (wobei auch für die anderen Fragmente die Vindizierung an Petrus durchaus nicht ausgeschlossen bleibt).

Eine solche formgeschichtliche Bestimmung des KerP als Verkündigung bzw. Predigt ist auch schon deshalb nicht unwahrscheinlich, weil sich dies Gattungselement in der apokryphen Literatur auch sonst noch belegen läßt.[41] Eindeutiges Indiz hierfür ist auch, daß man im Blick auf andere Fragmente erwogen hat, ob sich nicht auch bei ihnen die Zugehörigkeit zum KerP erweisen läßt. Interessant ist schon wegen der unmittelbaren Nachbarschaft zum KerP das ‚Hystaspes‘-

---

[35] *Brändle* (a. a. O. S. 20) erinnert an Joh 4,21ff. Die Frage läßt sich aber nicht unabhängig von dem Motiv des τρίτον γένος klären; vgl. dazu Anm. 130.

[36] Auf eine inhaltliche Lacune deutet vor allem das kryptische, verkürzte νόμος καὶ λόγος hin, das im jetzigen Textzusammenhang jeder Begründung entbehrt.

[37] Vgl. *Schneemelcher*, Kerygma Petrou. S. 58: „Der von Clemens bezeugte Titel Κήρυγμα Πέτρου ist wohl so zu verstehen, daß diese Schrift eine Zusammenfassung der Predigt des Petrus, d. h. aber doch wohl darüber hinaus der ganzen apostolischen Verkündigung sein will. Dabei ist κήρυγμα sicher nicht als actus praedicandi zu verstehen, sondern soll den Inhalt andeuten: es geht um das von Petrus, als dem Repräsentanten der apostolischen Tätigkeit, verkündete und das Heil vermittelnde Evangelium." Vgl. auch *Hennecke*, Missionspredigt S. 144: „Unter ‚Missionspredigt des Petrus‘ ist hier nicht eine einzelne Predigt, sondern die Summe seiner Verkündigung, programmatisch gefaßt, ‚das Predigen des Petrus‘ . . . zu verstehen."

[38] Zu den weitergehenden Vermutungen bei *von Dobschütz* (Kerygma Petri S. 79f.) vgl. S. 9f.

[39] Vgl. die Erwägungen bei *Schneemelcher*, Kerygma Petrou S. 59: „Es könnte sein, daß Petrus nur als Gewährsmann der apostolischen Predigt (er hat ohnehin offensichtlich oft im Plural geredet) in dem Titel genannt ist. Andererseits ist natürlich die Möglichkeit, daß Petrus als Verfasser angesehen werden sollte, nicht ausgeschlossen."

[40] Das ἡμεῖς wird man nicht als Indiz gegen Petrus als angenommenen Verfasser anführen können; vgl. nur das ἡμεῖς im Petrusevangelium (solche pluralischen Aussagen sind aber auch sonst bei der unterstellten Verfasserschaft eines einzelnen gewiß nicht selten).

[41] Vgl. zu den Formelementen der apokryphen Apostelakten vor allem *R. Söder*, Die apokryphen Apostelgeschichten und die romanhafte Literatur der Antike (Würzburger Studien zur Altertumswissenschaft 3) Stuttgart 1932.

Stück[42] aus einer Predigt (?) des Paulus[43], das Clemens überliefert hat[44]. Das Stück weist in der Tat viele Gemeinsamkeiten auch inhaltlicher Art[45] mit dem KerP auf, so daß das Zögern in der Forschungsgeschichte nicht überrascht, ob hier nicht ein Teil des originären KerP anzunehmen ist[46]. Nun ist dies allerdings sehr wenig wahrscheinlich[47]; auffällig muß neben anderen Gründen vor allem die differierende Aufnahme des παρουσία-Begriffs erscheinen, der im Hystaspes-Fragment strikt eschatologisch zu verstehen ist[48]. Dennoch bleibt die formgeschichtliche Verwandtschaft zwischen beiden Texten von Bedeutung, sofern beide sich als Verkündigung eines Apostels geben.

Allerdings ist eine solche formgeschichtliche Kennzeichnung als apostolische Verkündigung im Blick auf das gesamte KerP noch nicht hinreichend.[49] Der Einsatz des Stückes in fragm. 3b verrät ja deutlich Berührung mit jener Gattung apokrypher Literatur, in der der Auferstandene seinen Jüngern Sonderbelehrungen zuteil werden läßt.[50] Das Motiv, das hier im KerP anklingt, hat vor allem *von Dobschütz* zu weitreichenden Hypothesen hinsichtlich des form- und literaturgeschichtlichen Charakters des KerP veranlaßt.[51] Das ist schon wegen der schmalen Textbasis zu spekulativ[52];

---

[42] Zur inhaltlichen Interpretation des Textes vgl. vor allem *H. Windisch*, Die Orakel des Hystaspes (Verhandelingen der Koninklijke Akademie van Wetenschappen te Amsterdam XXVIII, 3) Amsterdam 1929.

[43] Vgl. auch die Erwägungen bei *Windisch*, a. a. O. S. 34: „. . . kann es sehr gut aus den Acta Pauli stammen. Sonst wäre noch an ein selbständiges ,Kerygma Pauli' zu denken, das etwa dem ,Kerygma Petri' nachgebildet sein könnte."

[44] Clem. Al. strom. VI,5,43,1.

[45] Zu vgl. wäre etwa die Dominanz der Verkündigung des Monotheismus in beiden Texten; aber auch das τὰ μέλλοντα von 43,1 hat in fragm. 4a seine Entsprechung.

[46] Zumal in 43,3 KerP fragm. 3a nahezu nahtlos anschließt. Eine Spur von Unsicherheit in der Beurteilung eines Zusammenhanges zwischen dem ,Hystaspes'-Stück und dem KerP noch bei *Zahn*, Geschichte des neutestamentlichen Kanons II, 827ff.

[47] Vgl. *Zahn*, Geschichte des neutestamentlichen Kanons II, 827: „. . . so kann in demselben (scil. KerP) nicht auch Paulus in direkter Redeform als Prediger aufgetreten sein. Schon darum ist die gewöhnliche Meinung unhaltbar, daß eine Ansprache des Paulus, welche Clemens in Verbindung mit Stücken der Petruspredigt citirt, aus dieser genommen sei. Auch exegetisch läßt sich das nicht rechtfertigen." Siehe auch *von Dobschütz*, Kerygma Petri S. 123ff.

[48] Zum παρουσία-Verständnis des KerP vgl. S. 23.

[49] Vgl. *von Dobschütz*, Kerygma Petri S. 79f.: „Wenn man sich freilich streng an die Fragmente hält, welche meist Redeteile enthalten, so ist man versucht, den Charakter des Ganzen als den einer apologetischen Rede zu bestimmen. Allein dieser Schluss ist ebenso unberechtigt, wie wenn man die lukanische A.G. nach der Stephanusrede . . . als eine grosse Rede bestimmen wollte."

[50] Solche Gattungen sind bis zu einem gewissen Grade charakteristisch für die apokryphe Literatur in den gnostischen Gruppen. Vgl. hierfür vor allem *C. Schmidt*, Gespräche Jesu mit seinen Jüngern nach der Auferstehung, Hildesheim 1967 (= Leipzig 1919).

[51] Vgl. vor allem a. a. O. S. 73f.: „Dabei ging der Zug jener Zeit, welche immer mehr die Wirksamkeit der Apostel als unmittelbare Fortsetzung des Werkes des Herrn selbst, mit gleicher heilsgeschichtlicher Bedeutung – daher gleicherweise in den Weissagungsbeweis und das Kerygma aufgenommen – zu betrachten sich gewöhnte, ganz dahin, die Geschichte ihres Wirkens dem Evangelium als δεύτερος λόγος zur Seite zu stellen, wie es schon Lukas that, und wie es besonders

dennoch bleibt zu bedenken, daß neben dem formgeschichtlichen Motiv der Predigt in fragm. 2 (und möglicherweise auch in fragm. 4) in fragm. 3 ein anderes Element zu erkennen ist, daß also das KerP als formgeschichtliche Einheit sich aus Einzelmotiven zusammensetzt. Es liegt so eine Mischform vor: Neben der Rede des Auferstandenen an die Jünger steht die apostolische »Verkündigung«. Nun sind solche Formsyndrome vor allem aus den apokryphen Apostelakten durchaus nicht unbekannt[53]; auch der Verweis auf die lukanische Apostelgeschichte[54] ist nicht abwegig[55]. Das führt konsequent zu der Überlegung, ob und wieweit das KerP in den Kontext der sonst bekannten pseudo-petrinischen Literatur einzuordnen ist.[56] So naheliegend dies auch erscheinen mag, die Berührungen mit den anderen

---

gnostische Schriften zeigen. Sollte es nun zuviel behauptet sein, dass in den ersten Decennien des zweiten Jahrhunderts ein Christ zu Alexandrien das Bedürfnis nach Ergänzung des Marc.-Evang. gefühlt und, vielleicht schon der Tradition über Marcus als Hermeneuten des Petrus folgend, als δεύτερος λόγος zum Marc.-Evang. ein ‚Kerygma Petri‘ geschrieben habe? . . . Ob der Verfasser dabei sein Werk unter den Namen des Marcus gestellt habe, können wir nicht sagen." Vgl. auch S. 75: „Als specifisch alexandrinische Apostelgeschichte mit ausgeprägt alexandrinischer religionsphilosophischer Denkweise erlangte sie kaum weitere Verbreitung . . ." Solcher Hypothese ist weniger die Tendenz vorzurechnen – sie kennzeichnet die Absicht des KerP im Verhältnis zur voraufgehenden Tradition ganz zutreffend – als vielmehr die Absicht, solche prinzipielle Einsicht in konkrete, historische Daten einzutauschen; die Beziehung zum kanonischen Markusevangelium ist entgegen aller Behauptungen bei *von Dobschütz* reine Spekulation.

[52] Die Behauptungen *von Dobschütz*' haben deshalb auch in der Forschung kaum Zustimmung gefunden; vgl. *Schneemelcher*, Kerygma Petrou S. 59: „Aus dem Titel geht weiter nichts hervor, was irgendwie auf das Verhältnis zum Markusevangelium bezogen werden könnte . . . weder Titel noch Inhalt der Fragmente lassen eine solche Hypothese zu."

[53] Eine ähnliche Vermutung auch bei *Bardenhewer*, Geschichte der altchristlichen Literatur I,548: „Den Inhalt aber bildete wohl nicht ein einzelner Lehrvortrag des Apostelfürsten, sondern eine Reihe von Predigten . . . Die Texte der Predigten endlich werden durch einen Faden historischer Erzählung verbunden gewesen sein, und diese Erzählung wird die Missionsreisen des Predigers zum Gegenstand gehabt haben."

[54] So auch *Bardenhewer*, Geschichte der altchristlichen Literatur I,548: „Die Predigt des Petrus hätte demnach einen nach Analogie der kanonischen Apostelgeschichte angelegten Bericht über die Missionstätigkeit des hl. Petrus dargestellt."

[55] Zumal sich auch sonst inhaltliche Berührungen zwischen beiden Schriften nicht übersehen lassen; vgl. dazu S. 35f. Natürlich ist dabei nicht eine direkte, literarische Abhängigkeit zwischen beiden Texten anzunehmen, wie dies früher z. T. vermutet wurde (vgl. *von Dobschütz*, Kerygma Petri S. 70, Anm. 1). Dies dürfte in der Tat ausgeschlossen sein (vgl. *von Dobschütz*, a. a. O. S. 70: „Eine Benutzung des Luk.-Evang. neben dem Marc.-Evang. ist nicht ganz ausgeschlossen, aber kaum anzunehmen, wie denn auch keine ersichtlichen Beziehungen zwischen dem K.P. und der lukanischen Apostelgeschichte bestehen."). Aber form- und traditionsgeschichtliche Bedingungen beider Texte liegen nicht so weit auseinander, wie noch *von Dobschütz* meinte. Dies gilt um so mehr, wenn in Rechnung gestellt wird, daß die chronologische Einordnung der lukanischen Apostelgeschichte – wenn sie auch im einzelnen umstritten sein mag – nicht zu weit von dem Zeitpunkt der Entstehung des KerP abführen dürfte.

[56] Vgl. dazu *von Dobschütz*, Kerygma Petri S. 68, Anm. 1; *Reagan*, Preaching of Peter S. 42f.; *Mara*, Kerygma Petrou S. 316ff.

Texten sind so auffallend gering, daß eine solche Annahme eigentlich ausscheiden sollte.[57]

Von Interesse ist in diesem Zusammenhang allerdings die erste Schrift aus NHC VI: „Die Taten des Petrus und der zwölf Apostel"[58]. Dies gilt um so mehr, als auch NHC VI p. 1ff. gegenüber der sonstigen petrinischen Literatur ebenfalls einen eher isolierten Eindruck macht.[59] Vor allem aber fällt der analoge Titel auf[60], und schließlich bleibt zu bedenken, daß auch in NHC VI p. 1ff. das Subjekt eigentümlich schwankt[61] und die Form des Textes wie beim KerP nicht einheitlich ist[62]. Allerdings – und das dürfte letztlich doch den Ausschlag geben – solch positiven Berührungen kontrastiert, daß die Komposition in NHC VI p. 1ff. einen sehr verworrenen Eindruck macht[63] und auch sonst inhaltliche Parallelen nicht zu beobachten sind. Dennoch wird man festhalten können, daß im Rahmen der pseudo-petrinischen Literatur ein Text wie NHC VI p. 1ff. nicht nur für die formgeschichtliche Bestimmung von Nutzen ist, sondern vor allem auch einen Beleg für den Titel κήρυγμα Πέτρου liefert.

Schließlich bleiben noch Herkunft und Ort des KerP zu klären; so sicher dies nur vermutungsweise geschehen kann, schon auf Grund der Wirkungs-

---

[57] So vor allem *von Dobschütz*, Kerygma Petri S. 68, Anm. 1; anders z. B. *Reagan*, a. a. O. S. 42f. Aber die Berührungen sind doch so allgemein, daß sie die Beweislast einer engen Verwandtschaft zwischen den fraglichen Texten auf keinen Fall tragen können.

[58] The Facsimile Edition of the Nag Hammadi Codices, published under the auspices of the Department of Antiquities of the Arab Republic of Egypt in conjunction with the UNESCO, Codex VI, Leiden 1972. Deutsche Übersetzung bei *H.-M. Schenke*, „Die Taten des Petrus und der zwölf Apostel": ThLZ 98, 1973, 13–19.

[59] Vgl. *H.-M. Schenke*, a. a. O. Sp. 15: „Als ein Stück des verlorengegangenen ersten Drittels der alten Petrusakten . . . darf man unsere Schrift kaum ansehen, auch nicht als Teil der anderen apokryphen Petrus-Schriften, soweit sie in ihrer Struktur bzw. durch Fragmente bekannt sind. Man kann sie sich . . . nicht recht als Teil eines größeren Ganzen vorstellen. Auch der Untertitel scheint ja schon zu verbieten, die Heimat des Textes einfach in der apokryphen Petrus-Tradition zu suchen."

[60] NHC VI p. 1ff. (Übersetzung nach *H.-M. Schenke*): [Dies ist die Pre]digt, die [Petrus über die Ver]anlas[sung der Apostelschaf]t [hielt]. Auch die Fortsetzung greift ein vom KerP her vertrautes Motiv auf: Es ge[scha]h u[ns, daß] wir aus[gesan]dt [wurden] zum Apostel[zeug]nis; u[nd] so zogen wir über [Land und] Meer, ständig in leiblicher [Gefahr].

[61] Vgl. *H.-M. Schenke*, a. a. O. Sp. 15: „Der Text redet bald in der 1. Pers. Sgl., bald in der 1. Pers. Pl., bald in der 3. Pers. Sgl., bald in der 3. Pers. Pl. Ein System ist nicht zu erkennen."

[62] *H.-M. Schenke*, a. a. O. Sp. 15: „Wenn wir vom Numerus einmal absehen, ist also der Text halb Predigt und halb Erzählung."

[63] Vgl. *H.-M. Schenke*, a. a. O. Sp. 13. Siehe auch seinen Versuch (a. a. O. Sp. 15), die Komposition von NHC VI p. 1ff. zu erklären: „Und dieser Zustand (scil. halb Predigt, halb Erzählung) ist leichter genetisch zu erklären, . . . wenn der Ursprungsrahmen eine Predigt war, aus der teilweise allmählich . . . Erzählung wurde, als es der umgekehrte Prozeß wäre. Und diese Predigt dürfte wiederum . . . ursprünglich eine des Petrus allein gewesen sein, in der er allerdings auch von den übrigen Aposteln handelte." Zu bedenken ist jedoch, ob nicht gerade vom KerP her solche Vermutung reine Konstruktion bleiben muß und nicht vielmehr diese Texte von Anfang an in der vorliegenden (formal zusammengesetzten) Gestalt tradiert wurden.

geschichte und des Bereichs seiner Geltung wird man das KerP in Ägypten entstanden denken.[64]

M. Elze[65] hat demgegenüber auf Grund einer vorgeblich engen Berührung mit den ignatianischen Briefen für eine Entstehung des KerP in Antiochien plädiert:
- beide Texte zeigten eine verwandte stilistische Formung (vgl. vor allem IgnPol 3,2 mit fragm. 2a).[66]
- Theophilus, ad Autolycum I,14 zitiere KerP.[67]
- die bei Ignatius, Smyrn. 3,2 erhaltene Tradition, die Origenes (bzw. Rufin) der ‚Doctrina Petri‘ zuweist, sei im KerP ursprünglich erhalten gewesen; die ‚Doctrina Petri‘ entspreche also dem KerP.[68]

In der Tat sind gewisse Berührungen zwischen Corpus Ignatianum und KerP konstatierbar[69]; ob dies aber unbedingt durch gleiche lokale Herkunft[70] und nicht vielmehr durch analoge Probleme erklärt werden muß, ist durchaus offen. Gegen eine antiochenische Herkunft des KerP sprechen zudem gerade auch jene Punkte, von denen *Elze* bei seiner Argumentation ausgegangen war:
- Stilistische Parallelen sind gewiß nicht zu übersehen, lassen sich aber bei der Verbreitung solcher Stil- und Sprachformen durchaus nicht auf beide Texte einschränken oder gar auf lokale Gegebenheiten zurückführen.
- Daß Theophilus das KerP zitiert, ist keineswegs als sicher anzunehmen.[71] Die Unterschiede zwischen beiden Texten sind vielmehr so beträchtlich, daß von einem Zitat – ungeachtet der topologischen Berührungen – keine Rede sein kann.
- Diffizil bleibt vor allem natürlich die Beurteilung der Tradition von IgnSmyrn 3,2. In der Tat spricht viel dafür, daß Ignatius in diesem Text eine von der synoptischen Tradition unabhängige Überlieferung rezipiert, obwohl auch dies gewiß nicht unumstritten ist.[72] Man mag zudem auch noch zugestehen, daß mit der ‚Doctrina Petri‘ des Origenes (bzw. des Rufin) das KerP gemeint ist.[73]

---

[64] Vgl. *Schneemelcher*, Kerygma Petrou S. 58: „Als Heimatland wird man wohl Ägypten anzunehmen haben, auch wenn diese Vermutung nicht stringent beweisbar ist." Siehe auch *Reagan*, Preaching S. 44.

[65] *M. Elze*, Überlieferungsgeschichtliche Untersuchungen zur Christologie der Ignatiusbriefe. Habil. Tübingen (masch.), 1963, S. 49ff.

[66] *Elze*, a. a. O. S. 49.

[67] *Elze* greift hier zurück auf *G. Quispel-R. M. Grant*, Note on the Petrine Apocrypha: VigChr 6, 1952, 31–32. *Elze*, a. a. O. S. 51: „Denn ist Theophilus das PK bekannt, so darf im Zusammenhang mit den übrigen Argumenten daraus die Konsequenz gezogen werden, daß es in Antiochia beheimatet ist."

[68] *Elze*, a. a. O. S. 52: „... wird man geneigt sein anzunehmen, daß mit der Doctrina Petri des lateinischen Origenes eben das PK gemeint ist ... und daß Ignatius den von ihm aufgenommenen Text, wenn auch vielleicht nicht unmittelbar von dort, so doch aus einer ihnen beiden gemeinsamen Quelle geschöpft hat."

[69] Vgl. oben S. 21; Zweifel allerdings bei *von Dobschütz*, Kerygma Petri S. 66: „Wenn wir nämlich unsere Fragmente mit den ignatianischen Briefen vergleichen, so finden wir fast gar keine Berührungen..."

[70] *Elze*, a. a. O. S. 51: „Demnach erklärt sich die Nähe zwischen ihm und Ignatius auf die einfachste Weise, allerdings wohl nicht im Sinne einer gegenseitigen literarischen Abhängigkeit, sondern gemeinsamer antiochenischer Traditionen."

[71] Zweifel auch bei *H. Köster-J. M. Robinson*, Entwicklungslinien durch die Welt des frühen Christentums, Tübingen 1971, S. 117, Anm. 20.

[72] Diskussion der unterschiedlichen Lösungsmöglichkeiten bei *H. Paulsen*, Studien zur Theologie des Ignatius von Antiochien, Habil. Mainz (masch.), 1976, S. 55ff. 258ff.

[73] Immerhin bestreitet dies mit erwägenswerten Gründen *W. Schneemelcher*, Kerygma Petrou S. 60: „Weiter muß doch wohl gefragt werden, ob doctrina in der Rufinschen Übersetzung wirklich das Wort κήρυγμα wiedergibt, oder ob nicht

Dennoch bleiben Zweifel hinsichtlich der Zugehörigkeit der Überlieferung zum KerP bestehen.[74] Für einen solchen Zusammenhang spricht vor allem die nachösterliche Situation der Tradition, die sich generell gut ins KerP fügen würde.[75] Aber schon der Punkt ist unklar, an den das Logion zu stellen wäre. Es ließe sich hypothetisch am besten noch an die Stelle des zusammenfassenden μετὰ δὲ τὴν ἀνάστασιν des Clemens Alexandrinus setzen, würde also vor die Verkündigung des Auferstandenen eine Szene des Wiedererkennens rücken. Das Wahrscheinlichste scheint mir aber doch, daß wir es hier mit einer Sonderüberlieferung zu tun haben, deren ursprünglicher Ort nicht das KerP gewesen ist. Selbst wenn man nicht zu einer eindeutigen Entscheidung gelangt, ein Beweis für die antiochenische Herkunft des KerP ist das Logion in keinem Fall.

Über den Zeitpunkt der Entstehung des KerP – dessen Charakter gewiß nicht auf eine Entstehung in gnostischen Kreisen zurückzuführen ist[76] – wird sich nur ein annäherndes Ergebnis erzielen lassen[77]; die inneren Indizien – wie beispielsweise die Beziehungen zur Apologie des Aristides[78], die das höhere Alter des KerP wohl zweifelsfrei erkennen lassen[79] – führen auf einen Zeitraum zwischen 100–120 n. Chr.[80]

---

vielmehr διδασκαλία als griechisches Äquivalent anzusehen ist und daher hier eine andere Schrift als das KP gemeint ist." Positiv auf der anderen Seite z. B. *G. Bardy*, Saint Jérome et l'évangile selon les Hébreux: Mélanges de Science Religieuse 3, 1946, 5–36. S. 14.

[74] Zumal die Überlieferung auch sonst verbreitet ist; vgl. *H. Paulsen*, Studien S. 55 ff.

[75] Vgl. auch *von Dobschütz*, Kerygma Petri S. 83: „Die Stelle könnte im K. P. gestanden haben, wo sie alsdann wohl noch vor Fragm. VII zu stellen wäre als Darstellung der ersten Begegnung des Auferstandenen mit den Jüngern."

[76] Siehe *Bardenhewer*, Geschichte der altkirchlichen Literatur II, 549: „. . . darf wohl auf katholischen Ursprung des Buches geschlossen werden." *Hennecke*, Missionspredigt S. 145: „Sachlich bedarf es auch keiner weiteren Erwägungen über etwaige gnostische Nebenformen . . . dieses durchaus in gemeinkirchlichem Stile sich ergehenden Missionsprogramms." Dies gilt ungeachtet der Benutzung durch Herakleon; vgl. auch *Reagan*, Preaching S. 44.

[77] Ein terminus post quem wäre gegeben, wenn man mit *von Dobschütz* (a.a.O. S. 24f.) in fragm. 4a das schon immer umstrittene κτισθῆναι der Handschriften als ein κριθῆναι konjiziert und dann auf die Zerstörung Jerusalems bezieht; solche Konjektur ist gewiß nicht unwahrscheinlich. Aber der Versuch von *M. G. Mara* (a. a. O. S. 342), die Aussage – in Analogie zu den anderen Daten von fragm. 4a – strikt theologisch zu interpretieren und das κτισθῆναι auf die Offenbarung des eschatologischen Jerusalems zu beziehen, ist nicht ganz von der Hand zu weisen.

[78] Vgl. *Seeberg*, Apologie des Aristides S. 219: „Soviel ist aber erwiesen, daß Arist. die Praed. gekannt hat und daß sie auf seine Darstellung einen eingreifenderen Einfluß als irgend ein neutestamentliches Buch ausgeübt hat." Vgl. auch *Zahn*, Geschichte der neutestamentlichen Kanons II, 823f.

[79] Auch ein höheres Alter als PastHerm dürfte anzunehmen sein; vgl. dazu *Reagan*, Preaching S. 46.

[80] *Von Dobschütz*, Kerygma Petri S. 67: Erstes Viertel des zweiten Jahrhunderts; *Krüger*, Geschichte S. 39: Möglicherweise noch im 1. Jahrhundert entstanden („. . . wogegen Durchschlagendes nicht geltend gemacht werden kann."); *Zahn*, Geschichte des neutestamentlichen Kanons II, 831f.: Spätestens um 90–100 entstanden („Es steht also auch nichts der Annahme im Wege, daß schon der Verfasser des unechten Marcusschlusses . . ., daß Ignatius . . . und Hermas das Buch mit Andacht gelesen und Einzelnes daraus sich angeeignet haben."); *Schneemelcher*, Kerygma Petrou S. 58: Erste Hälfte des 2. Jahrhunderts.

II.

Will man das Charakteristische des KerP erfassen, so wird man sich nicht allein auf die Einzelanalyse der Fragmente konzentrieren – hier bietet zudem die Interpretation bei *von Dobschütz* noch immer das Wesentliche –, sondern vor allem den Schwerpunkten der Gedankenführung des Textes nachzugehen haben. Hierfür ist es entscheidend, daß das KerP akzentuiert in fragm. 2a das Bekenntnis zu dem einen Gott in den Mittelpunkt rückt. Gerade dies Fragment verrät das rhetorische Vermögen des Autors[81]; zunächst wird das εἷς θεός durch einen zweigliedrigen ὅς-Satz expliziert:

ὃς ἀρχὴν πάντων ἐποίησεν
καὶ τέλους ἐξουσίαν ἔχων.

Dem ἀρχὴν πάντων entspricht das τέλους ἐξουσίαν; beides ist chiastisch verschränkt. Noch deutlicher wird die rhetorische Stilisierung im sich anschließenden Text:

I	ὁ ἀόρατος	/	ὃς τὰ πάντα ὁρᾷ
II	ἀχώρητος	/	ὃς τὰ πάντα χωρεῖ
III	ἀνεπιδεής	/	οὗ τὰ πάντα ἐπιδέεται
			καὶ δι' ὃν ἐστιν.
IV	ἀκατάληπτος, ἀέναος, ἄφθαρτος		
V	ἀποίητος	/	ὃς τὰ πάντα ἐποίησεν
			λόγῳ δυνάμεως αὐτοῦ.

An die ersten drei Glieder, von denen das dritte formal betont erscheint, schließt sich eine dreifache Prädikation an; das fünfte Glied entspricht formal wieder den ersten drei Aussagen. Auffallend sind dabei nicht nur die betonten, viermal auftretenden τὰ πάντα-Aussagen, sondern auch die ponderierte Stellung des λόγῳ δυνάμεως αὐτοῦ.[82] Die Verkündigung des einen Gottes, die auf diese Weise rhetorisch eindrucksvoll unterstrichen wird[83], ist in einem solchen Text gewiß nicht überraschend: Das KerP verbleibt inhaltlich ganz in jenen Bahnen, die seit dem nachalttestamentlichen Judentum[84] die positive Darstellung der biblischen Religion im Bekenntnis zu dem einen Gott[85] bestimmt haben[86]. Auch daß die Deskription dieses einen

---

[81] Vgl. *Geffcken*, Zwei griechische Apologeten S. xxxiii: „Hier tritt nun deutlich das Bestreben hervor, die schriftstellerische Kunstform einzusetzen." Siehe auch *Pellegrino*, Apologeti Greci S. 21: „Lo scrittore procede con semplicità di eloquio, non senza alcuni artifizi che tradiscono una qualche velleità retorica: alliterazione con figura etimologica . . ., dispozione simmetrica, chiasmo . . ."

[82] Das hat auch inhaltliche Konsequenzen für die Beurteilung der Rolle der Christologie im KerP; vgl. S. 21f.

[83] Das KerP dürfte dabei in der Anwendung rhetorischer Stilmittel abhängig sein vom ,Asianismus'; vgl. dazu *H. Paulsen*, Studien S. 176f. (Lit.).

[84] Vgl. dazu *A. Seeberg*, Die Didache des Judentums und der Urchristenheit, Leipzig 1908, S. 8.

[85] Vgl. dazu *Bergmann*, Jüdische Apologetik S. 67ff.; *Geffcken*, Zwei griechische Apologeten S. xxiiff.; *A. Marmorstein*, The Unity of God in Rabbinic Literature: HUCA 1, 1924, 467–499; *A. Marmorstein*, The Old Rabbinic Doctrine of God (Jews' College Publications 10) Oxford-London 1927; *P. Palazzini*, Il monoteismo nei padri apostolici e negli apologisti del II° secolo, Rom 1945; *Dalbert*, Theologie

Gottes ganz in der philosophischen Sprache der Zeit[87] auf dem Weg der Negation[88] verläuft, darf nicht weiter überraschen[89]. Die Belege für diese theologische Sprachform sind jedenfalls so zahlreich, daß von einer Originalität des KerP keinesfalls gesprochen werden kann: Das gilt sowohl von der Prädikation Gottes als des Unsichtbaren, der alles sieht[90], wie auch von dem ἀχώρητος ὃς τὰ πάντα χωρεῖ[91]; das trifft auf die Motivik von der Bedürfnislosigkeit[92] wie auch auf die anderen Aussagen zu[93]. Daß dieser Gottesverehrung die Verfallenheit an die Götter kontrastiert wird, gehört ebenfalls seit den Anfängen jüdischer Apologetik zur traditionellen Redeform.[94]

S. 23 ff.; *C. Bussmann*, Themen der spätjüdisch-hellenistischen Missionsliteratur (Europäische Hochschulschriften 23,3) Frankfurt 1971; *A. Nissen*, Gott und der Nächste im antiken Judentum (WUNT 15) Tübingen 1974, S. 52 ff.

[86] Dazu siehe *J. Lortz*, Das Christentum als Monotheismus in den Apologien des zweiten Jahrhunderts (Beiträge zur Geschichte des christlichen Altertums und der Byzantinischen Literatur – Festgabe A. Ehrhard) Bonn-Leipzig 1922, S. 301–327.

[87] Vgl. dazu *A. Puech*, Apologistes grecs S. 33.

[88] Wie verbreitet solch Vorgehen gewesen ist, belegt seine Rezeption auch in den ignatianischen Briefen (Pol 3,2); vgl. *Paulsen*, Studien S. 192 ff. (Lit.).

[89] *Lietzmann*, Geschichte der alten Kirche II,177 (zu ApolAristides): „. . . und was er weiter in negativen Formeln über Gott sagt, ist in den Hallen der Stoa bekannt und auch bei den Vertretern des philosophischen Judentums zu finden." Dabei zögert man noch im Blick auf die präzise Zuordnung zur Stoa, weil der Topos so sehr Allgemeinplatz geworden ist, daß traditionsgeschichtliche Beziehungen kaum noch herzustellen sind; vgl. dazu methodisch *Geffcken*, Zwei griechische Apologeten S. xlii: „Kurz, mit allen Quellenuntersuchungen kommen wir hier nicht weit. Es gilt auf diesem Gebiete mehr als irgendwo anders, nicht nur einzelne Motive zu verfolgen, sondern ganze Komplexe von Ideen zusammenzufassen und deren Fortleben und Wandlung im Laufe der Zeiten zu beobachten." Zu der Topologie in der ApolAristides vgl. auch *van Unnik*, Gotteslehre S. 166 ff.

[90] Belege sind so zahlreich, daß sich ihre Aufzählung erübrigen sollte; zum rabbinischen Judentum vgl. auch *Marmorstein*, Doctrine S. 99.

[91] Dazu jetzt vor allem *W. R. Schoedel*, „Topological" Theology and some Monistic Tendencies in Gnosticism: Nag Hammadi Studies 3 (Festschr. A. Böhlig) Leiden 1972, S. 88–108. Siehe vor allem S. 90 ff. (dort auch wichtige Überlegungen zur ursprünglich polemisch gegen die Lokalgottheiten gerichteten Funktion des Topos).

[92] Vgl. dazu *M. Dibelius*, Paulus auf dem Areopag: Aufsätze zur Apostelgeschichte (FRLANT 60) 4. A. Göttingen 1961, S. 29–70; S. 42 ff. S. 44: „Denn eben dieses dem Hellenismus so vertraute Motiv von der Bedürfnislosigkeit Gottes ist dem gesamten Neuen Testament fremd, mit alleiniger Ausnahme der Areopagrede!"

[93] Zu den Gottesprädikationen im hellenistischen Judentum vgl. *Marmorstein*, Doctrine S. 148 ff.; *Bussmann*, Missionspredigt S. 174 ff. Zu dem traditionsgeschichtlich verwandten Text 1 Tim 6,16 vgl. *M. Dibelius-H. Conzelmann*, Die Pastoralbriefe (HNT 13) Tübingen 1955, S. 69.

[94] Zur rabbinischen Polemik gegen die Idolatrie auf Grund des Topos von der Einzigkeit Gottes vgl. *Marmorstein*, Unity of God S. 467 ff. Siehe auch *L. Wallach*, A palestinian Polemic against Idolatry. A Study in Rabbinic Literary Forms: HUCA 19, 1945/46, 389–404; *S. Lieberman*, Hellenism in Jewish Palestine. Studies in the Literary Transmission, Beliefs and Manners of Palestine in the I Century B. C. E. – IV Century C. E. (Texts and Studies of the Jewish Theological Seminary of America 18) New York 1950, S. 115 ff.

Solche falsche Gottesverehrung wird hier sowohl vom »Heiden«- als auch vom Judentum ausgesagt; das Verhalten beider Gruppen steht unter der fundamentalen Kenntnislosigkeit des wahren Gottes (μὴ ἐπιστάμενοι τὸν θεόν bzw. ἐκείνοι μόνοι οἰόμενοι τὸν θεὸν γινώσκειν οὐκ ἐπίστανται). In der Beurteilung wird vom KerP allerdings differenziert vorgegangen: Während bei den Griechen immerhin noch von einem ἀγνοίᾳ φερόμενοι die Rede ist, erscheint die Charakterisierung des Judentums als augenscheinlich aggressiver; von ihnen gilt: μόνοι οἰόμενοι τὸν θεὸν γινώσκειν. Allerdings wird man auch im Blick auf die griechische Gottesverehrung zögern, die gewohnte apologetische Verwendung des Begriffs ἄγνοια im Sinne der Entschuldbarkeit[95] anzunehmen. Gerade in der Korrelation mit dem fundamentalen Nichtwissen des μὴ ἐπιστάμενοι bedeutet ἄγνοια Schuld in der nicht vorhandenen Gotteserkenntnis.[96] Die sich daraus ergebende Diskreditierung der griechischen Idolatrie unterscheidet sich nicht wesentlich[97] von dem, was sonst in der Apologetik topologisch auftaucht[98]. Weder fehlt der Hinweis auf die Verehrung von λίθοι und ξύλα[99] noch die Behauptung, man verehre Tiere wie Götter[100]; Götter, die nicht wirklich existieren, sondern tot sind[101].

Bleibt dies alles Reproduktion gängiger Überlieferung, so überrascht, mit welchem Nachdruck das KerP das jüdische Verhalten damit parallelisiert[102];

---

[95] Zu einem solchen Verständnis von ἄγνοια vgl. *Paulsen*, Studien S. 337 ff. (Lit.).

[96] Das herkömmlich apologetische Verständnis von ἄγνοια dürfte demgegenüber in fragm. 3c vorliegen; allerdings wird man von hier aus auch das Verständnis von ἄγνοια in fragm. 2b nicht zu eng fassen dürfen.

[97] Zu beachten bleibt, daß die formale und inhaltliche Anordnung der Argumente in fragm. 2b nicht als sonderlich geglückt anzusehen ist. Vgl. *Geffcken*, Zwei griechische Apologeten S. xxxiii: „So vereinigt er, noch im Stile der älteren Literatur, der Weisheit Salomos . . ., fortfahrend, die Ägypter mit den Griechen und zeigt dadurch, wie sehr ihm noch jedes Verständnis für die richtige Anordnung des Stoffes abgeht." Anm. 2: „Auch der Stil dieses Stückes ist . . . gleich dem Inhalt ziemlich konfus."

[98] Dabei dürfte der apologetischen Argumentation der SapSal traditionsgeschichtlich eine Schlüsselrolle zukommen; vgl. dazu *Friedländer*, Apologetik S. 77 ff. Vgl. z. B. SapSal 13, 10:
Ταλαίπωροι δὲ καὶ ἐν νεκροῖς αἱ ἐλπίδες αὐτῶν,
οἵτινες ἐκάλεσαν θεοὺς ἔργα χειρῶν ἀνθρώπων,
χρυσὸν καὶ ἄργυρον τέχνης ἐμμελέτημα
καὶ ἀπεικάσματα ζῴων,
ἢ λίθον ἄχρηστον χειρὸς ἔργον ἀρχαίας.

[99] Vgl. dazu *H. Paulsen*, Erwägungen zu Acta Apollonii 14–22: ZNW 66, 1975, 117–126. S. 120 ff.

[100] Vgl. zu diesem Topos *Marmorstein*, Unity of God S. 484.

[101] Zu νεκροὶ θεοί vgl. Ps 113,11 ff.; Jes 40,19 f.; 41,7; 44,12–20; SapSal 15,7; 2 Clem 1,6; 3,1 u. ö.

[102] Dabei ist zu bedenken, daß solchem Denken des KerP auch das Verständnis des Clem. Al. selbst entspricht, ihm zumindest entgegenkommt; vgl. dazu *A. Mehat*, Étude sur les ‚Stromates' de Clément d'Alexandrie (Patristica Sorbonensia 7) Paris 1966, S. 395 ff. Zur Polemik des KerP vgl. vor allem *Mara*, Kerygma Petrou S. 337 f.

ein Topos gewinnt hier Raum, der von nun an in der Apologetik der alten
Kirche ständig zunehmende Bedeutung erhält[103]. Der jüdischen Religion
wird vom KerP die Verehrung von ἄγγελοι und ἀρχάγγελοι[104], der Kult
des Mondes und bestimmter Feste[105] vorgeworfen. Natürlich bleibt zu bedenken, daß sich in dieser Abgrenzung und Polemik auch inhaltlich das Bewußtsein nicht nur der eigenen Religion, sondern auch der Neuheit dieser
Religion niederschlägt. Dennoch entbehrt die Art und Weise solcher An-
schuldigung selbst nicht der Pikanterie; denn traditionsgeschichtlich sind
ja zumindest die ersten beiden Topoi (über deren inhaltliches Recht
schwer zu urteilen bleibt)[106] häufiger Bestandteil der jüdischen Apologetik.
Für sie ist es gerade ein Zeichen des Heidentums, daß es im Zusammenhang
mit der Gestirnverehrung[107] einen zu verurteilenden, idolatrischen Engel-
kult[108] gibt[109]. Das KerP tritt an diesem Punkt nahezu nahtlos – sieht man

---

[103] Zur Polemik gegen die jüdische Religion vgl. vor allem *A. von Harnack*,
Mission und Ausbreitung S. 74, bes. Anm. 3; *Zahn*, Geschichte des neutestamentlichen Kanons I,2. S. 823f.; *W. Bauer*, Das Leben Jesu im Zeitalter der neutestamentlichen Apokryphen, Tübingen 1909, S. 199ff.; *M. Simon*, Verus Israel.
Étude sur les relations entre Chrétiens et Juifs dans l'empire romain (135–425),
Paris 1948, S. 113; 135; 248; 402; *H. von Campenhausen*, Die Entstehung der Heilsgeschichte. Der Aufbau des christlichen Geschichtsbildes in der Theologie des
ersten und zweiten Jahrhunderts: Saeculum 21, 1970, 189–212. S. 203ff.; *C. Andresen*, Die Kirchen der alten Christenheit (Die Religionen der Menschheit 29,
1/2) Stuttgart-Berlin-Köln-Mainz 1971. S. 25, Anm. 16; *G. Bourgeault*, Décalogue
et morale chrétienne. Enquête patristique sur l'utilisation et l'interprétation
chrétiennes du décalogue de c. 60 à c. 220, Paris-Tournai-Montréal 1971, S. 166.
Ausführlich findet sich der Topos dann vor allem in ApolAristides 14,4.
[104] Vgl. *Mara*, Kerygma Petrou S. 337.
[105] Nicht genau zu bestimmen ist dabei das σάββατον . . . τὸ λεγόμενον πρῶτον.
Hennecke, Missionspredigt S. 144 verweist zur Erklärung auf MartPol 21: „Mit
dem ,sog. ersten Sabbat' muß der ,große Sabbat' vor Ostern . . . gemeint sein . . .“
Vgl. auch *E. Lohse*, Art. σάββατον κτλ: ThW VI,1–35. S. 23, Anm. 183: „Im
KgPt wird ein σάββατον τὸ λεγόμενον πρῶτον erwähnt . . ., womit offensichtlich
eine gewisse Zählung von Sabbaten vorausgesetzt ist.“ Mehr wird sich kaum
sagen lassen; der polemische Angriffspunkt dürfte für das KerP dabei im Konnex
von Sabbatberechnung und Mondzeit bestanden haben.
[106] Daß gerade die intensive Bestreitung z. B. des Engelkultes durch die Rabbinen ein gewisses Indiz eigener Gefährdung durch solche Verehrung ist, erscheint als nicht unwahrscheinlich. Aber im KerP liegt wohl kaum noch präzise
Kenntnis vor, das Argument ist vielmehr topologisch geworden.
[107] Für solchen Zusammenhang vgl. jetzt *P. Schäfer*, Rivalität zwischen Engeln
und Menschen. Untersuchungen zur rabbinischen Engelvorstellung (Studia Judaica 8) Berlin-New York 1975, S. 23ff. Zum Gestirnglauben bei den Samaritanern
vgl. *J. C. H. Lebram*, Nachbiblische Weisheitstraditionen: VetTest 15, 1965, 167–
237. S. 188f.
[108] Vgl. *Schäfer*, Rivalität S. 67: „Angesichts der ausgeprägten Engelvorstellung ist es nicht überraschend, daß in der rabbinischen Literatur deutliche Spuren
eines Engelkultes bzw. einer Engelverehrung festzustellen sind. Hinweise auf
eine solche Praxis finden sich zwar nur indirekt, nämlich in der Polemik der Rabbinen gegen die Engelverehrung; doch ist diese Polemik Beweis genug für das
tatsächliche Vorhandensein eines Engelkultes im rabbinischen Judentum.“ Die
von Schäfer angeführten Texte zeigen dabei nicht nur die traditionsgeschichtliche
Tenacität der einzelnen Motive, sondern auch, daß bereits die Rabbinen die Zu-

einmal von der Polemik gegen den Sabbat ab – in das Erbe der jüdischen Apologetik ein und wendet deren eigene Schlagworte gegen sie selbst.[110] Allerdings ist solche Polemik des KerP selbst durchaus nicht ohne Vorgeschichte in der urchristlichen Theologie; vor allem an Gal 4,3.9[111], aber auch an Kol 2,6ff.[112] muß erinnert werden. Daß ein Zusammenhang zwischen diesen Texten und dem KerP besteht, dürfte nicht zu bezweifeln sein[113]; aber gegen die Annahme eines Zitates spricht doch neben dem Fehlen des signifikanten Begriffs στοιχεῖον vor allem die unterschiedliche Akzentsetzung. Denn so unsicher die Bestimmung der Gegner in Gal 4,3.9[114] und in Kol 2,6ff.[115] ist – nur, daß ihre Theologie in irgendeiner Weise jü-

---

sammenstellung von Sonne und Mond kannten (vgl. tChul 2,18 – Schäfer, a. a. O. S. 67 –: Wenn jemand auf den Namen der Sonne, des Mondes, der Sterne, der Planeten, des großen Heeresfürsten Michael oder eines kleinen Würmchens schlachtet, so ist dies Fleisch vom Totenopfer).

[109] Vgl. auch *W. Bousset*, Kyrios Christos. Geschichte des Christusglaubens von den Anfängen des Christentums bis Irenaeus, 5. A. Göttingen 1965, S. 100: „Die wiederholten Verbote beweisen wohl das Vorhandensein derartiger religiöser Mißbräuche. Aber es handelt sich hier doch um eine spätere Zeit. Und zugleich sieht man, daß das offizielle Judentum eigentliche Engelverehrung ständig als einen Mißbrauch abgelehnt hat. Die allgemeinen Angaben über jüdische Engelverehrung bei dem Apologeten Aristides ... und dem Kerygma des Petrus ... sind, wie aus der Aristidesstelle deutlich hervorgeht, nur eine unbefugte Konsequenzmacherei aus der Heiligung der Sabbate, Neumonde und sonstiger Festtage im jüdischen Kultus." Vgl. auch *W. Bousset-H. Gressmann*, Die Religion des Judentums im späthellenistischen Zeitalter (HNT 21) 4. A. Tübingen 1966, S. 320ff. Siehe auch S. 339 zur Ablehnung des Mondzaubers im Judentum.

[110] Wie gleichfalls ja auch die Bestreitung griechischer Religion zumeist mit Hilfe jener philosophischen Argumente erfolgte, die der Hellenismus selbst entwickelt hatte.

[111] Vgl. dazu z. B. *M. Dibelius*, Die Geisterwelt im Glauben des Paulus, Göttingen 1909, S. 78ff.; *A. W. Cramer*, Stoicheia tou Kosmou. Interpretatie en nieuwtestamentische Term. Diss. (Leiden). 's-Gravenhage 1961, S. 115ff.; *W. Schmithals*, Die Häretiker in Galatien: ThF 35, Hamburg-Bergstedt 1965, S. 9–46.

[112] Dazu siehe etwa *Dibelius*, Geisterwelt S. 140ff.; *G. Bornkamm*, Die Häresie des Kolosserbriefes: Das Ende des Gesetzes. Paulusstudien (BEvTh 16) 4. A. München 1963, S. 139–156; *N. Kehl*, Der Christushymnus im Kolosserbrief. Eine motivgeschichtliche Untersuchung zu Kol 1,12–20 (SBM 1) Stuttgart 1967, S. 145ff.; *E. Schweizer*, Die „Elemente der Welt" Gal 4, 3.9; Kol 2,8.20: Verborum Veritas (Festschr. G. Stählin) Wuppertal 1970, S. 245–259; *M.-D. Hooker*, Were there false teachers in Colossae?: Christ and Spirit in the New Testament (Festschr. C. F. D. Moule) Cambridge 1973, S. 315–331. Zum Ganzen vgl. auch *G. Delling*, Art. στοιχέω κτλ.: ThW VI, 666–687.

[113] Das gilt vor allem, wenn man beachtet, daß in Gal 4,10 ganz ähnliche Beschuldigungen erhoben werden: ἡμέρας παρατηρεῖσθε καὶ μῆνας καὶ καιροὺς καὶ ἐνιαυτούς.

[114] Vgl. dazu vor allem *Schweizer*, „Elemente" S. 258f. An einen Zusammenhang mit der Gnosis denkt *Schmithals*, Häretiker S. 30ff.

[115] Es dürfte sich wohl um eine Häresie handeln, die in irgendeiner Weise nicht nur vom Judentum, sondern auch von der Gnosis (bzw. von den Mysterien) her beeinflußt ist (dabei war möglicherweise beides schon miteinander verbunden); vgl. dazu vor allem *Bornkamm*, Häresie.

dischem Einfluß unterliegt[116], dürfte wahrscheinlich sein –, in beiden Texten wird die jüdische Religion nicht mit jener Grundsätzlichkeit als distan-
ziertes Gegenüber angegriffen[117], wie dies im KerP der Fall ist.

Nun hat die Problematik in der Bestimmung der Gegner sowohl des Galater-
als auch des Kolosserbriefes sicher zu einem Teil ihren Grund darin, daß der konkrete Sachverhalt von Paulus bzw. dem Verfasser des Kolosserbriefes mit traditioneller Topik angesprochen wird.[118] Ähnliches gilt auch vom KerP; deshalb ist
der Versuch von vornherein untauglich, hinter fragm. 2c eine bestimmte Gruppe
innerhalb des Judentums bzw. häretische Gruppen innerhalb des Christentums zu
vermuten. Gerade weil ein topologischer Zusammenhang vorliegt, dessen originäre Intention dem KerP gar nicht mehr bewußt sein dürfte, tritt es um so deutlicher hervor, daß es nicht um Sonderformen geht, sondern um eine prinzipielle
Auseinandersetzung mit der jüdischen Religion. Dafür spricht auch, daß sich eine
ähnliche Topik auch später noch – etwa bei den ‚Hypsistariern'[119] – findet[120].

Solch scharfe Abgrenzung vor allem gegenüber der jüdischen Religion[121]
ist allerdings nur dann zu begreifen, wenn man damit das starke Selbstbewußtsein verbunden sieht, das sich vor allem in fragm. 2d expliziert; die
Gottesverehrung des »Heiden«- wie des Judentums ist nicht nur verfehlt,

---

[116] Vgl. *Bornkamm*, Häresie S. 147: „Der Kol läßt keinen Zweifel daran, daß
wir es in der kolossischen Häresie mit einer Abart jüdischer Gnosis zu tun haben."
[117] Dabei muß allerdings bedacht werden, daß die Aussagen im Galaterbrief
wesentlich stärker ins Grundsätzliche tendieren und deshalb auch dem KerP
näherstehen. Solchen prinzipiellen Aspekt der Auseinandersetzung in Gal 4,1ff.
hat vor allem *Dibelius*, Geisterwelt S. 81ff. betont. Auf jeden Fall dürfte hier bei
aller Verwandtschaft (vgl. *E. Schweizer*, „Elemente" S. 258f.) eine wesentliche
Differenz zur kolossischen Häresie vorliegen; vgl. *Schweizer*, „Elemente" S. 259:
„Zweifellos ist der jüdische Charakter in Galatien stärker, und Paulus sieht die
Unterordnung unter die ‚Elemente' noch ganz in der Nähe der mosaischen Gesetzgebung . . . Jedenfalls ist es eine noch stärker jüdische, noch weniger myste-
rienhaft geprägte Variante der gleichen Spekulation, die in Kolossä weiter entwickelt worden ist."
[118] Vgl. im Blick auf Gal 4,1ff. *W. Schmithals*, Häretiker S. 30: „Man muß aber
beachten, daß Paulus hier ja gar nicht ad hoc formuliert . . . Vielmehr verwendet er
eine geläufige Zusammenstellung . . ."
[119] Vgl. dazu *E. Schürer*, Die Juden im bosporanischen Reiche und die Genos-
senschaften der σεβόμενοι θεὸν ὕψιστον ebendaselbst: SBA 1897, 200–225; *Bornkamm*, Häresie S. 153ff. Zu den Nachrichten bei Greg. Naz. vgl. *B. Wyss*, Zu Gre-
gor von Nazianz: Phyllobolia (Festschr. P. von der Mühll) Basel 1946, S. 153–183.
[120] Vgl. dazu auch *C. Andresen*, Logos und Nomos. Die Polemik des Kelsos
wider das Christentum (AKG 30) Berlin 1955, S. 97, bes. Anm. 27; S. 360, Anm.
19.
[121] Zu beachten ist auch, daß neben der grundsätzlichen Auseinandersetzung
in fragm. 2c das KerP eine Art historischer Begründung für das Ende der Mission
an Israel kennt. Vgl. vor allem fragm. 3a, wo diese Mission auf zwölf Jahre beschränkt bleibt. Es ist nicht mehr eindeutig zu entscheiden, ob das δώδεκα ἔτη
meint, daß in dieser Zeit die Verkündigung exklusiv auf Israel beschränkt geblieben ist und erst danach ein kosmologische Ausweitung erfahren hat oder ob die
Zeitbestimmung prinzipiell das Ende der Verkündigung bezeichnen soll; für die
erste Möglichkeit plädiert z. B. *C. Schmidt*, Gespräche Jesu S. 192, Anm. 1: „Sehr
geschickt hat der Verfasser des Kerygma Petri sich dem Dilemma Weltmission
oder Judenmission durch die Annahme entzogen, daß die Urapostel sich zwölf
Jahre hindurch auf Geheiß des Herrn auf die Mission der Juden beschränkt und
danach erst ihre Weltmission angetreten haben . . ." Interessant bleibt auf jeden

sondern an ihre Stelle tritt das καινόν des Christentums.[122] Gerade in dieser Antithese von Altem und Neuem klingt noch jener alte, eschatologische Sprachgebrauch des Urchristentums an, dessen Schwerpunkt im Ausdruck dieses eschatologisch Neuen lag.[123] Dies gilt um so mehr, als auch die Aufnahme des διαθήκη-Motivs[124] an solches Bewußtsein eschatologischen Anfangs erinnert[125]. Gesteht man dies alles zu, so bleibt dennoch zu bedenken, daß das Christentum eigentlich eher schon eine statische Größe geworden ist; es wird bereits geschichtlich begriffen in seiner Funktion, durch die wahre ἐπίγνωσις θεοῦ[126] jüdische und hellenistische Religion abzulösen[127]. Dieser Gedanke wird vom KerP auf die prägnante Formel vom Christentum als dem τρίτον γένος[128] gebracht. Sicher soll mit dieser Aussage zunächst nur die spezifische Form der christlichen Gottesvereh-

---

Fall der Versuch, ein geschichtliches Bild zu entwerfen; zum Ganzen vgl. noch *W. Bauer*, Leben Jesu S. 270ff.; *A. Resch*, Agrapha. Außercanonische Schriftfragmente (TU XV, 3/4) 2. A. Leipzig 1906, S. 275f.; *C. Schmidt*, Gespräche Jesu S. 167, Anm. 2; S. 203, Anm. 4; *J. Wagenmann*, Die Stellung des Apostels Paulus neben den Zwölf in den ersten zwei Jahrhunderten (BZNW 3) Gießen 1926, S. 96. Die zwölf Jahre sind dabei historisch schwerlich zutreffend (gegen *Harnack*, Mission und Ausbreitung S. 49, bes. Anm. 2: „Allein mit den 12 Jahren kann es seine Richtigkeit haben ohne die falsche Begründung . . .").

[122] Vgl. *P. Wendland*, Urchristliche Literaturformen S. 395: „Dem heidnischen und jüdischen Kultus wird auch hier das Christentum als die allein wahre Religion gegenübergestellt."

[123] Vgl. dazu *Puech*, Apologistes grecs S. 34: „Il (scil. KerP) insiste sur la nouveauté du christianisme."

[124] Unter Benutzung eines Zitats von Jer 31,31ff.; vgl. dazu *von Dobschütz*, Kerygma Petri S. 48: „Das Schriftcitat . . . giebt unser Verfasser mit grosser Freiheit, zeigt sich dabei aber als einen sehr schriftkundigen Mann: er giebt nur das, worauf es ankommt, und setzt den Gottesspruch, der eine Verheissung enthielt, in eine praesentische Ankündigung um . . ." Zum Ganzen vgl. *C. Wolff*, Jeremia im Frühjudentum und Urchristentum (TU 118) Berlin 1976.

[125] Beachtlich bleibt auch hier die Fähigkeit des Verfassers, seine Argumentation stilistisch und rhetorisch zu explizieren:

σέβεσθε μὴ κατὰ τοὺς Ἕλληνας
    μηδὲ κατὰ ᾽Ιουδαίους σέβεσθε
φυλάσσεσθε καινῶς τὸν θεόν,
    διὰ τοῦ Χριστοῦ σεβόμενοι.

[126] Zu diesem Begriff vgl. *M. Dibelius*, ᾽Επίγνωσις ἀληθείας: Botschaft und Geschichte Bd. 2. Tübingen 1956, S. 1–13.

[127] In enger Verbindung mit solcher ablösenden Funktion wird dann bezeichnenderweise die paränetische Verkündigung gesehen; die Neuheit des Christentums dokumentiert sich auch und vor allem in seiner ethischen Qualität. Besonders deutlich wird solche Tendenz dann vor allem in der ApolArist.

[128] Zu diesem Topos vgl. vor allem *Harnack*, Mission und Ausbreitung S. 259ff. S. 265: „Das Bemerkenswerte ist aber, daß er ganz bestimmt drei Arten feststellt, nicht mehr und nicht weniger, und das Christentum ausdrücklich als das neue, dritte genus der Gottesverehrung bezeichnet. Das ist die älteste Stelle unter einigen ähnlichen . . ." Vgl. außerdem noch *E. Hatch – A. Harnack*, Die Gesellschaftsverfassung der christlichen Kirchen im Altertum, Gießen 1883, S. 192, bes. Anm. 39; *F. Overbeck*, Über die Anfänge der Kirchengeschichtsschreibung (Programm Basel) Basel 1892, S. 47, Anm. 113; *Harnack*, Überlieferung der griechischen Apologeten S. 113; *Mara*, Kerygma Petrou S. 339.

rung[129] artikuliert werden[130]. Daß es aber zu einer faktischen Identifizierung mit konkreten, soziologischen Gegebenheiten kommt, deutet sich im KerP vor allem in der Verbindung mit den paränetischen Konsequenzen an.[131] Daß solches Selbstbewußtsein für jene Zeit durchaus nicht zufällig ist, sondern zur geschichtlichen Notwendigkeit wird, zeigt sich bei einem Blick auf die ignatianischen Briefe; auch Ignatius versucht mit Hilfe von Χριστιανισμός die Eigenständigkeit eigener Religion terminologisch zu fassen.[132] Daß es hier wiederum die jüdische Religion ist, die als das eigentliche Gegenüber begriffen wird[133], unterstreicht noch einmal die Tendenz des KerP.

III.

Es hat sich eingebürgert, den Beginn der Apologetik mit einem inhaltlichen Zurücktreten der Christologie[134] zusammenfallen zu lassen[135]. Mag dies generell auch bis zu einem gewissen Grade zutreffen[136], daß solcher Konsens in Einzelfällen problematisch werden kann[137], zeigt das KerP: die

---

[129] So vor allem *Harnack*, Mission und Ausbreitung S. 265: „. . . doch ist zu beachten, daß hier die Christen selbst noch nicht ‚das dritte Geschlecht‘ heißen, sondern ihre Gottesverehrung als die dritte gilt. Nicht in drei Völker teilt unser Verfasser die Menschheit, sondern in drei Klassen von Gottesverehrern."

[130] *Brändle*, Ethik S. 20 hatte für das Gliederungsprinzip auf die Parallele in Joh 4,21ff. verwiesen. Das ist nicht ganz abwegig, wenn auch die Intentionen in beiden Texten nicht unerheblich differieren; aber in der Tat kennt auch Joh 4,21ff. so etwas wie eine dreifache Differenzierung zwischen unterschiedlichen Glaubensweisen (Samaritaner – Juden – οἱ ἀληθινοὶ προσκυνηταί . . . ἐν πνεύματι καὶ ἀληθείᾳ).

[131] Vgl. *Wendland*, Urchristliche Literaturformen S. 398 f.; *Bourgeault*, Décalogue S. 164 ff.

[132] Vgl. *H. Paulsen*, Studien S. 138 ff.

[133] So z. B. Magn 10,2.

[134] Vgl. (im Blick auf die ApolArist) z. B. *Seeberg*, Apologie des Aristides S. 309: „Arist. ist u. W. der erste, welcher die apologetische Methode befolgt hat, das Christentum zu depotenzieren und den Rest allgemeiner Gedanken und Grundsätze der tonangebenden Richtung des Tages mundgerecht zu machen."

[135] *Lortz*, Monotheismus S. 302: „Es ist eine viel beobachtete Tatsache, daß die Apologie des 2. Jahrhunderts nicht den ganzen christlichen Glauben behandeln, so wie er in den Schriften des apostolischen und nachapostolischen Zeitalters niedergelegt ist, sondern daß sie denselben nur in stark vereinfachter Form, gewissermaßen in Auswahl bieten. Das hervorstechendste Merkmal dieser Auswahl besteht darin, daß das Christentum zum Teil einfach als Monotheismus gefaßt wird . . ."

[136] Die Behauptung bei *Lortz*, a. a. O. S. 325: „. . . der Glaube an Christus-Gott bleibt ungebrochen und ungeschmälert . . ." ist jedenfalls übertrieben (vgl. dagegen schon die eigene Einschränkung, daß die spezifisch-religiöse Einstellung der Apologeten gekennzeichnet werde . . . „durch Zurücktreten der Frage nach Christus und zwar sowohl in der apologetischen Darstellung, wie im religiösen Bewußtsein").

[137] Kritische Anmerkungen bei *Harnack*, Mission und Ausbreitung S. 117, Anm. 1: „Das modernste Verfahren, alles auf den Christuskultus zu reduzieren und von ihm abzuleiten, befindet sich in Gefahr, die grundlegende, alles überragende Bedeutung des θεὸς πατὴρ παντοκράτωρ für das Glaubensbewußtsein der Christen, sofern sie nicht Marcioniten waren, zu unterschätzen."

Christologie spielt in ihm eine durchaus wichtige und pointierte Rolle. Schon in fragm. 2a findet sich mit dem λόγῳ δυνάμεως αὐτοῦ ein betontes, explizit christologisches Interpretament, das Christologie und theologische Aussagen miteinander verbinden soll.[138] Die Formulierung ist allerdings zunächst nicht eindeutig; in der Verbindung mit der Schöpfungsaussage[139] wäre zunächst an ähnliche Aussagen von SapSal zu erinnern[140], die stärker theologisch orientiert sind. Dennoch dürfte vom gesamten Tenor des KerP her die christologische Deutung eindeutig sein.[141] Die Christologie wird dabei ausgeweitet zu einer universalen Aussage, die protologische und kosmologische Funktion gewinnt. Daraus ergibt sich nicht allein die Nötigung zu einer christologischen Interpretation des Alten Testaments[142], sondern vor allem auch eine enge Korrespondenz zwischen den christologischen und den theologischen Aussagen[143].

Wie aber ist dann die Bedeutung des irdischen Christus für die Theologie des KerP zu bestimmen? Man könnte hierfür zunächst auf die Konstruktion von fragm. 3 verweisen, dessen angenommene Situation auf die Identität des Irdischen mit dem Auferstandenen zielt und von ihr ausgeht. Vor allem aber bleibt fragm. 4a wichtig: In einer kerygmatischen Reihe[144] wer-

---

[138] Vgl. zu der Aussage vor allem *Mara*, Kerygma Petrou S. 334f.

[139] Zumal auch sonst der Begriff von δύναμις im Zusammenhang mit der Schöpfung begegnet; vgl. 1 Clem 33,3; PastHerm vis. 1.3.4; ClemAl protr. 11; Marcell fragm. 54 ap. Euseb e. th. 3.3. Zur Verbindung λόγος – δύναμις vgl. vor allem Tatian, or. 5.7.

[140] Vgl. dazu *J. Jeremias*, Zum Logos-Problem: ZNW 59, 1968, 82–85. Auf ähnlichen traditionsgeschichtlichen Voraussetzungen dürfte auch die nun allerdings pointiert christologische Formulierung von Hebr 1,3 beruhen.

[141] Man wird sogar zu erwägen haben, ob nicht das betonte ἀρχὴν πάντων von fragm. 2a (vgl. auch die Parallelüberlieferung in strom. 6,7,58) christologisch zu interpretieren ist. Clem. Al. hat die Aussage so verstanden, wie schon die Erklärung in strom. 6,7,58 zeigt: μηνύων τὸν πρωτόγονον υἱὸν ὁ Πέτρος γράφει. (Bei diesem Satz handelt es sich nicht um einen Bestandteil des ursprünglichen KerP; anders *W. Bousset*, Jüdisch-christlicher Schulbetrieb in Alexandria und Rom. Literarische Untersuchungen zu Philo und Clemens von Alexandria, Justin und Irenäus [FRLANT 23] Göttingen 1915, S. 238). Das ἐν ἀρχῇ der Schöpfungsaussage entspricht dann einem ἐν υἱῷ (vgl. auch Ecl. 3 ff.; dazu *Bousset*, Schulbetrieb S. 162f.), und von hierher erklärt sich dann der clementinische Zusatz τῆς γνωστικῆς ἀρχῆς, τουτέστι τοῦ υἱοῦ. Ist dieser Tatbestand für Clem. Al. unbestreitbar, so bietet er zugleich ein weiteres Argument für die christologische Interpretation des λόγῳ δυνάμεως αὐτοῦ. Zum Ganzen vgl. *Bousset*, Schulbetrieb S. 162f.237ff.; zur Frage der von Clemens verwendeten Quellen vgl. auch *P. Collomp*, Une source de Clément d'Alexandrie et des Homélies Pseudo-Clémentines: Revue de Philologie de Littérature et d'Histoire Anciennes 37, 1913, 19–46.

[142] Siehe deshalb auch fragm. 28f.

[143] Siehe deshalb auch fragm. 2d, wo nun reziprok das φυλάσσεσθε καινῶς τὸν θεόν durch ein διὰ τοῦ Χριστοῦ σεβόμενοι interpretiert wird.

[144] Vgl. dazu *A. von Ungern-Sternberg*, Der traditionelle Schriftbeweis „de Christo" und „de Evangelio" in der alten Kirche bis zur Zeit Eusebs von Caesarea, Halle 1913, S. 273f.; *C. Schmidt*, Gespräche Jesu S. 251; *G.Q. Reijners*, The Terminology of the Holy Cross in Early Christian Literature as based upon Old Testament Typology. Diss. Nijmegen-Utrecht 1965, S. 79f.

den christologische Daten gegeben, die ausgehend von der Weissagung der alttestamentlichen Prophetie[145] zunächst vor allem an der irdischen Existenz orientiert sind. Das KerP setzt dabei pointiert mit παρουσία ein, und der Begriff meint hier wie in den ignatianischen Briefen[146] nicht eine eschatologische Aussage, sondern ist von der Inkarnation her zu interpretieren[147]. An παρουσία schließt KerP θάνατος und σταυρός an; die überraschende Abfolge der Termini erklärt sich, weil mit dem anschließenden τὰς λοιπὰς κολάσεις πάσας eine parallele Formulierung zu σταυρός gegeben wird. Die breite Stilisierung des τὰς λοιπὰς κολάσεις πάσας, die sich von den anderen Daten der Reihe deutlich abhebt, wie auch der antijüdische Impuls, der in dem anschließenden ὅσας ἐποίησαν αὐτῷ οἱ Ἰουδαῖοι zum Ausdruck kommt, lassen den Schluß zu, daß hier der Verfasser des KerP selbst formulieren dürfte.[148] Schließlich folgen noch ἔγερσις bzw. ἀνάληψις. Dabei dürften nicht allein das abstrahierende Strukturprinzip solcher Reihung, sondern auch die benutzten Termini z. T. traditionell vorgegeben sein.[149]

Findet sich so beides im KerP – eine Christologie, die kosmologisch orientiert ist, zugleich aber die Faktizität des Irdischen einbezieht –, so bleibt noch jene christologische Aussage zu erörtern, die schon für Clemens bei der Rezipierung des KerP von besonderer Wichtigkeit war: die Bezeichnung Christi als λόγος und νόμος.[150] Die Interpretation der Aussage bereitet allerdings ungewöhnliche Schwierigkeiten, zumal erläuternde Aussagen im KerP selbst fehlen. So liegt es nahe, zunächst auf jene Texte zu verweisen, in denen der Terminus noch begegnet: Neben den bereits bei *von Dobschütz* genannten Parallelen[151] sind vor allem PsHippolyt, In Pascha 8,29[152] und die Passa-Homilie des Melito[153] zu nennen[154]. Nun ist die Akzentuierung

---

145 Vgl. S. 28f.
146 Vgl. Phld 9,2. Dazu siehe *Paulsen*, Studien S. 103ff. (Lit.).
147 Vgl. auch *Andresen*, Logos und Nomos S. 323f. (zur analogen Verwendung des Begriffs bei Justin).
148 Wenn auch der Topos selbst zweifellos traditionell vorgegeben sein dürfte.
149 Zu erinnern ist z. B. an die Reihe bei Ign. Phld 9,2.
150 Vgl. zum Folgenden *Schmidt*, Gespräche Jesu S. 307; *Bousset*, Kyrios Christos S. 300ff.; *Reagan*, Preaching S. 8ff.; *Andresen*, Nomos und Logos S. 189, Anm. 1; *R. Cantalamessa*, L'omelia „in S. Pascha" dello pseudo-Ippolito di Roma. Ricerche sulla teologia dell'Asia minore nella seconda metà del II secolo (Publicazioni dell'Università Cattolica del sacro cuore III,16) Milano 1967, S. 155ff.; *Mara*, Kerygma Petrou S. 330f.
151 Vgl. *von Dobschütz*, Kerygma Petri S. 28f. *Von Dobschütz* verweist dabei (a. a. O. S. 29) für den spezifischen Gebrauch vor allem auf PastHerm sim. VIII. 3.2. Der Text, der ebenfalls auf traditionelles Gut rekurriert, steht in der Tat KerP recht nahe, wenn auch der λόγος-Begriff fehlt. Vgl. auch *P. G. Verweijs*, Evangelium und neues Gesetz in der ältesten Christenheit bis auf Marcion. Diss. Utrecht 1960, S. 204f. Für Clem. Al. ist vor allem auf Ecl. 58 zu verweisen; vgl. dazu *Bousset*, Schulbetrieb S. 162f.
152 Vgl. dazu *Cantalamessa*, omelia S. 155ff.
153 Dazu siehe vor allem 3.4.7.9; vgl. dazu *Perlers* Anmerkungen auf S. 135f. Vgl. auch *R. Cantalamessa*, Méliton de Sardes. Une christologie antignostique du

der Verwendung von λόγος und νόμος in den jeweiligen Texten recht unterschiedlich. Neben der stärker an der philosophischen Bedeutung orientierten Interpretation durch Justin[155] fällt vor allem der antithetische Gebrauch in der Passa-Homilie des Melito 3 f. 7 auf[156]. Der νόμος steht ganz auf der Seite des alten Bundes[157] und ist deshalb im Grunde aufgehoben, so daß es pointiert in 7 sogar heißen kann:

καὶ γὰρ ὁ νόμος λόγος ἐγένετο
καὶ ὁ παλαιὸς καινός,
συνεξελθὼν ἐκ Σιὼν καὶ Ἰερουσαλήμ.

Im Hintergrund steht dabei deutlich der Text Jes 2,3 f. LXX[158], der in all seinen Teilen eine lange Auslegungsgeschichte[159] gehabt hat. Vor allem die Aussage

ἐκ γὰρ Σιὼν ἐξελεύσεται νόμος
καὶ λόγος κυρίου ἐξ Ἰερουσαλήμ

IIe siècle: Revue des Sciences Religieuses 37, 1963, 1–26. S. 11ff.; *Cantalamessa,* omelia S. 155 ff.

[154] Vgl. die weiteren Texte bei *Cantalamessa,* omelia S. 155 ff. Die Parallele MartPetri 9, auf die *Resch* (Agrapha S. 278) noch verweist, betrifft allerdings nur den λόγος-Gebrauch. Zur philosophiegeschichtlichen Einordnung vgl. *Andresen,* Logos und Nomos S. 308 ff.; zur verwandten Antithese νόμος – διαθήκη siehe *J. Daniélou,* Théologie du Judéo-Christianisme, Tournai 1958, S. 216 ff.

[155] *Andresen,* Logos und Nomos S. 308 ff. S. 312: „Als Zentralbegriffe griechischen Denkens bieten Logos und Nomos einem Apologeten, der das Christentum als die wahre Philosophie ausweisen will, die besten Anknüpfungspunkte." Daß Justin dabei auf der anderen Seite mit jener Tradition, die im KerP vorliegt, vertraut war, ist deshalb nicht ausgeschlossen (vgl. *Andresen,* Logos und Nomos S. 326). Zu Justin siehe auch *B. Seeberg,* Die Geschichtstheologie Justins des Märtyrers: ZKG 58, 1939, 1–81.

[156] 3 (Perler 60,13f.):
Παλαιὸν μὲν κατὰ τὸν νόμον
καινὸν δὲ κατὰ τὸν λόγον.
4 (Perler 62,21f.):
παλαιὸς μὲν ὁ νόμος
καινὸς δὲ ὁ λόγος.
Damit zu vergleichen ist auch 6 (Perler 62,41ff.):
καὶ ἡ τοῦ νόμου γραφὴ
εἰς Χριστὸν Ἰησοῦν κεχώρηκεν
δι' ὃν τὰ πάντα ἐν τῷ πρεσβυτέρῳ νόμῳ ἐγένετο
μᾶλλον δὲ ἐν τῷ νέῳ λόγῳ.

[157] Das erinnert immerhin an Joh 1,1ff., sofern dort νόμος bzw. ἐντολή und χάρις einander gegenüberstehen; auf Joh 1,1ff. verweist deshalb auch Melito, Passa-Homilie 7. Auch der paulinische Gegensatz γράμμα / πνεῦμα geht in eine verwandte Richtung.

[158] Vgl. für Melito *Perler,* a. a. O. S. 135.

[159] Zur Auslegungsgeschichte von Jes 2,3 f. vgl. *von Ungern-Sternberg,* Schriftbeweis S. 11. 135. 252; an Texten sind vor allem zu nennen: Justin, apol 39; dial 24. 109 f.; Iren., adv. haer. IV,34; epid. 86; Tertullian, adv. Marc. III 21.22; IV,1; V,4; Jud. 3. Dabei ist die Interpretation des Textes recht unterschiedlich; vor allem 2,4 hat eine wichtige Rolle gespielt. Vgl. auch *J. Daniélou,* Les symboles chrétiens primitifs, Paris 1961, S. 95 ff. Zu bedenken ist, daß mit Jes 2,3 oft Micha 4,2 verbunden worden ist (so z. B. Melito, Passa-Homilie 7).

dürfte für den Doppelterminus λόγος – νόμος eine wichtige Funktion[160] ausgeübt haben[161]. Daß dabei zunächst und zumeist die Antithese im Vordergrund stand[162], lag durch das Zitat sicher nahe, gilt aber nicht generell von den fraglichen Texten: Schon bei Melito, Passa-Homilie 9[163] wird nicht mehr allein die Antithese maßgebend[164]; ganz deutlich zeigt sich diese Tendenz dann bei PsHippolyt.[165] Auch im KerP wird man schwerlich von einem antithetischen Gebrauch des Terminus λόγος – νόμος reden können, zumal von fragm. 2d her solche Gegenüberstellung sogar nahegelegen hätte. Λόγος wie νόμος dienen vielmehr der positiven Deskription der Christologie.[166] Damit stellt sich verschärft die Frage nach der Funktion von νόμος in diesem Doppelausdruck[167]; zunächst einmal gilt es zu beachten, daß beide Termini ineinander übergehen, also nicht allzu scharf voneinander geschieden[168] werden dürfen. Bei einer Differenzierung wird man dann

---

[160] Für KerP vgl. *von Dobschütz*, Kerygma Petri S. 29: „Für die christliche Ausdrucksweise mag jedoch vor allem Jes. 2.3 . . . von Bedeutung geworden sein." Siehe auch *C. Andresen*, Logos und Nomos S. 189, Anm. 1.

[161] Daneben ist möglicherweise noch der Einfluß von Ps 1 LXX, besonders von Ps 1,2, zu berücksichtigen; deutlich wird dies z. B. bei ClemAl, ecl. 58 (vgl. dazu *Bousset*, Schulbetrieb S. 162).

[162] Vgl. *Cantalamessa*, omelia S. 48 ff.

[163] 9 (Perler 64,59 ff.):
῝Ος ἐστιν τὰ πάντα
καθ᾽ ὃ κρίνει νόμος
καθ᾽ ὃ διδάσκει λόγος.

[164] Den Übergang von der Antithetik zu solchem Verständnis mögen dabei Aussagen wie Passa-Homilie 40 (Perler 80, 277 ff.) und 42 (Perler 82,287 ff.) gebildet haben:
40
᾽Εγένετο οὖν ὁ λαὸς τύπος προκεντήματος
    καὶ ὁ νόμος γραφὴ παραβολῆς.
τὸ δὲ εὐαγγέλιον διήγημα νόμου καὶ πλήρωμα,
    ἡ δὲ ἐκκλησία ἀποδοχεῖον τῆς ἀληθείας.
42
῾Οπότε δὲ ἡ ἐκκλησία ἀνέστη
    καὶ τὸ εὐαγγέλιον προέστη.
ὁ τύπος ἐκενώθη
    παραδοὺς τῇ ἀληθείᾳ τὴν δύναμιν
καὶ ὁ νόμος ἐπληρώθη
    παραδοὺς τῷ εὐαγγελίῳ τὴν δύναμιν.

[165] Vgl. vor allem Ps. Hipp, in Pascha 29; dazu siehe *Cantalamessa*, omelia S. 157; *Andresen*, Kirchen der alten Christenheit S. 81, bes. Anm. 140.

[166] Dazu vgl. *Mara*, Kerygma Petrou S. 330.

[167] Weniger wahrscheinlich ist dabei die Deutung von *C. Schmidt*, der beide Termini auf die Zeit vor der Inkarnation beziehen will. Vgl. *C. Schmidt*, Gespräche Jesu S. 307: „So war der Herr in der Zeit vor seiner Erscheinung der νόμος καὶ λόγος, wie er im Kerygma Petri genannt wird; er war der διδάσκαλος, dessen Lehre den Menschen seit Adam bekannt war. Und weil die Gebote Gottes resp. des Logos im A. T. schriftlich fixiert waren, konnte es bereits Gläubige und Täter der Gebote in der vorchristlichen Epoche geben."

[168] Dies gilt ebenfalls, wenn auch aus anderen Gründen, für das Verständnis von λόγος und νόμος bei Justin; vgl. *C. Andresen*, Logos und Nomos S. 327: „Logos und Nomos sind also für Justin christologische Synonyma. Eine genaue

aber weniger an die Bezeichnung Christi als des neuen Gesetzgebers, des neuen νόμος[169] zu denken haben; vielmehr soll mit dem Terminus die christologische Deutung des Alten Testaments abbreviaturhaft auf den Begriff gebracht werden. Die alte Antithese schimmert also noch durch, wird aber ins Positive gewandt: Christus als der wahre νόμος gilt bereits für das Alte Testament[170], das so für das Christentum reklamiert wird. In Relation dazu bezeichnet λόγος vor allem die Offenbarung des Neuen Bundes; λόγος wie νόμος ergänzen sich so[171] und dienen damit der umfassenden Beschreibung der Christologie.

IV.

Kehrt man noch einmal zur Bezeichnung christlichen Glaubens als τρίτον γένος gegenüber jüdischer und griechischer Religion zurück, wie sie das KerP gibt, so wird man sich fragen müssen, worauf sich solches Selbstbewußtsein stützt, wie es sich geschichtlich vermittelt sieht. Damit aber müssen zugleich die historischen Bedingungen des KerP überprüft werden:

Nicht eindeutig zu bestimmen sind die urchristlichen Traditionen, denen das KerP die Bausteine seiner Theologie verdankt. Das darf ‚werkimmanent‘ schon deshalb nicht verwundern, weil nach eigenem Verständnis das KerP auf die direkte Verkündigung des Auferstandenen und dessen Auftrag an Petrus bzw. die Apostel[172] zurückgeht. Dies wird in fragm. 3b in einer verschnörkelten Periode[173] mit Hilfe des Aussendungsmotivs[174] expliziert; die Gemeinde des KerP sieht sich in historischer wie sachlicher Kontinuität

---

begriffliche Unterscheidung liegt nicht vor. Das mag mit der Tatsache zusammenhängen, daß auch in der zeitgenössischen Philosophie beide Begriffe ineinander übergehen . . .‘‘

[169] Solche Möglichkeit wird exemplarisch durch Barn 2,6 belegt; vgl. dazu *Brändle*, Ethik S. 62, Anm. 197.

[170] Der umfassende Gebrauch von νόμος und dessen ethische Anwendung auf Jesus als den neuen Gesetzgeber können dabei ineinander übergehen; vgl. *Cantalamessa*, Méliton S. 14.

[171] Vgl. *Cantalamessa*, omelia S. 157 (zu Ps. Hipp, in Pascha 29): „Con il binomia Nomos è Logos questi autori sembrano, dunque, voler affermare che Christo si è rivelato dapprima come Legge . . . e nel NT come Parola salvifica.‘‘

[172] Vgl. dazu *Wagenmann*, Stellung S. 95 f.

[173] Die Schwierigkeiten der Periode sollten allerdings auch nicht überschätzt werden; nur das οὓς ὁ κύριος ἠθέλησεν dürfte sekundäre Glosse sein. Dann ergibt sich ein klarer Aufbau, der erneut das stilistische Vermögen des KerP zeigt:
ἐξελεξάμην ὑμᾶς
   δώδεκα μαθητάς
      κρίνας ἀξίους ἐμοῦ
     καὶ ἀποστόλους
       πιστοὺς ἡγησάμενος εἶναι
πέμπω ἐπὶ τὸν κόσμον . . .

[174] Vgl. dazu *H. Paulsen*, Studien S. 285 ff. (Lit).

durch die Verkündigung der zwölf Apostel[175] bzw. der μαθηταί[176] mit dem Auferstandenen verbunden. Blickt man auf diese ganze Konstruktion – wie auch auf die sich anschließende Begründung des Übergangs der Mission von Israel auf die gesamte οἰκουμένη –, so schlägt sich in ihr bereits ein historisches Bewußtsein des Christentums in der Zeit[177], eine Art Geschichtsbild nieder[178].

Dies erklärt wenigstens zum Teil, warum eine Abhängigkeit des KerP gegenüber bestimmten Texten des Urchristentums[179] kaum nachzuweisen ist[180]. Zwar lassen sich Parallelen und topologische Berührungen von Fall zu Fall nachweisen[181], aber daß das KerP an einen bestimmten Traditionszweig des Urchristentums anknüpft, ist nicht zu konstatieren. Am ehesten ließe sich noch von einer Verbindung mit dem Corpus Paulinum sprechen[182], aber dagegen wäre doch der augenfällige Verzicht auf die Erwähnung des Paulus in fragm. 3b zu nennen[183]. Es ist deshalb wahrscheinlicher,

---

[175] Warum die Erwähnung der zwölf Apostel erst auf ClemAl zurückgehen soll (so *W. Schmithals*, Das kirchliche Apostelamt. Eine historische Untersuchung [FRLANT 81] Göttingen 1961, S. 242), ist schon auf Grund der Stilisierung der Periode vollkommen unerfindlich.

[176] Die Konstruktion des Satzes zeigt dabei, daß zwischen ἀπόστολοι und μαθηταί kein wesentlicher Unterschied besteht.

[177] Dies bestätigt erneut die intentionale Nähe von KerP und Apg; vgl. *Ph. Vielhauer*, Zum „Paulinismus" der Apostelgeschichte: Aufsätze zum Neuen Testament (ThB 31) München 1965, S. 9–27. S. 25: „Diese Intention leitet ihn auch bei der Darstellung des apostolischen Zeitalters unter dem Gesichtspunkt der Mission und Ausbreitung des Christentums. Dieses Unternehmen war eine enorme Prolepse, es antiquierte die apologetisch abgezweckten kirchengeschichtlichen Darlegungen des 2. Jahrhunderts bereits vor ihrem Erscheinen und rückte den Verfasser geistig mehr in die Nähe Eusebs als des Paulus. Es ist aber nur zu verstehen auf dem Hintergrund und als Symptom eines uneschatologisch und weltförmig gewordenen Christentums." Das ist nur im Blick auf die singuläre Stellung der Apg etwas zu relativieren.

[178] Von solcher Geschichtskonstruktion her dürfte sich auch das Problem der Pseudonymität des Textes bzw. seiner Zuschreibung an Petrus historisch begreifen lassen; vgl. dazu prinzipiell *N. Brox*, Falsche Verfasserangaben. Zur Erklärung der frühchristlichen Pseudepigraphie (SBS 79) Stuttgart 1975, S. 37ff.

[179] Vgl. dazu *E. Massaux*, Influence de l'évangile de saint Matthieu sur la littérature chrétienne avant saint Irénée (Universitas Catholica Lovaniensis Diss. II,42) Louvain-Gembloux 1950, S. 401ff.

[180] Vgl. *von Dobschütz*, Kerygma Petri S. 68: „Dazu stimmt endlich die Benutzung der neutestamentlichen Schriften, von denen nichts citiert wird oder auch nur als autoritätsmäßig bestimmt durchscheint." Vgl. auch *Massaux*, Influence S. 401.

[181] Siehe dazu die Einzelbelege bei *von Dobschütz, Massaux* und *Mara*.

[182] Vgl. *von Dobschütz*, Kerygma Petri S. 68: „Doch lassen sich Gedankenreihen der paulinischen Briefe ziemlich sicher nachweisen . . ." Zur sachlichen Berührung mit bestimmten Gedankengängen des Corpus Paulinum vgl. auch S. 33ff.

[183] *Wagenmann*, Stellung S. 96: „Bei solcher Vorstellung blieb für einen Paulus kein Platz mehr. Auch ohne ihn war die Heidenwelt zum Heil berufen und bekehrt." Man wird gegen eine literarische Beziehung zum Corpus Paulinum auch fragm. 3 ins Feld führen können, wo KerP in irgendeiner Weise synoptische Traditionen übernimmt. Bezeichnenderweise läßt sich aber erneut keine direkte Vor-

wenn man von einer allgemeinen Einbettung des KerP in den Prozeß urchristlicher Traditionsbildung ausgeht[184], ohne an eine konkrete Abhängigkeit zu denken[185].

Die Rückführung der eigenen Theologie auf die Offenbarung und den Auftrag des Auferstandenen begründet nun aber auch, warum es dem KerP auf der anderen Seite möglich wird, desto nachhaltiger vom Alten Testament als der maßgebenden Norm auszugehen.[186] Das ist – vor allem, wenn man den Umfang der Fragmente in die Erwägung einbezieht – ganz auffällig. Besonders fragm. 4a stellt in nuce so etwas wie eine biblische Hermeneutik dar, den Versuch, die christologischen Heilsdaten methodisch abgesichert auf die Verkündigung des Alten Testaments – vor allem aber der Propheten[187] – zu gründen. Die Art und Weise, in der dies geschieht, wird durch vier Termini gekennzeichnet:

παραβολαί[188]

---

lage namhaft machen; vgl. dazu *Massaux*, Influence S. 401f. (S. 402: „. . . que l'auteur ne suit pas un text déterminé.").

[184] Aus solcher allgemeinen Abhängigkeit erklärt sich dann auch konsequent, daß die urchristliche Tradition zwar für das KerP de facto Gültigkeit hat, aber noch kein Text (mit der Ausnahme des Alten Testaments) normativen Charakter beanspruchen kann. Der Anspruch, der in der Konstruktion des Textes der Botschaft des Auferstandenen und ihrer Tradierung zukommt, ist an keinen anderen Text gebunden, sondern wird vom KerP selbst (bzw. von dem durch das KerP reproduzierten Ereignis) gefordert.

[185] Gerade die besonders enge sachliche Verbindung des KerP mit der Apg dokumentiert sich deshalb nicht in der Relation literarischer Abhängigkeit; vgl. dazu *Schneemelcher*, Kerygma Petrou S. 59: „Es ist sicher kein Zufall, daß die wenigen Stellen in den erhaltenen Bruchstücken des KP, die man als Anklänge an Evangelien ansehen kann, auf das Lukasevangelium hinweisen, und daß weiter auch gewisse Berührungen mit der Apostelgeschichte des Lukas nicht zu übersehen sind." Grundsätzlich läßt sich das, was *Overbeck* als den gemeinsamen Standpunkt von Justin und Apg bezeichnete, auch von den Fragmenten des KerP sagen: „. . . so können wir als den gemeinschaftlichen Standpunkt der AG. und des Justin bezeichnen, daß sie einem Heidenchristenthum angehören, welches die Resultate der paulinischen Wirksamkeit acceptirt, aber nicht deren ursprüngliche Begründung." (*F. Overbeck*, Über das Verhältnis Justins des Märtyrers zur Apostelgeschichte: ZWTh 15, 1872, 305–349. S. 343). Eine ähnliche historische Beurteilung des KerP findet sich übrigens bereits bei *A. Schwegler*, Das nachapostolische Zeitalter in den Hauptmomenten seiner Entwicklung, Bd. II, Tübingen 1846, S. 30ff.

[186] Vgl. dazu grundsätzlich *N. Bonwetsch*, Der Schriftbeweis für die Kirche aus den Heiden als das wahre Israel bis auf Hippolyt: Theologische Studien (Festschr. Th. Zahn) Leipzig 1908, S. 1–22. S. 8 (zum KerP).

[187] Daß das KerP dabei vor allem das Zeugnis der alttestamentlichen Prophetie anführt, dürfte sowohl im Charakter des προφητεύειν als auch in der höheren Wertung der Prophetie gegenüber dem alttestamentlichen Gesetz begründet liegen.

[188] Παραβολή ist dabei technischer Ausdruck, wobei die Bedeutung nicht immer eindeutig ist; sie tendiert, auf das Alte Testament bezogen, von einer Bedeutung in der Nähe von τύπος bis zum verhüllenden „Rätselwort". Die letztere Interpretation, die auch in Barn 6,10; 17,2 vorliegt, gilt auch für das KerP. Vgl. daneben noch die charakteristische Verwendung bei Melito, Passa-Homilie 35f.; 40ff. Da-

αἰνίγματα[189]
αὐθεντικῶς[190]
αὐτολεξεί[191].

Dabei sind παραβολαί und αἰνίγματα untereinander nahezu austauschbar[192]; gleiches gilt für αὐθεντικῶς und αὐτολεξεί. Beide Aussagegruppen sind dann gegeneinander gestellt[193]; während παραβολαί / αἰνίγματα den verhüllenden Charakter alttestamentlicher Prophetie betont, orientiert sich das andere Paar an der Klarheit der Schriftaussage[194]. So traditionell diese Aussage auch ist[195], so belegt sie doch nachdrücklich das Interesse des

---

bei belegt gerade 42 (Perler 82,295 f.; vgl. auch 41) den vorläufigen Charakter solcher παραβολή:
καὶ ἡ παραβολὴ κενοῦται
διὰ τῆς ἑρμηνείας φωτισθεῖσα.
[189] Zum technischen Charakter von αἴνιγμα vgl. *G. Dautzenberg*, Urchristliche Prophetie. Ihre Erforschung, ihre Voraussetzungen im Judentum und ihre Struktur im ersten Korintherbrief: BWANT VI,4. Stuttgart 1975, S. 194ff. Siehe auch die von *von Dobschütz* genannten Texte (a. a. O. S. 59f.); zu αἴνιγμα bei ClemAl vgl. *R. Mortley*, Connaissance religieuse et herméneutique chez Clément d'Alexandrie, Leiden 1973, S. 229ff.
[190] Ἀυθεντικῶς = „mit höchster Autorität"; „ausdrücklich"; „direkt".
[191] Ἀυτολεξεί = „wortwörtlich"; vgl. dazu den von *Lampe*, Patristic Greek Lexicon s. v. genannten Text Leont B. sect. 8.5 (MPG 86. 1257 B): ἕκαστος σπεύδει ἃ λέγει δεῖξαι τοὺς πατέρας εἰρηκότας, εἰ καὶ μὴ αὐτολεξεί, ἀλλὰ δυνάμει. Daneben vgl. noch Philo, Legatio ad Gaium 44 (p. 220,5f. Cohn-Reiter); Justin, apol. I,32.
[192] Bezeichnenderweise läßt sich das Aussagepaar παραβολή / αἴνιγμα denn auch in anderen Texten belegen; vgl. z. B. Iren., adv. haer. IV,40,1 (dazu siehe *Perler*, Mélito S. 152); ClemAl, Exc. ex Theod. 66; Hipp. de antichr. 29; Nilus ep. 1.119 (MPG 76.136 A).
[193] Von besonderem Interesse ist neben den bereits genannten Texten noch Origenes, c. Cels. I,50:
πολλοὶ προφῆται παντοδαπῶς προεῖπον τὰ περὶ Χριστοῦ,
οἱ μὲν δι' αἰνιγμάτων,
οἱ δὲ δι' ἀλληγορίας ἢ ἄλλῳ τρόπῳ,
τινὲς δὲ καὶ αὐτολεξεί.
In dieser Aufzählung liegt auf den ersten Blick eine so nahe Berührung mit fragm. 4 vor, daß man fast an ein Zitat denken könnte, zumal hier wie dort die Aussage auf die Prophetie bezogen wird. Aber zu beachten bleibt doch, daß die Reihe bei Origenes anders aufgebaut ist und auch eine andere Gewichtung zeigt.
[194] Zum ganzen Problem vgl. noch *C. Siegfried*, Philo von Alexandria als Ausleger des Alten Testaments, Jena 1875; *P. Heinisch*, Der Einfluß Philos auf die älteste christliche Exegese. (Barnabas, Justin und Clemens von Alexandria) (ATA 1/2) Münster 1908; *E. von Dobschütz*, Vom vierfachen Schriftsinn. Die Geschichte einer Theorie: Harnack-Ehrung, Leipzig 1921, S. 1–13; *W. den Boer*, Hermeneutic Problems in Early Christian Literature: VigChr 1, 1947, 150–167; *H. Dörrie*, Zur Methodik antiker Exegese: ZNW 65, 1974, 121–138.
[195] Vgl. *Mara*, Kerygma Petrou S. 341f.; unter Verweis auf JesSirach 39,1–3:
Πλὴν τοῦ ἐπιδιδόντος τὴν ψυχὴν αὐτοῦ
καὶ διανοουμένου ἐν νόμῳ ὑψίστου,
σοφίαν πάντων ἀρχαίων ἐκζητήσει
καὶ ἐν προφητείαις ἀσχοληθήσεται,
διήγησιν ἀνδρῶν ὀνομαστῶν συντηρήσει

KerP am Rekurs auf das Alte Testament. Das Alte Testament hat für das KerP die Funktion normativer Schrift[196], und deshalb kann auch in fragm. 4b formuliert werden: ἔγνωμεν γὰρ ὅτι ὁ θεὸς αὐτὰ προσέταξεν ὄντως καὶ οὐδὲν ἄτερ γραφῆς λέγομεν.

V.

Will man die Aussagen des KerP zusammenfassen und ihre eigentümliche Intention erkennen, so wird man sich jenen Auftrag vor Augen halten müssen, der in fragm. 3b dem Auferstandenen zugeschrieben wird:

εὐαγγελίσασθαι τοὺς κατὰ τὴν οἰκουμένην ἀνθρώπους
γινώσκειν ὅτι εἷς θεός ἐστιν
διὰ . . . πίστεως ἐμῆς δηλοῦντας τὰ μέλλοντα
ὅπως οἱ ἀκούσαντες καὶ πιστεύσαντες σωθῶσιν . . .

Aufgabe ist die Verkündigung des εἷς θεός, die sich auf den Glauben an seinen Christus gründet[197] und zugleich eschatologische Aussagen impliziert[198]. Das Ziel liegt dabei in der σωτηρία begründet, die – wie der gesamte Kontext des KerP zeigt – in engem Zusammenhang mit der wahren Gotteserkenntnis steht. Man mag so in der Tat mit *Harnack* im KerP den Prototyp einer ‚Missionspredigt'[199] sehen: „Der ‚lebendige und wahrhaftige Gott' ist das Erste und Entscheidende; Jesus, der Sohn Gottes, der uns gegen den zukünftigen Zorn . . . sicherstellt . . . das Zweite."[200] Diese allgemeine Charakteristik trifft sicher auch auf das KerP zu; dennoch ist damit der genaue Ort der Fragmente in der Geschichte christlicher Apologetik noch nicht präzis beschrieben.[201] Die Schwierigkeiten liegen dabei zunächst in der wenig konkreten Bestimmung des Begriffs der Apologetik.

καὶ ἐν στροφαῖς παραβολῶν συνεισελεύσεται,
ἀπόκρυφα παροιμίων ἐκζητήσει
καὶ ἐν αἰνίγμασι παραβολῶν συνεισελεύσεται.

[196] Vgl. dazu *H. von Campenhausen*, Die Entstehung der christlichen Bibel (BHTh 39) Tübingen 1968, S. 106; 108, Anm. 158.

[197] Vgl. *Pfleiderer*, Urchristentum II,617: „Der Inhalt der Missionspredigt . . . fasst sich zusammen in den zwei Hauptstücken: Erkenntnis des einen Gottes und Offenbarung des Zukünftigen (nämlich des Gerichts) mittels des Christusglaubens, zu dem Zwecke, daß die daran Glaubenden gerettet werden . . ."

[198] Das KerP enthält also durchaus auch eine eschatologische Aussage; vgl. dazu *Mara*, a. a. O. S. 318: die kryptische Äußerung des Laktanz (div. inst. IV, 21,2) weist möglicherweise auf das KerP hin. Allerdings bleibt zu bedenken, daß der Terminus τὰ μέλλοντα sehr verkürzt bleibt; das erinnert erneut an Apg 17,31.

[199] *Harnack*, Mission und Ausbreitung S. 118: „Ein besonders gutes Bild von den Grundsätzen der Missionspredigt (neg. und pos.) gewähren auch die Fragmente des Kerygma Petri. Die alte Schrift hat wohl, wie auch schon der Titel andeutet, geradezu ein Kompendium der Lehre für Missionszwecke sein sollen."

[200] *Harnack*, Mission und Ausbreitung S. 117. Vgl. auch S. 120: „Dabei mußte die Geschichte Jesu kurz mitgeteilt werden (christologisches Kerygma) . . ." Auch dies trifft – im Blick auf fragm. 4a – für das KerP zu.

[201] Dem entspricht, daß auch die Beurteilung des apologetischen Charakters des KerP durchaus nicht einheitlich gehalten ist. Vgl. auf der einen Seite *G. Krüger*, Geschichte S. 39: „Diese Anlage würde die Schrift als Vorläuferin der apolo-

Es ist nur folgerichtig und von erheblicher Bedeutung, daß sich eine analoge Problematik auch bei den ‚apologetischen' Texten des nachalttestamentlichen Judentums nachweisen läßt.[202] Erinnert sei nur an die Unsicherheit im Blick auf den Aristeasbrief[203] oder an die Schwierigkeit, den genuinen Charakter der SapSal zu bestimmen.[204] Sicher wird es hier von Nutzen sein, innerhalb der Apologetik verschiedene Aspekte zu unterscheiden und zwischen dem nach außen sich wendenden, propagandistischen und dem an der Gemeinde orientierten, paränetischen Akzent zu differenzieren.[205] Entscheidend jedoch ist die Berücksichtigung formgeschichtlicher Argumente[206] und, damit verbunden, die Frage nach den Adressaten des jeweiligen Textes[207].

---

getischen Literatur erweisen." *Hennecke*, Missionspredigt S. 144; *W. Kamlah*, Christentum und Geschichtlichkeit. Untersuchungen zur Entstehung des Christentums und zu Augustins „Bürgerschaft Gottes", 2. A. Stuttgart-Köln 1951, S. 99, Anm. 177: „Das Petruskerygma . . . wendet sich zwar noch an Christen, ist aber schon eine Auseinandersetzung mit dem Heidentum nach apologetisch-philosophischer Art." Auf der anderen Seite vgl. jedoch die einschränkenden Bemerkungen bei *Schneemelcher*, Kerygma Petrou S. 59: „. . . daß die erhaltenen Fragmente des KP nur gewisse Tendenzen der frühchristlichen Missionspredigt in besonders ausgeprägter Weise zur Geltung gebracht haben und deshalb noch nicht zur apologetischen Literatur im strengen Sinn gerechnet werden müssen."

[202] Es ist vor allem das Verdienst von *Tcherikover*, auf das hier bestehende Problem nachhaltig aufmerksam gemacht zu haben. Nach seiner Auffassung ist der Terminus „Apologetik" nur auf jene Texte anwendbar, die wirklich an Außenstehende gerichtet sind, sich also im strengen Sinn als apologetisch geben. Die überwiegende Anzahl der bisher als „apologetisch" angesehenen Texte scheidet damit aus der Betrachtung aus. Vgl. *Tcherikover*, Civilization S. 527: „It is usual to describe the entire Alexandrian literature as ‚apologetic', as if it were wholly a literature of defense and propaganda directed to the Greek reader. This is not the case, for Jewish Alexandrian literature appealed first to the Jewish reader in order to furnish him with the intellectual pabulum which he needed . . . The term ‚apologetics' should be reserved only for those works whose direct function was to defend the Jews from anti-Semitic attacks such as Philo's Apologia for the Jews . . . or Josephus' Contra Apionem." Siehe auch *Tcherikover*, Jewish Apologetic Literature S. 169 ff. Zustimmung zu den Thesen *Tcherikovers* bei *M. Hengel*, Anonymität, Pseudepigraphie und „Literarische Fälschung" in der jüdisch-hellenistischen Literatur: Fondation Hardt. Entretiens XVIII (Pseudepigrapha 1) Genf 1972, S. 229–308. S. 305 ff.; *G. Delling*, Perspektiven der Erforschung des hellenistischen Judentums: HUCA 45, 1974, 133–176. S. 163 f.

[203] Unter dem hier wichtigen Aspekt vgl. dazu vor allem *V. Tcherikover*, The Ideology of the Letter of Aristeas: HThR 51, 1958, 59–85; *G. Howard*, The Letter of Aristeas and Diaspora Judaism: JThS 22, 1971, 337–348.

[204] Vgl. dazu z. B. *J. Fichtner*, Die Stellung der Sapientia Salomonis in der Literatur und Geistesgeschichte ihrer Zeit: ZNW 36, 1937, 113–132; *Dalbert*, Theologie S. 70 ff.; *H. Eising*, Der Weisheitslehrer und die Götterbilder: Bibl 40, 1959, 393–408; *C. Larcher*, Études sur le livre de la Sagesse, Paris 1969; *J. M. Reese*, Hellenistic Influence on the Book of Wisdom and its Consequences: AnBibl 41, Rom 1970; *Delling*, Perspektiven S. 146 ff.; *Nissen*, Gott und der Nächste S. 28 f. 31 ff.

[205] Zur Kritik an solchem Vorgehen vgl. allerdings *Tcherikover*, Jewish Apologetic Literature S. 169 f.

[206] Die Prämisse bei *Tcherikover* (Jewish Apologetic Literature S. 170) hat jedenfalls formgeschichtliche Implikationen: „The aim of the historical approach is to understand Alexandrian literature as a mirror reflecting various opinions within Jewish Alexandrinian society, opinions which, in their turn, were influenced by continuously changing political, economic and social factors." Für Tcherikover

Auch in der Geschichte der alten Kirche erscheint so der Begriff der
‚Apologetik' nur zu oft als der Mantel, der unterschiedliche Tendenzen ab-
deckt. Das liegt vor allem an der beliebigen Verwendbarkeit der apologetischen Motive, deren Nachweis allein noch nicht den apologetischen Charakter eines Textes belegt und die darum in formgeschichtlich unterschiedlichen Zusammenhängen erscheinen.[208] Eine Diskussion, die deshalb stärker auf Form, Absicht und Adressaten des jeweiligen Textes abzielt[209], muß
für das KerP schon darum unerläßlich sein, weil sich die Fragmente an die
Gemeinde und nicht an Außenstehende wenden[210]. Die ὑμεῖς, die angere-
det werden, sollen gerade in jenem bestärkt werden, was sie bereits akzeptiert haben.[211] Ihnen wird nicht ihre gegenwärtige Schuld vor Augen geführt, sondern die überwundenen Schrecken der Vergangenheit und die
noch bestehende Verfallenheit jüdischer und hellenischer Religion. Für die
vom KerP Angesprochenen ist dies alles schon darum abgetan, weil sie
zum neuen γένος des Christentums gehören. Gerade dieses Selbstbewußtsein der eigenen Religion, das aus den Fragmenten des KerP spricht, orientiert sich an der angesprochenen Gemeinde, nicht aber an den Außenstehenden.[212] Man wird sich natürlich als Gegenargument bewußt machen
müssen, daß die Fiktivität der Situation, wie sie sich in der Gattung niederschlägt, auch bei einem Text wie dem KerP die Charakterisierung als Apo-

---

führt das zu dem Ergebnis (a. a. O. S. 182): „All those arguments, the formal as
well as the internal, lead to the conclusion that Jewish Alexandrian literature was
directed inwards and not outwards." Nun wird man allerdings formgeschichtliches Vorgehen auf diesem Gebiet nicht als Allheilmittel ansehen können, weil
apologetische Literatur ja geradezu auf der beliebigen Verfügbarkeit der Topoi
basiert und einen Rückschluß auf die konkrete Situation deshalb nicht immer zuläßt.

[207] Vgl. *Tcherikover*, Jewish Apologetic Literature S. 158f.: „From the fact
that the commentaries were addressed to the Jewish reader, we may further con-
clude, that every passage in Alexandrian literature which shows a special interest
in the prescriptions of the Thorah, or in which some biblical events are mentioned,
was meant not for the Gentiles, but for the Jews." Zur Kritik an Tcherikover vgl.
Nissen, Gott und der Nächste S. 31ff. z. B. S. 32: „Für den eigenen Glauben der
Verfasser und der hinter ihnen stehenden Kreise oder Gemeinden sind deshalb
diese Schriften immer nur unter dem Vorbehalt zu verwenden, daß oft die Absicht, Griechen zu überzeugen, sowohl die Auswahl als auch die Darbietung der
jeweiligen Einzelaussagen bestimmt hat."

[208] So haben z. B. die Märtyrerakten der alten Kirche, deren formgeschichtliche Orientierung an den Bedürfnissen der Gemeinde deutlich ist, in besonderem
Maße apologetische Stoffe angezogen.

[209] Ungenügend hierfür *Monachino*, Intento pratico S. 5 ff.

[210] Anders z. B. *Pellegrino*, Studi su l'antica apologetica S. 7, der im Blick auf
fragm. 2a einen außenstehenden Adressaten annimmt („... certamente l'auditore
è pagano...“); sicher ist dies keinesfalls, der Kontext spricht jedenfalls gegen eine
solche Vermutung.

[211] Bezeichnend hierfür ist auch die Terminologie von fragm. 2d; vor allem die
Korrespondenz von μανθάνειν und παραδιδόναι ist in diesem Zusammenhang aufschlußreich.

[212] Noch einmal wirft diese Überlegung ein Licht auf das ὑμῶν von fragm. 3c.
Struktur und Gedankengefüge der Fragmente belegen eindeutig die Unmöglichkeit einer Zugehörigkeit von ὑμῶν zum originären Bestand des KerP.

logetik nicht a limine ausschließen kann. Gesteht man dies zu, so bleibt dennoch das Problem des anzunehmenden ‚Sitzes im Leben' bestehen. Hierfür jedoch sind die Erwägungen, daß sich der Text auf bereits zu Christen Gewordene bezieht, von ausschlaggebender Bedeutung. Der ‚Sitz im Leben' des KerP ist die Gemeinde und ihre Situation. Aufgabe des Textes ist nicht die protreptische Hinwendung anderer Religion zum Christentum, sondern Explikation und Befestigung christlichen Selbstverständnisses in einem; der Topos vom τρίτον γένος bringt dies adäquat auf den Begriff.

Allerdings muß man sich gerade dann überlegen, warum in den Fragmenten jene Motive begegnen, die sonst in genuin apologetischen Zusammenhängen zu belegen sind. Das gilt ja nicht nur von den polemisch attakkierenden Sätzen gegen den Kult der Griechen und Juden und dessen evidente Unwissenheit, sondern trifft auch auf das protreptische Motiv der μετάνοια[213] und die Aufforderung zur Hinwendung zum εἷς θεός zu. Solche Ambivalenz ist in der Literatur der Zeit auch sonst zu beobachten: als Beispiel wäre etwa auf die Märtyrerakten zu verweisen, in denen nicht selten apologetische Motive und Paränese zur Erhellung der Gemeindesituation ineinander übergehen. Nur bleibt in ihnen wie in den fragmentarischen Stücken des KerP die formgeschichtliche Ausrichtung an der Gemeinde das Dominierende. Gerade von der Erkenntnis der apologetischen Topik im KerP wird sich aber auch die formgeschichtliche Bedingung des Textes präzisieren lassen: Es geht nicht allein um die Explikation christlichen Selbstbewußtseins, sondern die apologetischen Motive haben in ihrem Verweischarakter auf die überwundene ἄγνοια eine paränetische Funktion; sie stabilisieren die Gemeinde in dem, was sie bereits erhalten hat[214], oder mit den Worten von fragm. 2d: ὥστε καὶ ὑμεῖς ὁσίως καὶ δικαίως μανθάνοντες ἃ παραδίδομεν ὑμῖν φυλάσσεσθε καινῶς τὸν θεόν.

Wird so die bisherige Einschätzung des KerP als Beginn der altkirchlichen Apologetik differenzierter zu sehen sein, dann bedeutet dies zugleich, daß die Fragmente in ihrer Intention zunächst näher an neutestamentliche Texte heranzurücken sind als an die späteren, genuin apologetischen Dokumente. Das wird auch deutlich, wenn exemplarisch einige neutestamentliche Texte beachtet werden, die in verwandter Weise apologetische bzw. missionarische Topik enthalten:

Für das Corpus Paulinum[215] und dessen Missionstopik ließe sich zu-

---

[213] Vgl. *H. Conzelmann*, Die Apostelgeschichte (HNT 7) Tübingen 1963, S. 104. Zu erinnern ist auch an das Motiv der ἐπίγνωσις, das in den gleichen sachlichen Kontext gehört.

[214] Insofern ist der Argumentationsgang des KerP eben durchaus nicht mit taktischen Rücksichten zu erklären; so z. B. generell für die altkirchliche Apologetik *Lortz*, Monotheismus S. 313: „Die von den Apologeten getroffene ‚monotheistische Auswahl' ist vor allem apologetischen Rücksichten zuzuschreiben. Sie ist vor allem eine durchaus berechtigte taktische Maßnahme, bedeutet aber noch lange kein Antasten des christlichen Besitzes."

[215] Vgl. hierfür neben *C. Bussmann*, Themen noch *E. Weber*, Die Beziehungen von Röm. 1–3 zur Missionspraxis des Paulus (BFChTh IX,4) Gütersloh 1905;

nächst auf 1. Thess 1,9 f. verweisen[216]; der Text gibt, gerade weil er weitgehend traditionelles Gut repräsentiert[217], charakteristisch Aufschluß über die Topik der urchristlichen Missionspredigt. Die Überlieferung ist dabei zweigliedrig gefaßt: Neben der Verkündigung des θεὸς ζῶν καὶ ἀληθινός[218] steht die christologische Aussage. Dabei ist die Verzahnung der theologischen Formulierung mit dem Topos ἐπιστρέφειν[219] und dem Hinweis auf die Abhängigkeit von den εἴδωλοι genauso signifikant wie die Verbindung der christologischen Thematik mit der Eschatologie bzw. der Gerichtspredigt[220]. Wird durch 1. Thess 1,9 f. im sachlichen Kontext von KerP die Kontinuität von bestimmten Topoi und einer Struktur solcher Verkündigung belegt[221], so verstärkt sich dies, wenn der große Komplex Röm 1,18 ff. in die Überlegung einbezogen wird[222]. Daß diese paulinische Argumenta-

---

A. Oepke, Die Missionspredigt des Apostels Paulus. Eine biblisch-theologische und religionsgeschichtliche Untersuchung, Leipzig 1920.

[216] Zu 1 Thess 1,9 f. vgl. u. a. *F. Hahn*, Christologische Hoheitstitel. Ihre Geschichte im frühen Christentum (FRLANT 83) Göttingen 1963, S. 289 ff.; *G. Friedrich*, Ein Tauflied hellenistischer Judenchristen, 1. Thess. 1,9 f.: ThZ 21, 1965, 502–516; *P.-E. Langevin*, Le Seigneur Jésus selon un texte prépaulinien, 1 Th 1,9–10: Sciences Ecclésiastiques 17, 1965, 263–282; 473–512; *Bussmann*, Themen S. 38 ff.; *U. Wilckens*, Die Missionsreden der Apostelgeschichte. Form- und traditionsgeschichtliche Untersuchungen (WMANT 5) 3. A. Neukirchen-Vluyn 1974, S. 81 ff.

[217] *Friedrich*, Tauflied S. 507: „Terminologie wie Inhalt sprechen also dafür, daß Paulus in 1. Thess. 1,9 f. auf eine traditionelle Formel zurückgreift." Vgl. in ähnlicher Weise die anderen in Anm. 216 genannten Autoren.

[218] *Bussmann*, Themen S. 56: „Die Missionspredigt ... hat als Schwerpunkt die Gottespredigt, die unmittelbar mit dem sittlichen Anspruch verknüpft ist. Der zweite Schwerpunkt ist die Gerichtspredigt, die aufgrund der Auferstehung Jesu dialektisch in die Heilszusage umschlägt." Zum christologischen Teil der Tradition vgl. auch *Hahn*, a. a. O. S. 289 ff.

[219] Zur Traditionalität des Topos von der Umkehr im Zusammenhang der Missionspredigt vgl. *Bussmann*, Themen S. 39 ff.; *Langevin*, 1 Th 1,9–10 S. 277; *Fridrich*, Tauflied S. 504.

[220] Vgl. dazu vor allem *Hahn*, a. a. O. S. 289 f.

[221] Siehe dazu auch die Erwägungen bei *Harnack*, Mission und Ausbreitung S. 118, Anm. 2 (im Kontext einer Erörterung von Apg 17): „In dieser Hinsicht ist die Rede, die Lucas dem Paulus auf dem Areopag in den Mund gelegt hat oder überliefert erhalten ..., typisch und besonders instruktiv. Zugleich stellt sie die Verbindung dar mit den reinsten Konstruktionen des Hellenismus. Man muß diese Rede mit dem I. Thessalonicherbrief kombinieren, um sich ein Bild zu machen, wie die grundlegende Missionspredigt vor Heiden beschaffen gewesen ist, und das Vorurteil zu beseitigen, als seien der Galater- und Römerbrief Muster der paulinischen Missionspredigt."

[222] Zu diesem Textkomplex vgl. z. B. *E. Grafe*, Das Verhältnis der paulinischen Schriften zur Sapientia Salomonis: Theologische Abhandlungen (Festschr. C. v. Weizsäcker) Freiburg 1892, S. 251–286; *H. Daxer*, Römer 1,18 – 2,10 im Verhältnis zur spätjüdischen Lehrauffassung, Diss. (Rostock), Naumburg a. S. 1914; *A. Fridrichsen*, Zur Auslegung von Röm 1,19 f: ZNW 17, 1916, 159–168; *K. Oltmanns*, Das Verhältnis von Röm 1,18 – 3,20 zu Röm 3,21 ff.: ThBl 8, 1929, 110–116; *G. Bornkamm*, Die Offenbarung des Zornes Gottes. Röm 1–3: Das Ende des Gesetzes. Paulusstudien (BEvTh 16), München 1963, S. 9–33; *R. Bultmann*, Untersuchungen zum Johannesevangelium: Exegetica, Tübingen 1967, S. 124–197.

tionseinheit von ursprünglich apologetisch orientierten Traditionen des nachalttestamentlichen Judentums durchzogen ist, dürfte für sicher gelten.[223] Dabei ist auf der anderen Seite vollkommen unbestreitbar, daß die Pointe der paulinischen Gedankenführung gerade von der leitenden Thematik in 1,17 bzw. 1,18 her der Erweis der generellen Verfallenheit des Menschen an die knechtende Macht der ἁμαρτία und die Ausweglosigkeit seiner Situation ist.[224] Dennoch wird die Übereinstimmung in der Argumentationsstruktur mit dem KerP zu beachten sein: So wird in beiden Texten die faktische Verfallenheit jüdischer und griechischer Gottesverehrung dem Sein in Christus kontrastiert, wobei dies bei Paulus allerdings wesentlich mit Hilfe christologischer Aussagen geschieht, während das Motiv des τρίτον γένος fehlt. Wird so in beiden Texten die Situation des Menschen vor Christus wesentlich negativ gesehen, so geschieht dies bei Paulus freilich darum grundsätzlicher, weil der Mensch trotz der Möglichkeit zur Gotteserkenntnis geschichtlich der ἁμαρτία verfallen ist und darum keine Entschuldigungsmöglichkeit besitzt. Das KerP beschreibt demgegenüber nur die faktische Unfähigkeit jüdischer und griechischer Religion, zur Gotteserkenntnis zu gelangen.[225]

Nun sind solche Berührungspunkte gewiß nicht überzubewerten; sie betreffen zudem auch weitgehend nur Traditionsmaterial, das beide Texte verwenden, decken also nicht notwendig die Intention der jeweiligen Argumentation ab. Wichtig aber bleibt, daß strukturell sowohl KerP als auch Röm 1,18 ff. ihren Ausgang bei der Existenz des Christen nehmen und der apologetischen Topik unterordnen; der entscheidende Schritt ist bereits vollzogen, er wird gedanklich aufgearbeitet und begründet, aber nicht von neuem evoziert.

Etwas anders steht dies sicher mit Apg 17,22 ff.[226] Die Verwandtschaft der von diesem Text und dem KerP benutzten Überlieferungen ist evi-

---

[223] Vgl. *Bornkamm*, Offenbarung des Zornes S. 13: „In der Darstellung dieser natürlichen Gottesoffenbarung zeigt er sich bekanntlich in einer so auffallenden Weise von stoischer Terminologie und apologetischen Gedankengängen . . . bestimmt, daß man die Frage nach literarischer Abhängigkeit stellen mußte."

[224] *Bultmann*, Untersuchungen zum Johannesevangelium S. 193: „Aber Paulus rezipiert den griechischen Gedanken nicht, weil ihn die Frage der Gotteserkenntnis als Problem bewegte, sondern um die Schuld der Menschen zu erweisen . . . Indem es sich aber so um die Erkenntnis des jenseits des Menschen stehenden und nicht des an und in ihm wirkenden Gottes handelt, ist der stoischen Theorie die Spitze abgebrochen."

[225] Allerdings sollte man diesen Unterschied auch nicht überschätzen, er beruht weitgehend auf der differenzierten Zielsetzung der Argumentation. Denn Gal 4,8 belegt, daß Paulus wie KerP vorgehen kann, sofern hier von der grundsätzlich fehlenden Gotteserkenntnis vor der Hinwendung zum Christentum die Rede ist. Gal 4,8 bietet dabei zugleich erneut den Beweis für das nicht eigentlich apologetische Telos des KerP: Beide Texte warnen mit verwandter Topik vor dem Rückfall in die Zeit vor Christus.

[226] Aus der Fülle der Literatur vgl. z. B. *W. Eltester*, Gott und die Natur in der Areopagrede: Neutestamentliche Studien für R. Bultmann (BZNW 21) Berlin 1954, S. 202–227; *B. Gärtner*, The Areopagus Speech and Natural Revelation (ASNU 21) Uppsala 1955; *E. Norden*, Agnostos Theos. Untersuchungen zur For-

dent.[227] Auch die großen Blöcke – Theologie, Christologie und Ethos/ Eschatologie – und damit die Struktur der Texte entsprechen sich. Aber zugleich sollte man auch die unterschiedliche Zielsetzung beider Aussagen bedenken: Apg 17,22ff. ist schon von der Konstruktion und angenommenen Situation her weit apologetischer ausgerichtet.[228] Das zeigt sich nicht nur an der positiveren Einschätzung der vorchristlichen Zeit, sondern auch an der zurückhaltender formulierten Christologie. Auch das Fehlen einer expliziten Schriftbegründung in Apg 17,22ff. und die nicht vorhandene Abgrenzung gegenüber der jüdischen Religion[229] weisen auf ein weitergehendes apologetisches Interesse der Areopagrede hin; konsequent steht deshalb die Aufforderung zur μετάνοια, nicht aber die Explikation gemeindlicher Situation im Mittelpunkt von Apg 17,22ff.[230]

---

mengeschichte religiöser Rede, 4. A. Darmstadt 1956; _W. Eltester_, Schöpfungs-offenbarung und natürliche Theologie im frühen Christentum: NTSt 3, 1956, 93 – 114; _W. Nauck_, Die Tradition und Komposition der Areopagrede: ZThK 53, 1956, 11–52; _M. Dibelius_, Paulus auf dem Areopag S. 29ff.; _M. Dibelius_, Paulus in Athen: Aufsätze zur Apostelgeschichte (FRLANT 60) 4. A. Göttingen 1961, S. 71–75; _M. Pohlenz_, Paulus und die Stoa, Darmstadt 1964; _J.-Chr. Lebram_, Der Aufbau der Areopagrede: ZNW 55, 1964, 221–242; _J.-Chr. Lebram_, Zwei Bemerkungen zu katechetischen Traditionen in der Apostelgeschichte: ZNW 56, 1965, 202–213.

[227] Zur Beziehung zwischen Apg 17,22ff. und KerP vgl. z. B. _Pfleiderer_, Urchristentum II,617; _Norden_, Agnostos Theos S. 3ff. z. B. S. 3: „Daß der Verfasser der Areopagrede sich an ein ihm überliefertes Schema anschloß, zeigen zunächst die Übereinstimmungen seiner Predigt mit Missionspredigten hermetischer Schriften . . . dann mit einer der kürzlich gefundenen ‚Oden Salomos‘ . . . ferner mit Bruchstücken des Kerygma Petri . . ., einer Schrift ähnlichen Charakters, zwar erst aus dem zweiten Jahrhundert, aber von der Acta sichtlich unabhängig . . ." Siehe auch _Gärtner_, Areopagus Speech S. 240, Anm. 4 (im Blick auf fragm. 3c); _Massaux_, Influence S. 403.

[228] Vgl. _Eltester_, Gott und die Natur S. 203: „Wir haben also in der Areopagrede ein Beispiel der Missionsrede vor uns zu erblicken, wie sie zur Zeit der Abfassung der Apostelgeschichte, d. h. in den 8oer Jahren des ersten Jhs., üblich gewesen ist." S. 227: „Wohl aber gab es Schemata . . . nach denen man bestimmte Gedankengruppen in Predigt und liturgischem Gebet vorgetragen hat, wobei man das einzelne der freien Formulierung des Augenblicks überließ." Siehe auch _Nauck_, Tradition und Komposition S. 35: „Der Verfasser gibt mit der Rede ein typisches Beispiel einer Heidenmissionspredigt." Es bleibt jedoch zu bedenken, daß solche Intentionen – die ja weithin bereits der übernommenen Topik von Apg 17,22ff. inhärent sind – durch die Großkomposition der Apg zwar nicht aufgehoben, wohl aber interpretiert werden. Der hierfür entscheidende geschichtstheologische Ansatz des Lukas steht wiederum der Intention des KerP sehr viel näher.

[229] Daß ähnliche Überlegungen auch der Apg nicht fremd sind, belegt die Schlüsselstellung von Apg 10. Der Übergang zur weltweiten Mission, der von der Apg in einen Entwurf urchristlicher Geschichte einbezogen wird, hat im KerP fragm. 3 initiiert.

[230] Sachlich wäre eine spezifisch apologetische Aussage – wie Apg 17,22ff. – im KerP hinter fragm. 3, aber vor fragm. 2 anzusetzen. Fragm. 2 enthält gerade nicht jene Aufforderung zur μετάνοια, von der fragm. 3 spricht. Eine Rede wie Apg 17,22ff. wäre deshalb intentional gerade als eine Verkündigungsform anzusehen, wie sie der Auferstandene in fragm. 2 seinen Jüngern aufträgt (woraus sich

Indem das KerP so grundsätzlich und prinzipiell noch bei der Gemeinde und ihrer Situation bleibt, wird man zögern, es schon jenseits der Grenze anzusiedeln, die genuine Apologetik von den neutestamentlichen Texten trennt. Gerade die Bindung der Fragmente an die Paränese weist darauf hin, daß hier ein relativ frühes Stadium der historischen Entwicklung anzunehmen ist. Allerdings kann nun auf der anderen Seite ein Dokument wie das KerP auch deutlich machen, daß der Eindruck des Schockartigen in der Geschichte des Urchristentums im Blick auf das Einsetzen der Apologetik nicht notwendig zur Annahme historischer Diskontinuität führen muß. Nicht nur, daß das apologetische Material, das die Fragmente verwenden, ohne große Schwierigkeiten auch direkt apologetisch eingesetzt werden kann, wobei nicht einmal eine inhaltliche Änderung erforderlich ist. Das KerP dokumentiert in Kontinuität wie Diskontinuität am Übergang von der Urliteratur zur patristischen Literatur[231] vor allem auch, daß eine Gemeinde, die sich als herausgehobenes Glied der Geschichte begreift und diese Geschichte auf die Zeit μετὰ τὴν ἀνάστασιν gründet, eine neue Art von Selbstverständnis entwickelt; ein kleiner Schritt ist es dann nur noch, wenn solches Selbstverständnis als Selbstbewußtsein nach außen sich kehrt.

---

auch erklärt, daß die Ähnlichkeiten zwischen fragm. 2 und Apg 17,22 ff. besonders eng sind), wie sie aber in den erhaltenen Fragmenten des KerP nicht überliefert ist.

[231] Vgl. *Schneemelcher*, Kerygma Petrou S. 59f.: „Die Bedeutung des KP scheint nun darin zu liegen, daß wir hier ein Mittelglied in der Verkündigungstradition zu sehen haben zwischen der frühchristlichen Missionspredigt, wie sie etwa bei Lukas in der Apg. einen Niederschlag gefunden hat, und der griechischen Apologetik."

Erwägungen zu Acta Apollonii 14–22

Die Acta Apollinii (AA) haben wegen ihrer verwickelten Probleme immer wieder die wissenschaftliche Aufmerksamkeit auf sich gezogen[1]. Die bis heute kontroverse Auseinandersetzung[2] um diese Märtyrerakte galt nicht zuletzt der Apologetik der AA und der damit gegebenen Koppelung von Märtyrerakte und Apologetik[3]. In der Tat liegt hier ein Schwerpunkt der AA, die — provoziert durch die Fragen des Verhörenden — apologetische Topoi und Motive dem Märtyrer zuweisen[4]. Mag man so die AA ».. . eine im Gewande historischer Dar-

---

[1] Für die ältere Literatur vgl. E. Th. Klette, Der Prozeß und die Acta S. Apollonii, TU 15, 2, Leipzig 1897. Unter den neueren Untersuchungen sind zu beachten: M. Sordi, L'apologia del martire romano Apollonio, come fonte dell'»Apologeticum« di Tertulliano e i rapporti fra Tertulliano e Minucio, Rivista di Storia della Chiesa in Italia 18, 1964, 169—188; G. Tibiletti, Gli »Atti di Apollonio« e Tertulliano, Atti della Accademia delle Scienze di Torino 99, 1964/65, 295—337; R. Freudenberger, Die Überlieferung vom Martyrium des römischen Christen Apollonius, ZNW 60, 1969, 111—130; J. Schwartz, Autour des Acta S. Apollonii, RHPhR 50, 1970, 257—261.

Für den Gesamtzusammenhang unerläßlich: K. Holl, Die Vorstellung vom Märtyrer und die Märtyrerakte in ihrer geschichtlichen Entwicklung, Ges. Aufsätze zur Kirchengeschichte II, 68—102, Tübingen 1928; H. Freiherr v. Campenhausen, Die Idee des Martyriums in der alten Kirche, Göttingen [2]1964; H.-W. Surkau, Martyrien in jüdischer und frühchristlicher Zeit, FRLANT 54, Göttingen 1938.

Textausgabe: R. Knopf—G. Krüger—G. Ruhbach, Ausgewählte Märtyrerakten, Tübingen [4]1965. Verglichen wurden die Editionen O. von Gebhardts (Berlin 1902) und G. Rauschens (Florilegium patristicum 3; Bonn 1914).

[2] Den Modellfall für diese Auseinandersetzung bietet forschungsgeschichtlich die Polemik zwischen Geffcken und Harnack (vgl. etwa J. Geffcken, Die Acta Apollonii, NGG 1904, 262—284; A. Harnack, Der Prozeß des Christen Apollonius vor dem praefectus praetorio Perennis und dem römischen Senat, SAB 1893, 721—746). Die methodischen Kriterien sind dabei oft ungenau; selbst Holl (a. a. O., 75, 4: »Ich betrachte als echt, d. h. als zeitgenössisch . . .«) ist hier unpräzise (vgl. dagegen v. Campenhausen, a. a. O., 151, 7).

[3] Für die inhaltliche Klärung der apologetischen Topoi vgl. vor allem J. Geffcken, Zwei griechische Apologeten. Leipzig—Berlin 1907; Einzelheiten finden sich auch in der Kommentierung von Klette und den Analysen von Sordi und Tibiletti.

[4] Man vgl. die inhaltliche Korrespondenz zwischen AA 3/4—6; 7/8—10; 13/14—22; 23/24ff. usw. Die Erkenntnis dieser planmäßigen Anordnung berechtigt zur Skep-

stellung auftretende apologetische Fiktion des 2. oder 3. nachchrist-
lichen Jahrhunderts . . .«[5] nennen, so wäre trotz aller Vorarbeiten die
damit intendierte Hypothese im einzelnen noch einzulösen durch eine
Untersuchung der Herkunft der Topoi, ihrer Interpretation und Kritik
in den AA. Erst dies könnte zu einer präzisen Deskription des historischen Ortes der AA führen[6].

Exemplarisch bietet sich für eine solche Untersuchung vor allem
der Zusammenhang AA 14—22 an, der innerhalb des ersten apologetischen Beweisganges der Akten einen Höhepunkt bildet[7]. Erneut
bildet eine Aufforderung des Perennius den Ausgangspunkt: Apollonius soll (AA 13) μετανοῆσαι καὶ σέβειν καὶ προσκυνεῖν τοὺς θεοὺς κτλ.
Diese Aufforderung wird in der sich anschließenden Passage zurück-
gewiesen; das μετανοῆσαι kann dabei unberücksichtigt bleiben, weil
diese Thematik schon in der Argumentation AA 3/4—6 behandelt worden war. Zunächst erscheint so mit dem Hinweis auf die materielle
Gebundenheit und damit Hinfälligkeit der Götter ein bekanntes
apologetisches Motiv (AA 14), dem sich in 15 eine knappe positive
Formulierung anschließt. In 16b folgt in der Abwehr des προσκυνεῖν
eine sentenzartige These (αἰσχροπρεπὲς γάρ ἐστιν προσκυνεῖν ἢ τὸ
ἰσότιμον ἀνθρώπων ἢ τὸ γοῦν ἔλαττον δαιμόνων), deren Begründung
eine umfang- und materialreiche Digression gibt, die sich bis AA 22
hinzieht[8].

---

sis gegenüber der Historizität des Berichteten. Auf die Diskussion der viel ver-
handelten historischen Fragen wird deshalb im Folgenden verzichtet; neben
Freudenberger vgl. dazu E. Griffe, Les actes du martyr Apollonius et le problème
de la base juridique des persécutions. / Bull. de litt. eccl. 53, 1952, 65—76; E.
Gabba, Il processo di Apollonio, Festschr. J. Carcopino, 397—402, Paris 1966.
Aus der älteren Lit. z. B. Th. Mommsen, Der Prozeß des Christen Apollonius unter
Commodus, SAB 1894, 497—503.

[5] Freudenberger, a. a. O., 111. Noch schärfer J. Geffcken, Acta Apollonii, 276:
».. . Apollonios verläßt mit keinem Schritte die Bahn der Apologetik; das ganze
‚Protokoll‘ ist Phantasie und nicht einmal eine sehr fruchtbare . . .« Vgl. auch
v. Campenhausen, a. a. O., 148.

[6] Die definitorischen Schwierigkeiten, die vor allem im Charakter und in der Überlieferungsgeschichte der Märtyrerakten begründet liegen und ihre historische
Erfassung wenn nicht ausschließen so doch wesentlich erschweren, gilt es dabei zu
berücksichtigen.

[7] Einer gesonderten Untersuchung wert wären die anthropologischen Aussagen
der AA und der Block christologischer Motive in AA 36ff. Die hier anklingenden
Topoi entstammen zwar demselben Horizont wie die ‚theologischen‘ Argumente
in 14ff., haben jedoch nicht die gleiche Konsistenz. Das erklärt sich leicht aus der
‚theologischen‘ Beweisstruktur der Apologetik und ihrer religionsgeschichtlichen
Herkunft aus dem hellenistischen Judentum der nachat.lichen Zeit.

[8] Dabei kehrt AA 22 mit dem Verweis auf die anthropologische, bestenfalls dämono-
logische Bindung »heidnischer« Theologie (. . . ἁμαρτάνουσιν ἄνθρωποι, ὅταν

Die Gedankenführung gliedert sich in vier, asymmetrisch gebaute
Teile (AA 16c; 20; 21; 22), die durch das übergreifende Stichwort
ἁμαρτάνουσιν zu einer argumentativen Einheit zusammengefaßt werden[9]. Diesem Stichwort ἁμαρτάνουσιν sind jeweils (differierende)
spezifische Argumente beigegeben:

16c ἁμαρτάνουσιν ... ἄνθρωποι, ὅταν προσκυνοῦσιν ταῦτα ἃ τῇ
　　 ἕξει συνέχεται ...
20　 ... ἁμαρτάνουσιν ἄνθρωποι, ὅταν προσκυνοῦσιν ... ταῦτα, ἃ τῇ
　　 φύσει συνέχεται.
21　 ... ἁμαρτάνουσιν ἄνθρωποι, ὅταν προσκυνοῦσιν ... ταῦτα, ἃ τῇ
　　 αἰσθήσει συνέχεται ...
22　 ... ἁμαρτάνουσιν ἄνθρωποι, ὅταν προσκυνοῦσιν ... ταῦτα, ἃ τῷ
　　 λόγῳ συνέχεται ...

Die Tendenz dieser Reihung ist deutlich; sie polemisiert gegen die
Bedingtheit des προσκυνεῖν durch die Relation auf ἕξις, φύσις, αἴσθησις
und λόγος[10], um so die anthropologische Bindung und materielle
Immanenz aller Götterverehrung zu dokumentieren.

Die vier Termini sind dabei als Klimax angeordnet; sie dienen so
zugleich als Ordnungsprinzipien in der Flut der rezipierten apologetischen Topoi.

Orientiert man sich zunächst an der Klimax, ohne sofort die
polemische Färbung der Begriffe in den AA mitzubedenken[11], so liegt
ein nicht eben seltener philosophischer Allgemeinplatz vor[12]. Er findet
sich, wenn auch nicht immer in gleicher Weise und identischer Reihung

---

προσκυνοῦσιν ... ἀνθρώπους, δαίμονας ὄντας τῇ ἐνεργείᾳ ...) zur These von 16b
zurück. Durch die Hinzunahme des ὀνόματα-Argumentes wird das Verständnis
von 22 allerdings erschwert; vgl. dazu u.

[9] Die AA geben dabei mit δεύτερον (20), τρίτον (21) und τέταρτον (22) selbst einen
Hinweis auf dies Gliederungsprinzip. Es findet sich übrigens nur in der griechischen
Fassung der AA, nicht aber in ihrer armenischen Version. Ein Vergleich kann aber
zeigen, daß die armenische Fassung auch hier gegenüber der griechischen sekundär
ist. Vgl. dazu Klette; siehe etwa die Zusammenfassung, 47f.

[10] Das wird um so deutlicher, wenn man die Füllung der jeweiligen Begriffe durch die
gegebenen Beispiele mitbedenkt. Diese Präzisierung kann summierend oder auf
der Folie historischer Beispiele geschehen. Im Einzelnen wird zumeist auf beliebte
apologetische Traditionen zurückgegriffen. Vgl. dazu die Kommentierung Klettes
z. St. und die Analysen bei Geffcken.

[11] Gerade für eine überlieferungsgeschichtliche Analyse ist eine solche Isolierung
berechtigt; das impliziert die Prüfung der Intention, in der diese Klimax sich
sonst findet. Eine solche Isolierung ergibt sich notwendig auch von den AA her,
weil sich der λόγος-Begriff in 22 gegen die polemische Verwendung sperrt.

[12] Es bleibt auffällig, daß bei dem Nachweis einer Abhängigkeit der AA die Funktion
dieser Reihe keine Beachtung gefunden hat. Selbst Geffcken scheint der Zusammenhang mit stoischen Philosophumena entgangen zu sein.

wie in den AA, häufig in philosophischen Texten. Ursprünglich in der Naturphilosophie der älteren Stoa entstanden[13], wo diese Reihe der Durchdringung und Kategorisierung der sinnlichen Welt diente, dringt sie in die Philosophensprache ein:

i. Soweit sich dies noch erkennen läßt, geht die terminologische Ausformung auf Chrysipp[14] zurück[15]. An Texten vgl.[16]:

— πνεύματα δὲ κατὰ τοὺς παλαιοὺς δύο ἐστί, τό τε ψυχικὸν καὶ τὸ φυσικόν. οἱ δὲ Στωϊκοὶ καὶ τρίτον εἰσάγουσι τὸ ἑκτικόν, ὃ καλοῦσιν ἕξιν[17].

— τοῦ δὲ ἐμφύτου πνεύματος διπτὸν εἶδος, τὸ μὲν φυσικόν, τὸ δὲ ψυχικόν· εἰσὶ δὲ οἳ καὶ τρίτον εἰσάγουσι, τὸ ἑκτικόν· ἑκτικὸν μὲν οὖν ἐστι πνεῦμα τὸ συνέχον τοὺς λίθους, φυσικὸν δὲ τὸ τρέφον τὰ ζῷα καὶ τὰ φυτά, ψυχικὸν δὲ τὸ ἐπὶ τῶν ἐμψύχων αἰσθητικά τε ποιοῦν τὰ ζῷα καὶ κινούμενα πᾶσαν κίνησιν[18].

Die Texte, die sich leicht vermehren lassen[19], zeigen: »Das Erheblichste ist, daß die sämtlichen Naturdinge in vier Klassen geteilt werden: das Unorganische, die Pflanzen, die Tiere, die vernünftigen Wesen ... Durch diese Einteilung waren die allgemeinsten Fächer für eine Betrachtung der verschiedenen Naturreiche aus dem Gesichts-

---

[13] Vgl. zum Folgenden E. Zeller, Die Philosophie der Griechen in ihrer geschichtlichen Entwicklung. III, 1. Leipzig ⁵1923; A. Schmekel, Die Philosophie der mittleren Stoa in ihrem geschichtlichen Zusammenhange dargestellt, Berlin 1892; E. Grumach, Physis und Agathon in der alten Stoa, Problemata 6, Berlin 1932; O. Rieth, Grundbegriffe der stoischen Ethik. Eine traditionsgeschichtliche Untersuchung, Problemata 9, Berlin 1933; H. u. M. Simon, Die alte Stoa und ihr Naturbegriff. Ein Beitrag zur Philosophiegeschichte des Hellenismus, Berlin 1956; J. Brun, Le Stoicisme, Paris 1958; S. Sambursky, Das physikalische Weltbild der Antike, Zürich—Stuttgart 1965; J. M. Rist, Stoic Philosophy, Cambridge 1969; M. Pohlenz, Die Stoa. Geschichte einer geistigen Bewegung Bd. 1/2. Göttingen ⁴1972.

[14] Zu Chrysipp vgl. J. von Arnim, Art. Chrysippos, PW III, 2, 2502—2509; M. Pohlenz, Zenon und Chrysipp, Kleine Schriften I, 1—38, Hildesheim 1965; E. Bréhier, Chrysippe et l'ancien stoicisme, Paris ²1951; H. Dörrie, Art. Chrysippos, PW Suppl XII, 148—155 (Lit.).

[15] Zur Vorgeschichte der Reihe siehe Rieth, a. a. O., 120ff. Bedeutungsvoll ist vor allem der Nachweis, daß es sich ursprünglich um Allgemeinbegriffe gehandelt habe, die erst später eingeengt wurden und so definitorische Bedeutung bekamen. Zu ἕξις vgl. 127; zu φύσις und ψυχή 192ff.

[16] Die Texte werden zitiert nach J. von Arnim, Stoicorum Veterum Fragmenta, Bd. 1—4. Stuttgart 1964 (= SVF).

[17] SVF II, 205, 16ff.

[18] SVF II, 205, 19ff.

[19] Vgl. noch SVF II, 144ff.; SVF II, 302, 17ff.; weiteres bei Zeller, a. a. O., III, 1, 196 (Anm. 1); Rieth, a. a. O., 125; Pohlenz, Stoa II, 49f.

punkt einer stufenweise aufsteigenden Entwicklung der lebendigen
Kräfte gegeben[20].«

ii. Bei der raschen Rezeption philosophischer Terminologie kann
es nicht verwundern, daß die Reihe (wenn auch z. T. variiert) verbreitet ist und zum Arsenal der Philosophensprache gehört. Dabei
wird sie dann oft nicht mehr spezifisch, d. h. im Bewußtsein ihrer
ursprünglichen Funktion verwandt. Daraus ergibt sich konsequent
die Unmöglichkeit, allein auf Grund des Auftretens der Reihe zu
traditionsgeschichtlichen Schlüssen zu gelangen. Immerhin läßt sich
neben Poseidonius[21] noch auf Antiochos von Askalon[22] verweisen[23].
Auch in der Sprache der Alten Kirche hat die Terminologie Eingang
gefunden[24].

Besonders auffallend ist die Nähe der AA zu Philo und Clemens
Alexandrinus. So heißt es bei Philo[25] thesenartig[26]: τῶν γὰρ σωμάτων
τὰ μὲν ἐνεδήσατο ἕξει, τὰ δὲ φύσει, τὰ δὲ ψυχῇ, τὰ δὲ λογικῇ ψυχῇ.

---

[20] Zeller, a. a. O., III, 1, 196. Vgl. noch Pohlenz, Stoa I, 83ff.; H. u. M. Simon,
a. a. O., 109f.; Sambursky, a. a. O., 189. Zur Stufenfolge in der ‚mittleren' Stoa
vgl. Schmekel, a. a. O., 198ff.

[21] Zu Poseidonius vgl. K. Reinhardt, Poseidonios, München 1921; ders., Kosmos und
Sympathie, München 1926; ders., Art. Poseidonios von Apamea, PW XXII,
558—862 (Lit.); Rist, a. a. O., 210. Umstritten ist dabei die Funktion, die der
Differenzierung bei Poseidonius zukommt. Sicher scheint jedoch, daß für ihn
neben der Einführung des Kraftbegriffs (Reinhard, Poseidionos, 346ff.) das Ver-
bindende in dieser Reihe von besonderem Interesse war (vgl. neben Reinhard,
Art. Poseidonios, Sp. 649f., auch Pohlenz, Stoa I, 224f.).

[22] Vgl. A. Lueder, Die philosophische Persönlichkeit des Antiochos von Askalon,
Göttingen 1940, 23ff., G. Luck, Der Akademiker Antiochos, Noctes Romanae 7,
Bern—Stuttgart 1953, 46ff.

[23] Zu Plotin vgl. Pohlenz, Stoa I, 391; II, 190. Zum Gesamten W. Theiler, Die Vorbereitung des Neuplatonismus, Problemata 1, Berlin 1930.

[24] Vgl. z. B. die Rezeption des Materials bei Nemesius. Dazu W. Jaeger, Nemesios
von Emesa, Berlin 1914; E. Skard, Art. Nemesios, PW Suppl VII, 562—566
(Lit.).

    Zu Gregor von Nyssa K. Gronau, Poseidonios und die jüdisch-christliche
Genesisexegese, Leipzig 1914, 146ff. Gronaus Analysen behalten trotz des hypothetischen Charakters seiner Ableitungen und der Überschätzung des Poseidonios
ihren Wert.

    Zu Augustin vgl. Pohlenz, Stoa I, 452 (»Mit der stoischen Lehre von den vier
Seinsstufen . . . verbindet sich die neuplatonische Vorstellung von der Abstufung
des Seinsgehaltes . . .«); II, 221 (die betr. Texte). Zum Ganzen vgl. E. Ulrich, Die
Bedeutung der stoischen Philosophie für die ältere christliche Lehrbildung,
Karlsbad 1914; M. Spanneut, Le stoicisme des Pères de l'église à Clément
d'Alexandrie, Paris 1957.

[25] Zur Einordnung in die Philosophie seiner Zeit vgl. E. Bréhier, Les idées philo-
sophiques et religieuses de Philon d'Alexandrie, Etudes de Philosophie médiévale
8, Paris ²1925; J. Gross, Philons von Alexandreia Anschauungen über die Natur

Das wird im Folgenden erläutert: Zur ἕξις gehören für Philo λίθοι und ξύλοι (II, 64, 2ff.), zur φύσις die φυτοί (II, 64, 10f.); die ψυχή unterscheidet sich von der φύσις in den drei Aspekten von αἴσθησις, φαντασία, ὁρμή (II, 65, 9ff.). Die λογικὴ ψυχή schließlich kommt nur den Menschen zu (II, 64, 4f. 18ff.; 67, 2ff.). Der philonische Text und die Reihe in den AA lassen sich parallelisieren:

Philo	AA
ἕξις	ἕξις
φύσις	φύσις
ψυχή	αἴσθησις
λογικὴ ψυχή	λόγος

Die Korrespondenz ist deutlich, zumal auch die Erläuterung der einzelnen Termini in beiden Texten nahezu identisch ist[27]

Neben Philo tritt Clemens Alexandrinus[28]:

---

des Menschen, Diss. phil. Tübingen 1930; E. Turowski, Die Widerspiegelung des stoischen Systems bei Philon von Alexandreia, Diss. phil. Königsberg 1927; H. Schmidt, Die Anthropologie Philons von Alexandreia, Diss. phil. Leipzig 1933; M. Pohlenz, Philon von Alexandreia, Kleine Schriften I, 305—383, Hildesheim 1965; I. Heinemann, Philons griechische und jüdische Bildung, Hildesheim 1962; U. Früchtel, Die kosmologischen Vorstellungen bei Philo von Alexandrien, Arb. z. Lit. und Gesch. d. hell. Judentums 2, Leiden 1968.

[26] Quod Deus sit immutabilis 35 (II, 64, 1f. Wendland).

[27] So erweist sich etwa die Differenz zwischen ψυχή und αἴσθησις nur als vordergründig, da ψυχή bei Philo ja sofort durch die Begriffe αἴσθησις, φαντασία und ὁρμή erläutert wird. Zum Zusammenhang zwischen ψυχή und αἴσθησις vgl. auch bereits SVF I, 39, 20ff.; 86, 30ff. Auch der Unterschied zwischen λογικὴ ψυχή und λόγος ist, wie erneut die Erläuterung deutlich macht, von untergeordneter Valenz. Neben dem o. Text vgl. noch leg. all. II, 22f. (I, 95, 8ff. Cohn) und de aet. mundi 75 (VI, 96, 8ff. Cohn-Reiter):
ἐπεὶ δὲ εἱμαρμένη κατὰ τοὺς ἄριστα φυσιολογοῦντας ἄναρχος καὶ ἀτελεύτητός ἐστιν, εἴρουσα τὰς ἑκάστων ἀνελλιπῶς καὶ ἀδιαστάτως αἰτίας, τί δήποτ' οὐχὶ καὶ τὴν τοῦ κόσμου φύσιν λεκτέον εἶναι μακραίωνα, τὴν τάξιν τῶν ἀτάκτων, τὴν ἁρμονίαν τῶν ἀναρμόστων, τὴν συμφωνίαν τῶν ἀσυμφώνων, τὴν ἕνωσιν τῶν διεστηκότων, τὴν ξύλων μὲν καὶ λίθων ἕξιν, σπαρτῶν δὲ καὶ δένδρων φύσιν, ψυχὴν δὲ ζῴων ἁπάντων, ἀνθρώπων δὲ νοῦν καὶ λόγον, ἀρετὴν δὲ σπουδαίων τελειοτάτην;
Zur Aufnahme der Reihe durch Philo vgl. Pohlenz, Stoa I, 371; II, 181; ders., Philon, 341f.; J. Gross, a. a. O., 21; Bréhier, Philon, 87 Anm. 2, 159; Turowski, a. a. O., 20f.

[28] ClemAl Strom. II, 20, 111.
Zu Clemens vgl. in diesem Kontext A. Merk, Clemens Alexandrinus in seiner Abhängigkeit von der griechischen Philosophie, Leipzig 1879; J. Gabrielsson, Ueber die Quellen des Clemens Alexandrinus, Bd. 1/2. Leipzig—Uppsala 1906/09; G. Verkuyl, Die Psychologie des Clemens von Alexandrien im Verhältnis zu seiner Ethik, Diss. Leipzig 1886; M. J. Daskalakis, Die eklektischen Anschauungen des Clemens von Alexandria und seine Abhängigkeit von der griechischen Philosophie,

τῶν γὰρ κινουμένων, ἃ μὲν καθ᾽ὁρμὴν καὶ φαντασίαν κινεῖται, ὡς τὰ
ζῷα·τὰ δὲ κατὰ μετάθεσιν, ὡς τὰ ἄψυχα·κινεῖσθαι δὲ καὶ τῶν ἀψύχων
τὰ φυτὰ μεταβατικῶς φασὶν εἰς αὔξησιν, εἰ τις αὐτοῖς ἄψυχα εἶναι συγ-
χωρήσει τὰ φυτά. ἕξεως μὲν οὖν οἱ λίθοι, φύσεως δὲ τὰ φυτά, ὁρμῆς δὲ
καὶ φαντασίας τῶν τε αὖ δυοῖν τῶν προειρημένων καὶ τὰ ἄλογα μετέχει
ζῷα· ἡ λογικὴ δὲ δύναμις ἰδία οὖσα τῆς ἀνθρωπείας ψυχῆς οὐχ ὡσαύτως
τοῖς ἀλόγοις ζῴοις ὁρμᾶν ὀφείλει, ἀλλὰ καὶ διακρίτας φαντασίας καὶ μὴ
συναποφέρεσθαι αὐταῖς.

Von diesen Texten her muß eine Analyse der AA davon ausgehen,
daß die Akten in 16c—22 philosophische Terminologie aufnehmen. Dies
gilt nicht nur für die Einzelheiten, sondern vor allem trifft es für das
übergreifende Gliederungsprinzip zu. Es gelingt den AA so, nicht nur
den breiten Strom apologetischer Topoi zu ordnen, sondern diesem
Material auch eine neue, besser begründete polemische Spitze zu geben.

Im Zusammenhang AA 16c—22 bereitet noch der Satz 22 οἷσπερ ἀκολούθως
συνεζήτηται τὰ ὀνόματα διὰ τοὺς μύθους δι᾽ ὧν καὶ αὐτὰ τὰ ὀνόματα γινώσκεται dem
Verständnis Schwierigkeiten. An dem Text ist in den Editionen viel geändert und
gebessert worden[29]. Dennoch läßt sich der tradierte Text halten:

Der vorangegangene Abschnitt hatte sein Ziel im Nachweis, daß die vorgeb-
lichen Götter in Wirklichkeit Menschen sind. Das ergibt sich aus den Mythen, und
die AA führen als Beispiele Dionysos, Herakles und Zeus an. Dem schließt sich eine
Argumentation an, die ihre Spitze im ὀνόματα-Begriff hat. Dabei kann die Wichtigkeit dieses Themas in der Auseinandersetzung mit den ‚heidnischen‘ Kulten nicht
unterschätzt werden[30]. Denn es bestand ein enger Zusammenhang zwischen den
ὀνόματα und den Mythen bzw. den Göttergenealogien; von daher kann ὀνόματα der
Bedeutung ‚Namenskataloge‘ entsprechen. Diesen Konnex machten sich die Apologeten zunutze[31]. Von daher ist es folgerichtig, daß die AA das Problem der ὀνόματα

Diss. Leipzig 1908; J. Meifort, Der Platonismus bei Clemens Alexandrinus, Tübingen 1928; R. E. Witt, The Hellenism of Clement of Alexandria, The Classical
Quarterly 25, 1931, 195—204; M. Pohlenz, Klemens von Alexandreia und sein
hellenisches Christentum, Kleine Schriften I, 481—558, Hildesheim 1965; vgl.
bes. 504; W. Völker, Der wahre Gnostiker nach Clemens Alexandrinus, TU 57,
Berlin 1952; E. F. Osborn, The Philosophy of Clement of Alexandria, Cambridge
1957; vgl. Spanneut, a. a. O., 355.

29 Vgl. etwa die textkritischen Angaben bei Knopf-Krüger-Ruhbach und Rauschen.
   Klette, a. a. O., 111, ersetzt ὀνόματα durch γεννήματα und übersetzt: ‚Mit ihnen
   zusammengehörig sind zugleich ihre Nachkommenschaften in Veranlassung der
   Mythen ermittelt, deren Namen auch selbst bekannt sind.‘ Daß der Text damit
   besser verständlich ist, wird man nicht sagen können.

30 Vgl. dazu Bietenhard, Art. ὄνομα κτλ. ThW V, 242ff.; C. Wendel, Art. Mytho-
   graphie, PW XVI, 2, 1352—1374; W. Aly, Art. Mythos, PW XVI, 2, 1374—1411.

31 Vgl. Athenagoras, Suppl. 28; Theophilus ad Autol. II, 2. 7. 34; besonders deutlich
   II, 8:
   καὶ τί μοι τὸ λοιπὸν τὸ πλῆθος τῶν τοιούτων ὀνομασιῶν καὶ γενεαλογιῶν καταλέ-
   γειν; ὥστε κατὰ πάντα τρόπον ἐμπαίζονται οἱ συγγραφεῖς πάντες καὶ ποιηταὶ καὶ

in diesem Zusammenhang behandeln. Ihnen wird wegen der Absurdität der Mythen, aus denen sie ja ihre Berechtigung herleiten und durch die sie bekannt sind, widersprochen; sie werden in Frage gestellt (συζητεῖν hat damit dem Kontext entsprechend polemische Funktion). Zu übersetzen wäre: ‚In Entsprechung zu diesen (scil. zu den eben genannten Göttern) werden auch die Namenskataloge in Frage gestellt um der Mythen willen, durch die sie auch bekannt wurden'.

Wird so in den AA das apologetische Material geordnet und unter die leitenden Termini von ἕξις, φύσις, αἴσθησις und λόγος gestellt, so unterscheidet dies die Apologetik der AA vorteilhaft von jener Häufung der Topoi, die sonst oft zu beobachten ist. Auf der anderen Seite liegt gegenüber der philosophischen Herkunft der Reihe der Unterschied in der apologetischen Verwendung und polemischen Zuspitzung, die sonst nicht vorzuliegen scheint.

Erinnert sei jedoch an den Traktat des Sallustius ‚Περὶ θεῶν καὶ κόσμου'[32]. Natürlich ist an keine direkte Beziehung zu den AA zu denken, wohl aber zeigt Sallustius, daß sich solche Klassifikationen in ähnlicher Weise verwenden lassen. Modifiziert ist deshalb das Urteil A. D. Nocks, das er im Blick auf cap. iv. des Sallustius geltend macht (S. xlv: »This classification is perhaps peculiar to Sallustius, but constructed on the usual lines.«), auch auf AA 16 c ff. anwendbar. Im Zuge seiner Verteidigung der Mythen (cap. iii) kommt Sallustius in iv. 1 zu einer Ordnung dieser Mythen:

Τῶν δὲ μύθων οἱ μέν εἰσι θεολογικοί, οἱ δὲ φυσικοί, οἱ δὲ ψυχικοί τε καὶ ὑλικοί, καὶ ἐκ τούτων μικτοί.

Diese Einteilung, die freilich nicht in einer Klimax erfolgt und z. T. auch anders nuanciert ist[33], dient zur Abwehr gegenüber jenen, die den Nutzen der Mythen bestreiten, indem sie Interpretationsmöglichkeiten aufzeigt.

Aber bezeichnenderweise wird von Sallustius unter dem Aspekt der ὑλικοὶ μῦθοι — wobei ὑλικός per definitionem dem ἕξις der AA entspricht — in iv. 3 der Gebrauch (bzw. Mißbrauch) der Mythen bei den Ägyptern kritisiert. Das mag in direkter Abwehr gegen die landläufige

---

φιλόσοφοι λεγόμενοι, ἔτι μὴν καὶ οἱ προσέχοντες αὐτοῖς. μύθους γὰρ μᾶλλον καὶ μωρίας συνέταξαν περὶ τῶν κατ᾽ αὐτοὺς θεῶν. οὐ γὰρ ἀπέδειξαν αὐτοὺς θεοὺς ἀλλὰ ἀνθρώπους, οὓς μὲν μεθύσους, ἑτέρους πόρνους πόρνους καὶ φονεῖς.

[32] Ausgabe: G. Rochefort, Saloustios. Des Dieux et du Monde, Paris 1960.
    Maßgebender Kommentar und Textanalyse bei A. D. Nock, Sallustius. Concerning the Gods and the Universe, Cambridge 1926.

[33] Das gilt vor allem für die sich anschließenden Erläuterungen in iv. 1b und iv. 2. Zum einen dürfte sich diese Differenz aus der andersartigen Intention des Sallustius, zum anderen aus der spezifischen philosophischen Tradition erklären, in der er steht. Vgl. dazu die umfassenden Untersuchungen bei Nock und den Kommentar bei Rochefort.

christliche Polemik an diesem Punkt (vgl. nur AA 21) begründet
sein[34], zeigt aber doch, daß hier tiefere Zusammenhänge bestehen.

Zwei Folgerungen sind abschließend von 16c—22 aus für die AA
zu ziehen:

1. Die Analyse des Textzusammenhanges hat bestätigt, daß in
den AA mit planmäßiger Aufnahme apologetischer Traditionen zu
rechnen ist. Das meint nicht eine planlose und wenig ergiebige Kom-
pilation von Material (so Geffcken), aber andererseits auch nicht die
Wiedergabe des originären Gerichtsprotokolls (so Harnack und Klette).
Vielmehr liegt das Spezifikum der AA gerade in der Verbindung von
Märtyrerakte und Apologetik. Das hat nicht nur Konsequenzen für
die Form — die Märtyrerakte nähert sich so immer stärker dem reinen
Dialog[35] — und den ‚Sitz im Leben‘, sondern zeigt, daß in dieser Verbindung die AA ein späteres Stadium der Entwicklung repräsentieren.

2. So wenig es erlaubt ist, aus traditionsgeschichtlichen Beobachtungen direkte Rückschlüsse entstehungsgeschichtlicher Art zu ziehen,
es bleibt doch im Blick auf die AA — vor allem von 16c—22 her —
auffällig, daß die nächsten Parallelen in alexandrinischer Literatur zu
finden sind[36]. Auch dies wäre noch kein Anlaß zu weitergehenden Folgerungen: altkirchliche Apologetik verdankt sich dem jüdischen Hellenismus, seiner Adaption hellenistischer Gedanken und damit weithin dem Horizont alexandrinischer Theologie. Aber es kommen noch
weitere Gründe hinzu:

— In besonders auffallender Weise enthalten die AA in 39—40 bei dem
Vergleich von Christus und Sokrates einen Zitatkomplex (Jes 3 10
LXX bzw. SapSal 2 12 und Plato, Rep. II p. 361e)[37], wie ihn auch
Clemens Alexandrinus tradiert[38].
— Die AA erinnern in besonderem Maße an die Acta Alexandrino-

---

[34] So A. D. Nock z. St.

[35] Vgl. dazu M. Hoffmann, Der Dialog bei den christlichen Schriftstellern der ersten
vier Jahrhunderte, TU 96, Berlin 1966; B. R. Voss, Der Dialog in der frühchristlichen Literatur, Studia et testimonia antiqua 9, München 1970.

[36] Für die Analyse der Zusammenhänge ist trotz aller berechtigten Kritik unerläß-
lich W. Bousset, Jüdisch-christlicher Schulbetrieb in Alexandria und Rom,
FRLANT 23, Göttingen 1915; für den Nachweis der Verbindung von Philo und
Clemens an einem Einzelpunkt vgl. P. Wendland, Philo und Clemens Alexandrinus,
Hermes 31, 1896, 435—456.

[37] Dazu A. Harnack, Sokrates und die alte Kirche, Gießen 1901; E. Benz, Der
gekreuzigte Gerechte bei Plato, im Neuen Testament und in der alten Kirche,
AAMz 1950, H. 12; ders., Christus und Sokrates in der alten Kirche, ZNW 43,
1950/51, 195—224; Schwartz, a. a. O., 259ff. (Lit.).

[38] ClemAl, Strom. V, 14, 108, 2; vgl. noch Strom. IV, 7, 52, 1.

rum[39]. Schlüsse sind auch hier schwierig, aber die Berührungen vor allem in der Form sind nicht zu übersehen[40].

— Die griechische Version der AA verweist durch die Namensform Ἀπολλώς ebenfalls nach Alexandrien[41].

— Bei den inhaltlichen Gründen fällt auf, daß die AA ebenfalls nicht allzu weit von Clemens Alexandrinus entfernt sind, auch wenn sie dessen theologische Tiefe nicht teilen[42].

— Was schließlich Overbeck allgemein feststellte — den Umschlag zu einer Apologetik, die sich mehr und mehr an den Christen selbst orientiert[43] — und am Namen des Clemens Alexandrinus festmachte, läßt sich auch von den AA sagen, die in der Transponierung der Apologetik in eine Märtyrerakte ebenfalls primär an den Bedürfnissen der Gemeinde orientiert sind.

Man mag auch jetzt noch immer im Blick auf die Ökumenizität des Gedankens die AA überall entstanden denken[44]. Dennoch: Art der apologetischen Traditionen, Charakter und Theologie der griechischen AA weisen nach Alexandrien und lassen eine Entstehung im Umkreis des Clemens Alexandrinus vermuten.

---

[39] Vgl. dazu H. A. Musurillo, The Acts of the pagan Martyrs. Acta Alexandrinorum, Oxford 1954.

[40] Musurillo, a. a. O., 262. Die Vergleichspunkte, die Musurillo hier allgemein angibt, lassen sich ungesucht auch auf die AA anwenden.

[41] Dazu vgl. Klette, a. a. O., 92. Hierher gehört auch die Bezeichnung des Apollonius mit dem Namen Σακκέας, der in literarischer Beziehung sonst nur für Ammonios belegt ist. Vgl. H. Dörrie, Ammonios, der Lehrer Plotins, Hermes 83, 1955, 439 —477; J. C. Hindley, Ammonios Sakkas, ZKG 75, 1964, 332—336.

[42] Dabei wäre freilich auch die formale Einordnung der Akten zu beachten.

Natürlich wird jede Untersuchung des Clemens Alexandrinus die Warnung F. Overbecks berücksichtigen müssen (in seiner Rez. der Arbeit Mercks in der ThLZ 1879, Sp. 475): »Clemens Alexandrinus ist zur Zeit durchaus noch kein Schriftsteller, über welchen es so leicht sein wird, der Beachtung werthe allgemeine Ansichten aufzustellen, und insbesondere jeder Anfänger in der Wissenschaft kann nur davor gewarnt werden, zwar nicht sich mit ihm überhaupt zu befassen, aber doch sich mit ihm dem wissenschaftlichen Publicum vorzustellen, es sei denn, daß er die Fragen, die er beantworten will, sich sehr eng und bestimmt abgesteckt hätte. »Aber auch unter solchen Kautelen sind inhaltliche Berührungen zwischen Clemens und den AA nicht zu übersehen; das gilt etwa für die Märtyrervorstellung bei Clemens.« Vgl. dazu Völker, Clemens, 559ff.

[43] F. Overbeck, Über die Anfänge der patristischen Literatur, Darmstadt 1954 (Nachdruck der Ausgabe von 1882), 53 Anm. 25: ». . . Seit dem 3. Jahrhundert liegt überhaupt ihr (scil. der Apologetik) praktisches Ziel nicht im Bereich des Heidentums, sondern in dem des Christentums, d. h. sie hat ihr Absehen nicht auf ein heidnisches, sondern auf ein wie ein heidnisches zu behandelndes christliches Publikum. Ja es ist dies der eigentliche charakteristische Unterschied der Apologetik seit dem 3. Jahrhundert von der früheren.«

[44] Schwartz, a. a. O., 261, denkt beispielsweise an Antiochien.

Die Wunderüberlieferung in der Vita Apollonii
des Philostratos[1]

I. Methodische Prämissen und Probleme der Vita Apollonii

Ein angemessenes Verständnis der Wunderüberlieferung in der Vita Apollonii
(VA) läßt sich nur dann erreichen, wenn neben einer kurzen forschungsgeschichtlichen Erinnerung der gesamte Zusammenhang dieses schwierigen Textes
bedacht wird. Es zeigt sich daran nicht nur, in welchem Ausmaß die Überlegungen zur historischen Gestalt des Apollonius und zur literarischen Form der VA
sich überschneiden. Es wird zugleich auch deutlich, daß der Verweis auf die VA
durch die theologische Forschung bereits durch bestimmte Perspektiven beeinflußt und gelenkt wird.

---

[1] Vortrag, 1989 gehalten vor der Projektgruppe „Formgeschichte" der Fachgruppe Neues
Testament der Wissenschaftlichen Gesellschaft für Theologie. Paulsen bezieht sich in diesem
Beitrag u. a. auf folgende ausgewählte Literatur: F. C. BAUR, Apollonios von Tyana und Chri-
stus, oder das Verhältniss des Pythagoreismus zum Christenthum, in: Drei Abhandlungen zur
Geschichte der alten Philosophie und ihres Verhältnisses zum Christentum, neu hrsg. v.
E. Zeller, Leipzig 1876, 1–227; G. W. BOWERSOCK, Greek Sophists in the Roman Empire,
Oxford 1969; E. L. BOWIE, Apollonius of Tyana: Tradition and Reality, ANRW II,16,2 (1978)
1652–1699; J. GÖTTSCHING, Apollonius von Tyana, Diss.phil. (Leipzig), Leipzig 1889; D. ES-
SER, Formgeschichtliche Studien zur hellenistischen und zur frühchristlichen Literatur unter
besonderer Berücksichtigung des Philostrat und der Evangelien, Diss. theol., Bonn 1969;
F. GROSSO, „La Vita di Apollonio di Tiana" come fonte storico, Acme 7 (1954) 331–532;
J. HEMPEL, Untersuchungen zur Überlieferung von Apollonius von Tyana, Stockholm 1921;
K. HOLL, Die schriftstellerische Form des griechischen Heiligenlebens, in: Ders., Gesammelte
Aufsätze zur Kirchengeschichte II, Tübingen 1928, 249–269; A. KIEFER, Aretalogische Studien,
Diss.phil. (Freiburg), Leipzig 1929; J. LÉVY, Recherches sur les sources de la légende de Pytha-
gore, Paris 1926; J. MESK, Die Damisquelle des Philostratos in der Biographie des Apollonios
von Tyana, WSt 41 (1919) 121–138; E. MEYER, Apollonios von Tyana und die Biographie des
Philostratos, in: Ders., Kleine Schriften II, Halle 1924, 131–191; V. Mumprecht (Hg.), Philo-
stratos. Das Leben des Apollonius von Tyana, München-Zürich 1983; J. PALM, Om Filostratos
och hans Apollonios-Biografi, Uppsala 1976; G. PETZKE, Die Traditionen über Apollonius von
Tyana und das Neue Testament, Leiden 1970; R. J. PENELLA, The Letters of Apollonius of
Tyana, Leiden 1979; R. REITZENSTEIN, Hellenistische Wundererzählungen, Darmstadt ²1963;
H.-J. SCHÜTZ, Beiträge zur Formgeschichte synoptischer Wundererzählungen dargestellt an der
vita Apollonii des Philostratus, Diss. theol., Jena 1953; M. SMITH, Prolegomena to a Discussion
of Aretalogies, Divine Men, the Gospels and Jesus, JBL 90 (1971) 174–199; F. SOLMSEN, Art.
Philostratus (8–12), PW 39 (1941) 124–177; W. SPEYER, Rez. G. Petzke, Die Traditionen …,
JAC 16 (1973) 133–135; DERS., Zum Bild des Apollonios von Tyana bei Heiden und Christen,
JAC 17 (1974) 47–63; O. WEINREICH, Antike Heilungswunder. Untersuchungen zum Wunder-
glauben der Griechen und Römer, RVV VIII, 1, Gießen 1909.

1. Synchrone Textanalyse

Nach einer langen Phase, die bis in die Geschichte der alten Kirche reicht und in der VA vor allem das Gegenüber zum Christentum wahrnimmt,[2] setzt die kritische Forschung 1832 mit F.C. Baur ein[3]. Durch die eindringende Analyse des Textes, die sich durch Klarheit und kritische Schärfe auszeichnet, gelingt es Baur, den Text als Größe sui generis zu bestimmen: „Mir scheint es … keinem Zweifel zu unterliegen, dass das Werk des Philostratus eine durchaus idealisierende Darstellung enthält, deren historische Grundlage auf sehr Weniges zu beschränken ist."[4] Nicht mehr erscheint die Frage nach der Gestalt des Apollonius als vordringlich, sondern in erster Linie geht es um das Verständnis der VA von Person und Denken des Philostrat her. Ihn als Autor des 3. Jahrhunderts – der zweiten Sophistik – zu verstehen wird die vordringliche Aufgabe. Und selbst wenn die Lösungen, die Baur vorgeschlagen hat, zu recht abgelehnt wurden (die VA läßt sich nicht als Gegenentwurf zu den Evangelien deuten!), so bleibt diese Einsicht Baurs bis in die Gegenwart hinein verpflichtend. Es handelt sich jenseits aller Überlieferungen bei der VA um ein Werk eigener Art, geprägt durch einen Autor, der seinen Text bewußt und auf Grund bestimmter Voraussetzungen gestaltet. Solcher Beginn der kritischen Forschung auf der synchronen Textebene, ohne daß Baur prinzipiell die Rückfrage nach möglichen Vorstufen des Textes leugnen würde, hat sich im Blick auf die VA bis in die Gegenwart hinein bewährt.

Allerdings stellen sich auch bei einem solchen methodischen Paradigma Probleme, von deren Lösung die Forschung an der VA noch immer weit entfernt ist: Es bedarf gerade bei diesem Verständnis der konsequenten Heranziehung auch der anderen Texte des Philostrat; auch wenn dies bisher nur in Ansätzen geschehen ist, so zeigen die Querverbindungen eindeutig die Intensität, mit der Philostrat als Autor sprachlich wie stilistisch tätig gewesen ist.

Solche schöpferische Eindrücklichkeit, die jede Scheidung zwischen Überlieferung und Auslegung höchst schwierig erscheinen läßt, hängt auch mit der geschichtlichen und kulturellen Zuordnung der VA zusammen. Von Philostrat als Auftragsarbeit für Julia Domna verfaßt, fügt sie sich – verhangen und nicht mehr klar erkennbar – in die Religionspolitik der Severer ein[5]. Mehr noch: in einer aktuellen Situation versichert sich die Gegenwart literarisch der Vergangenheit. Philostrat verweist mit Apollonius ja nicht nur auf eine Gestalt des ersten Jahrhunderts (auch dies bereits auffällig genug!), sondern beansprucht zugleich (I,1!) pythagoreischen Ursprung. Ein Phänomen, das sich in pseudopythagoreischen Texten nicht selten nachweisen läßt[6]: in den Pseudepigrapha findet eine Bemächtigung der Vergangenheit statt (vgl. auch die Pythagoras-Viten!).

---

[2] Vgl. die Einzelheiten der Rezeptionsgeschichte bei SPEYER, Zum Bild des Apollonios von Tyana.

[3] BAUR, Apollonios von Tyana.

[4] Ebd., 109.

[5] Vgl. jedoch die kritischen Vorbehalte bei BOWERSOCK, Greek Sophists.

[6] Vgl. W. BURKERT, Hellenistische Pseudopythagorica, Philologus 105 (1961) 16–42,

Wenn so die von F. C. Baur initiierte Fragestellung vor allem das Profil des
Schriftstellers Philostrat beschreibt, so werden die Schwierigkeiten solcher Deskription bereits an den Extremen der bisherigen Urteilsbildung erkennbar: die
vertrauten clichés, die vom konservativen Redaktor bis zum souveränen Gestal-
ter reichen, begegnen auch hier und unterstreichen die Unsicherheit der synchronen Textanalyse.

2. Diachrone Paradigmen

Nach dem bezeichnenden Hinweis auf die Gestalt des Pythagoras setzt Philostrat mit der Erinnerung an die Vielschichtigkeit des Apollonius ein: es handelt
sich um eine umstrittene Gestalt, und deshalb geht es für ihn als Autor darum
(I,2): „... den Mann genau zu prüfen, sowohl nach der Zeit, da er dies und jenes
sagte oder tat, als auch nach der Art der Weisheit, durch die er den Ruf eines
dämonischen und göttlichen Mannes erlangt hat." Ein großes Ziel, und um ihm
gerecht zu werden, bedarf es einer sorgsamen Sichtung der Überlieferung, die
sich verstreut findet und aus vielen Quellen gespeist wird. Philostrat nimmt mit
diesem Hinweis den vertrauten literarischen Charakter des ‚Proömiums' auf, wie
sich durch den Vergleich mit anderen Texten leicht belegen läßt. Aber es bleibt
doch kennzeichnend, in welchem Umfang er sich solcher Vorgaben benennend
versichern muß: nicht allein geht es um Überlieferung, die in Briefen und
Äußerungen direkt sich Apollonius verdankt, sondern vor allem um jene Autoren, die bereits vor ihm sich diesem Mann zuwandten. Unter denen, die erwähnt
werden, fallen zwei Namen besonders auf: auf der einen Seite steht Damis, der als
Begleiter des Apollonius vorgestellt wird und in dieser Eigenschaft seine Gedanken, Reden und Weissagungen aufgezeichnet haben soll (I,3). Auf Grund des
Auftrags der Julia Domna will Philostrat die ‚diatribai' des Damis stilistisch
überarbeiten und verbessern. Andererseits wird neben ihm Moiragenes erwähnt,
von dessen Darstellung sich die VA bewußt abgrenzen möchte. Die Gestalt des
Moiragenes ist nicht nur deshalb von Bedeutung, weil sie in der Auseinandersetzung zwischen Kelsos und Origenes eine Rolle spielt (contra Celsum VI,41):
Origenes weist Kelsos darauf hin, daß in den ‚hypomnemata' des Moiragenes
Apollonius als Zauberer und Scharlatan erscheine (‚magos kai goes') und dies die
Doppeldeutigkeit aller Religiosität zeige. Darin liegt zugleich Relevanz, weil es
die Modalitäten klarer hervortreten läßt, mit denen Philostrat die Überlieferun-
gen rezipiert und verändert hat.

Jenseits des Topologischen nötigt das Proömium die Forschung deshalb zur
Frage nach den Quellen und damit nach der ‚Vorgeschichte' des Textes. Dies
führte in den bisherigen Untersuchungen nicht selten zu literarkritischen Überlegungen, die allerdings wirkliche Klärung nicht gebracht haben. Denn so gewiß
Philostrat ungeachtet der literarischen Konventionalität des Proömiums auf

---

226–246 oder ders., Weisheit und Wissenschaft. Studien zu Pythagoras, Philolaos und Platon,
Nürnberg 1962.

vorgängige Überlieferung sich bezieht, so schwierig haben sich bisher die Wege erwiesen, diese Quellen zu bestimmen und in ihrem Umfang zu beschreiben. Jenseits aller détails müssen deshalb die methodischen Implikationen solcher Überlegungen hervorgehoben werden. Dies betrifft zunächst die umstrittene Damis-Überlieferung, zumal Philostrat hier nicht nur Differenz sondern Zustimmung andeutet. Dennoch bleiben auch hier die Meinungen in der Forschung geteilt: während einerseits mit der Existenz der ‚Damis-Papiere‘ gerechnet wird (in welcher Form auch immer)[7], steht auf der anderen Seite z. B. der Nachweis E. Meyers, der in der Behauptung gipfelt: „Wenn wir aus Damis‘ Bericht alles das wegstreichen, was sicher dem Philostratos angehört, so bleibt eben nichts mehr übrig."[8] Wieder wird (selbst wenn die Frage mit einem ‚non liquet‘ endet!) die Schwierigkeit unübersehbar, angesichts der stilistischen Kraft des Autors diese Quelle zu sondern. Doch bleibt wahrscheinlich – neben der Fiktionalität des Damis, die allgemein zugestanden wird –, daß die Wunderüberlieferung gerade nicht dieser Überlieferung zuzuordnen ist.

An dieser oft quälenden Problematik scheint mir methodisch wichtig vor allem die Einsicht zu sein, daß Möglichkeit und Notwendigkeit nicht geleugnet werden können, über die synchrone Ebene hinaus diachron den Text zu bedenken. Dies hat zudem neben dem Proömium auch andere textimmanente Gründe: es gibt in der VA Signale, die zeigen, daß Philostrat seine Überlieferungen bearbeitet und interpretiert hat.

In diesem Kontext gehört sicher auch die Sichtung jenes Materials, das außerhalb der VA über Apollonius erhalten geblieben ist. Die breit gefächerte und verstreute Überlieferung belegt zunächst, daß es sich um eine geschichtliche Gestalt handelt. Schwieriger gelingt die Bestimmung des Persönlichkeitsbildes selbst: dies hängt vor allem an der Beurteilung der Briefe[9], von denen einige als ‚echt‘ gelten müssen, aber auch des Fragmentes ‚peri thysion‘[10], das ebenfalls auf Apollonius zurückgeführt werden kann. Hinzu treten Überlegungen, wie weit Jamblich in seiner Pythagoras-Vita auf durch Apollonius geformte Überlieferungen zurückgreift[11]. Dies alles zusammengenommen läßt den Schluß zu: Apollonius versteht sich im Kontext pythagoreischer Philosophie, wobei zu der Betonung der Praxis wohl noch die Begabung mit religiösen Kräften hinzukommt.

Allerdings entsprechen die Möglichkeiten einer diachronen Durchdringung der VA nicht ganz der methodischen Notwendigkeit. Es gelingt nur sehr schwer, wie ein deprimierender Blick in die bisherige Forschung zeigt, diese Traditionen zu erfassen und zu isolieren (die Parallelität zu bestimmten Problemen der synoptischen Überlieferung fällt immerhin auf!). Die methodischen Paradigmen

---

[7] Vgl. SPEYER, Zum Bild des Apollonius von Tyana.
[8] MEYER, Apollonios von Tyana, 146.
[9] PENELLA, The Letters of Apollonius of Tyana.
[10] Vgl. bereits J. BERNAYS, Theophrastos‘ Schrift über Frömmigkeit. Ein Beitrag zur Religionsgeschichte, Berlin 1866, 136.
[11] So vor allem LÉVY, Recherches.

eines solchen diachronen Rückschlusses lassen sich für die VA kurz nennen: Es bleibt, wie bereits angedeutet, der gewohnte Weg literarkritischer Analysen, die vom Proömium her schriftliche ‚Quellen' herausarbeiten und davon redaktionsgeschichtlich den Anteil des Philostrat trennen. Allerdings läßt sich Skepsis nicht unterdrücken: bisherige Textanalysen legen den Schluß nahe, daß es sich zumeist um auf Geschmacksurteile gegründete Hypothesen handelt. Positiv: die schriftstellerische Leistung des Philostrat und sein stilistisches Vermögen haben dem Material in einer Weise den Stempel aufgedrückt, daß die Differenzen literarisch kaum noch nachgewiesen werden können. Der bekannte Text IV,45 zeigt dies exemplarisch: es handelt sich hier sprachlich wie in der Sache um ein Werk des Philostrat: nicht nur fallen die stilistischen Elemente der zweiten Sophistik ins Auge, auch in der Sache bleibt Identität mit den Überlegungen des Autors zu konstatieren. Dies gilt vor allem für die Beschreibung des Apollonius, trifft aber auch für die Zurücknahme des Wunderhaften zu. Es gelingt jedenfalls nicht, eine *literarische* Vorlage zu rekonstruieren, von der sich der Anteil des Philostrat leicht abheben ließe. Und selbst wenn dafür in diesem Text Indizien vorhanden sein mögen (der Hinweis auf Herakles und Alkestis; die Andeutung der Möglichkeit eines Scheintodes), die anderen Wunderüberlieferungen zeigen eindeutig: Philostrat hat diese Überlieferungen seinem Werk wirklich integriert.

Wenn aber gegenüber dem Weg literarkritischer Sonderung Zurückhaltung angezeigt ist, dann wird methodisch (und auch dafür finden sich in IV,45 beispielhaft Anhaltspunkte) vor allem das formgeschichtliche Paradigma eine Rolle spielen. Ein Vergleich unterschiedlicher Textsegmente innerhalb der VA (wobei auch andere Texte der Zeit belangreich sind) ergibt analoge Formmerkmale. Sie lassen sich nur dann angemessen verstehen, wenn sie über die aktuelle, literarische Abzweckung hinaus formgeschichlich gedeutet werden. Auch wenn dies wegen der durchgängigen literarischen Gestaltung der VA nicht ohne Schwierigkeiten gelingt, so enthält solches Paradigma viele Möglichkeiten, die im Blick auf den Text noch nicht wirklich genutzt wurden[12]. Formgeschichtliche Überlegungen weisen in der VA in eine doppelte Richtung: Sie orientieren sich einmal am Gesamttext. Die bisherigen Untersuchungen sind zwar noch nicht zu einem eindeutigen Ergebnis gelangt, doch zeigen sie die generelle Möglichkeit einer formgeschichtlichen Erfassung der Makroform. Das Bild in der Forschung täuscht deshalb, weil die hierfür wichtigen Merkmale kontrovers diskutiert werden. Die Differenzen reichen von einer möglichen Zuordnung zur Gattung ‚Biographie' über die Aretalogie[13] bis zum Roman, wobei es noch zu Modifikationen im einzelnen kommen kann. Doch wird stärker mit komplementären Lösungen zu rechnen sein, die Formmerkmale sind nicht gegeneinander auszuspielen. Zudem läßt sich nicht leugnen, daß dem Text eine kontingente Form eignet. Das aber bedeutet: im Blick auf die VA als Makrogattung wird sehr genau zwischen ‚langue' und ‚parole', zwischen Sprachkompetenz und Performanztext

---

[12] Vgl. Ansätze bei Esser, Formgeschichtliche Studien und Petzke, Apollonius von Tyana.
[13] Reitzenstein, Hellenistische Wundererzählungen.

getrennt werden müssen. Daran wird aber die Möglichkeit einer formgeschichtlichen Diskussion der VA als eines sprachlichen Dokumentes in ihrer Zeit sichtbar. Aber nicht minder sollte sinnvoll auch der Einzeltext formgeschichtlich interpretiert werden. Wer mit jener Skepsis an die VA herangeht, die im Blick auf das Verständnis der synoptischen Überlieferung vertraut ist, wird sicher gewisse Zweifel nicht unterdrücken. So läßt sich der Übergang von der vorliterarischen zur literarischen Stufe in der VA schwer nachweisen, so daß die Erfassung der ‚kleinen Einheiten‘ nicht immer gelingt, ohne daß sie deshalb methodisch bereits als verfehlt zu beschreiben wäre!

Die Bedeutung formgeschichtlicher Analysen für die VA gilt zudem für den ‚Sitz im Leben‘ des Textes. Die VA verfolgt eine bestimmte Absicht (F. C. Baur: Tendenz!) und korrespondiert darin zugleich einer gesellschaftlichen Situation. In der Schilderung des überlegenen Weisen, der seine Stärke in den Gefährdungen des Lebens bewährt, beabsichtigt Philostrat sicher auch seinen Auftraggebern zu entsprechen (und so zur gesellschaftlichen Stabilität beizutragen!). Doch sollte klar sein, daß diese Intention die ursprüngliche gesellschaftliche Bestimmtheit der Einzelüberlieferung verändert hat, sie erscheint deshalb als wesentlich schwieriger rekonstruierbar. Stärker tritt deshalb hervor, wie sehr sich die VA am Leser orientiert und ihn jenseits der möglichen philosophischen ‚Bildung‘ unterhalten will, so daß die Rezeption und Pragmatik des Textes genau zu bedenken sind. Wieder läßt sich dies exemplarisch an IV,45 diskutieren: wenn Philostrat Überlieferung aufnimmt, so geschieht dies einmal innerhalb eines größeren Kontextes (vgl. nur IV,44 und IV,46), der vor allem am Rang des Apollonius und seiner philosophischen Überlegenheit sich interessiert zeigt. Aber dies betrifft zugleich den Text selbst, der sich heuristisch durchaus isolieren läßt: nicht mehr das ‚thauma‘ steht in seiner Größe im Mittelpunkt, sondern die Person des Apollonius als der, der alles durchschauen kann. Natürlich muß überlegt werden, welchen gesellschaftlichen und sozialen Kontext die ‚kleine Einheit‘ ursprünglich voraussetzte, doch bleiben mögliche Hypothesen kaum verifizierbar: Immerhin ließe sich ein Zusammenhang mit den Überlieferungen vermuten, die auf Moiragenes zurückgehen: dann wäre die Einheit Ergebnis der Bemühungen, Apollonius als ‚magos‘ zu beschreiben.

Angesichts solcher Defizite bietet es sich an, neben literarkritischen und formgeschichtlichen Analysen im Blick auf die VA auch traditionskritisch vorzugehen. Dieses Paradigma hat in der Forschung ebenfalls eine gewisse Geschichte[14]. Es wird zumeist an dem Bemühen deutlich, Motivik und erzählerisches Inventar der VA durch Heranziehung anderer Texte in seiner geschichtlichen Tiefenschärfe zu verstehen: auf diese Weise tritt das Geflecht und die komplexe Textur der VA deutlicher als bisher hervor. Zumeist werden so die Wunderüberlieferungen der VA durch die Heranziehung sachlicher und erzählerischer Parallelen in die gesamte hellenistische Wunderüberlieferung einbezo-

---

[14] Vgl. zuletzt PETZKE, Apollonius von Tyana.

gen[15]. Ein solches Vorgehen darf in seinen Möglichkeiten nicht unterschätzt werden. Es belegt, in welchem Ausmaß die VA einen weiten soziokulturellen Horizont mitsetzt. Doch darf nicht übersehen werden, daß der literarische Zusammenhang so nicht zwingend erwiesen wird. Der Vergleich von Motiven und Topoi, so lehrreich er auch ist, verfährt zunächst und vor allem inhaltlich, er zielt nicht so sehr auf die formale Konstitution des Textes. IV,45 setzt in einer Reihe von Einzelmotiven[16] antike Wunderüberlieferung zweifellos voraus: dies trifft auf das Motiv des ‚Wunders unterwegs‘, aber auch auf die Art der Totenauferweckung zu. Und doch sagt dies über die literarische Ausformung des Textes in der VA noch wenig aus, wird dem Text in seiner literarischen Gestalt nicht gerecht.

Wenn in solchen methodischen Zugangsweisen – auf der synchronen wie der diachronen Ebene – Möglichkeiten erkennbar sind, dem diffizilen Text der VA besser zu entsprechen, so sollen zusätzlich noch zwei Aspekte genannt werden, die für das Verständnis der Wunderüberlieferung gewichtig erscheinen (und in der bisherigen Forschungsgeschichte nicht ohne Bedeutung waren):

3. Religionsgeschichte

Dies betrifft zunächst die Einordnung der VA in den Zusammenhang der antiken bzw. hellenistischen Frömmigkeitsgeschichte (und ihres Verständnisses von Wunder und Heilung[17]). Hier spielt sowohl der soziokulturelle wie auch der gesellschaftliche Kontext eine erhebliche Rolle. Denn zu recht wird darauf hingewiesen, daß im zweiten bzw. dritten Jahrhundert die Wunderfrömmigkeit gerade in literarischen Texten erheblich zunimmt (als klassische Beispiele erscheinen neben Philostrat Aelius Aristides und – wenngleich eingeschränkt – Lukian). Solche Renaissance resultiert aus mehreren Gründen, wenngleich die gesellschaftliche und wirtschaftliche Destabilisierung von großer Bedeutung gewesen sein dürfte. Es bleibt allerdings wichtig, den eigentlichen Sinn solcher Interpretation für die VA zu erkennen. Es geht gerade nicht darum, den Text als Steinbruch für die hellenistische Frömmigkeitsgeschichte zu verwenden (ein in der Forschung beliebtes Verfahren), sondern die spannungsreiche Position des Philostrat zu verdeutlichen: Zum einen kann der Verfasser ohne Zögern Wunder erzählen, sie sind für ihn gerade in dieser Eigenschaft relevant. Seine Skepsis darf nicht übersehen werden, doch erscheint sie einer solchen Rezeption nicht als hinderlich. Aber auf der anderen Seite tritt Philostrat solcher Wunderfrömmigkeit seiner Überlieferung mit einer gewissen Reserve gegenüber. Gesellschaftliche Bedingung der Stoffe und individuelle Formung bedingen einander gegensei-

---

[15] Vgl. so vor allem WEINREICH, Antike Heilungswunder.
[16] Vgl. ebd., 171 ff.
[17] Vgl. die Skizze bei G. THEISSEN, Urchristliche Wundergeschichten. Ein Beitrag zur formgeschichtlichen Erforschung der synoptischen Evangelien, Gütersloh 1974, 262 ff.

tig; und dies trifft wohl auch für den umstrittenen Bereich der ‚theios aner‘-Vorstellungen zu[18].

4. Zum Vergleich urchristliche Literatur – Vita Apollonii

Allerdings muß hinzugefügt werden, daß die Forschung mit gezielten Fragen an die VA herangetreten ist[19]; sie waren bestimmt durch Überlegungen, ob und wie sich aus der VA für die Geschichte des Urchristentums und seiner Literatur lernen lasse. Die bisherigen Antworten auf diese (methodisch nicht unzulässige!) Frage greifen zumeist zu kurz, sie werden nicht präzise genug gefaßt: So wird oft zu wenig beachtet, wie tief die Differenzen zwischen beiden Textsorten reichen, sie lassen sich nicht ohne weiteres miteinander vergleichen[20]. Die Verlegenheit wird zumeist dadurch übersprungen, daß eher zufällig Einzeltexte miteinander parallelisiert werden[21]. Solcher Weg verfehlt die VA, aber er hat auch für das Verständnis der urchristlichen Texte allein illustrierende Funktion. Dies gilt um so mehr, weil sich eine geschichtliche Beziehung zwischen den Texten nicht herstellen läßt.[22] Wenn dies überhaupt gilt, dann gewinnt die Parallelität gegenüber den apokryphen Apostelakten und den Anfängen der Heiligenviten[23] einen viel größeren Rang. Jedenfalls muß methodisch genau angegeben werden, was und mit welchem Ziel verglichen werden soll: dies gilt im Blick auf die Formen und Inhalte, die Motive und die Traditionen, die Gattungen und die Trägerkreise, die Einzelüberlieferungen und die Makroform.

Forschungsgeschichtliche Einsichten und die Annäherung an die vielschichtigen Probleme der VA belegen, daß sowohl auf der synchronen wie auch auf der diachronen Ebene der Text noch der Klärung bedarf, daß zudem religionsgeschichtliche Erwägungen hinzutreten müssen, die zugleich auf die soziokulturellen und sozioökonomischen Bedingungen achten. Erst dann wird der (mögliche!) Vergleich auch mit den urchristlichen Texten zu sinnvollen Ergebnissen führen.

---

[18] Vgl. hierfür Smith, Prolegomena.
[19] Vgl. bereits F. C. Baur, Apollonios von Tyana.
[20] Vgl. bereits K. L. Schmidt, Die Stellung der Evangelien in der allgemeinen Literaturgeschichte, in: Eucharisterion, FS H. Gunkel, Teil II, Göttingen 1923, 50–134, 72 ff.
[21] So z. B. Schütz, Beiträge zur Formgeschichte; zur Kritik vgl. Esser, Formgeschichtliche Studien und Petzke, Apollonius von Tyana.
[22] Anders noch F. C. Baur, Apollonios von Tyana und Christus.
[23] Vgl. K. Holl, Form des griechischen Heiligenlebens, 264 ff. zur Vita Antonii.

II. Die Wunderüberlieferung in der Vita Apollonii

Solche Überlegungen bleiben im Blick auf die Wundertraditionen der VA[24] jetzt zu konkretisieren; neben der exemplarischen Auslegung von Einzeltexten geht es um die Summierung der sich anbietenden Ergebnisse.

1. Exemplarische Einzelanalysen (III,38 f.; IV,10; IV,20; IV,45; VII,38)

Es handelt sich in III,38 f. um eine Sammlung von Wundern (vgl. auch III,40), die, in ein Gespräch zwischen Apollonius und Jarchas eingeschoben, von indischen Brahmanen berichtet und ein eigenes Gepräge besitzt: Zwar kennzeichnet die erste Erzählung von der Mutter eines besessenen Knaben traditionelle Topik[25]; dies gilt von der Erwähnung der langen Krankheitsdauer, vom Dämon als Totengeist, der fremden Stimme und dem fremden Blick des Besessenen. Dennoch fehlen nicht genuine Züge; so läßt sich die vollzogene Heilung nur indirekt erschließen. Zwar könnte das Motiv des Briefes, der vielleicht als ‚phylakterion‘ gedacht ist, solchen Heilerfolg andeuten, doch wird die Fernheilung selbst gerade nicht berichtet. Schwierig zu entscheiden ist, ob neben der konventionellen Topik eine ursprünglich selbständige Überlieferung durch Philostrat aufgenommen worden ist. Der Dialog erweist sich als geschickt gestaltet, zudem fehlen auch die burlesken Züge nicht, selbst das erotische Element, das in der VA oft vermißt worden ist, spielt eine gewisse Rolle. Alles dies unterstreicht die gestaltende Kraft des Autors; doch bleibt auffallend, daß nur hier Wunder nicht von Apollonius berichtet werden. Zusammen mit der losen Einbindung in den Kontext spricht dies für eine gewisse Traditionalität des Textes.

III,39 reiht kurz vier Heilungen aneinander, von denen allein die letzte ausführlicher gestaltet wird. Dies Kapitel (wie auch III,40!) belegt, daß Philostrat ohne größere Kritik sich diesen Wundern zuwendet. Wieder scheint die Vermutung der Traditionalität plausibel, wenngleich die Herkunft und genaue Abgrenzung des Stückes kaum noch gelingt (erneut überwiegen die topologischen Momente).

Der farbig und fast novellistisch erzählte Text IV,10 hat innerhalb der VA eine Reihe von korrelierenden Passagen: nicht nur nimmt IV,4 erzählerisch die Pest in Ephesus schon vorweg, auch VIII,7,9 rekurrieren kurz auf diese Erzählung: Apollonius behauptet, er habe in Ephesus dem Herakles ein Standbild errichtet.

---

[24] Wunderüberlieferungen in der VA finden sich (vgl. Petzke, Apollonius von Tyana, 125ff.): I,9 (Die Heilung eines Wassersüchtigen); III,38–40 (Verschiedene Heilungen); IV,10 (Ephesus wird von der Pest befreit); IV,20 (Dämonenaustreibung); IV,25 (Menippus und die Empuse); IV,45 (Die Totenauferweckung in Rom); V,24 (Die Rettung eines Unschuldigen); V,42 (Die Seele des Amasis); VI,27 (Der liebestolle Satyr); VI,39 (Die Auffindung eines Schatzes); VI,40 (Die Befreiung eines Mannes vom Liebeswahn); VI,41 (Die Befreiung der hellespontischen Städte von der Furcht vor Erdbeben); VI,43 (Die Heilung eines Jünglings von der Tollwut); VII,38 (Die Selbstbefreiung); VIII,26 (Die Vision vom Ende des Domitian).

[25] Vgl. die Analyse bei Esser, Formgeschichtliche Studien.

Solche kontextuelle Einbindung kehrt auch in Sprache und Stil wieder: sie sind durch Philostrat geprägt. Doch warnt IV,4 und VIII,7,9 in Übereinstimmung und Differenz vor einer unvermittelten Zurückführung des Textes auf den Verfasser selbst. Zudem findet sich außerhalb der VA eine Parallelüberlieferung[26], die das Motiv als eigenständig erweist. Die Erzählung setzt sich aus unterschiedlichen (z.T. konventionellen) Valeurs zusammen: Dies gilt z.B. für die sofortige Anwesenheit des Apollonius in Ephesus; sie wird in ihrem ‚augenblicklichen‘ Charakter nicht weiter begründet. Es ließe sich mit Petzke annehmen, daß auf Grund der Gesamtkomposition des Textes dieses Motiv notwendig wurde (also eher sekundär ist).[27] Außerdem trägt die Erzählung erkennbare ätiologische Züge; wenn zweimal betont wird, daß an der Stelle, wo der Dämon gesteinigt wurde, ein Bild des Herakles Apotropaios steht, so läßt sich dies im Sinne einer Ätiologie verstehen. Sicher enthält der Text auch sonst eine Reihe vertrauter Topoi: der Zweifel der Menge, der Hinweis auf den Dämon, der um Barmherzigkeit fleht, die retardierenden Aspekte, die zugleich die Rolle des Apollonius betonen. Und möglicherweise ordnet sich die Stilisierung des ‚Greises‘ in den Zusammenhang der Auseinandersetzung des Philostrat mit dem Kynismus ein (wenngleich dies in der Forschung so bisher nicht wahrgenommen worden ist). Der Text enthält so erkennbar überlieferte Motive, doch er läßt sich formgeschichtlich nur schwer kennzeichnen. Die komplexe Struktur schwankt zwischen Exorzismus – doch gilt dies wirklich? –, Kultätiologie und Burleske, so daß eine zweifelsfreie Zuordnung nicht gelingt.

Die Dämonenaustreibung IV,20, die novellistisch gestaltet ist, wird von Philostrat durch die Einbettung in eine Belehrung des Apollonius geschickt dem Kontext integriert. Der Text verdient besondere Aufmerksamkeit: Es gibt in ihm Indizien einer literarischen Bearbeitung des Stoffes; so hat Eßer auf die Doppelung des Blickes hingewiesen, den Apollonius auf den Besessenen wirft.[28] In der Tat erscheint die Duplizität zwischen der direkten Anrede und der späteren Diagnose auffällig. Trotz der kommentierenden Bemerkung des Philostrat reicht dies für ein literarkritisches Urteil aber wohl nicht zu. Doch erscheint es als eindeutig, daß der Verfasser sich in Exposition, Heilung und Konstatierung des Wunders auf eine Überlieferung bezieht. Zudem findet sich in den Petrusakten eine vergleichbare Erzählung, die solche Traditionalität wahrscheinlich macht (Acta Verc.11).

Alles dies läßt erkennen, daß Philostrat eine Überlieferung bearbeitet hat (ohne daß sich die formgeschichtlichen Bedingungen der Tradition noch erkennen ließen); für solche Bearbeitung spricht auch, daß in der Plastizität der Schilderung die Leser/Hörer unterhalten werden sollen. Zudem wird auf der gegenwärtigen Ebene des Textes die Größe des Weisen und sein überlegenes Wissen eindrucksvoll demonstriert.

---

[26] Petzke, Apollonius von Tyana, 127, Anm. 4.
[27] Ebd., 127.
[28] Eßer, Formgeschichtliche Studien, 77.

Der Text IV,45, der die einzige Totenauferweckung bei Philostrat enthält und wegen der Nähe zu Lk 7,11 ff. oft diskutiert worden ist, scheint für das Verständnis der Wunder in der VA von besonderem Gewicht zu sein. Denn Philostrat hat erkennbar in ihm Tradition aufgenommen und interpretiert: Die Perikope ist jetzt lose in den Gesamtzusammenhang eingefügt, der von dem ersten Aufenthalt des Apollonius in Rom berichtet. Dieser Kontext wirkt sich in der Einheit selbst nur wenig aus, so gewichtig er auch für Philostrat selbst sein dürfte. Die abschließende Bemerkung zeigt die Einschätzung der Erzählung und des Wunders durch Philostrat: für ihn geht es weniger um die magischen Kräfte eines Wundertäters als vielmehr um das Wissen des ‚Weisen‘, der solchen Sachverhalt durchschaut und sich nicht täuschen läßt. Solche Wahrnehmung führt dazu, in IV,45 mit traditionellen Stoffen zu rechnen, die sich auch in weiteren Einzelheiten nachweisen lassen: Die Begegnung des Wundertäters mit dem Leichenzug findet sich z.B. in Apuleius, florida 19, einem Text, der auch sonst vergleichbar erscheint. Auch die Nennung der Menge, die in ihrem Zweifel und dem Mißverstehen der Größe des Wundertäters kontrastiert, wirkt topologisch. Einzelzüge wie das Nennen des Namens, die ‚rhesis barbarike‘, vielleicht auch das Angebot der Belohnung (Chorschluß!) fügen sich solcher Traditionalität.

Insgesamt geht die Überlieferung vor Philostrat von einem Wundertäter par excellence aus, der durch seine göttlichen Kräfte auch den Tod überwindet. Doch darf solche traditionsgeschichtliche Einsicht nicht selbstverständlich auch formgeschichtlich vorausgesetzt werden. Denn es kann nicht übersehen werden, daß Philostrat den Text insgesamt sprachlich (und stilistisch!) gestaltet hat. Zwar wird in der formgeschichtlichen Analyse der Einheit zumeist gesagt: „Der Aufbau des Stückes entspricht genau dem der hellenistischen Wundergeschichten"[29] und auf die Gliederung in Exposition-Heilung-Demonstration hingewiesen. Dies erscheint schon deshalb als wenig überzeugend, weil es sehr allgemein bleibt (so sehr gewisse Nähe zu älteren Wundertexten konstatiert werden kann). Es zeigt sich doch, daß der traditionsgeschichtliche Nachweis (hier besonders zwingend!) sich zumeist inhaltlichen Argumenten verdankt und nicht mit gleicher Sicherheit zu einem auch formgeschichtlich begründeten Urteil führen kann.

Der Text VII,38 hat die Motivik des Befreiungswunders[30] nur in einem ganz eingeschränkten Maß bewahrt. Im Grunde wird die Topik dieses Wunders nur ‚erinnert‘ und nicht wirklich aufgenommen. Interessanter erscheint, daß die Absicht des Philostrat sehr deutlich hervortritt; sie wird durch das Gespräch noch zusätzlich verstärkt. Offensichtlich geht es um die göttliche Kraft des Apollonius; seine ‚theia physis‘ wird so in besonderer Weise akzentuiert. Dem dient auch die erkennbare Anspielung auf den platonischen Sokrates (vgl. vor allem ‚Kriton‘). In alldem zeigt sich: weder ein Gott noch irgendein Zauber müssen Apollonius zur Hilfe kommen, er ist vielmehr auf Grund seiner göttlichen ‚physis‘ in der Lage, sich zu befreien!

---

[29] Vgl. Esser, Formgeschichtliche Studien z. St.
[30] Vgl. Weinreich, Antike Heilungswunder.

2. Ergebnisse der Einzelanalysen

Wenn über diese Einzeltexte hinaus die gesamte Wunderüberlieferung der VA bedacht wird, so ergibt sich bei solcher (durchaus vorläufigen) Summierung: Die gesamte VA ist durch Wunderüberlieferung geprägt;[31] die Überlieferung läßt sich nicht auf einen bestimmten Text eingrenzen, sondern durchzieht die VA insgesamt. Die Wunder differieren sowohl in Stil als auch im Inhalt; ein einheitlicher Typus läßt sich nicht nachweisen. Dies unterstreicht noch einmal die Skepsis gegenüber der Zuweisung zu einer bestimmten literarischen Schicht bzw. ,Quelle'. Denkbar wäre die Verbindung mit Moiragenes (vgl. die Kennzeichnung durch Origenes!), doch läßt sich diese Vermutung nicht wirklich substantiieren. Dennoch und ganz zweifellos gilt: Philostrat bezieht sich in diesen Texten auf vorgegebenes Traditionsmaterial.

Allerdings erscheint es als fragwürdig, auf Grund des Materials der VA einen bestimmten Typ der Wundergeschichte formgeschichtlich zu rekonstruieren. Sicher gilt, daß bestimmte formale Charakteristika wiederkehren, aber die Wunderüberlieferungen in der VA liegen formgeschichtlich weit auseinander. Das führt möglicherweise zur Konsequenz, die einzelnen Texte zu isolieren und die jeweilige Perikope formgeschichtlich gesondert zu interpretieren. So verfahren die beiden Studien von G. Petzke und D. Eßer (wenngleich mit Einschränkungen)[32]. Doch wird auf solche Weise ein Maß an Differenzierung erzielt, das in der Konkretion das Allgemeine letztlich aufhebt. Der Weg zwischen der Scylla des Einzeltextes und der Charybdis der Abstraktion erweist sich als problematisch.

Deshalb kann es sinnvoll sein, stärker auf das traditionsgeschichtliche Inventar der Wundertexte in der VA zu achten[33]: So erweisen sich die meisten Texte als an der Person des Apllonius interessiert; dazu gehört, daß sowohl sein Handeln wie auch die Situationen sehr genau geschildert und dargestellt werden (dazu gehört z. B. auch die Angabe über das Alter und die Herkunft des jeweiligen Gesprächspartners). Auch die Dauer und die Schwere der Krankheit werden zumeist angegeben, wobei die jeweiligen Hinweise in Einzelheiten durchaus differieren können. Das Krankheitsbild wird exakt beschrieben, gelegentlich unter Hinweis auf vergebliche Heilungen; dazu stimmt auch, daß Philostrat gleichzeitig Zweifel und oft sogar Mißverstehen der Menge pointiert anspricht. Das eigentliche Wunder wird unterschiedlich geschildert: die Heilung kann durch Berührung geschehen, durch Überzeugung in Form eines Gespräches, durch eine Anrede, die den umherstehenden Menschen unverständlich bleibt. Gebet, Opfer und der magische Blick spielen ebenfalls eine Rolle in den Texten. Der Erfolg des Handelns des Wundertäters wird modifiziert festgestellt, oft betont durch die Demonstation der Heilung (eine Reihe von Texten schließt deshalb in solch ausdrücklicher Weise!).

---

[31] Vgl. die Zusammenstellungen bei ESSER, Formgeschichtliche Studien, 71 ff. und PETZKE, Apollonius von Tyana, 125 ff.
[32] Ebd.
[33] Vgl. für die Einzelheiten vor allem PETZKE, Apollonius von Tyana, 135 ff.

Auf Grund des inhaltlichen Inventars der Wunderüberlieferung, die durch eine gewisse Konstanz gekennzeichnet wird, läßt sich folgern, daß Philostrat (bzw. seine Überlieferungen!) damit auf traditionelle Topik zurückgreift. Allerdings gelingt es nicht, eine vorliterarische (bzw. mündliche) Tradition bündig nachzuweisen. Darin liegt das Recht religionsgeschichtlicher Überlegungen, die vor allem im Blick auf die Topoi den gesamten Zusammenhang antiker Frömmigkeitsgeschichte einbeziehen[34]; hierfür erscheint es auch wichtig, nicht nur das vorhandene Material an Belegstellen zusammenzutragen, sondern auch den Kontext der Aretalogien und ihrer ‚theios aner'-Vorstellungen mitzubedenken.

Die Wunder dienen in der VA einem bestimmten, auf der synchronen Ebene noch wahrnehmbaren Zweck. Philostrat will so zunächst die Überlegenheit seines Heros zweifelsfrei herausstellen: Apollonius setzt sich in bestimmten Situationen der Gefährdung durch und erscheint darin als der mit göttlicher Macht Begabte. Mehr noch: gerade angesichts der dämonischen Widerstände wird in den Wundern deutlich, in welchem Ausmaß Apollonius als der wahrhaft Weise allen anderen überlegen ist. Vielleicht läßt sich solche Pointe bereits für die Überlieferungen vermuten (Moiragenes!), doch hat Philostrat diese Tendenz wesentlich verstärkt. Daraus ergibt sich eine doppelte Implikation: Die Wunderüberlieferungen in der VA dürfen letztlich auf dieser Ebene nicht isoliert von dem Gesamttext ausgelegt werden, sie verweisen in ihren Signalen auf den gesamten Zusammenhang der VA. Aber sie bedürfen auch des Makrotextes, um nicht falsch gedeutet zu werden (Ablehnung des ‚magos' und ‚goes'!). Dennoch bleibt es nicht ohne Bedeutung, daß Philostrat von solchen Wunderüberlieferungen nicht absieht. Es wäre deshalb methodisch verfehlt, diese Traditionen als bloße Relikte des schlechten Vergangenen zu begreifen (davor warnt allein schon der Umfang, in dem sie sich finden!). Immerhin spielt auch eine Rolle, daß für Philostrat die Texte einen nicht unerheblichen Unterhaltungwert besitzen (Romanmotive! vgl. auch das erotische Element).

III. Konsequenzen

Wird nach möglichen Folgerungen gefragt, die sich von der Wunderüberlieferung der VA aus für das Verständnis der urchristlichen Literatur (und hier besonders: für die Wunderüberlieferung und die formgeschichtliche Methodologie) ergeben, so will ich die Antwort zunächst um der größeren Präzision willen auf den Bereich der Formgeschichte eingrenzen. Das muß deshalb hervorgehoben werden, weil sich ohne Zweifel die VA in vielfältiger Hinsicht als Verstehenshilfe für die urchristliche Theologie und Literatur anbietet. Dies gilt für den gesamten Bereich der Religionsgeschichte (und der soziokulturellen Faktoren hellenistischer Religiosität!); hier scheint m.E. die VA noch gar nicht ausge-

---

[34] Vgl. Petzke, Apollonius von Tyana.

schöpft zu sein. Es gilt modifiziert auch für bestimmte methodologische Überlegungen, für die sich innerhalb des Textes viele Belege finden (vgl. etwa die noch immer nicht abgeschlossene Diskussion der ‚theios aner‘-Probleme!). Innerhalb des Sektors formgeschichtlicher Überlegungen aber lassen sich zwei Bereiche besonders hervorheben:

Zum einen wird die VA als Makrotext für die formgeschichtlichen Erwägungen im Blick auf die Gattung ‚euangelion‘ von Bedeutung sein. Das ist seit den Andeutungen bei K. L. Schmidt[35] zwar immer schon gesehen worden, aber zumeist wird solche Parallelität nicht weiter ausgeführt oder bedacht. Doch liegt die formgeschichtliche Relevanz der VA für den markinischen Text, mehr noch im Blick auf das Lukasevangelium (Proömium!) auf der Hand. Sie betrifft vor allem die Integration von Überlieferungen (bzw.: von Texten?) und ihre durchgängige Veränderung innerhalb eines neuen Kontextes. Hier bieten sich zweifellos methodische Parallelen, vor allem auch im Blick auf redaktionsgeschichtliche Paradigmen. Allerdings gilt dies auch für die interpretativen Schwierigkeiten, die bei der VA vergleichbar erscheinen: die genaue Bestimmung und Abgrenzung der vorgegebenen Überlieferung und ihrer Redaktion gelingt hier wie dort nicht immer und nicht immer eindeutig. Das aus der Synoptikerexegese vertraute Problem – die Einsicht in die Notwendigkeit einer diachronen Betrachtung sichert noch nicht ihre Durchführung – findet sich vergleichbar auch in der Auslegung der VA.

Zum anderen aber erweist sich die Analyse der Wunderüberlieferung in der VA für das formgeschichtliche Verständnis der urchristlichen Wundergeschichten als nützlich (von der religionsgeschichtlichen Parallelität ganz abgesehen!). Dies gilt um so mehr, wenn solcher Nutzen weniger in einer unvermittelten Parallelisierung als vielmehr in dem methodischen Bewußtsein auch der Differenz beider Textsorten gesehen wird. Es zeigt sich: Die Schwierigkeit, den urchristlichen Wundertexten form*geschichtlich* gerecht zu werden, findet sich auch in der VA. Zwar bezieht sich der Text der VA ungeachtet des schriftstellerischen Vermögens des Philostrat auf vorgängige Geschichte, und dies gilt ähnlich auch für die synoptische Überlieferung. Aber der Nachweis der Diachronie zielt jenseits von Formgeschichte und zumal Literarkritik weniger auf Formen/Gattungen als auf die Inhalte. Die Beobachtung, daß sich die Gattung ‚Wundergeschichten‘ mehr durch die inhaltliche Konsistenz ihrer Motive begründet als durch gemeinsame Formmerkmale[36], läßt sich auch in der VA machen. Diese Wahrnehmung bedarf einer genaueren Begründung, die allerdings schwierig erscheint. Doch läßt sich von den Wunderüberlieferungen in der VA eine vorläufige Arbeitshypothese formulieren: Die Texte beziehen sich auf einen Verstehenshorizont, der Autor und Leser gemeinsam ist; darin kehrt in

---

[35] Vgl. Anm. 20.
[36] Vgl. die Auseinandersetzung zwischen K. BERGER, Formgeschichte des Neuen Testaments, Heidelberg 1984, 306, sowie DERS., Hellenistische Gattungen im Neuen Testament, ANRW II,25,2 (1984) 1213–1215 und THEISSEN, Urchristliche Wundergeschichten.

ihnen ein soziokultureller Zusammenhang (‚Lebensgefühl‘) wieder. Sofern diese
Texte sich an einem vergangenen Geschehen und einer ‚geschichtlichen‘ Person
orientieren, wird in der ‚Erzählung‘ des Vergangenen auch die Lebenswelt der
Leser verändert und erweitert; auch hier besteht eine gewisse Analogie. Abstrahierende Merkmale, die beiden Textsorten gemeinsam sind, lassen sich benennen
(vgl. etwa das Schema von ‚Exposition – Heilung – Heilungserfolg – Demonstra-
tion‘). Doch wird hier leicht jene Konkretion vergessen, die solcher Abstraktion
widerrät und sie als wenig hilfreich erweist. Ihr Wahrheitsmoment liegt in der
Rezeption jener Motive, die den antiken Heilungsüberlieferungen insgesamt
gemeinsam sind und die eine erhebliche Konstanz (und darin soziale Gültigkeit!)
über die Jahrhunderte hinweg erweisen.

Selbst das schwierige Problem des ‚Sitzes im Leben‘ scheint mir in beiden
Textgruppen strukturell vergleichbar zu sein. Die Unsicherheit, urchristliche
Wunderüberlieferung soziologisch zu dechiffrieren, findet sich auch in der VA.
Das liegt gewiß an der Literarisierung der Stoffe durch Philostrat, die ungleich
stärker als in den Evangelien geschieht. Doch gilt dies auch für die nur hypothetisch zu erschließenden Überlieferungen in der VA. Auch sie sind in ihrer
soziologischen Herkunft nicht eindeutig, ihre Intention erscheint nicht als zwingend aus einer bestimmten gesellschaftlichen Situation herleitbar.

Von Interesse erscheint schließlich auch die Pragmatik beider Textsorten:
Philostrat will mit der Wunderüberlieferung in der VA etwas bewirken und
erweist sich darin zugleich als rezipientenorientiert. Neben dem Unterhaltungs-
wert, der nicht unterschätzt werden darf, orientiert sich solche Absicht an der
Gestalt des Apollonius selbst, die so in besonderer Weise hervorgehoben wird.
Aber in solcher Bewunderung des wahrhaft Weisen und seines Handelns erfolgt
auch eine Bestärkung und Ermutigung des Lesers selbst. So wendet sich Philostrat (wie übrigens auch sonst in der VA) gegen Ende des Textes (VIII,31)
ausdrücklich an die Leser; im Anschluß an ein Wort des Apollonius heißt es: „…
dieser Ausspruch des Apollonios steht deutlich und klar über dem Geheimnis der
Seele, damit wir wohlgemut und in wahrer Kenntnis unserer Natur den Weg
wandeln, den uns das Schicksal gewiesen hat …“

Dem wäre noch manches anzufügen; doch bleibt entscheidend: Die Wunderüberlieferungen der VA haben deshalb für die synoptische Überlieferung Bedeutung, weil sie bei aller geschichtlichen Differenz im Blick auf die Formgeschichte,
in der Bestimmung des ‚Sitzes im Leben‘ und durch die Rolle der Textpragmatik
vergleichbare Fragen und Probleme aufwerfen.

Die Genese der frühchristlichen Theologie

Prolegomena zur Geschichte der frühchristlichen Theologie

I. Die Aufgabe

Wenn es zutrifft und wenn der Anspruch eine Wahrheit enthält, daß die neutestamentliche Theologie so etwas wie die Krone neutestamentlicher Forschung darstellt, sie auf jeden Fall bündelt und zusammenfaßt, so ist die Art und Weise, wie dieser Anspruch gegenwärtig eingelöst wird, erschreckend zu nennen: Weder ist die Aufgabe neutestamentlicher Theologie gegenwärtig so deutlich umschrieben, daß es zu einem Konsens unter den neutestamentlichen Exegeten gekommen ist, noch gibt es eine Klarheit, mit welchem methodischen Instrumentarium dieser Zweig neutestamentlicher Exegese vorzugehen hat. Ein Anspruch allerdings, der sich nicht einlösen läßt und dessen Wahrheit nicht – wie begrenzt auch immer – evident wird, entpuppt sich als reine Ideologie und fällt dem Schein anheim. Damit nun freilich bekommt die Frage nach der Aufgabe neutestamentlicher Theologie eine Brisanz, die über die herkömmliche Diskussion der Prolegomena jedenfalls hinausgeht; es ist die Frage nach dem Recht und der Berechtigung neutestamentlicher Theologie überhaupt gestellt. Diese Frage wird sich so beantworten lassen, daß zunächst kurz die wichtigsten Definitionen neutestamentlicher Theologie ohne Anspruch auf Vollständigkeit zu beschreiben sind, um dann den Versuch zu unternehmen, neutestamentliche Theologie als Geschichte der frühchristlichen Theologie neu zu konzipieren und neu zu konstituieren.

Zunächst die schon klassisch zu nennende Definition Bultmanns: „Die Wissenschaft von der Neutestamentlichen Theologie hat die Aufgabe, die Theologie des NT, d.h. die theologischen Gedanken der neutest. Schriften darzustellen, und zwar sowohl die explizit entwickelten (wie z.B. die Lehre des Paulus vom Gesetz), wie diejenigen, die implizit in Erzählung oder Mahnung, in Polemik oder Tröstung wirksam sind. Man kann die Frage aufwerfen, ob es angemessener ist, die theologischen Gedanken der neutest. Schriften als eine systematisch gegliederte Einheit darzustellen (...) oder in ihrer Verschiedenheit je nach den einzelnen Schriften oder Schriftengruppen, wobei dann die einzelnen Gestalten als Glieder eines geschichtlichen Zusammenhangs verstanden werden können. Das zweite Verfahren ist in der hier gegebenen Darstellung gewählt worden."[1] Entsprechend zu diesen Epilegomena stellt sich dann auch der Aufbau der Bultmannschen ‚Theologie' dar; sie beginnt mit den Voraussetzungen, zu denen

---

[1] RUDOLF BULTMANN, Theologie des Neuen Testaments, 9. Aufl., durchges. u. erg. v. O. MERK, Tübingen 1984, 585.

vor allem Jesu Verkündigung gehört. Es ist wichtig zu bedenken, daß diese Verkündigung für Bultmann zwar eine Voraussetzung der neutestamentlichen Theologie, aber nicht in sie selbst einzuordnen ist.[2] An diese Prämisse schließt sich dann die Darstellung des Kerygmas der Urgemeinde und der hellenistischen Gemeinde vor und neben Paulus an. Erst in der paulinischen und johanneischen Theologie ist für Bultmann jenseits der Prämissen eigentlich von neutestamentlicher Theologie zu sprechen, ihre Darstellung steht deshalb im Mittelpunkt der Gesamtanalyse. Und schließlich gehört für die so verstandene neutestamentliche Theologie – und dies bildet dann den dritten Teil – auch eine Darstellung der Entwicklung zur alten Kirche konstitutiv hinzu, sie schließt Bultmanns Werk ab.

Sieht man nun jenseits dieses Aufbaus auf die inhaltlichen Prinzipien, die sich für Bultmann aus seiner Bestimmung der Aufgabe einer neutestamentlichen Theologie ergeben, so wäre zunächst zu sagen, daß Bultmann mit der Betonung der Verschiedenartigkeit an die Erkenntnisse der ‚religionsgeschichtlichen Schule' anknüpft und seinen Stoff jedenfalls zunächst historisch angeht.[3] Solche historische Analyse – die besonders signifikant und typisch im dritten Teil der ‚neutestamentlichen Theologie' (also beim Übergang zur alten Kirche) betrieben wird – ist für Bultmann nun allerdings zu überholen durch die Erkenntnis, daß nicht die frühchristliche Religion (so Wrede!), sondern eben die neutestamentliche Theologie erfaßt werden soll. Der Theologiebegriff aber bestimmt sich nach Bultmann in der Korrelation zum ‚Kerygma'. Dieses Kerygma, in dem sich der Herr bezeugt und das deshalb nicht nur – und nicht in erster Linie – irgendwelche Glaubenswahrheiten mitteilt, muß nun – gerade weil es geschichtlich ist – in die jeweilige geschichtliche Situation hinein ausgelegt und interpretiert werden. In dieser ständigen Beziehung auf das ‚Kerygma' besteht für Bultmann nun so etwas wie die Einheit in der Vielfalt neutestamentlicher Theologie.

Der Entwurf Bultmanns hat Schule gemacht; dennoch ist sein Einfluß gerade auf dem Gebiet der neutestamentlichen Theologie in den letzten Jahrzehnten eher zurückgegangen; immerhin knüpfen zwei neuere Konzeptionen direkt an ihn an: Zunächst Conzelmann[4], der pointiert von der Frage ausgeht, „ob die historische Rekonstruktion, also die Darstellung der neutestamentlichen Gedankenwelt in ihrer zeitbestimmten Form, zu betonen sei oder die ‚Interpretation'. Bultmann hatte die letztere aufgearbeitet und dadurch ein Korrektiv für den historischen Aufbau seiner Darstellung gewonnen. Nach einem Zeitalter der positivistischen Materialsammlung, der kausalgenetischen Erklärung (Motivge-

---

    [2] Vgl. Hans Conzelmann, Grundriß der Theologie des Neuen Testaments, EETh 2, München 1967.
    [3] Dies ist wichtig zu erkennen, weil hier jenseits aller Differenzen eine wichtige und bedeutsame Gemeinsamkeit Bultmanns mit den Erkenntnissen und Prinzipien der religionsgeschichtlichen Analyse in den Blick kommt und dies auch von Bultmann nicht geleugnet wird. Und solche Konvergenz läßt sich nicht zuletzt auch an dem zunächst deskriptiven Vorgehen Bultmanns erkennen, der ja in der Erkenntnis der Vielfalt neutestamentlicher Theologie(n) bemüht ist, ein Stück der geschichtlichen Vielfalt abzubilden und wiederzugeben.
    [4] Conzelmann, Grundriß.

schichte) und psychologischen Deutungen der Texte galt es in der Tat, thematisch nach dem Sinn des Gesagten, nach der von den Texten vorgetragenen Botschaft zu fragen, also beispielshalber nicht nur nach dem Glaubensbegriff des Paulus, Johannes, sondern nach dem Glaubensverstehen selbst."[5] Also ein bewußtes Anknüpfen an den Prämissen, die Bultmann bestimmt hatten, und dies drückt sich auch darin aus, daß Conzelmann wie Bultmann die Verkündigung Jesu nicht als Gegenstand der neutestamentlichen Theologie ansieht, sondern sie zu den Voraussetzungen rechnet. Aus dem allen ergibt sich als Disposition: Das Kerygma der Urgemeinde und der hellenistischen Gemeinde (I), Die Interpretation der Lehre Jesu durch den Bericht über sein Auftreten und Lehren: die Theologie der synoptischen Tradition (II), Die begriffliche Ausarbeitung des Kerygmas: Paulus (III), Die Entwicklung nach Paulus (IV) und schließlich: Die begriffliche Ausarbeitung der Überlieferung von Jesus: Johannes (V).[6]

Zugespitzter und profilierter der Diskussionsbeitrag von Robinson[7]: „Neutestamentliche Theologie als wissenschaftliches Fach hat die Aufgabe, die Texte des Urchristentums historisch philologisch zu analysieren, ohne sie zu bloßen Kuriositäten der Vergangenheit herabzuwürdigen oder, positiv formuliert, den damals verbindlichen Gehalt dieser Texte so zu hören und zur Sprache zu bringen, daß er zu einer Alternative für die Moderne übersetzt und also sachlich vertreten oder verworfen werden kann, ohne ihn jedoch modernisierend zu verfälschen."[8] Deutlich ist, wie Robinson hier – wenn auch modifiziert und verändert – den Ansatz Bultmanns beizubehalten versucht, indem er beides – historische Analyse und verbindliche Interpretation – miteinander zu verbinden sucht. Noch einmal Robinson: „So hat denn auf eine gewisse Weise neutestamentliche Theologie darin eine Zukunft, daß sie sich ausschließlich der kritisch-historischen Darstellung der Gedankenbildung des Urchristentums widmet. Falls sich das Ziel der neutestamentlichen Theologie, zugleich das Historische und das Verbindliche zu ihrem Recht zu bringen, als unerreichbar erweisen sollte, sollte man sich bewußt darauf beschränken, allein das Historische zu fördern. (...) Eine solche ausschließliche Konzentrierung auf die historische Aufgabe (...) sollte dann allerdings sachgemäßer ,Religionsgeschichte des Urchristentums' genannt werden."[9] Es ist kaum zufällig, daß die erkennbare Unsicherheit bei Robinson in der Schwierigkeit besteht, den Ansatz Bultmanns festzuhalten, und ihn deshalb dazu veranlaßt, programmatisch gerade wieder zu jenem Entwurf zurückzulenken, von dem Bultmann sich letztlich abgesetzt hatte: dem Entwurf Wredes[10].

---

[5] Ebd., 12.

[6] Ebd., 25.

[7] James M. Robinson, Die Zukunft der neutestamentlichen Theologie, in: Neues Testament und christliche Existenz. Festschrift f. H. Braun zum 70. Geburtstag, hrsg. v. H. D. Betz u. L. Schottroff, Tübingen 1973, 387 ff.

[8] Ebd., 387.

[9] Ebd., 395.

[10] William Wrede, Über die Aufgabe und Methode der sogenannten neutestamentlichen

Ein merkwürdiges Buch: aus einem Vortrag entstanden, eher aphoristisch geschrieben, aber voller Anregungen – wie ich denke – noch immer das Kompetenteste, was es auf diesem Gebiet gibt. Wrede geht von der grundlegenden Voraussetzung aus, daß bei allem der streng geschichtliche Charakter der neutestamentlichen Theologie selbstverständlich sei.[11] Die zweite Prämisse – und auch darüber wird noch zu reden sein – ist die emphatische Ablehnung des Kanons. Beides führt dann zunächst zur Auseinandersetzung mit der herkömmlichen, zu Wredes Zeit herrschenden Methode, die neutestamentliche Theologie in ihren Lehrbegriffen darzustellen. Von ihr grenzt er sich scharf ab; dies gilt für ihn auch gegenüber dem – auch heute noch – besonders wichtigen Werk von Holtzmann[12]. Der ganze Abschnitt ist von besonderem Interesse, weil Wrede hier die entscheidenden Definitionen gibt: „Holtzmann stellt der neutestamentlichen Theologie die Aufgabe, den religiösen und sittlichen Gehalt der kanonischen Schriften des Neuen Testaments wissenschaftlich darzustellen oder die daraus erkennbare religiös-sittliche Gedankenwelt wissenschaftlich zu rekonstruieren. Ich würde demgegenüber sagen: die Disziplin hat die Geschichte der urchristlichen Religion und Theologie darzustellen. Man wird das vielleicht für ziemlich identisch halten, abgesehen von der Frage, ob die Grenze des Neuen Testaments überschritten werden darf. Allein genau betrachtet liegt doch eine viel erheblichere Differenz darin, dass das eine Mal die Aufmerksamkeit auf den Inhalt von Schriften gelenkt wird, das andere Mal lediglich auf die Sache."[13] Und nun die grundsätzliche Erklärung: „Was suchen wir eigentlich? Letztlich wollen wir doch jedenfalls wissen, was in der Urzeit des Christentums geglaubt, gedacht, gelehrt, gehofft, gefordert und erstrebt worden ist, nicht aber, was bestimmte Schriften über Glauben, Lehre, Hoffnung usw. enthalten."[14] Dies impliziert aber zugleich, daß die Texte und die Verfasser dieser Texte in den Hintergrund rücken, sie kommen, wie Wrede formuliert, „lediglich als Zeugen mehr oder weniger allgemein verbreiteter, wenn auch hier und da individuell ausgeprägter Gedanken, Stimmungen, Interessen in Betracht. Ihre positive Bedeutung für die Disziplin ist: sie bieten das Material, mit dessen Hilfe das hinter ihnen liegende älteste Christentum in seiner Physiognomie erfasst und in seiner geschichtlichen Entwicklung verdeutlicht wird."[15]

Über die weitreichenden Konsequenzen einer solchen Konzeption wird noch zu reden sein, sie ist m.E. aktuell wie selten zuvor. Anzuführen sind nur noch Wredes spitze Bemerkungen hinsichtlich des Namens der Disziplin: „Der Name ‚biblische Theologie' bedeutet ursprünglich nicht eine Theologie, welche die

---

Theologie, Göttingen 1897 (= in: Das Problem der Theologie des Neuen Testaments, hrsg. v. G. Strecker, WdF 367, Darmstadt 1975, 81–154).

[11] Ebd., 8.

[12] HEINRICH JULIUS HOLTZMANN, Lehrbuch der neutestamentlichen Theologie. 2 Bde., Freiburg/Leipzig 1897 (2. neu bearb. Aufl., hrsg. v. A. Jülicher u. W. Bauer, Tübingen 1911).

[13] WREDE, Aufgabe, 34f.

[14] Ebd., 34f.

[15] Ebd., 41.

Bibel hat, sondern die Theologie, welche biblischen Charakter hat, aus der Bibel geschöpft ist. Das kann uns gleichgiltig sein. Jedenfalls ist der Name neutestamentliche Theologie in beiden Hälften falsch. Es handelt sich im Neuen Testamente nicht blos um Theologie, sondern in Wahrheit noch mehr um Religion; und weshalb das ,neutestamentlich' nicht zutrifft, braucht nicht wiederholt zu werden. Von ,urchristlicher Dogmengeschichte' wird man nicht reden wollen, da ein eigentliches Dogma erst am Schlusse dieser Periode in Sicht tritt. Der für die Sache passende Name heisst: urchristliche Religionsgeschichte, bzw. Geschichte der urchristlichen Religion und Theologie. Sagt man dagegen, das sei dann eben keine neutestamentliche Theologie, so ist das sonderbar. Der Name richtet sich selbstverständlich nach der Sache, nicht umgekehrt."[16] Dem ist nichts hinzuzufügen!

Nun ist das eigentlich Bedauerliche, daß diesen programmatischen, wichtigen Ausführungen Wredes, diesem großen Versprechen im Grunde die Umsetzung in eine tatsächliche Darstellung der frühchristlichen Theologie fehlt; was Wrede hier bietet, ist eine einleuchtende, aber doch viel zu knappe Skizze. Und auch sonst hat die ,religionsgeschichtliche Schule' aus den unterschiedlichsten Gründen dies Versprechen nicht einlösen können.

Dennoch sei auf zwei Untersuchungen aufmerksam gemacht: Zunächst auf das in diesem Kontext immer wieder zitierte und genannte Werk von Weinel[17]. In der Tat beruft sich Weinel bei seiner Aufgabenstellung implizit auf das Programm der religionsgeschichtlichen Schule: „Eine Geschichte der urchristlichen Religion gehört also ganz gewiß zu den notwendigen Fächern der Theologie. Von Religionsgeschichte aber ist zu sprechen, weil es sich nicht mehr um eine Theologiegeschichte oder gar um die bloße Darstellung von Lehrbegriffen handeln kann; ebensowenig aber andererseits um eine allgemeine Geschichte des Urchristentums, die alles darzustellen hätte, was die neue geschichtliche Bewegung im römischen Reich erlebte und bedeutete."[18] So sehr dies an ursprüngliche, originäre Intentionen religionsgeschichtlicher Analyse erinnert, so ist die Art und Weise, in der Weinel dies Programm realisiert, eher ein Rückfall in die Zeit vor Wrede: im großen und ganzen jedenfalls sehr enttäuschend. Vor allem deshalb, weil die Verbindung von geschichtlichem Procedere und inhaltlichen Aussagen nicht gelingen will. Zudem ist die Betonung des sittlichen Charakters eher ein Erbe des Kulturprotestantismus als ein Bewußtsein des Wredeschen Ansatzes, der hier schon wesentlich weiter war.

Anders ist dies sicher bei dem zweiten Werk, das hier zu nennen ist: Boussets Kyrios Christos[19]. Hier findet sich das Programm Wredes in einem konkreten

---

[16] Ebd., 79f.
[17] HEINRICH WEINEL, Biblische Theologie des Neuen Testaments. Die Religion Jesu und des Urchristentums, GThW T.3, Bd. 2, 3. durchgeh. verb. u. teilw. umgearb. Aufl. Tübingen 1921.
[18] Ebd., 3.
[19] WILHELM BOUSSET, Kyrios Christos. Geschichte des Christusglaubens von den Anfängen des Christentums bis Irenaeus, unveränd. 3. Abdruck d. 2. umgearb. Aufl. mit ausführl. Registern, FRLANT 21, Göttingen ⁵1965.

Gegenstand durchgeführt und umgesetzt. Dies gilt vor allem deshalb, weil Bousset die Geschichte der Christologie bis Irenäus verfolgt, also entschlossen das geschichtskritische Modell anwendet. Dabei wäre noch gesondert zu untersuchen, wie weit Bousset hier über Wrede hinaus eigenständige, methodische Überlegungen in Anschlag bringt (dies gilt etwa von bestimmten, traditionskritischen Aspekten). So wenig nun diese Untersuchung Boussets *die* Geschichte der frühchristlichen Theologie ist, so sehr kann man hier an einem Einzelpunkt studieren, was eine solche Geschichte zu leisten imstande ist. Dies hebt die Erkenntnis nicht auf, daß an bestimmten Punkten des methodischen Vorgehens Boussets Kritik zu üben wäre (etwa an dem Begriff des ‚Kultus', der ‚Mystik', der ‚Religion' usw.); hier ist der Konnex mit bestimmten, vorgefaßten Begriffen der Religionsphänomenologie immer zu berücksichtigen.

Nun kann ein solches Bild, das vor allem die Untersuchungen Bultmanns, der Schüler Bultmanns und der methodischen Prämissen Wredes in den Vordergrund rückt, täuschen; es entspricht auch nicht den Fakten. Denn neben diesen Entwürfen hat es immer eine eher konservative Auffassung des Begriffs der neutestamentlichen Theologie gegeben; während zur Zeit Wredes etwa auf die Theologie des Neuen Testaments von Feine zu verweisen wäre[20], liegt gegenwärtig neben Jeremias[21] ein eindrucksvoller Entwurf in der Theologie des Neuen Testaments von Goppelt[22] vor. Für Goppelt bestimmt sich die Theologie des Neuen Testaments so: „Aus den einzelnen Schriften oder Schriftengruppen sachlich geordnete zusammenhängende Bilder des Wirkens Jesu oder der Verkündigung und Lehre in der ersten Kirche zu gewinnen, ist das Ziel einer ‚Theologie des Neuen Testaments" (…). Die Darstellung der ‚Neutestamentlichen Theologie' ist der Gipfel, zu dem die mühsamen Bergwege der neutestamentlichen Exegese führen und von dem aus man sie zurückblickend überschauen kann. Dieser Vergleich macht bewußt, daß zwischen der Exegese und der Theologie des Neuen Testaments eine Wechselbeziehung besteht."[23] Nun ist ein solches Verständnis nicht zu begreifen ohne eine bestimmte hermeneutische, ja theologische Einstellung. Goppelt charakterisiert sie so: „Wir wollen das Prinzip der historisch-kritischen Schriftforschung, Kritik, Analogie und Korrelation, mit dem Selbstverständnis des NT in einen kritischen Dialog bringen. Für das Selbstverständnis des NT ist es u.E. (…) grundlegend, daß es ein von dem Gott des AT herkommendes Erfüllungsgeschehen bezeugen will, das von Jesus als seiner Mitte ausgeht. Als Ergebnis des intendierten kritischen Dialogs suchen wir ein historisch-kritisch reflektiertes und zugleich sachlich verstehbares Bild der neutestamentlichen Theologie in ihrer Variationsbreite zu gewinnen, das sich deshalb selbst legitimieren kann. Die Grenze des Kanons gegenüber gleichzeiti-

---

[20] PAUL FEINE, Theologie des Neuen Testaments, 2. stark umgearb. Aufl. Leipzig 1911.

[21] JOACHIM JEREMIAS, Neutestamentliche Theologie, T. 1: Die Verkündigung Jesu, Göttingen 1971.

[22] LEONHARD GOPPELT, Theologie des Neuen Testaments, Göttingen ³1978. Diese Bemerkung gilt vor allem für den ersten Teil.

[23] Ebd., 17.

gen wie späteren frühchristlichen Stimmen ist für uns nicht eine vorgegebene Schranke der Untersuchung und Darstellung, wohl aber eine Gestalt der sachlichen Frage nach dem Wahren und dem Gültigen."[24] Ich denke, es sollte – bei aller Breite, auch Undurchsichtigkeit dieses Prolegomenon – erkennbar sein, daß hier so etwas wie ein Gegenentwurf zur Theologie Bultmanns vorliegt, wobei bestimmte methodische Einsichten übernommen und internalisiert werden. Solche Antithese wird erkennbar und deutlich sichtbar vor allem daran, daß Goppelt den gesamten ersten Teil seiner neutestamentlichen Theologie ,Jesu Wirken in seiner theologischen Bedeutung' widmet.

Schon bei Goppelt hatte sich die Erinnerung an eine ,Biblische Theologie' – als einer engen Verbindung von Altem und Neuem Testament – zu Worte gemeldet; dies steht neben dem Werk von Kraus[25] im Mittelpunkt der Studie von Stuhlmacher[26]. Ausgangspunkt der Überlegungen Stuhlmachers ist die Erkenntnis: „Nun bündeln sich die historischen, methodologischen und theologischen Probleme der neutestamentlichen Exegese seit langem in der Frage, wie eine Theologie des Neuen Testaments als historische und zugleich systematische Zusammenfassung der Traditionen des Neuen Testaments zu entwerfen ist."[27] Ausgehend von dieser Problemlage versucht Stuhlmacher das neutestamentliche Auferwekkungsbekenntnis als das grundlegende christliche Bekenntnis überhaupt zu postulieren und daraus – unter der Betonung der engen Verbindung mit dem israelitischen Gottesverständnis – Konsequenzen für die neutestamentliche Theologie zu ziehen: „Eine das urchristliche Auferstehungsbekenntnis in seinem historischen und theologischen Stellenwert systematisch ernstnehmende neutestamentliche Theologie muß also als eine zum Alten Testament hin offene Biblische Theologie des Neuen Testaments entworfen werden."[28]

Ich habe diese in sich ja wahrlich differierenden Entwürfe, Programme und Analysen einmal hart und ohne interpretative Vermittlung nebeneinander gerückt, und ich denke, der anfängliche Eindruck von Ratlosigkeit wird sich weiter verstärkt haben; bedenkt man, daß dies ja nur eine Auswahl ist und ohne Schwierigkeiten durch weitere Analysen zu ergänzen wäre (vgl. etwa Schelkle[29], Schlier[30], Kümmel[31]), so muß dies den Eindruck einer ungefügen Masse machen.

---

[24] Ebd., 50.

[25] HANS-JOACHIM KRAUS, Die Biblische Theologie. Ihre Geschichte und Problematik, Neukirchen-Vluyn 1970.

[26] PETER STUHLMACHER, Das Bekenntnis zur Auferweckung Jesu von den Toten und die Biblische Theologie, Göttingen 1975, vgl. v.a. 128ff.

[27] Ebd.

[28] Ebd., 151.

[29] KARL HERMANN SCHELKLE, Theologie des Neuen Testaments, KBANT, Düsseldorf 1968ff.

[30] HEINRICH SCHLIER, Über Sinn und Aufgabe einer Theologie des Neuen Testaments (1957), in: Das Problem der Theologie des Neuen Testaments, hrsg. v. G. Strecker, WdF 367, Darmstadt 1975, 323–344.

[31] WERNER GEORG KÜMMEL, Die Theologie des Neuen Testaments nach seinen Hauptzeugen Jesus, Paulus, Johannes, GNT 3, 4. durchges. u. verb. Aufl. Göttingen 1980.

Und die in jedem Entwurf zu erkennende Behauptung, dies sei nun endlich *die* neutestamentliche Theologie, muß dann desto überraschender und decouvrierender wirken. Was also ist zu tun? Ich schlage vor, daß wir den gordischen Knoten zu durchschlagen versuchen, und gebe eine Definition der Geschichte der frühchristlichen Theologie und der dadurch gestellten Aufgabe, die nicht sofort auf Vermittlung mit irgendwelchen schon vorliegenden Entwürfen abzielt. Kundige werden leicht die Verbindung zu Bultmann und Wrede erkennen können:

1. Die Umstände und die Bedingungen sind zu rekonstruieren, unter denen Theologie in einem bestimmten, ausgegrenzten Bezirk der Geschichte – nämlich der Geschichte des frühen Christentums – entstanden ist und produziert wurde[32].

2. Der Weg muß bedacht werden, den eine so begriffene Theologie innerhalb der Geschichte des frühen Christentums genommen hat; dies impliziert zugleich: Nachdenken über die Veränderungen innerhalb des Theologiebildungsprozesses und Reflexion auf die Wirkungsgeschichte von Theologie. Hierzu zwei Anmerkungen: Wird über die Veränderungen und Alternationen in der Geschichte des frühen Christentums nachgedacht, so lassen sich solche Veränderungen argumentativ unter verschiedenen methodischen Modellen darstellen: da ist zunächst das Bild der Traditionsgeschichte, also jenes Prozesses von Übernahme und Neuinterpretation aus der Situation heraus. Da ist dann jenes Modell der Auslegungsgeschichte, die jener Überlieferung weitgehend normative Kraft zuschiebt. Und schließlich wird niemals die innovatorische Kraft und Stärke außer acht zu lassen sein, die auch in der Geschichte der frühchristlichen Theologie aus der Situation heraus Neues entstehen läßt. All diese Modelle enthalten Spuren von Wahrheit und sind deshalb gerade unter dem Aspekt der Rekonstruktion auch alle anzuwenden. Ad vocem Wirkungsgeschichte: hierzu wird noch mehr zu sagen sein. Nur soviel: Wirkungsgeschichte ähnelt manchmal jener Situation, in der den Eltern die ungeratenen Kinder vorgehalten werden. Und es ist ja in der Tat mißlich, frühchristliche Theologie gesellschaftlich oder geschichtlich für ihre Folgen haftbar zu machen – beides ist jedenfalls methodisch auseinanderzuhalten. Wichtig bleibt jedoch die Einsicht, daß auch die frühchristliche Theologie *gesellschaftliche* (nicht bloß theologische, geistige) Auswirkungen in ihrer Zeit gehabt hat. Dies ist zu beachten, schon deshalb, weil es diese Theologie mit bestimmten sozialgeschichtlichen Aspekten verbinden kann.

---

[32] Ein Wort noch zu dem Begriff der Rekonstruktion; er bedeutet ja, daß sich eine Geschichte der frühchristlichen Theologie nicht auf die bloße Deskription dessen, was am Tage ist, einlassen kann, sondern sich gezwungen sieht, wie jede Geschichtswissenschaft auch den Weg der Rekonstruktion einzuschlagen und zu beschreiten. Dies hat – und darauf sei nur am Rande aufmerksam gemacht – auch eine bestimmte Bedeutung im Blick auf eine mögliche theologische Interpretation. Es ist in der Tat so, und hierin möchte ich Stuhlmacher zustimmen, daß gegenwärtig die Aufgabe der historischen Rekonstruktion die Hauptlast zu tragen hat (STUHLMACHER, Bekenntnis, 164f.).

3. Der Begriff von Theologie ist dabei möglichst weit zu fassen, jedenfalls nicht eingeengt zu gebrauchen (im Sinne einer Begriffsgeschichte, einer bloßen Beschreibung der Genese von Ideen); er beschreibt sowohl die gedankliche Aufarbeitung von gruppenspezifischen Erfahrungen des frühen Christentums als er auch den ‚Ausdruck' (Walter Benjamin) neuer geschichtlicher Wirklichkeit erfassen kann. Er ist wirklich – und dies schließt auch Berührungen mit dem Religionsbegriff nicht aus – in jenem umfassenden Sinn zu verwenden, wie Wrede ihn in die Diskussion eingeführt hat. Aufmerksamkeit verdient jedoch, daß der Religionsbegriff nicht unumstritten ist. Hier sind jedenfalls die neueren Diskussionen stets mitzubedenken. Wichtig bleibt zugleich die Einsicht, daß der Religionsbegriff nicht gelöst werden kann von seiner gesellschaftlichen Basis, die soziologische Komponente des Terminus also stets miteinzubeziehen ist. Insofern wäre auch begrenzt Kritik am Religionsbegriff der religionsgeschichtlichen Schule zu üben.

4. Die alles hat zu geschehen unter ständiger Einbeziehung der Geschichte der frühchristlichen Literatur, sofern ja die Inhalte nahezu ausschließlich durch das Medium der Texte transportiert werden. Sicher: eine Geschichte der frühchristlichen Theologie wird sich nicht mit der Geschichte der Theologie von bestimmten Texten begnügen können, aber sie kann diese Texte auch nicht – und dies ist anders als bei Wrede – als bloßes Illustrationsmaterial, als Zeugen heranziehen, sondern wird ihnen ein gewisses Eigengewicht zumessen müssen.

5. Dies impliziert, daß bei der Geschichte der frühchristlichen Theologie das Wechselspiel zwischen Individuum und Gruppe, zwischen Autor und Gemeinde zu bedenken ist. Ein altes Vexierproblem der bisherigen Forschung: wenn man sich an die Definition bei Wrede erinnert, so tritt im Grunde bei einer so gefaßten frühchristlichen Theologiegeschichte der Einzelne weitgehend in den Hintergrund. Theologie/Religion ist wesentlich Lebensäußerung einer Gruppe, Resultat einer konkreten historischen Situation, kausal zurückzuführen auf bestimmte beschreibbare Bedingungen. Daß diese Einsicht gegenüber einem Heroenkult der großen Einzelnen wie eine Befreiung wirken kann, liegt auf der Hand; aber man sollte doch zugleich bedenken, wie sehr dieses Kausalitätsmodell dem marxischen (platt marxischen!) Basis-Überbau Gedanken entspricht, in dem die ideologische Seite aus der gesellschaftlichen Praxis direkt herzuleiten ist. Auf solche Weise gerät auch die frühchristliche Theologie – und dies bleibt durchaus zu bedenken – sehr schnell in den Ideologieverdacht. Nun ist freilich diese Betonung der Gruppe als der Basis von Theologie – so befreiend sie in ihrer korrigierenden Funktion gewirkt hat – am Materialobjekt nicht ohne Bedenken durchzuführen. Es ist ja deutlich, wie z.B. die paulinische Theologie sich durchaus individuell von der überkommenen gemeindlichen Theologie abgrenzt, sie jedenfalls interpretierend verändert und neu akzentuiert; mehr noch, wie diese paulinische Theologie selbst qua Theologie zu einer gesellschaftlichen Kraft zu werden beginnt. Es ist also hier der umgekehrte Vorgang zu beobachten.[33]

---

[33] Eine Schwierigkeit bleibt: ist nicht auch jener hermeneutische Impetus, der paulinische

6. Schließlich kann auch die Geschichte der frühchristlichen Theologie nicht wirklich erfaßt werden, ohne die Geschichte des frühen Christentums selbst im Blick zu behalten; dies verbindet erneut die Theologie- mit der Literaturgeschichte.

7. Zusammenfassend läßt sich sagen: Es geht um die Geschichte der Theologie des frühen Christentums, um ihre Entstehungsbedingungen, ihre Veränderungen und ihre Wirkungsgeschichte, um ihre Beziehung zur Geschichte des frühen Christentums und ihre Verbindung mit der Geschichte ihrer Literatur.

Exkurs: Zur Forschungsgeschichte der Geschichte der frühchristlichen Theologie

Es ist ja bei den genannten Entwürfen und programmatischen Stellungnahmen schon deutlich geworden, daß eine wie auch immer gefaßte Geschichte der frühchristlichen Theologie nicht denkbar ist ohne die voraufgegangene Forschung, also einer Forschungsgeschichte bedarf. Forschungsgeschichte nun freilich nicht in dem Sinne der bloßen Anhäufung toten, antiquarischen Stoffes, sondern im Sinne eines gegliederten, von der Aufgabe her strukturierten Fragens.[34]

‚Neutestamentliche Theologie‘ ist wie so viele andere Zweige der neutestamentlichen Wissenschaft ein typisches Ergebnis der Aufklärung und ihrer Theologie. Dies muß eigentlich überraschen, wenn man bedenkt, in welch besonderem Ansehen die Bibel und besonders das Neue Testament in der Reformationszeit stand. Nur – und dies gilt ja vor allem für die lutherische Orthodoxie – Inhalt der Bibel und Dogmatik fallen de facto zusammen; i.e. die Dogmatik gründet sich direkt auf die Heilige Schrift, ohne daß hier ein gesondertes Problem empfunden worden ist. Dies bedeutet, daß neutestamentliche Texte nur unter dem Aspekt des Belegs, des Beweises herangezogen werden und eine Rolle

---

Theologie so charakteristisch heraushebt, ihr ein eigenes Profil gibt, ist nicht auch dieser Impetus gesellschaftlich vermittelt, historisch jedenfalls konsequent?

[34] Leider ist auch hier zu bemerken, daß eine wirkliche, brauchbare Aufarbeitung der Forschungsgeschichte immer noch weitgehend fehlt. Es gibt eine Reihe von Einzeluntersuchungen, aber nicht eine brauchbare und sinnvolle Zusammenfassung dieser Facetten. Hinzuweisen ist auf die jeweiligen ‚Neutestamentlichen Theologien‘, die zumeist auch eine kurze Übersicht über die bisherige Forschung enthalten. Besonders brauchbar ist hierfür GOPPELT, Theologie, 19ff. (auf S. 19 die nötige Literatur); daneben vgl. noch BULTMANN, Epilegomena, in: DERS., Theologie, 585–599. An Einzeluntersuchungen ist zu nennen: OTTO MERK, Biblische Theologie des Neuen Testaments in ihren Anfangszeit. Ihre methodischen Probleme bei Johann Philipp Gabler und Georg Lorenz Bauer und deren Nachwirkungen, MThSt 9, Marburg 1972 (dort auch Überblick über die Gesamtentwicklung) und KRAUS, Biblische Theologie. Für den Gesamtzusammenhang vgl. vor allem: W.G. KÜMMEL, Das Neue Testament. Geschichte der Erforschung seiner Probleme, OA 3/3, 2. überarb. u. erg. Aufl. Freiburg 1970 und DERS., Das Neue Testament im 20. Jahrhundert. Ein Forschungsbericht, SBS 50, Stuttgart 1970.

spielen: sie sind ‚dicta probantia'.[35] Dies ändert sich intentional nur sehr wenig in der pietistischen Theologie; immerhin taucht hier aber zuerst der Begriff der ‚Biblischen Theologie' auf.[36] Eins ist freilich hier von Bedeutung: für den Pietismus gewinnt eine so verstandene ‚biblische Theologie' Selbständigkeit gegenüber der Dogmatik – man vgl. nur den charakteristischen Titel eines Werkes von A. F. Büsching.[37] Man kann sagen, daß die Aufklärung an diese Dichotomie zwischen Dogmatik und biblischer Theologie anknüpft, aber dies wäre doch zu kurz gegriffen. Vielmehr reicht ja der kritische Impuls gerade hinsichtlich der neutestamentlichen Theologie viel weiter, er führt im Grunde bis zur Gegenwart. Will man ihn kategorisieren, so ließe sich sagen: Mit der Unterscheidung zwischen der Theologie des Neuen bzw. des Alten Testaments und der Dogmatik der Kirche gewinnt man den Hebel, um sich gegenüber dieser Kirche und ihrem Dogma kritisch abzugrenzen. Der von der Vernunft geleitete Geist sieht sich keiner Autorität unterworfen, schon gar nicht der Autorität der Kirche. Mit der dadurch implizierten Kirchenkritik – die sich eben auf die biblische Theologie als leitende Norm beruft – wird aber auch die Autorität des Kanons oder anderer Größen verworfen. Es ist noch heute aufregend zu sehen, wie etwa bei Semler eine Säule nach der anderen fällt und der Geist der Aufklärung vor nichts mehr halt macht.[38] Dies bedeutet sofort auch die Erkenntnis der Geschichtlichkeit der neutestamentlichen Religion selbst; man drückt dies dadurch aus, daß man von der positiven, der zufällig ‚gesetzten' Religion jener Zeit spricht. Und dies impliziert zugleich, daß es darüber hinaus so etwas wie eine ‚vernünftige' Religion geben muß, die es anzustreben gilt. Der Vorgriff auf sie erlaubt dann ganz selbstverständlich auch die Kritik an der Religion der neutestamentlichen Zeit. Solche Kritik wird zumeist mit dem Begriff der ‚Akkomodation' gekoppelt (also der angenommenen bewußten Angleichung der neutestamentlichen Texte an den noch nicht entwickelten Grad von Vernunft zu jener Zeit). Schließlich erscheint terminologisch in der Aufklärung zum ersten Male der Begriff der Religionsgeschichte; dies ist schon deshalb konsequent, weil aufklärerische Theologie in der Vergleichung der unterschiedlichen, historisch gegebenen Religionen das Gegenbild der einen, wahren Religion aufscheinen sah. I.e. handelt es sich im Grunde nicht um Religions*geschichte* im strikten Sinne, sondern um Religionsvergleichung, Religionsphänomenologie.

Dies führt schon auf die Probleme einer sich so verstehenden Aufklärung: Der Begriff der Geschichte wird nicht eigentlich festgehalten; im Grunde ist die

---

[35] Der Titel eines Werkes jener Zeit mag hierfür charakteristisch sein: SEBASTIAN SCHMIDT, Collegium biblicum, in quo dicta Veteris et Novi Testamenti juxta seriem locorum communium theologicorum explicantur, 1671 ([2]1689).

[36] CHRISTOPH HAYMANN, Biblische Theologie in Tabellen, Bautzen 1758. Vgl. ders., Auszug aus der Biblischen Theologie in Tabellen, Bautzen 1775–1777.

[37] ANTON FRIEDRICH BÜSCHING, Gedanken von der Beschaffenheit der biblisch-dogmatischen Theologie, Lemgo 1758.

[38] JOHANN SALOMO SEMLER, Abhandlung von freier Untersuchung des Canon, 4 Tle., Halle 1771–1775.

Geschichte ein Trümmerfeld, aus dem sich der freie Verstand nach Belieben bedienen kann. Geschichte ist für die Aufklärung nicht ein Gegenüber, das einen verändern könnte, sondern ein Spiegel, in dem man sich immer wieder selbst erblicken kann. Mehr noch, wir beobachten auch hier wiederum die auch sonst zu belegende Dialektik der Aufklärung. Wird darunter verstanden, daß jene Begriffe wie Freiheit, Autonomie, Mündigkeit, Vernunft, die doch dem Ausgang aus der selbstverschuldeten Unmündigkeit dienen sollten, nun selbst (eben weil sie das Bürgertum spiegeln) autoritativ werden, so läßt sich ein ähnliches Phänomen auch im Umgang mit den neutestamentlichen Texten selbst erkennen. Weil die Aufklärung weiß, was Vernunft, vernünftig ist, und weil die Religion des Neuen Testaments Vernunftreligion ist, muß dies an den Texten selbst bewiesen werden. Und daß ein solcher Akt des Nachweises dann auch gelingt, kann nicht weiter erstaunen.

Dennoch – oder gerade deshalb – sind die Folgen solcher theologischen Voraussetzungen für die konkrete Forschung am Neuen Testament erheblich gewesen. Dies kündigt schon der Titel des Buches von Zachariae programmatisch an.[39] Und es wirkt sich vor allem auch in der Differenzierung zwischen der Analyse des Alten und des Neuen Testamentes aus. Man mag – wie Stuhlmacher dies tut – heute solche Trennung bedauern, in ihrer Zeit war sie nur konsequent zu nennen; denn sie löste nur das ein, was theoretisch in der Antithese zur kirchlichen Dogmatik und Autorität schon längst vorbereitet war.[40]

Erinnern wir uns noch einmal an die offenen Fragen der Aufklärung – Bedeutung der Geschichte und die Frage der Relation von Vernunftwahrheit und positiver Religion –, so setzt genau an diesem Punkte die Kritik ein; und das Oeuvre jenes Mannes, der nun auf Jahrzehnte hinaus die Wissenschaft vom Neuen Testament durch seinen kritischen Impuls bestimmt, kreist um diese beiden Fragen: es handelt sich um Ferdinand Christian Baur.

M. E. ist die Person, resp. das Werk Baurs noch immer wichtig, aber noch immer nicht zutreffend gewürdigt worden. Erst in den letzten Jahren mehren

---

[39] GOTTHILF TRAUGOTT ZACHARIAE, Biblische Theologie, oder Untersuchung des biblischen Grundes der vornehmsten theologischen Lehren, 5 Tle., Göttingen 1771–1786.

[40] Die wichtigsten Titel sind hier zu nennen: JOHANN PHILIPP GABLER, Oratio de iusto discrimine theologiae biblicae et dogmaticae regundisque utriusque finibus, 1787 (beachte den Titel!) und, von einem Schüler Gablers: GEORG LORENZ BAUER, Theologie des Alten Testaments oder Abriß der religiösen Begriffe der alten Hebräer, Leipzig 1796–1801, sowie DERS., Biblische Theologie des Neuen Testaments. Bd. 1–4, Leipzig 1800–1802. Zu beiden – Gabler wie Bauer – vgl. jetzt die wichtige Untersuchung von MERK, Biblische Theologie. Auf jeden Fall ist die Differenzierung zwischen Altem und Neuem Testament seitdem – auch unabhängig von dem jeweiligen theologischen Standort – die Regel. Eine Spätfrucht der Aufklärung – nicht unbeeinflußt durch den beginnenden Historismus und die Religionsphilosophie JAKOB FRIEDRICH FRIES' (Handbuch der praktischen Philosophie oder der philosophischen Zwecklehre. Bd. 2 Handbuch der Religionsphilosophie und philosophischen Ästhetik, Heidelberg 1832 und DERS., Wissen, Glaube und Ahndung, Jena 1805) – ist das für die Theologiegeschichte wichtigste Werk von WILHELM MARTIN LEBERECHT DE WETTE, Biblische Dogmatik des Alten und Neuen Testaments. Oder kritische Darstellung der Religionslehre des Hebraismus, des Judentums und des Urchristentums, 2. verb. Aufl. Berlin 1818.

sich relevante Sekundärarbeiten zu Baur; vgl. etwa die Untersuchungen von Geiger[41] und Hodgson[42]. Aber die Bedeutung Baurs für die neutestamentliche Wissenschaft wäre noch gesondert zu analysieren. Eine solche Analyse wird vor allem darauf zu achten haben, daß sie Baur nicht nur als einen Epigonen Hegels ansieht, der dessen Philosophie nur auf die neutestamentliche Wissenschaft mehr schlecht als recht adaptiert hat. Sondern es dürfte für sicher gelten, daß Baurs kritische Einsichten durch die Hegelsche Philosophie nur eine zusätzliche Spitze erhalten haben.

Nun sind Baurs ‚Vorlesungen über Neutestamentliche Theologie‘ erst posthum 1864 von seinem Sohn ediert worden[43]; man wird also daneben auch seine zahllosen Einzelanalysen mitzubedenken haben, aber auch so wichtige Werke wie das ‚Lehrbuch der christlichen Dogmengeschichte‘ von 1847[44]. Am Anfang dieses ‚Lehrbuchs‘ findet sich jener bekannte Satz Baurs, nach dem die Geschichte „der ewig klare Spiegel (ist), in welchem der Geist sich selbst anschaut, sein eigenes Bild betrachtet, um, was er an sich ist, auch für sich, für sein eigenes Bewußtsein zu sein und sich als die bewegende Macht des geschichtlich Gewordenen zu wissen."[45] So sehr dies Bild vom Spiegel noch an gewisse Gedanken der Aufklärung anknüpft – und es ist ja auch zu bedenken, daß das Erbe der Aufklärung weder von Hegel noch von Baur beiseitegelegt wird, sondern eine Aufhebung erfährt – so sehr also Anknüpfung und Weiterführung erfolgt, so erhält nun doch die Geschichte ein Eigengewicht, das ihr bisher nicht zuteil geworden war. Denn – wie dieser Satz belegt – es gibt für Baur jetzt nicht mehr die Diastase zwischen den zufälligen Geschichtswahrheiten und den ewigen Wahrheiten der Vernunft. Sondern die Wahrheit kann nur geschichtlich begriffen werden, sie geht ganz in die Geschichte ein, wird in die Geschichte inkarniert. Dies aber bedeutet, daß sich im Gang dieser Geschichte die Entwicklung des Geistes selbst widerspiegelt, der Geist kommt in dieser Geschichte erst zu Bewußtsein.

Über die geistesgeschichtlichen Hintergründe und Probleme solcher Gedanken wäre gesondert zu diskutieren; einige Punkte aber lassen sich kurz benennen: Theologiegeschichte der neutestamentlichen Zeit wird unter der Prämisse der Explikation des Geistes im Grunde zur Geschichte des Selbstbewußtseins der Gruppen jener Zeit. Dies tritt bei Baur noch nicht zu sehr ans Licht, die Hegelsche Linke – vor allem Bruno Bauer[46] – haben diesen Gedanken dann

---

[41] WOLFGANG GEIGER, Spekulation und Kritik. Die Geschichtstheologie F. C. Baurs, FGLP X/28, München 1964.

[42] PETER C. HODGSON, The Formation of Historical Theology. A Study of Ferdinand Christian Baur, New York 1966.

[43] FERDINAND CHRISTIAN BAUR, Vorlesungen über neutestamentliche Theologie, hrsg. v. Ferd. Fried. Baur, Leipzig 1864.

[44] BAUR, Lehrbuch der christlichen Dogmengeschichte, Stuttgart 1847 (unveränd. Nachdr. d. 3. Aufl. Leipzig 1867: Darmstadt 1974).

[45] Ebd., 59.

[46] BRUNO BAUER, Kritik der Evangelien und Geschichte ihres Ursprungs, 4 Bde., Berlin 1850–1852.

extensiv betont. Für Bauer schlägt sich in den Gedanken des frühen Christentums nur das Selbstverständnis der nachösterlichen Gemeinden nieder. Am Rande sei bemerkt, daß dies ja in bestimmten Richtungen der formgeschichtlichen Arbeit gegenwärtig nahezu ähnlich ausgesagt werden kann. Wichtiger ist, daß der Spott von Marx über Bauers ‚Hirnweberei' – als Gedankenbewegung im Reich der Ideen, losgelöst von der gesellschaftlichen Basis – begrenzt auch für F. C. Baur selbst zutrifft.

Sicher wird auch zu sagen sein, daß die Theologiegeschichte bei Baur weithin rekonstruierende Aufgaben erhält. Auch wenn der Geschichte ein größeres Gewicht als in der Theologie der Aufklärung zuteil wird, so ist erneut die Frage, wie weit solche Rekonstruktion der Geschichte selbst gerecht werden kann. Dies gilt etwa von der Baurschen Antithese zwischen Juden- und Heidenchristentum und der Synthese im katholischen Christentum. Und genau an dieser Stelle hat Baur im Grunde nicht Schule gemacht, sondern schon zu seinen Lebzeiten – vor allem durch das Buch seines ursprünglichen Schülers A. Ritschl über die ‚Altkatholische Kirche'[47] – gab man die Baursche Konstruktion des sich selbst explizierenden Geistes in der Geschichte auf und wies zudem immer wieder auf die faktische Unmöglichkeit hin, die Geschichte des frühen Christentums im Sinne des Baurschen Dreitaktes zu schreiben. Es beginnt jetzt eine theoretische Verflachung der neutestamentlichen Forschung, deren Vorteil freilich in der Anhäufung von Material, in der konkreten Einzelanalyse zu sehen ist. Nur noch der Entwicklungsbegriff zeugt von der vergangenen Pracht der Hegelschen Philosophie, wird freilich schon bald nicht mehr in seinem ursprünglichen, geprägten und fixierten Sinn verwandt. Ähnliches gilt – und dies hängt mit dem Entwicklungsbegriff eng zusammen – von der kausalgenetischen Erklärung; sie versucht noch einen Zusammenhang in der Geschichte, eine sinnvolle Abfolge zu suggerieren, obwohl sie im Grunde schon längst darauf verzichtet hat. Es ist dies die Zeit des Historismus, dem die neutestamentliche Theologie ein so respektables Lehrbuch wie das Werk von Holtzmann verdankt[48].

Daß auch die religionsgeschichtliche Schule in den theoretischen Prolegomena – man denke an den verwaschenen Entwicklungsbegriff, an die unklare Begründung des Begriffs von Religion – diesem Historismus noch verbunden ist, läßt sich nicht bestreiten. Dennoch meldet sich hier ein fundamentaler Neuansatz zu Wort, wie sich ja oben bereits in der Erörterung der methodischen Grundsätze von Wrede gezeigt hat. Dies soll hier nicht wiederholt werden, nur erscheint es erforderlich, noch einmal die entscheidenden Grundzüge der Konzeption der religionsgeschichtlichen Schule deutlich zu machen: Ausgangspunkt ist – und dies hatte sich schon bei Wrede gezeigt – die Antithese zur damals herrschenden Literarkritik und deren Textfetischismus. Texte – und die Folgen solcher These

---

[47] ALBRECHT RITSCHL, Die Entstehung der altkatholischen Kirche. Eine Kirchen- und dogmengeschichtliche Monographie, 2. durchg. neu ausgearb. Aufl. Bonn 1857.

[48] HOLTZMANN, Lehrbuch. Vgl. auch ders., Die Entstehung des Neuen Testaments, RV I/11, 2. neu bearb. Aufl. Tübingen 1911, passim.

für die neutestamentliche Theologie sind offenkundig – bieten nur einen Ausschnitt aus der viel weiter reichenden Geschichte der frühchristlichen Religion. Diese Interdependenz zwischen Text und Geschichte vermittelt sich für die religionsgeschichtliche Schule in der Geschichte der Inhalte, der Traditionen, der Theologumena. Hier erhalten die Texte ihre historische Tiefenschärfe. Dann aber gilt, daß sich solche Traditionen nur vermittelt denken lassen auf dem Wege über gesellschaftliche Gruppen innerhalb des frühen Christentums. Es kehrt hier erneut die Frage Autor/Kollektiv – Gemeinde/Einzelner wieder. Dies ist von der religionsgeschichtlichen Schule bereits als ein schwieriges und heikles Problem empfunden worden.[49] Dies schließt nun ein: Wird mit der Untersuchung der Geschichte der Stoffe ernst gemacht, dann bedeutet das vor allem die Frage nach ihrem Ursprung und ihrer originären Bedeutung. Erst von einer solchen (gewiß hypothetischen) Erhebung des Ursprunges her läßt sich ja eine Geschichte der Stoffe in ihrer hermeneutischen Bewegung wirklich schreiben. Und nun – und dies ergibt sich für die religionsgeschichtliche Schule ganz zwangsläufig – muß der jeweils zu analysierende Religionsbereich zwar der Ausgangspunkt solcher Analysen sein (also konkret das frühe Christentum), er kann aber niemals seine Grenze bedeuten. Vielleicht wird nun auch deutlich, warum sich historisch, aber sofort auch theologisch brisant damit die Frage nach dem Absolutheitsanspruch des Christentums anmeldet und warum diese Frage etwa von Troeltsch betont abgelehnt worden ist: es kann eine solche Absolutheit weder religionsgeschichtlich noch auch theologisch gerechtfertigt geben. Daß dies nun auch Folgen für die Geschichte der frühchristlichen Theologie hat, sollte deutlich sein.

Sieht man von dem großen Entwurf der Bultmannschen Theologie des Neuen Testaments – dessen wichtigste Grundzüge bereits besprochen wurden – ab, so wird sich sagen lassen, daß sich die Konstellation der Forschungsgeschichte eigentlich seit den Arbeiten der religionsgeschichtlichen Schule nicht wesentlich, nicht wirklich entscheidend verändert hat.

Dennoch ist es nötig – wenn auch nur kurz – auf einen Außenseiter hinzuweisen, dessen Beiträge zur neutestamentlichen Theologie bis in die Gegenwart hinein bedeutsam geblieben sind, auf Adolf Schlatter.[50] Die hier intendierte (sehr eigenwillige!) Theologie des Neuen Testaments bedürfte einer gesonderten Un-

---

[49] Vgl. WREDE, Aufgabe, 53: „Dass wir bei diesem Erklären und historischen Analysieren die Bedeutung der Persönlichkeiten (…) verkennen müssten, fürchte ich nicht. Weshalb sollte man nicht anerkennen können, dass die Eigenart und die Arbeit des Individuums selbst vieles erklärt, was ohne sie nicht erklärt werden kann? Ich glaube, die erklärende Methode wird uns am gehörigen Orte die Bedeutung der Persönlichkeit sogar in der denkbar schärfsten Beleuchtung zeigen. Nur freilich hören wir auf, den Einzelnen schon darum zum Schöpfer eines Gedankens zu machen, weil wir ihn zufällig zuerst bei ihm finden, und ferner aus der Persönlichkeit begreifen zu wollen, was nun einmal nicht aus ihr begriffen werden kann."

[50] Die wichtigsten hier in Frage kommenden Werke: ADOLF SCHLATTER, Der Glaube im Neuen Testament. Eine Untersuchung zur neutestamentlichen Theologie, Leiden 1885 (⁴1927); DERS., Die Geschichte des Christus, Stuttgart ²1923; DERS., Die Theologie der Apostel, Stuttgart ²1922.

tersuchung.[51] In seiner neutestamentlichen Theologie schreibt er: „Den Versuch, den Denkakt vom Lebensakt zu trennen, machen sie (scil. die Männer des NT) nicht und erzeugen darum auch nicht den Schein, sie legten uns zeitlose, von geschichtlichen Bedingungen unabhängige Erkenntnisse vor. Ihre Denkarbeit steht vielmehr in einer bewußten und selbständigen Verbindung mit ihrem Wollen und Handeln; sie hat an ihren Erlebnissen ihren Grund und Stoff und dient ihnen als Mittel zur Ausrichtung ihres Berufs. Ihre Gedanken sind Bestandteile ihrer Taten und damit ihrer Geschichte. Deshalb ist die Aufgabe der neutestamentlichen Theologie mit der Statistik, die ein Verzeichnis der Gedanken Jesu und seiner Jünger herstellt, noch nicht erschöpft. So entsteht leicht ein historisches Zerrbild, eine Summe abstrakter, zeitloser ‚Lehren‘, die als Inhalt eines vom Wollen und Handeln abgeschnittenen Bewußtseins vorgestellt werden. In dieser Form aber haben Jesus und seine Jünger ihre Gedanken nicht in sich getragen. Um richtig zu beobachten, müssen wir uns den Zusammenhang verdeutlichen, der ihre Gedanken erzeugt, und in den sie auch sofort wieder hineintreten als die Basis ihres Werks.“[52] Dies lange Zitat macht immerhin soviel deutlich: der eigenwillige Ansatz Schlatters – man denke vor allem an die Betonung des unauflöslichen Zusammenhangs von Denk- und Lebensakt – ist jenseits aller Lehrbegriff-Theologie gar nicht so weit entfernt von den Prämissen der religionsgeschichtlichen Schule (horribile dictu!): man denke etwa an den ‚Zusammenhang, der ihre Gedanken erzeugt‘, an den Begriff der ‚Basis‘. Nur bleibt zu bedenken, daß anders als bei der religionsgeschichtlichen Schule diese Begriffe vor allem durch die jesuanische Verkündigung inhaltlich gefüllt werden.

Ein solcher Durchgang durch die bisherige Forschungsgeschichte der neutestamentlichen Theologie kann ja nur dann wirklich sinnvoll sein – jenseits alles bloß antiquarischen Interesses –, wenn er jene Fragen profiliert und schärfer sehen läßt, die gegenwärtig hinsichtlich solcher Aufgabe von Bedeutung sind. Und ich denke: zunächst heißt dies ganz grundsätzlich: Wenn bisher das Programm einer Geschichte der frühchristlichen Theologie – und ich nehme diesen Terminus in Aufnahme des Wredeschen Ansatzes ganz bewußt – nicht wirklich realisiert worden ist, nicht wirklich eine Durchführung erfahren hat, könnte dies nicht vielleicht bedeuten, daß eine solche Aufgabe a priori zum Scheitern verurteilt ist?

Es ist kein Zufall – und darauf muß hingewiesen werden –, daß sich analoge, prinzipielle Schwierigkeiten bei der Durchführung einer Geschichte der frühchristlichen Literatur und bei der Geschichte des frühen Christentums selbst erkennen lassen. Bultmann hat in einem heute vergessenen Aufsatz hinsichtlich der frühchristlichen Literaturgeschichte dies diagnostiziert und dafür folgende Gründe angeführt: Diese Literatur sei von zu geringem Umfang, sie umfasse eine

---

[51] Man vgl. übrigens, wie die Schlattersche Zweiteilung bei Goppelt wieder aufgenommen worden ist.

[52] SCHLATTER, Die Theologie des Neuen Testaments, T.1: Das Wort Jesu, Calw 1909, 10f. (T.2: Die Lehre der Apostel, Calw 1910).

zu kurze Zeitspanne und ihr Träger, die frühchristliche Gemeinde, bilde keine Volks- und Kultureinheit.[53] Es ist doch wohl unschwer möglich, diese Einwände auch auf die frühchristliche Theologie – die ja von dieser Literatur durchaus nicht abzulösen ist – zu übertragen. Und daß dies bisher nicht geschehen ist (auch nicht bei Bultmann) liegt wohl nur daran, daß das Sujet der neutestamentlichen Theologie in einer besonderen Weise emotional besetzt ist. So sehr man nun solche Einwände berücksichtigen sollte, so bezeichnen sie zuvörderst wohl eine große, faktische Schwäche, nicht aber die prinzipielle Unmöglichkeit solcher Theorie und solchen Entwurfs.

Darüber hinaus entläßt einen freilich die Forschungsgeschichte mit einigen Fragen, die es zu bedenken gilt: Was bedeutete die Anwendung des Geschichtsbegriffs auf das Thema der frühchristlichen Theologie? Welcher Geschichtsbegriff ist zugrundezulegen? Wird ein solcher Geschichtsbegriff dem Objekt gerecht? Ist die religionsgeschichtliche Fragestellung ernst zu nehmen, so bleibt zu überlegen, was dies nun in concreto für die Frage nach der Geschichte der frühchristlichen Theologie bedeutet. Wird damit gegenüber den anderen religiösen Gruppen der Zeit ein Sonderrecht beansprucht, oder impliziert dies eine wie auch immer geartete Abhängigkeitstheorie? Wird nach der Entstehungsbedingung eines so komplexen Gebildes wie der frühchristlichen Theologie gefragt, so ist hierbei ja nicht nur der Ideologieverdacht – Theologie als bloße Affirmation des schlechten Bestehenden – zu berücksichtigen, sondern auch genauer darauf zu reflektieren, was dies heißt: Entstehungsbedingungen. Wird mit dem Terminus ‚Geschichte der frühchristlichen Theologie‘ (und nicht ‚neutestamentliche Theologie‘ o.ä.) ganz bewußt an die methodischen Einsichten Wredes angeknüpft, so stellt sich erneut die kritische Anfrage Bultmanns an dies Programm ein: Wie vermittelt sich nun der Inhalt solcher Theologie, wie läßt er sich hermeneutisch in die Gegenwart umsetzen? Anders formuliert: Wird mit der Einsicht in die Geschichtlichkeit der frühchristlichen Theologie ernst gemacht, in ihre geschichtliche Bedingtheit, so kann nicht ohne weiteres ein wie auch immer verstandenes Legitimationsmodell Anwendung finden. Dies aber bedeutet, Gegenwart – sei es der Kirche, der Gemeinde, der Gesellschaft – partizipiert an dieser frühchristlichen Theologie nur auf dem Wege über die Geschichte.

II. Die Abgrenzung der frühchristlichen Theologie

Ich erinnere noch einmal an die Aufgabe einer Geschichte der frühchristlichen Theologie: Es geht um die Geschichte der Theologie des frühen Christentums, um ihre Entstehungsbedingungen, ihre Veränderungen, ihre Wirkungsgeschichte, um ihre Beziehung zur Geschichte des frühen Christentums und ihre Verbindung mit der Geschichte der frühchristlichen Literatur. Wenn in dieser Weise Klarheit über die Aufgabe gewonnen ist, so bleibt freilich der Gegenstand noch

---

[53] BULTMANN, Neues Testament. Einleitung II, ThR 17, 1914, 79–90.

präziser zu bestimmen und definitorisch auszugrenzen. Es muß ja nun gefragt werden: Was ist dies – ,frühchristliche Theologie'? Wie weit erstreckt sie sich? Wann setzt sie ein, wo bricht sie ab? Welche Möglichkeiten bieten sich, hier eine Grenze zu ziehen?

Schon die Frage nach dem Anfang der frühchristlichen Theologie ist nicht einfach zu beantworten. Auf der einen Seite Bultmann: „Die Verkündigung Jesu gehört zu den Voraussetzungen der Theologie des NT und ist nicht ein Teil dieser selbst. Denn die Theologie des NT besteht in der Entfaltung der Gedanken, in denen der christliche Glaube sich seines Gegenstandes, seines Grundes und seiner Konsequenzen versichert. Christlichen Glauben aber gibt es erst, seit es ein christliches Kerygma gibt, d.h. ein Kerygma, das Jesus Christus als Gottes eschatologische Heilstat verkündigt, und zwar Jesus Christus, den Gekreuzigten und Auferstandenen. (...) Erst mit dem Kerygma der Urgemeinde also beginnt das theologische Denken, beginnt die Theologie des NT."[54] Auch wenn Bultmann dann doch die Verkündigung Jesu unter dem Aspekt der Voraussetzungen gesondert darstellt, so ändert dies an seinem grundsätzlichen Ansatz wenig. Er hat hierin – sieht man einmal von Conzelmann ab – so gut wie keine Nachfolger gefunden. Man vergleiche dagegen etwa Goppelt, der in der Nachfolge Schlatters seine neutestamentliche Theologie betont mit der Darstellung des Wirkens Jesu einsetzen und beginnen läßt. Dennoch: ich bin der Auffassung, daß der Bultmannsche Ansatz wissenschaftlich allein zu rechtfertigen ist. Die Geschichte der frühchristlichen Theologie kann erst mit dem Entstehen der ersten nachösterlichen Gemeinden einsetzen – mit deren Bemühungen, in Kerygmata, Bekenntnis und Homologie diesen Jesus Christus theologisch auszusagen. Ein Beginn der Theologie des frühen Christentums in der Zeit vor Ostern scheint mir – wenn dieser Aspekt der Entstehung in einer Gruppe einbezogen wird – auch definitorisch unzulässig zu sein. Beginnt damit die Geschichte der frühchristlichen Theologie nach Ostern, so schließt dies ganz gewiß nicht aus, daß von Fall zu Fall nach den Voraussetzungen in der Verkündigung des Irdischen zurückgefragt werden muß. Und es wird auch wichtig sein, bei der Frage nach der Theologie der Synoptiker das Ensemble der jesuanischen Verkündigung in die Behandlung einzubeziehen.[55]

Nicht minder verwickelt ist nun aber auch das Problem, bis zu welchem Zeitraum der Begriff der frühchristlichen Theologie auszudehnen ist.[56] Es ist ja ganz auffallend, wie selten diese Frage innerhalb der neutestamentlichen Theologie thematisiert und wirklich methodisch behandelt worden ist (eine Ausnahme bildet – freilich auch ohne grundsätzliche Diskussion der Probleme – der dritte Teil der Bultmannschen Theologie). Man tut den Exegeten wohl nicht Unrecht, wenn man die gängige Einstellung zu diesem Problem so charakterisiert: Es ist

---

[54] Bultmann, Theologie, 1 f.
[55] Vgl. hierzu Conzelmann, Grundriß.
[56] Vgl. Henning Paulsen, Zur Wissenschaft vom Urchristentum und der alten Kirche – ein methodischer Versuch, ZNW 68, 1977, 200–230.

eine oft unbewußte Hinnahme des bestehenden status quo, der dann von Fall zu Fall theoretisch untermauert und durch Materialien angereichert wird. Dies aber geht denn doch nicht: Man kann nicht den Begriff der frühchristlichen Theologie als allein die neutestamentlichen Texte in sich schließend theoretisch und methodisch als gültig ansehen und dann doch nur von Fall zu Fall begründen. Ich verweise nur, und dies kann gar nicht oft genug geschehen, auf das gesamte Werk von Franz Overbeck[57], das eben um diesen Punkt kreist: Wie läßt sich der Begriff des ‚Urchristentums‘ – und damit zusammenhängend der Begriff der ‚Urgeschichte‘ – wirklich wissenschaftlich und nicht bloß arbiträr begründen und definieren? Und wenn dies geschieht, was heißt dies nun für die Inhalte; bedeutet solche Differenzierung zwischen frühchristlicher Theologie und der Theologie der alten Kirche nicht auch immer schon ein inhaltliches Urteil, das im Einzelnen dann noch näher zu begründen wäre?

Dies heißt konsequent: es muß überlegt werden, ob sich vom historischen Objekt her eine solche Differenzierung zwischen der frühchristlichen Theologie und der Theologie der alten Kirche nahelegt, und es wäre dann erst zu fragen, welcher methodischen Art eine solche Unterscheidung sein könnte und welche Folgerungen aus ihr zu ziehen wären. Nur wenn sich die Größe des frühen Christentums irgend geschichtlich fassen und aus dem Strom der Geschichte ausgliedern läßt, kann eine Geschichte seiner Theologie begründet entworfen werden.

Es bleiben allerdings zwei Einwände zu bedenken: Handelt es sich hier zum einen nicht – wie so oft bei solchen definitorischen Fragestellungen – um die üblichen Scheinprobleme? Ist es nicht bloß ein leerer Streit, wie man das historische Material gliedert und ordnet? Welche sachlichen Inhalte werden überhaupt bei solchen Überlegungen transportiert? Damit hängt zum anderen gewiß eng der Zweifel zusammen, ob nicht solche Abgrenzung der frühchristlichen Geschichte qua Theologie – wie auch immer sie erfolgen mag – stets durch eingestandene oder auch uneingestandene, theoretische Vorentscheidungen geleitet wird, also letztlich bloß beliebig, arbiträr ist. Und solche Einwände konkretisieren sich im Gegenentwurf einer bloß enumerativen Zusammenstellung des dann nicht gewerteten Materials, das so möglichst vorurteilsfrei dargeboten werden soll. Diesem Gegenentwurf ist nicht einmal vorzuhalten, daß eine voraussetzungslose Wissenschaft letztlich unmöglich ist und daß die Behauptung, es gäbe sie dennoch, nur desto sicherer dem Schein anheimfällt. Sondern vor allem bleibt festzustellen, daß dies eben nicht bloß definitorische, sich an der reinen Ökonomie der Darstellung orientierende Fragen sind, sondern daß in ihnen die wirkliche Geschichte aufscheint, ja daß sie selbst zu einer solchen Fragestellung nötigt.

---

[57] Vgl. etwa: OVERBECK, Christentum und Kultur. Gedanken und Anmerkungen zur modernen Theologie. Aus dem Nachlaß hrsg. v. C. A. Bernoulli, Basel 1919 oder DERS., Zur Geschichte des Kanons, Chemnitz 1880 bzw. DERS., Über die Anfänge der patristischen Literatur, HZ 48 NF 12, 1882, 417–472.

Was also ist zu tun? Eins muß vor allem erwogen werden: Die Frage nach der frühchristlichen Theologie und ihrer Abgrenzung wird doch zumeist, wenn sie überhaupt in den Blick kommt, entschieden und beantwortet, indem man auf das Faktum des Kanons hinweist und daraus die tatsächliche Identität der frühchristlichen Theologie mit dem Inhalt der neutestamentlichen Texte folgert. Die Eindeutigkeit, sogar Grobschlächtigkeit einer solchen These kann gewiß beeindrucken, wobei ganz sicher auch die lang andauernde, kirchliche Tradition in dieser Frage eine erhebliche Rolle spielt. Dies geschieht ja auch nicht ganz grundlos, weil der Prozeß, der zu dieser Herausbildung des Kanons geführt hat, sehr wohl von Gewicht ist und eine Rolle spielt. Und dennoch: Dies ist keine Lösung, historisch schon darum nicht, weil in der Zeit des Übergangs eben noch gar kein abgeschlossener Kanon vorliegt. Und ganz unabhängig von dem Bild, das man sich von der Entstehung des Kanons macht – auch von jenem Zeitpunkt, zu dem er vorliegt –, ist es jedenfalls ein lang dauernder Prozeß, der keinesfalls mit dem Abschluß der frühchristlichen Theologie in eins zu setzen ist. Der gültige Kanon stellt zwar nach dem Bewußtsein der alten Kirche der frühchristlichen Theologie den Totenschein aus, aber er beendigt sie nicht in dem Sinn, daß er sämtliche Zeugnisse dieser Zeit (und damit auch alle ihre Inhalte) in sich birgt oder bergen will.[58]

Man könnte natürlich einwenden, dies alles seien nur relativ geringfügige Abweichungen vom tatsächlichen Bestand, und es wären doch im Großen und Ganzen die wichtigsten Texte der fraglichen Epoche in den Kanon eingegangen. In der Sache ließe sich einem solchen Urteil sogar zustimmen – daß z. B. der Barnabasbrief nicht in dem kanonisierten Neuen Testament zu finden ist, wird kaum einer für einen Schaden halten können –, aber die historische Erkenntnis wird dadurch in keinem Fall gefördert. Sicher ist dies auch ein Vexierproblem (dafür bietet in der Forschungsgeschichte vor allem die Auseinandersetzung zwischen Zahn und Harnack reiches Anschauungsmaterial). Aber es ist – und hierin hat Harnack einfach recht – doch ein erheblicher Unterschied zwischen der nicht zu bestreitenden Geltung der neutestamentlichen Texte zu einem frühen Zeitpunkt, ihrer faktischen Kanonizität und dem ihnen später beigelegten Anspruch auf Exklusivität. Der abgeschlossene Kanon ratifiziert zwar den endgültigen Abschied der alten Kirche von der frühchristlichen Vergangenheit, aber er deckt sich durchaus nicht mit der frühchristlichen Literatur, bezeichnet in seiner Exklusivität auch nicht deren Grenze, und kann deshalb für die Geschichte der frühchristlichen Theologie durchaus keine passable Grundlage bieten. Ich

---

[58] Literatur zum Prozeß der Kanonisierung: Vgl. v. a. ADOLF VON HARNACK, Das Neue Testament um das Jahr 200. Theodor Zahn's Geschichte des neutestamentlichen Kanons, Freiburg/Br. 1889; THEODOR ZAHN, Geschichte des neutestamentlichen Kanons, 2 Bde., Erlangen/Leipzig 1888–1892; HARNACK, Die Entstehung des Neuen Testaments und die wichtigsten Folgen der neuen Schöpfung (Beiträge zur Einleitung in das Neue Testament 6), Leipzig 1914 und HANS VON CAMPENHAUSEN, Die Entstehung der christlichen Bibel, BHTh 39, Tübingen 1968; BRUCE M. METZGER, The Canon of the New Testament. Its Origin, Development, and Significance, Oxford 1987, [4]1992.

möchte noch einmal an Wrede erinnern, für den der Kanon deshalb letztlich bedeutungslos wird (unter dieser wissenschaftlichen Fragestellung): „Wo man die Inspirationslehre streicht, kann auch der dogmatische Begriff des Kanons nicht aufrecht erhalten werden." Und weiter: „Keine Schrift des Neuen Testaments ist mit dem Prädikat ‚kanonisch' geboren (...) sie ist nachträglich von den massgebenden Faktoren der Kirche des 2. bis 4. Jahrhunderts (...) für kanonisch erklärt worden. (...) Wer also den Begriff des Kanons als feststehend betrachtet, unterwirft sich damit der Autorität der Bischöfe und Theologen jener Jahrhunderte. Wer diese Autorität in anderen Dingen nicht anerkennt – und kein evangelischer Theologe erkennt sie an –, handelt folgerichtig, wenn er sie auch hier in Frage stellt."[59]

Solche pointierte, akzentuierte Ablehnung des Kanons, genauer des Dogmas vom Kanon – und aller Hilfskonstruktionen wie des schwammigen Begriffs vom ‚apostolischen Zeitalter' (über den Wrede nur spottet) – bedeutet: Es gibt keine Abgrenzung zwischen der kanonischen und der außerkanonischen Literatur, vielmehr gilt, „dass die Grenzen zwischen der kanonischen und der nächstliegenden ausserkanonischen Literatur an allen Punkten durchaus fliessend sind."[60] Dies impliziert eben, daß nun nur noch von einer Theologie des frühen Christentums, nicht aber mehr des Neuen Testaments wissenschaftlich die Rede sein kann. Die Vorteile einer solchen methodischen Prämisse liegen auf der Hand: Es läßt sich von ihr aus ein unverstelltes Bild der geschichtlichen Entwicklung des frühen Christentums und seiner Theologie entwerfen, wie dies beim Beharren auf der strikten, historisch aber sekundären Grenze des neutestamentlichen Kanons ganz unmöglich war.   Halten wir inne: Was bedeutet denn nun diese – wie ich denke, unumgängliche – Aufgabe der bisherigen, festen Trennungslinie des Kanons? Wird hier nicht (und dies wäre forschungsgeschichtlich durchaus belegbar) das Bild, der methodische Entwurf eines unterschiedslosen und darum ununterscheidbaren Stromes der geschichtlichen Entwicklung evoziert? Die Konsequenz wäre dann – und dies ist gewiß nicht bloßes Gedankenspiel, sondern höchst real –, daß mit den ersten, nachösterlichen Kerygmata im Grunde schon die christliche (kirchliche) Dogmen- oder Ideologiegeschichte einsetzt, die dann bis in die Gegenwart hineinreicht. Theologiegeschichte des frühen Christentums würde dann in dieser Dogmen- oder Ideologiegeschichte des Christentums sozusagen das erste Kapitel bedeuten. Ich denke, der Faszination eines solchen Entwurfs kann man sich nur schwer entziehen, weil auf diese Weise ja die Wirkungsgeschichte der frühchristlichen Theologie bruchlos bis in die Gegenwart hineinreichen könnte.

Um diese Frage noch zuzuspitzen, sei auf zwei Punkte, zwei Überlegungen, zwei Beobachtungen aufmerksam gemacht, die in diesem Kontext gehören: Blickt man in die Lehrbücher der Dogmengeschichte hinein – also etwa in die

---

[59] WREDE, Aufgabe, 11.
[60] Ebd. WREDE schließt dabei den „religiösen Wert" ausdrücklich ein.

Harnacksche Dogmengeschichte[61], in den Loofschen Leitfaden[62], auch in M. Werners ‚Entstehung des christlichen Dogmas'[63] –, so unterscheiden sich diese Werke zwar alle nicht unerheblich, aber an diesem Punkt sind sie prinzipiell nicht weit voneinander entfernt: die frühchristliche Theologiegeschichte (oder die neutestamentliche Theologie) ist zumeist in der Tat das erste Kapitel der christlichen Dogmengeschichte. Eine zusätzliche Pointe liegt nur darin, daß – wie bei Bultmann die jesuanische Verkündigung zu den Voraussetzungen der neutestamentlichen Theologie gehörte – nun umgekehrt die gesamte Theologiegeschichte des Urchristentums Voraussetzung der christlichen Dogmengeschichte wird.

G. Ebeling hat ja in mehreren Veröffentlichungen den Versuch unternommen, die Kirchengeschichte insgesamt als Auslegungsgeschichte zu bestimmen.[64] Es ist an diesem Ansatz heftige Kritik geübt worden (vor allem von Kirchengeschichtlern), weil hier wichtige Aspekte (etwa sozialgeschichtlicher Art) des gesamten Ensembles der Geschichte vernachlässigt würden. Ich halte dies nicht unbedingt für zutreffend, sondern dies Programm für sehr wichtig und weiterführend[65] (auch wenn die faktische Realisierung oder Umsetzung noch kaum gelungen ist). Der kritische Punkt liegt an einer anderen Stelle: Auslegungsgeschichte wessen? Ebeling ist hier nicht eindeutig: auf der einen Seite Auslegungsgeschichte der im Kanon enthaltenen Texte, auf der anderen Auslegungsgeschichte eines im Grunde schon vor diesen liegenden Kerygmas. In der Tat: unter dem Aspekt der Auslegungsgeschichte gibt es im Grunde kaum einen Unterschied zwischen der frühchristlichen Theologie und der Theologie der alten Kirche. Auslegen ist bei beiden das Ziel; auch die frühchristlichen Texte sind in ihrer Theologie Auslegung, Interpretation von Texten – seien diese nun mündlicher oder schriftlicher Natur.

Dennoch halte ich diese Konsequenz – dies Bild einer Universalgeschichte, eines umfassenden Geschichtsverlaufs – für unzutreffend; es trifft übrigens auch schon für Wrede so nicht zu. Sondern die Aufgabe des Kanons bedeutet für ihn zugleich die Möglichkeit, nun endlich den Geschichtsprozeß in seinem durchaus nicht undifferenzierten Verlauf zu begreifen, in seinen Brüchen und Neuanfängen: „Dann verlangt offenbar das geschichtliche Interesse, alles das aus der Gesamtheit der urchristlichen Schriften zusammen zu betrachten, was geschicht-

---

[61] HARNACK, Dogmengeschichte, GThW 4/3, 5. verb. Aufl. Tübingen 1914 ([6]1922).

[62] FRIEDRICH LOOFS, Leitfaden zum Studium der Dogmengeschichte, 4. völlig umgearb. Aufl. Halle 1906.

[63] MARTIN WERNER, Die Entstehung des christlichen Dogmas. Problemgeschichtlich dargestellt, Bern/Leipzig 1941 ([2]1953).

[64] GERHARD EBELING, Kirchengeschichte als Geschichte der Auslegung der Heiligen Schrift, SGV 189, Tübingen 1947; DERS., Die Geschichtlichkeit der Kirche und ihrer Verkündigung als theologisches Problem. 3 Vorlesungen, SGV 207/208, Tübingen 1954.

[65] Vgl. dazu ausführlich PAULSEN, Auslegungsgeschichte und Geschichte des Urchristentums – die Überprüfung eines Paradigmas, in: Jesu Rede von Gott und ihre Nachgeschichte im frühen Christentum. Beiträge zur Verkündigung Jesu und zum Kerygma der Kirche, Festschrift f. W. Marxsen, hrsg. v. D.-A. Koch, G. Sellin u. A. Lindemann, Gütersloh 1989, 361–374.

lich zusammengehört. Die Grenze für den Stoff der Disziplin ist da zu setzen, wo ein wirklicher Einschnitt in der Literatur (und ich füge hinzu: in der Theologie, H. P.) bemerkbar wird. Der Gesichtspunkt des religiösen Wertes ist dafür aber natürlich nicht massgebend. Die Frage ist lediglich, welche Schriften den Anschauungen und Gedanken nach überwiegend verwandt sind, oder von wo an die Gedanken ein merklich neues Gepräge zeigen."[66]

Die These einer frühchristlichen Theologiegeschichte zielt deshalb gerade – und dies liegt schon in ihrem Begriff selbst beschlossen – auf das Gegenüber von und die Differenzierung zwischen frühem Christentum und der alten Kirche. Natürlich ist dabei die Identifizierung des Problems mit der Antithese von neutestamentlichem Kanon und patristischer Literatur aufzugeben. Und noch ein weiterer Punkt ist von großer Bedeutung: Diese neue Grenze ist nicht vorrangig in der Theologie aufzusuchen, sondern in der Geschichte des frühen Christentums und in seinem Geschichtsprozeß selbst; sie liegt deshalb dort, „wo neue Bewegungen in der Kirche ihren Anfangspunkt haben, wo neue Gedanken in ihr mächtig werden, und Altes sich ausgelebt hat. Dieser Moment fällt ungefähr in der Literatur zusammen mit dem Übergange von den apostolischen Vätern zu den Apologeten."[67]

Nun ist aber das Überraschende dies: Unter solchem Aspekt gewinnt der Vorgang der Kanonisierung, der schließlich den exklusiven Kanon aus sich heraussetzt, erhebliche Bedeutung, weil er ja prinzipiell diese Diskontinuität wiedergibt. Es sind freilich die Implikate jenes Prozesses, der in der abschließenden Fixierung des Kanons erst zur Ruhe kommt, schon sehr früh zu erkennen und nachzuweisen.[68] Kanonisierung setzt – und dies ist für die Geschichte der frühchristlichen Theologie von höchster Wichtigkeit – tendenziell ein im Miteinander von Text/Überlieferung/Tradition und ihrer jeweiligen, situationsbezogenen Interpretation, mag auch das Gewicht der Überlieferung schwanken und ihr Anspruch noch zurücktreten bzw. keine Anerkennung finden. Solcher Prozeß setzt sich fort in jenem Augenblick, in dem bestimmte Gruppen des frühen Christentums solche Texte/Überlieferungen/Traditionen als für sich verbindlich akzeptieren, wobei dies sehr schnell zum Normativen hinüberwechseln kann.

An einem für die frühchristliche Theologiegeschichte charakteristischen Beispiel läßt sich dies allmähliche Herausbilden des Kanons belegen und verdeutlichen: Die paulinische Theologie trägt ja ihren Anspruch auf Akzeptation und Gültigkeit in sich, er beruht allein auf ihren Inhalten (und der Person des Apostels). Dies bedeutet, Paulus rekurriert nicht auf andere Autoritäten historischer Art, um seiner Theologie Geltung zu verschaffen, sondern geht von der Selbstevidenz der Wahrheit seiner Aussagen aus, weil in ihnen der erhöhte Kyrios erscheint. Es ist ja nun überaus charakteristisch, wie diesen paulinischen

---

[66] WREDE, Aufgabe, 12.
[67] Ebd., 60f.
[68] Vgl. hierzu den wichtigen Aufsatz von FERDINAND HAHN, Das Problem „Schrift und Tradition" im Urchristentum, EvTh 30, 1970, 449–468.

Schriften in der ‚Paulusschule' sachliche Superiorität per se zugewiesen wird (also nicht so sehr wegen der inhaltlichen Aussagen als wegen der Tatsache, daß Paulus sie geschrieben hat). Zugleich entstehen nun neue Texte, auch neue theologische Aussagen, die diesen Anspruch sowohl anerkennen als auch gleichzeitig überhöhen. Auf einer neuen Stufe schließlich erhält das gesamte Corpus Paulinum Verbindlichkeit – allerdings durchaus noch in dem Sinne, daß sich dies nicht notwendig gegen andere Texte richten muß (anders ist dies in Teilen des Gnostizismus, bei Marcion), so sehr auch das Moment der sachlichen Vorrangigkeit hier eine wichtige Rolle spielen mag. Schließlich – und dies markiert nun den Übergang zur alten Kirche – kommt es nicht mehr zu einem interpretativen Dialog mit den paulinischen Schriften, der sie irgend verändern könnte. Sie sind jetzt in einer Weise normativ, daß für die Theologie nur noch der Weg des Kommentars bleibt. Und deshalb ist die Theologie soweit sie sich auf die Theologie des Paulus bezieht und diese in ihre Situation hinein auslegt, zuvörderst Kommentierung, nimmt eine dienende Haltung ihr gegenüber ein (jedenfalls ist dies das Selbstverständnis!).

So richtig deshalb der Hinweis auf das hohe Alter der Motive ist, die zur Herausbildung des Kanons geführt haben, so bleibt selbstverständlich solch ein Abschluß schon wegen der neuen Kategorie der Ausschließlichkeit eine verändernde Qualität. Denn es tritt an die Stelle eines lebendigen Traditionsprozesses die Exegese der kanonisierten, normierten Texte und ihre Theologie. Was Überlieferung, Theologie des frühen Christentums zuvor durch ihren Inhalt und ihre Aussage in sich barg – den Anspruch auf Geltung und das Verlangen nach Akzeptation –, dies erhält sie jetzt durch Dekret der Kirche zugeschrieben. Ein bestimmter Bereich der zurückliegenden Geschichte wird auf eine solche Weise als normativ und höherrangig ausgegrenzt und aller anderen Zeit prinzipiell vorgeordnet. Klassisch die Formulierung bei von Harnack: „Das wirksamste Mittel aber zur Legitimierung der kirchlichen Zustände war die mit der Kanonisierung altchristlicher Schriften eng zusammenhängende Aussonderung einer Offenbarungsepoche und demgemäß einer klassischen Zeit des Christentums, unerreichbar für die Epigonen."[69]

Die Bedeutung eines solchen Traditionsbruches kann in der Tat gar nicht hoch genug eingeschätzt werden, und sie wird auch nicht dadurch gemindert, daß solche Diskontinuität oft schwer genug nachzuweisen ist, die Übergänge zudem oft fließend sind. Dennoch: der Akt einer solchen Kanonisierung bleibt als solcher entscheidend, weil von diesem Augenblick an der Traditions- und Theologiebildungsprozeß wie versteinert erscheint, jedenfalls über weite Strecken den Charakter des Dialogs verloren hat.

Daß sich allerdings solche abschließende Kanonisierung chronologisch nicht einheitlich und auch nicht immer eindeutig bestimmen läßt, hat mehrere Gründe: Neben den unterschiedlichen, örtlichen Gegebenheiten und Voraussetzungen

---

[69] HARNACK, Lehrbuch der Dogmengeschichte, Bd. 1: Die Entstehung des kirchlichen Dogmas, Tübingen ⁵1931, 439.

erscheint der Vorgang deshalb als so komplex und vielschichtig, weil die abschließende Kanonisierung von Text zu Text, von Schrift zu Schrift, von Schriftsammlung zu Schriftsammlung schwankt; es gibt so nicht nur die eine Kanonisierung, sondern dieselbe Sache kehrt in den unterschiedlichsten Facetten wieder. Für die Frage nach dem Ende des frühen Christentums und der frühchristlichen Theologie jedoch bleibt dies entscheidend: Ein ausgegrenzter, bestimmter Bezirk der Vergangenheit wird als aller späteren Geschichte über- und vorgeordnet angesehen. Dieser Prozeß – dieser Übergang vom frühen Christentum zur alten Kirche – vollzieht sich chronologisch in den Jahren 150–180. Und es kann kein Zufall sein, daß sich dies Ende des frühen Christentums eben auch an der Art nachweisen läßt, wie sich die Art des Theologiebildungsprozesses verändert und neu wird.

Dies gilt etwa von der Art, in der jetzt die Apologeten ganz bewußt Theologie als Auseinandersetzung mit anderen Gruppen betreiben und dabei reflektiert von der eigenen Basis als feststehend und gesichert ausgehen. Es gilt zugleich von der Herausbildung der Form des Kommentars als der eigentlichen Form Theologie zu treiben. Und sicher ist auch zu beachten, daß nun im Grunde Theologie zu einer individuellen Angelegenheit werden kann, jedenfalls nicht mehr nur Ausdruck gemeindlicher Basis ist. Schließlich bleibt auch darauf hinzuweisen, daß sich dies Ende des frühen Christentums auch an der Grenze der frühchristlichen Literatur nachweisen läßt, d.h. daß jetzt auch frühchristliche Literatur aufhört. Ich erinnere an ein Wort von Overbeck: „Urgeschichte ist in der Tat bedeutsamere, entscheidendere Geschichte als alle Geschichte sonst, und zwar durchaus nicht nur in der Kirchengeschichte."[70] D.h. hier wird deutlich, daß die Hypothese der frühchristlichen Theologie und ihrer Geschichte in enger Verbindung zur Hypothese einer wie auch immer gearteten ‚Urgeschichte' steht. Es wird hier also erneut die unauflösliche Verbindung von Geschichte und Theologie erinnert und bewußt gemacht.

Es gibt gewiß objektive Schwierigkeiten, die Hypothese einer frühchristlichen Theologie zu begründen – sie sollen hier auch gar nicht verkleinert und verringert werden –: sie liegen vor allem darin begründet, daß wir ja in der Tat diese Theologiegeschichte des frühen Christentums nur sehr punktuell, apokopiert wahrnehmen können. Wir haben in den uns vorliegenden Texten, die solche Geschichte dokumentieren, nur Ausschnitte eines weit umfassenderen Prozesses vor uns: dies aber bedeutet, vieles aus dieser Geschichte der frühchristlichen Theologie ist notwendig auf das methodische Prinzip der Rekonstruktion (wie auch der Analogie) angewiesen. Zudem bleibt zu bedenken, daß sich der Übergang zur Theologie der alten Kirche nicht einheitlich, sondern in verschiedenen Phasen vollzieht. Oft finden sich Phänomene von Ungleichzeitigkeit sogar innerhalb ein und derselben Schriftgruppe.

Die Theologie des Ignatius von Antiochien, um dies an einem Beispiel darzulegen, gehört sicher noch zur frühchristlichen Theologie hinzu. Nun findet sich

---

[70] OVERBECK, Christentum, 21.

innerhalb des Briefes an die Gemeinde in Philadelphia ein interessanter Text: der antiochenische Bischof setzt sich hier in Kap. 8 mit Gegnern auseinander und beruft sich in dieser Polemik auf die Heilsdaten von Kreuz und Auferstehung als den Grundlagen seiner Theologie, seines Glaubens; ihnen gegenüber ist alles andere, auch alle nachgeordnete Überlieferung und Theologie sekundär. So weit stimmt dies ja ohne Zweifel mit jenen Intentionen zusammen, die schließlich im exklusiv gefaßten Kanon ausmünden. Aber das Wichtige ist ja nun, daß sich die Anerkennung einer so gefaßten, inhaltlichen Autorität – hier: die christologischen Heilsdaten – in keiner Weise mit einem bestimmten Text-(oder Theologie-)Kanon zur Kongruenz bringen läßt, ja solcher Tendenz sogar zuwiderläuft. Darin liegt sogar die Pointe der ignatianischen Gedankenführung: Die Gegner berufen sich gerade auf schriftliche Texte, sie beharren darauf und sprechen deshalb den Satz aus: Wenn ich es nicht in den ‚Urkunden' (i.e. den überlieferten neutestamentlichen Texten) finde, dann glaube ich dem Evangelium (= Verkündigung) nicht. Sie kennen also schon so etwas wie einen genau bestimmbaren Kanon, und solcher Einsicht gegenüber besteht Ignatius ausdrücklich auf einem durch die Christologie bestimmten euangelion.

Mit diesem Übergang zur alten Kirche und ihrer Geschichte verändert sich qualitativ der Traditionsprozeß und zugleich gewinnt die Relation zur eigenen Vergangenheit einen neuen Charakter: dies bringt Änderung nun auch für die Form von Theologie selbst mit sich. Denn in jenem Moment, wo sich von der eigenen, als Norm empfundenen Geschichte her auf der Grundlage eines Blocks autorisierter und darum autoritativer Überlieferung argumentieren läßt, entsteht in Explikation und Exegese dieses Erbes eine neue Form von Theologie, die so auch ein neues Selbstbewußtsein gewinnt und dieses dann nach außen trägt.[71]

Läßt sich so innerhalb des historischen Prozesses differenzieren, so ergeben sich aus einer in dieser Weise getroffenen Unterscheidung unmittelbare methodische Konsequenzen für das gesamte Ensemble der Geschichte frühchristlicher Theologie. Denn es bestätigt sich nun die faktische Unmöglichkeit, die neutestamentlichen Texte und ihre Theologie von jener Literatur zu sondern, die diesseits dieser Grenze liegt und mit ihnen gemeinsam die Theologie des frühen Christentums repräsentiert und dokumentiert.

Es ist deshalb – wenn auch kurz – der Umfang der hierfür relevanten Texte zu benennen: Es sind neben den Texten des Neuen Testaments zunächst die ‚Apostolischen Väter'. Diese ‚Apostolischen Väter' – die Bezeichnung ist ja nur ein moderner, aus dem 17. Jahrhundert stammender Verlegenheitstitel[72] – umfassen sehr differierende, formal und inhaltlich höchst unterschiedliche Texte; neben den Briefen – Ignatiusbriefe, 1. Clem (möglicherweise auch der Diogn) –

---

[71] Vgl. Harnack, Dogmengeschichte, 90: „Das Neue Testament hat der Produktion maßgebender christlicher Schriften ein Ende bereitet, aber die Möglichkeit der Entstehung einer theologisch-kirchlichen und profan-christlichen Literatur geschaffen."

[72] Er stammt von Jean-Baptiste Cotelier (1627–1686), der die ‚Apostolischen Väter' 1672 in zwei Bänden in Paris herausgab.

steht eine apokalyptische Schrift (PastHerm); neben eine Kirchenordnung (Did) tritt eine Märtyrerakte (MartPol); dazu dann noch jene Texte – wie etwa der Barn und der 2. Clem –, die sich zwar als Briefe geben (oder später so kategorisiert worden sind), deren formale Bestimmung und deren theologische Aussage aber durchaus noch offen ist.[73]

Neben die ‚Apostolischen Väter‘ ist das zu stellen, was noch von den Texten eines Papias, eines Hegesipp erhalten geblieben ist. Hier ist der Beweis einer Zugehörigkeit zur frühchristlichen Theologiegeschichte freilich im Einzelnen schwierig zu führen. Das weit diffizilere Problem bilden aber jene apokryphen Apostelakten, Briefe und Evangelien; sie spiegeln in vielen Teilen noch eine ältere Form von Theologie (eine ältere Frömmigkeitsgeschichte). Hier wird von Fall zu Fall entschieden werden müssen, eben weil sich frühchristliche Theologie inhaltlich und qualitativ definiert. Ähnliches gilt vor allem auch von jenen gnostischen oder gnostisierenden Texten des zweiten Jahrhunderts; auch sie stellen wenigstens z. T. eine Form des Theologisierens dar, die m. E. zum Ensemble der frühchristlichen Theologie hinzuzunehmen ist. Aber im Einzelfall wird auch hier der Nachweis solcher Zugehörigkeit differenziert zu führen sein (vgl. etwa OdSal). Besonders wichtig sind in diesem Kontext natürlich jene Texte, die in Nag Hammadi gefunden wurden und die ganze Breite von Möglichkeiten einer gnostischen/gnostisierenden Theologie deutlich machen.[74]

Sicher wird man auf Grund der relativ verschwindenden Zahl von Texten, die neben dem Neuen Testament für eine frühchristliche Theologie in Frage kommen, den Nutzen nicht unbedingt und a priori für herausragend halten können. Und dennoch: für eine Geschichte der frühchristlichen Theologie, die ihren Namen zu recht trägt, bleibt die Einbeziehung dieser Texte ganz unerläßlich, weil auch nur so ihr prozessuraler Charakter irgend in den Blick kommt.

Frühchristliche Theologie beginnt – und dies ließe sich dann zusammenfassend sagen – mit ‚Ostern‘ und endet mit dem Übergang zur alten Kirche. Dieser Übergang ist zunächst inhaltlich zu bestimmen als veränderte Form von Theologie(bildung), chronologisch erstreckt er sich auf die Zeit um 150. Die Theologie dieser Zeit ist Gegenstand der frühchristlichen Theologiegeschichte.

Ähnlich zur Literaturgeschichte des frühen Christentums sind hier zwei grundsätzliche Überlegungen anzuschließen: Prinzipiell führt dies zu einer er-

---

[73] Andreas Lindemann-Henning Paulsen (Hg.), Die Apostolischen Väter. Griechisch-deutsche Parallelausgabe auf d. Grundlage d. Ausgaben v. Franz Xaver Funk, Karl Bihlmeyer u. Molly Whittaker, mit Übersetzungen v. Martin Dibelius u. Dietrich-Alex Koch, neu übersetzt u. hrsg., Tübingen 1992.
[74] Edgar Hennecke-Wilhelm Schneemelcher (Hg.), Neutestamentliche Apokryphen. Bd. 1/ 2., 4./3. Aufl. Tübingen 1968/64 (deutsche Übersetzung aller wichtigen Texte mit Ausnahme der ‚Apostolischen Väter‘ – vgl. 2. Aufl. –; besonders aufschlußreich sind die Einleitungen zu den einzelnen Schriften). Eine englische Übersetzung der Nag Hammadi Codices (NHC) bietet James M. Robinson (Hg.), The Nag Hammadi Library in English, Leiden 1977 (vollständige kritische Textausgabe: The Coptic Gnostic Library, NHS, ed. by M. Krause, J.M. Robinson and F. Wisse, Leiden 1975 ff.).

sten schwierigen, geschichtsphilosophischen Erwägung. Es ist ja so, daß in dem Miteinander/Gegeneinander von frühem Christentum und alter Kirche methodisch das Modell von Kontinuität und Diskontinuität angewandt wird. Dies Modell aber bezieht sich im Horizont der historischen Grundlagenwissenschaft eng auf das Nebeneinander von Konstruktion und geschichtlicher Tatsache. Denn natürlich ist der Hinweis auf die Diskontinuität, den Traditionsbruch zwischen der frühchristlichen Theologie und der Art und Weise, wie in der alten Kirche Theologie getrieben worden ist, per se eine historische (Re)Konstruktion.[75] Es ist deshalb so, daß auch die Klassifikation ‚frühchristliche Theologie‘ ihr einziges Recht aus der Hoffnung schöpft, der Geschichte und dem geschichtlichen Gegenstand gerecht zu werden und ihm nicht Gewalt anzutun. Insofern sich auf solche Weise eine Subjekt-Objekt-Beziehung herstellen läßt, bleibt keine Seite unverändert und beides – Klassifikation wie historische Realität, geschichtlicher Prozeß und seine Erkenntnis – wird aufeinander bezogen. Eins ist zudem bedenkenswert: Zweifellos ist Differenzierung und Diastase ein Konstrukt der wissenschaftlichen Vernunft. Aber genau das gleiche gilt umgekehrt auch von der These einer ununterbrochenen Kontinuität der Geschichte; auch deren ideologischer Charakter – man denke nur an den Hegelschen Entwurf einer Universalhistorie – ist eindeutig belegbar. Dann aber muß es in jedem Fall um die bestmögliche Annäherung solcher Kategorien an die wirkliche Geschichte gehen. Dies aber impliziert, daß sich im Blick auf die Geschichte der frühchristlichen Theologie Kontinuität und Diskontinuität gegenseitig zu durchdringen haben.[76]

Die zweite Frage ist konkreter auf das frühe Christentum und seine Geschichte bezogen. Es muß überlegt werden, ob nicht innerhalb des Spektrums ‚frühes Christentum‘ bzw. ‚frühchristliche Theologie‘ weiter zu differenzieren ist. Dies ist bisher eigentlich durchweg nicht überzeugend gelungen, die Geschichte des frühen Christentums und die Theologie miteinander zu korrelieren. Ansätze hierzu liegen vor allem in der ‚Theologie‘ Bultmanns vor; denn die in dem Teil 1 benannten Voraussetzungen (neben der Verkündigung Jesu): Das Kerygma der Urgemeinde bzw. das Kerygma der hellenistischen Gemeinde vor und neben Paulus setzen ja indirekt einen bestimmten Entwurf der frühchristlichen Geschichte voraus. Und es wird deutlich, daß auch hier so etwas wie eine Differenzierung, eine zusätzliche Gliederung in dieser Geschichte des frühen Christen-

---

75 Vgl. dazu MAX HORKHEIMER/THEODOR W. ADORNO: „Allgemeine Begriffe, von den einzelnen Wissenschaften auf Grund von Abstraktion oder axiomatisch geprägt, bilden das Material der Darstellung so gut wie Namen für Einzelnes. Der Kampf gegen Allgemeinbegriffe ist sinnlos (…) Klassifikation ist Bedingung von Erkenntnis, nicht sie selbst, und Erkenntnis löst die Klassifikation wiederum auf.“ (Dialektik der Aufklärung. Philosophische Fragmente [1947], Frankfurt/M. 1969, 231).

76 Dazu etwa ADORNO: „Diskontinuität jedoch und Universalgeschichte sind zusammenzudenken. Diese als Residuum metaphysischen Aberglaubens durchstreichen, würde geistig ebenso bloße Faktizität als das einzig zu Erkennende und darum zu Akzeptierende befestigen, wie vordem die Souveränität, welche die Fakten dem totalen Vormarsch des Einen Geistes einordnete, sie als dessen Äußerungen bestätigte (…) Geschichte ist Einheit von Kontinuität und Diskontinuität.“ (Negative Dialektik, Frankfurt/M. 1966, 314).

tums beabsichtigt ist. Gegenwärtig konzentriert sich die Diskussion dabei auf die Frage des ‚Frühkatholizismus'.[77]

Nun geht es ja bei diesem Phänomen des ‚Frühkatholizismus' – und dies ist etwa in dem Diskussionsbeitrag Käsemanns ganz deutlich zu erkennen – um mehr als ein nur historisch beschreibbares Faktum; für Käsemann ist solcher Frühkatholizismus schon entscheidender Bruch mit den Anfängen.[78] Der sachkritische Begriff der Eschatologie qua Naherwartung bestimmt hier alles und nötigt dazu, schon den Frühkatholizismus vom frühen Christentum zu trennen, ja im Grunde als Abfall vom Genuinen anzusehen (und wenn man an Käsemanns Haltung zur Sachkritik des Kanons denkt, wiederholt sich dies auch hier). Sicher läßt sich über die Berechtigung der sachlichen Argumente weithin streiten, sie enthalten viele Wahrheitsmomente und Käsemann knüpft darüber hinaus an bestimmte, inhaltliche Traditionen des deutschen Protestantismus an. Für die frühchristliche Theologie würde dies ja in der letzten Konsequenz bedeuten, daß sie sich eigentlich auf die Darstellung der paulinischen Theologie zu beschränken habe (und möglicherweise auf die Theologie des Johannesevangeliums; Bultmann!). Dennoch: historisch dürfte eine solche Polarisierung und Unterscheidung nicht durchführbar, methodisch auch nicht gefordert sein. Sie würde in der Tat – bei präziser Anwendung – bedeuten, daß eine Geschichte der frühchristlichen Theologie nicht zu schreiben wäre. Es ist deshalb wichtig und nötig, den ausgeweiteten, umfassenden Begriff des frühen Christentums festzuhalten und ihn der Geschichte der Theologie zugrunde zu legen.

N. B.: Dies heißt eben nicht, daß die von Käsemann und vor allem von Luz als typische hervorgehobenen Phänomene dieser Phase frühchristlicher Geschichte ignoriert oder beiseite gelassen werden. Sie lassen vielmehr eine weitere Differenzierung über die Trennung zur alten Kirche hinaus zu; sie bezeichnen dann inhaltlich die letzte Phase, den Übergang zur Theologie der alten Kirche. Wenn nun freilich theologische Inhalte dieses Frühkatholizismus gerade den Übergang zur alten Kirche beschleunigen (insofern auch in der Diskontinuität erneut die Kontinuität wahrnehmen), so ist dennoch der eigentliche Bruch mit dem frühen Christentum und seiner Theologie erst mit dem bereits angesprochenen Über-

---

[77] Vgl. in Ansätzen bereits HARNACK, Dogmengeschichte, 54ff. Vor allem aber ERNST KÄSEMANN, Paulus und der Frühkatholizismus, in: Ders., Exegetische Versuche und Besinnungen Bd. 2, Göttingen 1964, 239–252. Ferner: ULRICH LUZ, Erwägungen zur Entstehung des „Frühkatholizismus", ZNW 65, 1974, 88–111 und SIEGFRIED SCHULZ, Die Mitte der Schrift, Zürich 1976. Forschungsgeschichtlich vgl. HARALD WAGNER, An den Ursprüngen des frühkatholischen Problems. Die Ortsbestimmung des Katholizismus im älteren Luthertum, FTS 14, Frankfurt/M. 1973.

[78] Vgl. KÄSEMANN, Paulus, 240, Anm.: „Wo man diese Aporie nicht empfindet und das ganze Neue Testament als urchristlich reklamiert, muß natürlich meine Unterscheidung der verschiedenen Etappen bis hin zur alten Kirche bloß provozierend erscheinen. Da wird man sich aber auch nicht aus letzter Unklarheit über die treibenden Kräfte und den Verlauf der frühchristlichen Geschichte lösen. (...) Als Urchristentum kann ich nur anerkennen, was seinen Schwerpunkt noch in der Eschatologie hat, die von der ursprünglichen Naherwartung in deren Wandlungen bestimmt wird."

gang im zweiten Jahrhundert gegeben. Es böte sich jedoch die Möglichkeit an, das Ende der frühchristlichen Theologie mit dem Begriff des ‚Frühkatholizismus‘ zu verbinden und zu bezeichnen. Und schließlich lassen sich auch in den Anfängen gewisse Tendenzen erkennen, die weitere Unterscheidungen erforderlich machen: So ist deutlich, daß am Anfang die Theologie/Religion/Frömmigkeit noch ganz Äußerung der Gemeinde, erst beginnende Verarbeitung, Reflex nachösterlicher (wie vorösterlicher) Erfahrung ist; dies schlägt sich in der kerygmatischen aber auch narrativen Überlieferung dieser beginnenden Zeit nieder. Und von diesem Beginn der frühchristlichen Theologie zu unterscheiden ist sicher die Explikation, die solche Kerygmata in einer veränderten historischen Situation durch die Theologie des Paulus gefunden haben.

Zwei kritische Anmerkungen sind noch zu bedenken. Erstens: Gliedert man die frühchristliche Theologie in der angegebenen Weise, so wird man sich leicht der Frage gegenübersehen, welche Einheit in der Vielfalt dieses historischen Prozesses zu sehen sei. Diese Frage wird allerdings zumeist anders formuliert und anders gestellt als eine Frage nach dem gemeinsamen Nenner der frühchristlichen Theologie. Sie hat eine Berechtigung schon deshalb, weil sich bestimmte thematische Zusammenhänge immer wieder erkennen lassen: und deshalb ist es nicht abwegig, eine Geschichte der frühchristlichen Theologie unter dem Aspekt der Christologie zu entwerfen.[79] Es lohnt sich, einen kurzen Blick auf die Gliederung bei Schweizer zu werfen: Jesus; der Mann, der alle Schemen sprengt (I), Der bald Wiederkommende (II), Der zum Himmel Erhöhte und vom Himmel Gekommene (III), Der für die Welt Gekreuzigte (IV), Der Irdische: das Evangelium (V), Neuansätze im Übergang zur Kirchengeschichte (VI). Es wird deutlich, wie Schweizer sich bemüht – unter Beibehaltung einer gewissen chronologischen Gliederung –, so etwas wie eine einheitliche christologische Linie durchzuziehen und zu verfolgen (wobei eine besondere Nähe zur traditionsgeschichtliche Methode kaum ein Zufall ist).

In eine andere, aber doch methodisch verwandte Richtung führt ein Aufsatz von Herbert Braun.[80] Seine Prämisse lautet: „Das Neue Testament macht über zentrale theologische Gegenstände auseinandergehende Aussagen.“[81] Dies wird dann beispielhaft belegt an den Gebieten von Christologie, Soteriologie, Stellung zur Tora, Eschatologie und Sakramentsverständnis. Solche Disparatheit wird von Braun festgehalten, aber zugleich aufgehoben in der Erkenntnis, daß es so etwas wie eine anthropologische Konstante gibt, daß hierin im Grunde die eigentliche Aufgabe einer neutestamentlichen Theologie zu suchen und zu finden wäre.

Einer so gearteten, inhaltlichen Frage wird man sich in der Tat zu stellen haben; aber erst dann, wenn die Vielfalt nicht so sehr als ein Problem empfunden,

---

[79] Vgl. hierfür EDUARD SCHWEIZER, Jesus Christus im vielfältigen Zeugnis des Neuen Testaments, München/Hamburg 1968
[80] H. BRAUN, Die Problematik einer Theologie des Neuen Testaments, in: Ders., Gesammelte Studien zum Neuen Testament und seiner Umwelt, Tübingen 1962, 325 ff.
[81] Ebd., 325.

sondern als historische Gegebenheit anerkannt wird. Wie könnte eine Theologie, die so ganz auf die Situation bezogen ist und ganz auf die Situation eingeht, mit der sich ändernden Zeit nicht auch sich selbst verändern, auch ihre Inhalte neu definieren. Im Grunde wäre doch dies andere töricht und überraschend. Erst wenn diese Unterschiedenheit als Selbstverständlichkeit akzeptiert wird, wird man fragen können, ob sich nicht bestimmte Motive, Topoi, Verkündigungsstrukturen durchziehen und durchhalten. Es hieße – wenn man eine solche Frage annimmt –, sich auf die Dialektik von Kontinuität und Diskontinuität, von Konkret und Allgemein einzulassen.

Zweitens: In der Tat lassen sich bestimmte theologische Argumentationsstrukturen, auch bestimmte theologische Topik in der gesamten frühchristlichen Theologie nachweisen. Das gilt etwa von der Prädikation Jesu (Christi) als des Menschensohns, vom Kyrios-Titel o.ä. In der Tat wird also hier wieder so etwas wie die Einheit in der Vielfalt wahrgenommen; aber dennoch bedeutet dies auf der anderen Seite zugleich, daß mit solchen Inhalten immer auch Veränderungen verbunden sind (vgl. etwa die inhaltliche Neubestimmung des ‚Menschensohn'-Titels usw.). Mehr noch: in bestimmten, frühchristlichen Gruppen ist eine bestimmte theologische Aussage als die eigentlich charakteristische anzusehen, während andere eher in den Hintergrund zurücktreten, ja sogar unberücksichtigt bleiben. Vgl. etwa die Prävalenz des Kyrios-Titels innerhalb der paulinischen Theologie. Auf solche Differenzierungen wird nun im einzelnen genau zu achten sein.

Dies alles bedacht und erwogen, dürfte es sachlich bei einer Dreiteilung der frühchristlichen Theologie und ihrer Geschichte bleiben: Anfänge der frühchristlichen Theologie (1), Ausbildung der frühchristlichen Theologie (2) und Ausgang der frühchristlichen Theologie (3).[82]

III. Zum Problem der Entstehung von Theologie

Bisher wurde stillschweigend von einer wie auch immer inhaltlich bestimmbaren Beziehung, ja Dependenz zwischen der frühchristlichen Theologie und der Geschichte des frühen Christentums ausgegangen. Daß hier ein Problem verborgen liegt, zeigt schon die Unsicherheit und das Schweigen der ‚neutestamentlichen Theologien' an diesem Punkt. Ausgangspunkt mag die Überlegung sein, daß die einzige Lösung, die bisher versucht worden ist, der Hinweis auf den Weg der Traditionsgeschichte ist.[83]

---

[82] Die Ausführung dieser Konzeption, die den Prolegomena folgen sollte, ist nicht mehr zustande gekommen [U. E. E.].

[83] Forschungsgeschichtliche Literatur zur Traditionsgeschichte ist bisher kaum vorhanden. Vgl. H. PAULSEN, Traditionsgeschichtliche Methode und religionsgeschichtliche Schule, ZThK 75, 1978, 20–55.

Traditionsgeschichtliches Arbeiten geht auf die religionsgeschichtliche Schule
– vor allem auf die Arbeiten von Gunkel[84] und Bousset[85] (auch Wrede) – zurück;
mit diesem methodischen Vorgehen versucht die religionsgeschichtliche Schule
die Geschichte der Stoffe/Ideen/Inhalte mit der „Realgeschichte" zu verbinden
und in Konnex zu setzen. D.h. gerade die Inhalte sind jener Punkt, an dem die
geschichtliche Konstitution deutlich und greifbar wird (dies gegen die ältere
Literarkritik). Vor allem gilt dies auch deshalb, weil diese Inhalte nicht zu lösen
sind von der Gruppe, auf deren Hintergrund sie entstanden zu denken sind. Über
die Art und Weise nun, in der solche gesellschaftliche Vermittlung zu denken ist,
bestehen in der religionsgeschichtlichen Schule recht unklare Vorstellungen.[86]

Die Aufgabe der Traditionsgeschichte und des traditionsgeschichtlichen Vorgehens läßt sich so bestimmen: Überlieferungsgeschichte untersucht im Blick auf
die frühchristlichen Texte die Geschichte der in ihnen enthaltenen Traditionen;
sie fragt zugleich nach dem Interpretationsanlaß, der zu ihrer Rezeption geführt
hat, und nach jenen Veränderungen, die durch den jeweiligen Interpretationsanlaß verursacht wurden. Dazu gehört auch die Erkenntnis des Ursprungs von
Überlieferung, und solche Untersuchung geschieht unter grundlegender Beachtung der Geschichte des frühen Christentums. Diese gewiß plakative und auch
verkürzte Definition kann deutlich machen, daß in der Tat traditionsgeschichtliches Vorgehen in besonderer Weise eine Affinität zur Geschichte der frühchristlichen Theologie besitzt. Die Vorteile lassen sich kurz benennen: Durch das
Modell von Rezeption und Interpretation wird es möglich, Theologie des frühen
Christentums als prozessuales Geschehen zu rekonstruieren und nicht als stati-
sche Weitergabe des immer Gleichen. Es kommt so – etwa im Blick auf die
Theologie des Paulus – die Erkenntnis zum Tragen, daß Paulus auf bestimmte
Überlieferungen seiner Gemeinden, auch der Gemeinden vor ihm, sich bezieht
und diese in seine Situation hinein neu auslegt. Dies impliziert nun auch die
Erkenntnis, daß solche Theologie nicht ablösbar ist von einem geschichtlichen
Erstreckungszusammenhang. Wie das frühe Christentum eine Gruppe in ihrer
Zeit war, so ist auch der jeweilige Inhalt geschichtlich nicht nur durch diese
Gruppe, sondern auch durch andere Traditionskreise vorgegeben. Mit diesem
Widerspiel zwischen Übernahme und Interpretation hat man zugleich ein feines
Instrumentarium, Theologie in der jeweiligen geschichtlichen Situation zu erfas-
sen. Denn nun ist es ja ganz unmöglich, solche Theologie nur als Niederschlag
einer gesellschaftlichen Praxis zu definieren. Gerade weil die Inhalte/Topoi/
Traditionen oft schon eine jahrhundertelange Geschichte haben, wird all diesen
kurzschlüssigen Erklärungsbemühungen die Spitze abgebrochen. Geschichtlich
ist solche Theologie gerade in diesem Miteinander von voraufgegangener Über-

---

[84] Etwa HERMANN GUNKEL, Schöpfung und Chaos in Urzeit und Endzeit. Eine religionsgeschichtliche Untersuchung über Gen 1 und Apk Joh 12, Göttingen 1895.

[85] Etwa WILHELM BOUSSET, Der Antichrist in der Überlieferung des Judentums, des Neuen
Testaments und der alten Kirche, Göttingen 1895.

[86] Vgl. o. zu WREDE.

lieferung und konkreter, situationsbedingter Zuspitzung. Diese Korrelation macht die Bedeutung aus.

Solche positive Bedeutung der Traditionsgeschichte für die Geschichte der frühchristlichen Theologie wird auch nicht dadurch geschmälert, daß auch einige kritische Anmerkungen zu machen sind, auf einige Gefahren hinzuweisen bleibt: Leicht gerät ja eine Methode, die nur auf die Inhalte und ihre geschichtliche Vermittlung zielt, in die alte Gefahr der Geistesgeschichte und des geistesgeschichtlichen Vorgehens: daß sich dies alles als eine losgelöste Bewegung im Reich der Ideen darstellt (die nur auf höchst subtilen Umwegungen überhaupt mit der Geschichte zu vermitteln ist). Daß sich also die Traditionen als eine amorphe Masse darstellen, aus der man sich nach Belieben bedienen konnte.

Dialektisch entgegengesetzt ist die zweite Gefahr: wird nicht durch das traditionsgeschichtliche Vorgehen der individuelle Beitrag bestimmter theologischer Entwürfe zur Geschichte der frühchristlichen Theologie in den Hintergrund gerückt? Sicher: die Theologie des Paulus ist nicht zu begreifen ohne jene vorpaulinischen Gemeinden und deren Theologie, nicht zu verstehen ohne das nachalttestamentliche Judentum und seine Topoi, aber dies ist denn doch nicht alles, sondern es bleibt doch immer jener verändernde Beitrag des Paulus, der dies alles zu einer neuen charakteristischen Einheit konfiguriert. Und macht dies Neue, Innovatorische nicht gerade jene Bedeutung des Paulus aus, jene Größe seines theologischen Entwurfs, der ihm geschichtliche Gültigkeit und Dauer verleiht und ihn für uns bedeutsam macht? Dies sind Probleme, die traditionsgeschichtlich nicht obsolet und überflüssig gemacht werden, die aber doch in den Hintergrund treten und de facto nicht mehr jene Qualität haben, die ihnen eigentlich zukäme.

So ist mit dem traditionsgeschichtlichen Vorgehen für die Geschichte der frühchristlichen Theologie erst der Versuch gemacht, sie wirklich in ihrer Zeit und als durch die Zeit entstanden zu begreifen. Noch reicht unser methodisches Instrumentarium nicht aus, um diese Beziehung zwischen Theologie und Geschichte wirklich überzeugend zu rekonstruieren.

Auch das marxische Begriffspotential, aus dem diese Debatte sich herleitet bzw. durch die sie erst ihre eigentliche Schärfe erhalten hat[87], ist nur sehr begrenzt geeignet, hier wirklich Hilfe zu bieten. Es dürfte – vor allem beim späten Marx und bei Engels – zu sehr dem bloß naturwissenschaftlichen Kausalmodell verhaftet sein (der einfachen, direkten Vermittlung zwischen Theorie und gesellschaftlicher Basis), wird dadurch zu grobkörnig und ungenau. Wichtig ist – ohne erneut die endlose Widerspiegelungsdiskussion aufnehmen zu wollen – nur, daß sich der ideologische Charakter von Theologie (den sie auch haben kann!) als eine Möglichkeit der Affirmation des schlechten Bestehenden seit

---

[87] Vgl. KARL MARX, Ökonomisch-philosophische Manuskripte. Vorrede (1844), in: MEGA I, 2, Berlin 1982, 325 f. Vgl. dazu DERS., Kritik der Hegelschen Dialektik und Philosophie überhaupt, in: Ebd., 399–418.

Marx nicht mehr verdrängen läßt. Er wird auch eine inhaltliche Behandlung der frühchristlichen Theologie immer begleiten müssen, immer mitzubedenken sein. Gehört also dies zu den kommenden Aufgaben einer frühchristlichen Theologiegeschichte – diese Verbindung von Geschichte und Theologie –, so wird solche Aufgabe auf drei Punkte zu achten haben: Frühchristliche Theologie ist gesellschaftlich/geschichtlich durch die gesellschaftliche Herkunft ihrer Inhalte, ihrer Stoffgehalte; hierin liegt ja vor allem das Interesse und das Ziel traditionsgeschichtlicher Analysen. Frühchristliche Theologie ist gesellschaftlich/geschichtlich durch die Art und Weise, wie sie entsteht. Hier wäre etwa zu berücksichtigen, daß frühchristliche Theologie sich ja immer in eine bestimmte, historische Situation hinein richtet, aus ihr heraus entsteht und mit ihr verbunden ist. Frühchristliche Theologie ist gesellschaftlich/geschichtlich gerade weil sie eine Gegenposition zur Gesellschaft ihrer Zeit bezieht und diese Position als autonome einnimmt (dies wohl jener Punkt, an dem die Entfernung vom Vulgärmarxismus am stärksten und weitesten ist).[88] Ein solches Modell der Entstehung der frühchristlichen Theologie ließe sich noch um zwei Komplexe ausweiten und näher eingrenzen:

1. Es wäre innerhalb der frühchristlichen Geschichte noch stärker als dies bisher geschehen ist auf bestimmte gesellschaftliche Konstellationen zu achten: So ließen sich bestimmte gesellschaftliche Subsysteme denken, die sich durch Sprache, Theoriebildung, Verfassung, Literatur usw. charakteristisch unterscheiden. Eine solche Erwägung hatte ja in der Forschungsgeschichte der frühchristlichen Theologie jenes klassische Bild der Abfolge evoziert, in dem sich das Judenchristentum durch das Heidenchristentum abgelöst sieht; und dies hat dann auch bestimmte Konsequenzen für die Theologie dieser Gruppen, die sich genauer beschreiben und bestimmen lassen. Nun hat sich dies Bild schon am Ausgang der religionsgeschichtlichen Schule als zu ungenau und unpräzis erwiesen. Bereits Heitmüller hatte auch eine hellenistische Gemeindebildung schon vor Paulus ins Spiel gebracht, die aber auch noch zum Judenchristentum zu rechnen ist und deren theologisches Profil durch eine Analyse der paulinischen Briefe auf ihr Überlieferungsmaterial hin zu erheben wäre.[89]

Auch dies Modell ist nun gewiß allein noch nicht ausreichend; der historische Befund legt es nahe, zwischen einem palästinischen Judenchristentum aramäischer Sprache, einem Judenchristentum der ‚Hellenisten‘ (um Stephanus), einem vorpaulinischen Heidenchristentum, einem Heidenchristentum, wie wir es bei Paulus repräsentiert finden und schließlich dem nachpaulinischen Heidenchristentum zu differenzieren. Deutlich ist dabei, daß dies nun nicht nur in der Art und Weise der chronologischen Abfolge erfolgt, eines bloßen und reinen Nach-

---

[88] Vgl. THEODOR W. ADORNO, Ästhetische Theorie, hrsg. v. G. Adorno u. R. Tiedemann, Frankfurt/M. 1970.

[89] WILHELM HEITMÜLLER, Zum Problem Paulus und Jesus, ZNW 13, 1912, 320–337; DERS., Jesus und Paulus, ZThK 25, 1915, 156–179 und DERS., Die Bekehrung des Paulus, ZThK 27, 1917, 136–153.

einanders, sondern daß diese Gruppen nebeneinander bestehen und der wechselseitige Ablösungsprozeß lange andauert. Außerdem wäre es erforderlich, diese
Gruppen und Gemeinden genauer zu beschreiben in ihrer verfassungsrechtlichen
und gesellschaftlichen Zusammensetzung, in ihren sozialethischen Absichten
und in ihrer Art und Weise, theologisch zu argumentieren.[90] Nun wird eine
solche Unterscheidung und Differenzierung – so hilfreich sie grundsätzlich auch
sein mag – in vielen Einzelheiten hypothetisch bleiben müssen. Schwierig ist
sicher die Verbindung mit dem angesprochenen Dreischritt der Theologiegeschichte (Anfänge – Ausbildung – Ende der frühchristlichen Theologie), eine
Beziehung aufeinander wird in jedem Fall genau zu prüfen sein.

Umstritten ist hierbei nach wie vor, wie weit sich solche Differenzierung in
gemeindliche Gruppen mit bestimmten geographischen Unterscheidungsmerk-
malen koppeln und koordinieren läßt. Dies war ja in den Anfängen solcher
Analyse ganz stark der Fall, als man in der Nachfolge Heitmüllers die jeweiligen
Gruppen an bestimmten Orten lokalisierte und hier oft genug des Guten zuviel
tat (man denke etwa an die zweifelhafte Rolle, die Antiochien in diesem Zusammenhang gespielt hat). Aber auch das gesamte Oeuvre von Lohmeyer mit seiner
auch theologisch signifikanten Unterscheidung zwischen Galiläa und Jerusalem
(und dies steht ja doch auch für bestimmte theologische Differenzen) ist hier zu
nennen[91]. Nun ist solche Fragestellung auch gewiß nicht sinnlos, keine historische Erkenntnis wird sich a priori einen methodischen Weg verbieten lassen, dies
wäre ja töricht. Aber eins gilt nun auch: Durch die umfassende soziokulturelle
und sozialökonomische Durchdringung und Permeabilität der damaligen Gesellschaft (und gesellschaftlichen Systeme), die sich immer wieder an bestimmten
Einzelpunkten belegen läßt, wird eine solche geographische Festlegung der
frühchristlichen Gruppenbildung in ihrem hypothetischen Charakter jedenfalls
noch stärker problematisiert und in Frage gestellt.[92]

Auch eine bestimmte soziologische, sozialgeschichtliche, vor allem religionssoziologische Fragerichtung kann in ihren Denkmodellen die Entstehung und
den Verlauf der frühchristlichen Theologie plausibler und verständlicher machen.[93] Es ginge unter solcher religionssoziologischer Fragestellung im Blick auf

---

[90] Zu dem hier angezielten Bild einer Geschichte des frühen Christentums vgl. grundsätzlich:
DIETER LÜHRMANN, Erwägungen zur Geschichte des Urchristentums, EvTh 32, 1972, 452–467
und Hans Conzelmann-Andreas Lindemann, Arbeitsbuch zum Neuen Testament, Tübingen
1975, 382 ff.

[91] ERNST LOHMEYER, Galiläa und Jerusalem, FRLANT 52, Göttingen 1936. Aus der neueren
Zeit wäre von Bedeutung etwa: GOTTFRIED SCHILLE, Anfänge der Kirche. Erwägungen zur
apostolischen Frühgeschichte, BEvTh 43, München 1966.

[92] Vgl. hierzu vor allem MARTIN HENGEL, Judentum und Hellenismus, WUNT 10, Tübingen
1969 (Lit.).

[93] KLAUS BERGER, Exegese des Neuen Testaments, Heidelberg 1977, 218 ff. (Lit.). GERD
THEISSEN, Theoretische Probleme religionssoziologischer Forschung und die Analyse des Urchristentums, NZSTh 16, 1974, 35–56 und DERS., Die soziologische Auswertung religiöser
Überlieferungen. Ihre methodologischen Probleme am Beispiel des Urchristentums, Kairos 17,
1975, 284–299. Aus der älteren Literatur ist von besonderem Gewicht: ERNST TROELTSCH, Die

die Geschichte der frühchristlichen Theologie vor allem darum, deutlich zu machen, welche Trägerkreise hinter bestimmten inhaltlichen Überlieferungen stehen, sie tradieren, bestimmen, vielleicht sogar entstehen lassen. Aufgabe wäre also die wechselseitige Erhellung der sozialen Rolle und der soziologischen Determinanten dieser Trägerkreise (Beispiel: Qumran) wie auch ihrer Theologumena. Das dies im Einzelfall oft schwierig ist, ergibt sich schon wegen des anzuwendenden, hermeneutischen Zirkelschlusses: wir können über die soziologischen Gegebenheiten und Konstituanten solcher Gruppen nur durch Rückschlüsse aus Texten (i.e. inhaltlich gefüllten Aussagen) etwas sagen, wie umgekehrt nun auch die Erhellung des Zusammenhangs der Theologumena mit diesen religionssoziologischen Kategorien nur sehr hypothetisch geschehen kann. Dies sind lange erkannte Vexierprobleme; vor allem die bisherige Gnosisforschung bietet hierfür viele (zumeist negative) Beispiele. Aber auch – besonders wenn man an die Diskussion über bestimmte Gruppen des frühen Christentums (Wanderpropheten usw.) denkt – im Blick auf die frühchristliche Theologie liegen die Dinge nicht wesentlich anders.

Für die Geschichte der frühchristlichen Theologie ist von noch größerem Gewicht die Reflexion auf mögliche ‚Schulen‘ und deren Theologien.[94] Solche Hypothese von ‚Schulen‘ im Prozeß der frühchristlichen Theologiebildung verdankt ihr Recht der Beobachtung, daß sich in der Nachfolge bestimmter theologischer Entwürfe – etwa einer Theologie des Paulus oder des Johannes – Texte nachweisen lassen, die inhaltlich von diesen Entwürfen leben, sie auf dem Hintergrund einer veränderten Situation ‚neu‘ schreiben und innovatorisch auslegen. Deutlich ist dies z. B. beim Epheser-, aber auch wohl schon beim Kolosserbrief. Wir finden hier – und darin liegt eine zusätzliche Pointe – in mancher Hinsicht den historischen Beleg für das Modell von Auswirkungen theologischer Anstrengungen auf die Geschichte (und insofern hängt dies naturgemäß auch wieder mit der Wirkungsgeschichte ganz eng zusammen). Denn in diesen ‚Schulen‘ wird ja der betreffende, theologische Zusammenhang gesellschaftlich auf den Begriff gebracht, umgesetzt und z. T. sogar neu formuliert. Dies aber führt weiter zu der Frage nach der Beziehung zwischen Form und Inhalt, zwischen Theologie- und Literaturgeschichte in der Geschichte des frühen Christentums.

2. Solche Beziehungen ergeben sich schon aus der einfachen Überlegung und Beobachtung, daß sich auch die frühchristliche Literaturgeschichte nicht von der Basis der frühchristlichen Gesamtgeschichte lösen läßt – dies impliziert jedoch

---

Soziallehren der christlichen Kirchen und Gruppen (Ges. Schriften I), Tübingen 1919 und MAX WEBER, Gesammelte Aufsätze zur Religionssoziologie III: Das antike Judentum, Tübingen 1921.

[94] Vgl. BERGER, Exegese, 226 ff. (Lit.). Außerdem HELGA LUDWIG, Der Verfasser des Kolosserbriefes. Ein Schüler des Paulus, Diss. theol., Göttingen 1974; WOLFGANG GERBER, Gruppenbildung im frühen Christentum, ZRGG 33, 1971, 193–204. An einem bestimmten Materialobjekt hat dies nachgewiesen: EDUARD SCHWEIZER, Matthäus und seine Gemeinde, SBS 71, Stuttgart 1974.

methodisch, daß beide – Theologie- wie Literaturgeschichte – weitgehend parallel laufen und sich analog verhalten. Was also bisher methodisch über die Theologiegeschichte ausgesagt worden ist, wäre nun nahezu identisch auch von der Literaturgeschichte auszusagen und für sie zu formulieren: dies gilt von der Aufgabenstellung, der Definition, der Frage der Abgrenzung usw. Konkret ist jedoch zu überlegen, was solcher Konnex nun für die Theologiegeschichte des frühen Christentums in der Praxis auszutragen vermag. In der Regel erscheint diese Frage ja immer dann, wenn der unauflösliche Zusammenhang von Form und Inhalt der frühchristlichen Texte diskutiert wird.[95] Weder ist ja die Form beliebig auswechsel- und austauschbare Hülse für jeweils wechselnde, rein zufällig sich ergebende Inhalte, noch wird sich sagen lassen, daß die theologischen Inhalte sich bloß beliebig mit irgendwelcher Form verbinden.

Auch hier ließen sich wieder Beispiele zur Konkretion anführen: Steht am Anfang der frühchristlichen Literaturgeschichte das Kerygma – gefächert in Pistis-Formel und Homologie –, so ist dies ja zunächst eine formgeschichtliche Beobachtung. Aber dies kann ja nun nicht folgenlos für die Theologiegeschichte dieser Anfangszeit bleiben. Sondern es wird nun zu prüfen sein, was dies bedeutet, daß Theologie in solchen Sätzen erscheint, in solche Sätze umgesetzt wird. D.h. eine Reflexion auf den Prozeß der Theologiebildung wird immer auch die hermeneutische Bewegung mit einbeziehen müssen, die solche Theologumena aufnimmt und anwendet.

In der Regel wird die Entstehung der Evangelien als ein formgeschichtliches Problem betrachtet, genauer als die Frage, warum und auf welche Weise formgeschichtliche Mikro-Einheiten zu der Großeinheit ‚Evangelium‘ sich verdichten und zusammenschließen. Dies ist eine berechtigte Frage; nur darf man darüber nicht außer acht lassen, daß dies auch ein theologisches Problem ist. Welche Theologie ist dies, die solcher Formen bedarf; liegt hier nicht – in dieser Verbindung von kleinen Einheiten und der Makroform ‚Evangelium‘ – auch ein bestimmter theologischer Entwurf vor, über den es sich nachzudenken lohnt? Dies ist ja nicht nur an den konkreten Theologien eines Markus, Matthäus oder Lukas zu überprüfen, sondern zugleich immer auch schon eine vorläufige Frage.

Schließlich – und die Beispiele ließen sich noch weiter vermehren –: wie steht es mit der Apostelgeschichte? Auch dies ist ja eine Makrogattung, aus mehreren formalen Einheiten zusammengesetzt, aber doch zugleich so, daß etwas Neues entsteht und herausgebildet wird. Und zugleich ist dies ja doch eine adäquate Form für den Entwurf der lukanischen Theologie – den Weg des Evangeliums von Jerusalem nach Rom nachzuzeichnen –; wie ist dies nun methodisch genauer zu bestimmen? Nur so, daß man sagt: die Form der Apostelgeschichte ist

---

[95] Auf diese Frage dürfte – auch in den neutestamentlichen Theologien – bisher viel zu wenig reflektiert worden sein; vgl. z.B. ERHARDT GÜTTGEMANNS, Offene Fragen zur Formgeschichte des Evangeliums, BEvTh 54, München ²1971 und ROBERT W. FUNK, Language, Hermeneutic, and Word of God. The Problem of Language in the New Testament and Contemporary Theology, New York/London 1967. Manches auch schon bei ERNST FUCHS, Hermeneutik, 4. durchges. Aufl. Tübingen 1970 und DERS., Marburger Hermeneutik, HUTh 9, Tübingen 1968.

Instrument der Theologie, oder nicht vielmehr so – jenseits aller Instrumentalisierung –, daß schon solche Gattung selbst theologische Aussage beinhaltet? Dies kann praktisch nur bedeuten: Bei jeder Stufe der frühchristlichen Theologiegeschichte wird die Frage zu überprüfen sein, in welchen Formen und Gattungen solche Theologie erscheint und sich realisiert.

Exkurs: Das Problem der Religionsgeschichte und die Entstehung der frühchristlichen Theologie

Die methodische Frage nach der Entstehung der frühchristlichen Theologie kann historisch überhaupt nicht gelöst werden von dem Problem der religionsgeschichtlichen Analyse. Wie eben das frühe Christentum eine Geschichte in seiner Zeit und durch seine Zeit hat und ist, so wäre auch eine Theologie nicht zu trennen von der ‚Theologie‘ (Ideologie) der anderen Traditions-/Religionsgruppen der Zeit.[96] Man kann nicht eigentlich von der Feststellung ausgehen, daß die Prinzipien der religionsgeschichtlichen Arbeit im Blick auf die Geschichte des frühen Christentums und seiner Theologie schon hinreichend geklärt sind. Dies liegt vor allem auch an der forschungsgeschichtlichen Herkunft religionsgeschichtlicher Arbeit.

Dies soll hier nur ganz verknappt und verkürzt geschehen, ohne allzu sehr in die Einzelheiten zu gehen: Immerhin läßt sich so viel sagen, daß der Ursprung der Religionsgeschichte in jener allgemeinen geistesgeschichtlichen Bewegung liegt, die vom (vor allem englischen) Deismus her über die Aufklärung zur Frage nach bzw. zur Feststellung der historischen Gewordenheit konkreter Religion und Theologie führen muß.‘[97] Historische Analyse – auch historische Analyse von Religion und Theologie – ist nun freilich für die Aufklärung keineswegs Selbstzweck, sondern immer schon Instrument der kritischen Vernunft, die in der Zerstörung der Welt des Scheins nur desto heller das Reich des mündigen Bürgers herausstellen wollte. Damit wird ja dem historischen Objekt zweifellos Gewalt angetan; deutlich ist zudem, daß solche Voraussetzungen notwendig bei

---

[96] Zusammenstellung der wichtigsten Quellen bei JOHANNES LEIPOLDT-WALTER GRUNDMANN, Umwelt des Urchristentums. Bd. I–III, Berlin 1971–1973 (Quellen in Bd. II). CHARLES KINGSLEY BARRETT, Die Umwelt des Neuen Testaments. Ausgewählte Quellen, WUNT 4, Tübingen 1959. Überblick über die Problemlage bei: R. BULTMANN, Das Urchristentum im Rahmen der antiken Religionen, Zürich 1949. Zu den Prinzipien der religionsgeschichtlichen Analyse vgl. etwa BERGER, Exegese, 186ff. Außerdem: CARSTEN COLPE, Die religionsgeschichtliche Schule. Darstellung und Kritik ihres Bildes vom gnostischen Erlösermythus, FRLANT 78, Göttingen 1978; DERS., Die Funktion religionsgeschichtlicher Studien in der evangelischen Theologie, VuF 13, 1968, 1–12 und schließlich KURT RUDOLPH, Das Problem einer Entwicklung in der Religionsgeschichte, Kairos 13, 1971, 95–118.

[97] Vgl. KLAUS SCHOLDER, Ursprünge und Probleme der Bibelkritik im 17. Jahrhundert. Ein Beitrag zur Entstehung der historisch kritischen Theologie, FGLP X/33, München 1966; ERNST TROELTSCH, Aufsätze zur Geistesgeschichte und Religionssoziologie (Ges. Schriften 4), Tübingen 1925, z. B. 429ff.

der Vergleichung der verschiedenen Religionen enden muß, wobei das Ziel in der Destruktion der konkreten Religion (qua frühchristlicher Theologie) zugunsten eines Ideals von Religion zu sehen ist. Anders – und dies ließe sich etwa an Herder, aber auch an der Entwicklung Hegels zeigen –, anders ist dies dann im Historismus der beginnenden Romantik: auch hier ist Ausgangspunkt noch immer die Einsicht in die prinzipielle Geschichtlichkeit aller Erscheinungen. Aber diese Geschichtlichkeit wird doch nun bewußt bejaht und angenommen. Es erfolgt nun eine ganz bewußte Hinwendung zu dieser Geschichte.

Aus solchen forschungsgeschichtlichen Ursprüngen ist nun auch die Rolle der Religionsgeschichte in der religionsgeschichtlichen Schule zu sehen und zu begreifen; in ihrer Spannung wie in ihrer Brisanz, aber auch in ihrer Problematik.[98] Die Problematik liegt dabei vor allem in der Doppelbödigkeit des Begriffs der Religionsgeschichte innerhalb der religionsgeschichtlichen Schule. Auf der einen Seite wird er mehr religionsphänomenologisch angewandt, dient dann der Beschreibung der konkreten Phänomene frühchristlicher Religion und deren Subsumierung unter einen allgemeinen Religionsbegriff. Auf der anderen Seite aber ist er – etwa bei Gunkel und Eichhorn – strikt geschichtlich verstanden und orientiert sich dann ausschließlich am Feld des frühen Christentums (also eines konkreten Traditionskreises). In diesen, nicht immer klaren Schwankungen liegt eine große Schwäche aller religionsgeschichtlichen Arbeit seit jener Zeit begründet.

Wird also religionsgeschichtliche Analyse in eine Geschichte der frühchristlichen Theologie einbezogen, so wird sie sich deutlich machen müssen, ob sie solche religionsphänomenologische oder aber strikt geschichtlich orientierte Interessen verfolgen will. Natürlich setzt sowohl das religionsphänomenologische als auch das religionsgeschichtliche Procedere hinsichtlich des frühen Christentums so etwas wie einen allgemeinen Kontext, einen geschichtlichen Hintergrund voraus – den man ganz allgemein als ,Hellenismus, hellenistische Kultur' charakterisieren könnte. Entscheidend wichtig ist dabei, daß sich solche, eher allgemeine Feststellungen am konkreten Objekt zu bewähren haben.

Wie steht es z. B. mit dem Verständnis von dikaiosyne theou bei Paulus unter religionsgeschichtlichem Aspekt? Wie ist hier zu analysieren? Zuerst wird wohl zu überlegen sein, welche Traditionsgeschichte dieser Begriff, dieses Theologumenon vor Paulus innerhalb des frühen Christentums gehabt hat. Nur so wird auch deutlich die methodisch wichtige Möglichkeit einbezogen sein, daß hier nicht nur Abhängigkeiten vorliegen, sondern etwas Neues entstehen kann.Und

---

[98] Carl Clemen, Die religionsgeschichtliche Methode in der Theologie, Gießen 1904 und ders., Religionsgeschichtliche Erklärung des Neuen Testaments, Gießen 1909; Alfred Hegler, Kirchengeschichte oder christliche Religionsgeschichte? ZThK 13, 1903, 1–38; Max Reischle, Theologie und Religionsgeschichte. 5 Vorlesungen, Hannover 1904; E. Troeltsch, Die kleine Göttinger Fakultät von 1890, ChW 34, 1920, 281–283; Folke Holmström, Das eschatologische Denken der Gegenwart. Drei Etappen der theologischen Entwicklung des 20. Jahrhunderts, Gütersloh, 1936; Gerhard Wolfgang Ittel, Urchristentum und Fremdreligionen im Urteil der religionsgeschichtlichen Schule, Diss. phil., Erlangen 1956.

dann wird in einem nächsten Schritt auf die Auffassung, das Verständnis in anderen Traditionskreisen dieser Zeit zu achten sein (wobei dann jeweils eine Traditionsgeschichte zu entwerfen ist, also nicht nur kurzschlüssig nach Analogien zu suchen wäre). Und schließlich wird methodisch am Ende nach einer möglichen Vermittlung zwischen diesen Traditionskreisen zu fragen sein – auch hier freilich nicht isoliert und nun allein auf einen Begriff beschränkt, sondern unter Einbeziehung des gesamten historischen Kontextes.

Man mag so mit Berger formulieren: „Ziel der religionsgeschichtlichen Exegese ist es daher, die Individualität christlicher Texte mit Hilfe nicht-apologetischer Mittel darzustellen, nämlich anhand überprüfbarer Vorgänge von Rezeption und Tradierung, aber auch mit Hilfe anderer methodischer Kategorien."[99] Aber dies wäre nun noch zu konkretisieren in den Konsequenzen für die Theologiegeschichte des frühen Christentums:

1. Einsatzpunkt sollte – wie dies auch Gunkel und Eichhorn intendiert hatten – zunächst die Entwicklung der frühchristlichen Literatur und der Geschichte des frühen Christentums sein. Man wird sich also zunächst auf diesen Traditionskreis zu beschränken haben, ohne sogleich auf andere Religionskreise zur Erklärung auszuweichen. Es ginge also auch hier zunächst und vor allem um die konkrete Geschichtlichkeit einer Erscheinung, um ihre soziologische Bestimmtheit und nicht sogleich um die Flucht in das Reich geschichtlicher Erscheinungen. Wird auf diese Weise das Neuartige, Innovatorische, auch die Diskontinuität des frühen Christentums ernst genommen und nicht sofort überspielt, so bleibt ein naheliegendes Mißverständnis auszuschließen und zu vermeiden: Es kann auf eine solche Weise eben nicht das frühe Christentum und seine Theologie als den anderen, zeitgemäßen, gleichzeitigen Religionen überlegen erwiesen werden. Ein solcher Versuch, zunächst die Theologie/Ideologie nur eines Traditionskreises zu erfassen (und dies wäre ja bei den anderen Religionen methodisch nicht anders anzuwenden), ein solcher Versuch enthält sich deshalb jeglicher Wertung, auch jeder apologetischen Absicht.

2. Aber sicher wird auch dies gelten: frühchristliche Theologie ist Theologie in ihrer Umwelt, in ihrer Zeit, in dem gesamten Kontext damaliger Geschichte. Neben der Analyse des Traditionskreises ‚frühes Christentum' und ihr nachgeordnet wird man sich deshalb immer wieder fragen müssen, ob nun die Theologie(n) und inhaltliche Aussagen genuine Schöpfungen des frühen Christentums sind, oder ob hier nicht vielmehr Inhalte/Topoi/Traditionen – des nachalttestamentlichen Judentums, des Hellenismus, der Gnosis – übernommen und rezipiert worden sind. Ganz gewiß wird man die Möglichkeit dabei nicht außer acht lassen, daß solche Übernahme und Rezeption nie ohne Änderung und modifizierende Interpretation geschehen ist. Dies dürfte wohl sogar die Regel gewesen sein. Auch hier ist freilich wiederum dialektisch ein Mißverständnis zu vermeiden: Wie der erste Schritt – die Skizzierung der Entwicklung in einem konkreten Traditionskreis (hier: dem frühen Christentum) – nicht apologetisch in Mißkre-

---

[99] Berger, Exegese, 188.

dit zu bringen ist, so sollte auch die Frage nach der geschichtlichen Vermittlung der Topoi/Theologumena/Traditionen nicht polemisch gegen das frühe Christentum inszeniert werden, wie dies gerade in der religionsgeschichtlichen Schule bisweilen geschehen konnte (vor allem dort, wo sie ‚popularisierte‘). Geschichte der frühchristlichen Theologie wird sich deshalb offen halten müssen für die Erkenntnis geschichtlicher Entwicklung, ohne solche Erkenntnis immer schon durch Vorurteile welcher Art auch immer zu verunklaren.

3. Aber schließlich wird die Forschung nicht darauf verzichten können, auch immer wieder auf bestimmte Analogien zurückzugreifen. Sicher, dies am stärksten phänomenologisch, am äußeren Erscheinungsbild der Religion(en) orientierte Vorgehen, ist auch mit den größten Schwierigkeiten behaftet. Es ist deshalb mit besonderer Zurückhaltung und eher zögernd zu behandeln; aber dies bedeutet eben nicht den generellen Verzicht auf dies methodische Procedere. Dabei hat eine solche Analogie für die Theologiegeschichte des frühen Christentums eine doppelte Funktion: Einmal liegt es nahe, aus verwandten, analogen geschichtlichen, gesellschaftlichen und religiösen Konstellationen Rückschlüsse auf die Entstehung von Theologie innerhalb des frühen Christentums zu ziehen. Es kann – methodisch, aber auch inhaltlich – durchaus nicht ausgeschlossen werden, daß gleich strukturierte Gruppen bzw. Gruppensysteme auch strukturell verwandte und analoge Aussagen (Ideologien) generieren. Dies aber kann konkret für die frühchristliche Theologiegeschichte und deren Rekonstruktion (!) hilfreich sein (vgl. Entstehung charismatischer und pneumatischer Bewegungen). Zum anderen aber ist die Verwendung von Analogien und sachlichen Parallelen (so diffizil dies auch ist) auch, ja vor allem ein hermeneutisches Problem. Denn durch solche Parallelen wird es leichter, das genuine, inhaltliche Problem der frühchristlichen Theologie zu bestimmen, das Verständnis dieser Texte abzuklären. Dies gilt natürlich in einer ganz besonders pointierten Weise für bestimmte Theologieformen innerhalb des frühen Christentums, indem bei dem Vergleich mit anderen Traditionskreisen deutlich werden kann, wie sehr (und in welcher Weise) z.B. die Theologie des Paulus differiert und Eigenes zur Sprache zu bringen vermag.

IV. Offene Fragen

Ein solches Verständnis der Geschichte der frühchristlichen Theologie in Aufgabe, Definition und dem Modell der Entstehung entbirgt eine Reihe von offenen Fragen, die sich im Augenblick nicht schlüssig beantworten lassen. Dennoch bleibt es wichtig, daß sie angesprochen werden, weil sie zugleich die Aufgabe der künftigen Wissenschaft von der frühchristlichen Theologie bezeichnen können.

1. Zum Zusammenhang zwischen der Literaturgeschichte und der Geschichte des frühen Christentums

Dazu ist das Nötige im Grunde schon gesagt worden; es sollte nur noch einmal deutlich hervorgehoben werden, daß hier künftige Aufgaben der Forschung liegen und zu sehen sind. Dies betrifft im Blick auf die Verbindung mit der Geschichte der frühchristlichen Literatur vor allem den Zusammenhang zwischen einer Geschichte der Formen und der Geschichte der Inhalte. Beides ist, wie sich gezeigt hat, durchaus nicht voneinander zu trennen und zu scheiden. Jedoch hat sich bisher noch nicht schlüssig ergeben, wie beides miteinander zu verbinden ist. Vielleicht markiert traditionsgeschichtliches Vorgehen noch am ehesten den Übergang, weil ja Traditionen (anders als etwa die Motive) am stärksten beides – Inhalt wie geprägte Form – ineinander verbinden. Auch hinsichtlich der Korrelation mit der Geschichte des frühen Christentums liegt die Schwierigkeit nicht so sehr in konkreten Einzelfragen (wenngleich hier noch vieles der Klärung bedarf), sondern im grundsätzlichen Problem. Exemplarisch wäre dies etwa zu zeigen beim Übergang von der ersten Stufe der frühchristlichen Theologiegeschichte zur ausdrücklichen Explikation ihrer Inhalte in der Phase der Formierung. So sicher eine solche Differenzierung durch die Inhalte selbst nahegelegt und in ihnen erkennbar wird, ist dies mit bestimmten geschichtlichen Entwicklungen der frühchristlichen Geschichte zu verbinden – und wenn dies zutrifft, mit welchen? Nur an diesem Punkte wird so exemplarisch sich die Verbindung zwischen beiden Größen am ehesten klären und deuten lassen (Übergang von der aramäisch sprechenden zur griechisch sprechenden Gemeinde von Judenchristen?).

Es ist jedenfalls mit der Erkenntnis der hier liegenden Probleme der Verbindung von Theologiegeschichte und Literaturgeschichte bzw. der Geschichte des frühen Christentums jene grundsätzliche Aporie in den Blick gekommen, die nun auch jene grundsätzliche, prinzipielle Schwierigkeit erklärbar macht, der sich gegenwärtig der Begriff neutestamentlicher Theologie gegenübersieht. Sie dürfte in der Tat hier ihren eigentlichen und letzten Grund haben; und dies bedeutet zugleich, erst dann wird der Begriff einer Geschichte der neutestamentlichen/frühchristlichen Theologie wahrhaft am Ziel sein, wenn eine Gesamtsicht frühchristlicher Geschichte gegeben werden kann, für die Literatur und Theologie selbstverständliche Notwendigkeit und Teil sein werden.

2. Zum Theologiebegriff und dem Ideologieproblem

Dies sei ebenfalls nur kurz markiert: Es ist deutlich, daß der Begriff der Theologie bisher zumeist außerordentlich vage gefaßt worden ist; dies hat insofern seine Berechtigung, als auf diese Weise die Vielfalt gedanklicher Explikate des frühen Christentums Berücksichtigung gefunden hat. Aber natürlich: der Begriff bleibt auf diese Weise sehr ungenau und letztlich unbefriedigend. Dies wird vor allem deutlich, wenn die Verbindung mit dem Religionsbegriff bedacht wird. Gegenüber dem hochgradig ideologisch zu erklärenden Berührungsverbot hinsichtlich des Religionsbegriffs wird doch wohl darauf zu beharren sein, daß auch eine Geschichte der frühchristlichen Theologie schwerlich auf einen Zusammenhang mit dem Religionsbegriff ganz verzichten kann. Aber wo liegen hier die genauen Abgrenzungen, Unterschiede? Auch hier sind jedenfalls offene Fragen, deren Aporien noch der Klärung harren.

Und dies ist gar nicht zu lösen von der Frage, ob nicht auch die frühchristliche Theologie wenigstens zum Teil Ideologie ist, also sich nicht trennen läßt von der Affirmation des Bestehenden, von der ständigen Bestätigung dessen, was immer schon ist. Oder ist nicht diese Theologie der frühchristlichen Texte immer schon Kritik des Gegebenen, des Faktischen? Dann würde der bisherige Ideologiebegriff jedenfalls nicht ohne Kritik zu übernehmen sein, sondern müßte neu gefaßt werden.

Erneut bezeichnen diese beiden Fragen nicht nur Ziele, deren Lösung zu den Aufgaben einer kommenden Wissenschaft der frühchristlichen Theologiegeschichte gehört, sondern in ihrer Aporie auch jene Gründe, die gegenwärtige Schwierigkeiten des Begriffs frühchristlicher Theologie erklärlich machen. Es kann wiederum nicht möglich sein, hier schon so etwas wie fertige Lösungen anzubieten. Nur dürfte von neuem es schwerlich ein Zufall sein, daß die Schwierigkeiten zum Teil aus dem Fehlen des Geschichtsbegriffs sich erklären. Sowohl die Diskussion der Abgrenzung (terminologischen) zwischen Religion und Theologie als auch die Diskussion des Ideologieproblems verzichtet zumeist auf die Verbindung mit der Geschichte des frühen Christentums, evoziert diese Verbindung nur als höchst beliebig und lediglich arbiträr. Dies scheint mir ein proton pseudos zu sein. Denn wenn diese unauflösliche Verbindung immer mitgedacht wird (auch methodisch allen Überlegungen letztlich zu Grunde liegt), dann ergibt sich: ist etwa eine Unterscheidung zwischen Religion und Theologie durch die Geschichte des frühen Christentums selbst nahegelegt, gefordert oder erklärt sich nicht die Breite des Theologiebegriffs mit einer gewissen Konsequenz aus der höchst differenzierten Valeur frühchristlicher Geschichte? Ähnlich der Ideologiebegriff: er bedeutet ja so etwas wie den Hebel, mit dessen Hilfe sich die Inhalte der frühchristlichen Theologie(n) einer begründeten Kritik zuführen lassen. Man mag die darin aufscheinende Absicht für höchst ehrenwert halten, aber wie läßt sich im Grunde eine solche Kritik letztlich geben, ohne daß damit doch der Geschichtsablauf selbst kritisiert wird? Denken wir noch einmal an die Sachkritik, die Käsemann zur Anwendung des Begriffs des ‚Frühkatholizismus' veranlaßt hatte: müßte nicht hinter der Beobachtung einer sich verändernden Einstellung zur Eschatologie (und der daraus sich ergebenden Kritik) im Grunde die Einsicht in den Prozeß der Geschichte stehen, der solche Änderungen erst begreiflich macht? Und wäre dann nicht eigentlich dieser selbst zu kritisieren? Ähnliches ließe sich ja auch bei bestimmten kanonskritischen Überlegungen anmerken (etwa zum 2 Petr).

3. Zum Begriff der Geschichte (Fragen der Normativität)

Bultmann grenzte sich kurz nach dem Ende des Ersten Weltkrieges – in enger Verbindung mit der Theologie Karl Barths – von der ‚liberalen' Theologie ab und formulierte einen, im Grunde den wesentlichen Punkt dieser Auseinandersetzung so: „Ihren Charakter erhielt die liberale Theologie wesentlich durch die Vorherrschaft des *historischen Interesses,* und hier liegen ihre großen Verdienste, – Verdienste nicht nur für die Aufhellung des Geschichtsbildes, sondern vor allem für die *Erziehung zur Kritik,* d. h. zur Freiheit und Wahrhaftigkeit."[100] Aber genau dieser – zunächst ja positiv gewertete – Punkt bezeichnet für Bultmann nun auch die eigentliche Gefahr dieser liberalen Theologie: „Die Geschichtswissenschaft kann überhaupt nicht zu irgendeinem Ergebnis führen, das für den Glauben als Fundament dienen könnte, denn *alle Ergebnisse haben nur relative Geltung.*"[101] Diese polemischen Bemerkungen Bultmanns sind heute deshalb noch ungemindert bedeutsam und wichtig, weil sie deutlich machen, wie gefährlich – neutraler formuliert: wie weitreichend die Heranziehung des Geschichtsbegriffs ist und sein kann. Hier liegt deshalb die entscheidende Frage der gegenwärtigen neutestamentlichen Forschung und auch der frühchristlichen Theologie: was ist dies – Geschichte? Ist sie immer nur losgelöst – wie isoliert – vom Betrachtenden zu substituieren? Oder macht nicht vielmehr jeder Wissenschaftler jeweils seine eigene Geschichte, auch seine Geschichte der frühchristlichen Theologie (Belege dafür sind ja ohne große Schwierigkeiten zu liefern)? Gibt es auf diesem Gebiet überhaupt so etwas wie Objektivität, oder ist dies nur bloßer Schein? Mehr noch: wie verhält es sich unter diesem Aspekt – und dies ist ja nun besonders gravierend – mit der inhaltlichen Frage? Wie kann ein historischer Text (wie können also die Texte des frühen Christentums) – die doch der geschichtlichen Betrachtung und der geschichtlichen Analyse (damit also der Relativität) unterworfen sind – überhaupt so etwas wie Geltung jenseits aller Zeitlichkeit, ja vielleicht sogar Normativität beanspruchen? Fragen über Fragen, die sich in der Tat nicht bündig und schlüssig beantworten lassen. Ja, möglicherweise genügt es sogar, wenn sie überhaupt gestellt werden, überhaupt in den Blick kommen. Es ist dabei freilich nur ein recht schwacher Trost, daß sich die Sache in der herkömmlichen Geschichtswissenschaft und deren Grundlagendiskussion nicht wesentlich anders darstellt.[102]

---

[100] R. BULTMANN, Die liberale Theologie und die jüngste theologische Bewegung (1924), in: Ders., Glaube und Verstehen I, Tübingen ²1954, 1–24, 2.

[101] Ebd., 3.

[102] HANS GEORG GADAMER, Wahrheit und Methode. Grundzüge einer philosophischen Hermeneutik, Tübingen ²1965; JÜRGEN HABERMAS (Hg.), Hermeneutik und Ideologiekritik, Frankfurt/M. 1971; REINHARD WITTRAM, Anspruch und Fragwürdigkeit der Geschichte. 6 Vorlesungen zur Methodik der Geschichtswissenschaft und zur Ortsbestimmung der Historie, Göttingen, 1969; HANS-WALTER HEDINGER, Subjektivität und Geschichtswissenschaft. Grundzüge einer Historik, Hist. Forschungen 2, Berlin 1970; ALFRED SCHMIDT, Geschichte und Struktur. Fragen einer marxistischen Historik, München 1971; JÖRN RÜSEN, Wahrheit und Methode in der Geschichtswissenschaft – philosophische Probleme der Historik, PhR 18, 1972,

Sicher gilt dies: Geschichte ist nicht als ein toter Gegenstand aufzufassen, als Schutt, als beliebig verfügbares Spielmaterial, in dem man sich dann immer nur selbst wiederfinden kann (dies genau des Problem der Aufklärung). Aber nun gilt auch umgekehrt dies: Geschichte ist auch nicht das Archaische, das Unabgeleitete, nicht zu Kritisierende, als feststehend Hinzunehmende – auch vor einer solchen Auffassung (Historismus; Romantik) wird man sich zu hüten haben. Nur in den Nuancen, den Schattierungen zwischen diesen beiden Extremen die Wahrheit zu finden macht die eigentliche, die entscheidende Schwierigkeit aus. Ich denke: Geschichte ist jener Bezirk, jener Bereich, in dem sich unsere Gegenwart wie in einem Gegenbild selbst erfährt, erkennt und begreift. Auf eine solche Art und Weise wird dem historischen Gegenstand durchaus nicht sein Recht genommen, aber er wird doch ganz entscheidend von der Jetztzeit und ihren Gegebenheiten her konstituiert.[103]

Dies aber bedeutet, daß sich von hier aus auch die inhaltlichen Fragen am besten so lösen lassen, daß Geschichte ja nicht nur die Gegenwart ins Licht der Wahrheit rückt, sondern auch von dieser Gegenwart her Geschichte erst eigentlich ihre Wahrheit entbirgt und enthüllt. So wenig sich nun die neutestamentliche Wissenschaft und schon gar nicht die Analyse der frühchristlichen Theologie von diesen Fragen dispensieren kann – dafür sind sie einfach zu sehr an der Tagesordnung –, so sehr wird deutlich, daß hier ja auch die entscheidenden inhaltlichen Fragen liegen. Und wenn bisher manches nur wie vorläufig wirkte – in der Tat wie ein Prolegomenon –, wenn sich erneut der gewohnte Eindruck einstellte, es würde wieder nur der Mund gespitzt und es käme nicht zum Pfeifen, an diesem Punkte ist nun die theologische Frage entschlossen zu stellen. Nur an diesem Punkte – nur hier – erfolgt nämlich der Umschlag in gegenwärtige Praxis. Der Umgang mit frühchristlichen Texten, mit ihren Inhalten und ihrer Theologie, wird sich nur dann für die Gegenwart und ihre verändernde Praxis fruchtbar machen lassen, wenn sich diese Gegenwart auf einen solchen historischen Dialog einläßt, in dem sowohl ihre Fragen als auch die Fragen, die jene Geschichte stellt, zur Sprache kommen. Nur wenn die neutestamentlichen, die frühchristlichen Texte und ihre Inhalte in ihrer Geschichte ernst genommen und betrachtet werden, erst dann können sie uns ihre Wahrheit entbergen.

267–289; ERICH KOSTHORST (Hg.), Geschichtswissenschaft. Didaktik, Forschung, Theorie, Göttingen 1977; REINHART KOSELLEK-WOLFGANG J. MOMMSEN-JÖRN RÜSEN (Hgg.), Objektivität und Parteilichkeit in der Geschichtswissenschaft, Theorie der Geschichte/Beiträge zur Historik Bd. 1, München, 1977.

[103] Solche Auffassung berührt sich und verdankt sich übrigens bestimmten Überlegungen bei JOHANN GUSTAV DROYSEN. Vgl. dazu vor allem DERS., Historik. Vorlesungen über Enzyklopädie und Methodologie der Geschichte, hrsg. v. R. Hübner, München ³1958. Dazu: J. RÜSEN, Begriffene Geschichte. Genesis und Begründung der Geschichtstheorie J. G. Droysens, Paderborn 1969. Aus der Gegenwart verweise ich vor allem auf die äußerst bedeutsamen Überlegungen bei WALTER BENJAMIN; hier sind besonders seine geschichtsphilosophischen Thesen zu nennen: Über den Begriff der Geschichte, in: DERS., Gesammelte Schriften Bd. I, 2, hrsg. v. R. Tiedemann u. H. Schweppenhäuser, Frankfurt/M. 1974, 691–704.

V. Prinzipien der Geschichte der frühchristlichen Theologie

Aus den Prolegomena, den methodischen Prämissen ergeben sich nun die unmittelbaren Folgen einer begründeten Untersuchung der frühchristlichen Theologiegeschichte und Konsequenzen für ihr Procedere. Man könnte dies auch als eine Art Kriteriologie bezeichnen, als den Versuch, so etwas wie eine Kategorisierung, Abstraktion jener Arbeitsvorgänge zu benennen, mit denen diese Analyse vorgeht. Nach dem bereits Gesagten läßt sich dies knapp abhandeln und durchführen:

1. Zunächst ist unter bewußter Einbeziehung und Aufnahme der formgeschichtlichen/literaturgeschichtlichen Fragestellung nach den Bedingungen für die Genese einer konkreten theologischen Aussage zu fragen – zugleich wird dabei die Art und Weise des Entstehens von Theologie in ihrer Zeit zu beachten sein.

2. Aber natürlich ungleich wichtiger ist die Analyse jenes Ortes, an dem diese theologischen Aussagen innerhalb der Geschichte des frühen Christentums stehen. Dies impliziert, es wird die Interdependenz zu bedenken sein, die zwischen Aussage/Inhalt/Stoff und der Geschichte besteht.

3. Das schließt – gerade unter der methodischen Zielsetzung: Entstehung in und durch die Zeit – auch die Überlegung ein, wie weit sich solche Theologumena Einflüssen, Modellen, Topik und Argumentationen anderer Traditionskreise verdanken. Es bedeutet dies ständige Einbeziehung der religionsgeschichtlichen Analyse.

4. Beides – die Frage nach dem Ort von Theologie innerhalb der Geschichte des frühen Christentums wie nach der religionsgeschichtlichen Bestimmung – ist auszuweiten auf das Gebiet der Religionssoziologie. Dies bedeutet Reflexion auf jene Gruppen, auf die solche theologischen Aussagen jeweils zurückgehen und auf deren Hintergrund von Praxis sie entstanden zu denken sind (geographisches Problem/Ortstraditionen).

5. Zugleich ist die Wirkungsgeschichte der jeweiligen Theologie und theologischen Aussage – zunächst innerhalb der Geschichte der frühchristlichen Theologie selbst – in die Überlegung einzubeziehen. Dies bedeutet auch die Erwägung, wie weit sich solche Theologie von ihren ursprünglichen, gesellschaftlichen (geschichtlichen Bedingungen) Konstituanten gelöst hat und zunehmend ein Eigenleben zu führen beginnt.

6. Schließlich führt dies zu jener Frage, was die Vermittlung solcher Theologie und solcher Inhalte mit gegenwärtiger Praxis bedeuten und leisten könnte, wie sie beschaffen zu sein hätte und welche Probleme sich hier ergeben.

Aus diesen sechs Punkten sind für die Geschichte der frühchristlichen Theologie noch zwei Folgerungen zu ziehen und zu bedenken: Es liegt in dieser Kriteriologie, in solcher Kategorisierung eine Art Raster vor, das ja vor allem die Analyse der Theologie, der theologischen Aussagen erleichtern und fördern soll. Aber dies schließt natürlich auch die Gefahr eines gewissen Schematismus in sich, als könne man diese Punkte sozusagen säuberlich in jedem Fall abhaken und konstatieren. Um solcher Gefahr zu entgehen, wird man sich freihalten müssen für die Erkenntnis, daß für die Analyse frühchristlicher Theologie nicht jeder Punkt von der gleichen, herausragenden Bedeutung ist.

Hierher gehört auch die notwendige Einsicht, daß wir an manchen Stellen der Untersuchung frühchristlicher Theologie Aporien zuzugeben und festzustellen haben. Es nützt dann sehr wenig, sich in waghalsige Konstruktionen und Hypothesen zu flüchten. Vielmehr wäre es ungleich wichtiger, an solchen Punkten die Grade der Wahrscheinlichkeit und Sicherheit zu benennen, zu denen die Analysen führen können. Dies gilt z. B. für die Frage nach den Trägerkreisen (also die eigentlich religionssoziologische Arbeitsweise), nicht selten aber auch für Überlegungen hinsichtlich der Genese von Theologie.

Von der Unbestimmtheit des Anfangs

Zur Entstehung von Theologie im Urchristentum[1]

I

"Die christliche Lehre war längst vorhanden, ohne daß Orthodoxie und Heterodoxie vorhanden gewesen wäre; aber die rechte Lehre konnte nicht eher entstehen, als bis die unrechte vorhanden war, und die unrechte nicht eher, als bis man die rechte hatte."[2] Mit diesen Worten - spekulativ und unter dem Einfluß von Schellings Philosophie gedacht - benannte P.K. Marheinecke 1807 scharf das Problem nicht nur von Hetero- und Orthodoxie, sondern zugleich deren Zusammenhang mit der Entstehung urchristlicher Theologie. Noch immer zeichnen sich hier keine wirklich überzeugenden Lösungen ab, der geschichtliche Prozeß bleibt in sich rätselhaft und läßt zunächst nur Hypothesen zu. Sicher gilt, daß auch das urchristliche Denken nicht monadologisch entsteht, sondern sich dem Dialog verdankt - dem Dialog mit einem unmittelbaren Gegenüber, mit Erfahrungen von Gleichzeitigkeit, eigenen Überlegungen und der Auseinandersetzung mit dem geschichtlichen Erbe. So sind die vielschichtigen Äußerungen der urchristlichen Theologie zu einem großen Teil auf dem Wege eines solchen Dialogs entstanden, der dann zugleich und zuvörderst der Selbstfindung diente. Auch die Polemik und Auseinandersetzung mit den "Gegnern" und den abweichenden Gruppen wirkt in ihren dunklen Schattierungen zunächst oft wie eine Folge des eigenen Denkens. Vielfach erscheint "Häresie" sogar als ein Ergebnis von Projektionen; die "anderen", von denen sich solche Theologie abzugrenzen trachtet, bilden einen Teil des eigenen Denkens. Sie können dieselbe Sprache sprechen, sich auf identische Überlieferung beziehen, die sie anders durchdenken und in ihrer Praxis mit anderen Folgerungen versehen. Doch bleiben dies alles Vermutungen und Hypothesen; sie bedürfen der Sättigung und Erhellung durch das historische Material selbst, zu dessen Verständnis sie vor allem dienen sollen. Weniger geht es dabei um die bekannten, forschungsge-

---

[1] Die folgenden Überlegungen sind über alle literarischen Verweise hinaus Zeichen für das, was ich Ferdinand Hahn schulde.

[2] P.K. MARHEINECKE, Ueber den Ursprung und die Entwickelung der Orthodoxie und Heterodoxie in den ersten drey Jahrhunderten des Christenthums in: Studien 3 (1807) 96-200, dort 112.

schichtlich vertrauten Kontroversen als vielmehr um die beispielhafte Einsicht in die Genese von Theologie und theologischem Denken:

1. Das Kennzeichen der *markinischen Theologie*, deren Untersuchung in den letzten Jahrzehnten zahlreiche Studien dienten, läßt sich immer noch nicht mit Sicherheit beschreiben. Auch der Begriff der *theologia crucis* bleibt so lange wenig hilfreich, wie hier ein historischer Befund im Kategorialen unzulässig verkürzt wird oder es allein um die Heranziehung paulinischer Theologumena geht.

1.1 Die Sicherheit wächst aber, wenn Art und Weise bedacht werden, wie Markus sich theologisch mit seinen Überlieferungen befaßt:
(a) Dies trifft für die breite Aufnahme der Wunderüberlieferung zu, deren Präzisierung doch eindeutig hervortritt.[3] Die Rezeption erfolgt bei aller Zustimmung niemals unkritisch, sondern Markus greift in seiner Interpretation so ein, daß die Überlieferungen in die Flucht der Passion, des Versagens der Jünger und der Verkündigung der Gottesherrschaft eingerückt werden. Auch wenn das theologische Profil der vormarkinischen Wunderüberlieferung (bzw. der Wunderüberlieferungen) kaum noch bestimmbar erscheint, so erfährt diese Tradition durch Markus Eindeutigkeit und Klarheit.
(b) M.E. gilt dies auch für Mk 16,1-8 (in gewisser Hinsicht eine Wunderüberlieferung außerordentlichen Ranges). Selbst wenn das legendarische Inventar anfänglich der Entfaltung der "Auferweckungsformel" dienen mochte, so erfährt es jetzt - im markinischen εὐαγγέλιον - eine Auslegung, deren Signale keinen Zweifel mehr erlauben: die nachösterliche Geschichte hebt in der Bindung an Galiläa und im Schweigen der Frauen den Weg ans Kreuz nicht auf, sondern prägt ihn gerade so der Gemeinde ein.
(c) Die Art und Weise des markinischen Umgangs mit der christologischen Überlieferung verläuft in hermeneutisch vergleichbaren Bahnen: die gezielte Aufnahme der überkommen Hoheitstitel (vor allem des Begriffs "Sohn Gottes") nimmt ihnen nichts von ihrer originären Stärke, ordnet sie aber zugleich dem Geschehen des Kreuzes zu und macht sie darin unzweifelhaft klar.
(d) Schließlich gilt ähnliches für die markinische Interpretation der apokalyptischen Passagen in Mk 13[4]; sie ignoriert nicht die Erfahrungen einer

---

[3] Vgl. die darin methodisch vergleichbaren Studien von K. KERTELGE, Die Wunder Jesu im Markusevangelium (StANT 23), München 1970; L. SCHENKE, Die Wundergeschichten des Markusevangeliums (SBB 5), Stuttgart 1974; D.-A. KOCH, Die Bedeutung der Wundergeschichten für die Christologie des Markusevangeliums (BZNW 42), Berlin 1975.
[4] Vgl. vor allem E. BRANDENBURGER, Markus 13 und die Apokalyptik (FRLANT 134), Göttingen 1984.

Gemeinde, die sich dem Ende der Zeiten konfrontiert sieht und sehnsüchtig den kommenden Menschensohn erwartet. Markus greift hier nicht zu einer schlichten Negation, sondern zeigt seiner Gemeinde tröstend und mahnend, daß dieser Äon noch andauert und darin auch die apokalyptische Schau der Zukunft einer veränderten Eindeutigkeit bedarf.

1.2 Diese Art und Weise der Überlieferungsrezeption erscheint als analog, so vielschichtig Gründe und Ursache auch immer sein mögen und in mancher Hinsicht nur noch Vermutungen erlauben:

(a) So ist Markus in dem notwendigen Rückgriff auf diese Überlieferungen sicher seiner gesellschaftlichen und gemeindlichen Basis verpflichtet, von der er sich im Grundsatz deshalb nicht getrennt oder geschieden sieht. Gerade die Breite und der Umfang, in dem sich die markinische Theologie durch die vorgängige Überlieferung legitimiert, läßt sich so erklären. Denn die Theologie des Markus wird kommunikabel, weil ein Traditionsabbruch vermieden wird. Die Position seines Denkens erscheint darin als plausibel, daß sie sich auf eine Gesprächsgrundlage bezieht, die auch für die LeserInnen und HörerInnen annehmbar und nachvollziehbar bleibt.

(b) Es geht sicher zu weit, den kritischen Umgang, den Markus darin zugleich gegenüber der Tradition einschlägt, als gegen bestimmte Häresien oder Gemeindegruppen gerichtet anzusehen.[5] Die Indizien, die in eine solche Richtung weisen könnten, erscheinen als nicht unstrittig, und auch die markinischen "Jünger" lassen sich in ihrem Versagen nicht unvermittelt mit aktuellen Gegnern identifizieren.[6] Die kritische Reserve, die Markus gegenüber der aufgenommenen Überlieferung zeigt, bedarf jedoch einer Erklärung. Wenn sie nicht aus einer gemeindlichen Notwendigkeit sich herleiten läßt, so bemüht sie sich doch, das interpretative Gefälle des Textes eindeutig zu machen, um so der eigenen Gegenwart wahrhaft entsprechen zu können. Dies hebt die Einsicht gerade nicht auf, daß solche Überlieferung auch auf eine andere Weise "gelesen" werden konnte; sie ist mehrschichtig angelegt und anderen "Lesarten" durchaus zugänglich. Die Wundertraditionen lassen eine Theologie zu, die Jesus vor allem als machtvollen "Wundertäter" begreift, Mk 16,1-8 kann auch im Sinne einer Entrückung verstanden werden, und eine Christologie der Hoheitstitel ließe sich in einer anderen Richtung entwerfen. Das erscheint deshalb nicht als müßige Spielerei, weil solche andersgeartete Interpretation in Spurenelementen noch erkennbar ist, und auf der anderen Seite das matthäische Evangelium sich um eine wiederum differente Klarstellung und Eindeutigkeit bemüht.

---

[5] So vor allem T.J. WEEDEN, Mark - Traditions in Conflict, Philadelphia 1971.
[6] Vgl. H.-J. KLAUCK, Die erzählerische Rolle der Jünger im Markusevangelium, in: NT 24 (1982) 1-26.

1.3 Jenseits solcher Hypothesen, denen sicher eine gewisse Unsicherheit und vielleicht sogar Beliebigkeit zuzugestehen bleibt, läßt sich dieser Vorgang markinischer Hermeneutik in seiner Struktur durchaus benennen und beschreiben:
Angesichts der Vielschichtigkeit und des nicht eindeutigen Sinnpotentials der vorgegebenen Überlieferung zielt die markinische Theologie auf eine Klarheit, die sich nicht grundsätzlich von diesem Erbe entfernt, sondern ihm sich geradezu entringt. Darin gewinnt der Text des Evangeliums einen unvergleichlichen, auch ästhetischen Reiz für die RezipientInnen. Er ermöglicht ihnen den Nachvollzug solcher Hermeneutik und legt seine eigenen Voraussetzungen offen. Erst so und erst deshalb kommt dem markinischen εὐαγγέλιον auch Handlungsorientierung und Pragmatik zu.

2. So vertrackt und vielschichtig die Fragen im Blick auf die Entstehung der johanneischen Schriften gegenwärtig auch erscheinen mögen - daß die johanneische Literarkritik zu einem einleuchtenden Abschluß gelangt ist, wird gewiß niemand behaupten -, so liegt der gegenwärtigen Gestalt des *corpus Iohanneum* ein Vorgang zugrunde, der eine Entwicklung innerhalb der Texte selbst, aber auch im Zusammenhang einer bestimmten soziologischen Gruppe ("johanneische Schule") voraussetzt.[7] Wieder läßt sich dieser Prozeß beschreiben als ein Bemühen um die größere Klarheit und die Festlegung der überkommenen Tradition und des eigenen Erbes. Wie auch immer wir diese Entwicklung inhaltlich bestimmen wollen - dies hängt unmittelbar mit der Relevanz des "Doketismus" für die johanneische Theologie zusammen-, es zeigt sich in ihr das Bemühen um Eindeutigkeit und die Evaluation einer Theologie, die so der Beliebigkeit entnommen ist.[8] Dies läßt sich auch insofern noch weiter pointieren, weil solche Klarstellung der Unzweideutigkeit der eigenen Überlieferungen dient, sogar vielleicht ihrer Korrektur. Darin wird ein Aspekt angesprochen, der gegenwärtig nicht unbedingt konsensfähig zu sein scheint. Doch erscheinen immerhin folgende Punkte bedenkenswert:
2.1 Die Übernahme der *semeia* durch den Autor des Evangeliums bemüht sich um die Klärung jenes Offenbarungsanspruchs, der in ihnen zu Tage tritt. Das aber setzt voraus - und erst darin ergibt die Rekonstruktion einer *semeia*-Quelle oder *semeia*-Schicht Sinn[9] -, daß solche Überlieferungen auch different auslegbar waren. Sie konnten durchaus im Sinne einer nur und ausschließlich

---

[7] Siehe F. VOUGA, The Johannine School: A Gnostic Tradition in Primitive Christianity, in: Bib. 69 (1988) 371-385 (Lit.).
[8] Zu diesem Prozeß vgl. zuletzt VOUGA, School.
[9] Selbst wenn die Existenz einer Quelle bzw. Schicht bestritten wird, bleibt die hermeneutische Einsicht davon unberührt.

doxologischen Christologie begriffen werden, der es darin weniger um den Offenbarungsanspruch als um seine erzählerische Umsetzung zu tun war.

2.2 Selbst das viel erörterte Problem der johanneischen Eschatologie läßt sich wenigstens versuchsweise in einer vergleichbaren Weise verstehen; denn die Exegese von Joh 5,24ff. zeigt, daß der Autor sehr wohl unter Beibehaltung der traditionellen Aussagen sie einer neuen Bedeutung zuführen kann, um ihnen so einen Stellenwert in seiner Situation und seinem καιρός zuzuweisen. Wird aber in diesen eschatologischen Passagen das Werk des kirchlichen "Redaktors" gesehen (eine nicht unumgängliche Vermutung), so wäre der hermeneutische Vorgang nicht anders zu beschreiben und zu erläutern.

2.3 Wenn die Interpretation der johanneischen Texte für solche Phänomene empfindlich geworden ist, so wird sie dem innerhalb des 1. Joh unschwer verwandte und vergleichbare Aussagen an die Seite rücken können.[10] Wieder hängt dies nicht notwendig an der gegenwärtig strittigen Bestimmung der inhaltlichen Fronten und ihrer theologischen Provenienz.[11] Denn es erscheint als klar, daß die Gegner des Autors von demselben Erbe zehren; die Formulierung in 1 Joh 2,19 legt sogar die Möglichkeit einer identischen sozialen Herkunft nahe. Vielleicht läßt sich sogar überlegen[12], ob es nicht zu diesem Konflikt gekommen ist durch eine anders geartete Auslegung jener Texte, die wir jetzt im johanneischen Evangelium lesen. Kann es sich so bei den angegriffenen Gegnern um johanneische Christen handeln[13], so wird in jedem Fall zu sagen sein, daß sie in ihrer Traditionsbindung nicht geschieden sind von derjenigen des Verfassers. Denn das Gespräch mit ihnen erscheint bei aller Schärfe und Bitterkeit doch nur deshalb als möglich, weil sie in ihrem Denken sich als im Kontext der theologischen Welt des Autors befindlich erweisen. Natürlich wird der ausgetragene Konflikt diese Gemeinsamkeit aufgehoben haben, sie ist jetzt schwierig geworden; denn die überkommene Theologie wird durch den Verfasser des Briefes eindeutig und der Beliebigkeit gültig entnommen.

3. Ist der Blick geschärft für solchen Prozeß in der urchristlichen Theologiegeschichte, so stellen sich weitere Beobachtungen ein: die Zuordnung des *Matthäus-Evangeliums* zum markinischen Text hat - bei aller Schwierigkeit im einzelnen und so sehr es zusätzliche Gründe geben mag - auch die Aufgabe, die Deutung des markinischen εὐαγγέλιον unzweifelhaft zu gestalten (viel-

---

[10] Vgl. K. WENGST, Häresie und Orthodoxie im Spiegel des ersten Johannesbriefes, Gütersloh 1976.

[11] So zielen die Überlegungen bei VOUGA, School, in eine andere Richtung.

[12] Vgl. WENGST, Häresie und Orthodoxie.

[13] WENGST, Häresie und Orthodoxie; z.B. 61: "... daß es sich bei den im 1 Joh angegriffenen Gegnern um johanneische Christen handelt."

leicht sogar diesen Text zu ersetzen). Denn das Markusevangelium wird so eingeordnet in den weiteren Rahmen der Evangelienliteratur.[14] Sicher wird historische Kritik dies als einen Vorgang ansehen müssen, der dem markinischen Evangelium Gewalt antut. Doch muß auf der anderen Seite zugegeben werden, daß die erzählerische und formgeschichtliche Konstitution des markinischen Textes auch die Entstehung des Matthäusevangeliums und seiner Bemächtigung der Gattung "Evangelium" nicht grundsätzlich ausschließen kann.

4. Schließlich sei paradigmatisch auf die Entstehung der *ignatianischen Theologie* hingewiesen; auch sie ist nicht vorstellbar ohne die Hinsicht auf jene Gesprächspartner in den Gemeinden, die den theologischen Denkvorgang des Ignatius erzwingen und notwendig machen. Die konkrete Gestalt der ignatianischen Gegner ist sehr schwer auszumachen[15], vielleicht erscheint auch die bisherige Fragestellung als zu kurz gegriffen, doch wirkt dies als ein zusätzliches Indiz. Denn wieder erscheint die prinzipielle Nähe zwischen dem ignatianischen Denkansatz und der gegnerischen Position als mitgesetzt. Das ἀληθῶς der ignatianischen Christologie hebt eine theologische Überlieferung in einer bestimmten Weise hervor, die nicht notwendig auf eine Negation eines wie auch immer gearteten "Doketismus"[16] hin angelegt war. Natürlich bleibt die emphatische Absage des Ignatius an die Theologie und Christologie seiner Gegner ernstzunehmen, sie läßt sich nicht als objektive Unehrlichkeit deuten, aber die theologischen Bausteine seines Denkens ähneln bis zur Kenntlichkeit Überlegungen im Mittelpunkt der gegnerischen Theologie.

5. Wenn so in durchaus eklektischer Weise das Feld der urchristlichen Literatur und Theologie durchdacht wird und der Prozeß der Entstehung dieses Denkens einbezogen ist[17], so mehren sich solche Beobachtungen. Sie verlangen nach einer inhaltlichen Deutung und methodischen Durchdringung. Dies erscheint auch dann als unumgänglich, wenn der Einwand berücksichtigt wird, daß solche Überlegungen in ihrer klassifikatorischen Absicht metatheoretisch von dem Prozeß realer Geschichte nur abstrahieren; ja ein solches paradigmatisches Vorgehen lasse dem geschichtlichen Gegenstand und seiner konkreten Wahrheit darin kein Recht mehr. Diese skeptische Zurückhaltung muß ernst genommen werden, weil sich historische Wahrnehmung und herme-

---

[14] Vgl. die Überlegungen bei U. LUZ, Das Evangelium nach Matthäus (EKK I/1), Zürich 1985, 56ff.

[15] Siehe zuletzt C.K. BARRETT, Jews and Judaizers in the Epistles of Ignatius, in: Jews, Greeks and Christians (FS W.D. Davies, ed. by R. HAMERTON-KELLY and R. SCROGGS), Leiden 1976, 220-244; C. TREVETT, Prophecy and Anti-Episcopal Activity: A Third Error Combatted by Ignatius?, in: JEH 34 (1983) 1-13.

[16] Vgl. W. BAUER - H. PAULSEN, Die Briefe des Ignatius von Antiochia und der Brief des Polykarp von Smyrna (HNT 18 - Die Apostolischen Väter II), Tübingen ²1985, 64.

[17] Auch die theologische Argumentation des Paulus fügt sich solchen Beobachtungen zu; vgl. die methodischen Überlegungen bei J. BECKER, Paulus. Der Apostel der Völker, Tübingen 1989.

neutische Deutung gegenseitig bedingen. Doch schließt dies nicht aus, daß jene Faktoren in der Entstehung und Heraufkunft der urchristlichen Theologie jeglicher Zuordnung entraten müßten. Sie verlangen deshalb nach einer Deutung, die in besonderer Weise sich geschichtlicher Plausibilität und hermeneutischer Empfindlichkeit versichern muß. Eine mögliche Antwort weist unter solchen Voraussetzungen in folgende Richtung:

II

1. Die polemischen Auseinandersetzungen zwischen *Ortho- und Heterodoxie* in der Geschichte des Urchristentums erscheinen nicht selten als Konflikt mit eigenen Denkansätzen und theologischen Überlegungen. In der Auseinandersetzung mit den Gegnern werden zugleich tiefere Schichten eigener Theologie freigelegt und darin nicht selten sogar Züge solcher Einsicht tabuisiert und "verdrängt". Der Abgrund der Gefahr ist in seiner Abgründigkeit dem eigenen Blick nur allzu vertraut und gegenwärtig, und dies schließt in sich, daß im Fremden das Eigene und zugleich im Eigenen die Spur des Fremden wahrgenommen wird. Natürlich läßt sich dies nicht zuletzt darum geschichtlich verstehen, weil die jeweiligen Gesprächspartner, von denen eine Abgrenzung als erforderlich angesehen wird, dem eigenen sozialen Umfeld und dem Umkreis der eigenen Gemeindebildung entstammen. Doch erklärt dies nur begrenzt die Bitterkeit, mit der die Konflikte zwischen den Gruppen ausgetragen werden; offensichtlich nötigt die Konfrontation mit dem personalen Gegenüber - bei dem Theologie in Folgerichtigkeit begegnet - zu einer Ausgrenzung, die auch vor eigener Theologie nicht innehält. Solche Beobachtung kann zu ihrem Teil erklären, warum die genaue Bestimmung der jeweiligen "Gegner" in der Forschung bisher so wenig überzeugend gelungen ist[18] und mehr wie ein Spiegelbild der eigenen Verlegenheit wirkt. Denn gegenüber einer nur historistischen Deskription hat schon die Wahrnehmung der Topik solcher Polemik skeptisch gemacht, und die Bedenken müssen umso mehr zunehmen, wenn im Entwurf der Heterodoxie eigene Gedanken und Theologumena tabuisiert und angegriffen werden. Auch wenn der Konflikt nicht selten reale Gefährdung spiegelt, so verbindet sich die Gestalt der Gegner mit dem Bild der eigenen Theologie.[19]

---

[18] Vgl. K. BERGER, Die impliziten Gegner. Zur Methodik des Erschließens von "Gegnern" in neutestamentlichen Texten, in: Kirche (FS G. Bornkamm, hg. v. D. LÜHRMANN und G. STRECKER), Tübingen 1980, 373-400.

[19] Vgl. H. PAULSEN, Schisma und Häresie. Untersuchungen zu 1 Kor 11,18.19, in: ZThK 79 (1982) 180-211 (Lit.).

2. Wenn wir unter solcher methodischen Überlegung die Geschichte des Konfliktes bedenken, den *Paulus und die korinthische Gemeinde* austragen, so ordnen sich dem viele Aspekte zu: dies gilt für die Spannungen im Bereich der "Weisheitstheologie"[20], wo die Berührungen mit dem paulinischen Denken immer schon aufgefallen sind, betrifft aber auch eine Reihe von ganz konkreten Problemfeldern: denn die Auseinandersetzungen über die Rolle der Frauen im korinthischen Gottesdienst gewinnen dadurch ihre Schärfe, daß hier eine Konsequenz aus paulinischer Theologie gezogen wird, die Paulus begrenzt nicht mittragen will.[21] Ähnliches läßt sich sagen von den Schwierigkeiten, den pneumatischen Phänomenen im Gemeindegottesdienst angemessen zu begegnen (vgl. vor allem 1 Kor 14), wie auch die paulinische Position zwischen "Starken" und "Schwachen" in der Gemeinde nicht entschieden, sondern zögernd und vorsichtig wirkt. Das, was Paulus in diesen Konflikten begegnet, hängt auch - aber gewiß nicht allein - an den Inhalten der eigenen Missionstätigkeit in der korinthischen Gemeinde. Erst so wird die erkennbare Unsicherheit und das bedachte Vorgehen paulinischer Theologie gegenüber dieser Gemeinde begreiflich. Die Deutung bleibt allerdings noch immer schwierig: Schrickt Paulus vor den Folgen des eigenen Denkens zurück? Akzeptiert er die Positionen des Anderen dann nicht, wenn sie in ihren Konsequenzen nicht mehr Rücksicht auf die Auferbauung der Gemeinde und den geschwisterlichen Umgang untereinander nehmen? Oder soll gegenüber der fraglosen Klarheit korinthischer Praxis die schwierige Balance originären Denkens noch gewahrt bleiben? Es findet sich wohl von alledem ein Spurenelement in diesem konfliktträchtigen Gespräch zwischen Paulus und der korinthischen Gemeinde. Doch läßt sich ein letztes Problem nicht übersehen: von wem grenzt sich Paulus in der Sache ab? Nicht letztlich von Gesprächspartnern, die nahe an seinem eigenen Denken ihre Theologie entwickeln, deren verkehrte Konsequenzen aber dann nicht mehr mitgetragen werden können?

3. Wenn so in der spannungsreichen Auseinandersetzung mit der Heterodoxie, die verdeckt oder manifest einen großen Teil urchristlicher Literatur und Theologie betrifft, zugleich die Fragen eigenen Denkens auf dem Spiel stehen, so weitet sich - als methodisches Paradigma - solche Deutungsmöglichkeit auch auf Textsorten aus, wo dies zunächst nicht zu erwarten ist. So hat die Forschung am 2. *Petrusbrief* zu Recht darauf verwiesen,[22] daß den Gegnern des Verfassers bestimmte Abweichungen im Horizont der Eschatologie zugeordnet werden können: ihre radikale Skepsis zielt auf das Ausbleiben der Parusie und plädiert an deren Stelle für die ewige Wiederkehr des Gleichen (vgl. 2 Petr 3,3.4). Doch schon an dieser Stelle stellen sich die kennzeichnenden Schwierigkeiten geschichtlicher Deutung ein: sind dies möglicher weise nur beiläufige Momente einer Theologie, die inhaltlich viel stärker durch andere Aspekte geprägt sein kann (vgl. den Hinweis auf die "Pseudopropheten" in Kap.2)? Denn der topologische Charakter solcher eschatologischen Skepsis - bekannt nicht allein aus jüdischer Polemik gegen Epikureis-

---

[20] U. WILCKENS, Weisheit und Torheit. Eine exegetisch-religionsgeschichtliche Untersuchung zu 1. Kor. 1 und 2 (BHTh 26), Tübingen 1959.
[21] Zuletzt K. SCHÄFER, Gemeinde als "Bruderschaft". Ein Beitrag zum Kirchenverständnis des Paulus (EHS. T 333), Frankfurt a.M. 1989, 385ff.
[22] Vgl. R.J. BAUCKHAM, Jude, 2 Peter (Word Biblical Commentary), Waco/Tx. 1983, 154ff.

mus[23], sondern auch aus urchristlichen Texten[24] - unterstreicht die Konventionalität des Konfliktes. Da es sich in diesen Texten ja nicht immer um identische Gegner gehandelt haben kann, liegt die Vermutung nicht mehr ferne, es begegne uns reine Projektion des Autors.[25] Sie erleichtere ihm nicht nur die Polemik gegen die "Abweichung", sondern verführe ihn dazu, alles an negativen Faktoren nur Denkbare zu akkumulieren - ein Vorgang, der aus der Geschichte der alten Kirche nicht unbekannt ist. Doch erscheint dies als Verlegenheitsauskunft, weil sie der erkennbaren Schärfe des Konfliktes nicht gerecht werden kann. Aufschlußreich wirkt deshalb die Art und Weise, in der sich der Verfasser des 2. Petrusbriefes selbst mit den eschatologischen Themen beschäftigt.[26] Sicher wirken seine Äußerungen zunächst wie eine "Apologie der urchristlichen Eschatologie"[27], doch erweist sich die Aneinanderreihung der konventionellen und standardisierten Motive eschatologischen Denkens (wie sie in 2 Petr 3,5ff vorliegt) als Ausdruck einer Unsicherheit, die dem Verfasser selbst eignet. So wenig sich die Gegner nur als historischer Schemen verflüchtigen lassen, so sehr bleibt einsichtig, daß sie auch und vor allem für den Verfasser dort zu einer Herausforderung seines Denkens werden, wo es selbst fragwürdig erscheint - sie begleiten es wie ein Schatten.

III

1. Wenn so Rechtgläubigkeit und Heterodoxie als zwei Seiten ein und derselben Sache erscheinen, eng verschwistert und einander gegenseitig bedingend, so kann dies mit dem zutreffenden Hinweis auf die Verdrängung eigenen Denkens und das Problem des Schattens, der eigene Theologie begleitet, allein gewiß noch nicht geklärt werden. Denn zu sehr steht hier noch die Frage nach der möglichen Vorordnung von Rechtgläubigkeit im Mittelpunkt, zu sehr ist bei dieser Überlegung noch die Diskussion über die relative Priorität der jeweiligen Gruppe anwesend, die seit W. Bauer die Diskussion nicht nur zum Vorteil bestimmt hat.[28] Um den Konflikt und die so entstehende, sich entwickelnde Theologie angemessen verstehen zu können,

---

[23] J.H. NEYREY, The Form and Background of the Polemic in 2 Peter, in: JBL 99 (1980) 407-431.

[24] BAUCKHAM, a.a.O., 283f.

[25] So F. WISSE, The Epistle of Jude in the History of Heresiology, in: M. KRAUSE (ed.), Essays on the Nag Hammadi Texts, Leiden 1972, 133-143.

[26] Vgl. E. KÄSEMANN, Eine Apologie der urchristlichen Eschatologie, in: ders., Exegetische Versuche und Besinnungen 1, Göttingen 1960, 135-157

[27] So KÄSEMANN, a.a.O.

[28] Vgl. die Zusammenfassung der Diskussion bei H.D. BETZ, Orthodoxy and Heresy in Primitive Christianity, in: Interp. 19 (1965) 299-311.

bedarf es einer weiteren Einsicht: die Überlieferung, die Traditionen, die Motive - der "Text" - auf die sich beide Seiten in der Auseinandersetzung beziehen und die sie für sich in Anspruch nehmen, erklären wollen, erscheinen nicht als eindeutig und nicht als klar. Der *"Text"* erweist sich vielmehr als mehrdeutig, er enthält ein Sinnpotential, das in seiner Gleichzeitigkeit nicht aufgeht, sondern auf Rezeption und Deutung drängt. Die vormarkinische Wunderüberlieferung kann auch im Sinne einer Herrlichkeitschristologie verstanden werden, der johanneische Christus ist auch der Erlöser, für den die σάρξ nur Hülle ist, der vorpaulinische Philipper-Hymnus muß nicht mit Notwendigkeit zu einer Kreuzestheologie führen (und bedarf gerade deshalb der paulinischen Kommentierung). Nur gilt in gleicher Weise das Umgekehrte: alle diese Texte lassen sehr wohl eine Deutung zu, die sie im Lichte der Kreuzestheologie versteht und interpretiert. Der "Text" erscheint schon auf Grund seiner Sprachlichkeit nicht mehr als unmittelbar, sondern erweist sich als gebrochen und vermittelt. Weil er zugleich auf Rezeption hin angelegt ist, bleiben solche Unbestimmtheitsstellen für ihn konstitutiv.[29] Wenn dies unterschiedliche Interpretationen zuläßt, so kommt es in den daraus resultierenden Konflikten zur nötigen Klärung der gemeinsamen Vorlage. Und wenn einander Kommentar und "Text" zugeordnet werden[30], so erweisen sich im Anschluß daran bestimmte Auslegungen als nur noch schwer möglich und annehmbar. Die Einsicht in die Unbestimmtheitsstellen der anfänglichen Überlieferung und des ursprünglichen "Textes" ermöglicht auch das Verständnis für die Bemühung, solche Mehrdeutigkeit aufzuheben und so das Sinnpotential des Textes "auszuschöpfen".[31] Solche Auslegung reduziert die vorgegebene Uneindeutigkeit[32], selbst wenn sie nur partiell zum Ziel kommt und möglicherweise sogar neue Zweifel wecken kann.[33] Es sind vielfältige Gründe, die zu einem solchen Klärungsprozeß geführt haben:

Zum einen liegt dies in der Rezeptionsausrichtung der Texte selbst, sie erscheinen nicht nur als durch die Situation beeinflußt, sondern zielen auf eine Pragmatik, die im Handeln der RezipientInnen sie eindeutiger und fragloser macht. Aber es gibt auch eine Konsequenz zur Eindeutigkeit, die sich aus der geschichtlichen Lage herleitet und sich ihr verdankt. Nicht weniger gewichtig

---

[29] Dazu siehe W. ISER, Der Akt des Lesens (UTB 636), München 1976.
[30] Vgl. G. SCHOLEM, Offenbarung und Tradition als religiöse Kategorien im Judentum, in: ders., Über einige Grundbegriffe des Judentums, Frankfurt a.M. 1970, 90-120.
[31] Vgl. H. UTZSCHNEIDER, Das hermeneutische Problem der Uneindeutigkeit biblischer Texte - dargestellt an Text und Rezeption der Erzählung von Jakob am Jabbok (Gen 32,23-33), in: EvTh 48 (1988) 182-198.
[32] Vgl. UTZSCHNEIDER, a.a.O.
[33] Siehe auch die Überlegungen bei R. WARNING, Rezeptionsästhetik (UTB 303), München 1975.

ist der innovatorische Zug entstehender Theologie, die sich der Überlieferung bemächtigt und sie so im eigenen Kontext klarstellt. Schließlich führt die Provokation durch jene Christen, die denselben "Texten" auf ihre Weise gerecht werden wollen, zu der eigenen Festlegung des Textes.

2. Erscheint deshalb ein Ensemble von Gründen als letztlich verantwortlich für diese Aufhebung der Unbestimmtheit, so müssen zwei *Implikationen* kurz angesprochen werden:

2.1 Auch wenn bei einer solchen Einsicht in die relative Unbestimmtheit des Anfangs geschichtliche Wahrnehmung den Ausgangspunkt bildet, so bleibt die Nähe zu einer Ideologie des Anfänglichen, des "Urchristlichen" zu beachten.[34] Natürlich muß die Überlegung, daß im vieldeutigen Ursprung alles beschlossen liegt, auch in ihrer faszinierenden Kraft ernst genommen werden. Doch bedeutet der Hinweis auf die Unbestimmtheitsstellen in den Texten, die zudem gar nicht auf den Anfang eingegrenzt werden können, keine bloße Behauptung, die aus der defizitären Erfahrung erwachsen ist, an der möglichen Ur-Situation jesuanischer Verkündigung nicht mehr teilhaben zu können. Dies gilt umso weniger, weil die Nötigung zu größerer Eindeutigkeit eines der wichtigen Antriebsmomente der gesamten Jesusüberlieferung darstellt: so erweist sich die jesuanische Worttradition als unterschiedlicher Deutung zugänglich.[35] Darin liegt wenigstens zu einem Teil auch ihre ursprüngliche Kraft und ihre den Menschen überwindende Stärke; aber diese Vielschichtigkeit zeigt sich im späteren Überlieferungsprozeß als Beginn der Deutung und Klärung.[36] Sie beginnt früh und verzichtet damit auch auf diese Mehrschichtigkeit des Anfangs, die nicht mehr festgehalten und bewahrt werden kann.

2.2 Zugleich ist es aber offenkundig, daß solchen Überlegungen auch Hinweise in anderen Disziplinen[37] und im gesamten Bereich der Literaturwissenschaften entsprechen.[38] Rezeptionsforschung hat immer schon darauf verwiesen, daß Texte über sich hinausweisen und darin eine am Leser orientierte Strategie verfolgen.[39] Es geht im Bewußtsein solcher methodischen Analogie gerade nicht um die Übernahme eines weiteren Methodenkonzepts;

---

[34] Die *e negativo* sogar bei F. OVERBECK noch eine Rolle spielt; vgl. dazu R. WEHRLI, Alter und Tod des Christentums bei Franz Overbeck, Zürich 1977, 177ff.

[35] Vgl. nur die beispielhafte Darstellung bei R. BULTMANN, Die Geschichte der Synoptischen Tradition (FRLANT NF 12), Göttingen 1921, ⁵1979.

[36] Der Traditionsprozeß in der Gleichnisliteratur bietet für solche Notwendigkeit zahlreiche Beispiele; vgl. zuletzt E. RAU, Reden in Vollmacht. Hintergrund, Form und Anliegen der Gleichnisse Jesu, Göttingen 1990.

[37] Für die atl. Forschung vgl. UTZSCHNEIDER, Uneindeutigkeit.

[38] Siehe dazu die Überlegungen bei ISER, a.a.O.; WARNING, a.a.O.

[39] K. BERGER, Exegese des Neuen Testaments (UTB 658), Heidelberg 1977, 91ff.

aber die Parallelität belegt, daß im Bereich einer geschichtlich vorgehenden Literaturwissenschaft mit Notwendigkeit vergleichbare Phänomene erkennbar werden.

3. Wenn in dieser Weise innerhalb der urchristlichen Geschichte die *Vieldeutigkeit des Anfangs* und seiner Unbestimmtheit zur Klärung in der konkreten Auslegung führt, so gewinnt dies zunächst Bedeutung für den gesamten Bereich der Auslegungsgeschichte, die darin früh einsetzt und sich durch die Kirchengeschichte hindurchzieht.[40] Aber es ergeben sich zugleich Folgerungen für den geschichtlichen Prozeß im Urchristentum selbst:

3.1 Dadurch daß die Überlieferungen, der "Text" in der Auslegung seine Vieldeutigkeit verliert und seine Unbestimmtheit aufgelöst wird, entsteht theologische Eindeutigkeit, die auch die Abgrenzung zu anderen Gruppen erst möglich machen kann. Was zuvor im Ganzen des Textes kunstvoll ausgewogen war, wird jetzt zurückgeführt zu größerer Stringenz und Folgerichtigkeit. Nach der Interpretation der Wunderüberlieferung durch die markinische Theologie erweist sich eine andere Auslegung - an den markinischen Überlegungen vorbei!! - als schwierig und letztlich nicht mehr überzeugend. Die markinische Lesart hat in dieser Weise den "Text" Wunder neu konstituiert, ihn damit für andere Lesarten kaum noch zugänglich gemacht.

3.2 Allerdings ruft eine solche Einsicht kritische Bedenken hervor, wie sie auch in der literaturwissenschaftlichen Diskussion über die Rezeptionsästhetik immer wieder geäußert worden sind.[41] Es könne doch nicht gemeint sein - so der skeptische Einwand -, daß jeder Leser (und jede Gemeinschaft von Lesenden) einen eigenen "Text" konstituiere und so das Vorgegebene manipuliere, der Beliebigkeit überlasse. Bevor allerdings eine solche kritische Reserve Beachtung erfahren kann, muß zunächst darauf hingewiesen werden, daß eine solche Neukonstitution des "Textes" auch in der Geschichte des Urchristentums nichts Ungewöhnliches darstellt und belegt werden kann: Bezeichnend erscheinen z.B. die Veränderungen, die den Paulusbriefen in der Zuordnung zu einer paulinischen Briefsammlung widerfahren.[42] Auch wenn wir über die Gründe einer solchen Zusammenfügung nur noch Vermutungen äußern können - ein fast naturwüchsiger Vorgang des allmählichen Anwachsens, die

---

[40] H. PAULSEN, Auslegungsgeschichte und Geschichte des Urchristentums - die Überprüfung eines Paradigmas, in: Jesu Rede von Gott und ihre Nachgeschichte im frühen Christentum (FS W. Marxsen, hg. v. D.-A. KOCH, G. SELLIN und A. LINDEMANN), Gütersloh 1989, 361-374.

[41] Vgl. die Diskussion bei WARNING, a.a.O., und die kritischen Bedenken bei C. LINK, In welchem Sinne sind theologische Aussagen wahr?, in: EvTh 42 (1982) 493-517.

[42] Vgl. D. TROBISCH, Die Entstehung der Paulusbriefsammlung, Göttingen 1989.

Abwehr von gegnerischen Briefsammlungen[43] -, durch solche Zuordnung wird der anfängliche Text anders, neu lesbar. Der ihm jetzt zuteil werdende umfassende Anspruch stellt eine substantielle Veränderung gegenüber dem anfänglichen Text dar, auch wenn er sich an ihn anschließen kann. Allerdings gilt auch dies: solche Neukonstitution - mag ihr hermeneutisches Thema auch als Freiheit umschrieben werden[44] - bleibt innerhalb des originären Textgefälles, in das sie deshalb auch nur begrenzt eingreift. Deshalb kann dieser Vorgang nicht im Muster endloser Beliebigkeit gedeutet werden. Zudem bleibt wichtig, daß die Unbestimmtheitsstellen der Gattung des jeweiligen Textes konform sind: sie erweisen sich als begrenzt, wenn ein Text eher theoretisch vorgeht, sie nehmen intensiv zu, wenn eine poetische Sprachfigur vorliegt.

3.3 Doch bleibt in dieser Orientierung an den anfänglichen Texten und dem Bemühen um Klärung ein weiterer Aspekt relevant, der für die Auseinandersetzung zwischen Ortho- und Heterodoxie eine besondere Rolle spielt: der jeweilige Ausleger muß die Übereinstimmung mit dem "Urtext" behaupten, seine Interpretation setzt sich gleich mit dem "Text" des Anfangs. Das sicher vielschichtige Problem der Pseudepigraphie und Pseudonymie[45] fügt sich in diesen Zusammenhang ein, aber auch die Fiktion einer inhaltlichen Kontinuität mit dem Anfang bleibt tendenziell in diesem Rahmen.[46] Das, was am Anfang war und in der Kraft der Erinnerung eingeholt wird, erhält sachliche Priorität und soll gerade deshalb zweifelsfrei gestaltet werden.

4. Nun verläuft eine solche Deutung zunächst noch im Bereich der traditionsgeschichtlichen und traditionskritischen Paradigmata. Bei aller Ausdifferenzierung der Einzelgründe, die zu einer Klarstellung des ursprünglichen "Textes" auch gegenüber denen führen, die ihn anders "lesen", bleibt solcher methodischer Rahmen immer noch gewahrt (selbst die Hervorhebung der "Schattenproblematik" bedeutet hier noch keinen prinzipiellen Neueinsatz). Dies wird dann anders, wenn die Verbindung zwischen dem textgeschichtlichen Prozeß und der urchristlichen Geschichte Berücksichtigung erfährt. Die Interdependenz zwischen beiden Bereichen, die gerade im Konflikt zwischen Rechtgläubigkeit und "Häresie" greifbar ist, läßt sich nicht auflösen. Dies hat Konsequenzen, auch wenn immer die Unterschiedenheit zwischen der Situation und ihrem sprachlichen Ausdruck beachtet werden

---

[43] Vgl. die Überlegungen bei TROBISCH, a.a.O.

[44] BERGER, Exegese, 92.

[45] Zuletzt M. WOLTER, Die anonymen Schriften des Neuen Testaments. Annäherungsversuch an ein literarisches Phänomen, in: ZNW 79 (1988) 1-16.

[46] Vgl. H. KÖSTER, Häretiker im Urchristentum als theologisches Problem, in: Zeit und Geschichte (FS R. Bultmann, hg. v. E. DINKLER), Tübingen 1964, 61-76.

muß: denn der anfänglichen Vieldeutigkeit des "Textes" korrespondiert die nicht fest geschriebene soziale Situation der ersten Gemeinden. Auch wenn wir über ihre Anfänge nur fragmentarische Hinweise erhalten haben, ihre gesellschaftliche Konstitution verhält sich nicht eindeutig. Sie erweisen sich als offen für die Herausforderung anderer Gruppen und befinden sich noch auf der Suche nach ihrer theologischen Legitimation. Mit der stärker hervortretenden Abgrenzung und dem Konflikt gegenüber abweichenden Gruppen wird zugleich die ideologische Notwendigkeit zur Klärung in der Deutung des Vergangenen aufdringlich, sie läßt sich nicht mehr vermeiden.

5. Wieder kann dies durch geschichtliche Beobachtungen belegt und gestützt werden:
5.1 Wenn Paulus sich innerhalb der 2. Kor mit Gegnern auseinandersetzt, so zeigt sich, daß diese für sich sowohl den ἀπόστολος- (11,5) als auch den διάκονος-Titel (11,23) beanspruchen konnten. Das kann nicht *a priori* ein falscher Anspruch gewesen sein (und dies gilt nicht nur, weil die Korinther für diese Missionare empfänglich waren), sondern muß auch in der spezifischen Färbung durch die ältere Verwendung der Titel zulässig erschienen sein. Wird dann aber wahrgenommen, wie Paulus in seiner "Apologie" den Apostolat eindeutig macht und ihn wesentlich von der Kreuzeserfahrung her bestimmt (vgl. vor allem 4,7ff.), dann hat dieses zugleich eine Entsprechung in der aktuellen Konfliktsituation.
5.2 Allerdings kann die fraglose Deutung des anfänglichen Textes auf Seiten der "Großkirche" nur dann sichergestellt werden, wenn auf die Dauer auch diese Interpretation normiert wird. Jedoch wird dies schwierig gegenüber jenen Gruppen, die in ihrer Heterodoxie im gleichen gestus von Text und Kommentar verfahren.[47] Hier bedarf es sogar der Notwendigkeit, auch die Kommentierung noch weiter festzulegen und zu bestimmen.

IV

1. Wenn so der vielschichtige Prozeß der Herausbildung der urchristlichen Theologie profilierter hervortritt, so wird sich historische Kritik mit einer solchen Deutung allein schwerlich zufrieden geben können. Sie kann dies schon deshalb nicht tun, weil sie selbst in ihrer "Wut des Verstehens"[48] im Gefälle der Textrezeption verbleibt.[49] Hier aber - im Blick auf die mögliche Kritik des Geschehenen - erweisen sich die gewohnten Erklärungsmuster als wenig hilfreich:
1.1 Dies gilt zunächst für die (oft nur verdeckt geäußerte, aber dennoch weit verbreitete) Überlegung, daß nur deshalb die Theologie des Urchristentums

---

[47] Kennzeichnend hierfür ist vor allem der Konflikt mit dem Montanismus; vgl. D.E. GROH, Utterance and Exegesis. Biblical Interpretation in the Montanist Crisis, in: The Living Text (FS E.W. Saunders, ed. by D.E. GROH and R. JEWETT), Lanham 1985, 73-95.
[48] J. HÖRISCH, Die Wut des Verstehens, Frankfurt 1988.
[49] Vgl. U. LUZ, Erwägungen zur sachgemäßen Interpretation neutestamentlicher Texte, in: EvTh 42 (1982) 493-517.

geschichtlich werden konnte, weil sie sich der Undeutlichkeit des Anfangs begab und so parteilich wurde. Gerade der Ablauf der realen Geschichte mache solche Fraglosigkeit unumgänglich. Auch die Heterodoxie belege in ihrer, freilich anders gearteten, Konsequenz solche Notwendigkeit. Mag diese Deutung auch einem Teil der urchristlichen Geschichte gerecht werden, so bleibt sie dennoch hinter dem kritischen Anspruch zurück. Denn sie muß fast zwangsläufig den Gang des Vergangenen als den Beweis des Wahren nehmen und es allein deshalb ins Recht setzen, weil es sich als das Stärkere erwiesen hat.

1.2 Die zweite Erklärung insistiert darauf, daß die anfängliche Unbestimmtheit der Überlieferungen und des "Textes" nicht wirklich gewollt und beabsichtigt sei. Deshalb täusche sie eine Offenheit des Denkens nur vor, die sich nicht wirklich durchhalten lasse. Die Mehrdeutigkeit des Anfangs erweise sich wenn nicht als bloße Beliebigkeit, so doch als "schöner Schein", der aufzuheben sei. Erst so werde der Rezipient dem Anspruch des originären Textes wahrhaft gerecht und nehme ihn zutreffend auf. Allerdings bedarf es auch hier kaum eines Beweises, daß solche Deutung den Traditionsprozeß kaum angemessen erklären kann; schon der Hinweis auf die Texte als zur Sprache geronnener Welt und Geschichte läßt dies als problematisch und nur begrenzt zutreffend erscheinen.

2. Daß dies Ungenügen an gewohnten Erklärungsmustern auch eine Entsprechung im hermeneutischen Bereich hat, soll wenigstens angedeutet werden: In einem Brief vom 16.3.1937 an W. Benjamin insistiert M. Horkheimer - im Kontext der Diskussion über die Passagenarbeit - auf der Geschichte als einem Totenhaus, einer Schädelstätte der Niederlagen und der Zerstörungen. Mehr noch: die Vorgehensweise der Nachgeborenen verstärke diesen Zug sogar noch, sie könne selbst das Glück, die Gerechtigkeit und das gelungene Leben stillstellen[50] und darin aufheben. Auf diese düstere Perspektive - politisch bestimmt durch den siegreichen Faschismus, philosophisch durch Schopenhauer genährt - antwortet Benjamin zögernd (seine Bemerkungen haben sich als Annotationen zu Horkheimers Brief erhalten)[51]:

"Das Korrektiv dieser Gedankengänge liegt in der Überlegung, daß die Geschichte nicht allein eine Wissenschaft sondern nicht minder eine Form des Eingedenkens ist. Was die Wissenschaft "festgestellt" hat, kann das Eingedenken modifizieren. Das Eingedenken kann das Unabgeschlossene (das Glück) zu einem Abgeschlossenen und das Abgeschlossene (das Leid) zu einem Unabgeschlossenen machen. Das ist Theologie; aber im Eingedenken

---

[50] W. BENJAMIN, Gesammelte Schriften V, 1, Frankfurt 1982, 588f.
[51] BENJAMIN, a.a.O., 589.

machen wir eine Erfahrung, die uns verbietet, die Geschichte grundsätzlich atheologisch zu begreifen, so wenig wir sie in unmittelbar theologischen Begriffen zu schreiben versuchen dürfen..."

Das könnte bedeuten: der Weg von der Unbestimmtheit des anfänglichen "Textes" zur Eindeutigkeit der späteren Theologie muß nicht notwendig als abgeschlossen und stillgestellt begriffen werden. Es könnte heißen: Eingedenken und darin Annäherung an die Vieldeutigkeit des Ursprungs, um die Eindeutigkeit von Theologie heute gelingen zu lassen.

3. Wer sich jedoch mit der historischen Deskription und der hermeneutischen Auseinandersetzung nicht bescheiden will, sondern zugleich auf historische Kritik zielt, wird dies zögernd und hypothetisch abschließend versuchen müssen:

3.1 Zunächst erfordert dies jedenfalls den Hinweis auf die Wahrheitsfrage, die sich mit solchem Problem notwendig verbindet[52]. Dies betrifft zunächst die Wahrheit der Interpretation selbst[53]: die Frage der Eindeutigkeit kann nicht getrennt werden von der Reflexion auf die Wahrheit der Deutung.[54] Sie entscheidet sich nicht nur an Konsensüberlieferungen, die zugleich die "Wahrheit" der Heterodoxie bedenken, auch nicht an der Frage nach der Orthopraxie[55] oder den seit Schleiermacher vertrauten ekklesiologischen Überlegungen zur "Häresie".[56] Sondern sie hängt ganz sicher unmittelbar zusammen mit der Wahrheit des "Textes" jenseits der Texte. Wenn im Christentum "... der geschichtliche Ursprung stets von neuem zurückgewonnen und vergegenwärtigt werden ..."[57] muß, so wäre in der Tat auch der "... historische Jesus ... der Ursprung des Phänomens der Häresie ..."[58]

3.2 Doch wird der materiale Gang historischer Kritik des Urchristentums mit solcher Überlegung noch nicht hinreichend aufgedeckt; weiter hilft der Hinweis, daß durch die oft gebrochene, z.T. eingreifende und verändernde Überlieferung der Texte diese selbst erhalten sind und deshalb als kritische Reserve wirken: "Die Überlieferung, die es kritisch zu interpretieren gilt, stellt die Kriterien ihrer Kritik zur Verfügung ..."[59] Die Sprengkraft der reforma-

---

[52] Vgl. C. LINK, a.a.O.
[53] Dazu vor allem LUZ, Erwägungen.
[54] LUZ, a.a.O.
[55] Vgl. R. SLENCZKA, Die Lehre trennt - aber verbindet das Dienen?, in: KuD 19 (1973) 125-149.
[56] Vgl. K.-M. BECKMANN, Der Begriff der Häresie bei Schleiermacher (FGLP X), München 1959, 16.
[57] Vgl. dazu KÖSTER, Häretiker, 70.
[58] KÖSTER, ebd., 72.
[59] Vgl. LUZ, Erwägungen.

torischen Hermeneutik zeigt vor allem bei Luther ihre eigentliche Stärke, indem sie darin zugleich die Frage nach der Mitte der Schrift hervorhebt. Auch historische Kritik kann auf diese Überlegungen nur zu ihrem Schaden verzichten. Sie wird sich orientieren müssen an der Kreuzestheologie, die an der Entlarvung des Beliebigen als des Falschen festhält und deshalb jenes Denken, das so und auch ganz anders sich verhalten mag, in seiner Scheinhaftigkeit aufsprengt und zerstört.[60] Aber sie wird solche *theologia crucis* zugleich in der Hinsicht aufnehmen, daß sie sie als Kritik begreift auch gegenüber jener Eindeutigkeit, die sich gegenüber der "Häresie" und den Gegnern inszeniert - nur so wird der geschichtliche Jesus als die Vorgabe des "Textes" in seiner Klarheit auch für die historische Kritik bestimmend bleiben.

4. Am Ende mag deshalb der Hinweis auf einen Text stehen, der noch einmal alle Aspekte versammelt, die für die bisherigen Überlegungen bestimmend waren: Gal 1,1-9.[61] Es handelt sich zwischen Paulus und seinen Gegnern um eine Konfliktsituation, die sich auf eine beiden Seiten gemeinsame Vorgabe hin entwirft: das in Christus eröffnete εὐαγγέλιον.[62] Zum Streitpunkt wird deshalb die Verkündigung dieses Christus in einer bestimmten Situation; die Schärfe des Konfliktes jedoch, die bis zum ἀνάθεμα reicht (1,9), zeigt, daß für Paulus keine Vermittlung mehr möglich ist und sich die Eindeutigkeit des Evangeliums gegenüber dem der Eindringlinge absolut setzen muß: "Der Anspruch des Paulus, Verkündiger des einen Evangeliums zu sein, bedeutet also nicht, daß er autoritär sein Evangelium zum Kanon im Kanon machte. Es ist vielmehr die sich in seinem Evangelium selbst zum Zuge bringende Evidenz der Sache, die hier zwischen Wahrheit und Lüge, Wirklichkeit und Schein unterscheidet."[63] Wenn es deshalb kein anderes Evangelium neben und außer dem paulinischen geben kann, so gibt der Text zugleich die inhaltliche Mitte solchen Konfliktes an; sie liegt für den Apostel letztlich in der Kreuzestheologie:[64] die Verkündigung des Gekreuzigten und ihre anthropologische Konsequenz in der Rechtfertigung des Gottlosen[65] läßt deshalb die Wahrheit des Evangeliums in diesem Konflikt eindeutig werden.

---

[60] Das schließt in sich eine Kritik an jener Ideologie, die das 'Ganze' einfordert; vgl. L. SCHESTOW, Potestas Clavium oder die Schlüsselgewalt, München 1925, 400ff.
[61] Vgl. E. GRÄSSER, Das eine Evangelium. Hermeneutische Erwägungen zu Gal 1,6-10, in: ZThK 66 (1969) 306-344.
[62] GRÄSSER, a.a.O.
[63] GRÄSSER, a.a.O., 339.
[64] Vgl. vor allem GRÄSSER, a.a.O.
[65] GRÄSSER, a.a.O., 338.

Synkretismus im Urchristentum
und im Neuen Testament

1. In seiner Studie ‚Zum religionsgeschichtlichen Verständnis des Neuen Testaments' hat H. Gunkel[1] – wie auch andere Vertreter der religionsgeschichtlichen Schule[2] – nachhaltig die These vertreten, daß das Urchristentum als synkretistische Religion zu verstehen sei.

Gunkel geht von der Prämisse aus, „... daß die neutestamentliche Religion bei
ihrer Entstehung und Ausbildung in wichtigen, ja in einigen wesentlichen Punkten unter entscheidendem Einfluß fremder Religionen gestanden hat, und daß
dieser Einfluß zu den Männern des Neuen Testaments durch das Judentum
hindurch gekommen ist." (aaO., S. 2). Das schließt in sich, daß auch das Judentum selbst, „... das in das Urchristentum eingemündet ist, sehr stark synkreti-
stisch gestimmt gewesen sein muß ..." (aaO., S. 69). Allerdings muß eine solche
Überlegung differenziert werden: der Synkretismus trifft nicht auf das Evangelium Jesu zu, sondern gilt vor allem für die paulinische und die johanneische
Theologie. Doch hebt dies die prinzipielle Einsicht nicht auf: „Das Christentum
ist eine synkretistische Religion." (aaO., S. 95).

Solche Überlegungen bei Gunkel enthalten nicht nur Implikationen, die sich
auf den geschichtlichen Prozeß beziehen – das Urchristentum, das aus dem
Orient in das Griechentum übertritt, erlebt seine weltgeschichtliche Stunde
(aaO., S. 95) –, sie sind durch die Interpretation der Texte gewonnen, die erst so
sich verstehen und deuten lassen. Vor allem bleiben die systematischen Folgen
solcher Theoriebildung zu bedenken: das Urchristentum kann nicht allein am
Evangelium Jesu gemessen werden, sondern läßt sich als eine Erscheinung bestimmen, die ihren Maßstab in sich selbst trägt: „Das Christentum, das bestimmt
war, vielen Völkern gepredigt zu werden, war selber nicht von einem Volke
erzeugt worden, sondern war aus einer großen und vielverschlungenen Geschichte vieler Völker erwachsen ..." (aaO., S. 95).

Daß ein solches Paradigma gerade im Blick auf die Radikalität seiner These
nicht ohne Widerspruch bleiben konnte, läßt sich begreifen.[3] Doch erweist es

---

[1] H. GUNKEL, Zum religionsgeschichtlichen Verständnis des Neuen Testaments, Göttingen
1903.

[2] Vgl. H. PAULSEN, Traditionsgeschichtliche Methode und religionsgeschichtliche Schule,
ZThK 75, 1978, 20–55; G. LÜDEMANN–M. SCHRÖDER, Die Religionsgeschichtliche Schule. Eine
Dokumentation, Göttingen 1987.

[3] Das wird vor allem an dem zeitgenössischen Echo auf Gunkels Arbeiten erkennbar; vgl. W.
KLATT, Hermann Gunkel. Zu seiner Theologie der Religionsgeschichte und zur Entstehung der
formgeschichtlichen Methode, Göttingen 1969.

sich zunächst als produktiv und | förderlich für das Verständnis der Texte, der Geschichte und der Theologie des Urchristentum. Als selbstverständlich wird es von R. Bultmann seiner Deutung des frühen Christentums zugrunde gelegt: „Der entscheidende Schritt wurde damit getan, daß die Botschaft von Jesus, dem Gekreuzigten und Auferstandenen, dem kommenden Richter und Heilbringer, über die Grenzen des palästinischen Judentums hinausgetragen wurde und daß christliche Gemeinden in der griechisch-römischen Welt entstanden."[4] Die Erkenntnis, daß das Urchristentum ein synkretistisches Phänomen sei, bleibt nicht fraglos; sie hängt für R. Bultmann auch und vor allem an der Frage nach dem Verständnis der Existenz, das sich in erster Linie an Paulus und Johannes zu orientieren hat.[5] Wenn darin die Überlegungen bei H. Gunkel methodisch fruchtbar werden, so bleiben sie allerdings zu ergänzen durch den Hinweis auf die Religionsgeschichte der Spätantike insgesamt und die Theoriebildung im Horizont der Synkretismusforschung.

Denn das Ineinander von methodischem Muster und materialer Forschung an den Texten stellt vor Probleme, die Grenzen in den Erwägungen Gunkels erkennen lassen. Dies zeigt die Bestimmung des Begriffs ‚Synkretismus' bei U. Berner:[6] „Synkretismus kann aufgefaßt werden als eine der möglichen Reaktionen auf eine solche Situation der Verunsicherung durch Begegnung verschiedener Systeme; eine Reaktion, die das Ziel verfolgt, diese Verunsicherung aufzuheben, und die dies in einer ganz bestimmten Weise zu erreichen sucht, nämlich durch Aufhebung der Grenzen der Systeme und damit Aufhebung des Konkurrenz-Charakters; das kann als präzisierende Definition eines vagen umgangssprachlich formulierten Synkretismus-Begriffs gelten." Neu erscheint an solcher Bestimmung der Zusammenhang mit dem System-Begriff wie der Hinweis auf die Prozeßorientierung des Synkretismusverständnisses.

Wird in dieser Weise die Frage nach dem Synkretismus auf das Urchristentum zugespitzt, dann läßt die bisherige Handhabung solcher Methodologie Möglichkeiten und Schwierigkeiten hervortreten: die Möglichkeiten liegen in einem angemessenen Verständnis der urchristlichen Texte und ihrer Theologie, das sie erst so in ihrem religionsgeschichtlichen Profil hervortreten läßt. Dies gilt um so mehr, weil methodisch nicht auf die historische Einbettung der Texte und ihrer Theologie verzichtet werden kann. Schwierigkeiten bleiben bestehen, sofern der Anwendungsbe-|reich der Fragestellung nicht immer klar bestimmt wird (Beginnt Synkretismus bereits in der jesuanischen Verkündigung? Gilt dies allein für Paulus oder die johanneische Theologie?), der Zusammenhang mit dem Begriff der Religionsgeschichte undeutlich erscheint und die systematisch-theologischen Einschlüsse selten bedacht werden.

Gerade weil die Diskussion eines möglichen synkretistischen Kontextes sich in den gesamten Horizont religionsgeschichtlicher Forschung einfügt, muß deren

---

[4] R. BULTMANN, Das Urchristentum im Rahmen der antiken Religion, Hamburg 1962, S. 163.
[5] Vgl. R. BULTMANN, Urchristentum, S. 167.
[6] U. BERNER, Heuristisches Modell der Synkretismus-Forschung, in: G. WIESNER (Hg.), Synkretismusforschung. Theorie und Praxis S. 11–26, Wiesbaden 1978, S. 12.

erkenntnisleitendes Interesse und eine sich daraus herleitende Kriteriologie sorgfältig beachtet werden. Denn die Zielsetzung orientiert sich zunächst an der
Frage nach der geschichtlichen Bestimmung urchristlicher Theologie; darin
bleibt sie in mancher Hinsicht der Diskussion möglicher Abhängigkeiten (und
der Entstehung solcher Frage in der Aufklärung) verhaftet.[7] Das Urchristentum
erscheint so nicht selten als Ergebnis unterschiedlicher religiöser und geschichtlicher Strömungen, die Reflexion auf die Bedingungen seiner kontingenten Erscheinung wird zentral. Doch gilt nicht minder die Einsicht, daß durch die
Heranziehung vergleichbarer Phänomene spätantiker Religion das Verstehen des
Urchristentums befördert wird; hierfür jedoch ist der Nachweis geschichtlicher
Dependenz eher unerheblich.

Wenn religionsgeschichtliche Analyse urchristliche Texte und deren Theologie auf den Zusammenhang mit Texten, Überlieferungen und Traditionskomple-
xen anderer Religionen der damaligen Zeit untersucht, dann verweist dies zugleich auf eine bestimmte Methodologie und Anwendungskriterien:

– So ist die traditions- und formgeschichtliche Untersuchung der relevanten
urchristlichen Texte gegenüber aller religionsgeschichtlichen Analyse primär.
Nur wenn die urchristliche Überlieferung in ihrem eigenen sachlichen und
literarischen Kontext begriffen wird, kann sachgemäß über den Horizont des
Urchristentums hinaus geurteilt werden.

– Umgekehrt gilt: Vor einem Vergleich mit Texten und Traditionen anderer
Gruppen und Religionen sind auch jene auf ihre Bedingungen und ihre Einbettung in den jeweiligen geschichtlichen Zusammenhang zu interpretieren. Die
Beliebigkeit, mit der zuweilen religionsgeschichtliche ‚Materialien' zum Verständnis herangezogen werden, läßt sie zum Steinbruch verkommen und bleibt
methodisch problematisch.

– Wenn der religionsgeschichtliche Vergleich deshalb die jewei-|ligen Texte
auf Verwandtschaft, Ähnlichkeiten und innere Zusammenhänge hin untersucht,
so setzt dies ein differenziertes, methodisches Instrumentarium voraus: zwischen
einer formgeschichtlichen Parallelität, inhaltlichen und traditionsgeschichtlichen
Vergleichen muß unterschieden werden.

– Allerdings bleibt wichtig, daß die Unterschiede zwischen den jeweiligen
Gruppen in die Erwägungen methodisch einbezogen werden. Erst so gelingt es,
die Neuansätze innerhalb des Traditionsprozesses in angemessener Weise zu
beschreiben. Aus solchen Veränderungen ergibt sich die Einsicht in jene Bruch-
stellen, an denen interpretative Kraft einer neuen Gruppe eingreift, modifiziert
und kritisiert. In diesem Prozeß vermittelt sich die unterschiedliche gesellschaftliche Situation; dies aber läßt den Rückschluß auf die Beziehung zwischen den
Texten und ihren sozioökonomischen Bedingungen zu.

– Religionsgeschichtliche Untersuchungen (und dies betrifft zentral das Pro-

---

[7] Zur Methodologie der religionsgeschichtlichen Forschung vgl. K. H. Müller, Die religionsgeschichtliche Methode. Erwägungen zu ihrem Verhältnis und zur Praxis ihrer Vollzüge
an neutestamentlichen Texten, BZ 29, 1985, 161 ff.

blem des Synkretismus) müssen immer bedenken, ob es sich in den jeweiligen Texten und ihren Inhalten um analoge Erscheinungen oder aber um Abhängigkeiten zwischen ihnen handelt; für die Hypothese historischer Dependenz spielt die Rekonstruktion der geschichtlichen Beziehungen zwischen den Traditionskreisen eine entscheidende Rolle.

2. In der differenzierten und methodisch bewußten Anwendung hat sich das Paradigma des ‚Synkretismus‛ im Blick auf das Urchristentum bewährt: es erscheint als synkretistisches Phänomen. Ein solches Urteil bleibt zunächst allgemein, doch wird auf diese Weise erkannt, daß urchristliche Theologie dialogisch angelegt und in den Texten für andere Gruppen kommunikabel ist. Das muß allerdings weiter differenziert werden:

Es betrifft zunächst die urchristliche Literatur in der Vielfalt ihrer Formen und Gattungen; sie sind in mannigfacher Hinsicht mit der Literatur ihrer Zeit verwoben. Dies zeigt sich nicht nur an den elaborierten Texten, sondern auch an den Bausteinen dieser Literatur.

So knüpfen die paulinischen Briefe durchaus an die Literatur des Hellenismus an; sicher hängt ihre Entstehung unmittelbar mit der gemeindlichen Situation und dem Versuch des Paulus zusammen, seine Gegenwart als Apostel sprachlich zu verdeutlichen, aber in der rhetorischen Durchdringung liegen enge Beziehungen zur hellenistischen Rhetorik vor. Dies gilt nicht anders für | die Evangelien, die Apostelgeschichte und die Apokalypse; all diese Texte lassen sich mit der Literatur anderer Gruppen vermitteln, erweisen sich in ihrem ästhetischen Anspruch als kommunikabel. Dabei sollte nicht übersehen werden, daß dies auch für die ‚kleinen Einheiten‛ weitgehend zutrifft, die in solchen Makroformen sich noch nachweisen lassen.

Auch wenn sich die geschichtlichen Zusammenhänge oft nur noch hypothetisch erschließen, so kommt – neben der Nähe zur hellenistischen Literatur – der jüdischen Überlieferung außerordentliche Bedeutung zu (darin bestätigt sich die Ausgangsthese Gunkels).

Die Kommunikabilität kann durchaus nicht auf die Literatur des Urchristentums beschränkt oder eingegrenzt werden, auch seine Theologie läßt sich nicht verstehen ohne enge Verbindungen mit religiösen Aussagen der Spätantike. Dies dokumentieren fast alle theologisch gewichtigen Überlegungen des Urchristentums. Sicher trifft die Annahme unmittelbarer Abhängigkeit nicht generell zu, doch vermittelt sich der theologische Anspruch in der urchristlichen Literatur mit der religiösen Erfahrung anderer Gruppen.

Wenn Paulus in Röm 6,1 ff. gegenüber der römischen Gemeinde die Trennung von der Macht der Sünde durch den Hinweis auf die Taufe verdeutlicht, so kann er die Kenntnis solcher Überlieferung partiell in der Gemeinde voraussetzen.[8] Auch die Verbindung der Taufe mit dem Tode Christi könnte bereits traditionelle Tauftheologie spiegeln; allerdings entspricht die Entfaltung solchen Gedankens in 6,4 und die Gegenüberstellung von Tod und Leben der paulinischen

---

[8] Vgl. zuletzt A. J. M. WEDDERBURN, Baptism and Resurrection, WUNT 44, Tübingen 1987.

Theologie. Sie jedoch entwirft sich mit dem Kontrast von Sterben und Aufstehen innerhalb der hellenistischen Religiosität, der dies Motiv vertraut ist. Das bedeutet nicht, daß die paulinischen Überlegungen abhängig von solchen Aussagen oder Denkmustern hellenistischer Mysterien zu denken sind[9], aber es ordnet sie in einen Horizont ein, der mit der Verständlichkeit auch bei Außenstehenden rechnen kann. Was sich an einem solchen Text exemplarisch zeigt, gilt umfassend für den inhaltlichen Anspruch der urchristlichen Theologien.

Hinter solcher Beziehung zwischen Texten und Inhalten leuchtet die Einsicht auf, daß dies nicht minder in soziologischer Hinsicht zutrifft: Formen und Gattungen, aber auch die theologischen Überlegungen lassen sich nicht trennen von den Träger-|gruppen und ihren Situationen, die sie prägen und bestimmen. Das aber impliziert, daß die Organisations- und Lebensformen der urchristlichen Gemeinden in die Perspektive des Synkretismus gehören. Der verwickelte Prozeß, in dem sich Ämter und Verfassung der Gemeinden herausbilden, kann wie der Bereich des Kultischen auch als Annäherung an Traditionen und Aufnahme von Strukturen anderer Gruppen gedeutet werden.

So entsteht die Auseinandersetzung, die Paulus in unterschiedlichen Nuancen mit korinthischen Gruppen führt, z. T. aus der Inkulturation der Gemeinde und der Frage, wie weit sie reichen darf, ohne die eigene Identität zu gefährden. Das hat nicht allein theologische Implikationen (vgl. den Konflikt über die Auferstehung), sondern berührt den sozio-ökonomischen und -kulturellen Bereich. Gerade in der Besonderheit der korinthischen Gemeinde muß sie sich ihrer missionarischen Aufgabe bewußt sein; sie bedeutet jedoch nicht nur taktisches Anknüpfen an bestehende Verhältnisse, sondern einen Dialog, der seinen Gesprächspartner ernst nimmt, ihn versteht und mit eigener Verständlichkeit rechnet.

Zeigt sich die Herausforderung der religiösen Situation für die Geschichte des Urchristentums in den Bereichen von Text, Theologie und gesellschaftlicher Orientierung, dann läßt sich der Beginn solchen Prozesses schwierig bestimmen. Sicher trifft zu, daß Nähe und Dichte der Beziehungen am Übergang zur alten Kirche ungleich viel stärker erscheinen. Aber die Überlegungen bei Gunkel (und vielen anderen), daß die jesuanische Überlieferung jenseits der Erfahrung des Synkretismus angesiedelt werden könne, sind durchaus fragwürdig. Das Kriterium jesuanischer Exklusivität mit der Intention, jene Traditionen für ursprünglich zu halten, die nicht in anderen Gruppen oder Traditionskreisen sich nachweisen lassen, bleibt unzulänglich[10] und methodisch problematisch. Auch die frühe Jesusüberlieferung zeigt sowohl in ihrem formgeschichtlichen wie theologischen Profil Möglichkeiten der Vermittlung mit anderen religiösen Gruppen.

3. Allerdings wird ein methodisches Paradigma, das in solcher Weise urchristliche Gemeinden als dialogisch bestimmt und dies an ihren Texten und Inhalten

---

[9] Vgl. die Nachweise bei WEDDERBURN, Baptism.

[10] Dazu siehe F. HAHN, Methodologische Überlegungen zur Rückfrage nach Jesus, in: K. KERTELGE (Hg.), Rückfrage nach Jesus. Zur Methodik und Bedeutung der Frage nach dem historischen Jesus. S. 11–77, Freiburg-Basel-Wien 1974.

exemplarisch nachweist, nur begrenzt dem historischen Prozeß des Urchristentums gerecht. Denn die ‚Fremdheitserfahrung‘, die Teil dieses Prozesses ist und sich weitgehend der eschatologischen Bestimmtheit durch die | jesuanische Überlieferung verdankt, darf nicht bloß ideologisch bestimmt interpretiert werden. Sie hat vielmehr ihren Grund in der Geschichte des Urchristentums selbst. Wieder zeigt dies exemplarisch die ästhetische Verfaßtheit der Texte; sie erscheinen bei aller Möglichkeit zur Vermittlung als besonders geprägt und formgeschichtlich herausgehoben. Gerade in der Nähe zu vergleichbaren Formen und Gattungen ihrer Zeit sind sie von ihnen kennzeichnend geschieden.[11]

So reichen formgeschichtliche Analogien zur Gattung ‚Evangelium‘ nur in Grenzen aus, um dessen kontingente Form geschichtlich plausibel zu machen. Das Genuine seiner Gattung liegt in der kennzeichnenden Verbindung kerygmatischer und narrativer Überlieferungen, die das ‚Evangelium‘ unverwechselbar erscheinen läßt. Nicht anders die paulinischen Briefe: der inhaltliche Anspruch des Apostolischen bestimmt sie als eigenständig und besonders. Selbst die Johannesapokalypse belegt in der Verbindung brieflicher Gattung und apokalyptischer Struktur solche Innovation.[12] Diese gegenläufige Tendenz wird bereits in den ‚kleinen Einheiten‘ sichtbar: setzt die urchristliche Literatur mit knappen Bekenntnissen und kerygmatischen Formeln ein, so ist solche Redeform nicht das Produkt vorgängiger Überlieferung, sondern erscheint als Umsetzung christologischen Glaubens. Solche Veränderung gilt nicht minder für die Anfänge der nachösterlichen Jesustradition, wobei vor allem der Logien- und Wortüberlieferung besondere Bedeutung zukommt.

Die These der christlichen ‚Urliteratur‘[13] wird dadurch partiell ins Recht gesetzt, ohne daß solche Beobachtung im Aufweis des Besonderen absolut gesetzt werden darf. Vielmehr liegt das Genuine in der Verbindung von Anknüpfung und Widerspruch; dies gilt nicht allein für die Anfänge urchristlicher Literatur, sondern betrifft auch ihre weitere Entwicklung bis zum Übergang zur Geschichte der alten Kirche.

Solche Überlegung trifft in modifizierter Weise nicht minder für die Entstehung und Geschichte der urchristlichen Theologie zu. In der Bewegtheit der Herausbildung dieses Denkens läßt sich das Besondere gar nicht übersehen. Es liegt nicht allein in der Abwandlung traditioneller Inhalte, sondern zeigt sich auch und vor allem an neuen Aussagen.

Wenn die Christologie der Apokalypse sich im Blick auf die Hoheitstitel und im Versuch einer bündigen Formulierung vor allem des Begriffs ‚Lamm (Gottes)‘ (Apk. 5,1 ff. u. ö.) bedient, so | gelingt eine direkte traditionsgeschichtliche

---

[11] Vgl. die Gesamtdarstellung bei Ph. Vielhauer, Geschichte der urchristlichen Literatur, Berlin-New York 1975.

[12] Vgl. M. Karrer, Die Johannesoffenbarung als Brief. Studien zu ihrem literarischen, historischen und theologischen Ort, Göttingen 1986.

[13] Sie geht auf F. Overbeck zurück; vgl. ders., Über die Anfänge der patristischen Literatur, Darmstadt 1966 (= 1882).

Herleitung solcher Christologie nur in Ansätzen.[14] Der eigene theologische Anspruch des Autors tritt hervor, der seine Deutung Jesu in eine angemessene Begrifflichkeit übersetzt, die durch die Verbindung von Hoheit und Niedrigkeit charakterisiert wird. Natürlich hebt dieser Anspruch nicht die Möglichkeit einer Vermittelbarkeit dieser Theologie auf (darin liegt die Notwendigkeit, über mögliche Parallelen zu dieser Christologie nachzudenken), doch hat das Denken des Autors einen Ausdruck gefunden, der als neu beschrieben werden muß.

Die verändernde Kraft der urchristlichen Theologie fällt in fast allen Bereichen auf. Sie betrifft einzelne Begriffe und Motive, aber läßt sich auch an umfassenden, inhaltlichen Komplexen nachweisen: die Eigenständigkeit der johanneischen Eschatologie in ihrer christologischen Bestimmung der Gegenwart als Entscheidung gegenüber dem Anspruch des Offenbarers bewährt sich auch und gerade in dem (durchaus sinnvollen) Vergleich mit anderen theologischen Aussagen der Zeit. Auch der diffizile Prozeß der Entstehung nachösterlicher Christologie, der sich aus vielfältigen Traditionen und Motiven speist[15], kann insgesamt nicht als Ausdruck des Synkretismus verstanden werden; er ist vor allem Ergebnis der neuen Bestimmung eigener Identität.

Der darin aufscheinende Prozeß, der die synkretistische Einbindung des Urchristentums differenzierter und nuancierter erweist, hängt zugleich an den Veränderungen der gesellschaftlichen Basis der nachösterlichen Gemeinden. Denn Texte und Theologie lassen sich in ihren innovativen Zügen nicht trennen von der Selbstfindung der Glaubenden im gesellschaftlichen Kontext. Hierfür von besonderer Bedeutung ist der gesamte Komplex der Nachfolgeüberlieferungen, die sich in der synoptischen Tradition, aber auch in anderen urchristlichen Texten finden. Solche Nachfolge ist gewiß auch Ergebnis des gesellschaftlichen Prozesses von Destabilisierung und Entfremdung. Aber das Neue dieses Lebens greift über reine Kausalität hinaus, vor allem führt es zur anderen Praxis in den Gemeinden.

Diese Herausbildung der eigenen Identität, wie sie sich nicht minder an der paulinischen Ekklesiologie erkennen läßt, muß daran interessiert sein, die Selbstbestimmung in eindeutiger Abgrenzung zu verstärken. Das führt in der Geschichte des Urchristentums zu vielschichtiger Polemik: so in jenen Texten, die gegenüber jüdischen Gruppen das Neue eigenen Glaubens | offensiv vertreten und darin oft von dem gleichen Erbe leben. Auch die Hinwendung zur Mission unter den ‚Völkern' hängt an der betonten Unverwechselbarkeit des ‚Christentums', die sich in der apologetischen Literatur (trotz aller Anknüpfung an fremde Überlieferung) und dem Bewußtsein des ‚dritten Geschlechts' bemerkbar macht. Mag dies nicht selten ideologische Behauptung sein, die in der geschichtlichen Rekonstruktion eher problematisch erscheint, so bleibt dennoch auffällig, wie stark solches Selbstbewußtsein sich als ‚fremd' gegenüber der Welt und ihrer

---

[14] Siehe die Nachweise bei U. B. MÜLLER, Die Offenbarung des Johannes, ÖTK 19, Gütersloh 1984, S. 160 ff.

[15] Vgl. nur F. HAHN, Christologische Hoheitstitel, FRLANT 83, Göttingen 1974⁴.

Wirklichkeit definiert. Eine Spielart solcher Definition wird deutlich in der konfliktträchtigen Auseinandersetzung mit abweichenden Gruppen innerhalb der eigenen Gemeinschaft. Sie erscheint deshalb als zugespitzt, weil in solchen Konflikten auch und vor allem die Frage nach der Selbstfindung angesichts der Herausforderung durch die gesellschaftliche Situation aufbricht.

Die Fremdheitserfahrung betrifft zugleich die Beziehung zwischen den Gemeinden und staatlicher Macht[16]; die Texte, die solche Auseinandersetzung berühren, sind nicht zahlreich, aber die theologische Herausforderung des Urchristentums kann insgesamt nur schwer mit staatlicher Gewalt vermittelt werden. Vor allem bleibt zu beachten, daß auch das Faktum dieser Gruppen eine Provokation nicht nur auf lokaler Ebene bedeuten mußte.

Der Widerspruch, der so bei aller Inkulturation der christlichen Gemeinden nicht minder signifikant hervortritt, läßt sich wie der Synkretismus zeitlich nicht auf eine bestimmte Phase in der Geschichte des Urchristentums eingrenzen. Er betrifft die Anfänge in gleicher Weise wie den Übergang zur Geschichte der alten Kirche. Vor allem bleibt das Mißverständnis zu vermeiden, die verändernde Kraft des Urchristentums, seiner Texte und seiner Theologien lasse sich allein in der Diastase zu den Traditionen anderer Gruppen erfassen. Aufschlußreicher erscheint vielmehr, daß oft in der Rezeption fremder Überlieferungen, ihrer veränderten Zuordnung und Neubestimmung solcher Widerspruch wahrzunehmen ist.

4. Das Paradigma, das von dem Urchristentum als einem synkretistischen Phänomen ausgeht, bewährt sich in der Modifikation von Anknüpfung und Widerspruch: das Urchristentum fügt sich in den Horizont der Religion der Spätantike ein. Allerdings ist dieser Vorgang dialektisch zu bestimmen:

In der Dialogfähigkeit, die Texte, Theologie und soziologische | Identität differenziert betrifft, findet sich durchgängige Nähe zu anderen Gruppen und deren Traditionsbildung. Auch wenn solche Annäherung in unterschiedlicher Intensität erfolgt (und zuweilen sogar dort nachweisbar ist, wo sie positionell geleugnet wird), so gilt sie dennoch generell und umfassend. Aufgrund dieses Prozesses gelingt den urchristlichen Gruppen der Weg in die Zeit und geschichtliche Stabilisierung.

Aber auf der anderen Seite bleibt jene Diskontinuität, die sich durch alle Bereiche des Urchristentums hindurchzieht. Fremdheit und Ferne lassen sich nicht nur als Behauptung und Fiktion deuten, sie finden sich auch in Texten und Theologien wieder. Selbst die auffällige Berührung mit religiösen Erfahrungen anderer Gruppen kann solche Neuheit nicht verdecken.

Es liegt nahe, bei dieser Spannung einer Seite höheren Rang und größeres Gewicht zuzuweisen, um den Konflikt aufzuheben. Das geschieht nicht selten unter pointierter Hervorhebung des Innovatorischen (und wird begründet mit dem Hinweis auf die jesuanische Überlieferung). Dahinter verbirgt sich eine

---

[16] Dazu A. LINDEMANN, Christliche Gemeinden und das Römische Reich, WuD 18, 1985, 105–133.

Apologetik, die verunsichert allein in der Unvermitteltheit der Inhalte und ihrer textlichen Konfiguration den Exklusivitätsanspruch des Urchristentums festzuhalten vermag. Sie entspricht negativ der These der Aufklärung, mit dem Nachweis geschichtlicher und ideologischer Abhängigkeit sei auch die Fragwürdigkeit christlicher Religion konstatiert. Doch erst in der Vermittlung von Kontinuität und Diskontinuität, von Anknüpfung und Widerspruch, die sich in den Texten und Theologen der urchristlichen Gruppen zeigt, läßt sich der Ort des Urchristentums im Kontext der spätantiken Religion angemessen beschreiben.[17] Das aber hebt die Provokation des Glaubens und seiner Inhalte nicht auf, sondern bestimmt sie in solcher Dialektik geschichtlich.

---

[17] Dies bezieht auch den Historiker in den hermeneutischen Prozeß ein; vgl. R. BULTMANN, Urchristentum, S. 8: Die Aufgabe des Historikers ist es „... die Phänomene der vergangenen Geschichte aus den Möglichkeiten menschlichen Existenzverständnisses zu interpretieren und damit diese zum Bewußtsein zu bringen als die Möglichkeiten auch gegenwärtigen Existenzverständnisses."

Die Bedeutung des Montanismus für die Herausbildung des Kanons

Wird unter historischem Aspekt nach dem Prozeß der Kanonbildung gefragt,[1] so liegt es nahe, zunächst einmal den endgültigen Abschluß dieser Entwicklung zu bestimmen.[2] Von erheblich größerer Bedeutung sind allerdings jene Motive und Tendenzen, die diesem geschichtlichen Prozeß zugrundeliegen;[3] erst wenn sie berücksichtigt werden, lassen sich jene Probleme lösen, denen sich eine Analyse der Kanonsgeschichte gegenübersieht:[4] Warum ist es überhaupt zu einer Ausgrenzung der eigenen, schriftlichen Tradition gekommen, liegt darin Aktion oder Reaktion vor? Was bedeutet solche Setzung gegenüber der historisch nachgeordneten Überlieferung? Erhält die so ausgegrenzte und qualifizierte Tradition eine neue, normative Stellung, die ihrem eigenen Anspruch zwar nicht zuwiderläuft, ihm aber doch auch nicht von Anbeginn an inhärent gewesen ist?[5] So wenig man die durch solche Fragen evozierten unterschiedlichen Aspekte für zufällig halten kann, so wird es immer wieder die Aufgabe geschichtlicher Analyse sein, sie an der Geschichte des Kanons aufzusuchen und an Einzelfällen exemplarisch zu

---

[1] Noch immer zutreffend ist hierfür freilich die Beobachtung F. Overbecks (*Zur Geschichte des Kanons* [Chemnitz 1880] 71): „Wer die Entstehung des neutestamentlichen Kanons ehrlich als ein historisches Problem betrachtet und der Sache einiges von allen traditionellen Voraussetzungen freies Nachdenken gewidmet hat, wird zunächst von keiner Thatsache einen lebhafteren Eindruck haben, als von der tiefen Stille, unter welcher für die betrachtende Nachwelt der Kanon zu Stande kommt."
[2] Zu den theologischen Aspekten des Kanonproblems vgl. z.B. die Beiträge bei E. Käsemann (Hg.), *Das Neue Testament als Kanon.* Dokumentation und kritische Analyse zur gegenwärtigen Diskussion (Göttingen 1970).
[3] Vgl. W. G. Kümmel, Notwendigkeit und Grenze des neutestamentlichen Kanons (62–97 in Anm.2 genannten Sammelband) 63f.
[4] Hierzu siehe vor allem H. von Campenhausen, *Die Entstehung der christlichen Bibel*, BHTh 39 (Tübingen 1968) [Lit.].
[5] Dies die grundsätzliche Intention in der Überprüfung der Kanonsgeschichte durch F. Overbeck; vgl. dazu grundlegend M. Tetz, Über Formengeschichte in der Kirchengeschichte, *ThZ* 17 (1961) 413–431, bes. 423ff.

überprüfen. Die Rolle, die der Montanismus hierbei spielt,[6] ist gewiß zu recht immer wieder hervorgehoben worden;[7] sie ist aber in sich komplex und nicht eindeutig zu bestimmen.

Modellhaft wird dies an der lang anhaltenden Auseinandersetzung zwischen Th. Zahn und A. Harnack über die Bedeutung des Montanismus für die Herausbildung des Kanons deutlich. Schon in seiner frühen Arbeit „Das Muratorische Fragment und die Entstehung einer Sammlung apostolisch-katholischer Schriften"[8] hat Harnack nachhaltig auf die Bedeutung des Montanismus im Blick auf die Kanonisierung des Neuen Testaments hingewiesen: „Den sichersten Beweis aber, dass die Kanonisierung der Evangelien und Briefe erst nach der Mitte des 2. Jahrhunderts stattgefunden hat, liefert der Montanismus. Diese Richtung hätte gar nicht mehr so hervortreten können unter der Herrschaft eines neutestamentlichen Kanons ... Dass der Montanismus, als er in Kleinasien zum Kampf sich erhob, an keinen Schriftkanon gebunden war, dass er nachträglich und künstlich erst sich mit einem solchen abzufinden versucht hat, ist eine der sichersten geschichtlichen Beobachtungen."[9] Das impliziert, daß die Auswahl der Schriften für den neutestamentlichen Kanon zwar nicht ausschließlich, aber doch weithin durch den Montanismus hervorgerufen und bedingt ist.[10] Die Konsequenz ist jedenfalls eindeutig:[11] „Unter diesen geschicht-

---

[6]   Vgl. dazu N. Bonwetsch, *Die Geschichte des Montanismus* (Erlangen 1881) 129ff.; A. Harnack, *Das Neue Testament um das Jahr 200* (Freiburg 1889) 26ff.; Th. Zahn, *Geschichte des neutestamentlichen Kanons*, Bd.1/2 (Erlangen 1888/1890) I, 3ff.; H. G. Voigt, *Eine verschollene Urkunde des antimontanistischen Kampfes. Die Berichte des Epiphanius über die Kataphryger und Quintillianer* (Leipzig 1891) 236ff.; J. Leipoldt, *Geschichte des neutestamentlichen Kanons*, T.1 (Leipzig 1907) 41ff.; H. von Campenhausen, *Entstehung*, 246ff. Zum Grundsätzlichen vgl. daneben noch H. Windisch, *Der Apokalyptiker Johannes als Begründer des neutestamentlichen Kanons*, *ZNW* 10 (1909) 148–174; H. Lietzmann, *Geschichte der alten Kirche*, Bd. 2 (Berlin ³1961) 60ff.; W. C. van Unnik, *De la règle μήτε προσθεῖναι μήτε ἀφελεῖν dans l'histoire du canon*, *VigChr* 3 (1949) 1–36; W. C. van Unnik, 'Η καινὴ διαθήκη – a Problem in the Early History of the Canon, *Studia Patristica* 4, TU 79 (Berlin 1961) 212–227; C. Andresen, *Die Kirchen der alten Christenheit*, in: *Die Religionen der Menschheit*, 29,1/2 (Stuttgart–Berlin–Köln–Mainz 1971) 156ff.

[7]   Zum Ganzen siehe vor allem auch P. de Labriolle, *La Crise Montaniste* (Paris 1913), z.B. 547ff.

[8]   *ZKG* 3 (1879) 358–408.

[9]   Harnack, Muratorisches Fragment, 406f.

[10]   Vgl. auch a.a.O., 407: „Nachdem die Berufung auf das Alte Testament allein sich als ungenügend, auf die Gemeindeprophetie sich als bedenklich erwiesen hatte, hat die Grosskirche aus ihren Leseschriften einen zweiten Kanon gebildet. Hat sie dies auch nicht in bewusster Nachahmung der Gnostiker und Marcioniten getan, so sind diese ihr allen Anzeichen nach doch factisch vorausgegangen. Als der Kampf zwischen der alten und der einem neuen Zuge folgenden Richtung aufs lebhafteste entbrannte, fand es sich von selbst, dass die werdende neue Schöpfung, die ihre Spitze zunächst gegen die Häresie kehrte, auch gegen die „Enthusiasten" zu brauchen war."

[11]   Nicht zufällig findet sich wenig später die grundlegende These Harnacks (a.a.O., 408): „Aus den das erste Jahrhundert bewegenden Gegensätzen des jüdischen, judaistischen, jüdisch-paulinischen und hellenistischen Christentums kann für die Entstehung des neutestamentlichen Kanons schlechterdings nichts gefolgert werden. Er ist

lichen Bedingungen kam wie die Auswahl so die Prädicirung der gelesensten urchristlichen Schriften zu apostolisch-katholischen Schriften zu Stande, wobei allerdings von Anfang an Gewohnheit und Herkommen die reine Durchführung des
Princips der Katholicität beschränkten." Th. Zahn hat diesen Thesen dezidiert
widersprochen; für ihn setzt die Entstehung des Montanismus die Existenz eines
alten und neuen Testaments vielmehr geradezu voraus.[12] Die einzige Funktion des
Montanismus für den Prozeß der Kanonisierung und dessen Abschluß sieht Zahn
in der Betonung der Abgeschlossenheit:[13] „Die montanistische Bewegung hat ohne
Frage in der Kirche das Bewußtsein von der Abgeschlossenheit der durch Christus
und die Apostel ihr geschenkten Offenbarung und darum auch von der eigentümlichen Würde der Urkunden dieser Offenbarung gesteigert ... Auch hat der Wellen-
schlag des Kampfes zwischen dem alten Glauben und der neuen Prophetie einige
Schriften, welche bereits eine feste Stelle im Kreise dieser Urkunden einzunehmen
schienen, in seine schwankende Bewegung hineingezogen. Aber eine Änderung des
kirchlichen Besitzstandes ist nicht dadurch herbeigeführt worden ..."[14] Harnack
zeigte sich in der Folgezeit von den Argumenten Zahns nicht sonderlich beein-
druckt,[15] er revozierte scharf[16] und hielt nach wie vor an seinen ursprünglichen
Thesen fest: "Es bedarf keines Wortes, daß der Montanismus mit den Ansprüchen,
die er stellte, niemals hätte auftreten können, wenn es schon ein Neues Testament
gegeben hätte ... Erst dieser Position gegenüber haben die Kirchenführer die Idee
eines in der Erscheinung Christi und dem Werk der Apostel abgeschlossenen Bundes
durchdacht und zu Ende geführt, um dann auf ihrem Grunde konsequent alles an
Schriften abzulehnen, was nicht zu dieser alten Epoche gehört. Damit ist das
Instrumentarium novum ... eigentlich erst sichergestellt und ideell auch sofort

---

wie die explicirte Taufformel ... und die Ausbildung der kirchlichen Hierarchie ... Product der zur katholischen Kirche werdenden Grosskirche aus den Heiden."

[12] Zahn, *Geschichte*, I, 21: „Ich wiederhole es: unter voller Anerkennung der beiden
Testamente der Kirche entstand ein drittes neuestes Testament."

[13] Zahn, *Geschichte*, I, 22; vgl. auch S. 20: „Dem gegenüber betonten die Katholiken ... die Begrenztheit der kirchlichen Bibel und natürlich zunächst des Kreises der
neutestamentlichen Schriften."

[14] Zu beachten ist, daß die Auffassungen Zahns vor allem durch seine Hypothese
von der kanonischen Geltung der montanistischen Schriften in ihrer Glaubwürdigkeit
belastet wurden; vgl. *Geschichte*, I, 6: „... erwuchsen heilige Schriften, welche fortan
dem verehrungsvollen Studium der Freunde und der Kritik der Feinde unterlagen. Es
entstand ein neues Evangelium oder mehrere solche, worin die montanistischen
Gemeinden ihre Propheten und den Parakleten selbst reden hörten."

[15] Harnack, *Neues Testament um das Jahr 200*, 26: „Von diesen Behauptungen gilt
wenigstens nicht, dass sie abgedroschen sind; sie sind vielmehr unerhört ..." 27: „Er
(*scil.* Zahn) hat es wirklich fertig gebracht, aus dem Nichts ein neuestes, dreitheiliges
Testament zu schaffen und ebenso aus dem Nichts Zeugnisse für die Existenz des
N.T.s zu entlocken." Vor allem die Annahme eines besonderen Charakters der montanistischen Schriften findet Harnacks Kritik; a.a.O., 29: „Der Montanismus hat sich
gewiss für eine neue Stufe der Offenbarungsgeschichte ausgegeben; aber lediglich
Fiction ist es, dass diese Stufe von ihm in der Form eines schriftlichen neuesten Testamentes ausgebildet worden sei."

[16] Harnack, *Neues Testament um das Jahr 200*, 26: „Allein die Zahnschen Deduc-
tionen hier sind eines der schlimmsten Beispiele tendenziöser Geschichtsbehand-
lung."

abgeschlossen. Das Zeitalter des Enthusiasmus ist geschlossen und für die Gegenwart der Geist wirklich ... verjagt; er ist in ein Buch gejagt."[17] Nun darf der scharfe Ton in dieser Auseinandersetzung nicht darüber hinwegtäuschen, daß auf der anderen Seite auch die Übereinstimmungen zwischen Zahn und Harnack nicht unerheblich sind. Das gilt nicht nur von der gemeinsamen prinzipiellen Einsicht in die wichtige Funktion des Montanismus für die Herausbildung des Kanons, sondern betrifft auch nicht wenige Einzelfragen. Der eigentliche Differenzpunkt dürfte in der unterschiedlichen Beurteilung und Verwendung des Kanonbegriffes liegen. Während Harnack an einem eng gefaßten Verständnis des neutestamentlichen Kanons festhält und von seiner Abgeschlossenheit ausgeht, orientiert sich Zahn wesentlich stärker am faktischen Bestand. Beide Aspekte enthalten zweifellos Wahrheitsmomente und konvergieren nicht zufällig in der Einsicht, daß der Montanismus gerade die Tendenz zur Abgeschlossenheit der neutestamentlichen Textsammlung erheblich verdichtet hat.

Aber nicht nur, daß dieser Streit nicht gültig entschieden worden ist, nötigt zu einer erneuten Aufnahme der damals verhandelten Probleme,[18] auch neue Untersuchungen zum Montanismus[19] wie zur Geschichte des Kanons[20] machen dies unumgänglich.

I

Prüft man unvoreingenommen die relevanten Texte[21] – sei es des Montanismus selber, sei es seiner Gegner –, so zeigt sich allerdings, daß die Frage nach der Normativität und der Gültigkeit neutestamentlicher Texte überhaupt nicht strittig ist, jedenfalls eine auffallend geringe Rolle

---

[17] A. von Harnack, *Die Entstehung des Neuen Testaments und die wichtigsten Folgen der neuen Schöpfung*, Beiträge zur Einleitung in das Neue Testament 6 (Leipzig 1914). 25, Anm.1. Vgl. auch S. 26: „... aber in der Idee war seit dem Ausgang des montanistischen Streites und lediglich durch ihn nunmehr die Sammlung der Bücher des Neuen Testaments vollendet." S. 27: „Die montanistische Krise, nicht schon die gnostische... hat die Idee des N.T.s endgültig realisiert und den Gedanken des Abgeschlossenen erzeugt."

[18] Unter den zeitgenössischen Stellungnahmen zu dieser Kontroverse vgl. Bonwetsch, *Montanismus*, 129ff.; G. Voigt, *Urkunde*, 236ff.; C. F. G. Heinrici, Die urchristliche Ueberlieferung und das Neue Testament, in: *Theologische Abhandlungen*, Festschr. C. v. Weizsäcker (Freiburg 1892) 321–352.

[19] Vgl. A. Faggiotto, *L'eresia dei Frigi*, Scrittori Cristiani Antichi 9 (Rom 1924); W. Schepelern, *Der Montanismus und die phrygischen Kulte. Eine religionsgeschichtliche Untersuchung* (Tübingen 1929); H. Kraft, Die altkirchliche Prophetie und die Entstehung des Montanismus, *ThZ* 11 (1955) 249–271; K. Aland, Bemerkungen zum Montanismus und zur frühchristlichen Eschatologie, in: *Kirchengeschichtliche Entwürfe* (Gütersloh 1960) 105–148.

[20] Vgl. dazu vor allem von Campenhausen, *Entstehung*, 257ff.

[21] Siehe die Sammlung bei P. de Labriolle, *Les sources de l'histoire du Montanisme* (Fribourg–Paris 1913); N. Bonwetsch, *Texte zur Geschichte des Montanismus*, KlT 129 (Bonn 1914).

spielt.[22] Schon die Zeugnisse der ersten Gegner des Montanismus[23] sind signifikant: Weder der Polemik des „antimontanistischen Anonymus"[24] noch auch den Worten des Apollonius,[25] die zeitlich später liegen,[26] ist zu entnehmen, daß die Montanisten den Anspruch der neutestamentlichen Texte in irgendeiner Weise bestritten haben.[27] Negatives Indiz hierfür ist auch die fehlende Berufung auf diese Texte[28] in der anfänglichen Auseinandersetzung mit den phrygischen Häretikern.[29] Dazu stimmt, daß ihnen bei Epiphanius[30] sogar ausdrücklich die Akzeptierung des alten und neuen Testaments bescheinigt wird (*Pan. haer.* 48,1,1):

Οὗτοι γὰρ οἱ κατὰ Φρύγας καλούμενοι δέχονται πᾶσαν γραφήν, παλαιὰν καὶ νέαν διαθήκην, καὶ νεκρῶν ἀνάστασιν ὁμοίως λέγουσιν.[31]

---

[22]   Vgl. von Campenhausen, *Entstehung*, 258: „Auch ihre Aussprüche (*scil.* der Montanisten) berufen sich dementsprechend nicht auf die Schrift und bieten kein einziges ausdrückliches Zitat … Aber das bedeutet natürlich keine Ablehnung der Schrift."

[23]   Zum Charakter ihrer Polemik vgl. vor allem W. Bauer, *Rechtgläubigkeit und Ketzerei im ältesten Christentum*, BHTh 10 (Tübingen 1964) 136ff.

[24]   Bei Euseb, *H.e.* 5,16,2ff.; über seine Person ist nichts Sicheres mehr auszumachen (Vgl. dagegen W. Kühnert, Der antimontanistische Anonymus bei Eusebius, *ThZ* 5 (1949) 436–446). Zur Schrift des „Anonymus" vgl. vor allem Faggiotto, *L'eresia dei Frigi*, 20ff.; Schepelern, *Montanismus*, 1ff.; Aland, Bemerkungen, 109f.

[25]   Bei Euseb, *H.e.* 5,18,1ff. Zu Apollonius vgl. W. Bauer, *Rechtgläubigkeit und Ketzerei*, 140ff. Seiner Charakterisierung der Art der Polemik (S.140: „In noch höherem Maße als der Anonymus stellt der etwas jüngere Apollonius alles auf die Verächtlichmachung der Gegner ab") ist nichts hinzuzufügen.

[26]   Zur Chronologie des Montanismus vgl. S.22f.

[27]   Zu der Relevanz, die der Text des „Anonymus" in Euseb, *H.e.* 5,16,3 hat, vgl. S.15f.

[28]   Wo sie anklingen, geschieht dies in ganz allgemeinden Formulierungen; vgl. z.B. Euseb, *H.e.* 5,16,7: … παρὰ τὸ κατὰ παράδοσιν καὶ κατὰ διαδοχὴν ἄνωθεν τῆς ἐκκλησίας ἔθος δῆθεν προφητεύοντα … Vgl. auch *H.e.* 5,16,8: … μεμνημένοι τῆς τοῦ κυρίου διαστολῆς … Deutlich setzt dabei der Argumentationsgang begrenzt sogar die Zustimmung der montanistischen Gegner zu diesen Größen als Appellationsinstanzen voraus.

[29]   Erst die bei Epiphanius tradierte Bestreitung des Montanismus bietet einen detaillierten Schriftbeweis; aber auch hier ist der Eindruck noch nicht geschwunden, daß es ein Streit über die Schrift zwischen zwei Parteien ist, die sich beide auf sie stützen. Nur auf diese Weise erhält die Polemik ihre (freilich gegenüber Häretikern nicht von vornherein zu postulierende) protreptische Relevanz.

[30]   Zu den Quellenproblemen bei Epiphanius vgl. R. A. Lipsius, *Zur Quellenkritik des Epiphanios* (Wien 1865) bes. 221ff.; G. Voigt, *Urkunde*.

[31]   Vgl. auch *Pan. haer.* 49,2: Κέχρηνται δὲ οὗτοι παλαιᾷ καὶ καινῇ διαθήκῃ καὶ ἀνάστασιν νεκρῶν ὁμοίως φάσκουσιν. In ähnlicher Weise auch Philastrius, *Haer.* 49: *Alii autem post istos surrexerunt, cata Frigas, in Frigia provincia habitantes. isti prophetas et legem accipiunt, patrem et filium et spiritum confitentur, carnis surrectionem expectant, quae et catholica ecclesia praedicat …*

Stellt man die Art der Auseinandersetzung mit abweichenden Meinungen, wie sie die alte Kirche gerade auch in der Polemik gegen den Montanismus sonst praktizierte, in Rechnung, so ist solchen Feststellungen ein erheblicher Wahrheitsgehalt und Wahrscheinlichkeitsgrad zuzusprechen. Schließlich wird man berücksichtigen müssen, daß dem Montanismus die Ablehnung bzw. Verwerfung neutestamentlicher Schriften nicht zum Vorwurf gemacht wird; daraus darf man doch wohl folgern, daß sie den Anspruch dieser Texte akzeptiert haben und an ihrer Gültigkeit nicht zweifelten.

Eine in andere Richtung tendierende Aussage findet sich vor allem bei Hippolyt, *Refut. haer.* 8,19:

῞Ετεροι δὲ καὶ αὐτοὶ αἱρετικώτεροι τὴν φύσιν, Φρύγες τὸ γένος, προληφθέντες ὑπὸ γυναίων ἠπάτηνται, Πρισκίλλης τινὸς καὶ Μαξιμίλλης καλουμένων, ἃς προφήτιδας νομίζουσιν, ἐν ταύταις τὸ παράκλητον πνεῦμα κεχωρηκέναι λέγοντες. καί τινα πρὸ αὐτῶν Μοντανὸν ὁμοίως δοξάζουσιν ὡς προφήτην, ὧν βίβλους ἀπείρους ἔχοντες πλανῶνται, μήτε τὰ ὑπ᾽ αὐτῶν λελαλημένα λόγῳ κρίναντες, μήτε τοῖς κρῖναι δυναμένοις προσέχοντες, ἀλλ᾽ ἀκρίτως τῇ πρὸς αὐτοὺς πίστει προσφέρονται, πλεῖόν τι δι᾽ αὐτῶν φάσκοντες [ὡς] μεμαθηκέναι ἢ ἐκ νόμου καὶ προφητῶν καὶ τῶν εὐαγγελίων.

Der Hinweis auf die βίβλοι ἄπειροι, der sich ähnlich bei Gaius[32] findet, ist nicht nur ein gängiger Topos der Ketzerbestreitung,[33] sondern der Kontext bei Hippolyt zeigt auch eindeutig, daß gegenüber dem Montanismus vor allem die Exklusivität der neutestamentlichen Texte betont werden soll.[34] Davon jedoch, daß durch die Montanisten die Normativität dieser Texte bestritten wird, ist durchaus keine Rede.

Bedenkt man dies, so trifft es nicht ganz zu, daß der Montanismus erst in einer späteren Phase den Kanon anerkannt haben soll;[35] faktisch sind die relevanten Texte für die phrygischen Häretiker in keiner Weise in ihrer Geltung umstritten.

Der Beweis hierfür läßt sich nicht nur negativ, sondern auch positiv führen; das wird vor allem deutlich an jenen Auseinandersetzungen der

---

[32] In seiner Auseinandersetzung mit dem Montanisten Proklus (Euseb, *H.e.* 6,20,3): ἐν ᾧ (*scil.* dem Dialog mit Proklus) τῶν δι᾽ ἐναντίας τὴν περὶ τὸ συντάττειν καινὰς γραφὰς προπέτειάν τε καὶ τόλμαν ἐπιστομίζων ...

[33] Dazu siehe W. Bauer, *Das Leben Jesu im Zeitalter der neutestamentlichen Apokryphen* (Tübingen 1909) 501f. Natürlich bedeutet dies nicht durchweg, daß solcher Vorwurf ohne Anhalt an der historischen Wirklichkeit sein muß.

[34] Vgl. ähnlich (und von Hippolyt abhängig) PsTertullian, *Adv. omnes haer.* 7: *et communem quidem illam, qua in apostolis quidem dicant spiritum sanctum fuisse, paracletum non fuisse, et qua dicant paracletum plura in Montano dixisse quam Christum in evangelium protulisse, nec tantum plura, sed etiam meliora et maiora.*

[35] Anders Harnack, Muratorisches Fragment, 407: „Als der Montanismus den neutestamentlichen Kanon acceptirte, hat er sich selbst den Todesstoss versetzt, und nur ein Theologe wie Tertullian konnte es noch möglich machen, die Anforderungen zweier Zeiten zu vereinigen." Vgl. auch Bonwetsch, *Montanismus*, 138. Das gilt aber nur dann, wenn der Begriff des Kanons – über die in ihm beschlossenen Schriften hinaus – exklusiv gefaßt wird.

Großkirche mit orthodoxen Gruppen und Personen, die auf Grund einer Antithese zum Montanismus Texte und Traditionen negieren, welche zuvor kirchlich anerkannten Charakter besaßen.

Ein erster Reflex solcher Spannung läßt sich in den bekannten Aussagen des Irenäus erkennen (*Adv. haer.* 3,11,9):

Alii vero, ut donum spiritus frustrentur, quod in novissimis temporibus secundum placitum patris effusum est in humanum genus, illam speciem non admittunt, quae est secundum Ioannem evangelium, in qua paracletum se missurum dominus promisit, sed simul et evangelium et propheticum repellunt spiritum; infelices vere, qui pseudoprophetas quidem esse nolunt, propheticam vero gratiam repellunt ab ecclesia, similia patientes his, qui propter eos, qui in hypocrisi veniunt, etiam a fratrum communicatione se abstinent. datur autem intelligi, quod huiusmodi neque apostolum Paulum recipiant. in ea enim epistola, quae est ad Corinthios, de propheticis charismatibus diligenter locutus est et scit viros et mulieres in ecclesia prophetantes. per haec igitur omnia peccantes in spiritum Dei, in irremisibile incidunt peccatum.

Der Text, dessen immanente Probleme in diesem Zusammenhang nicht sonderlich ins Gewicht fallen,[36] zeigt deutlich, daß eine Gruppe, die sich entschieden gegen die Pseudoprophetie wendet, dabei die Prophetie in der Kirche grundsätzlich zu beseitigen trachtet,[37] bzw. dies nach der Auffassung des Irenäus tut. Über die Identität beider Gruppen mag man streiten;[38] aber unabhängig davon, ob man Irenäus montanistische Neigungen zuschreibt oder nicht,[39] ist es doch wohl das Wahrscheinlichste, jene Leute, die nach seiner Meinung aus der Kirche die Gabe der Prophetie

---

[36]   Die handschriftliche Überlieferung bietet statt des *pseudoprophetas ... nolunt* ein *pseudoprophetae ... uolunt.* Die Änderung des Textes dürfte jedoch plausibel sein. Man wird nur erwägen können, ob nicht der Ersatz von *pseudoprophetae* durch *pseudoprophetas* bereits hinreicht (vgl. dazu E. Schwartz, Über den Tod der Söhne Zebedaei. Ein Beitrag zur Geschichte des Johannesevangeliums, in: Ges. Schriften, Bd. 5 [Berlin 1963] 48–123, S. 88). Der Sinn des Textes ist in jedem Fall eindeutig: Es geht um Leute, die zwar die Pseudoprophetie angreifen, damit aber zugleich prinzipiell die Möglichkeit und Gabe der Prophetie negieren.

[37]   Vgl. Bonwetsch, *Montanismus*, 23: „Ihr (*scil.* der Gegner des Irenäus) Verfahren ist aber ein durchaus unglückliches, indem sie im Gegensatz zu falscher Prophetie überhaupt der Kirche jedwede Prophetengabe nehmen, so dass ihnen das Gleiche widerfährt wie denen, die um der Heuchler willen überhaupt die Kirche verlassen."

[38]   Zur Interpretation von Irenäus, *Adv. haer.* 3,11,9 vgl. vor allem I. Döllinger, *Hippolytus und Kallistus oder die Römische Kirche in der ersten Hälfte des dritten Jahrhunderts* (Regensburg 1853) 292ff.; Bonwetsch, *Montanismus*, 22ff.; A. Hilgenfeld, *Die Ketzergeschichte des Urchristentums* (Leipzig 1884) 563ff.; Zahn, *Geschichte*, I, 220ff.; E. Schwartz, Söhne Zebedaei, 88ff.; C. Schmidt, *Gespräche Jesu mit seinen Jüngern nach der Auferstehung*, TU 43 (Leipzig 1919) 403ff.; A. Bludau, *Die ersten Gegner der Johannesschriften*, BSt 22,1.2. (Freiburg 1925) 10ff.; von Campenhausen, *Entstehung*, 277.

[39]   Zwar ist es „... schwer zu begreifen, daß bedeutende Gelehrte der Meinung sein konnten, Irenäus bestreite hier die Montanisten oder eine montanistische Richtung" (Zahn, *Geschichte*, I, 240), aber das rechtfertigt auf der anderen Seite noch nicht den Schluß, ihn für einen Montanisten zu halten. Es liegt vielmehr eine weitgehende Identität in der von beiden akzeptierten Tradition vor; dadurch daß Irenäus darüber hinaus diese Überlieferung gegen Gegner des Montanismus verteidigt, konnte der Schein einer Kongruenz mit diesem selbst leicht entstehen.

entfernen wollen (*... propheticam vero gratiam repellunt ab ecclesia*), mit Antimontanisten zu identifizieren oder doch zumindestens in ihre Nähe zu rücken.[40] Montanisten sind es jedenfalls nicht.[41] Die Pointe des Textes liegt nun gerade darin, daß gegenüber diesen Antimontanisten Irenäus auf die „Schrift" rekurriert, sich vor allem auf die Aussagen des Paulus beruft. Auch dies belegt erneut die Erkenntnis, daß der phrygischen Häresie die Berufung auf neutestamentliche Texte keinerlei Schwierigkeiten bereiten mußte, daß vielmehr ihren rechtgläubigen Gegnern[42] solcher Rekurs peinlich war.

Eine analoge Konstellation ist in der Bestreitung der Apokalypse als einer kirchlich zu rezipierender Schrift durch den Antimontanisten Gaius[43] zu erkennen, über dessen Orthodoxie keinerlei Zweifel bestehen kann.[44] In den durch die „Kapitel gegen Gaius" des Hippolyt erhaltenen Fragmenten[45] ist auch noch deutlich die Tendenz dieser Kritik wahrnehmbar;[46] es handelt sich um eine scharfsichtige, fast rationalistisch anmutende Problematisierung der Apokalypse,[47] deren Verfasserschaft schließlich konsequent auf Kerinth zurückgeführt wird.[48] Die Brisanz dieser

---

[40]   Zahn, *Geschichte*, I, 241: „Sie waren also im äußersten Gegensatz zu allem, was Montanismus genannt werden kann, grundsätzliche Gegner aller Prophetie in der Kirche." Von Campenhausen, *Entstehung*, 277, Anm. 159: „Hier handelt es sich offenbar um radikale Antimontanisten ..." Vgl. auch Bludau, *Gegner*, 27.

[41]   Die Identität der *alii* mit den Montanisten hatte vor allem Döllinger behauptet; vgl. *Hippolytus*, 302: „Weit wahrscheinlicher ist es, daß es gerade ein Zweig des Phrygischen Sektenthums war, der auf die Ächtung des vierten Evangeliums verfiel..." Dagegen siehe vor allem Bludau, *Gegner*, S. 15.

[42]   Bludau, *Gegner*, 34: „Diese Widersacher des Montanismus kämpften im kirchlichen Lager, und Irenäus vermag ihnen keine andere Irrlehre vorzuwerfen..." Zahn (*Geschichte*, I, 242f.) hat zu recht auch noch darauf verwiesen, daß Irenäus nicht zufällig in seiner Argumentation auch noch an die *...mulieres in ecclesia prophetantes* erinnert.

[43]   Vgl. Euseb, *H.e.* 2,25,6f.; 3,31,4; 6,20,3.

[44]   Vgl. nur Euseb, *H.e.* 6,20,3: ἦλθε δὲ καὶ εἰς ἡμᾶς καὶ Γαΐου λογιωτάτου ἀνδρὸς διάλογος ...

[45]   Die „Kapitel gegen Gaius" des Hippolyt wurden von Gwynn in dem Apokalypsenkommentar des Dionysius Bar-Salibi wieder entdeckt und ediert; J. Gwynn, Hippolytus and his „Heads against Caius", *Hermathena* 6 (1888) 397–418. Vgl. die Übersetzung von Zahn, *Geschichte*, II, 974ff. und F. Schulthess bei H. Achelis, *Hippolyt's kleinere exegetische und homiletische Schriften*, GCS (Berlin 1897) 239ff. Korrektur und Ergänzungen dazu bei P. Nautin, *Le dossier d'Hippolyte et de Méliton dans les florilèges dogmatiques et chez les historiens modernes*, Patristica 1 (Paris 1953) 144ff. Zu Bar-Salibi vgl. auch die Textausgabe: I. Sedlacek, *Dionysius Bar Salibi in Apocalypsim, Actus et Epistulas Catholicas*, CSCO 60, Scriptores Syri 20 (Louvain 1954; Nachdruck der Ausgabe von 1910).

[46]   Vgl. dazu Zahn, *Geschichte*, II, 973ff.; Schwartz, Söhne Zebedaei, 97ff.; E. Schwartz, Johannes und Kerinthos, in: *Gesammelte Schriften*, Bd. 5 (Berlin 1963) 170–182; Bludau, *Gegner*, 51ff.

[47]   Man vgl. etwa Fragm. I und II (Achelis, 241f.); dabei stützt sich die Kritik des Gaius vor allem auf die Heranziehung anderer neutestamentlicher Texte, um so die Widersprüchlichkeit der Apokalypse besonders zu betonen. Vgl. Bludau, *Gegner*, 69: „Danach hat Cajus das Johannesevangelium kritisiert und auf den Unterschied zwischen dem synoptischen und johanneischen Bericht hingewiesen..." Das gilt modifiziert auch von der Kritik des Gaius an der Apokalypse.

[48]   Vgl. Schwartz, Söhne Zebedaei, 104.

Argumentation ist nur dann zu begreifen, wenn man erkennt, daß Gaius auf solche Weise den Montanisten offenkundig ein Beweismittel, auf das sie sich zu stützen pflegten,[49] aus den Händen winden möchte.[50] Und schließlich ist noch auf die Polemik der „Aloger"[51] zu verweisen, die in verwandter Weise[52] wie Gaius das Corpus Johanneum, vor allem aber das Johannesevangelium, für eine Schöpfung des Kerinth erklärten.[53] Auch wenn man zugeben muß, daß auf Grund der verwickelten Problemlage die Entstehung dieser Gruppe (bzw. dieser Kritik) nicht mit letzter Sicherheit auf einen Gegensatz zum Montanismus zurückgeführt werden kann,[54] so ist es doch immer noch das Wahrscheinlichste, hier einen Zusammenhang anzunehmen.[55] Bezeichnend ist dabei erneut, daß eine

---

[49]   Daß die Angriffsrichtung des Gaius an einer zentralen Stelle des Montanismus erfolgte, bestätigt sich auch von inneren Argumenten her: eine traditionsgeschichtliche Analyse des Montanismus begründet in der Tat eine besondere Affinität zur johanneischen Apokalypse.

[50]   Zahn, *Geschichte*, II, 991: „Die Stellung des Cajus zur Apok. erscheint auch geschichtlich wohl begreiflich. Die chiliastischen Aufregungen der Zeit des Septimius Severus und das Umsichgreifen des Montanismus im Abendland erklären sie ausreichend."

[51]   So nach der wenig glücklichen Bezeichnung des Epiphanius genannt (Schwartz, Söhne Zebedaei, 89: „... erst er selbst hat den Namen, der für seine eigene Rohheit und Borniertheit erheblich charakteristischer ist als für seine Gegner, erfunden um jene unter die Ketzer einreihen zu können"); zur Kritik der Aloger vgl. Schwartz, Söhne Zebedaei, 88ff.; Zahn, *Geschichte* I, 220ff.; Hilgenfeld, *Ketzergeschichte*, 599ff.; Schmidt, *Gespräche Jesu*, 403ff.; Bludau, *Gegner*; A. Faggiotto, I Catafrigi e il IV Vangelo, *La Scuola Cattolica* 54,6 (Vol.7,1; 1926) 97–103.

[52]   Das Verhältnis der „Aloger" zu Gaius bildet ein kaum noch zu lösendes Problem. Will man nicht grundsätzlich die Firmierung und Typisierung dieser Kritik bei Epiphanius für ein bequemes Mittel der Ketzerbestreitung erklären, so ist die Polemik der „Aloger" wohl gegenüber den Thesen des Gaius älter; möglicherweise besteht eine Abhängigkeit des Gaius von ihr. Vgl. Bludau, *Gegner*, 230: „So hat Cajus sich im Kampfe gegen die Montanisten der schon von andern aufgestellten Behauptung von der Verfasserschaft des Cerinth angeschlossen. Das wäre somit der „grosse Erfolg" der „Aloger" gewesen, daß Cajus ihrer Auffassung zustimmte und so das johanneische Schrifttum für weitere Kreise der Kirche kompromittiert wurde." Ähnlich Zahn, *Geschichte*, II, 991.

[53]   Schwartz, Söhne Zebedaei, 104: „Der Gaius des Dialogs erklärt die Apokalypse für eine Fälschung Kerinths; die „Aloger" behaupten von beiden Büchern."

[54]   Vgl. die Einwände bei Bludau, *Gegner*, 229.

[55]   Schmidt, *Gespräche Jesu*, 451: „Die Kritik der Aloger war ja durch ihren Gegensatz gegen die Montanisten hervorgerufen ... So mußte ihre Feindschaft gegen die Montanisten sich unwillkürlich auch auf ihre apostolische Autoritäten ausdehnen und blieb ihnen keine andere Wahl, als beide Schriften in einen Topf zu werfen. Waren in ihren Augen die Montanisten Ketzer, so mußten auch die in Frage stehenden Schriften aus der Feder von Ketzern geflossen sein." In der Tat dürfte es nur aus dem Gegensatz zum Montanismus zu erklären sein, daß sowohl Evangelium als auch Apokalypse des Johannes großkirchlichen Gruppen verdächtig wurden; Berufung auf den Chiliasmus der Apokalypse und Verweis auf den Parakleten des Evangeliums boten sich für die Montanisten geradezu an. Es hat dabei den Anschein, als ob die Auseinandersetzung über die Apokalypse den Anfang gemacht hat und die Verwerfung auch des Evangeliums erst nach sich zog.

rechtgläubige Gruppe – deren Orthodoxie auch von ihren Gegnern nicht zu bestreiten war – durch die Auseinandersetzung mit „Häretikern" genötigt wird, bestimmte, bis dahin kirchlich anerkannte Texte abzulehnen und als „häretisch" zu klassifizieren.

Aus diesen Beobachtungen läßt sich jedenfalls der Schluß ziehen, daß gerade die Selbstverständlichkeit, mit der im Montanismus kirchlich anerkannte Texte benutzt wurden, jene Schwierigkeiten provozierte, die sich an den Gegnern der Prophetie bei Irenäus, an Gaius und den „Alogern" noch belegen lassen.[56] Nicht für den Montanismus, wohl aber für seine rechtgläubigen Gegner sind gültige, anerkannte Texte zweifelhaft geworden – immerhin so zweifelhaft, daß auch der Weg ihrer Verwerfung beschritten werden konnte.[57]

Als gewichtige Gegeninstanz gegen die bisherige Beweisführung sind allerdings immer wieder die montanistischen Texte selbst[58] ins Feld geführt worden: Erheben sie nicht einen Anspruch, der sie per se in einen Gegensatz zu den kirchlich rezipierten Texten des Neuen Testaments bringen muß?[59] Zunächst einmal muß bei einer Antwort auf diese Frage beachtet werden, daß in diesen Texten nur spärliche, oft zusammenhanglose Relikte der Geschichte einer uns weithin unbekannten Gruppe vorliegen; alle Aussagen über das Selbstverständnis und den Anspruch, den diese Zeugnisse dokumentieren, können deshalb nur unter Vorbehalt gegeben werden.[60] Gewisse Grundzüge sind allerdings deutlich aus ihnen zu erkennen: So wird sich sagen lassen, daß die Reste montanistischer Literatur von ihrem Selbstverständnis her in keiner Weise mit den Texten des Neuen Testamentes zu konkurrieren beabsichtigen.[61] Daß die

---

[56] Möglicherweise läßt sich auch noch in der Interpretation der Psalmen durch Hippolyt eine Spur seiner Auseinandersetzung mit Gaius entdecken; vgl. M.-J. Rondeau, Les polémiques d'Hippolyte de Rome et de Filastre de Brescia concernant le Psautier, *RHR* 171 (1967) 1–51.

[57] Zur Ablehnung des Hebräerbriefes auf Grund seiner Inanspruchnahme durch die Montanisten vgl. H. Lietzmann, Wie wurden die Bücher des Neuen Testaments heilige Schrift? in: *Kleine Schriften* II, TU 68 (Berlin 1958) 15–98, S. 81f.

[58] Vgl. dazu die Zusammenstellungen bei de Labriolle.

[59] Dies die grundlegende These von Th. Zahn; vgl. z.B. *Geschichte*, I, 6: „Es entstand ein neues Evangelium oder mehrere solche, worin die montanistischen Gemeinden ihre Propheten und den Parakleten selbst reden hörten." Vgl. auch S. 12: „... so begreift man wohl, daß die Katholiken zu Rom im Anfang des 3. Jahrhunderts gegen die Montanisten den Vorwurf frecher Anfertigung endloser heiliger Schriften erhoben."

[60] Eine form- und traditionsgeschichtliche Analyse der montanistischen Worte ist noch immer ein Desiderat der Forschung; vgl. dazu bisher vor allem de Labriolle, *Crise*, 34ff.; Aland, Bemerkungen; W. Schneemelcher, Apokalyptische Prophetie der frühen Kirche, in: E. Hennecke–W. Schneemelcher, *Neutestamentliche Apokryphen*, Bd. 2 (Tübingen 1964) 484ff.

[61] Harnack, *Neues Testament um das Jahr 200*, 31: „Sie (*scil.* die mont. Propheten)

montanistischen Aussprüche nahezu vollkommen eines expliziten Schrift-
bezugs entbehren,[62] kann gerade nicht als Gegensatz zu den neutestamentlichen Texten interpretiert werden,[63] sondern belegt vielmehr die
ungebrochene geschichtliche Kontinuität zu ihnen.

Daß allerdings ein Schriftbezug nicht generell fehlt, belegt z.B. der rätselvolle und
viel diskutierte Text Epiphanius, *Pan. haer.* 48,10,3:[64]
Λέγει (*scil.* Montanus) γὰρ ἐν τῇ ἑαυτοῦ λεγομένῃ προφητείᾳ τί λέγεις τὸν ὑπὲρ
ἄνθρωπον σωζόμενον; λάμψει γάρ, φησίν, ὁ δίκαιος ὑπὲρ τὸν ἥλιον ἑκατονταπλασίονα, οἱ δὲ μικροὶ ἐν ὑμῖν σωζόμενοι λάμψουσιν ἑκατονταπλασίονα ὑπὲρ
τὴν σελήνην.
Die eigentliche Schwierigkeit des Textes liegt im Vordersatz, der als direkte Rede
kaum zu interpretieren ist, sondern Einführungscharakter hat. Auf die Frage,
warum er den Geretteten als ὑπὲρ ἄνθρωπον bezeichne, antwortet Montanus mit
einem prophetischen Wort, das zweigliedrig strukturiert ist: λάμψει γάρ ... ὁ
δίκαιος ὑπὲρ τὸν ἥλιον ἑκατονταπλασίονα οἱ δὲ μικροὶ ἐν ὑμῖν σωζόμενοι
λάμψουσιν ἑκατονταπλασίονα ὑπὲρ τὴν σελήνην.
Dabei wird sowohl das σωζόμενος als auch das ὑπὲρ ἄνθρωπον in dem ὁ δίκαιος
(bzw. dem οἱ μικροὶ ἐν ὑμῖν σωζόμενοι) und dem ὑπὲρ τὸν ἥλιον (bzw. ὑπὲρ τὴν
σελήνην) wieder aufgenommen und begründet. Die prophetische Aussage selbst, so
wenig sie sich strikt auf einen bestimmten Text zurückführen läßt, ist nun aber von
biblischer Tradition getränkt, wie dies Mt 13,43 und die hinter diesem Text liegende
nachalttestamentliche Motivik[65] belegt.

Ist nun richtig, daß die montanistischen Aussprüche nicht den Anspruch der kirchlich anerkannten Texte bestreiten, so gilt andererseits
aber auch, daß sie in einer Weise neben sie treten, die in ihrem Pochen

---

haben noch nichts von einer geschichtlich, geschweige durch Schriften abgeschlossenen
Offenbarungsepoche des N.T.s gewusst; sonst wären sie mit ihrer neuen Prophetie neue
Religionsstifter gewesen. Eben deshalb waren sie überzeugt, dass wer Christum einen
Herrn heißt, durch den H. Geist redet, dass also auch alle schriftlichen Kundgebungen
zur christlichen Erbauung inspirirt seien, zumal die Kundgebungen ihrer parakletischen
Propheten. Demgemäß haben sie gesprochen, ihre Sprüche sind aufgezeichnet worden
und galten natürlich als höchste Autoritäten neben und über dem A.T. und neben
und über früheren Kundgebungen des Geistes Christi; denn was der Geist zuletzt sagt,
ist allemal das Entscheidende. Von der Abfassung eines „neuesten Testament" ist so
wenig bekannt, wie von der Anerkennung eines N.T.s; die erstere ist eine kritische
Seifenblase, und die letztere ist gänzlich unbezeugt und durch den Charakter der Bewegung ausgeschlossen."

[62] Vgl. von Campenhausen, *Entstehung*, 258.

[63] So auch von Campenhausen, a.a.O., 258.

[64] Zur Interpretation des Textes vgl. E. Benz, Der „Übermensch"-Begriff in der
Theologie der Alten Kirche, in: *Studien zum Neuen Testament und zur Patristik*,
Festschr. E. Klostermann, TU 77 (Berlin 1961) 135–160.

[65] Vgl. vor allem Dan 12,3; äHen 38,4; 39,7; 50,1; 58,3; 104,2. Zu dem Traditionskomplex vgl. vor allem J. Theisohn, *Der auserwählte Richter. Untersuchungen zum
traditionsgeschichtlichen Ort der Menschensohngestalt der Bilderreden des Äthiopischen
Henoch*, Studien zur Umwelt des Neuen Testaments 12 (Göttingen 1975) 195ff.

auf Gültigkeit und Autorität überrascht. Das gilt vor allem von jenen Worten, in denen in Form einer „Selbstvorstellungsformel" das Pneuma durch den Mund des Propheten[66] spricht:[67]

Epiphanius, *Pan. haer.* 48,4,1:[68]
ἰδού, ὁ ἄνθρωπος ὡσεὶ λύρα,
κἀγὼ ἐφίπταμαι ὡσεὶ πλῆκτρον,
ὁ ἄνθρωπος κοιμᾶται,
κἀγὼ γρηγορῶ.
ἰδού, κύριός ἐστιν ὁ ἐξιστάνων καρδίας ἀνθρώπων
καὶ διδοὺς καρδίαν ἀνθρώποις ...

Epiphanius, *Pan. haer.* 48,11,1:
κύριος ὁ θεὸς ὁ παντοκράτωρ καταγινόμενος ἐν ἀνθρώπῳ ...

Epiphanius, *Pan. haer.* 48,11,9:
οὔτε ἄγγελος οὔτε πρέσβυς,
ἀλλ' ἐγὼ κύριος ὁ θεὸς πατὴρ ἦλθον.

Daß der Anspruch, der hinter diesen Worten steht und aus ihnen aufklingt, bei großkirchlichen Kreisen selbstverständlich als unerhörte Neuerung aufgefaßt werden mußte,[69] deutet reflexartig noch ein Wort der Maximilla an (Euseb, *H.e.* 5,16,17):

διώκομαι ὡς λύκος ἐκ προβάτων.
οὐκ εἰμὶ λύκος.

---

[66] E. R. Dodds, *Pagan and Christian in an Age of Anxiety. Some Aspects of Religious Experience from Marcus Aurelius to Constantine* (Cambridge 1965) 64: „Montanus was not claiming to be God ... it was the alien voice which made the claim. And it made it in traditional terms..." Vgl. auch Schneemelcher, Apokalyptische Prophetie, 487.

[67] Einen Einblick in die sich daraus ergebende psychische Konstitution des Redenden gewährt das Logion der Maximilla (Epiphanius, *Pan. haer.* 48,13,1): ἀπέστειλέ με κύριος τούτου τοῦ πόνου καὶ τῆς συνθήκης καὶ τῆς ἐπαγγελίας αἱρετίστην, μηνυτήν, ἑρμηνευτήν, ἠναγκασμένον, θέλοντα καὶ μὴ θέλοντα, μαθεῖν γνῶσιν θεοῦ. Vgl. dazu Zahn, *Geschichte*, 965f. 1966: „Selbst gezwungen von der höheren Macht, deren Bote und Theil er ist, zwingt der Paraklet andrerseits Wollende und Nichtwollende, die Erkenntnis Gottes zu lernen. Kräftiger konnte der gewaltsame Charakter dieser Offenbarung kaum ausgesprochen werden ..."

[68] Zur Traditionsgeschichte dieses Motivs, das entgegen dem ersten Anschein durchaus keine singuläre Topik enthält, vgl. H. Paulsen, *Überlieferung und Auslegung im Römer 8*, WMANT 43 (Neukirchen-Vluyn 1974) 124f. (Lit.); siehe auch L. W. Barnard, The philosophical and biblical background of Athenagoras, in: *Epektasis*, Festschr. J. Daniélou (Paris 1972) 3–16, S. 16.

[69] Insofern spiegeln Äußerungen, wie sie sich bei Hilgenfeld finden (vgl. z.B. *Ketzergeschichte*, 596: „Die neue Prophetie wollte keineswegs bloss Reaction sein, sondern gar ein Fortschritt über das apostolische Christenthum und musste mit dem Kirchenamte ... von vorn herein in Widerstreit gerathen"), zu einem guten Teil die Auffassung der Gegner des Montanismus.

ῥῆμά εἰμι καὶ πνεῦμα καὶ δύναμις.

Der Topik der Ketzerbestreitung[70] wird antithetisch die Anwesenheit der Offenbarung im Propheten gegenübergestellt:[71]

ῥῆμά εἰμι καὶ πνεῦμα καὶ δύναμις.

Denn für die montanistischen Propheten steht ja nicht ein eigener Anspruch zur Diskussion, vielmehr gilt:[72]

ἐμοῦ μὴ ἀκούσητε, ἀλλὰ Χριστοῦ ἀκούσατε.

So wenig nun freilich zu bestreiten ist, daß die Forderung solcher Worte[73] ein Genuinum des Montanismus[74] bezeichnet[75] und deshalb für eine Beurteilung seiner geschichtlichen Rolle von eminenter Bedeutung ist,[76] entscheidend bleibt doch, daß für den Montanismus selbst damit kein Gegensatz zu den Texten der urchristlichen Tradition markiert werden soll,[77] vielmehr nur die nicht unterbrochene Verbindung zu ihr

---

[70] Die Terminologie des Wortes erinnert deutlich an die Warnung vor den falschen Propheten, die auch sonst häufig anzutreffen ist (ausgehend von Mt 7,15 bzw. Apg 20,29); vgl. G. W. H. Lampe, „Grievous Wolves" (Acts 20:29), in: *Christ and Spirit in the New Testament*, Festschr. C. F. D. Moule (Cambridge 1973) 253–268. Vgl. Euseb, *H.e.* 5,16,8.

[71] Man wird unschwer begreifen können, wie sehr die Gabe der διάκρισις τῶν πνευμάτων gegenüber einem solchen Offenbarungsanspruch versagen mußte; die Ausführungen bei Euseb, *H.e.* 5,16,17 kaschieren diesen Tatbestand nur notdürftig.

[72] Epiphanius, *Pan. haer.* 48,12,4.

[73] Formal gehört zu diesen Worten auch der Ausspruch bei Didymus, *De trinitate* 3,41,1; vgl. G. Ficker, Die Widerlegung eines Montanisten, *ZKG* 26 (1905) 446–463, S.452: Ἐγώ εἰμι ὁ πατὴρ καὶ ὁ υἱὸς καὶ ὁ παράκλητος. Die Echtheit dieses Wortes ist allerdings höchst unwahrscheinlich; vgl. zur Analyse vor allem de Labriolle, *Crise*, 38ff.

[74] Dabei wird man nicht ausschließen können, daß diese ja nur von den Antimontanisten tradierte Gattung von Worten gerade wegen ihres Anspruchs mit Vorliebe von ihnen reproduziert wurde. Auf der anderen Seite bestätigen die erhaltenen ethischen Ermahnungen des Montanismus aber doch die herausragende Stellung dieser „Selbstvorstellungsformeln": sie bedürfen ihrer als grundlegender Prämisse.

[75] Insofern wäre das historische Urteil Harnacks zutreffend (*Lehrbuch der Dogmengeschichte*, Bd. 1 [Tübingen⁵1931] 430, Anm. 2): „Es geht nicht an, Montanus und seine beiden Genossinnen einfach auf eine Stufe mit den altchristlichen Gemeindepropheten zu stellen. Der Anspruch, dass sich in ihnen das Göttliche in einzigartiger Weise herabgelassen habe, muss von ihnen selbst unmissverständlich deutlich erhoben worden sein." Dennoch bleibt zu diskutieren, ob ein solcher Anspruch nicht auch von den altchristlichen Gemeindepropheten gefordert wurde.

[76] Vgl. dazu S. 21f.

[77] In diesem Zusammenhang findet sich dann auch der Gedanke einer Prophetendiadoche; vgl. Euseb, *H.e.* 5,17,4 (der antimontanistische „Anonymus"): εἰ γὰρ μετὰ Κοδρᾶτον καὶ τὴν ἐν Φιλαδελφίᾳ Ἀμμίαν, ὥς φασιν, αἱ περὶ Μοντανὸν διεδέξαντο γυναῖκες τὸ προφητικὸν χάρισμα, τοὺς ἀπὸ Μοντανοῦ καὶ τῶν γυναικῶν τίνες παρ᾽ αὐτοῖς διεδέξαντο δειξάτωσαν. Der Nachsatz, der das Erlöschen des prophetischen Charismas auch bei den Montanisten selbst dokumentieren soll, mag

bezeichnet wird.[78] Gilt dies, so erweisen sich dann aber auch die Charakterisierungen anderer montanistischer Texte[79] durch die Großkirche als Polemik, und den Behauptungen Th. Zahns hinsichtlich des Anspruchs montanistischer Texte als eines „neuesten Testaments" ist jeglicher Grund entzogen.[80]

II

Diese sich zunächst ergebenden Beobachtungen einer geringen Bedeutung des neutestamentlichen Kanons, die sich bei einer Analyse der montanistischen Auseinandersetzungen nahelegen, könnten zu dem Schluß verleiten, das gesamte Problem des Kanons und der Kanonisierung habe in diesem Konflikt keine erhebliche Rolle gespielt.[81] Dies jedoch

---

hier auf sich beruhen; entscheidend ist, daß der Verweis auf die Prophetendiadoche (vgl. auch die vollständigere Liste bei Euseb, *H.e.* 5,17,3) Ausdruck des Bewußtseins historischer Kontinuität ist. Erwägen muß man allerdings, ob die Nötigung zu einem solchen Motiv nicht sekundär ist, ob also der montanistische Rekurs auf die Prophetendiadoche nicht Antwort auf die kirchliche Bestreitung solcher Kontinuität sein soll. Das Thema bedürfte einer Untersuchung, wobei auch der von Zahn edierte Text zu berücksichtigen wäre: Th. Zahn, Ein Kompendium der biblischen Prophetie aus der afrikanischen Kirche um 305–325, in: *Geschichtliche Studien*, Festschr. A. Hauck (Leipzig 1916) 52–63.

[78] Daß dies nicht abwegig ist, zeigt auch die Mühelosigkeit, mit der sich diese Worte in eine Traditionsgeschichte der urchristlichen Prophetie einordnen lassen; vgl. dazu H. Kraft, Prophetie.

[79] Das gilt vor allem von dem Brief des Themison; vgl. Euseb, *H.e.* 5,18,5: ἔτι δὲ καὶ Θεμίσων ... ὡς μάρτυς καυχώμενος ἐτόλμησεν, μιμούμενος τὸν ἀπόστολον, καθολικήν τινα συνταξάμενος ἐπιστολὴν κατηχεῖν μὲν τοὺς ἄμεινον αὐτοῦ πεπιστευκότας, συναγωνίζεσθαι δὲ τοῖς τῆς κενοφωνίας λόγοις, βλασφημῆσαι δὲ εἰς τὸν κύριον καὶ τοὺς ἀποστόλους ... Vgl. dazu T. Barns, The Catholic Epistles of Themison: a Study in 1 and 2 Peter, *The Expositor* VI, 8.9 (1903) 40–62; 369–393; A. F. Walls, The Montanist „Catholic Epistle" and its New Testament Prototype, *Studia Evangelica* 3, TU 88 (Berlin 1964) 437–443; von Campenhausen, *Entstehung*, 266. Mit von Campenhausen ist dabei anzunehmen, daß unter dem nachgeahmten ἀπόστολος Paulus zu verstehen ist. Solche Charakterisierung bezweckt, das Schreiben des Themison in eine Antithese zu einem neutestamentlichen Text zu rücken. Zu bedenken bleibt demgegenüber, daß der Brief des Themison für seine Zeit durchaus nichts Ungewöhnliches bedeuten muß. Vgl. von Campenhausen, *Entstehung*, 267: „Tatsächlich bedeutet die Versendung und hohe Schätzung geistlicher Mahnschreiben und Berichte keine Neuerung und entsprach einer auch sonst geübten Praxis."

[80] Von Campenhausen, *Entstehung*, 265: „Aber nirgends hören wir, daß diese Schriften (*scil.* des Montanismus) als ein „neues Evangelium" bezeichnet, als „Schrift" zitiert oder gar als ein dritter Teil mit der alten Bibel zu einem neuen, montanistischen Kanon vereinigt worden wären ... Die eigentliche Autorität, auf die man sich im montanistischen Lager berief, war kein neuer Kanon, sondern der Geist und seine „Gaben", deren Anerkennung von der katholischen Kirche verlangt wurde."

[81] So als Frage von G. Strecker im Nachtrag zu W. Bauer, *Rechtgläubigkeit und*

trifft nicht zu: Schon die Frage nach dem inhaltlichen Anspruch der montanistischen Texte hatte ja ergeben, daß das Problem einer exklusiven Normativität vergangener Tradition zunehmend an Bedeutung gewinnt; damit aber ist zugleich auch ein wichtiger Aspekt in der Herausbildung des Kanons angesprochen.[82] Erneut läßt sich die älteste Polemik gegen den Montanismus heranziehen, die wichtige, indirekte Kriterien zur Analyse des Problems bietet. So erscheint es nicht als zufällig, daß der antimontanistische Anonymus am Beginn seiner Streitschrift in überraschender Weise die Scheu expliziert, überhaupt etwas gegen seinen Gegner zu schreiben:[83]

Ἐκ πλείστου ὅσου καὶ ἱκανωτάτου χρόνου, ἀγαπητὲ Ἀυίρκιε Μάρκελλε, ἐπιταχθεὶς ὑπὸ σοῦ συγγράψαι τινὰ λόγον εἰς τὴν τῶν κατὰ Μιλτιάδην λεγομένων αἵρεσιν, ἐφεκτικώτερόν πως μέχρι νῦν διεκείμην, οὐκ ἀπορίᾳ τοῦ δύνασθαι ἐλέγχειν μέν τὸ ψεῦδος, μαρτυρεῖν δὲ τῇ ἀληθείᾳ, δεδιὼς δὲ καὶ ἐξευλαβούμενος μή πη δόξω τισὶν ἐπισυγγράφειν ἢ ἐπιδιατάσσεσθαι τῷ τῆς τοῦ εὐαγγελίου καινῆς διαθήκης λόγῳ, ᾧ μήτε προσθεῖναι μήτε ἀφελεῖν δυνατὸν τῷ κατὰ εὐαγγέλιον αὐτὸ πολιτεύεσθαι προῃρημένῳ.

Läßt man einmal die sich aus der Natur eines Proömiums ergebenden Floskeln beiseite,[84] so dokumentiert der Text trotz all seinen Übertreibungen die Neigung gegenüber dem Montanismus einzig und allein einen bestimmten Ausschnitt aus der Tradition als normativ zu erklären und alle nachgeordnete Überlieferung prinzipiell zu abrogieren.[85] Die hieraus resultierende, absurde Konsequenz eines totalen Schweigens zeigt

---

Ketzerei, 303: „Ist in der Tat die Auseinandersetzung mit dem Montanismus für die Entstehung des neutestamentlichen Kanons von entscheidender Bedeutung gewesen?"

[82]   Wenn Harnack in seiner Auseinandersetzung mit Th. Zahn gerade diesen Punkt der Exklusivität immer wieder in den Vordergrund gerückt hat, so trifft dies ohne jeden Zweifel zu; nur darf solche Erkenntnis nicht dazu führen, die faktische Geltung der im Kanon enthaltenen Texte auch bei den Montanisten zu bestreiten.

[83]   Euseb, *H.e.* 5,16,3.

[84]   Der Ἀυίρκιος Μάρκελλος der Widmung dürfte identisch sein mit dem Aberkios der bekannten Inschrift; vgl. zum Ganzen Th. Zahn, *Paralipomena*, FGNK V,1 (Erlangen–Leipzig 1893) 57ff.; L. Duchesne, Abercius Marcellus et le Christianisme en Phrygie au temps de Septime-Sévère, *Revue des Questions Historiques* 34 (1883) 26–33.

[85]   Besonders nachdrücklich wird dies natürlich durch die Verwendung des bekannten Topos vom μήτε προσθεῖναι μήτε ἀφελεῖν belegt; vgl. dazu A. Resch, *Agrapha. Aussercanonische Schriftfragmente*, TU 30, 1/2 (Leipzig ²1906) 188; Windisch, Apokalyptiker, 148ff.; van Unnik, Règle, 1ff. (dort eine umfassende Zusammenstellung der relevanten Texte).

doch zugleich, daß „... die grundsätzliche Notwendigkeit eines „geschlossenen" Kanons... begriffen"[86] ist.

Es muß also beachtet werden – und dies deuten auch schon die Worte des „Anonymus" an[87] –, daß es in der Antithese von Montanismus und Großkirche über das Problem des Kanons hinaus um die weitaus grundsätzlichere Frage nach der Funktion und der Bedeutung von geschichtlicher Überlieferung, ihrer Abgeschlossenheit und ihrem Verhältnis zu gegenwärtiger Offenbarung geht.[88] Innerhalb dieses Gesamtkomplexes bezeichnet das Problem des Kanons nur einen (vielleicht nicht einmal den entscheidenden) Teilbereich: Ausgangspunkt für eine geschichtliche Analyse dieser prinzipiellen Frage in der Entstehung des Montanismus kann dabei die Beobachtung sein, daß die phrygische Bewegung in ihrem ersten Stadium durchweg und nahezu ausschließlich „kirchliche" Überlieferung artikuliert.[89] Ist insofern das Problem nur lösbar, wenn jene Kriterien mitbedacht werden, die dem Montanismus seine ihm eigentümliche Gestalt verleihen,[90] so bestätigt sich durchaus,

---

[86] Von Campenhausen, *Entstehung*, 270.

[87] Selbst das τῆς τοῦ εὐαγγελίου καινῆς διαθήκης des Textes ist deshalb nicht einmal eindeutig auf schriftliche Texte zu beziehen. Vgl. von Unnik, Ἡ καινὴ διαθήκη, 217f.: „On the one hand it seems as though he speaks about a closed number of sacred books, but this list is not yet water-tight, because there could be a chance that his own book would be reckoned with it." Vgl. auch die Anm.: „Not as a book, but as the message of salvation."

[88] Vgl. Harnack, *Entstehung*, 25, Anm.1.

[89] Auch beim Montanismus bewährt sich so durchweg die Hypothese W. Bauers, daß die Häresie der Orthodoxie oft voraufgegangen ist; sie tut dies im Falle des Montanismus, weil sie an Teilen kirchlicher Überlieferung festhält, die von der Großkirche als „häretisch" ausgeschieden werden.

[90] Zur Charakterisierung des Montanismus vgl. vor allem F. C. A. Schwegler, *Der Montanismus und die christliche Kirche des zweiten Jahrhunderts* (Tübingen 1841); F. C. Baur, Das Wesen des Montanismus nach den neuesten Forschungen, *Theologische Jahrbücher* 10 (1851) 538–594; A. Ritschl, *Die Entstehung der altkatholischen Kirche. Eine kirchen- und dogmengeschichtliche Monographie* (Bonn ²1857) 462ff.; Harnack, Muratorisches Fragment, 372ff.; Bonwetsch, *Montanismus*; Harnack, *Dogmengeschichte*, I, 386ff.; W. Belck, *Geschichte des Montanismus, seine Entstehungsursachen, Ziel und Wesen, sowie kurze Darstellung und Kritik der wichtigsten darüber aufgestellten Ansichten* (Leipzig 1883); Hilgenfeld, *Ketzergeschichte*, 560ff.; E. C. Selwyn, *The Christian Prophets and the Prophetic Apocalypse* (London 1900); A. Harnack, *Das Mönchtum, seine Ideale und seine Geschichte.* (Giessen ⁶1903) 12ff.; F. Loofs, *Leitfaden zum Studium der Dogmengeschichte* (Halle ⁴1906) 172ff.; H. J. Lawlor, The Heresy of the Phrygians, in: *Eusebiana* (Oxford 1912) 108–135; Faggiotto, *L'eresia dei Frigi*; Schepelern, *Montanismus*; Bauer, *Rechtgläubigkeit und Ketzerei*, 136ff.; Kraft, *Prophetie*, 249ff.; Aland, *Bemerkungen*, 105ff.; J. Pelikan, Montanism and its Trinitarian Significance, *Church History* 25 (1956) 99–109; H. von Campenhausen, *Kirchliches Amt und geistliche Vollmacht in den ersten drei Jahrhunderten*, BHTh 14 (Tübingen ²1963)

daß er keine Novität darstellt, [91] sondern in allen entscheidenden Punkten originäre Überlieferung repräsentiert. [92] Hat man sich erst einmal von dem Zwang befreit, den Montanismus als innovatorische Häresie zu verstehen, so wird man weder in seiner Eschatologie, noch in dem Insistieren auf der Prophetie, weder in den ethischen Mahnungen, noch in der Gemeindeverfassung a priori neuartige Züge und Motive erkennen können.

Daß die Eschatologie [93] innerhalb des Montanismus eine besonders herausragende Stellung einnimmt, zeigt bereits das Logion Epiphan., _Pan. haer._ 49,1:

ἐν ἰδέᾳ ... γυναικὸς ἐσχηματισμένος ἐν στολῇ λαμπρᾷ ἦλθε πρός με Χριστός, καὶ ἐνέβαλεν ἐν ἐμοὶ τὴν σοφίαν, καὶ ἀπεκάλυψέ μοι τουτονὶ τὸν τόπον εἶναι ἅγιον, καὶ ὧδε τὴν Ἱερουσαλὴμ ἐκ τοῦ οὐρανοῦ κατιέναι ...

Nimmt man die Nachricht bei Euseb, _H.e._ 5,18,2 hinzu, so zeigt sich, daß die Montanisten die Herabkunft des himmlischen Jerusalems [94] erwartet haben. In diesem Kontext ist auch der Hinweis auf den Entstehungsort der Bewegung bei Euseb, _H.e._ 5,16,7 zu sehen:

κώμη τις εἶναι λέγεται ἐν τῇ κατὰ τὴν Φρυγίαν Μυσίᾳ καλουμένῃ Ἀρδαβαῦ τοὔνομα.

Mit E. Preuschen [95] ist zur Erklärung des Ortsnamens auf 4. Esra 9,26 [96] zu verweisen; der apokalyptische Geheimname des 4. Esra wird so durch den Montanismus rezipiert [97] und lokalisiert die Herabkunft des himmlischen Jerusalems. [98] Sicher wird

---

198ff.; G. Jossa, _La teologia della storia nel pensiero cristiano del secondo secolo_ (Napoli 1965) 237ff.; J. M, Ford, Was Montanism a Jewish-Christian Heresy? _JEH_ 17 (1966) 145–158; J. M. Ford, A Note on Proto-Montanism in the Pastoral Epistles, _NTSt_ 17 (1970/71) 338–346; C. Andresen, _Kirchen der alten Christenheit_, 110ff. 272ff. D. Powell, Tertullianists and Cataphrygians, _Vig. Chr._ 29 (1975) 33–54. Grundlegend für alle Fragen des Montanismus nach wie vor de Labriolle, _Crise._

[91]   Anders z.B. Belck, _Geschichte_, 52: „Der Grundcharakter des Montanismus ist also nicht eine reaktionäre oder auch nur konservative Tendenz, sondern eine fortschrittliche ..."

[92]   Bonwetsch, _Montanismus_, 138: „Man wird nicht irre gehen, wenn man gerade dadurch, dass so die Kirche festen Fuss in der Welt zu fassen begann, den Montanismus hervorgerufen sieht. Indem er dagegen ankämpft, ist er Reaktion und vertritt die bisherige Form des Christentums." Vgl. auch Loofs, _Leitfaden_, 172.

[93]   Vor allem der Gesamtinterpretation Bonwetschs liegt die Einsicht in die zentrale Rolle der Eschatologie zugrunde; vgl. z.B. S. 135: „Unzweifelhaft erklärt sich die neue Prophetie mit allen ihrer Forderungen und Ordnungen vortrefflich von der einmal gewonnenen Überzeugung aus, dass das Ende herangekommen sei. So das neue Prophetentum selbst mit seiner Verkündigung dieses Weltendes, verbunden mit dem Widerspruch gegen einen abgeschlossenen Kanon, welcher eine längere Entwikklung der Kirche bis zur Wiederkunft Christi zur Voraussetzung hat. Ferner alle die gegen das Einleben in der Welt gerichteten Bestimmungen des Parakleten ..." Zur montanistischen Eschatologie vgl. daneben noch Kraft, Prophetie, 257ff.

[94]   Vgl. zum Folgenden Kraft, Prophetie, 260ff.

[95]   E. Preuschen, Ardaf IV Esra 9,26 und der Montanismus, _ZNW_ 1 (1900) 265–266.

[96]   4. Esra 9,26: _Et profectus sum, sicut dixit mihi, in campum quod vocatur Ardat, et sedi ibi in floribus et de herbis agri manducavi et facta est esca earum mihi in saturitatem. Et factum est post dies septem, et ego discumbebam supra faenum et cor meum iterum_

man solcher Erwartung eine gewisse Singularität zubilligen müssen;[99] bedenkt man
jedoch, in welchem Ausmaß z.B. der Chiliasmus in Kleinasien verbreitet gewesen ist
(gerade in der Verbindung mit einer ausgeprägten Eschatologie),[100] so kann man den
montanistischen Auffassungen einen deutlichen Konnex mit älteren, kirchlichen
Traditionen durchaus nicht absprechen.[101]
Nicht anders verhält es sich mit der Prophetie, die ebenfalls in ihren wesentlichen
Momenten[102] tief im Urchristentum[103] verwurzelt ist.[104] Der anklagende Verweis

---

turbabatur sicut et ante (ed. R. Weber II, 1954); vgl. auch noch 13,43ff. Von Interesse
ist dabei, in welchem Ausmaß in der handschriftlichen Überlieferung der Name
variiert (vgl. die Einzelnachweise bei B. Violet, *Die Esra-Apokalypse*, GCS [Leipzig
1910] z. St.).

[97]   Vgl. auch W. W. Reader, *Die Stadt Gottes in der Johannesapokalypse*, Diss. theol.
(Göttingen 1971) 5f. Seine Bestreitung eines Zusammenhanges der montanistischen
Bezeichnung mit 4. Esra 9,26 (a.a.O., Anm. 7 auf S. 283) ist ohne Wahrscheinlichkeit.

[98]   Kraft, a.a.O., 260f. hat zur Erläuterung noch auf Hippolyt, *In Danielem* 4,18f.
verwiesen und dann das Ardabau (Ardab) als eschatologische Wüste (Araba) und damit
als Stätte des Offenbarungsempfanges interpretiert. Das ist nicht unmöglich, zumal
auch in 4. Esra 9,26 die Szenerie des Offenbarungsempfanges anklingt. Auch der
Verweis auf die Bezeichnung des obersten Himmels mit „Araboth" in der rabbinischen
Literatur liegt nahe; vgl. dazu W. Lueken, *Michael* (Göttingen 1898) 31. 40; H. Bietenhard, *Die himmlische Welt im Urchristentum und Spätjudentum*, WUNT 2 (Tübingen
1951) 8ff. Zweifelhaft bleibt ein Zusammenhang mit der altkirchlichen Legende, daß
bei Apamea in Phrygien der Ararat liege (wenn auch ein Einfluß auf die handschriftliche
Überlieferung von 4. Esra 9,26 nicht ausgeschlossen werden kann); vgl. dazu E. Schürer,
Die Prophetin Isabel in Thyatira. Offenb. Joh. 2,20, in: *Theologische Abhandlungen*,
Festschr. C. von Weizsäcker (Freiburg 1892) 37–58, S. 53f.

[99]   Obwohl gerade die Vorstellung vom himmlischen Jerusalem bereits eine lange
Geschichte schon im nachalttestamentlichen Judentum und dann im Urchristentum
gehabt hat. Erneut gilt es, den traditionsgeschichtlichen Zusammenhang von Montanismus und johanneischer Apokalypse zu beachten; vgl. Zahn, *Geschichte*, I, 205ff.
Siehe auch Aland, Bemerkungen, 131: „Soviel über die Übereinstimmungen zwischen
neutestamentlicher und montanistischer Enderwartung. Sie sind an und für sich erstaunlich zahlreich ... Und zwar besteht eine besonders enge Beziehung des Montanismus zu zwei neutestamentlichen Schriften: dem Johannesevangelium und der Apokalypse."

[100]   Vgl. dazu vor allem Aland, Bemerkungen, 126ff.

[101]   Bonwetsch, *Montanismus*, 76: „... so bekräftigt hinsichtlich der ganzen Eschatologie die neue Prophetie im Wesentlichen nur die kirchliche Lehre."

[102]   Leider fehlt immer noch eine umfassende historische Analyse urchristlicher
Prophetie; Ansätze dazu jetzt bei U. B. Müller, *Prophetie und Predigt im Neuen Testa-
ment. Formgeschichtliche Untersuchungen zur urchristlichen Prophetie*, Studien zum
Neuen Testament 10 (Gütersloh 1975); G. Dautzenberg, *Urchristliche Prophetie. Ihre
Erforschung, ihre Voraussetzungen im Judentum und ihre Struktur im ersten Korintherbrief*, BWANT VI,4 [104] (Stuttgart 1975). Aus der älteren Lit. vgl. vor allem N.
Bonwetsch, Die Prophetie im apostolischen und nachapostolischen Zeitalter, *ZKWL* 5
(1884) 408–424; 460–477; E. Lombard, *De la glossolalie chez les premiers Chrétiens et
des phénomènes similaires*, Thèse Neuchatel (Lausanne 1910). Zum Ganzen siehe auch
H. Weinel, *Die Wirkungen des Geistes und der Geister im nachapostolischen Zeitalter bis
auf Irenäus* (Freiburg–Leipzig–Tübingen 1899).

[103]   Dabei zielt die montanistische Prophetie – nicht anders als alle urchristliche

auf die ekstatische Form montanistischer Prophetie, wie ihn vor allem die von Epiphanius tradierte Polemik artikuliert, versucht deshalb künstlich zu trennen, was originär zusammengehörte.[105]

Greift so der Montanismus durchweg[106] auf kirchliche Überlieferung zurück,[107] so wird dies zugleich auch bestätigt durch seine engen, traditionsgeschichtlichen Verbindungen mit Texten wie der Didache,[108] dem Hirten des Hermas,[109] oder sogar den Oden Salomos.[110] Vor allem aber wird dies nachhaltig durch das Eingeständnis bewiesen, daß montanistische Lehre durchaus orthodox ist.[111] Trifft dies alles zu, so bleibt doch „...eine Frage unbeantwortet, die nur um so mehr sich aufdringt, je

---

Prophetie – auf Verständlichkeit; deshalb ist die Annahme A. Hilgenfelds (*Die Glossolalie in der alten Kirche in dem Zusammenhang der Geistesgaben und des Geisteslebens des alten Christenthums* [Leipzig 1850] 126), es läge in ihr nur die ἑρμηνεία vor, nicht mehr als ein Ausweg (vgl. dagegen bereits Ritschl, *Altkatholische Kirche*, 474ff.). Daß deshalb im Montanismus alle Glossolalie gefehlt habe, braucht darum gewiß nicht angenommen zu werden.

[104] Vgl. Lombard, *Glossolalie*, 189ff.; Kraft, *Prophetie*.

[105] Unbefriedigend (weil diese künstliche Differenz zwischen christlicher und nichtchristlicher Prophetie beibehalten wird) H. Bacht, Die prophetische Inspiration in der kirchlichen Reflexion der vormontanistischen Zeit, *ThQ* 125 (1944) 1–18; H. Bacht, Wahres und falsches Prophetentum. Ein kritischer Beitrag zur religionsgeschichtlichen Behandlung des frühen Christentums, *Bibl* 32 (1951) 237–262.

[106] Dies ließe sich übrigens nicht nur im Blick auf Eschatologie und Prophetie zeigen, sondern trifft auch auf Paränese und Verfassungsverhältnisse zu.

[107] Früher nicht selten anzutreffende Versuche, den genuinen Charakter des Montanismus auf seine phrygische Herkunft zurückzuführen, dürften seit den religionsgeschichtlichen Analysen Schepelerns wohl endgültig der Vergangenheit angehören.

[108] Vgl. dazu z.B. H. Connolly, The Didache and Montanism, *Downside Review* 55 (1937) 339–347.

[109] Dazu siehe Bonwetsch, *Montanismus*, 200ff.; seine Zusammenfassung läßt sich nach wie vor vertreten (S. 210): „Die Verwandtschaft zwischen dem Hirten und dem Montanismus besteht in dem beiden gemeinsamen Bestreben um Herstellung wahren Christentums, aber entsprechend nicht nur der veränderten Zeitlage, sondern auch ihren trotz der oben angedeuteten Berührungspunkte differirenden Anschauungen haben beide dies Ziel in verschiedener Weise zu erreichen gesucht."

[110] Vgl. F. C. Conybeare, The Odes of Solomon Montanist, *ZNW* 12 (1911) 70–75; S. A. Fries, Die Oden Salomos. Montanistische Lieder aus dem 2. Jahrhundert, *ZNW* 12 (1911) 108–125. Auch an die traditionsgeschichtlichen Verbindungslinien zur Theologie des Irenäus und den Märtyrern von Lyon wäre zu erinnern; zu Athenagoras vgl. Barnard, *Athenagoras*, 15.

[111] Selbst Hippolyt (*Refut. haer.* 8,19) verweist nur auf Neuerungen im Bereich der Praxis: οὗτοι τὸν μὲν πατέρα τῶν ὅλων θεὸν καὶ πάντων κτίστην ὁμοίως τῇ ἐκκλησίᾳ ὁμολογοῦσι καὶ ὅσα τὸ εὐαγγέλιον περὶ τοῦ Χριστοῦ μαρτυρεῖ, καινίζουσι δὲ νηστείας καὶ ἑορτὰς καὶ ξηροφαγίας καὶ ῥαφανοφαγίας φάσκοντες ὑπὸ τῶν γυναίων δεδιδάχθαι. Wieweit der sich anschließende Hinweis auf Beziehungen zu den Noetianer zutrifft, ist nicht mehr zu entscheiden; er gilt, wenn überhaupt, nur für eine spätere Zeit des Montanismus.

weiter und beziehungsreicher der geschichtliche Zusammenhang ist, in
welchen wir hier den Montanismus hineingestellt sehen. Er hat überall
seine Anknüpfungspunkte und Verwandtschaftselemente, seine Parallelen
und Analogien, aber was ist er denn für sich?…warum haben alle diese
Elemente gerade im Montanismus sich so zusammengeschlossen, daß
aus ihnen ein neues Product entstanden ist?"[112] Sicher wird man bei der
Beantwortung dieser entscheidenden Frage erneut auf die Rolle der
Eschatologie,[113] auf den Charakter der Auseinandersetzung über die
Verfassung der Gemeinden,[114] vor allem aber auf den zentralen Charak-
ter der Prophetie[115] verweisen müssen;[116] das von F. C. Baur ange-
sprochene Problem[117] ist damit zentral jedoch noch nicht aufgehoben.
Dies gilt umso mehr, wenn man sich die Traditionalität aller Elemente des
Montanismus immer wieder vor Augen führt.[118] Auch die Folgerung

---

[112]   F. C. Baur, Montanismus, 548; Baur setzt sich in diesem Zusammenhang mit der
Untersuchung seines Schülers Schwegler (und der Kritik, die sie bei A. Ritschl gefunden
hatte,) auseinander.

[113]   So vor allem Bonwetsch, *Montanismus*.

[114]   Vgl. dazu in erster Linie A. Ritschl, *Altkatholische Kirche*, 519.

[115]   Das bedeutet gewiß nicht, den anderen Aspekten des Montanismus ihr Recht
und ihre Bedeutung bestreiten zu wollen. Aber es geht auch nicht an, mit Bonwetsch
(*Montanismus*, 135) die Prophetie nur als Derivat der Eschatologie zu verstehen; vgl.
Schneemelcher, Apokalyptische Prophetie, 487f.: „Im ganzen also wird man den
Montanismus als eine Restauration urchristlicher Prophetie verstehen müssen, wobei
die apokalyptische Vorstellungswelt zurücktritt."

[116]   Diese zentrale Stellung der Prophetie ergibt sich auch aus der Analyse der
montanistischen Worte; wird bedacht, daß die „Selbstvorstellungsformeln" im Mittelpunkt stehen (vgl. S. 30ff.), so belegt dieser Punkt, auf den sich das montanistische
Selbstverständnis stützte, erneut die überragende Funktion der Prophetie. Es darf auch
nicht übersehen werden, daß die frühe Auseinandersetzung mit dem Montanismus
gerade diesen Aspekt zum Ziel ihrer Polemik nahm; vgl. Overbeck, *Geschichte des
Kanons*, 111f.: „Worauf es den kirchlichen Gegnern des Montanismus ankam, war die
christliche Prophetie todtzuschlagen, d.h. ihr alle Gegenwärtigkeit und fernere Fortdauer zu nehmen. Wenn das nun mit einem Argument geschah, welches überhaupt und
für alle Vergangenheit, also auch für die Apostelzeit, christlicher Prophetie das Recht
auf Existenz absprach, so war das mehr als gerade zu kümmern brauchte. Los war man
was man los sein wollte, ob nun aber der Tod der Prophetie vor mehr als einem Jahrhundert ein Menschenalter früher oder später angesetzt wurde, das war eine Schul-
frage…"

[117]   Vgl. auch S. 548 (in Auseinandersetzung mit den Thesen Schweglers): „Diese
Frage ist durch die Zusammenstellung des Montanismus mit dem Ebionitismus oder
Judenchristenthum noch nicht beantwortet, man sieht ihm, je unpersönlicher er erscheint und je allgemeiner und abstrakter die Beziehungen sind, die man ihm gibt, noch
nicht tief genug in den innern Mittelpunkt seines Ursprungs und concreten Daseins
hinein."

[118]   Eine überlieferungsgeschichtliche Festlegung des Montanismus auf einen Strom
der urchristlichen Traditionsgeschichte bleibt jedenfalls mit Schwierigkeiten belastet.

F. C. Baurs ist dann nicht zu vermeiden: „Dass aber der Montanismus im Gegensatz gegen ein starres Festhalten am Traditionellen das Princip des Fortschritts und der freien Entwicklung des kirchlichen Lebens geltend gemacht habe, ist eine Behauptung, die sich zwar scheinbar auf die montanistische Idee eines stufenmässigen Fortschreitens stützt, in Ansehung welcher sich aber ein ganz anderes Resultat ergibt, so bald man von dem Standpunkt einer allgemeinen geschichtlichen Betrachtung aus die Frage untersucht, auf welcher Seite das Princip der Bewegung und des Fortschritts gewesen sei, auf der Seite der Montanisten oder auf der ihrer Gegner.“[119] Es bestätigt sich so das Wort der *Acta Achatii* von den *...homines religionis antiquae*,[120] der Montanismus ist in der Tat eine im wesentlichen nach rückwärts gerichtete Bewegung, er ist – wenn man will – „reaktionär“.[121] Diese stereotyp in der Forschung wiederkehrende Charakterisierung muß nicht notwendig in die Irre führen, sofern sie mit F. C. Baur nur dialektisch begriffen wird; sie kann in der Tat veranschaulichen, daß der Montanismus in seinem Insistieren auf überlieferten Traditionen die erste jener Bewegungen ist, die sich anschicken, die Großkirche von der orthodoxen Seite her zu überholen.[122] Dabei wird aller-

---

Das gilt auch von dem Versuch J. M. Fords (Montanism a Jewish-Christian Heresy, 145ff.; Proto-Montanism, 338ff.), einen engen Zusammenhang mit dem Judenchristentum zu erweisen. Die Kritik F. C. Baurs an Schwegler, der Ähnliches vorschlug, behält demgegenüber ihr Recht. Trotz der traditionsgeschichtlichen Berührungen mit der Apokalypse ist ein Zusammenhang des Montanismus mit dem gesamten Spektrum der urchristlichen Überlieferung anzunehmen; das erklärt nicht nur die Gefährlichkeit dieser Bewegung für die Großkirche, sondern auch die grundsätzliche Bedeutung der Kanonfrage.

[119]   F. C. Baur, Montanismus, 551. Vgl. auch S. 561: „Der Montanismus liegt mit Einem Worte auf dem Uebergang aus der Periode des Urchristenthums in das geschichtlich sich entwickelnde Christenthum der folgenden Zeit.“

[120]   *Acta disputationis Achatii* 4,8.

[121]   Vgl. schon F. C. Baur, Montanismus, 568: „Es ist ganz richtig, was Ritschl besonders hervorhebt, dass der Montanismus in seinen sittlichen Forderungen nichts Neues aufstellt, dass er nur neu ist, sofern er reaktionär ist, dass es sich zwischen den Montanisten und ihren Gegern innerhalb der Kirche nur um die Einschärfung und Durchsetzung eines alten Gebotes, welches eben im Begriffe war, ausser Uebung gesetzt zu werden, handelte...“ Dann finden sich ähnliche Formulierungen in der Forschungsgeschichte immer wieder; vgl. Hilgenfeld, *Glossolalie*, 117 (H. hat seinen Standpunkt allerdings später modifiziert; siehe *Ketzergeschichte*, 599: „Montanismus und Katholicismus verhalten sich überhaupt nicht bloss, wie Reaction und Fortschritt, sondern stellen beide in ihrer Art denselben Ausgang des Urchristenthums dar“); Bonwetsch, *Montanismus*, 138; Harnack, *Dogmengeschichte*, I, 425ff.; Loofs, *Leitfaden*, 172; Andresen, *Kirchen der alten Christenheit*, 111. Eingeschränkt auch bei von Campenhausen, *Kirchliches Amt und geistlicher Vollmacht*, 199: „... in gewissem Sinne kann auch er als eine reaktionäre Erscheinung verstanden werden“; vgl. daneben aber auch S. 205: „Die montanistische Prophetie stellte in vieler Hinsicht ein Novum dar.“

dings zu wenig begriffen, daß der Montanismus ja nicht bewußt auf ältere
Überlieferung zurückgegriffen hat, sondern in ihnen lebte und deshalb erst
durch die geschichtliche Entwicklung als reaktionärer Anachronismus[123]
erwiesen wurde.

Eine zwar nicht entscheidende, aber doch auch nicht unwesentliche Stütze einer
solchen Auffassung des Montanismus wäre es zweifellos, wenn sich ein relativ frühes
Entstehungsdatum für ihn annehmen ließe.[124] Ohne Frage bietet jedoch gerade die
Chronologie ein heilloses Problem jeder Untersuchung des Montanismus; auch der
sich anbahnende Konsens, stärker von der chronologischen Notiz des Euseb auszugehen,[125] bleibt nach wie vor mit erheblichen Schwierigkeiten behaftet.[126] Die
Aporie, in die eine Diskussion der Chronologie führt,[127] erfährt aber vielleicht dann

---

[122]   Es kann deshalb nicht überraschen, daß sich bei späteren häretischen oder
schismatischen Gruppen, die ähnliche Strukturen aufweisen, verwandte Erscheinungen erkennen lassen. Hier wäre z.B. auf die Novatianer, die deshalb auch zur
Fluchtburg für die Montanisten wurden, aber auch auf die Melitianer zu verweisen.
Der überraschende überlieferungsgeschichtliche Analogiecharakter dieser Gruppen
läßt sich jedoch nicht notwendig auf direkte geschichtliche Zusammenhänge zurückführen, sondern ergibt sich aus analoger Situation. Ähnliches gilt übrigens auch von
einer Beziehung zum Mönchtum; vgl. Harnack, *Mönchtum*, 15: Man hat in diesen
Sekten „...den Vorläufer des späteren Mönchtums erkennen wollen – nicht mit Unrecht, wenn man auf die Motive beider Bewegungen sieht, aber sonst sind sie doch noch
sehr verschieden ...Das Mönchtum mußte sich zur Weltflucht aufraffen, die Montanisten brauchten das nicht erst ausdrücklich zu fliehen, was ihre enthusiastische
Hoffnung als ein bereits Abgetanes erblicken wollte."
[123]   Jossa, *Teologia*, 242.
[124]   Die Annahme eines solchen frühen Entstehungsdatums stützt sich dabei forschungsgeschichtlich zumeist auf die Notiz des Epiphanius, deren immanente Schwierigkeiten aber durchaus nicht zu übersehen sind. Zur Chronologie des Montanismus vgl.
vor allem Schwegler, *Montanismus*, 249ff.; D. Völter, Das Ursprungsjahr des Montanismus, *ZWTh* 27 (1883) 23–36; Voigt, *Urkunde*, 83ff.; Zahn, *Paralipomena*, 3ff.;
Selwyn, *Christian Prophets*, 31ff.; de Labriolle, *Crise*, 569ff.; W. Telfer, The Date of the
Martyrdom of Polycarp, *JThSt* 3 (1952) 79–83; Kraft, Prophetie, 269f.; G. S. P.
Freeman-Grenville, The Date of the Outbreak of Montanism, *JEH* 5 (1954) 7–15;
J. M. Ford, Proto-Montanism, 338; Barnard, Athenagoras, 14.
[125]   Vgl. dazu H. von Campenhausen, *Bearbeitungen und Interpolationen des Polykarpmartyriums*, SAH 1957,3 (Heidelberg 1957) 20: „Die von Epiphanios überlieferte
Frühdatierung der montanistischen Anfänge (auf 156/7) ist heute mit Recht fast allgemein zugunsten des eusebianischen Ansatzes auf das Jahr 172 aufgegeben worden."
Damit hängt die Diskussion über die Datierung des Polykarpmartyriums eng zusammen; hierfür vgl. H. Grégoire, La véritable date du martyre de S. Polycarpe (23.
février 177), *AnBoll* 69 (1951) 1–38; H.-I. Marrou, La date du martyre de S. Polycarpe,
AnBoll 71 (1953) 5–20. Für die ältere Auffassung vgl. z.B. P. Meinhold, Art. Polykarpos
1), *PW* 21,2, 1662ff.
[126]   H. von Campenhausen, *Interpolationen*, 20 sieht dabei in MartPol 4 eine
„...tendenziöse antimontanistische Interpolation des dritten oder auch schon des
späteren zweiten Jahrhunderts ..."
[127]   Auch der Ansatz H. von Campenhausens ist nicht ohne Schierigkeiten durchführbar; führt die neue Datierung des Polykarpmartyriums auf die Jahre zwischen

eine Lösung, wenn bedacht wird, daß die präzise, zeitliche Festsetzung einer „Häresie" im Blick auf ihre Entstehung den großkirchlichen Interessen sehr genau entspricht; sie dient damit der Kennzeichnung des sekundären Charakters solcher Bewegungen[128] und trifft deshalb a priori nicht notwendig zu.[129] Man wird hierbei auch den überlieferungsgeschichtlichen Befund nicht unberücksichtigt lassen können; auch er zeigt, daß im Blick auf den Montanismus die genaue Frage nach dem Zeitpunkt seiner Entstehung zumindestens problematisch ist. Zu überlegen bleibt jedoch, zu welcher Zeit der Montanismus durch die Großkirche zur Häresie gestempelt wurde[130] und ob sich die divergierenden Daten bei Euseb und Epiphanius so erklären lassen.[131]

161–168/9 (a.a.O., 6), nimmt man die eusebianische Ansetzung des Montanismus auf 172 an und sieht in MartPol 4 eine sekundäre (aber noch voreusebianische!) Interpolation, so stimmen die Angaben schon bei Euseb schwerlich zusammen; es sei denn, man postuliert konsequent in der Person des Quintus einen Montanismus vor Montan (aber dies wird ja von H. von Campenhausen ausdrücklich abgelehnt; vgl. a.a.O., 20). Es bleibt auf der anderen Seite noch die Hypothese, daß Euseb die antimontanistische Bedeutung der Interpolation nicht bewußt geworden ist. Das aber weckt nun nicht gerade Vertrauen in seine chronologischen Daten; und dann besteht immer noch die Frage, was mit der voreusebianischen Interpolation von MartPol 4 (und ihrer Verbindung mit dem auf 161–168/9 datierten Polykarpmartyrium) in chronologischer Hinsicht anzufangen ist.

128 Forschungsgeschichtlich ist es gewiß kein Zufall, daß gerade Schwegler hierauf als erster aufmerksam machte; vgl. z.B. S. 256: „So schwanken also die Zeitbestimmungen über den Ursprung des Montanismus in dem Umkreis fast eines Jahrhunderts hin und her. Diese Ungewissheit könnte störend scheinen, sie bestätigt aber nur die Ergebnisse unserer ganzen Untersuchung. Bei dem organischen Zusammenhang, in dem jene geschichtliche Erscheinung mit dem kirchlichen Gesamtbewusstseyn ihrer Zeit steht, ist es überhaupt unmöglich, den Moment ihrer selbständigen Existenz chronologisch zu fixieren. Sie fängt erst dann an Parthei zu seyn, wenn ihr eigenes und das allgemeine Bewusstseyn aus einander zu laufen beginnnen."

129 Vgl. übrigens, analog zu Schwegler, auch Harnack, Muratorisches Fragment, 372f.: „... aber diese Bewegungen sind so gewaltige und universelle gewesen, daß man sie schon misverstehen muss, wenn man sie mit dem Namen irgendeines Mannes glaubt bezeichnen zu dürfen oder wenn man sie nach den Sectengestalten beurteilt will, in welche sie ausmünden. Die Entstellungen, welche die katholischen Schriftsteller in Bezug auf jene Bewegungen ... sich haben zu Schulden kommen lassen – vielleicht hat Eusebius als Historiker nirgendwo mehr gesündigt als H.e. V, 14–19 –, beginnen gerade dort, wo sie eine Sectenstiftung des Montanus an die Stelle eines Kampfes zweier Richtungen setzen, der mit der Niederlage der älteren und legitimen Partei und folgerecht deshalb mit ihrer Verkümmerung endete."

130 Schwegler, *Montanismus*, 256: „Die Frage ist also in Wahrheit nicht, wann der Montanismus zu seyn – sondern, wann er eine Häresie zu seyn anfieng, d.h. von welcher Zeit an er hinter der Fortschritten der dogmatischen Bildung zurück blieb. Nur diess kann die wahre Bedeutung jener chronologischen Bestimmungen seyn, und nur in diesem Sinne müssen sie aufgefasst werden." Das hängt zusammen, ist aber nicht identisch mit der Neigung Schweglers, Montan für eine bloße Chiffre zu halten; ähnlich wie Schwegler auch F. C. Baur, Montanismus, 550: „Wir kommen daher nicht über das Dilemma hinweg, entweder hängt der Montanismus an der Person seines angeblichen Stifters, oder wir haben, um ihn geschichtlich zu begreifen, von derselben ganz abzusehen."

131 Vgl. Kraft, Prophetie, 270: „Die Entwicklung ... durchläuft das zweite und

III

Die Bestreitung des Montanismus gerade, weil er strikt an älteren Überlieferungen festhält, bedeutet für die Großkirche auf jeden Fall und mit Notwendigkeit Reflexion auf diese eigene Überlieferung und die Konfrontation mit ihr,[132] mag diese ihr auch oft nicht mehr bewußt sein. Es läßt sich dabei prinzipiell kein Unterschied zwischen mündlicher und schriftlicher Tradition feststellen. Solche Reflexion auf die eigene Überlieferung zeigt sich auf der Seite der Großkirche einmal in der Haltung zum Corpus Johanneum,[133] zum anderen in der Stellung zur Prophetie: So wird doch wohl nicht in Übereinstimmung mit den bisherigen Verhältnissen die Möglichkeit des prophetischen Charismas für die gegenwärtige Zeit prinzipiell abrogiert.[134] Der ständige Hinweis auf die ekstatische Form montanistischer Prophetie ist dabei nicht mehr als ein Vehikel der Auseinandersetzung. Man wird auch erwägen müssen, ob die zunehmende Beschränkung der Prophetie auf die Propheten des alten Bundes und die Historisierung einer originär auf die Gegenwart bezogenen Topik nicht ebenfalls auf den montanistischen Konflikt zurückgeht. Schließlich gehört in diesen Kontext auch der Hinweis auf die Prophetendiadoche; hier sind ebenfalls die Schwierigkeiten nicht zu übersehen,[135] gegenüber einem gefährlichen Gegner mit der eigenen Geschichte[136] fertig zu werden.

---

dritte Viertel des zweiten Jahrhunderts. Seit den fünfziger Jahren empfand man die Gegensätze und trennte sich; in den siebziger Jahren kam es dann endgültig zum Streit." Vgl. auch Barnard, Athenagoras, 14 („... a date before 172..."); J. M. Ford, Proto-Montanism, 338. Auf jeden Fall spricht auch die überlieferungsgeschichtliche Analyse nicht gegen ein hohes geschichtliches Alter; man wird deshalb in der Tat sagen können: „Der ältere Ansatz 156 behält trotzdem viel für sich." (Kraft, Prophetie, 269, Anm. 69).

[132]   Die Auseinandersetzung mit den „heilsgeschichtlichen" Theoremen des Montanismus ist jedenfalls für den Beginn des Konfliktes nicht zu postulieren; vgl. dazu S. 46ff.

[133]   Vgl. S. 26.

[134]   So vor allem in der von Epiphanius rezipierten Kritik; vgl. dazu Voigt, *Urkunde*, 207

[135]   Vgl. dazu auch Kraft, Prophetie, 263; von Campenhausen, *Kirchliches Amt und geistliche Vollmacht*, 198ff. Siehe auch Anm. 77.

[136]   Auch der beliebte, polemische Hinweis auf die Funktion der Frauen in den montanistischen Gemeinden verdeckt nur zu leicht, daß die Montanisten zur Begründung auf eine eschatologische Interpretation von Joel 3 verweisen konnten. Eine solche Auslegung des Textes ließ sich nur sehr schwer als häretisch bezeichnen; zum Ganzen vgl. auch P. de Labriolle, „Mulieres in Ecclesia taceant". Un aspect de la lutte antimontaniste, *Bulletin d'Ancienne Littérature et d'Archéologie Chrétiennes* 1 (1911) 1–24; 103–122.

Läßt so gerade der Streit um Funktion und Charakter von Überlieferung und Geschichte, wie er generell in der Begegnung von Großkirche und Montanismus sichtbar wird, erkennen, daß gemeinsames Erbe und gleicher Ausgangspunkt vorliegt, so erklärt dies auch noch ein weiteres Phänomen: Die Großkirche bemüht sich nicht allein, überlieferte Texte zu ändern und zu revidieren, sondern vor allem auch ihr Verständnis und ihre Auslegung zu normieren. Wiederum kann das Problem nicht auf den Sektor der Schriftlichkeit eingeengt werden, sondern gilt für die gesamte Breite aller Überlieferung. Gerade die Differenzen über das richtige Verständnis der Prophetie belegen eindeutig, in welchem Ausmaß es zu einer Trennung von eigener Vergangenheit und zur entschlossenen Desavouierung kirchlicher Überlieferung kommen kann. Und das eklatanteste Beispiel bietet sicher die Stellung mancher kirchlicher Gruppen zum Corpus Johanneum, insbesondere zur Apokalypse. Nun zeigen freilich beide Beispiele, daß es der Großkirche naturgemäß sehr schwer fallen mußte, das Vorhandensein und die faktische Existenz solcher Überlieferungen a limine zu leugnen. Deshalb ließ sich auch der radikale Weg der „Aloger" auf Dauer nicht wirklich beschreiten;[137] an die Stelle der radikalen Amputation eigener Vergangenheit tritt so zunehmend der Versuch, sie nicht allein absolut zu setzen, sondern auch ihre Beurteilung und das Verständnis eigener Geschichte kirchlich zu normieren.[138] Das aber meint, daß nicht allein einem festgelegten Sektor der Überlieferung Normativität zuerkannt wird, sondern daß dieser Sektor gegenüber aller anderen (und nicht nur gegenüber der zeitlich nachgeordneten) Tradition Exklusivität beanspruchen muß und daß zugleich seine Interpretation durch die Großkirche grundsätzlich normiert wird: diese drei Aspekte von Normativität, Exklusivität und festgelegter Interpretation zusammengenommen kennzeichnen die Bedeutung des Montanismus für die Herausbildung des neutestamentlichen Kanons.

---

[137]   Vgl. Overbeck, *Geschichte des Kanons*, 112: „Einzelne Antimontanisten haben sich allerdings dazu bewegen lassen, auch die kanonische Apocalyptik anzugreifen ... den Geschmack daran hatte man allerdings im Streit mit dem sogenannten Montanismus sich verdorben ..., aber im Ganzen hat es die alte Kirche vermieden sich durch ihren Antimontanismus und blosse dogmatische Consequenz in einen unabsehbaren Conflict mit der Autorität des apostolischen Zeitalters und dem Princip des Kanons verwickeln zu lassen, und die Unterdrückung der christlichen Prophetie hat, wenn sie auch vielleicht den möglichen Bestand des Apocalypsenkanons im N.T. geschmälert hat, ihn doch nicht ganz ausmerzen können."

[138]   Erneut sei daran erinnert, daß sich nun auch die Tendenz verstärkt, bis dahin für die Gegenwart verwendete Topoi des prophetischen „Enthusiasmus" zu historisieren und in ihrer Gültigkeit auf das Alte Testament zu begrenzen.

IV

Die Konsequenzen, die der Anfang der Auseinandersetzungen mit dem Montanismus für die Geschichte des Kanons hatte, verstärken und bestätigen sich im weiteren Verlauf des Streites. Denn es ist nun durchaus folgerichtig, daß der ausgegrenzte Sektor der normativen, schriftlichen Überlieferung in den Händen der Großkirche zum Instrument der Kritik gerade am Montanismus, aber auch an allen anderen deviatorischen Gruppen wird. Das schließt zugleich ein, daß zumindest als Postulat jegliche andere schriftliche Überlieferung außerhalb dieses ausgegrenzten Bereichs als verbindlich abzulehnen ist.[139] Daß dies in weit stärkerem Maße auch für die mündliche Überlieferung zu gelten hat, ist ohne weiteres einsichtig. So kann es nicht überraschen, daß solche exklusive und damit gegenüber den „Häresien" kritische Tendenz in der Begrenzung des Kanons auch durch den Canon Muratori belegt wird:[140]

81 *arsinoi autem seu ualentini uel mitiadis*
82 *nihil in totum recipemus qui etiam nouũ*
83 *psalmorum librum marcioni conscripse*
84 *runt una cum basilide assianom catafry*
85 *cum constitutorem.*

So viele Unklarheiten in den Einzelheiten auch bestehen mögen,[141] die Nennungen der Schriften der Häretiker gegen Ende des Textes (die in ihren historischen Angaben allerdings nicht zutrifft) hat eine deutliche Aufgabe: sie soll den endgültigen Abschluß und die Begrenzung des Kanons unterstreichen;[142] das aber macht zugleich kritisch den Gegensatz zu den Texten von Gruppen unumgänglich, die von der Großkirche nicht akzeptiert werden.

Daß diese Entwicklung für die Großkirche von erheblichem Nutzen gewesen ist, zeigt im Blick auf den Montanismus vor allem die Beobachtung, daß die Auseinandersetzung um den Charakter jener Überlieferungen, die nicht schriftlich fixiert sind, – also etwa der Streit um die Prophetie oder um die Eschatologie – in den Hintergrund tritt und

---

139　Die seltsamen Blüten, die dies Axiom treibt, zeigen sich in der Frühzeit ja bereits beim antimontanistischen „Anonymus".
140　Text nach Zahn, *Geschichte*, II, 8.
141　Zur Interpretation des gesamten Textes vgl. vor allem Harnack, Muratorisches Fragment; Zahn, *Geschichte*, II, 1ff.; von Campenhausen, *Entstehung*, 282ff.
142　Von Campenhausen, *Entstehung*, 288: „... ein entschiedenes Streben nach Ausschluß und Abschluß bestimmt die ganze Liste." Vgl. auch S. 289: „Mit der Tendenz auf Endgültigkeit und feste Begrenzung atmet das Muratorianum den Geist der neuen, antimontanistischen Epoche."

schließlich ganz verschwindet.[143] Für die Vertreter der Großkirche kann
es sich hier nicht mehr um relevante Probleme handeln: „Das christliche
Subjekt fühlt sich jetzt, nachdem es festern Fuss in der bestehenden Welt
gefasst hat, und in dem zur katholischen Kirche sich gestaltenden Christenthum eine neu sich entwickelnde Ordnung der Dinge begründet sieht,
in der Gemeinschaft, welcher es angehört, stark genug, auch den Ein-
wirkungen des göttlichen Geistes gegenüber bei sich zu bleiben und das
Bewusstsein seines eigenen Selbsts festzuhalten."[144] Hatte so nämlich ein
einziger Sektor der Überlieferung allen anderen Traditionen gegenüber
die Prärogative erhalten, so brauchte man sich in der Großkirche um
die Funktion dieser und aller nachgeordneten Überlieferung nicht mehr
zu sorgen; sie war letztlich funktionslos geworden, auf jeden Fall kein
Streitpunkt mehr, sondern nur noch ein Atavismus. Dabei muß auffallen,
daß solche Exklusivität des normativen Schriftenkanons und seiner
Interpretation gegenüber dem Montanismus kaum eine theologische
Begründung erfahren hat; das belegt, in welchem Ausmaß diese Abgrenzung Reflex der Auseinandersetzung ist. Vor allem das Argument der
Apostolizität, das dem Thema einer begrenzten, auf einen Bereich der
Vergangenheit bezogenen Exklusivität durchaus hätte entsprechen können, fehlt nahezu vollkommen.[145] Es ließ sich naturgemäß gegenüber
einer Gruppe, die sich selbst auf eine bis in diese Vergangenheit zurück-
reichende prophetische Tradition berufen konnte, nur sehr schwer vertreten. Denn das bleibt ja die einzige, entscheidende Schwierigkeit:
Wie soll man mit Gegnern umgehen, die dies alles mitmachen und auch
einen exklusiven Kanon akzeptieren, ihn und seinen Inhalt dann aber
entscheidend anders interpretieren? Wird so die Diskussion „...zu einem
Streit um Schriftstellen...",[146] der allerdings bei der Hartnäckigkeit des
jeweiligen Gegenübers zumeist nicht endgültig zu entscheiden war, so
bleibt eben nur noch der Weg, Art und Weise der Interpretation von

---

[143] H. B. Swete, *The Holy Spirit in the Ancient Church. A Study of Christian Teaching
in the Age of the Fathers* (London 1912) 83: „No doubt the reaction against Montanism
threatened the Church with worse evils than the neglect of prophecy, and there were
those on the anti-Montanist side who were ready to abandon all faith in spiritual
gifts."
[144] F. C. Baur, Montanismus, 590.
[145] Es klingt an in der Polemik des Apollonius gegen Themison (vgl. Anm.79); vgl.
auch Euseb, *H.e.* 5,18,5: ... βλασφημῆσαι δὲ εἰς τὸν κύριον καὶ ἀποστόλους καὶ
τὴν ἁγίαν ἐκκλησίαν. Aber der axiomatische Verweis des Apollonius auf die Instanzen
von Kyrios, Aposteln und Kirche läßt sich kaum auf die Frage nach dem geschlossenen
Kanon einengen.
[146] Schepelern, *Montanismus*, 21.

Überlieferung genauer festzulegen und zu kategorisieren. Konsequent erhält deshalb gegenüber dem Montanismus gerade das Bischofsamt eine wichtige Aufgabe,[147] und es ist nur folgerichtig, daß in diesem geschichtlichen Kontext auch die ersten Synoden zusammentreten.[148]

Gesetzt den Fall, dies alles trifft zu, wie steht es dann mit jenen Theorien des Montanismus, daß erst in ihm die eigentliche Offenbarung erschienen sei, daß erst in ihm das wahre Reich des Geistes angebrochen wäre und erst der Paraklet die Fülle der Charismen mit sich bringt? Ist nicht die Entwicklung geschichtlich genau umzukehren: Erst durch solche Theoreme und Forderungen des Montanismus sah sich die Großkirche genötigt, nicht nur die Freiheit der Charismen entscheidend einzuzüngen, sondern auch einen Sektor der Vergangenheit so auszugrenzen, daß er bestimmte Kritik an solchen Offenbarungstheorien zuläßt.[149] Und selbst wenn man zugeben will, daß die Entstehung solcher Vorstellungen im Montanismus eben ein Indiz für den noch nicht vorhandenen Kanon sei – denn nur so läßt sich ja ihr Aufkommen begründen[150] –, verstärkt

---

[147] Vgl. Ritschl, *Altkatholische Kirche*, 519: „... so findet die montanistische Richtung ihre Spitze in dem Gegensatz gegen die durch neue Attribute sich verstärkende Episkopalgewalt ... daß die vom Montanismus bezeichnete Krisis der sittlichen Weltanschauung sich zu einer Krisis der Verfassung der katholischen Kirche zuspitzt ..."

[148] Auf sie konnte dann die Vorstellung von der Gegenwärtigkeit des Geistes übergehen; vgl. A. Harnack, *Die Lehre der zwölf Apostel nebst Untersuchungen zur ältesten Geschichte der Kirchenverfassung und des Kirchenrechts*, TU 2,1.2 (Leipzig 1886) 123f.: „Die montanistische Krisis hat den berufsmässigen Propheten den Garaus gemacht; seitdem giebt es nur noch Männer, die unter Controle des Clerus prophetische Anwandlungen haben, resp. Cleriker, die besondere, directe, göttliche Weisungen empfangen, aber keine Propheten."

[149] Vgl. von Campenhausen, *Entstehung*, 259: „Der kritische Punkt, über dem der Montanismus zur Sekte geworden ist, liegt also nicht unmittelbar in seiner Stellung zum Kanon; er liegt vielmehr in seiner heilsgeschichtlichen Selbstbeurteilung, die mit dem kanonischen Normgedanken allerdings kollidieren mußte." Siehe auch H. von Campenhausen, Die Entstehung der Heilsgeschichte. Der Aufbau des christlichen Geschichtsbildes in der Theologie des ersten und zweiten Jahrhunderts, *Saeculum* 21 (1970) 189–212, S. 211f.

[150] Dies ist denn auch vor allem die Begründung, mit der Harnack gegenüber Zahn immer wieder die Nicht-Existenz des Kanons zu Beginn der montanistischen Auseinandersetzung herausgestellt hatte; vgl. z.B. *Entstehung*, 25: „... schob sich auch die Vorstellung ein, das Apostolische und sein Zeitalter sei das Maßgebende, Klassische, an das man selbst nicht mehr heranreiche. Da trat die montanistische Bewegung auf und stemmte sich mit urkräftiger Energie der christlichen Mediocrité, die sich in diesem Verzichte enthüllte, entgegen. Weit entfernt zuzugeben, daß man das Höchste als „objectives" Erbe hinter sich habe, verkündete sie, daß vielmehr das Höchste als Gabe und Aufgabe nun erst im Parakleten gekommen sei, daß also nicht ein abgeschlossener Bund mit unerreichbaren Dignitäten im apostolischen Zeitalter gegeben sei, sondern daß sich fortgehend in gesteigerten Prophetien, Visionen, Anweisungen usw. das Novum und Novissimum offenbare."

dies nicht geradezu die Notwendigkeit, die Motivation für die Exklusivität des großkirchlichen Kanons in diesen heilsgeschichtlichen Vorstellungen der „Häretiker" zu sehen? Man wird diese Erwägungen gewiß nicht leichthin beiseiteschieben können – auch dann nicht, wenn man berücksichtigt, daß die Gegner des Montanismus in der Frühzeit in keiner Weise auf diese Vorstellungen hinweisen. Bedenkt man, wie sehr dies ihrer Polemik hätte dienlich sein können, so muß man dies Fehlen allerdings immerhin für erstaunlich halten. Dennoch gilt: In der Tat finden sich innerhalb des Montanismus Theorien, die eine heilsgeschichtliche Abfolge suggerieren, die ihr Ziel in einer das Neue Testament übersteigenden Offenbarungsform haben.[151] Und schließlich spielt gerade die Vorstellung des Parakleten eine nicht zu übersehende Rolle.[152]

In diesem Zusammenhang muß auch die Bezeichnung ἡ (νέα) προφητεία[153] diskutiert werden, die diesen Anspruch auf den ersten Blick doch wohl erkennbar dokumentieren soll. Nun ist das Verständnis dieser Bezeichnung aber durchaus nicht eindeutig; vor allem das Attribut νέα, das schon in der Überlieferung nicht durchgängig begegnet, läßt sich nicht klar in seiner Beziehung erkennen. Die Interpretation der Titulatur, die eindeutig auf den Montanismus zurückgeht,[154] hat von Epiph. *Pan. haer.* 48,1,8 auszugehen: οὐχ ὅμοια τὰ πρῶτα χαρίσματα τοῖς ἐσχάτοις. Analog zur Heranziehung eines Textes wie Joel 3 wollen also die Montanisten sich mit dem νέα gegen die Prophetie des alten Bundes abgrenzen;[155] um einen Gegensatz zur Prophetie des Urchristentums ist ihnen nicht zu tun. Die Bezeichnung – wie auch das einfache ἡ προφητεία – bietet so im Grunde einen erneuten Beleg für die Beobachtung, daß der Montanismus von einer ungebrochenen Kontinuität zur Prophetie der neutestamentlichen Zeit ausgeht.[156]

Warnt dies bereits vor allzu raschen Schlüssen auf ein früh einsetzendes,

---

[151]   Vor allem für Tertullian und seine Theologie sind solche Offenbarungstheorien ganz charakteristisch.

[152]   Vgl. dazu auch Schepelern, *Montanismus*, 16f.; E. Benz, Creator Spiritus. Die Geistlehre des Joachim von Fiore. *Eranos Jb.* 25 (1956) 285–355, S. 293ff.

[153]   So z.B. Euseb, *H.e.* 5,16,4: καὶ καταλαβὼν τὴν κατὰ τόπον ἐκκλησίαν ὑπὸ τῆς νέας ταύτης, οὐχ, ὡς αὐτοί φασιν, προφητείας ... Der Text bietet übrigens eine gute Illustration zu Irenäus, *Adv. haer.* 3,11,9; die weiteren Texte zur Bezeichnung ἡ (νέα) προφητεία bei Schepelern, *Montanismus*, 10ff.

[154]   Schepelern, *Montanismus*, 11: „... offenbar der eigene Name des Montanismus für die Bewegung ..." Siehe auch Kraft, Prophetie, 249: „Die Montanisten selbst nannten ihre Bewegung ursprünglich ohne dieses Attribut „die Prophetie"." Bei dem o. skizzierten Verständnis dürfte jedoch ein solcher Verzicht auf das νέα nicht einmal erforderlich sein.

[155]   So bereits A. Ritschl, *Altkatholische Kirche*, 465: „Wenn die neue Prophetie offenbar im Gegensatz gegen die alte des alten Testaments steht, welche mit dem Täufer Johannes ihr Ende erreicht ..."

[156]   Zu den anderen Namen des Montanismus vgl. auch A. Zisterer, Phrygier oder Kataphrygier? *ThQ* 74 (1892) 475–482.

heilsgeschichtliches Selbstverständnis des Montanismus, so ist die Frage
auch in den beiden anderen Fällen nicht eindeutig; denn die heilsgeschichtlichen Theorien, die sich vor allem bei Tertullian finden, lassen sich so
wenig in der Frühzeit des Montanismus nachweisen, daß der Schluß
naheliegt, sie erst dieser späteren Phase der Bewegung zuzuschreiben.[157]
Schwieriger ist dies allerdings bei der Verwendung des Parakletgedan-
kens: Aber auch hier liegen Indizien vor, die einer heilsgeschichtlichen
Fundierung dieser Vorstellung einen Platz erst im späteren Montanismus
zuweisen lassen, auf jeden Fall aber eine exzeptionelle Deutung für die
Frühzeit problematisch machen.[158] Bedenkt man die Tendenz, in der die
Großkirche den Kanonbegriff auf den Aspekt der Exklusivität hin entwickelt hat, so wird man dies auch nicht für verwunderlich halten können;
gegenüber einem so abgegrenzten Sektor der Vergangenheit sieht sich
der Montanismus genötigt, nun seinerseits von einem so fixierten Kanon
auszugehen.[159] Das aber macht es für ihn notwendig, nun seinerseits
seine Existenz durch Theorien zu rechtfertigen, die ihn als eine neue, dritte
Stufe in der Geschichte der Offenbarung erscheinen lassen.[160]

Diese Hypothese, daß der Montanismus sich nun seinerseits auf die Entwicklung der
Großkirche eingelassen hat und daran gehen mußte, den eigenen Bestand zu
sichern,[161] basiert auf der Beobachtung, daß man auch im Montanismus mit einem
differenzierten überlieferungsgeschichtlichen Prozeß zu rechnen habe.[162] Das zeigt
sich neben der Berechnung des Osterfesttermins[163] an der ganzen Tendenz, die

---

[157] Natürlich wird auch dann noch zu überlegen sein, ob in solchen Theoremen
nicht eine sachgemäße Explikation latent bereits vorhandener Gedanken des frühen
Montanismus zu sehen ist. Das kann grundsätzlich nicht bestritten werden, trifft aber
auf die Funktion des Kanons in der frühen Phase des Konflikts gerade nicht zu.

[158] Vgl. dazu vor allem Schepelern, *Montanismus*, 16f.

[159] Dazu Harnack, Muratorisches Fragment, 407.

[160] Daß damit dialektisch im Grunde das Urteil der Großkirche vom Montanismus
selbst ratifiziert wird, ist eindeutig; der Montanismus wird jetzt in der Tat zu einer eher
belanglosen Sekte.

[161] Die Notwendigkeit zu einer solchen Stabilisierung der Verhältnisse ergibt sich
auch aus dem Wort der Maximilla (Epiphanius, *Pan. haer.* 48,1,2): μετ' ἐμὲ προφήτης
οὐκέτι ἔσται, ἀλλὰ συντέλεια. Das nicht eingetretene Ende, auf das die Gegner selbstverständlich gerne hinwiesen, machte eine Reorganisation der montanistischen Verhältnisse unumgänglich.

[162] Vgl. dazu vor allem Aland, Bemerkungen, 114: „Der Montanismus stellt keine
durch die ganze Zeit seines Bestehens hin einheitliche Bewegung dar, vielmehr ist in
seiner Entwicklung ein Bruch zu beobachten … Es kann deutlich die Periode des ursprünglichen Montanismus, die etwa bis in die ersten Jahre des 3. Jahrhunderts
dauerte, von der Zeit nachher unterschieden werden." Zu einer solchen überlieferungsgeschichtlichen Differenzierung innerhalb des Montanismus vgl. auch Schepelern,
Montanismus; Powell, Tertullianists.

[163] Zur montanistischen Osterfestberechnung vgl. vor allem A. Hilgenfeld, *Der*

ursprünglich eschatologisch motivierte Paränese nun gesetzlich festzulegen. Charakteristisch aber ist vor allem das montanistische Amtsverständnis, das sich zunehmend verfestigt.[164] Hieronymus hat hierüber relativ zuverlässige Notizen überliefert (*Epist.* 41,3): *... apud nos apostolorum locum episcopi tenent; apud eos episcopus tertius est. habent enim primos de Pepusa Phrygiae patriarchas, secundos quos appellant cenonos,*[165] *atque ita in tertium, id est paene ultimum, gradum episcopi devolvuntur ...* Diese Notiz ist vor allem wegen des *cenonos* besonders rätselhaft.[166] Einem *cenonos* entsprechen die κοινωνοί;[167] aber welche Funktion diese κοινωνοί in der montanistischen Verfassung haben, ist bis heute nicht hinreichend geklärt.[168] Geht man vom Text des Hieronymus aus, so stehen an der Spitze der montanistischen Hierarchie die „Patriarchen",[169] die an Pepuza gebunden sind und offensichtlich die Kirche leiten; an dritter Stelle finden sich die Episkopen, die mit der lokalen Gemeindeleitung beauftragt sind. Das bedeutet – wenn man den darin liegenden Ge-

---

Paschastreit der alten Kirche nach seiner Bedeutung für die Kirchengeschichte und für die Evangelienforschung (Halle 1860) 395ff.; E. Schwartz, *Christliche und jüdische Ostertafeln*, AAG 8,6 (Berlin 1905) 7. 33. 104f.; C. Schmidt, *Gespräche Jesu*, 639ff. Daß die montanistische Osterfestberechnung auf judenchristliche Traditionen zurückgeht, wie dies J. M. Ford (Jewish-Christian Heresy, 147) vorschlägt, ist ganz unwahrscheinlich.

164 Vgl. H. Lietzmann, *Geschichte der alten Kirche*, 2, 200: „Es ist also nicht richtig, wenn man den Montanismus wesentlich als Reaktion der urchristlichen Geistesträger gegen das sich entfaltende Amt wertet: er hat die Gemeindeleitung durch die bekannten „Wahlämter" der Episkopen, Presbyter und Diakonen mitgemacht oder jedenfalls später angenommen, ohne darin einen Abfall von seinen Grundsätzen zu sehen." Zur montanistischen Verfassung vgl. auch J. Wagenmann, *Die Stellung des Apostels Paulus neben den Zwölf in den ersten zwei Jahrhunderten*, BZNW 3 (Gießen 1926) 134ff.

165 Siehe auch *Cod. Iustiniani* 1,5,20.

166 Vgl. hierfür auch einen Text des 6. Jahrhunderts, zuerst ediert von J. Friedrich, Ueber die Cenones der Montanisten bei Hieronymus, *SAM* 1895, 2, 207–221; vgl. auch A. Jülicher, Ein gallisches Bischofsschreiben des 6. Jahrhunderts als Zeuge für die Verfassung der Montanistenkirche, *ZKG* 16 (1896) 664–671. Allerdings ist die tatsächliche Bereicherung der Kenntnisse über den Montanismus auf Grund dieses Textes doch nur sehr gering; vgl. Jülicher, a.a.O., 671: „... aus dem von Friedrich wiederentdeckten Briefe lernen wir betreffs der Montanisten nichts Neues; der Verfasser hat sogar nur wirre Vorstellungen von jener secta pepodiana aus dem Orient mitgebracht."

167 Zum Folgenden vgl. vor allem Kraft, Prophetie, 268ff.; F. E. Vokes, The Opposition to Montanism from Church and State in the Christian Empire, *Studia Patristica* 4, TU 79 (Berlin 1961) 518–526; F. E. Vokes, Montanism and the Ministry, *Studia Patristica* 9,3, TU 94 (Berlin 1966) 306–315; Andresen, *Kirchen der alten Christenheit*, 274f.

168 Insofern behält das Urteil Friedrichs (Cenones, 220) auch jetzt noch Gültigkeit: „Worin aber die eigentliche Stellung der Cenones bestand, das ist schwer mit Bestimmtheit zu sagen." Aber auch sein Vorschlag („... so liegt es nahe, zu vermuthen, dass Patriarchen und Cenones die fortwährenden Organe des Paraklet seien und die Rolle von Propheten haben sollten") erklärt das Specifische der κοινωνοί nicht hinreichend.

169 Präzise (traditionsgeschichtliche) Erklärungen über sie sind kaum noch möglich; Kraft, Prophetie, 269 verweist zur Analogie auf die Verfassung der jüdischen Gemeinden. Vielleicht ließe sich am ehesten noch auf die ἀρχιερεῖς von Did 13,3 verweisen, die zudem auch mit solcher Bezeichnung der Propheten (vgl. den ganzen Zusammenhang Did 13) für die Traditionsgeschichte des Montanismus von Belang sind.

danken der Hierarchie konsequent verfolgt –, daß die zwischen Patriarchen und Episkopen stehenden κοινωνοί nicht auf Pepuza zu beschränken sind,[170] wohl aber auch nicht allein auf die lokale Ebene eingegrenzt werden können. Um ihre Funktion näher zu bestimmen, liegt es nahe, daneben auf das Wort κοινωνοί und seine Bedeutung sich zu beziehen. In diesem Zusammenhang verdient ein Text Beachtung, der bisher kaum herangezogen worden ist: der Empfehlungsbrief, mit dem die Gemeinde in Lyon Irenäus versieht (Euseb, *H.e.* 5,4,2):

Χαίρειν ἐν θεῷ σε πάλιν εὐχόμεθα καί ἀεί, πάτερ, Ἐλεύθερε. ταῦτά σοι τὰ γράμματα προετρεψάμεθα τὸν ἀδελφὸν ἡμῶν καὶ κοινωνὸν Εἰρηναῖον διακομίσαι, καὶ παρακαλοῦμεν ἔχειν σε αὐτὸν ἐν παραθέσει, ζηλωτὴν ὄντα τῆς διαθήκης Χριστοῦ. εἰ γὰρ ᾔδειμεν τόπον τινὶ δικαιοσύνην περιποιεῖσθαι, ὡς πρεσβύτερον ἐκκλησίας ... ἐν πρώτοις ἂν παρεθέμεθα.

Κοινωνός geht hier doch wohl über die auch sonst belegte, bloße Bedeutung „Glaubensgenosse" hinaus und beginnt, eine titulare Funktion zu gewinnen. Erklärt dies zwar annähernd den traditionsgeschichtlichen Weg, auf dem das Wort technischen Charakter gewonnen hat, so ist über die faktische Aufgabe der κοινωνοί in den montanistischen Gemeinden noch nichts Gültiges ausgesagt. Hierfür wäre daran zu erinnern, daß κοινωνία / κοινωνεῖν häufig in eucharistischen Texten zu finden ist.[171] Dann wird man die Nachrichten im gallischen Bischofsschreiben, die sich ebenfalls auf die Eucharistie beziehen, nicht für ganz bedeutungslos halten können, so absonderlich der Text auch sonst ist. Die Aufgabe der κοινωνοί wäre also in der Vermittlung zwischen montanistischer Ortsgemeinde und dem Leitungspunkt Pepuza zu sehen; dabei scheint darüber hinaus noch ein besonderer, nicht mehr genau verifizierbarer, eucharistischer Kontext bestanden zu haben.[172] Ganz unabhängig vom Problem der κοινωνοί ist jedoch deutlich, daß die montanistische Verfassung letztlich die Verfassung der Großkirche spiegelt, die nur durch zwei neue Ämter überhöht ist.[173]

---

[170] Die Ausbreitung der κοινωνοί stimmt auch zum epigraphischen Befund; vgl. die bei Schepelern, *Montanismus*, 173 wiedergegebene Inschrift. Siehe auch H. Grégoire, Un nouveau κοινωνός montaniste, *La Nouvelle Clio* 4 (1952) 314. Zum Gesamtproblem der montanistischen Inschriften vgl. W. M. Calder, The Epigraphy of the Anatolian Heresy, in: *Anatolian Studies*, Festschr. W. M. Ramsay (Manchester–London 1923) 59–91; W. M. Calder, *Philadelphia and Montanism* (Manchester–London 1923); E. Peterson, Zwei angeblich montanistische Inschriften, *RQ* 2 (1934) 173–176.

[171] Vgl. nur G. W. H. Lampe, *A Patristic Greek Lexicon* (Oxford 1968) s.v.

[172] Möglicherweise wäre ihnen dabei die Aufgabe zugefallen, die Mahlgemeinschaft der montanistischen Gemeinden untereinander durch Überbringung der Eucharistie von Pepuza aus aufrechtzuerhalten, wie dies in der Großkirche durch Überbringung der Apophoreta in ähnlicher Weise geschah. Vgl. A. Stuiber, Art. Apophoreton, *JACh* 3 (1960) 154–158. Zu solcher Tendenz der κοινωνοί vgl. auch C. Andresen, *Kirchen der alten Christenheit*, 274f.: „Ob sie nun als Kollektanten für die montanistische Zentrale oder als deren Sendboten mit Predigtaufgaben und Kontrollfunktion der Gemeinde tätig waren – immer wieder knüpften sie das Band der Zusammengehörigkeit untereinander, und vor allem vermittelten sie der montanistischen Diaspora jenes Selbstbewußtsein, das einem Zentrum mit Mehrheitsverhältnissen eigen zu sein pflegt." Vokes (Montanism and Ministry, 309) sieht in den κοινωνοί eine Art von Finanzbeamten („... financial officers ..."); auch das ist von der Wortbedeutung her nicht auszuschließen.

[173] Vokes, a.a.O., 308f.: „It seems the simplest solution to presume that the Montanists took over the ministry of the Church at the beginning of the movement at the point of its development at that moment. They then fossilised it within their sect."

V

Wenn so die unterschiedlichen Aspekte des Kanonproblems in der Auseinandersetzung zwischen Montanismus und Großkirche deutlicher hervorgetreten sind, so muß erneut über das grundsätzliche Problem nachgedacht werden, das in dem Dissens über die Exklusivität des Kanons zwar exemplarisch hervortritt, aber doch nicht auf ihn allein einzuengen bleibt: Zwar hat die Auseinandersetzung mit dem Montanismus keine ausschlaggebende Bedeutung für die Herausbildung des Kanons im Blick auf seine Normativität; wohl aber ist die exklusive Beschränkung der gültigen Überlieferung auf einen bestimmten Sektor der schriftlichen Tradition, die sich in dieser Konfrontation zuerst explizit beobachten läßt, das Symptom eines tiefergreifenden Konfliktes.

In den bisherigen Analysen des Montanismus und seiner Geschichte wird dies vor allem an den grundsätzlichen Äußerungen deutlich, mit denen der Konflikt charakterisiert werden soll:
„Man wird nicht irre gehen, wenn man gerade dadurch, dass so die Kirche festen Fuss in der Welt zu fassen begann, den Montanismus hervorgerufen sieht."[174]
„Die Kirche sah sich seit der zweiten Hälfte des zweiten Jahrhunderts vor das Dilemma gestellt, entweder durch wirklichen Eintritt in die römische Gesellschaft eine Weltmission im großen zu beginnen, freilich unter Verzicht auf ihre ursprüngliche Ausstattung und Kraft, oder aber diese zu behalten, die ursprünglichen Lebensformen zu bewahren, aber eine kleine, geringe Sekte zu bleiben, von Tausenden kaum Einem verständlich, nicht imstande, Nationen zu retten und zu erziehen."[175]
„Im Zeitalter des sich festigenden Kanons und der an Bedeutung gewinnenden Tradition war eine neue Offenbarungsquelle noch weniger tragbar als vielleicht am Ausgang des ersten Jahrhunderts. Und eine Kirche, welche auf ihrem Wege in die Welt die alte Eschatologie gerade erfolgreich relativiert hatte, konnte sich nicht mehr zurückrufen lassen zur Erwartung eines unmittelbar vor der Tür stehenden Weltendes."[176]
„Eine solche Richtung (*scil.* wie der Montanismus) war nicht fähig, die Trägerin der weiteren Entwicklung der Kirche zu werden. Hätte der Montanismus gesiegt, so hätte die Kirche nicht, wozu sie doch berufen war, eine weltgeschichtliche Macht werden können ... Eine Gemeinde der Heiligen, die sich gegen die umgebende Welt schroff abschließt, ist keine weltgeschichtliche Macht."[177]
Läßt man einmal den Ton der Rechtfertigung des geschehnen Geschichtsablaufs beiseite, der freilich erstaunlich genug ist, so weisen alle diese Äußerungen zu Recht auf das entscheidende Problem der unterschiedlichen Relation zur geschichtlichen Vergangenheit (und damit andererseits zu den gegebenen Verhältnissen) hin.[178]

As they added other special ranks to the ministry which they inherited, so the movement itself can be explained as one of addition, rather than of return to the past or of entirely new construction."
[174]   Bonwetsch, *Montanismus*, 138.
[175]   Harnack, *Mönchtum*, 12f.
[176]   Aland, *Bemerkungen*, 143
[177]   G. Uhlhorn, *Die christliche Liebesthätigkeit* (Stuttgart ²1895) 126f.
[178]   Vgl. auch Jossa, *Teologia*, 238f.: „Questo movimento è dunque la reazione di

Denn in der Tat wird der Großkirche in der Auseinandersetzung mit dem
Montanismus nachdrücklich zu Bewußtsein gebracht, daß sie nicht nur
geschichtlich geworden ist, sondern daß sie zugleich in einem unendlichen
qualitativen Abstand zu ihrer eigenen „Urzeit" steht.[179] Damit wird diese
freilich als Gegenüber und abgeschlossene Norm begriffen; die Epoche
der Offenbarung ist endgültig abgeschlossen. Der Montanismus, der
demgegenüber gerade in seinen Anfängen auf der Zeit- und Geschichts-
losigkeit der Offenbarung beharrte, muß zum Anachronismus werden.
In dem Konflikt mit dem Montanismus begegnet der Großkirche – sicher
nicht zum ersten Mal, wohl aber zum ersten Mal so nachdrücklich – der
Anspruch eigener Geschichte und ihrer Zeugen; diese Vergangenheit
wurde dabei von ihr z.t. revidiert und verleugnet und wo sie sich beibehalten ließ, geschieht dies nicht ohne Mühe und Schwierigkeiten.

---

alcuni ambienti laici dell'Asia minore contro il tentativo di conciliazione con l'Impero
romano fatto dai vescovi e dai teologi, la riaffermazione dell'assurdita di qualunque
tentativo di accordare il messagio di Cristo con la sapienza del mondo."

[179] Harnack, *Dogmengeschichte*, I, 386f.: „Der Bruch mit der Ueberlieferung, die
Abweichung von dem Ursprünglichen, wird gefühlt und erkannt. Man verdeckt sie aber
vor sich selbst, indem man die Repräsentanten der Vergangenheit auf eine unerreich-
bare Höhe stellt und ihre Qualitäten so bemisst, dass es dem Geschlechte der Gegenwart unmöglich gemacht und verboten wird, sich mit ihnen zu vergleichen. Sobald es
soweit gekommen ist, werden diejenigen in hohem Masse verdächtig, welche ... die
alten Massstäbe anwenden wollen. Einerseits erscheinen sie als anmassend und hoch-
müthig, andererseits als Störer der nothwendigen Neuordnung, die ihr Recht daran hat,
dass sie unvermeidlich ist."

Sola Scriptura und das Kanonproblem

I.

1771 eröffnet Johann Salomo Semler beispielhaft die Kritik des Kanons als die Summe aller geschichtlichen Kritik:

„Nach diesen ganz klaren Umständen ist es gewiß, daß die gemeine Vorstellung von der steten Einförmigkeit und Gleichheit des Canons oder des Verzeichnisses der öffentlichen heiligen Schriften der Christen ohne Grund und historische Richtigkeit sei, wenn sie anders verstanden wird, als daß es eine Verabredung für die öffentliche Gesellschaft und öffentliche gemeinschaftliche Übung der Religion gewesen seie, woran einzelne, nachdenkende Christen sich nicht stets gebunden haben...".[1]

Mit solchen Sätzen, denen sich ohne Schwierigkeit andere an die Seite stellen ließen, bleibt Semlers „Abhandlung von freier Untersuchung des Canon"[2] bestimmend bis in die Gegenwart hinein: Dies gilt für die alt- und neutestamentliche Forschung in gleichem Maße. Dort wo sich beide als kritische Wissenschaft begreifen, ist in der Zuordnung von geschichtlicher Wahrnehmung und theologischem Inhalt die Kritik des Kanons[3] anwesend. Semlers Überlegungen gründen traditionsgeschichtlich auf ältere Vorarbeiten[4], doch bündeln sich bei ihm die Grundlagen solcher Kritik in einer besonders eindrücklichen Weise:

Das erkenntnisleitende Interesse geht aus von dem tiefgreifenden Unterschied zwischen dem Wort Gottes und der ,Heiligen Schrift' (in den Worten Semlers: „Heilige Schrift und Wort Gottes ist gar sehr unterschieden...".[5]). Das Wort Gottes benennt als Summe jene göttliche Wahrheit, über deren Autorität der

---

[1] J. S. SEMLER, Abhandlung von freier Untersuchung des Canon, 4, zitiert nach der Ausgabe von H. Scheible (Texte zur Kirchen- und Theologiegeschichte 5), Gütersloh 1967, S. 21.

[2] Zu SEMLER vgl. vor allem G. HORNIG, Die Anfänge der historisch-kiritischen Theologie. Johann Salomo Semlers Schriftverständnis und seine Stellung zu Luther, Göttingen 1961; DERS., Hermeneutik und Bibelkritik bei Johann Salomo Semler, in: Historische Kritik und biblischer Kanon in der deutschen Aufklärung (Wolfenbütteler Forschungen 41), Wiesbaden 1988.

[3] Zur Kanonkritik bei Semler vgl. H. DONNER, Gesichtspunkte zur Auflösung des klassischen Kanonbegriffs bei Johann Salomo Semler, in: Fides et communicato (Festschr. M. Doerne), Göttingen 1970, S. 56–68; O. KAISER, Johann Salomo Seler als Bahnbrecher der modernen Bibelwissenschaft; in: DERS., Von der Gegenwartsbedeutung des Alten Testaments, Göttingen 1984, S. 79–94.

[4] Vgl. dazu vor die Arbeiten von G. HORNIG sowie J. D. WOODBRIDGE, German Responses to the Biblical Critic Richard Simon: from Leibniz to J. S. Selmer, in: Historische Kritik und biblischer Kanon in der deutschen Aufklärung (Wolfenbütteler Forschungen 41), Wiesbaden 1988, S. 65–88.

[5] SEMLER, aaO., S. 60.

einzelne Christ nach seiner Vernunft entscheidet[6]. Die im Kanon fixierte ‚Heilige Schrift' | hingegen erscheint als geschichtlich sekundär, sie hängt ab von der Tradition der Kirche und darf deshalb nicht ungeprüft hingenommen werden[7]. Der Kanon wird so begriffen als Ergebnis eines längeren, geschichtlichen Prozesses, der erst im dritten bzw. vierten Jahrhundert seinen gültigen Abschluß findet[8].

Aus solcher Einsicht folgt notwendig die Genauigkeit und Schärfe, mit der kritische Vernunft die historische Sekundarität des Kanons im einzelnen nachweist. Denn erst so ergibt sich die Möglichkeit, zur Wahrheit des Wortes Gottes ohne die Bindungen der kirchlichen Autorität vorzudringen[9]. Mag nicht immer klar hervortreten, was inhaltlich die Vorgabe und Zielsetzung einer solchen Kritik ausmacht, so wird die Handlungsorientierung dennoch deutlich: Die Differenz zwischen der in den Kanon eingebundenen ‚Heiligen Schrift' und dem ursprünglichen Wort Gottes kehrt wieder in der Unterscheidung zwischen jenen Christen, die auf Grund von Erziehung und Gewohnheit keine kritische Reserve gegenüber dem Kanon entwickeln[10], und jenen, die von ihrem Gewissen und ihrer Vernunft her als Individuen solche Auseinandersetzung führen müssen[11].

Sprengkraft und unmittelbare Einsichtsfähigkeit dieses Programms, das nicht ohne polemische Untertöne gegen die orthodoxe Auffassung des Kanons entworfen ist, erhellt schon die Wirkungsgeschichte: Die Zerstörung des überkommenen Schriftprinzips führt zu einer Grundlagenkrise des Protestantismus, die bis in die Gegenwart reicht[12]. Es sind zunächst die negativen Aspekte, die in der Sekundarität des Kanons unmittelbar und überzeugend hervortreten: Neben den Abbruch des lebendigen Traditionsprozesses tritt die katalytische Funktion. In der Reduktion der vorgängigen Überlieferung[13] liegt auch eine Form der ‚Zensur'[14], und dazu gehört nicht nur Abgrenzung und Immunisierung, sondern auch jene Entfremdung der Texte, die sie aus ihrer Entstehungssituation heraus-

---

[6] DONNER, aaO., S. 67.

[7] HORNIG, Hermeneutik und Bibelkritik, S. 230f.

[8] Darin ist die Kritik immer auch gegen die orthodoxe Lehre vom Kanon gewandt; HORNIG, Hermeneutik und Bibelkritik, S. 230.

[9] DONNER, aaO., S. 64ff.

[10] Vgl. auch B. AHLERS, Die Unterscheidung von Theologie und Religion. Ein Beitrag zur Vorgeschichte der Praktischen Theologie im 18. Jahrhundert, Gütersloh 1980.

[11] Vgl. HORNIG, Hermeneutik und Bibelkritik, S. 228f.; dies impliziert durchaus eine Anerkennung der Autorität der Schrift.

[12] W. PANNENBERG, Die Krise des Schriftprinzips, in: DERS., Grundfragen systematischer Theologie. Ges. Aufsätze 1, 2. Aufl., Göttingen 1971, S. 11–21. G. WENZ, Sola scriptura? Erwägungen zum reformatorischen Schriftprinzip, in: Vernunft des Glaubens (Festschr. W. Pannenberg), Göttingen 1988, S. 540–567.

[13] Zu solchen Kategorien des Kanonischen vgl. O. H. STECK, Der Kanon des hebräischen Alten Testaments. Historische Materialien für eine ökumenische Perspektive, in: Vernunft des Glaubens (Festschr. W. Pannenberg), Göttingen 1988, S. 231–252.

[14] A. und J. ASSMANN, Kanon und Zensur, in: DIES. (Hg.), Kanon und Zensur. Archäologie der literarischen Kommunikation, München 1987, S. 7–27.

löst[15]. Mehr noch: | dies Paradigma hat sich jenseits der ideologischen Voraussetzungen, die bei Semler nicht zu übersehen sind, vor allem darin durchsetzen können, daß der Abschluß des Kanons als solcher Gegenstand wissenschaftlicher Forschung werden konnte. Die klassischen Werke der Kanongeschichte[16] belegen die Fruchtbarkeit solcher Hypothese: in der Wahrnehmung von Exklusivität und Normativität, von kirchlicher Setzung und dem Zusammenhang mit der ‚regula fidei‘[17] treten Konturen dieses Abschlusses scharf hervor: Wird zudem die wirkungsgeschichtliche Konsequenz im Baharrungsvermögen solcher Sammlung[18] und der Chance, sie neuen Situationen anzupassen[19], bedacht, so bewährt sich auch darin solche methodische Überlegung. Hinter sie zurückzugehen wäre ein Rückschritt. Dies gilt auch deshalb, weil die Einsicht in den kanonischen Abschluß erst den Blick freigibt auf die Geschichte des Urchristentums. Wie viele andere Studien der religionsgeschichtlichen Schule[20] bringt dies die vierte Lic.these von E. Troeltsch auf den angemessenen Begriff:

„Die Erforschung des alten Christentums und die Exegese des neutestamentlichen Kanons der katholischen Kirche sind zwei verschiedene Dinge.“[21]

Positiv gewandt: von den Fesseln des Kanons befreit, wird eine Geschichte des Urchristentums sichtbar, die sich auf der Grundlage nicht nur der kanonischen Texte in Literatur und Theologie rekonstruieren läßt[22].

Diesen Vorzügen einer methodisch gegründeten Kritik des Kanons tut es auch keinen Abbruch, wenn Einzelheiten innerhalb einer solchen Hypothese nach wie vor ungeklärt erscheinen: |

---

[15] Vgl. grundsätzlich A. GOLDBERG, Die Zerstörung von Kontext als Voraussetzung für die Kanonisierung religiöser Texte im rabbinischen Judentum, in: A. und J. ASSMANN, Kanon und Zensur. Archäologie der literarischen Kommunikation, München 1987, S. 201–221.

[16] A. HARNACK, Das Neue Testament um das Jahr 200, Freiburg/Br. 1889; TH. ZAHN, Geschichte des neutestamentlichen Kanons, Bd. I/II, Erlangen 1888/1890; H. VON CAMPENHAUSEN, Die Entstehung der christlichen Bibel (BHTh 39), Tübingen 1968; B. M. METZGER, The Canon of the New Testament. Its Origin, Development, and Significance, Oxford 1988 (Lit.).

[17] Dazu J. KUNZE, Glaubenregel, Heilige Schrift und Taufbekenntnis. Untersuchungen über die dogmatische Autorität, ihr Werden und ihre Geschichte, vornehmlich in der alten Kirche, Leipzig 1899; D. LÜHRMANN, Gal 2,9 und die katholischen Briefe. Bermerkungen zum Kanon und zur regula fidei (ZNW 72), 1981, S. 65–87.

[18] Vgl. J. A. SANDERS, Adaptable for Life: The Nature and Function of Canon, in: Magnalia Dei (Festschr. G. E. Wright), Garden City – New York 1976, S. 531–560.

[19] Vgl. dazu auch die Arbeiten von SANDERS; Torah and Canon, Philadelphia 1972; Canon and Community. A guide to Canonical Criticism, Philadelphia 1984; From Sacred Story to Sacred Text, Philadelphia 1987.

[20] H. PAULSEN, Traditionsgeschichtliche Methode und religionsgeschichtliche Schule (ZThK 75), 1987, S. 20–55.

[21] Abgedruckt bei H. RENZ und F. W. GRAF, Troeltsch-Studien, I: Untersuchungen zur Biographie und Werkgeschichte, Gütersloh 1982, S. 299.

[22] Zu solchem Begriff einer Geschichte des Urchristentums vgl. vor allem W. WREDE, Über Aufgabe und Methode der sogenannten Neutestamentlichen Theologie, Göttingen 1897.

a) Dies betrifft zunächst die Frage, ob der Abschluß des Kanons stärker Setzung der Kirche oder vielmehr Ergebnis eines geschichtlichen Prozesses ist[23]. Aber es wird vor allem auffällig an umstrittenen Details: Dies gilt z. B. im Blick auf die Rolle Markions[24]. Ist er jener große Beweger, der den Abschluß des Kanons erst eigentlich provoziert hat[25] oder – und dies scheint wahrscheinlicher zu sein[26] – selbst Teil dieser historischen Entwicklung? Was hier der Klärung bedarf, trifft nicht minder für gnostisches Christentum[27] und Montanismus[28] zu: Sie haben in gewisser Hinsicht eine Auslöserfunktion, indem sie Abgrenzung und Normierung befördern, doch zeigen sie auf der anderen Seite eine Position gegenüber der schriftlichen Überlieferung[29], die großkirchlicher Argumentation analog sich bestimmt.

b) Gerade wenn der Kanon nicht herausgelöst werden kann aus jener Lese- und Lebensgemeinschaft, die ihn als Abschluß ermöglicht und konstituiert, dann sind auch die sozialgeschichtlichen Gründe noch zu erhellen: Auf der einen Seite läßt sich das Bedürfnis nach Legitimation nicht verkennen, während auf der anderen Seite gerade so – in der Form des Kommentars[30] – eine qualitativ neue Rückkehr zu den Anfängen eröffnet wird. Der geschichtliche Vorgang verläuft verwickelter, als in solcher Gegenüberstellung angezeigt werden kann. Darauf weisen auch die erstaunlichen lokalen Differenzen im Abschluß des Kanons hin; zudem müßten hierfür auch die Ergebnisse von Textgeschichte und Textkritik[31] genau beachtet werden.

Doch ändern diese offenen Fragen nichts an der Lebhaftigkeit der ursprünglichen Kanonkritik: Der Kanon, durch Ausschließlichkeit und Normativität, Traditionsabbruch und regula fidei gekennzeichnet, erscheint als Grabschrift des Urchristentums. Wer dessen Wahrheit verstehen und theologisch mit der Gegenwart vermitteln will, muß den Kanon deshalb nicht nur als Abschluß begreifen, sondern ihn gerade so destruieren. Anders ist geschichtliche Erkenntnis nicht

---

[23] Vgl. A. M. Ritter, Die Entstehung des neutestamentlichen Kanons: Selbsdurchsetzung oder autoritative Entscheidung?, in: A. und J. Assmann, Kanon und Zensur. Archäologie der literarischen Kommunikation, München 1987, S. 93–99.

[24] Siehe zuletzt J. J. Clabeaux, A Lost Edition of the Letters of Paul. A Reassessment of the Text of the Pauline Corpus attested My Marcion CBQ Mon Ser 21, Washington 1989.

[25] Vgl. dazu H. von Campenhausen, Entstehung.

[26] Dies wird auch durch die Studie von Clabeaux (Anm. 24) und ihre Ergebnisse bestätigt.

[27] Zum Schriftgebrauch im gnostischen Cristentum vgl. noch immer G. Heinrici, Die valentianinische Gnosis und die heilige Schrift, Berlin 1871; R. Liechtenhan, Die Offenbarung im Gnosticismus, Göttingen 1901. Daneben W. Foerster, Von Valentin zu Herakleon. Untersuchungen über die Quellen und die Entwicklung der valentinianischen Gnosis (BZNW 7), Gießen 1928; K. Koschorke„ Paulus in den Nag-Hammadi-Texten. Ein Beitrag zur Geschichte der Paulusrezeption im frühen Christentum (ZThK 78), 1981, S. 177–205.

[28] H. Paulsen, Die Bedeutung des Montanismus für die Herausbildung des Kanons (VigChr 32), 1978, S. 19–52 (Lit.).

[29] Heinrici, aaO., S. 192 ff.

[30] Grundlegend dafür G. Scholem, Offenbarung und Tradition als religiöse Kategorien im Judentum, in: ders., Über einige Grundbegriffe des Judentums, Frankfurt/M. 1970, S. 90–120; vgl. noch H. Jordan, Geschichte der altchristlichen Literatur, Leipzig, 1911, S. 377 ff.

[31] Vgl. exemplarisch B. Aland, Neutestamentliche Textforschung und Textgeschichte. Erwägungen zu einem notwendigen Thema (NTS 36), 1990, S. 337–358.

möglich, und die eindrücklichen Sätze W. Wrede lösen nur das ein, was methodisch der Fragestellung inhärent und in der Aufklärung bereits angelegt war[32]: |

> „Wer also den Begriff des Kanons als feststehend betrachtet, unterwirft sich damit der Autorität der Bischöfe und Theologen jener Jahrhunderte. Wer diese Autorität in anderen Dingen nicht anerkennt – und kein evangelischer Theologe erkennt sie an –, handelt folgerichtig, wenn er sie auch hier in Frage stellt...“[33]

Solche Sätze wecken ein Unbehagen: Sie zeigen die auch ideologische Seite solcher Kritik[34], die sie angreifbar und verdächtig macht. Denn das ‚Wort Gottes‘, die Wahrheit des Anfangs erscheint schon bei Semler als ein getreues Spiegelbild zeitgemäßer Überzeugungen, die sich so reproduzieren und in ihm wiederfinden. Dieses Vorverständnis, das in seiner Ambivalenz der Kritik bedarf, hebt aber die geschichtliche Einsicht keineswegs auf: Der Kanon als eine sekundäre Erscheinung des zweiten Jahrhunderts kann als Abschluß historisch beschrieben werden; seine Destruktion eröffnet einen neuen, unverstellten Zugang zur urchristlichen Literatur und Theologie.

II.

Es ist paradox genug: Die Wahrnehmung des Kanons als eines relativ späten Phänomens läßt methodisch den Blick frei werden für jene Intentionen, Motive und Antriebskräfte, die in diesem Abschluß stillgelegt werden[35]. Was F. C. Baur in dem Satz andeutete: „Das ganze Dasein des Christenthums beruhte zu einer Zeit, in welcher der Kanon der als apostolisch geltenden Schriften noch so wenig fixiert war, auf Tradition ...“[36], weist in diese Richtung, und die Einsicht in die Geschichte des Kanons führt zu der Wahrnehmung seiner Vorgeschichte[37]. Es wird so jener Prozeß einsichtig, der die Geschichte des Urchristentums von Anfang an in vielfältiger Weise geprägt hat (und methodisch traditions- und rezeptionsgeschichtlich[38] bedacht wird):
Neben der grundlegenden Einsicht, daß der biblische Text als ‚Schrift‘[39] für

---

[32] Zur Kritik vgl. U. WILCKENS, Das historisch ausgelegte Neue Testament als Kanon Heiliger Schrift, in: Wissenschaft und Kirche (Festrschr. E. Lohse), Bielefeld 1989, S. 13–28, bes. S. 16 f.

[33] WREDE, aaO., S. 11.

[34] WILCKENS, aaO., S. 16 f.

[35] Vgl. dazu vor allem F. HAHN, Das Problem „Schrift und Tradition“ im Urchristentum (EvTh 30), 1970, S. 449–468.

[36] F. C. BAUR, Kirchengeschichte der drei ersten Jahrhunderte, 3. Aufl., Tübingen 1863, S. 256.

[37] H. GESE, Der auszulegende Text (ThQ 167), 1987, S. 252–265, 264.

[38] H. PAULSEN, Auslegungsgeschichte und Geschichte des Urchristentums – die Überprüfung eine Paradigmas, in: Jesu Rede von Gott und ihre Nachgeschichte im frühen Christentum (Festschr. W. Marxen), Gütersloh 1989, S. 261–374.

[39] Vgl. nur D.-A. KOCH, Die Schrift als Zeuge des Evangeliums. Untersuchungen zur

alle Gruppen des Urchristentums herausragende Bedeutung hatte, zeigt sich das Geflecht von (verpflichtender) Überlieferung und Auslegung in der gesamten urchristlichen Literatur. Bereits die paulinische Theologie entwirft zu einem erheb-|lichen Teil ihr Denken im Gespräch mit der Überlieferung. Dieser Dialog ist deshalb nicht immer leicht zu interpretieren, weil das Gewicht der Traditionen auf der einen und ihrer situations- und theologiebezogenen Auslegung auf der anderen Seite schwierig anzugeben ist. Doch daß sich die Genese der paulinischen Theologie so beschreiben läßt, scheint gesichert; deutlich wird so, wie früh und wie intensiv im Urchristentum die Hinwendung zur Überlieferung einsetzt. Denn daß dies nicht nur für Paulus, sondern auch für andere Textgruppen und -sorten gilt, haben die Forschungen der letzten Jahrzehnte, prinzipiell die traditionsgeschichtliche Methodik, offenkundig gemacht. Auch der Weg der Jesusüberlieferung – von der nachösterlichen Tradierung bis zur Fixierung in den Evangelien – läßt sich allein verstehen, wenn die bestimmende Vorgabe der überlieferten Aussage nicht geleugnet wird.

Darin konstelliert sich ein Feld, das in Bewahrung und deutender Erneuerung des religiösen Erbes, im Durchdringen der vorgegebenen ‚Texte' und der fast kommentierenden Hinwendung zu ihnen für die Geschichte des Urchristentums kennzeichnend ist.

Wenn so in der Destruktion des Kanons das tiefgehende Problem der Kanonisierung erst geschichtlich bewußt wird, dann geschieht dies sogar unter Beibehaltung der ursprünglich kanonkritischen Paradigmata: In der Einsicht, daß auch die Texte nur Station auf einem langen Weg sind, meldet sich erneut ein diachrones Interesse am Ursprünglichen zu Wort. Doch zugleich wird die Einsicht unaufgebbar, daß Theologie und Literatur des Urchristentums von jenen Kräften bewegt sind, die im Abschluß des Kanons sich in den Vordergrund schieben und zur Ruhe kommen. Endgültiger Normativität korrespondiert der Rang der Überlieferung, dem exklusiven Anspruch des Kanons die Vorgabe aller Tradition, die schon in den Anfängen urchristlicher Literatur kaum zu übersehen ist.

Nicht anders als bei der Kanonkritik sollte zugestanden werden, daß in methodischer Hinsicht und für die geschichtlichen Detailstudien Probleme bestehen:

So ist der Traditionsbegriff, der bei solchen Erwägungen eine programmatische Bedeutung einnimmt, nicht selten ideologisch besetzt. Denn die Überlegungen, die jenseits der unstrittigen Linie des Kanons nach den ‚vorkanonischen' Indizien forschen, werden durch einen Affekt geprägt, der sich von der Abneigung gegen alle Kanonkritik leiten läßt. Die Einsicht in den frühen Beginn des Wechselspiels zwischen Überlieferung und Auslegung, Verpflichtung und Deutung soll darin eine Entwicklung suggerieren, die folgerichtig in den Kanon des zweiten Jahrhunderts mündet[40]. Seine späte Entstehung erscheint als Frucht des Anfangs, und dem verbindet sich eine Sehnsucht, die solchem Beginn per definitionem höheren Rang einräumen möchte.

Verwendung und zum Verständinis der Schrift bei Paulus (BHTh 69), Tübingen 1986; W. WIEFEL, Die Autorität der Schrift und die Autorität des Evangeliums (ThLZ 115), 1990, S. 641–654.

[40] GESE, aaO., S. 264.

Geschichtlich beträchtlicher sind jedoch jene Schwierigkeiten, die in gewisser Analogie zur Kanonkritik auch für den Weg der Kanonisierung zutreffen: So läßt sich die Rolle der Gemeinden und AutorInnen im Blick auf die von ihnen | aufgenommene Überlieferung kaum nur als bewahrend und sammelnd beschreiben. Ihre wirkungsgeschichtlich so weitreichende Tätigkeit entbirgt doch einen Anstoß, eine theologische Provokation besonderer Art, die darin zwar nicht normativen, aber doch verpflichtenden Charakter besitzt. Was für das markinische Evangelium[41] im Kaleidoskop der Hypothesen oft lähmend wiederkehrt – Markus als der vorsichtige Bewahrer von Überlieferung oder als konzeptioneller Autor, der frei und souverän handelt –, hat methodisch an dieser Schwierigkeit Anteil und ist in der Sache nicht einfach zu entscheiden. Dies gilt um so mehr, wenn die faktische Bedeutung dieses ersten Evangeliums für die urchristliche Literaturgeschichte rezeptionsästhetisch bedacht wird.

Dies läßt sich auch gar nicht auf die synoptischen Evangelien eingrenzen: Vergleichbare Probleme stellen sich für die paulinischen Briefe und die johanneischen Schriften. Die Hypothese der sich durchsetzenden Entwicklung und die eines schöpferischen Neubeginns konkurrieren: Während die eine der Kraft von Überlieferung vertraut, beharrt die andere auf der schöpferischen Stärke des geschichtlich Neuen, das alles Vergangene fast schlackenlos einschmilzt. Solches Gegenüber gilt nicht minder von den Gruppen, die den traditionsgeschichtlichen Weg begleiten, fördern und strukturieren: Greifen diese Gemeinden kreativ in den Überlieferungsprozeß ein, oder dienen sie als RezipientInnen nur der Weitergabe? Alle diese Fragen bedürfen der geschichtlichen Klärung – die in der Zuordnung beider Hypothesen vorangetrieben werden könnte –, aber in ihnen bewährt sich eine Konzeption, die in der Geschichte des Urchristentums und seiner Literatur jene Bewegung der Auslegung beschreibt, die in dem abgeschlossenen Kanon ihr Ende findet. Auf solche Weise kann in erheblichem Umfang jene Bewegung urchristlicher Geschichte rekonstruiert werden, von der diese Texte nur die Außenseite bedeuten[42]. Gerade weil die Einsicht in den späten Abschluß des Kanons solche Überlegungen in Kraft setzte, sind zwei zusätzliche Hinweise notwendig: Wenn eine so verstandene Traditionsgeschichte methodisch nicht die fundamentale Kritik am Kanon bestreitet, sondern sie als Befreiung auffaßt, wird erst deutlich, auf welchem Wege und aus welchen Gründen es zu diesem Abschluß des Kanons kommen mußte[43]. Tradition und in den Kanon gefaßte Schrift fallen deshalb nicht zusammen, sondern lassen sich notwendig unterscheiden[44].

Es zeigt sich daran, daß das Miteinander von ‚Wort Gottes' und Kanon (auch in dem vielschichtigen Antagonismus dieser beiden Größen) schon intentional

---

[41] Vgl. zuletzt F. HAHN (Hg.), Der Erzähler des Evangeliums. Methodische Neuansätze in der Markusforschung (SBS 118/119), Stuttgart 1985.

[42] W. WREDE, aaO., S. 41

[43] F. HAHN, Zur Verschriftlichung mündlicher Traditionen in der Bibel (ZRGG 39), 1987, S. 307–318.

[44] Vgl. F. HAHN, Verschriftlichung, S. 318.

sehr früh beginnt, durch die Sekundarität des Kanons gerade nicht aufgehoben erscheint. In den Erwägungen der Traditionsgeschichte bricht sich vielmehr jenes Bemühen | Bahn, hinter den Formen und Setzungen der Überlieferung, jenseits der in Texte geronnenen Deutung ein noch früheres Stadium zu beschreiben und sich so dem Ursprung anzunähern. Von den Bindungen des Kanons befreit, provoziert das Miteinander von Tradition und Interpretation noch einmal die Frage nach der unverstellten Wahrheit des Anfangs.

III.

Läßt sich so die Geschichte der urchristlichen Texte auch als Vorgeschichte ihrer Kanonisierung[45] betrachten, so muß deshalb noch einmal neu eingesetzt werden: Ergibt sich daraus nicht die Notwendigkeit, diachron durch die Texte hindurch nach dem Ursprung zu fragen? Überlegungen Schleiermachers haben – wenn auch nicht immer manifest[46] – diese Frage vorangetrieben: In der Auseinandersetzung über die Lehre von der Inspiration geht es nicht um die Statuierung eines Unterschieds zwischen Reden und Schreiben der Apostel. „Denn die künftige Kirche mußte auf die erste gebaut werden."[47] Gerade weil diese Texte an bestimmte Menschen sich wenden, ist das bestimmte Einzelne darin zu suchen: „Also müssen wir sie eben so auslegen und deshalb annehmen, daß wenn auch die Verfasser todte Werkzeuge gewesen wären der heilige Geist durch sie doch nur könne geredet haben, so wie sie selbst würden geredet haben …"[48] Solcher Blick zurück stößt auf den Übergang von der mündlichen zur schriftlichen Literatur[49] als einer entscheidenden sachlichen Schwelle, so sehr die Diskussion auch durch geistesgeschichtliche Konzeptionen bestimmt ist. Denn jene Veränderung, die von der Mündlichkeit zur Schriftlichkeit führt, kann nicht tiefgreifend genug gedacht werden[50]. Es genügt jedenfalls nicht von der Tyrannei des Buchstabens[51]

---

[45] Siehe dazu die hellsichtigen Bemerkungen F. Overbecks, in: M. Tetz (Hg.), Overbeckiana II, Basel 1962, S. 86 ff. (A 196).

[46] Doch vgl. E. Fuchs, Kanon und Kerygma (ZThK 63), 1966, S. 410–433.

[47] F. Schleiermacher, Hermeneutik und Kritik mit besonderer Beziehung auf das Neue Testament, bei W. G. Kümmel, Das Neue Testament, Geschichte der Erforschung seiner Probleme, Freiburg und München 1958, S. 139; siehe auch M. Frank (Hg.), F. D. E. Schleiermacher, Hermeneutik und Kritik, Frankfurt/M. 1977.

[48] Schleiermacher, aaO., S. 139.

[49] Vgl. dazu vor allem W. H. Kelber, The Oral and the Written Gospel, The Hermeneutics of Speaking and Writing in the Synoptic Tradition, Mark, Paul, and Q, Philadelphia 1983. Zum Grundätzlichen siehe neben Hahn, Verschriftlichung, noch A. B. Lord, Der Sänger erzählt. Wie ein Epos entsteht, München 1965; W. J. Ong, The Presence of the Word. Some Prolegomena for Cultural and Religious History, New Haven und London 1967; Ders., Orality and Literacy. The Technologizing of the World, London und New York 1982.

[50] Zum forschungsgeschichtlichen Hintergrund vgl. E. Güttgemanns, Offene Fragen zur Formgeschichte des Evangeliums (BEvTh 54), 2. Aufl., München 1971, S. 119 ff.; P. Zumthor, Introduction à la poésie orale, Paris 1983.

[51] F. de Saussure, Grundfragen der allgemeinen Sprachwissenschaft, 2. Aufl., Berlin 1967, S. 67.

her, Schrift nur als Ersatz der mündlichen Äußerungen zu beschreiben, als | Surrogat, das in jeder Hinsicht dem gesprochenen Wort unterlegen zu denken sei[52].

Von solcher Unterscheidung zwischen Schriftlichkeit und Mündlichkeit findet sich im Hellenismus ein vielfältiges Echo[53]. Die Vorstellung von der Heiligkeit des Buches fehlt anfänglich ganz[54], und die emphatische Kritik Platons an der Schriftlichkeit, wie sie im Phaidros und dem siebten Brief eindringend vorliegt[55], bleibt bestimmend. Der Mündlichkeit als dem Spiegel lebendiger Philosophie wird das Trügerische und Scheinhafte der Schrift kontrastiert. Mag dies in dem Hinweis auf das Eingedenken[56] keine generelle Ablehnung sein, die Gefährdung der Wahrheit durch die Schrift bleibt auch dort bewußt, wo im Hellenismus das Buch ins Zentrum rückt[57] und die Gegenwart der Philosophie gerade so sichergestellt wird[58].

Doch greift Schriftlichkeit weiter, weil sie die Überlieferung so sichert und bewahrt, in solcher Weise allerdings auch auf einen Abschluß drängt[59]. Darin gewinnt sie einen eigenen Rang, der letztlich die Ablösung von der ursprünglichen Situation ermöglicht.

So sind die paulinischen Briefe[60] gewiß Zeichen der apostolischen Präsenz[61], sie lassen sich nicht sondern von der mündlichen Verkündigung des Paulus. Aber als Briefe sind sie geschichtlich geworden, und darin entfernen sie sich in ihrer Wirkung immer mehr von dem mündlichen Zwiegespräch zwischen dem Apostel und seinen Gemeinden. Sie erhalten auf diese Weise als schriftliches Zeugnis ein Gewicht, das über die Mündlichkeit hinausgreift und die Autonomie der Schrift inszeniert. Zwar trifft zu, daß in der urchristlichen Literatur dieser Übergang in die Schriftlichkeit nur selten reflektiert worden ist. Doch läßt die Auseinandersetzung des 2. Korintherbriefes erkennen, daß die polemische Kon-

---

[52] DE SAUSSURE, aaO., S. 27 ff.

[53] Vgl. vor allem E. R. CURTIUS, Europäische Literatur und lateinisches Mittelalter, 3. Aufl., Bern und München 1961, S. 306 ff.

[54] E. R. CURTIUS, aaO., S. 308

[55] Zur Interpretation des Textes vgl. H.-G. GADAMER, Unterwegs zur Schrift?, in: A und J. ASSMANN, CHR. HARDMEIER (Hg.), Schrift und Gedächtnis (Beiträge zur Archäologie der literarischen Kommunikation 10–19), München 1983. Daneben H. GUNDERT, Der platonische Dialog (Bibliothek der Klass. Altertumswissenschaften II, 26), Heidelberg 1968, S. 9 ff.

[56] GADAMER, aaO., S. 15

[57] CURTIUS, aaO., 309 ff.; zur Schriftkultur im antiken Judentum vgl. den Exkurs bei S. KRAUSS, Talmudische Archäologie. III, Leipzig 1912, S. 132 ff.

[58] Besonders kennzeichnend sind hierfür die Kynikerbriefe; vgl. den 3. Brief an Hipparchia bei A. J. MALHERBE (Hg.), The Cynic Epistles (SBL Sources for Biblical Study 12), Missoula/ Montana 1977. Der Brief sucht von seiner Fiktion her, der Schrift die gleiche Wertigkeit zu geben wie der persönlichen Unterredung.

[59] HAHN, Verschriftlichung, S. 314.

[60] Hermeneutisch vgl. dazu vor allem E. FUCHS, Hermeneutik, 2. Aufl. Bad Cannstatt 1958, S. 181 ff.; R. W. FUNK, Language, Hermeneutic, and Word of God, New York, Evanston und London 1966, S. 251 ff.; GÜTTGEMANNS, Offene Fragen, S. 112 ff.

[61] GÜTTGEMANNS, aaO., S. 112 f.

frontation auch dieses | Problemfeld berührt. Neben anderen Texten[62] zeigt sich dies an 2.Kor 10,1.10f.[63]. Paulus zitiert ein Schlagwort in 10,10[64], das die Pointe gegnerischer Agitation noch erkennbar macht. Für sie besteht eine Spannung zwischen der persönlichen Gegenwart des Paulus und seiner Präsenz im Brief. Während die eine durch Schwäche gekennzeichnet wird[65], zeichnet die andere Gewicht und Bedeutsamkeit aus[66]. Die Spitze dieser Polemik ist dennoch nicht eindeutig: doch geht es für die Gegner kaum um die positive Anerkennung paulinischer Epistolographie[67], als vielmehr um das angemessene Verhalten des Pneumatikers[68]. Für dieses gilt die mündliche Verkündigung als übergeordnet[69], so daß sich die Brieflichkeit als zweifelhaft und das Lob als bedenklich[70] erweist. Gerade weil Paulus solcher Priorität des Pneumatischen zugestimmt haben dürfte, wird seine eigene Position schwierig und darin für diese Fragen aufschlußreich: Indem er auf die Identität von brieflichem ‚Wort' und persönlicher Gegenwart in der ‚Tat' deutet, hebt dies umgekehrt den Rang der Briefe in besonderer Weise hervor. Sicher ist es übertrieben zu sagen: „Im Lichte dieser Verhältnisse erscheint die spätere Kanonisierung der paulin. Briefe als ein ganz natürlicher Prozeß …"[71], der Text läßt aber sehr genau die Probleme erkennen, die am Übergang von der Mündlichkeit zur Schriftlichkeit mit Notwendigkeit entstehen.

Der Überschritt von dem gesprochenen Wort zum schriftlichen Text macht so in der Sache erneut Aspekte deutlich, die dem geschichtlichen Weg zum Kanon inhärent sind: denn die Schriftlichkeit als Größe eigener Art wählt aus und verändert, aber sie gibt zugleich dem Text eine Festigkeit, die in ihrem verpflich-| tenden Charakter nicht leicht mehr aufzulösen ist, sondern die Interpretation

---

[62] Vgl. S. J. Hafemann, 'Self-Commendation', and Apostolic Legitmacy in 2 Corinthians: a Pauline Dialectic? (NTS 36), 1990, S. 66–99 (Lit.).

[63] Zum Text vgl. W. Schmithals, Die Gnosis in Korinth. Eine Untersuchung zu den Korintherbriefen (FRLANT 66), Göttingen 1969, S. 166f.; H. D. Betz, Der Apostel Paulus und die sokratische Tradition. Eine exegetische Untersuchung zu seiner „Apologie" 2 Korinther 10–13 (BHTh 45), Tübingen 1972; J. Zmijewski, Der Stil der paulinischen „Narrenrede" (BBB 52), Köln und Bonn 1978; A. J. Malherbe, Antisthenes and Odysseus, and Paul at War (HThR 76), 1983, S. 143–173; A. J. Dewey, A Matter of Honor: A Social-Historical Analysis of 2 Corinthians 10 (HThR 78), 1985, S. 109–117. Zu 2Kor 10,10 siehe auch D. A. Black, Paul, Apostle of Weakness, Asteneia and its Cognates in the Pauline Literature (American University Studies VII,3), New York, Bern, Frankfurt/M. und Nancy 1984, S. 135ff.

[64] G. Lüdemann, Paulus der Heidenapostel, Bd. II: Antipaulinismus im frühen Christentum (FRLANT 130), Göttingen 1983, S. 128.

[65] Vgl. E. Käsemann, Die Legitimität des Apostels (ZNW 41), 1942, S. 33–71, 34f.

[66] Dazu Betz, Sokratische Tradition, S. 51ff.

[67] So Chr. Wolff, Der zweite Brief des Paulus an die Korinther (ThHk 8), Berlin 1989, S. 202; „Selbst die Gegner des Paulus konnten nicht umhin, die Bedeutung seiner Briefe zuzugeben …"

[68] In dieser Richtung bereits R. Reitzenstein, Die hellenistischen Mysterienreligionen, Darmstadt 1966 (Nachdruck der 3. Aufl. 1927), S. 362f.

[69] Vgl. Schmithals, Gnosis, S. 167.

[70] Betz, Sokratische Tradition, S. 45.

[71] H. Windisch, Der zweiter Korintherbrief (MeyerK 6), 9. Aufl., Göttingen, 1924, S. 307.

einfordert. Gegenüber den (vielleicht mündlichen) Einzelüberlieferungen bedeutet das schriftliche Evangelium für die Gemeinden eine neue Vorgabe, die gerade
als Form bedeutsam wird.

Zwar findet sich in der urchristlichen Literatur kaum noch eine Spur davon,
daß die Schriftlichkeit gegenüber der Mündlichkeit auswählen muß[72] und so
Defizite aufweist[73], und nur gebrochen das Bewußtsein, das gesprochene Wort
lasse sich wegen der Größe der Offenbarung gar nicht in ‚Schrift' fassen[74]. Um so
aufschlußreicher erscheint, daß auf der anderen Seite die Apokalypse als jener
Text, der bewußt die Schriftlichkeit als ‚Buch' bedenkt[75], die größte Nähe zu
später eindeutig kanonischen Phänomenen aufweist[76]. Zwar wird in Apk
22,18.19 traditionelles Material rezipiert[77] – wie auch die Bedeutung der Schriftlichkeit in der jüdischen Apokalyptik nicht unterschätzt werden darf –, doch
verstärkt der Verfasser der Apokalypse dies kompositionell durch den Verweis
auf den Anfang seines ‚Buches'. Dort wird in einer komplexen und sprachlich
eindrücklichen Komposition[78] der Empfang der Offenbarung nicht nur auf Gott
selbst zurückgeführt und so geschichtlich unangreifbar. Sondern zugleich mündet solche Offenbarung in den ‚Schreibbefehl' (1,19), der ihren Inhalt exklusiv an
dieses ‚Buch' selbst bindet[79]. Die Verschriftung der ‚apokalypsis', die kompositionell in den Mittelpunkt gerückt wird, gibt ihr eine Würde, die sie zugleich
unangreifbar erscheinen läßt. Vorgabe und Normativität der Offenbarung treten
so als jene Größen hervor, die für den Weg zum abgeschlossenen Kanon charakteristisch erscheinen mögen[80].

Es erscheint als verlockend, an der Grenze zwischen Mündlichkeit und
Schriftlichkeit diese Grenze unter kanongeschichtlichen Paradigmata zu über-
schreiten und diachron nach der Mündlichkeit selbst zu fragen[81]. Zwar ist nicht
zu bestreiten, daß sie aller Schriftlichkeit vorausgegangen ist und in solcher

---

[72] Doch vgl. Joh 20,30f.; 21,42f.; dies gilt auch dann, wenn der topologische Charakter dieser
Schlußwendungen beachtet wird.

[73] Zu ähnlichen Überlegungen in der christlichen Gnosis vgl. Liechtenhan, Offenbarung,
S. 70.

[74] In der Auseinandersetzung mit Celsus, der auf Platon, ep. VII,341 D hinweist findet sich
der Gedanke bei Origenes, contra Celsum VI,6 (wobei neben Ez 2,9ff., Apk 10,9 f., 2Kor 12,4
noch Mk 4,34 eine Rolle spielt).

[75] Vgl. G. Schrenk, Art. βίβλος κτλ (ThWb 1), S. 613–620, 617,6ff.; Ders., Art. γράφω κτλ
(ThWb 1), S. 742–773, 745,32ff.

[76] Vgl. W. C. von Unnik, De la règle μήτε προσδεῖναι μήτε ἀφελεῖν dans l'historie du canon
(VigChr 3), 1949, S. 1–36; H. Quecke, ich habe nichts hinzugefügt und nichts weggenommen.
Zur Wahrheitsbeteuerung koptischer Martyrien, in: Fragen an die altägyptische Literatur
(Studien zum Gedenken an E. Otto), Wiesbaden 1977, S. 399–416.

[77] Vgl. die Nachweise bei W. C. van Unnik, aaO.

[78] Dazu M. Karrer, Die Johannesoffenbarung als Brief, Studien zu ihrem literarischen,
historischen und theologischen Ort (FRLANT 140), Göttingen 1986, bes. S. 85ff.

[79] Vgl. Schrenk, Art. γράφω, S. 745,7ff.

[80] Hahn, Verschriftlichung, S. 318.

[81] Vgl. dazu vor allem die Studie von Kelber, The Oral and the Written Gospel (Anm. 49).

Faktizität die metho-|dischen Überlegungen der Formgeschichte notwendig erscheinen. Doch bleibt vieles darüber hinaus hypothetisch, so gewiß die Umstände in der Weitergabe der Überlieferung von den Gesetzen schriftlicher Tradierung sich sondern lassen[82]. Die Einflüsse der HörerInnen wie die sozialen Umstände sind nicht minder wichtig wie der kompositionelle Zugriff in der Vermittlung[83]. Kanongeschichtlich bleibt deshalb die Einsicht in die Komplexität oraler Überlieferung zentral: denn die in der synoptischen Tradition erkennbaren Formen der Jesusbotschaft enthalten eine Vorgabe, die rezeptionsästhetisch von Gewicht ist. Sie stellen sprachlich wie ästhetisch komplexe Gebilde dar, deren hermeneutischer Anspruch der Aufnahme durch die Hörenden voraus ist, sie lenkt und prägt.

Das diachrone Bemühen der Forschung stößt so im Blick auf die Mündlichkeit und den Übergang zum schriftlichen ‚Text‘ an eine Grenze. Die Aufhebung aller sekundären Phänomene mit dem Ziel, sich dem Anfang so weit als möglich anzunähern, belegt in der Spannung von Anspruch und Weitergabe eine hermeneutische Vieldeutigkeit[84], die sich nicht übersehen läßt, sondern den Prozeß der Überlieferung durch Klarstellung und Interpretation eröffnet.

IV.

Für eine geschichtliche Deutung des beschriebenen Prozesses ist zunächst der Blick auf analoge Vorgänge in der jüdischen Theologie und Gesellschaft der Zeit unerläßlich[85]. Die Kanonisierung der heiligen Texte stellt den Abschluß eines langen, verwickelten Weges dar, der schwierig aufzuhellen ist[86]. Die intensive |

---

[82] Kelber, aaO., S. 14.

[83] Kelber, aaO., S. 24.

[84] Vgl. dazu H. Paulsen, Von der Unbestimmtheit des Anfangs, in: Festschr. F. Hahn, Göttingen 1991, S. 25–41.

[85] Dazu vgl. neben O. H. Steck (Anm. 13) und den Arbeiten von Sanders (Anm. 18, 19) noch S. Z. Leimann (Hg.), The Canon and Masorah of the Hebrew Bible, New York 1974; Ders., The Cononization of Hebrew Scripture. The Talmudic and Midrashic Evidence, The Connecticut Academy of Arts and Sciences (Transactions 47), Hamden 1976; R. Beckwith, The Old Testament Canon of the New Testament Church and its Background in Early Judaism, London 1985 (Lit.); F. Crüsemann, Das „portative Vaterland“, Struktur und Genese des alttestamentlichen Kanons, in: A. und J. Assmann, Kanon und Zensur. Archäologie der literarischen Kommunikation, München 1987, S. 63–79.

[86] Vgl. bereits H. Graetz, Kohélet oder der Salomonische Prediger übersetzt und kritisch erläutert, Leipzig 1871, S. 147ff.; die Hypothese, daß der Abschluß des Kanons auf eine autoritative Behörde zurückgehe aaO., S. 149, hat sich für die Forschung nachteilig ausgewirkt, wie vor allem an der Auseinandersetzung über die Bedeutung von Jabne deutlich wird. Vgl. auf der einen Seite H. Hübner, Vetus Testamentum und Vetus Testamentum in Novo receptum. Die Frage nach dem Kanon des Alten Testaments aus neutestamentlicher Sicht (JBTh 3), 1988, S. 147–162; dagegen vor allem P. Schäfer, Die sogenannte Synode von Jabne. Zur Trennung von Juden und Christen im 1./2. Jh. n. Chr., in: Ders., Studien zur Geschichte und Theologie des rabbinischen Judentums, Leiden 1978, S. 45–64; G. Stemberger, Jabne und der Kanon (JBTh

Rückfrage nach den einzelnen Stationen vor dem Kanon zeigt in den Aspekten von Integration, Selbstbestimmung durch soziale Gruppen und Verengung der Überlieferung[87] eine Intentionalität, die dem Urchristentum vergleichbar ist. Geschichtlich wichtig ist, daß die theoretische Durchdringung solcher Kanonisierung in demselben Zeitraum beträchtlich zunimmt: die Überlegungen bei Josephus[88] und in der rabbinischen Offenbarungstheologie[89] dokumentieren dies.

Doch finden sich in der hellenistischen Literatur ebenfalls kanongeschichtliche Aspekte[90]. So zeigt der Wunsch nach einer Legitimation der Gegenwart durch die höherwertige Vergangenheit pseudepigraphische Texte, die sich einem philosophischen Kanon zuordnen. Dies hängt nicht allein mit der Verunsicherung der Gesellschaft durch eine Gegenwart zusammen, die solcher Rückbindung bedarf, es dokumentiert zugleich eine Konkurrenzsituation, in die nicht nur jüdische, sondern auch christliche Gruppen eintreten.

Das Miteinander von Überlieferung und Tradierung, das innerhalb des Urchristentums in den Kanon mündet, ordnet sich so einem geschichtlichen und soziokulturellen Kontext zu, der die Plausibilität solcher Entwicklung verdeutlicht.

Dies gilt begrenzt zugleich für die religionsphänomenologische Deutung[91], die auf die Differenzierung zwischen ‚Heiliger Schrift‘ und Kanon hinweist[92], oder das soziologische Paradigma der Entwicklung vom Charismatischen zur Buchreligion: „Das praktisch Wichtige an der Entwicklung einer Religiosität zur Buchreligion ... ist die Entwicklung der priesterlichen Erziehung von dem ältesten rein charismatischen Stadium hinweg zur literarischen Bildung."[93]

Dennoch sperrt sich die geschichtliche Konkretion des Urchristentums gegen solche Erklärungsmuster und macht eine eigene Deutung notwendig[94]. Für sie bildet die Einsicht den Ausgangspunkt, daß sich das Denkbild der Kanongeschichte in der Spannung von kanonischer Fixierung und vorgängiger Überlieferung bewährt hat. Dort wo der sekundäre Kanon destruiert wird, ist der Blick auf

---

3), 1988, S. 163–174; J. MAIER, Zur Frage des biblischen Kanons im Frühjudentum im Licht der Qumranfunde (JBTh 3), 1988, S. 135–146.

[87] Vgl. CRÜSEMANN, „Portative Vaterland", S. 64f.

[88] Vgl. R. MEYER, Bemerkungen zum literargeschichtlichen Hintergrund der Kanontheorie des Josephus, in: Josephus-Studien (Festschr. O. Michel), Göttingen 1974, S. 285–299.

[89] Vgl. zuletzt P. KUHN, Offenbarungsstimmen im Antiken Judentum. Untersuchungen zur Bat Qol und verwandten Phänomenen (Texte und Studien zum Antiken Judentum 20), Tübingen 1989.

[90] D. GEORGI, The Opponent of Paul in Second Corinthians, Philadelphia 1986, S. 427ff.

[91] Vgl. dazu neben A. und J. ASSMANN, Kanon und Zensur, noch M. WEBER, Wirtschaft und Gesellschaft. Grundriß der verstehenden Soziologie, 5. Aufl., Tübingen 1972, S. 279ff.; C. COLPE, Sakralisierung von Texten und Filiationen von Kanons, in: A. und J. ASSMANN (Hg.), Kanon und Zensur. Archäologie der literarischen Kommunikation, München 1987, S. 80–92.

[92] COLPE, aaO., S. 83.

[93] WEBER, Wirtschaft und Gesellschaft, S. 280.

[94] Vgl. auch die Auseinandersetzung mit M. Weber bei W. SCHLUCHTER, Max Webers Sicht des antiken Christentums. Interpretation und Kritik, Frankfurt/M. 1985.

die geschichtliche Bewegung des Urchristentums in Literatur und Theologie möglich. Mehr | noch: in diesem Prozeß, im Übergang von der Mündlichkeit zur Schriftlichkeit, ja in der oralen Tradition selbst zeigt sich eine verwandte Konstellation. Deshalb wird die Behauptung verständlich, daß mit der Verschriftung, vielleicht sogar mit der mündlichen Tradition der Kanon anfängt und darin Frucht der vorgängigen Traditionsgeschichte ist. Sicher stellt das Miteinander von verpflichtender Überlieferung und aktualisierender Deutung einen Meilenstein auf diesem Weg zum Kanon dar. Aber die Nuancen und Unterschiede zwischen diesen Stufen bleiben beträchtlich und bedeutend:

Es ist nicht dasselbe, ob eine inhaltliche Aussage unbeschadet ihrer sprachlichen Macht im wesentlichen von der vielschichtigen eigenen Wahrheit lebt oder durch die Bindung in einen schriftlichen Text eine ganz andere Dignität erhält. Es ist nicht dasselbe, ob an die Stelle der Mündlichkeit der geschlossene Text und an die Stelle des Tradenten der Interpret tritt[95]. Was für das Verhältnis von Mündlichkeit und Schriftlichkeit zutrifft, wiederholt sich auch im Blick auf den kanonischen Abschluß: Das Gewicht der Autorisierung durch die gesellschaftlichen Faktoren nimmt so sehr zu, daß das Wechselspiel zwischen Überlieferung und Auslegung sich verschiebt. Was die Überlieferung zuvor als inhaltlichen Anspruch auch literarisch in sich trug, wird ihr jetzt zugeschrieben: Die Exklusivität und Normativität des Apostolischen stellt die Bedingung des Wahren dar. Dies hat unmittelbare Konsequenzen für die nachkanonische Wirkungsgeschichte; die Vielschichtigkeit dieses Übergangs zum Kommentar[96] hat G. Scholem für das Judentum unnachahmlich deutlich gemacht, sie gilt auch für die alte Kirche:

„Die mündliche Tora läuft nicht mehr einfach parallel neben der schriftlichen einher, sondern es wird unternommen, sie aus der Schrift herauszulesen und zu deduzieren. Die Entfaltung der in der Offenbarung gegebenen oder mitgegebenen Wahrheiten, Aussagen und Sachverhalte wird das Anliegen der mündlichen Tora, die damit einen neuen Typus des religiösen Menschen herausstellt ... Der Schriftgelehrte ist es, der die Offenbarung nicht mehr als etwas Einmaliges ..., sondern als etwas unendlich Fruchtbares ergreift ..."[97]

Aber gerade angesichts solcher Veränderungen, die qualitativ beträchtlich erscheinen, muß auch die Durchgängigkeit bestimmter kanongeschichtlicher Phänomene bedacht werden:

Die Hoffnung, die seit der Aufklärung jede Kanonkritik begleitet hat – in der Zerstörung alle sekundären Setzungen durch Dogma, Kanon, Schrift und Kirche zum reinen, unverstellten Anfang zu kommen und in ihm der Wahrheit teilhaftig zu werden –, hat sich nicht verwirklicht. Trotz der Auflösung der Kanonisierung, trotz der Durchdringung der Überlieferungsgeschichte bis zur Mündlichkeit und dem Beginn der Verschriftung hin wird deutlich: Bereits die Anfänge der urchristlichen | Literatur tragen Züge des Komplexen, sind aus Vorgabe

---

[95] Hahn, Verschriftung, S. 314.
[96] A. und J. Assmann, Kanon und Zensur, S. 13 f.
[97] G. Scholem, aaO., S. 96.

und Antwort gefügt. Die Intentionalität, die im Kanon eindrücklich wird und so zum Ende kommt, kehrt in der gesamten Geschichte des Urchristentums wieder. Aber es trifft auch das Umgekehrte zu: Wenn die Geschichte des Urchristentums von Anfang an die Verschränkung von Wort und Text, von Überlieferung und Auslegung, von Verkündigung und Hören kennt, dann bedeutet dies nicht die Aufhebung der Kanonkritik. Vielmehr ist deutlich: In der Verbindung zwischen ‚Wort Gottes‘ und Schrift wird ein Aspekt urchristlicher Geschichte begriffen, der darin sogar über den kanonischen Abschluß des zweiten Jahrhunderts hinausgreift. Für ihn ist wesentlich, daß alle Texte auf dieses ‚Wort Gottes‘ zurückweisen und darin zum Weg durch die Zeit zwingen. Gegenüber diesem Anfang ist alles andere sekundär, und dies setzt die Kritik des Kanons paradigmatisch ins Recht. Die Geschichte des Urchristentums, seiner Theologie und Literatur führt deshalb kanongeschichtlich und -kritisch zu der Einsicht: Es gibt den Ursprung, so sehr er auch Ziel des geschichtlichen Bemühens ist, nicht jenseits der Texte und ihrer ästhetischen Gestalt. Doch wenn deshalb alle Erkenntnis auf sie angewiesen bleibt, so verweisen diese wiederum auf die Kraft des Anfangs, der sie trägt.

V.

Daß ein solches Ergebnis, dessen historische Details weiterer Vertiefung bedürfen, hermeneutische und ideologische Komponenten in sich trägt, wird bereits bei einem Blick in die Wirkungs- und Auslegungsgeschichte deutlich. Exemplarisch ist die Skepsis im ägyptischen Mönchtum[98], die sich gegenüber der ‚Schrift‘, dem ‚Buch‘ auf eine Wahrheit des Geistes jenseits der Texte berufen möchte, sich auf die Metapher vom ‚Buch der Natur‘ bezieht[99] und die Lektüre der Schrift eher zurückhaltend handhabt. Die Schrift verliert auf solche Weise nie das Stigma des Nachträglichen[100] und Zugefügten, und der Aufstand gegen die sekundäre Welt der Texte kehrt in der Geistesgeschichte immer wieder, wie sich an der Frage der ‚Mündlichkeit‘ leicht zeigen läßt[101]. Die nicht in Texte geronnene Sprache erscheint als das Wahre, von dem jede Schrift nur einen schwachen Abglanz darstellt, und eine ontologische Hermeneutik[102] entdeckt hinter der Schrift das eigentliche Sprechen, wobei der Ursprung zur Bestimmung dieses

---

[98] Vgl. W. Bousset, Apophthegmata. Studien zur Geschichte des ältesten Mönchtums, Gießen 1923, S. 82f.

[99] Bousset, aaO., S. 83; zur weiteren Geschichte vgl. E. R. Curtius, Europäische Literatur, S. 323ff.

[100] Vgl. A. und J. Assmann, Schrift und Gedächntis, in: A und J. Assmann, Chr. Hardmeier (Hg.), Schrift und Gedächtnis. Beiträge zur Archäologie der literarischen Kommunikation, München 1983, S. 265–284, bes. S. 266.

[101] Vgl. Güttgemanns, Offene Fragen, S. 120ff., zur Forschungsgeschichte des Problems.

[102] Vgl. U. Japp, Heremeutik. Der theoretische Diskurs, die Literatur und die Konstruktion ihres Zusammenhanges in den philologischen Wissenschaften (Theorie und Geschichte der Literatur und der schönen Künste 47), München 1977, S. 90ff.

Eigentlichen | wird[103]. Für ein solches Verständnis muß alles, was nur von ferne mit einer im Kanon fixierten Schrift zu tun hat, als vorläufig und der Auflösung bedürftig erscheinen.

„Jede heilige Schrift ist nur ein Mausoleum der Religion, ein Denkmal, daß ein großer Geist da war, der nicht mehr da ist."[104] Diese Kritik hat in einer Gegenwart, die von der Verfügbarkeit aller Medien ausgeht, Bild und Ton als universellere Codes an die Stelle der Buchstaben rückt[105], erhöhte Sprengkraft erfahren. Die Hoffnung auf eine Wahrheit, die jede Schrift überschreitet, auf Gegenwart jenseits des Abgelebten führt darin auch zu einer Kritik an Religionen, die primär auf Texte und Schrift sich gründen. Sie bedeutet zugleich einen mächtigen Antrieb für die Behauptung, Schrift sei nur Ersatz für die Wirklichkeit, und auf solche Weise kehrt die Kritik am Kanon mit allen Implikationen noch einmal und noch schärfer zurück.

Wenn so der Text aufgesprengt werden soll, um in den vorhandenen Büchern endlich das zu lesen, was schon immer zwischen den Zeilen geschrieben stand[106], dann ist demgegenüber an eine Hermeneutik zu erinnern[107], die vom Begriffspaar ,Buchstabe – Geist'[108] her den Akzent gerade auf die Schrift setzen möchte. Die Unendlichkeit des sensus litteralis[109] und die Komplexität des Buchstabens werden zur Vorgabe aller Interpretation: „Schreiben heißt, es den anderen überlassen, das eigene Sprechen eindeutig zu machen; die Weise des Schreibens ist nur ein Vorschlag, dessen Antwort man nie kennt."[110] Fern einer abgepreßten Ursprünglichkeit tritt so der Text als ,Text' in ein neues Licht[111].

Solche Problematik muß noch einmal auf der Ebene der neutestamentlichen Forschung bedacht werden; denn jener Bogen zwischen Wort Gottes und Kanon bei Semler – und ihm lassen sich geschichtlich jetzt auch die anderen Beziehungen zwischen Überlieferung und Auslegung, Mündlichkeit und Schriftlichkeit zu-| ordnen – scheint geschichtlich zentral zu sein. Jeder Versuch, die eine Seite gegenüber der anderen hervorzuheben und stärker zu betonen, provozierte

---

[103] Japp, aaO., S. 90f. Zum Ganzen vgl. P. Szondi, Einführung in die literarische Hermeneutik, Frankfurt/M. 1975; G. Steiner, After Babel. Aspects of Language and Tradition, Oxford 1976.

[104] Zu diesem Satz Schleiermachers aus den ,Reden' vgl. H. Patsch, Friedrich Schlegels „Philosophie der Philologie" und Schleiermachers frühe Entwürfe zur Hermeneutik (ZThK 63), 1966, S. 434–472; siehe auch M. Frank, Das individuelle Allgmeine. Textstrukturierung und -interpretation nach Schleiermacher, Frankfurt/M. 1977.

[105] A. und J. Assmann, Schrift und Gedächtnis, S. 279f.

[106] J. Derrida, Grammatologie, Frankfurt/M. 1974, S. 154f.

[107] Vgl. Japp, aaO., S. 90f.

[108] H. Timm, Die heilige Revolution. Das religöse Totalitätskonzept der Frühromantik. Schleiermacher – Novalis – Schlegel, Frankfurt/M. 1978, S. 129ff. Besonders F. Schlegel nimmt für eine solche Hermeneutik eine Schlüsselstellung ein; dazu auch Patsch, aaO., S. 434ff.; K. Nowak, Schleiermacher und die Frühromantik, Göttingen 1986.

[109] Patsch, aaO., S. 454f.

[110] R. Barhes, Literatur oder Geschichte, Frankfurt/M. 1969, S. 126.

[111] Dafür sind vor allem die Überlegungen bei Derrida, Grammatologie, grundlegend; vgl. S. 154ff.

deshalb in der bisherigen Forschung die Gegenposition und setzte sie ebenso ins Recht. Doch wird der Sinn des Antagonismus und die Notwendigkeit, ihn zu verstehen, gerade so nicht überflüssig. Für die neutestamentliche Forschung ist es unerläßlich, nach dem Anfang und dem Ursprünglichen (auch jenseits der Texte!) zu fragen; in solcher Diachronie bleibt zugleich die Kritik an der ‚Schrift‘, als gegenüber dem Anfang sekundär notwendig[112]. Doch nicht weniger aufschlußreich ist jener Weg, die Literatur des Urchristentums als eigene Welt ernst zu nehmen und die Schrift als ein Gefäß zu sehen, das den Zugang zur Wahrheit in sich birgt.

Daraus aber ergibt sich die Aufgabe, über diese Spannung hinaus geschichtlich und theologisch nach der Möglichkeit einer Vermittlung zu suchen. Ein Rückblick auf die Auseinandersetzung um die Kanonkritik vor dreißig Jahren ist für solche Reflexion sinnvoll. E. Käsemann hat damals – unter Widerspruch – auf die Christologie und die Rechtfertigung des Gottlosen als jenes Zentrum verwiesen, an dem Kritik des Kanons und Anspruch der Schrift in der Sache zusammenfallen:

„… ist die Rechtfertigung des Gottlosen jene Mitte aller christlichen Verkündigung und darum ebenfalls der Schrift, auf welche unter keinen Umständen verzichtet werden darf. Denn sie ist nicht bloß eine Möglichkeit der Lehre und des Kerygmas unter andern. Weil in ihr Jesu Botschaft und Werk als Botschaft und Werk des Gekreuzigten, seine Herrlichkeit und Herrschaft sich unverwechselbar von allen anderen religiösen Aussagen abheben, muß sie als Kanon im Kanon betrachtet werden, ist sie das Kriterium zur Prüfung der Geister auch gegenüber christlicher Predigt in Vergangenheit und Gegenwart schlechthin."[113]

Geschichtlich und theologisch spricht viel für solche These: denn die urchristlichen Texte – gerade in jener Intentionalität, die letztlich zum Kanon führte – zehren von der Vorgabe der Christologie, deren Eingedenken sie erst möglich macht. Doch wäre es verfehlt – und darin bewährt sich der lange Weg der Kanongeschichte und ihrer Bedingungen –, solche Christologie jenseits der Texte und der Schrift zu suchen, um sich so ihrer bemächtigen zu können. Dies gelingt weder exegetisch noch geschichtlich: die Verkündigung des Gekreuzigten bedarf der Schrift, um sich unter den Bedingungen dieser Welt den Menschen zuzuwenden.

Gegenüber der Aufklärung und ihrer Kanonkritik ist der Hinweis beliebt, daß solche Kritik durch ideologische Interessen bestimmt und geleitet sei. Dies ist unstrittig, wie sich an der inhaltlichen Bestimmung des ‚Wortes Gottes‘ bei Semler beispielhaft zeigt[114]. Es gilt: „Die Leistung jeder Generation in ihrem Bei- | trag zur Tradition wird in die ewige Gegenwart der Offenbarung am Sinai

---

[112] G. EBELING, Die Bedeutung der historisch-kritischen Methode für die protestantische Theologie und Kirche, in: DERS., Wort und Glaube, Tübingen 1960, S. 1–49.

[113] E. KÄSEMANN (Hg.), Das Neue Testament als Kanon. Dokumentation und kritische Analyse zur gegenwärtigen Diskussion, Göttingen 1970, S. 405.

[114] Vgl. H. H. R. SCHULZ, Johann Salomo Semlers Wesensbestimmung des Christentums. Ein Beitrag zur Erforschung der Theologie Semlers, Würzburg 1988.

zurückprojiziert..."[115] Doch verweist dies hermeneutisch gerade auf die Rolle der Auslegung, die sich angesichts der Spannung zwischen dem ‚Wort Gottes' und der in den Kanon gefaßten Schrift wie auch im Blick auf die Christologie als mögliche Vermittlung nicht unbeteiligt verhalten kann. Denn die Hoffnung, jenseits der Texte zu Jesus als dem eigentlichen Text[116] des Ursprungs durchzudringen, beflügelt die Forschung, weil nur so Verkündigung möglich wird. Aber nicht minder ist sie gekennzeichnet durch die notwendige Einsicht, daß gerade die synchrone Ebene des Textes, die Schrift und der Kanon in ihrer Stabilität und Vermittlung mit der Gegenwart[117] allein solchen Weg bieten. Diese Spannung jedoch nötigt erst zu dem Eingedenken des Vergangenen als einer Wahrheit, die nicht verfügbar ist.

Am Ende des frühen Stückes ‚Der Tor und der Tod' behält für H. von Hofmannsthal der Tod gegenüber den Menschen und ihren (exegetischen wie hermeneutischen) Bemühungen das letzte Wort. Desillusionierend und überlegen kennzeichnet er die Vergeblichkeit ihres Wesens:

> Wie wundervoll sind diese Wesen,
> die was nicht deutbar, dennoch deuten,
> was nie geschrieben wurde, lesen,
> Verworrenes beherrschend binden
> und Wege noch im Ewig-Dunklen finden.

Darin soll nicht nur das Scheitern aller Hermeneutik und ihre Vorläufigkeit offenkundig werden[118]; sondern zugleich wird dieser Spannungsbogen als Notwendigkeit der menschlichen Existenz begriffen. Doch emblematisch hat Hofmannsthal in der Handschrift unter das ‚letzte Wort' des Todes hinzugefügt:

Deo gratias

---

[115] SCHOLEM, Offenbarung und Tradition, S. 100.

[116] E. FUCHS, Kanon und Kerygma, S. 426.

[117] Vgl. J. BLENKINSOPP, Prophesy and Canon. A Contribution to the Study of Jewish Origins, Notre Dame und London 1977, S. 152; J. A. SANDERS, Adaptable for Life, S. 531 ff. Zur amerikanischen Diskussion vgl. insgesamt P. D. MILLER, Der Kanon in der gegenwärtigen amerikanischen Diskussion (JBTh 3), 1988, S. 217–240.

[118] Zur Interpretation auf dem Hintergrund der hermeneutischen Diskussion vgl. N. W. BOLZ, Der Geist und die Buchstaben. Friedrich Schlegels hermeneutische Postulate, in: U. NASSEN (Hg.), Texthermeneutik, Aktualität, Geschichte, Kritik, Paderborn 1979, S. 79–112, bes. S. 80.

Zur Geschichte und Methode der Wissenschaft
vom frühen Christentum

Zur Wissenschaft vom Urchristentum und der alten Kirche – ein methodischer Versuch

1.

»Vor allem fehlt es der Patristik als Literaturgeschichte an einer historischen Definition ihres Objekts und damit an jeder für eine Geschichte desselben brauchbaren Vorstellung davon. Der Begriff des Kirchenvaters, der ihr zu Grunde liegt, stammt aus der Dogmatik, und ist aus den Bedürfnissen des katholischen Traditionsbeweises entstanden. Hiernach wird eine Patristik Geschichte legitimer Weise nur heißen können, sofern sie die Beschreibung des allmählichen Heranwachsens des unter dem Namen der Kirchenväter begriffenen Literaturkomplexes zu den Zwecken des katholischen Traditionsbeweises liefert. Das wäre aber natürlich ebensowenig eine Geschichte der so betrachteten Literatur als solcher, als eine Geschichte des biblischen Kanons eine Geschichte der zu demselben zusammengestellten Literatur zu sein sich einbilden kann[1].« Was F. Overbeck in diesen Worten vor bald hundert Jahren der damaligen Patristik attestiert hatte, es fehle ihr an einer historischen Definition ihres Objektes und damit an jeder für eine Geschichte desselben brauchbaren Vorstellung davon, markiert auch heute noch präzis den Einsatzpunkt des Problems. Die von Overbeck angesprochenen Schwierigkeiten werden immer noch an keinem Punkte so unmittelbar und nachdrücklich deutlich wie bei der Frage nach der Abgrenzung, der Definition der Patristik. Dies aber ergibt sich folgerichtig aus jenen Verlegenheiten, die ihre methodische Bestimmung im Ganzen verursacht. Prüft man in diesem Zusammenhang und gerade vom Aspekt des Begriffs her die Relation zwischen neutestamentlicher Forschung und Patristik, so zeigen die bisherigen, wenig zahlreichen Behandlungen des Themas[2] eine auffallende methodische Verlegenheit. Dabei ist ge-

---

[1] F. Overbeck, Über die Anfänge der patristischen Literatur, HZ 48, 1882, 417—472; im folgenden zitiert nach dem Sonderdruck Darmstadt, o. J. Das Zitat dort S. 6.

[2] An neueren Untersuchungen vgl. z. B. W. Schneemelcher, Wesen und Aufgabe der Patristik innerhalb der evangelischen Theologie, EvTh 10, 1950/51, 207—222. In der älteren Literatur siehe neben Overbeck vor allem noch F. Nitzsch, Geschichtliches und Methodologisches zur Patristik, JdTh 10, 1865, 37—63. Zur Auseinandersetzung Overbecks mit Nitzsch vgl. M. Tetz, Altchristliche Literaturgeschichte — Patrologie, ThR 32, 1967, 1—42, 1 ff.

wiß das Verschweigen und die Nichtbehandlung dieser wahrlich nicht unerheblichen Frage als noch kennzeichnender zu betrachten. Wenn überhaupt das Verhältnis von neutestamentlicher und altkirchlicher Wissenschaft erörtert wird[3], geschieht es eher pragmatisch[4]: Zum Ausgangspunkt jeglicher methodischer Überlegung wird der bestehende forschungsgeschichtliche status quo, den man nur noch theoretisch untermauert und durch Materialien anreichert[5]. Erinnert sei z. B. an die eher hilflose Definition, die sich bei B. Altaner—A. Stuiber findet: »Die Patrologie ist eine theologische Wissenschaft, die alle als Zeugen für die kirchliche Lehre aufgerufenen Schriftsteller der altchristlichen Zeit als Einheit erfaßt und nach den methodischen Grundsätzen der Geschichtswissenschaft behandelt. Wenn auch der in ihr enthaltene Begriff der 'Väter-Zeugen' durch die kirch-

---

[3] Schneemelcher verzichtet explizit auf die Erörterung des Problems der Abgrenzung und definiert die Patristik so (a. a. O., S. 221f.): »Die Patristik ist die Disziplin innerhalb der evangelischen Theologie, die sich mit der Geschichte der Theologie der alten Kirche (die Abgrenzung des Zeitraums ist dabei ein Problem für sich, das hier nicht behandelt werden kann) befaßt. Sie ist nicht identisch mit der altchristlichen Literaturgeschichte, die zwar durchaus ihre Berechtigung hat, aber keine theologische Disziplin ist, allerdings aber die unveräußerliche Voraussetzung der Patristik bleiben muß. Eine eigene patristische Methode gibt es nicht.« Das knüpft bewußt an Nitzsch an, der die Aufgabe der Patristik im wesentlichen ähnlich bestimmt hatte (a. a. O., S. 54f.): »Wenn es nun erlaubt ist, den Begriff der Theologie nicht lediglich im ausschließlich technisch-wissenschaftlichen Sinn zu nehmen, so wird man mit Lücke sagen dürfen, die Patristik sei die Geschichte der Theologie in ihrer Gründungsperiode . . .«

[4] Vgl. Ph. Vielhauer, Einleitung in das Neue Testament, ThR 31, 1965/66, 97—155; 193—231, 209: »Die Darstellungen der Geschichte der urchristlichen Literatur sind nicht über Ansätze hinausgekommen. Es ist zwar anerkannt, daß alle erreichbaren urchristlichen Schriften und nicht nur die schließlich kanonisierten oder die, deren Kanonisierung zeitweilig erwogen und dann verworfen wurde, für die historische Betrachtung als Dokument urchristlichen Lebens das gleiche Interesse verdienen. Aber die methodologischen Fragen, d. h. die Frage nach der zeitlichen und sachlichen Abgrenzung dieser Literatur und die Frage nach der Durchführung einer solchen Literaturgeschichte, sind noch nicht abgeklärt.«

[5] Overbeck hat dies scharfsichtig und zutreffend als das Wesen herkömmlicher Patristik erkannt; vgl. a. a. O., S. 7: »Sie (scil. die Patristik) will Geschichte sein und ist nichts weiter als ein Katalog. Auch kann sie nichts weiter sein. Den Katalog bringt sie noch fertig, indem ihr die Dogmatik den Stoff dazu liefert, nämlich diejenige Reihe von Schriftstellern nennt, die des Namens Kirchenväter für würdig zu erachten sein sollen. Aber wovon soll hier die Geschichte geliefert sein? Die des Katalogs selbst und als solchen, wie schon gesagt, nicht. Auch wird sie aus guten Gründen unterlassen. Ist doch der Katalog von der Dogmatik zu Stande gebracht, um gebraucht, nicht um verstanden zu werden, die Geschichte aber in solchen Fällen, indem sie die Verträglichkeiten von Gebrauch und Verständnis in Frage stellt, stets unbequem.«

liche Tradition, d. h. durch theologisch-dogmatische Gründe, nicht durch literaturgeschichtliche Gesichtspunkte bestimmt worden ist, so deckt sie sich doch tatsächlich stofflich und zeitlich mit der Geschichte der altchristlichen Literatur[6].« Die gleichen, kritischen Beobachtungen, die bereits Overbeck im Blick auf die Alzogsche Patrologie gemacht hatte[7], stellen sich ungezwungen auch bei Altaner—Stuiber ein[8]. Bei der Darbietung des Stoffes wird zudem nicht einmal von der eigenen Definition ausgegangen, man beschränkt sich auf die Wiedergabe der Materialien. Dabei wird das Versprechen, Patrologie sei eine theologische Wissenschaft, dadurch eingelöst, daß von Fall zu Fall die 'Lehre' des jeweiligen 'Kirchenvaters' zusammenfassend dargestellt wird[9]. Mag auch ein relatives Gegengewicht zum methodischen Defizit darin zu sehen sein, daß eine desto konsequentere und umfangreichere Reproduktion des Stoffes erfolgt[10], so stellt sich allerdings Ratlosigkeit ein, wenn nicht nur nach der forschungsgeschichtlichen Herkunft, sondern vor allem nach der geschichtlichen Begründung solcher scheinbar gültigen Begriffsbestimmungen gefragt wird. Denn darum muß es, wie dies auch der Ton auf dem *historisch* bei Overbeck insinuiert[11], vor allem gehen: Nicht die bestehende, forschungsgeschichtlich akzeptierte — wenn auch darum gewiß noch nicht gültige[12] — Aufgabenteilung zwischen Patristik und neutesta-

---

[6] B. Altaner—A. Stuiber, Patrologie. Leben, Schriften und Lehre der Kirchenväter. Freiburg-Basel-Wien, [7]1966, 1.

[7] Overbeck, Anfänge, 8ff.

[8] So bemerkt Overbeck (a. a. O., 9) im Blick auf den Einsatz der Alzogschen Patrologie: »Nur schlummernd wenigstens werden sie (scil. die Leser) die Tatsache übersehen können, daß von einer Entstehung der christlichen Literatur im ganzen so überschriebenen Abschnitte ... auch mit keinem einzigen Worte die Rede ist. Was hier wirklich vorliegt, ist eine Besprechung des ersten Abschnittes im traditionellen Kataloge der patristischen Literatur, welcher bekanntlich die Gruppe der sog. 'apostolischen Väter' umfaßte ...« Nicht viel anders liegen die Dinge bei Altaner—Stuiber; der erste Abschnitt wird änigmatisch überschrieben (a. a. O., 43): Die ältesten christlichen Schriften (Apostolische Väter)! Vgl. zur Kritik Tetz, Altchristliche Literaturgeschichte, 30.

[9] Tetz, Altchristliche Literaturgeschichte, 31: »Patrologie ist hier keine Geschichte der altchristlichen Literatur, sondern eine Quellenkunde für den katholischen Theologen.«

[10] Ähnliches ließe sich als Kritik wohl auch gegenüber Harnacks 'Geschichte der altchristlichen Literatur' anmerken; vgl. Tetz, a. a. O., 14ff.

[11] Vgl. auch Anfänge, 7: »Die Geschichte einer Literatur läßt sich natürlich nur von dieser selbst schreiben, nicht von einem zu einem bestimmten, der Geschichtsschreibung aber fremden Zweck daraus abstrahierten Komplexe.«

[12] Daß dies forschungsgeschichtlich nicht zwangsläufig so sein muß, zeigt sich schon daran, daß Overbecks Entwurf auch zu seiner Zeit nicht folgenlos blieb; vgl. z. B. (trotz der expliziten Kritik Overbecks in: Christentum und Kultur. Gedan-

mentlicher Wissenschaft gilt es methodisch zu bestätigen und am geschichtlichen Material zu untermauern. Vielmehr muß vor allem anderen erst noch überprüft werden, ob eine solche Differenzierung vom historischen Objekt her überhaupt zu Recht besteht, wie sie in diesem Fall beschaffen sein könnte und welche methodischen Folgerungen daraus zu ziehen wären. Das aber bedeutet, daß eine Unterscheidung zwischen neutestamentlicher und altkirchlicher Wissenschaft nur dann Sinn erfährt[13], wenn sie sich auf die historische Frage und auf das historische Objekt bezieht und einläßt. Die Relation zwischen beiden kann also erst dann zutreffend erfaßt werden, wenn die geschichtliche Beziehung von Urchristentum und alter Kirche geklärt ist. Dabei ist der Einwand gewiß naheliegend, daß solch Definitionsproblem immer schon durch theoretische Vorentscheidungen geleitet und bestimmt ist. Aber wenn die Diskussion nicht zur bloßen Kunstfigur verkommen soll, so muß sie auch und vor allem auf die in ihr erscheinende Geschichte zurückgehen[14].

Nun wird allerdings das gesamte Problem sowohl methodisch als auch von den geschichtlichen Konstitutiva her immer wieder durch den Hinweis auf die Faktizität des Kanons entschieden oder für entscheidbar erklärt[15]. Die Eindeutigkeit solcher These mag gewiß zunächst überzeugen, zumal die inhaltlichen Faktoren, die zum Abschluß des Kanons geführt haben, von erheblichem Nutzen für eine methodische Definition sind[16]. Aber historisch kann man im Blick auf die entscheidende Zeit des Übergangs nicht davon absehen, daß der Kanonisierungsprozeß entweder noch andauert oder nur z. T. als bereits entschieden gelten kann[17]. Auch der Hinweis auf die sachliche Unerheblichkeit solcher doch nur relativer Abweichungen vom ge-

---

ken und Anmerkungen zur modernen Theologie, Basel, 1919, 23) G. Krüger, Geschichte der altchristlichen Literatur in den ersten drei Jahrhunderten. Freiburg-Leipzig, 1895.

[13] Zum Begriff der Urgeschichte, von dem her Overbeck solche Definition begründet, vgl. u. S. 210.

[14] Es soll also gewiß nicht die (durchaus wiederum ideologische) Behauptung einer 'voraussetzungslosen' Geschichtswissenschaft aufgestellt werden.

[15] Vgl. nur die faktische Einteilung bei Altaner—Stuiber.

[16] Vgl. S. 208 ff.

[17] Es sei nur an jene großen Monographien erinnert, die diesem verwickelten Weg bis zum abgeschlossenen Kanon nachgehen; bei allen Differenzen liegt ihnen doch Bild und Modell einer länger andauernden Entwicklung zugrunde. Vgl. z. B. A. Harnack, Das Neue Testament um das Jahr 200, Freiburg 1889; Th. Zahn, Geschichte des neutestamentlichen Kanons, Bd. 1. 2, Erlangen 1888/90; A. von Harnack, Die Entstehung des Neuen Testaments und die wichtigsten Folgen der neuen Schöpfung, Beiträge zur Einleitung in das Neue Testament 6, Leipzig 1914; H. von Campenhausen, Die Entstehung der christlichen Bibel, BHTh 39, Tübingen 1968.

sicherten Bestand fördert historische Erkenntnis durchaus nicht. Sicher handelt es sich, wie exemplarisch die Auseinandersetzung zwischen Th. Zahn und A. Harnack über den Kanon und seinen endgültigen Abschluß zeigt[18], um ein Vexierproblem. Aber es läßt sich (mit Harnack) nur sehr schwer bestreiten, daß die faktische Anerkenntnis der Mehrzahl der neutestamentlichen Texte als normativ durchaus nicht mit der exklusiven Geltung des abgeschlossenen Kanons gleichzusetzen ist, daß zwischen beiden jedenfalls unterschieden werden muß. Der abgeschlossene, normative Kanon mag zwar als Produkt der alten Kirche den Abschied vom Urchristentum endgültig ratifizieren, historischer Reflexion auf den Übergang zur alten Kirche bietet er in seiner betonten Exklusivität durchaus keine Hilfe, er verstellt vielmehr das Problem. Es muß deshalb nur als folgerichtig erscheinen, in dieser Situation erneut an W. Wrede zu erinnern[19]. W. Wrede war ja in seiner 1897 in Göttingen erschienenen Abhandlung 'Über Aufgabe und Methode der sogenannten neutestamentlichen Theologie' von der grundsätzlichen Bedeutungslosigkeit des Kanons für die historische Frage nach dem Neuen Testament und seiner Theologie ausgegangen und hatte deshalb das Problem einer Abgrenzung zwischen Urchristentum und alter Kirche entschlossen ad acta gelegt: »Wo man die Inspirationslehre streicht, kann auch der dogmatische Begriff des Kanons nicht aufrecht erhalten werden[20].« Die sich aus dieser Voraussetzung ergebenden Thesen Wredes sind hier nicht in allen Einzelheiten nachzuzeichnen — vor allem die Konsequenzen für eine 'neutestamentliche Theologie' wären gesondert zu erörtern —, nur die entscheidenden Punkte seiner Argumentation gilt es summarisch zu bedenken: Ausgehend von seiner emphatischen Ablehnung des Kanons — genauer: des Dogmas vom Kanon[21] — und aller anderen Hilfskonstruktionen wie z. B. des Begriffs des 'apostolischen Zeitalters'[22] wird die Abgrenzung zwischen kanonischer und außerkanoni-

---

[18] Das ließe sich etwa an der unterschiedlichen Behandlung des Montanismus und seiner Bedeutung für den Kanonisierungsprozeß bei beiden zeigen.

[19] Zu Wrede vgl. vor allem G. Strecker, William Wrede, ZThK 57, 1960, 67—91; W. Wiefel, Zur Würdigung William Wredes, ZRGG 23, 1971, 60—83.

[20] Wrede, a. a. O., 11.

[21] Wrede, a. a. O., 11: »Keine Schrift des Neuen Testaments ist mit dem Prädikat 'kanonisch' geboren . . . sie ist nachträglich von den maßgebenden Faktoren der Kirche des 2. bis 4. Jahrhunderts . . . für kanonisch erklärt worden . . . Wer also den Begriff des Kanons als feststehend betrachtet, unterwirft sich damit der Autorität der Bischöfe und Theologen jener Jahrhunderte. Wer diese Autorität in andern Dingen nicht anerkennt — und kein evangelischer Theologe erkennt sie an —, handelt folgerichtig, wenn er sie auch hier in Frage stellt.«

[22] Vgl. Wrede, a. a. O., 14, Anm. 1: »Wo ist das Ende des apostolischen Zeitalters ? Wann der letzte Apostel gestorben ist, ist für die Frage ziemlich gleichgültig; es

scher Literatur grundsätzlich geleugnet, vielmehr gilt: ». . . dass die Grenzen zwischen der kanonischen und der nächstliegenden ausserkanonischen Literatur an allen Punkten durchaus fliessend sind[23].« Wird eine solche Trennung damit durchaus belanglos[24], ». . . so kann offenbar eine fixe literarische Grenze überhaupt gar nicht angegeben werden[25].«

Die augenfälligen Vorteile eines so beschrittenen Weges lassen sich kurz rekapitulieren: Einmal hat Wrede unbestreitbar festgestellt — und dies dürfte seitdem wohl auch allgemein Geltung beanspruchen[26] —, daß im Blick auf das methodische Instrumentarium überhaupt keine Differenzierung vorzunehmen ist. Die Analyse der neutestamentlichen wie der altkirchlichen Texte hat nach denselben, wissenschaftlich akzeptierten Konventionen zu erfolgen[27]. Dann aber bleibt zu erwägen, ob nicht aus dem identischen methodischen Vorgehen auf ein übereinstimmendes Materialobjekt zu schließen ist und damit eine Differenzierung ganz aufzugeben wäre. Zum anderen aber liegt das eigentlich Positive des Wredeschen Entwurfs in der Möglichkeit, auf solche Weise ein unverstelltes Bild der geschichtlichen Entwicklung mit einer Klarheit zu entwerfen, wie dies bei dem Beharren auf der strikten, historisch sekundären Grenze des neutestamentlichen Kanons kaum möglich war[28].

---

käme vielmehr auf den Zeitpunkt an, wo man sich als zweite Generation zu fühlen beginnt. Ist dieser Zeitpunkt vielleicht einigermaßen fixierbar, so vermögen wir doch kaum anzugeben, was nach dem Tode des Paulus den Inhalt dieser Zeit bildete. Vermöchten wir es aber auch, so würde das Bewußtsein in der zweiten Generation zu leben an sich noch gar keinen tiefen Einschnitt bedeuten. Denn dies Bewußtsein bedeutet ja noch nicht die Aussonderung einer einzigartigen und für eine längere künftige Entwicklung schlechthin maßgebenden apostolischen Epoche.«

[23] Wrede, a. a. O., 11.

[24] Wrede, a. a. O., 59: »Irgendwelche Abgrenzung der urchristlichen Literaturgeschichte, vulgo Einleitung kann hierfür auf keinen Fall von Belang sein.«

[25] Wrede, a. a. O., 60. Auch eine genaue Zeitgrenze läßt sich damit durchaus nicht angeben (vgl. ebd.).

[26] Vgl. z. B. Schneemelcher, Patristik, 216.

[27] So ist es für Wrede (a .a. O., 8) selbstverständlich, ». . . daß die neutestamentliche Theologie als eine rein geschichtliche Disziplin betrachtet und betrieben wird.« Voraussetzung für den Forscher ist nur (a. a. O., 10): »Ein reines, uninteressiertes Erkenntnisinteresse, das jedes sich wirklich aufdrängende Ergebnis annimmt, muß ihn leiten.« Das hier anklingende, hermeneutische Modell, das auch sonst in der religionsgeschichtlichen Analyse begegnet, verdiente eine gesonderte Untersuchung.

[28] Insofern wäre, um ein forschungsgeschichtlich vollständigeres Bild zu erhalten, Wredes grundsätzlichen Thesen ihre materiale Realisierung etwa in Boussets 'Kyrios Christos' an die Seite zu stellen.

2.

Die Aufgabe der festen Trennungslinie des Kanons scheint bei
Wrede auf den ersten Blick das Modell eines unterschiedslosen Stroms
historischer Entwicklung zu intendieren; wo man sich deshalb auf
ihn beruft, geschieht dies zumeist auch in solchem Sinn[29]. Dennoch
täuscht dieser erste Eindruck. Wrede erhält vielmehr durch die Aufgabe der dogmatischen Grenze des Kanons erst eigentlich die Möglichkeit, den Geschichtsprozeß in seinem durchaus nicht unterschiedslosen Verlauf zu begreifen[30]. Deshalb zielt seine These einer *urchristlichen* Religions- bzw. Literaturgeschichte[31] gerade auf das Gegenüber von (bzw. die Differenzierung zwischen) Urchristentum und alter
Kirche, wobei nun freilich die Identifizierung des Problems mit der
Antithetik von neutestamentlichem Kanon und patristischer Literatur
grundsätzlich aufgegeben ist. Diese neue Grenze läßt sich allerdings
nicht vorrangig literarisch oder gar zeitlich fixieren, sie bestimmt sich
allein von sachlichen Kriterien her[32] und liegt deshalb dort, ».. . wo

---

[29] So etwa H. Köster—J. M. Robinson, Entwicklungslinien durch die Welt des frühen Christentums, Tübingen 1971. Vgl. z. B. Köster, a. a. O., 252: »Man kann
eigentlich nur noch von einer 'Geschichte der frühchristlichen Literatur' reden.
Aber die Maßstäbe für die Untersuchung und Bewertung dieser Literatur neu zu
definieren, ist eine Aufgabe, deren Lösung uns noch bevorsteht.« A. a. O., 255:
»Es muß zur allgemein gültigen Regel werden, daß die Literatur der ersten drei
christlichen Jahrhunderte als untrennbare Einheit behandelt wird.« Zum ideologischen Charakter solcher Geschichtsauffassung vgl. interessanterweise J. M.
Robinson, a. a. O., 16: »Stärker konservativ orientierte Theologen haben das
traditionelle Schema einer ununterbrochenen gradlinigen Entwicklung verteidigt
und auf diese Weise eine apologetische Kirchengeschichte hervorgebracht, die
gesäubert ist von den Zügen des Abfalls, wie sie in den kritischen Rekonstruktionen hervorgetreten waren.« Beiläufig: Auch der Entwicklungsbegriff, wie
er seit der religionsgeschichtlichen Schule en vogue ist, ist hochgradig ideologisch
und läßt sich ohne eine wie auch immer geartete Geschichtsteleologie gar nicht
denken.

[30] Wrede, a. a. O., 12: »Dann verlangt offenbar das geschichtliche Interesse, alles
das aus der Gesamtheit der urchristlichen Schriften zusammen zu betrachten,
was geschichtlich zusammengehört. Die Grenze für den Stoff der Disziplin ist
da zu setzen, wo ein wirklicher Einschnitt in der Literatur bemerkbar wird.
Der Gesichtspunkt des religiösen Wertes ist dafür aber natürlich nicht maßgebend.
Die Frage ist lediglich, welche Schriften den Anschauungen und Gedanken nach
überwiegend verwandt sind, oder von wo an die Gedanken ein merklich neues Gepräge zeigen.«

[31] Wrede, a. a. O., 34ff.

[32] A. a. O., 61: ».. . das Auftreten der großen gnostischen Schulen und der ihm korrespondierende Kampf der Kirche, der Beginn der montanistischen Bewegung,
die bewußte Unterscheidung der Apostelzeit als der klassischen Epoche von aller
folgenden Zeit, die Anfänge eines neutestamentlichen Kanons und anderes. Hier
also wird im Großen und Ganzen die Grenze liegen.«

neue Bewegungen in der Kirche ihren Anfangspunkt haben, wo neue
Gedanken in ihr mächtig werden, und Altes sich ausgelebt hat. Dieser
Moment fällt ungefähr in der Literatur zusammen mit dem Übergange von den apostolischen Vätern zu den Apologeten.[33]« Solche
Definition erinnert in der Sache nicht von ungefähr an jene Aufgabe,
die Overbeck der Differenzierung zwischen Urliteratur und patristischer Literatur zugewiesen hatte[34], und mit jenem verbindet Wrede
auch die grundsätzliche Einsicht, daß jenseits aller Kontinuität des
Geschichtsprozesses vor allem auf Diskontinuität, Traditionsbrüche und
Neueinsätze zu achten sei[35]. Gerade unter dem Blickwinkel der Diastase gewinnt nun aber der Kanon als ein Phänomen, das per se solche
Diskontinuität repräsentiert, erhebliche Bedeutung[36]. Dies gilt sowohl
von jenen Motiven, die zu seiner endgültigen Herausbildung führen,
als auch von seiner abgeschlossenen Gestalt. Bezieht man nämlich
die Implikate jenes geschichtlichen Prozesses in die Überlegung ein,
der mit der abschließenden Fixierung des Kanons erst zur Ruhe
kommt[37], so sind diese schon sehr früh zu erkennen[38]. Kanonisierung
beginnt tendentiell bereits im Miteinander von Text bzw. Überlieferung und ihrer Interpretation[39], so sehr hier auch das Gewicht der
Überlieferung schwanken und ihr Anspruch noch zurücktreten bzw.
keine Anerkennung finden kann. Dieser Prozeß setzt sich fort in jenem Augenblick, in dem bestimmte Gruppen des Urchristentums solche Texte und Überlieferungen als für sich verbindlich akzeptieren,
wobei dies leicht zum Normativen tendieren kann.

---

[33] Wrede, a. a. O., 60 f.

[34] Overbeck, Anfänge, 16 ff., z. B. S. 36: »Es (scil. die Urliteratur) ist eine Literatur,
welche sich das Christentum so zu sagen aus eigenen Mitteln schafft, sofern sie
ausschließlich auf dem Boden und den eigenen inneren Interessen der christlichen
Gemeinde noch vor ihrer Vermischung mit der sie umgebenden Welt gewachsen
ist.«

[35] Zu beachten ist, daß für die religionsgeschichtliche Schule (und damit auch für
ihren Exponenten Wrede) gerade die Relation zwischen Urchristentum und 'Spätjudentum' zu einem steten methodischen Beispiel solchen Geschichtsbegriffes
geworden ist.

[36] Auch hier ist Overbeck methodisch voraufgegangen; vgl. z. B. Zur Geschichte
des Kanons, Chemnitz 1880 (= Darmstadt, 1965); siehe auch Christentum und
Kultur.

[37] Vgl. zum Folgenden vor allem F. Hahn, Das Problem »Schrift und Tradition«
im Urchristentum, EvTh 30, 1970, 449—468.

[38] Hahn, a. a. O., 465: »Insofern ist das Motiv der Kanonisierung dem Prozeß der
Traditionsbildung, Schriftwerdung und Schriftensammlung inhärent.«

[39] Denn es gilt ja in der Tat: »Nicht, daß die Entstehung des neutestamentlichen
Kanons mit der systematischen Aufstellung seiner Attribute begonnen hätte . . .
aber ebensowenig kann sie als begonnen gelten, wo die angeführten negirt werden.«
(Overbeck, Zur Geschichte des Kanons, 77)

i. Ein aufschlußreiches Beispiel solch früh einsetzender Kanonisierungstendenzen wie auch des lang anhaltenden Kanonisierungsprozesses bietet die Entstehung
der paulinischen Schriftsammlung[40]. Nicht allein wird hier einer Textgruppe sachliche Superiorität zugewiesen, sondern es werden auch 'in der 'Paulusschule' neue
Texte geformt, die diesen Anspruch akzeptieren und zugleich überhöhen. Auf einer
neuen Stufe erhält schließlich das gesamte Corpus Paulinum Verbindlichkeit—allerdings durchaus noch nicht in dem Sinne, daß sich dies exklusiv gegen andere Texte
wendet, mag auch das Moment sachlicher Vorrangigkeit dabei eine Rolle gespielt
haben[41].

ii. Charakteristisch für das Aufkommen der Kanonisierungstendenzen sind
sicher auch die anonymen Verfasserangaben, die den betreffenden Texten eine
höhere, vorgegebene Wertigkeit zuweisen sollen[42]. Soll auf diese Weise an der überlegenen Vergangenheit partizipiert werden[43], so bleibt jedoch auf der anderen Seite
zu bedenken, daß die endgültige Kanonisierung auch hier geschichtlich wie qualitativ eine Veränderung mit sich führt. Denn erst in dieser letzten Phase erhalten
einige dieser Texte eine Exklusivität zugesprochen, die die anderen im eigentlichen Sinne zu Pseudepigraphen macht[44].

So ist der Hinweis auf das hohe Alter der Motive, die den Kanonisierungsprozeß antreiben, zwar richtig, die endgültige, abschließende Herausbildung des Kanons bedeutet jedoch gegenüber solchem
Traditionsprozeß eine entscheidend neue Qualität[45]. Gerade durch den
implizierten Anspruch auf Ausschließlichkeit und der damit verbun-

---

[40] Zur Entstehung des Corpus Paulinum vgl. z. B. W. Schmithals, Zur Abfassung
und ältesten Sammlung der paulinischen Hauptbriefe, in: Paulus und die
Gnostiker. Untersuchungen zu den kleinen Paulusbriefen, ThF 35, Hamburg-
Bergstedt 1965, 175—200; W. G. Kümmel, Einleitung in das Neue Testament,
Heidelberg [17]1973, 423 ff. (Lit.).

[41] Insofern bedeutet die endgültige Kanonisierung auch für das Corpus Paulinum
noch eine neue Qualität.

[42] Vgl. hierzu etwa N. Brox, Falsche Verfasserangaben. Zur Erklärung der frühchristlichen Pseudepigraphie, SBS 79, Stuttgart 1975 (Lit.).

[43] Brox, a. a. O., 105: »Von ganz zentraler Bedeutung ist hier . . . das Motiv der
Partizipation an der überlegenen Vergangenheit.«

[44] Vgl. Brox, a. a. O., 120 ff.

[45] Diese Tatsache dürften die Analysen von Hahn zu stark nivellieren, die so —
wenn auch modifiziert — an die Stellungnahme Th. Zahns erinnern. So ist gegenüber der Behauptung: »Man wird deshalb zwischen dem formalen Prozeß und der
grundlegenden Tendenz der Kanonisierung unterscheiden müssen.« daran festzuhalten, daß es sich bei der endgültigen Kanonisierung nicht nur um einen 'formalen Prozeß' gehandelt hat. Auch der Satz (a. a. O., 465, Anm. 52): »Marcion
hat zwar den Anstoß zur Kanonisierung gegeben, aber nicht erst den nt.
Schriften oder Schriftsammlungen normativen Charakter verliehen.« verschlei-
ert eher den Sachverhalt, sofern die (für Marcion entscheidenden) Momente von
Auswahl, sachlicher Vorordnung und Exklusivität unbeachtet bleiben. Sie aber
machen gerade das novum seiner Kanonisierung aus, wie sie auch die substan-
tiellen (und verändernden) Bestandteile der abschließenden Kanonisierung darstellen.

denen, prinzipiellen Aggressivität gegenüber aller anderen Überlieferung wird der Traditionsprozeß ständig zurückgedrängt, ganz aufgehoben und an seine Stelle tritt schließlich die Exegese der kanonisierten Texte[46]. Was Überlieferung und Text zuvor durch den Inhalt und seine Aussage in sich bargen — den Anspruch auf Geltung und das Verlangen nach Akzeptation —, erhalten sie nun per Dekret zugeschrieben[47]. Ein bestimmter Bereich der zurückliegenden Geschichte wird auf solche Weise als normativ und höherrangig ausgegrenzt und aller anderen Zeit prinzipiell vorgeordnet[48]. Die Bedeutung dieses Traditionsbruches kann gewiß nicht hoch genug eingeschätzt werden[49], sie wird auch nicht dadurch gemindert, daß diese Diskontinuität oft schwer nachzuweisen bleibt, die Übergänge also recht fließend gewesen sein dürften[50]. Der Akt einer so gearteten Kanonisierung bleibt dennoch als solcher entscheidend, weil von diesem Augenblick an der Traditionsprozeß wie versteinert erscheint und den Charakter eines Dialogs verliert. Dabei läßt sich das Chokartige solcher Diskontinuität und ihrer Erfahrung noch an vielen Einzelbeispielen belegen; besonders augenfällig wird dies etwa beim antimontanistischen ‚Anonymus‘, der von der Prämisse der absoluten Zusatzlosigkeit kanonisierter Überlieferung her jegliche theologische Produktion als ephemer eingestellt sehen möchte[51]. Daß sich solche abschließende Kanonisierung chronologisch nicht einheitlich und auch nicht immer eindeutig bestimmen läßt, hat dabei mehrere Gründe: Neben den unterschiedlichen örtlichen Gegebenheiten und Voraussetzungen erscheint der Vorgang vor allem deshalb als so vielschichtig, weil die abschließende Kanonisierung von Text zu Text, von Schrift zu Schrift und von Schriftsammlung zu Schriftsammlung schwankt. Es gibt so nicht nur eine Kanonisierung, sondern mehrere, und dieselbe Sache kehrt in diesen unterschiedlichen Facetten wieder. Für die Frage nach der historischen Relation zwischen Urchristentum und alter Kirche aller-

---

[46] Zu solchen Folgen der Kanonisierung vgl. auch Harnack, Entstehung, 76 ff.

[47] Vgl. W. Schrage, Die Frage nach der Mitte und dem Kanon im Kanon des Neuen Testaments in der neueren Diskussion, in: Rechtfertigung (Festschr. E. Käsemann), Tübingen 1976, 415—442, 422: »Gleichwohl ist nicht zu übersehen, daß mindestens die Kanonsabgrenzung auch ein autoritativer kirchlicher Akt war, die Kirche also nicht nur festgestellt, sondern hergestellt hat . . .«

[48] Vgl. A. von Harnack, Lehrbuch der Dogmengeschichte, Bd. 1. Tübingen [5]1931, 439: »Das wirksamste Mittel aber zur Legitimirung der kirchlichen Zustände war die mit der Kanonisirung altchristlicher Schriften eng zusammenhängende Aussonderung einer Offenbarungsepoche und demgemäß einer klassischen Zeit des Christenthums, unerreichbar für die Epigonen.«

[49] Vgl. von Harnack, Lehrbuch der Dogmengeschichte, Bd. 1, 425 ff.

[50] Vgl. Wrede, a. a. O., 60.

[51] Vgl. dazu z. B. W. C. van Unnik, De la règle μήτε προσθεῖναι μήτε ἀφελεῖν dans l'histoire du canon, VigChr 3, 1949, 1—36.

dings bleibt inhaltlich dies entscheidend: Ein ausgegrenzter, bestimmter Bezirk der Vergangenheit wird als aller späteren Geschichte über-
und vorgeordnet angesehen[52].

Der Übergang vom Urchristentum zur alten Kirche, wie er sich
exemplarisch im Abschluß der Kanonisierung erkennen läßt, vollzieht sich in den Jahren von 150—180[53]. Man wird zu prüfen haben,
ob sich daneben noch weitere Argumente und Indizien für solche
Grenzziehung finden lassen: Schon Overbeck[54] hatte auf den grundlegenden Unterschied zwischen der christlichen Urliteratur[55] und der
patristischen Literatur verwiesen[56] und an ihm zugleich die prinzipielle Differenz von Urgeschichte und Geschichte belegt und erhellt[57].

---

[52] Das Theologumenon der apostolischen Sukzession bietet durchaus keinen Gegen-
beweis; denn dadurch soll nicht so sehr das Kontinuum eines inhaltlich bestimmten Überlieferungsprozesses in der Geschichte als vielmehr die Unversehrtheit der ursprünglichen Tradition bewiesen werden. Die Gegenwart legitimiert
sich auf solche Weise vor der höherwertigen Vergangenheit, ohne daß die zwischen
ihnen sich erstreckende Zeit als solche von erheblicher Bedeutung wäre (im Sinne
eines organischen Ablaufes). Vgl. C. Andresen, Die Kirchen der alten Christenheit, in: Die Religionen der Menschheit 29, 1/2. Stuttgart-Berlin-Köln-Mainz
1971, 688.

[53] Vgl. im Blick auf Overbeck J.-C. Emmelius, Tendenzkritik und Formengeschichte.
Der Beitrag Franz Overbecks zur Auslegung der Apostelgeschichte im 19. Jahrhundert. Forschungen zur Kirchen- und Dogmengeschichte 27, Göttingen 1975,
163.

[54] Vgl. J. Courtin, Das Problem der theologischen Wissenschaft in ihrem Verhältnis
zum Verständnis der Christentumsgeschichte bei Franz Overbeck. Diss. theol.
Mainz 1975, 178.

[55] Ph. Vielhauer, Franz Overbeck und die neutestamentliche Wissenschaft, in:
Aufsätze zum Neuen Testament, ThB 31, München 1965, 235—252, 248: »Er
(scil. Overbeck) hat aber deutlich gemacht, daß der Begriff der Urliteratur kein
formal-zeitlicher Begriff zur Abgrenzung einer literarischen Epoche ist, sondern
ein qualifiziert-zeitlicher, und daß das Verschwinden der Urliteratur Ausdruck
für das Aufhören der sie schaffenden Kräfte ist, für einen Vorgang, den wir vor-
wegnehmend als Ende der 'Urgeschichte' bezeichnen.«

[56] Zum Ganzen siehe vor allem J.-C. Emmelius, Tendenzkritik und Formengeschichte.

[57] Zu dieser Differenz, die Overbeck wohl Ranke verdankt, vgl. z. B. Christentum
und Kultur S. 20: »Urgeschichtliche Probleme sind in steter Gefahr im Lichte
betrieben zu werden, in dem alle Katzen grau sind. Sie sind daher nur Forschern
erlaubt, die in diesem Lichte zu sehen vermögen — also Forschern mit 'Katzen-
augen', die im Dunkeln sich zurechtfinden. Auch Urgeschichte hat es mit Vergangenheit zu tun, aber mit einer Vergangenheit besonderen Sinnes.« S. 21:
»Nur aus dem wesentlichen Unterschied von Urgeschichte und Geschichte erklärt
es sich, daß Urgeschichte in so besonderem Ansehen zu stehen vermag. Urgeschichte ist in der Tat bedeutsamere, entscheidendere Geschichte als alle Geschichte
sonst, und zwar durchaus nicht nur in der Kirchengeschichte.«

Sicher sind die grundlegenden Schwierigkeiten solcher Hypothese
nicht zu übersehen und auch in den Einzelheiten mögen Zweifel bestehen bleiben[58]. Aber der Hinweis auf die Apologeten[59] als dem eigentlichen Einsatz patristischer Literatur bleibt nach wie vor überzeugend[60]. Zugleich belegen die Untersuchungen von M. Dibelius[61] eindrucksvoll, daß es sich hier nicht um unüberwindliche Probleme
handelt[62], die das ganze Programm desavouieren könnten[63]. Jene
objektiven Schwierigkeiten[64], die Hypothese der christlichen 'Urlite-

---

[58] Sieht man einmal von dem thetischen Charakter der Ausführungen Overbecks
   ab, die solche Schwierigkeiten zumindestens zu einem Teil erklärbar machen,
   so dürfte die herausragende Stellung, die Overbeck (a. a. O., 49 ff.) Clemens von
   Alexandrien zuweist, wohl am ehesten problematisch sein.

[59] Overbeck, Anfänge, 44: »Kein Zweifel kann nun darüber bestehen, daß man mit
   dieser ältesten christlichen Apologetik den Boden der allgemeinen Literatur betreten hat.« Auf eine Schwierigkeit in der Charakterisierung der Apologetik durch
   Overbeck sei noch aufmerksam gemacht; Overbeck weist darauf hin (S. 53, Anm.
   25): »Seit dem 3. Jahrhundert liegt überhaupt ihr (scil. der Apologetik) praktisches Ziel nicht im Bereich des Heidentums, sondern in dem des Christentums,
   d. h. sie hat ihr Absehen nicht auf ein heidnisches, sondern auf ein wie ein heidnisches zu behandelndes christliches Publikum gerichtet.« Aber schon beim Einsetzen der christlichen Apologetik — vgl. etwa das Kerygma Petri — ist die
   Ausrichtung am 'heidnischen' Gegenüber durchaus nicht sicher; insofern ist der
   Schluß Overbecks: ». . . es ist dies der eigentliche charakteristische Unterschied
   der Apologetik seit dem 3. Jahrhundert von der früheren.« zu differenzieren.

[60] Vgl. auch die umsichtige Charakterisierung der Übergangssituation der Apologetik durch Overbeck (Anfänge, 47): »Denn wie sehr auch gewisse Grundzüge, welche
   der ganzen patristischen Literatur als solcher eigentümlich sind, schon an der
   Apologetik hervortreten und in ihr wirklich die Elementarschule der patristischen
   Literatur erkennen lassen, so ist sie doch für sich eben nicht mehr als eine Elementarschule.« Ob sich freilich seine weitergehende These (ebd.): »Erst wenn
   man die Formen der profanen Literatur innerhalb der christlichen Kirche selbst,
   nicht nur in ihrem Verkehr mit Ungläubigen, die ihr gar nicht angehören, zur
   Anwendung gekommen sieht, ist der Grund zu einem bleibenderen Gebilde gelegt.« historisch bestätigt, kann man wohl bezweifeln.

[61] Vgl. vor allem M. Dibelius, Geschichte der urchristlichen Literatur, ThB 58 (Hg.:
   F. Hahn), München 1975. Zur sachlichen Beziehung zwischen Dibelius und Overbeck vgl. Emmelius, Tendenzkritik und Formengeschichte, 162 ff., bes. Anm. 46
   auf S. 276.

[62] In der Nachfolge M. Dibelius' siehe jetzt vor allem Ph. Vielhauer, Geschichte
   der urchristlichen Literatur. Einleitung in das Neue Testament, die Apokryphen
   und die Apostolischen Väter, Berlin-New York 1975. In der älteren Literatur
   vgl. noch G. Krüger, Geschichte, XI; 1.

[63] Vielhauer, Geschichte der urchristlichen Literatur, 4: »Die form- und religionsgeschichtliche Forschung hat Overbecks Kategorie der 'christlichen Urliteratur'
   — unbewußt und ungewollt — bestätigt.«

[64] Dies führt zu einer grundsätzlichen Skepsis etwa bei A. Jülicher, Rez. H. Jordan,
   Geschichte der altchristlichen Literatur, GGA 175, 1913, 708—725, 714:

ratur' in eine historische Darstellung urchristlicher Literatur umzusetzen[65], entstehen zudem nicht zufällig[66], sondern ergeben sich
konsequent von der Eigenart des Materials her[67]: Wir haben neben
und außer den neutestamentlichen Texten wirklich nur noch Reliquien der urchristlichen Literatur vor uns. Zudem vollzieht sich
ähnlich wie bei der abschließenden Kanonisierung dieser Übergang
zur alten Kirche nicht einheitlich[68], sondern in verschiedenen Ent-
wicklungsstadien. Gerade wenn der Unterschied von Urchristentum
und alter Kirche inhaltlich begriffen wird, muß er auch im Blick auf
die Literatur- und Formgeschichte differenziert analysiert werden.
Dies zeigt sich etwa daran, daß sich charakteristische Formen urchristlicher Literatur nach wie vor erhalten haben und nicht verschwinden; dennoch lassen sich an der Rezeption und der Rolle, die
solche alten Formen spielen, Veränderungen genauso beobachten wie
an dem Aufkommen neuer Gattungen[69]. Bei der Bedeutung der Lite-

».. . stärker als früher schon ist durch Jordans Werk in mir die Ueberzeugung
geworden, daß die altchristliche Literaturgeschichte allen modernen Autoritäten
zum Trotz nicht als Geschichte der Literaturformen geschrieben werden kann.«
Ähnlich übrigens R. Bultmann, Neues Testament. Einleitung II, ThR 17, 1914,
79—90, 79: »Man sieht aber gleich, daß eine eigentliche Literaturgeschichte des
N. T. zu schreiben, unmöglich ist.« 80: »Sinn hat also nur die bescheidenere Aufgabe, die literarische Form der einzelnen nt.lichen Schriften zu beschreiben; zu
fragen, welche Formen sind etwa hier und dort übernommen, sei es aus dem Judentum, sei es aus der hellenistischen Umwelt?«

[65] Ein deprimierendes Bild des Scheiterns bietet in diesem Zusammenhang H.
Jordan, Geschichte der altchristlichen Literatur, Leipzig 1911. Vgl. dazu die
scharfe Rezension von A. Jülicher (s. Anm. 64), die wichtige, methodische Hin-
weise enthält — etwa die Bemerkungen zu Jordans Gebrauch von Längsschnitten
(S. 716): »Die Einteilung des Stoffs ist unerträglich. J.(ordan) beläßt es bei lauter
Längsschnitten, erkennt also innerhalb der 6 bis 7 Jahrhunderte ... keine
Perioden an ...«

[66] Übrigens sind Overbeck selbst die Schwierigkeiten des Begriffs durchaus bewußt gewesen; vgl. nur die spöttischen Bemerkungen in Christentum und
Kultur, 23: »Der von mir im Aufsatz über die Anfänge der patristischen Literatur ... aufgestellte Begriff der 'christlichen Urliteratur' hat sogenanntes 'Glück'
gemacht — er ist bald ausdrücklich anerkannt ..., bald stillschweigend angeeignet ..., bald entstellt ... bald auch ergänzt worden.«

[67] Vgl. Bultmann, Neues Testament. Einleitung II, 79.

[68] Wrede, Über Aufgabe und Methode, 60 f.: »Dieser Moment fällt ungefähr in der
Literatur zusammen mit dem Übergange von den apostolischen Vätern zu den
Apologeten. Freilich dürfen wir nicht meinen, daß mit einem Schlage Leute wie
Klemens, der Autor der Pastoralbriefe, Ignatius, Polykarp aufhören, um Männern
wie Justin und Aristides Platz zu machen; ebenso werden Gedanken, wie diese
beiden vortragen, wohl schon geraume Zeit vor ihnen in Kurs gekommen sein:
die Literatur, die erhalten ist, wird auch hier ... täuschen über das, was wirklich
gewesen ist.«   [69] Vgl. auch Andresen, Kirchen der alten Christenheit, 158.

ratur für den Übergang vom Urchristentum zur alten Kirche sind zudem nicht nur unterschiedliche örtliche Gegebenheiten zu berücksichtigen[70], sondern oft lassen sich auch innerhalb ein und desselben Textes solche Phänomene von Ungleichzeitigkeit erkennen[71].

Exemplarisch wäre in diesem Zusammenhang ein bekannter Text aus dem Corpus Ignatianum — das ja als Ganzes sicher noch der urchristlichen Literatur hinzuzurechnen ist — zu nennen: Phld 8 2[72]. Ignatius geht hier seinen Gegnern gegenüber bereits von einer spezifischen Norm aus — den christologischen Heilsdaten von Kreuz und Auferstehung[73] —, der gegenüber alles andere (auch alle andere Überlieferung) als minder bedeutungsvoll und von geringerem Wert erscheinen muß. In der Intention stimmt solche Auffassung zweifellos mit jenem Prozeß zusammen, der schließlich im exklusiv gefaßten Kanon ausmündet[74]; dies gilt um so mehr, als die normsetzende Aussage von Phld 8 2 polemisch auf die Auseinandersetzung mit den 'Häretikern' bezogen ist[75]. Auf der anderen Seite jedoch muß festgehalten werden, daß sich diese Anerkenntnis einer geschichtlich und inhaltlich vorrangigen Autorität durch Ignatius noch in keiner Weise mit einem bestimmten Textkanon zur Kongruenz bringen läßt[76], ja ihm in mancher Hinsicht sogar strikt zuwiderläuft. Denn die Pointe von Phld 8 2 ist gerade darin zu sehen, daß die Gegner des Ignatius auf einer textlich bestimmbaren, schriftlichen Begründung des Evangeliums beharren (ἐὰν μὴ ἐν τοῖς ἀρχείοις εὕρω, ἐν τῷ εὐαγγελίῳ οὐ πιστεύω) und daß solches Verlangen von Ignatius beiseitegeschoben wird durch die inhaltliche Angabe der christologischen Heilsdaten von Kreuz, Tod und Auferstehung.

---

[70] Vgl. Harnack, Dogmengeschichte I, 352.

[71] Vgl. Wrede, a. a. O., 60: Einerseits gilt z. B.: »Bietet uns also Justin Aussagen zur Verdeutlichung der vor ihm liegenden Geschichte, so sind sie nur willkommen zu heißen, weil wir ja diese Geschichte erkennen wollen.« Auf der anderen Seite: »Wird andererseits in einem der apostolischen Väter ein Thema angeschlagen, dessen eigentliche Geschichte erst in der Folgezeit liegt, so ist es für die erste Periode nicht von Bedeutung . . .«

[72] Zu den Einzelheiten der im Folgenden angedeuteten Interpretation vgl. H. Paulsen, Studien zur Theologie des Ignatius von Antiochien. Habil.-Schr., Mainz 1976, 85 ff. Dort auch die relevante Lit.

[73] Vgl. auch die Wiederaufnahme in Phld 9 2.

[74] Die grundsätzlichen Hinweise von F. Hahn auf das Wesen des urchristlichen Traditionsprozesses (a. a. O., 457) gelten so auch für die Aussage des Ignatius in Phld 8 2: »So fehlt . . . nicht bloß der konsequente Bezug einer jeden Aussage auf eine Schriftstelle, es fehlt ebenso die Erwähnung eines bestimmten, namentlich genannten Tradenten, und es fehlt der Hinweis auf die geschlossene, zuverlässige Traditionskette. Die urchristliche Tradition steht gleichsam auf sich selbst, genauer: auf dem von ihr bezeichneten Geschehen und damit dem von ihr bezeugten Herrn Jesus Christus.«

[75] Phld 8 2 steht mit solcher Intention innerhalb des Corpus Ignatianum durchaus nicht isoliert da. Ähnliches gilt etwa vom ignatianischen εὐαγγέλιον-Verständnis.

[76] Das zeigt auch die ignatianische Rezeption (bzw. Nicht-Rezeption) der neutestamentlichen Texte; vgl. H. Paulsen, Studien, 37 ff.

Diese Aspekte belegen zwar zunächst die Schwierigkeiten, jene Grenze zwischen Urchristentum und alter Kirche literarisch aufzusuchen; sie setzen aber die Overbecksche Unterscheidung von Urliteratur und patristischer Literatur keinesfalls prinzipiell ins Unrecht. Gerade weil sich der Traditionsprozeß qualitativ verändert und damit zugleich die Relation zur eigenen Vergangenheit neuen Charakter gewinnt, schlägt sich dies auch in der Art der literarischen Produktion nieder[77]. Denn in dem Augenblick, wo sich von der eigenen, als Norm empfundenen Geschichte her auf der Grundlage eines Blockes autoritativer Überlieferung argumentieren läßt, entsteht in Explikation und Exegese dieses Erbes eine besondere, neuartige Form von Theologie[78], die so auch ein neues Selbstbewußtsein gewinnt und dies nach außen trägt. Dies impliziert zunächst eine Alternierung der Formen, die man benutzt. Daß nach wie vor die Gattungen der urchristlichen Literatur Verwendung finden, kann dabei überhaupt nicht bestritten werden. Aber man wird es doch für charakteristisch halten müssen, daß sie jetzt nicht mehr selbstverständlich anerkannter Ausdruck gemeindlicher Praxis sind, sondern — ins Abseits gedrängt — erst eigentlich apokryph werden[79]. An allem lassen sich deshalb auch Veränderungen des 'Sitzes im Leben' feststellen und nachweisen[80]. Nimmt man die unterschiedlichen Punkte zusammen, so läßt sich jedenfalls begründet von einer urchristlichen Literaturgeschichte sprechen, der gegenüber die Geschichte der altkirchlichen Literatur abzugrenzen ist.

Zwei gewichtige Einwände sind gegen diese Konstruktion erhoben worden, sie bleiben zu beachten:

Einmal hat man immer wieder darauf aufmerksam gemacht, daß die urchristliche Literatur ihre Formen weitgehend anderen Traditionskreisen verdanke[81]

---

[77] Bei Overbeck entsprechen sich deshalb auch Urgeschichte und Urliteratur; vgl. Emmelius, Tendenzkritik und Formengeschichte, 169.

[78] Vgl. Harnack, Entstehung, 90: »Das Neue Testament hat der Produktion maßgebender christlicher Schriften ein Ende bereitet, aber die Möglichkeit der Entstehung einer theologisch-kirchlichen und profan-christlichen Literatur geschaffen.«

[79] Vgl. Harnack, Entstehung, 86.

[80] Gerade diese Veränderung im 'Sitz im Leben' bietet allerdings der Analyse die größten Schwierigkeiten. Dabei dürfte für die neue Phase nicht so sehr die Ausrichtung an der Gemeinde charakteristisch sein als vielmehr die zunehmende Verselbständigung der literarischen Produktion von der gemeindlichen Basis.

[81] Vgl. etwa A. Jülicher, Rezension Jordan, 714, für den es eine Tatsache ist, ». . . daß das Christentum fast durchweg die Formen der Kulturwelt, in die es eintrat, benützte. Die meisten dieser Formen vermag man ohne Kenntnis ihrer vorchristlichen Entwicklungsgeschichte gar nicht zu würdigen, bisweilen nicht zu verstehen . . .«

und daß man deshalb bezweifeln müsse, ».. . ob das Christentum überhaupt eine schriftstellerische Form aus sich selbst erzeugt hat[82].«

Zum anderen erscheint es als problematisch, die Formensprache der urchristlichen Literatur überhaupt von den altkirchlichen Texten abzugrenzen; demgegenüber wird eine grundsätzliche Kontinuität auch auf dem Gebiet der Literatur angenommen[83]. Beide Bedenken enthalten ohne Zweifel Spuren der Wahrheit, sie ändern aber an dem grundsätzlichen Problem nur wenig; bei einer nuancierten Darstellung wird man vielmehr sowohl auf Veränderung wie auf Kontinuität zu achten haben, weil auch die rezipierten Formen nicht gleich bleiben, sondern den eigenen Bedürfnissen angepaßt und variiert werden[84].

Neben Kanonisierung und Veränderung in der Literatur gehört in diesen Zusammenhang auch die Auseinandersetzung mit 'häretischen' Gruppen, die beständig zunimmt[85]. Auch dies ergibt sich aus der veränderten, geschichtlichen Situation. Denn zwar setzt in diesen deviatorischen Gruppen die Interpretation von vorgegebenen Texten bereits sehr früh ein[86], auch die Berufung auf Gewährsmänner der Vorzeit bereitet keine Schwierigkeiten[87]. Daraus wird man folgern dürfen, daß ältere Überlieferung und vorgegebene Texte durchaus als verbindlich anerkannt werden können; dies allerdings setzt nun für den überwiegenden Teil dieser Gruppen ein grundlegendes Recht nicht außer Kraft: Noch immer ist die Zeit der Offenbarung nicht abgeschlossen, noch ist man nicht in die Geschichte eingetreten, noch immer bedeutet der Geist Gegenwart. Ohne daß darum notwendig Überlieferung destruiert werden müßte, erfährt sie in der Interpretation Aufhebung und Fortsetzung zugleich.

Folgerichtig erscheinen deshalb diese Gruppen in ihrer Ablehnung des endgültigen Abschlusses der Offenbarungszeit sowohl als 'konservativ' wie auch als fortschrittlich. Letzteres gilt etwa, wenn die Überlieferung weitgehend nur noch Illustrationsmaterial eigener Gegenwart ist[88]. Wesentlich konservativer sind jene Grup-

---

[82] K. Holl, Antrittsrede in der Kgl. Preußischen Akademie der Wissenschaften am 1. Juli 1915, Kl. Schriften (Hg.: R. Stupperich), 1—2, 1.

[83] So etwa H. Jordan, Geschichte der altchristlichen Literatur, 19 f.

[84] Holl, Antrittsrede, 2: »Das Christentum hat nie aufgenommen, ohne zugleich umzubilden, und die Fortschritte vollziehen sich in rasch aufeinanderfolgenden Stufen.«

[85] Für die Einzelheiten der Aufeinandersetzungen mit den 'häretischen' Gruppen vgl. vor allem W. Bauer, Rechtgläubigkeit und Ketzerei im ältesten Christentum, BhTh 10, Tübingen ²1964 (Hg.: G. Strecker). Zur Kritik an Bauer vgl. vor allem H.-D. Altendorf in: ThLZ 91, 1966, 192—195.

[86] Man denke nur an die Interpretation des Joh durch Herakleon oder an die Rolle des Corpus Paulinum in gnostischen Gruppen.

[87] Zur grundsätzlichen Bedeutung des Gnostizismus vgl. in diesem Kontext A. Harnack, Dogmengeschichte I, 250 f.

[88] In diesem Zusammenhang bleibt auch zu bedenken, daß die 'häretischen' Gruppen, wo sie nicht der Großkirche geradezu voraufgegangen sind, latent vor-

pen, die in der Leugnung einer normativ ausgegrenzten Vergangenheit gerade den Übergang des Urchristentums in die Geschichte nicht akzeptieren wollen. Prinzipiell sucht diese Haltung nach einem Kompromiß mit der Großkirche, die darum auch mit ihr besondere Schwierigkeiten hat. Sie ist deshalb auch nicht immer in 'Häresien' abgedrängt worden, sondern ähnlich wie Formen der urchristlichen Literatur zu einer nur geduldeten Nebenströmung herabgesunken[89].

Mit dem Übergang vom Urchristentum zur alten Kirche hängt schließlich auch zusammen, daß sich die Organisationsformen der Gemeinden zu wandeln beginnen[90]. Auch dieser Wandel vollzieht sich örtlich unterschiedlich und setzt auch nicht immer gleichzeitig ein. Aber die Tendenz ist hier mit den anderen Phänomenen identisch; der Ausgliederung eines Sektors der Vergangenheit entspricht die Herausbildung des Monepiskopats (wie auch der Synoden)[91]. Sicher wird man sich vor monokausalen Erklärungen hüten müssen, aber es ist schwerlich ein Zufall, daß in dem mit der neuen Organisation verbundenen Postulat inhaltlicher Kontinuität zur Frühzeit zugleich ein Interpretationsmonopol dieser Vergangenheit beansprucht wird.

Alle diese — im Einzelnen unterschiedlichen — Veränderungen sind der Niederschlag, das Ergebnis einer umfassenden geschichtlichen Entwicklung[92]. Sie ist zu charakterisieren als der Übergang vom Urchristentum zur alten Kirche und markiert zugleich die Grenze zwischen diesen beiden Größen[93]. Denn jene Kirche, die den Kanon

---

handene Tendenzen ausbrechen ließen und zugleich erheblich verstärkt haben. Das gilt von der endgültigen Herausbildung des Kanons wie etwa auch von dem Motiv der apostolischen Sukzession (bes. des Gedankens der διαδοχή).

[89] Die Auseinandersetzungen um den Märtyrer und seine charismatischen Rechte erklären sich wenigstens z. T. von der Schwierigkeit her, die andauernde Gegenwart des Geistes mit dem Abschluß der Offenbarungszeit zu verbinden. Zum Ganzen vgl. K. Holl, Die Vorstellung vom Märtyrer und die Märtyrerakte in ihrer geschichtlichen Entwicklung, Gesammelte Aufsätze zur Kirchengeschichte Bd. 3, Tübingen 1928, 68—102.

[90] Vgl. H. von Campenhausen, Kirchliches Amt und geistliche Vollmacht in den ersten drei Jahrhunderten, BhTh 14, Tübingen ²1963, 328 f.

[91] Wobei das Aufkommen der Synoden zugleich auch mit dem Zurücktreten der Charismen in Verbindung zu bringen ist.

[92] Kanonisierung, Wechsel der Literaturformen, Auseinandersetzung mit Häresien und Änderung in der Organisationsform der Gemeinden sind dabei exemplarisch zu verstehen; es ließe sich auch noch auf andere Phänomene verweisen. So bleibt etwa die Herausbildung einer Theologie als Ausdruck kirchlichen Selbstbewußtseins ebenfalls ein Zeichen dieser prinzipiellen geschichtlichen Änderung.

[93] Eine Charakterisierung ähnlicher Art (wenn auch mit einer späteren Ansetzung des Bruchs und einer anderen Begrifflichkeit) bei A. Harnack, Entstehung und Entwicklung der Kirchenverfassung und des Kirchenrechts in den zwei ersten Jahrhunderten, Leipzig 1910, 174 f. (in der Auseinandersetzung mit R. Sohm): »Will man aber doch auf diesem Boden zwischen Urchristentum und Katholizis-

geschaffen hat, und die durch das Bischofsamt und sich verändernde Literaturformen zu kennzeichnen ist, hat die eigene Vergangenheit endgültig als geschichtlich begriffen[94] oder, wie es Harnack gegenüber Sohm formuliert hat: »Die katholische Kirche ist die Kirche der als Gesetz fixierten apostolischen Tradition[95].«

3.

Läßt sich auf diese Weise innerhalb des historischen Prozesses differenzieren, so ergeben sich aus der so getroffenen Unterscheidung zwischen Urchristentum und alter Kirche unmittelbare methodische Konsequenzen[96]. Dies läßt sich an einigen Punkten zunächst im Blick auf die neutestamentliche Forschung veranschaulichen. Als erstes bestätigt sich die faktische Unmöglichkeit, die neutestamentlichen Texte von jener Literatur zu sondern[97], die diesseits der Grenze liegt und mit ihnen gemeinsam zur urchristlichen Literatur zu rechnen bleibt[98]. Sicher wird man auf Grund der relativ geringen Zahl

---

mus unterscheiden — und das ist durchaus berechtigt —, so muß man sich an sachlich bestimmtere Maßstäbe halten und von einem zweckmäßig gewählten Punkte in der Entwicklungsreihe an den gewonnenen Zustand 'katholisch' nennen. Dieser Punkt scheint mir dort gegeben zu sein, wo die Apostel, Propheten und charismatischen Laienlehrer aufgehört haben und dafür die Norm der apostolischen Glaubenslehre, die Norm des katholischen Schriftenkanons und die Unterwerfung unter die Autorität des apostolischen bischöflichen Amtes eingetreten ist.«

[94] Vgl. Harnack, Dogmengeschichte I, 439.

[95] A. von Harnack, Entstehung und Entwicklung, 176.

[96] Es sei noch einmal hervorgehoben, daß das methodische Instrumentarium in beiden Fällen identisch ist, also nur ein Unterschied im Objekt der Untersuchung besteht. Beides freilich kann nur ein methodischer Purismus vollkommen sondern, sofern das Objekt der Untersuchung auch das methodische Vorgehen nicht unbeeinflußt lassen wird.

[97] Vgl. Vielhauer, Franz Overbeck, 240: »Aber das Zweite, die Verbindung von Neuem Testament und Alter Kirchengeschichte, ist immer noch ein pium desiderium und oft genug nicht einmal ein desiderium. Die Zusammenhänge zwischen Neuem Testament und Alter Kirche, genauer: zwischen dem Christentum des Neuen Testaments und dem der frühkatholischen Kirche, sind weniger bekannt als die zwischen Neuem Testament und Altem.« Was Ph. Vielhauer 1951 als pium desiderium bezeichnete, ist auch heute nicht eingelöst.

[98] Hierzu gehört vor allem die Gruppe der 'Apostolischen Väter' (möglicherweise unter Ausschluß des Diognetbriefes) und das, was von den Schriften des Hegesipp und Papias noch erhalten ist. In allen anderen Fällen ist die Sachlage umstritten und auch nicht mit Sicherheit zu entscheiden; vgl. hierfür Vielhauer, Geschichte der urchristlichen Literatur, 4f. Mit Vielhauer ist auch zu erwägen, ob nicht ein Teil der apokryphen Literatur zu berücksichtigen bleibt. Auch Bruchstücke der frühen Apologetik — wie z. B. das Kerygma Petri — sind zur urchristlichen Literatur hinzuzunehmen.

von Texten, die hierfür in Frage kommen, den methodischen Nutzen
nicht in jedem Fall für herausragend halten. Zudem ergeben sich bei
den einzelnen, methodischen Arbeitsgängen nicht unerhebliche Unterschiede: So ist die neutestamentliche Textkritik nicht unbedingt auf
das gesamte Ensemble der urchristlichen Literatur angewiesen. Das
erweist sich schon deshalb als folgerichtig, weil die besondere Entwicklung der neutestamentlichen Textgeschichte ohne die Kanonisierung kaum denkbar[99], ein Blick in das Stadium vor dieser Norm-
setzung jedenfalls nur noch in seltenen Fällen möglich erscheint. Man
wird in diesem Zusammenhang nur fragen können, ob nicht Textgeschichte und Textbefund der anderen urchristlichen Schriften einen
gewissen Analogieschluß auf die neutestamentliche Textgeschichte
vor der Kanonisierung zulassen. Aber schon die literarkritische Analyse der neutestamentlichen Schriften kann auf die Einbeziehung der
gesamten urchristlichen Literatur und ihrer Geschichte nur zum
eigenen Schaden verzichten. Dies gilt allein schon deshalb, weil die
literarische Entstehung des Corpus Paulinum oder auch der johanneischen Schriften[100] nicht abzulösen ist von einer Geschichte des Urchristentums. Vor allem aber bieten sich von anderen urchristlichen
Texten her auch spezifisch literarkritische Erklärungsmöglichkeiten
für die neutestamentliche Literarkritik. So läßt etwa die literarische
Komposition des Polykarpbriefes aus zwei Schreiben[101] historisch wie
auch methodisch die Möglichkeit einer sekundären, kompositionellen
Zusammenfügung paulinischer Briefe — wie z. B. des zweiten Korintherbriefes[102] — plausibel erscheinen. Vor allem aber wird man
über die Literarkritik hinaus eine formgeschichtliche Analyse der
urchristlichen Literatur nur dann als sinnvoll ansehen können (wenn
anders sie denn geschichtlich vorgeht), sofern sie das gesamte Material
in ihre Überlegungen einbezieht[103]. Daß die methodische Notwendigkeit des Einschlusses anderer urchristlicher Texte gerade bei der Formgeschichte zwingender erscheint[104] — mag dies auch noch immer nicht

---

[99] Vgl. A. von Harnack, Entstehung, 92.

[100] Das gilt z. B., wenn die Entstehung des Corpus Johanneum (wie auch immer diese
im Einzelnen zu denken ist — etwa im Blick auf eine Redaktion des Evangeliums)
in Korrelation zur Auseinandersetzung mit den in den Briefen auftauchenden
Gegnern gesehen wird.

[101] So vor allem P. N. Harrison, Polycarp's two Epistles to the Philippians, Cambridge 1936.

[102] Vgl. unter methodischem Aspekt etwa G. Bornkamm, Die Vorgeschichte des sogenannten Zweiten Korintherbriefes, in: Geschichte und Glaube T. 2 (Ges. Aufsätze 4; BEvTh 53), München 1971, 162—194, 190, Anm. 131; 193.

[103] So schwierig dies auch sein mag; vgl. Vielhauer, Geschichte der urchristlichen Literatur, 5.

[104] Vgl. Dibelius, Geschichte der urchristlichen Literatur, 20.

Allgemeingut der Forschung sein[105] —, ist kein Zufall. Denn je stärker das Problem der Geschichte den methodischen Analysen selbst inhärent ist, desto schwieriger wird die Abstrahierung vom Geschichtsprozeß, desto erforderlicher seine Einbeziehung. Das zeigt sich noch deutlicher als schon bei der Formgeschichte bei der überlieferungsgeschichtlichen Analyse[106]. Auch sie kann im Blick auf das Urchristentum sich nicht auf die neutestamentlichen Texte beschränken[107], sondern muß bis zu jenem Zeitpunkt fortgeführt werden, an dem der Traditionsprozeß abbricht und nicht mehr in der Bewegtheit von Kritik und Interpretation, von Übernahme und Innovation erscheint.

Als schwieriger erweist sich solches Vorgehen sicher bei der Motivgeschichte; wie begrenzte, methodische Analysen, die sich auf die neutestamentlichen Texte in literar- oder textkritischer Absicht konzentrieren, der Explikation durch die Geschichte des Urchristentums entbehren können, so liegt es im Begriff des Motivs begründet, daß die Bindung an historisch konfigurierte Texte nicht konstitutiv sein muß, die geschichtliche Einbindung also leicht als sekundär erscheinen kann. Dies erklärt, daß die Geschichte eines Motivs oft auch nicht an der Grenze zur alten Kirche Halt machen kann, sondern darüber hinauszugehen hat. Daß auf der anderen Seite jedoch die Differenzierung zwischen Urchristentum und alter Kirche auch für die Motivgeschichte nicht ohne Bedeutung bleibt, läßt sich exemplarisch durchaus belegen. So wäre etwa auf den παρουσία-Begriff zu verweisen[108]. Gegenüber der primär eschatologischen Fassung von παρουσία[109] kündigt sich in chronologisch späteren Texten des Neuen Testaments bereits die Tendenz an, παρουσία in Verbindung mit ἐπιφάνεια[110] an der Inkarnation zu orientieren[111]. Endpunkt und zugleich Umschlag zur Geschichte der alten Kirche sind an jenem Punkt markiert, an dem der Begriff παρουσία nunmehr beides — Inkarnation und Wieder-

---

105 Tetz, Altchristliche Literaturgeschichte, 42: »Die neuere Entwicklung der patristischen Disziplin gibt sich anhand der besprochenen Werke deutlich in ihrer rückläufigen Bewegung zu erkennen. Die Forderung einer Formengeschichte, die bei der Neugründung dieser Disziplin von Overbeck erhoben wurde, ist dennoch keineswegs überholt.«

106 Bei Wrede erscheint dies unter dem Stichwort einer 'Religionsgeschichte des Urchristentums'.

107 Zum Übergang von der Form- zur Traditionsgeschichte vgl. auch Tetz, Altchristliche Literaturgeschichte, 42: »Sie (scil. die Forderung einer Formengeschichte) ließe sich . . . aufnehmen als Frage nach dem modus bzw. dem actus tradendi in der Kirchengeschichte. Ist der actus tradendi nicht ablösbar vom traditum, würde dies bedeuten, daß 'Patristik' als Geschichte christlichen Überliefers in einem entsprechend engen Verhältnis zur Dogmengeschichte als Geschichte christlicher Überlieferung stünde.«

108 Vgl. zum Folgenden Paulsen, Studien, 103ff. (Lit.).

109 Vgl. A. Oepke, Art. παρουσία κτλ., ThW V, 856—869.

110 Vgl. dazu etwa A. J. Vermeulen, Le développement sémasiologique d' Ἐπιφάνεια et la fête de l'Epiphanie, in: Graecitas et Latinitas Christianorum Primaeva 1 (Festschr. Chr. Mohrmann), Nijmegen 1964, 7—44.

111 So vor allem bei Ignatius; vgl. z. B. Phld 9 2.

kunft — bezeichnen soll[112], der Traditionsprozeß also abgeschlossen erscheint und Innovationen nicht mehr erkennbar werden. Natürlich gilt — und das wäre auch bei der grundsätzlichen Beurteilung motivgeschichtlicher Analysen zu bedenken —, daß die Verwendung von παρουσία symptomatisch für den geschichtlichen Prozeß selbst ist. So läßt sich der Übergang von der eschatologischen Bedeutung zur Orientierung an der Inkarnation nicht erklären, wenn man die Veränderungen im gesamten Spektrum urchristlicher Theologie hinsichtlich der Eschatologie außer Acht läßt. Denn für eine Eschatologie, die sich wesentlich an der Christologie orientiert, ist die Übertragung von originär strikt eschatologisch gefaßten Begriffen auf dies Ereignis nur konsequent. Umgekehrt kann mit der Installierung eines 'locus de novissimis' auch παρουσία wieder ohne Schwierigkeiten im spezifisch endzeitlichen Gebrauch erscheinen[113].

Sind so traditions- und motivgeschichtliche Analysen über die neutestamentlichen Texte hinaus auf das gesamte Urchristentum und seine Literatur auszudehnen[114], so müssen zugleich auch jene Texte des zweiten Jahrhunderts, die noch nicht von einem exklusiv gefaßten Kanon ausgehen, auf ihre Traditionen hin überprüft werden; dies impliziert zugleich die Frage nach den jeweiligen Traditionsbereichen und den mit ihnen verbundenen Trägergruppen. Erst auf eine solche Weise kann es zu einer geschichtlichen Profilierung kommen, in der jener Prozeß der Theologiebildung deutlicher hervortritt, von dem die urchristlichen Texte Zeugnis ablegen. Schließlich nötigt auch das zu analysierende Material selbst zu einem solchen Vorgehen: Wie auch immer man z. B. die Bedeutung und Rolle der Pastoralbriefe und ihrer Theologie beurteilen mag[115], daß sie eher mit bestimmten Texten des zweiten Jahrhunderts als mit anderen neutestamentlichen Schriften zu verbinden sind[116], liegt auf der Hand[117].

Von der unmittelbaren Evidenz, die einer so gefaßten Bestimmung urchristlicher Literatur-, Form- und Traditionsgeschichte zukommt und die sich direkt aus der geschichtlichen Konstituierung dieser

---

[112] Vgl. Justin, dial. 14, 8; 40, 4; 118, 2; apol. 52, 3.

[113] Dies dürfte etwa im Blick auf Diogn. 7 6 gelten; vgl. dazu C. Tibiletti, Osservazioni lessicali sull' ad Diognetum, Atti della Accademia delle Scienze di Torino II, 97, 1962/63, 210—248, 237ff.; R. Brändle, Die Ethik der »Schrift an Diognet«. Eine Wiederaufnahme paulinischer und johanneischer Theologie am Ausgang des zweiten Jahrhunderts, AThANT 64, Zürich 1975, 95ff.

[114] Als methodisch eindrucksvolles Beispiel wäre etwa W. Bousset, Kyrios Christos. Geschichte des Christusglaubens von den Anfängen des Christentums bis Irenaeus, Göttingen ⁵1965 zu nennen. Zu den methodischen Grundsätzen vgl. z. B. S. VIIff. und die Einleitung von R. Bultmann zur 5. A., Vf.

[115] Vgl. hierfür H. von Campenhausen, Polykarp von Smyrna und die Pastoralbriefe, in: Aus der Frühzeit des Christentums. Studien zur Kirchengeschichte des ersten und zweiten Jahrhunderts, Tübingen 1963, 197—252.

[116] Für die Einzelheiten vgl. H. von Campenhausen, a. a. O.

[117] Die Beispiele ließen sich vermehren; man vgl. etwa die enge traditionsgeschichtliche Verbindung von Epheserbrief und Corpus Ignatianum.

methodischen Schritte ergibt, ist jenes Verhältnis zu differenzieren, das zwischen den urchristlichen Texten und der altkirchlichen Literatur besteht. Solcher Unterschied wird deutlich bereits an der Textkritik; die Geschichte der neutestamentlichen Texte tritt jetzt, gerade weil sie exegesiert werden, ins hellere Licht[118]. Dadurch, daß jetzt die Interpretation von Texten, die grundsätzlich bereits akzeptiert sind, die Szenerie beherrscht, beginnt eine qualitative Änderung, und dies zeigt sich auch an der Formgeschichte[119]. Einmal gewinnen im Bereich der Großkirche zunehmend literarische Hochformen an Einfluß, und die kennzeichnende Form des Kommentars beginnt sich herauszubilden. Auf der anderen Seite aber steht der fortdauernde Strom von 'Kleinliteratur', der nach wie vor auch von exemplarischer Bedeutung für die Analyse der urchristlichen Formen sein kann[120].

Dies aber evoziert die prinzipielle Frage, in welcher Weise beides — urchristliche und altkirchliche Literatur — miteinander verbunden werden kann. Generalisierend läßt sich sagen, daß in der bisherigen Forschungspraxis zwei Wege beschritten worden sind, um vor allem die altkirchliche Literatur und Theologie im Blick auf das Neue Testament zu interpretieren. Zunächst einmal liegt es nahe, jeweils die direkte, geschichtliche Abhängigkeit und historische Verbindung zur urchristlichen Zeit nachzuweisen[121]. Auf der anderen Seite aber steht der Versuch, altkirchliche und urchristliche Texte mit Hilfe von Parallelisierungen und Analogien in Verbindung zueinander zu setzen[122]. Methodologisch ähnelt dies Vorgehen nicht zufällig der differenzierten Anwendung religionswissenschaftlicher Ergebnisse auf urchristliche Texte; auch hier läßt sich ja zwischen einem strikt religionsgeschichtlichen und einem eher religionsphänomenologischen Procedere unterscheiden. Nun ist beiden Aspekten hier wie dort ein

---

[118] Sicher wird auch jetzt noch an den Texten geändert; aber dies geschieht denn doch in anderer Absicht, weil man sich den Texten 'dienend' nähert und mit solchen Änderungen — wo sie nicht rein zufällig sich ergeben — nur die Leuchtkraft von nachträglichen Verdunkelungen befreien möchte. Auch jetzt gibt es allerdings noch neutestamentliche Texte, die auf Grund ihrer umstrittenen Kanonisierung eine analoge Geschichte wie andere urchristliche Zeugnisse gehabt haben.

[119] Ähnliches gilt von der Literarkritik, sofern literarische Änderungen jetzt nicht mehr festzustellen sind, die literarische Entwicklung der kanonisierten Texte ist abgeschlossen. Anders ist dies bei der nichtkanonisierten urchristlichen Literatur, wie etwa das Corpus Ignatianum und seine Geschichte zeigt.

[120] Dies gilt z. B. von der Literatur der Märtyrer- und Apostelakten.

[121] So etwa bei Irenäus, wenn auf die geschichtliche Beziehung zu einer 'kleinasiatischen Theologie' verwiesen wird und darüber hinaus ein traditionsgeschichtlicher Zusammenhang mit dem johanneischen Überlieferungskreis von Bedeutung ist.

[122] So wird gern auf die Parallele der paulinischen Theologie verwiesen, zumeist in kritischem Interesse.

gewisses Recht zuzugestehen, wenn sich auch ihr kritisches Interesse nicht zur Kongruenz bringen läßt. Bei der Annahme einer historischen Beziehung wird von dem Modell der fortdauernden (Wirkungs-) Geschichte ausgegangen, während eine Parallelisierung zumeist eine Erhellung des Sachgehaltes eines altkirchlichen Textes im Vergleich mit der urchristlichen Theologie anstrebt, die dabei zu einer kritischen Richtschnur wird. Zu beachten ist allerdings, daß anders als bei dem religionsgeschichtlichen Vorgehen der historische Verdichtungsgrad — und dies gilt für beide methodischen Wege — ungleich größer ist[123]. Denn urchristliche und altkirchliche Texte gehören ja prinzipiell zum selben Traditionsbereich, so daß eine grundsätzliche Kontinuität nicht geleugnet werden kann. Sie bleibt gegenüber dem Insistieren auf Traditionsbrüchen, den räumlichen, den sprachlichen und inhaltlichen Wechseln innerhalb des Überlieferungsprozesses stets von Bedeutung[124].

Im Kontext solcher historischen Kontinuität ist auch zu erörtern, wieweit traditionsgeschichtliche Priorität und chronologische Sekundarität einander ausschließen. Im Blick auf die urchristliche Geschichte und den Prozeß urchristlicher Theologiebildung bleibt zu sagen, daß gegenüber chronologischen Argumenten (die zudem auch immer mit erheblichen Zweifeln belastet sind) inhaltliche Schlüsse Priorität haben müssen. Anders verhält sich dies bei der altkirchlichen Traditionsgeschichte. Hier kann nicht bestritten werden, daß vom grundlegenden Unterschied zwischen Urchristentum und alter Kirche her der Chronologie eine weitaus größere Rolle zukommt als bei einer Differenzierung innerhalb des Urchristentums. Dennoch bleibt grundsätzlich nicht einzusehen, warum nicht auch hier traditionsgeschichtliche Rekonstruktion neben chronologischen Argumenten das eigentliche Augenmerk auf die Fragen inhaltlicher Beziehungen richten soll[125].

Nimmt man allerdings die Erkenntnis ernst, daß von einem bestimmten Zeitraum an der Traditionsprozeß qualitativ durch die Anerkennung eines Sektors der Vergangenheit als normativ verändert wird, so ist nun allerdings die unmittelbare, direkte geschichtliche

---

[123] Deshalb wäre zu fragen, ob der historische Konnex der altkirchlichen Texte zur urchristlichen Theologie nicht stillschweigend stets vorauszusetzen ist. Mag dies auch grundsätzlich gelten, so ist es in den Einzelanalysen nicht immer so sicher nachzuweisen, weil hier oft die direkte historische Verbindung zur unmittelbar voraufgehenden Zeit überwiegen kann, die Beziehung zum Urchristentum also gebrochen vorliegt und bisweilen nur traditionsgeschichtlich nachweisbar ist.

[124] Sofern historische Wissenschaft die Dialektik des Geschichtsprozesses zu rekonstruieren sucht, liegt solche Verzerrung — wenn bisweilen stärker auf die Diskontinuität geachtet wird — von vornherein in ihrem Vorgehen begründet. Vgl. S. 224ff.

[125] Für den methodischen und sachlichen Nutzen solcher Fragestellung vgl. H. Lietzmann, Messe und Herrenmahl. Eine Studie zur Geschichte der Liturgie, AKG 8, Berlin ³1955.

Verbindung zu den urchristlichen Texten und ihrer Theologie nicht immer gegeben; sie wird mit zunehmender, geschichtlicher Entwicklung zudem auch immer schwieriger nachweisbar. Das aber schließt ein, daß dem methodischen Vorgehen des Vergleichs, der Analogie eine erhebliche Bedeutung zukommt.

Von solcher inhaltlichen Abgrenzung her bietet es sich an, die Geschichte der alten Kirche gegenüber dem Urchristentum mit G. Ebeling als Auslegungsgeschichte zu begreifen[126]. Dennoch bleiben gegenüber dieser umfassenden These[127] Zweifel bestehen[128]: So ist darauf hingewiesen worden, daß sich solch Programm als in der Praxis kaum anwendbar erwiesen hat[129]. Zudem haben sich bestimmte Tendenzen der voraufgegangenen Traditionsentwicklung des Urchristentums auch in der Exegese der alten Kirche niedergeschlagen und sie geformt. Wie das Urchristentum bei aller Anerkennung der Autorität der alttestamentlichen Texte sie mit kritischer Freiheit und in großer methodischer Vielfalt aufgenommen und weitergegeben hat[130], so liegt auch in der Exegese der kanonisierten Texte des Urchristentums oft eine ähnliche Freiheit vor. Und wie die urchristliche Interpretation der alttestamentlichen Texte gar nicht abzulösen ist von der Heraus-

---

[126] Vgl. vor allem G. Ebeling, Die Geschichtlichkeit der Kirche und ihrer Verkündigung als theologisches Problem, SgV 207/208, Tübingen 1954.

[127] Siehe auch G. Ebeling, Kirchengeschichte als Geschichte der Auslegung der Heiligen Schrift, SgV 189, Tübingen 1947.

[128] Zu beachten ist, daß für Ebeling die These von der Kirchengeschichte als Auslegungsgeschichte nicht allein einen historischen Sachverhalt beschreiben soll, sondern vor allem einen systematischen Beitrag leistet. Zu diskutieren wäre auch, wie weit die These auf den abgeschlossenen Kanon angewiesen bleibt oder bereits für die urchristliche Geschichte zu gelten hat. Ebeling sucht beides miteinander zu verbinden (Geschichtlichkeit, 78f.): »Die Antworten, die uns die Kirchengeschichte darreicht auf die Frage nach dem Verhältnis zu Jesus Christus, wollen verstanden sein nicht als selbständige Antworten, sondern als Auslegung des ursprünglichen Zeugnisses von Jesus Christus, als Auslegung der Heiligen Schrift. Diese Aussage trifft auch zu für die Anfänge der Kirchengeschichte, als das neutestamentliche Schrifttum und der neutestamentliche Kanon erst im Entstehen waren, indem sich auch hier das Zeugnis von Jesus Christus zu bewähren hatte an der Auslegung der Heiligen Schrift Alten Testaments.« Gegenüber solcher These, die auch historisch zu problematisieren ist, bleibt zu erwägen, ob nicht der Begriff der Auslegungsgeschichte — sofern er auch auf das Urchristentum angewandt wird — durch die abgeschlossene Kanonisierung eine qualitative Veränderung erfährt.

[129] Vgl. F. de Boor, Kirchengeschichte oder Auslegungsgeschichte, ThLZ 97, 1972, 401—414, 409.

[130] Dabei führt gerade das Moment des Abgeschlossenen, des Kanonisierten zu einer Verstärkung in der Evokation des Neuen. Dies war gegenüber dem Kanon des 'Neuen Testamentes' ganz unmöglich; nur häretische Kreise kannten die Konstruktion einer neuen Stufe der Heilsgeschichte.

bildung der eigenen Theologie, so gilt dies z. T. auch von der altkirchlichen Exegese, die ebenfalls oft nur als Vehikel der Auseinandersetzungen ihrer Zeit und im Zusammenhang der Herausbildung eigener Theologie begriffen werden kann. Die These einer umfassenden
Auslegungsgeschichte — über deren grundsätzliches Recht damit
durchaus noch nichts gesagt ist — erweist sich also als kaum geeignet,
urchristliche und altkirchliche Geschichte voneinander abzugrenzen.
Versteht man Auslegungsgeschichte jedoch in einem mehr eingeengten
Sinn, so wird nur ein Ausschnitt der Geschichte abgedeckt[131], ihr käme
deshalb eine Hilfsfunktion zu[132].

4.

Dies alles aber führt im Blick auf das Verhältnis von Urchristentum und alter Kirche zu grundsätzlichen Überlegungen und prinzipiellen Folgerungen:
So kann es keinem Zweifel unterliegen, daß es sich hier nicht
um isolierte Text- oder Formprobleme handelt, sondern daß in den
Texten der geschichtliche Prozeß selbst vermittelt zu sehen ist; sie
bieten — wie es Wrede einmal formuliert hat[133] — ». . . das Material,
mit dessen Hilfe das hinter ihnen liegende älteste Christentum in
seiner Physiognomie erfaßt und in seiner geschichtlichen Entwicklung
verdeutlicht wird[134].« Dabei resultiert die urchristliche Literatur gewiß
nicht in erster Linie aus einem wie auch immer gearteten geschichtlichen Substrat[135]. Aber auch der bloße Hinweis auf die zeitliche und
sachliche Differenz zwischen den Texten des Urchristentums und

---

[131] Vgl. de Boor, Kirchengeschichte oder Auslegungsgeschichte, 412.

[132] De Boor, a. a. O., 409: »Die Auslegungsgeschichte ist eine historische bzw.
exegetische Hilfswissenschaft.«

[133] Wrede, a. a. O., 41.

[134] Vgl. auch Holl, Antrittsrede, 2: »In den Wandlungen der äußeren Form spiegelt
sich ein großes Stück der inneren Geschichte des Christentums.«

[135] Man mag dies auch hierin bestätigt finden, daß eine zwingende Erklärung der
Entstehung urchristlicher Texte mit Hilfe dieses Modells noch nicht gelungen ist;
dies liegt gewiß nicht nur an der schwierigen Quellenlage. Zur Widerspiegelungsdiskussion vgl. die unterschiedlichen Beiträge in »Das Argument« 81; 85; 90; 92.
Wichtig vor allem Th. W. Adorno, Ästhetische Theorie, stw 2, Frankfurt 1973,
334ff. Was Adorno von der Kunst anmerkt, ist auch im Blick auf die neutestamentlichen Texte zu beachten (a. a. O., 335): »Gesellschaftlich aber ist Kunst
weder nur durch den Modus ihrer Hervorbringung, in dem jeweils die Dialektik
von Produktivkräften und Produktionsverhältnissen sich konzentriert, noch
durch die gesellschaftliche Herkunft ihres Stoffgehalts. Vielmehr wird sie zum
Gesellschaftlichen durch ihre Gegenposition zur Gesellschaft, und jene Position
bezieht sie erst als autonome.«

ihrer geschichtlichen Konstituierung genügt nicht[136]. Wahrscheinlich ist von einer komplizierteren Durchdringung auszugehen[137], sofern gesellschaftliche Totalität nicht nur Theorie bildet, sondern jene im gleichen Maße wiederum Geschichte initiiert[138].

In ähnlich grundsätzliche Fragen führt auch die Rede von der geschichtlichen Diastase zwischen Urchristentum und alter Kirche. Man ist ja geneigt, gegenüber einer solchen Konstruktion — wie es einst A. Ritschl in Antithese zu F. C. Baur tat — den Satz ins Feld zu führen: »Es ist nöthig, viel mehr zu distinguiren, um richtig kombiniren zu können[139].«

Forschungsgeschichtlich zu bedenken bleibt, daß dieser Satz Ritschls gegenüber F. C. Baur, mit dem er sich explizit auseinandersetzt[140], nur ein relatives Recht für sich beanspruchen kann[141]. Vielmehr besitzt Baur[142], der übrigens von dem

---

[136] Auch der häufig anzutreffende Hinweis auf die »Wirkungsgeschichte« der Texte reicht allein nicht zu; vgl. Adorno, a. a. O., 338f.: »Das Interesse an der gesellschaftlichen Dechiffrierung der Kunst muß dieser sich zukehren, anstatt mit der Ermittlung und Klassifizierung von Wirkungen sich abspeisen zu lassen, die vielfach aus gesellschaftlichem Grunde von den Kunstwerken und ihrem objektiven gesellschaftlichen Gehalt gänzlich divergieren.«

[137] Das methodische exemplum einer in diesem Zusammenhang erst noch zu führenden Diskussion findet sich übrigens in der Auseinandersetzung zwischen Adorno und W. Benjamin über dessen 'Passagenarbeit'.

[138] Das setzt dann allerdings auch eine differenzierte Analyse der urchristlichen Texte aus sich heraus.

[139] A. Ritschl, Die Entstehung der altkatholischen Kirche. Eine kirchen- und dogmengeschichtliche Monographie, Bonn [2]1857, 22. Vgl. auch A. Ritschl, Ueber geschichtliche Methode in der Erforschung des Urchristenthums, JdTh 6, 1861, 429—459.

[140] Vgl. beispielsweise den direkt dem Zitat voraufgehenden Satz (a. a. O., 22): »Die Untersuchung würde nun nicht weiter gefördert werden, wenn man darauf beharrte, die Parteien der Judenchristen und der Pauliner, ihren Gegensatz und ihre Versöhnung als das Schema vorauszusetzen, in welches sich die Geschichte des apostolischen und nachapostolischen Christenthums fügen müßte.«

[141] Neben Baur vgl. noch A. Schwegler, Das nachapostolische Zeitalter in den Hauptmomenten seiner Entwicklung, I/II Tübingen 1846. Die Grundthese findet sich auf S. 7: »Stellt man die neutestamentlichen Schriften unter den Gesichtspunkt einer organischen Geschichtsschreibung, so wird man sie nur auffassen können als eine Kette von Entwicklungsstufen, in denen sich die Geschichte verschiedener, sich theils abstossender, theils anziehender Gedankenreihen darstellt.«

[142] Zu F. C. Baur vgl. Ch. Senft, Wahrhaftigkeit und Wahrheit. Die Theologie des 19. Jahrhunderts zwischen Orthodoxie und Aufklärung, BhTh 22, Tübingen 1956, 79ff.; W. Geiger, Spekulation und Kritik. Die Geschichtstheologie Ferdinand Christian Baurs, FGLP 28, München 1964; P. C. Hodgson, The Formation of Historical Theology. A Study of Ferdinand Christian Baur, New York 1966.

Modell einer grundsätzlichen Kontinuität der Geschichte ausgeht[143], ein reflektiertes Bewußtsein des hier angezeigten Problems[144]. So verweist er in diesem Kontext nachdrücklich auf Schelling, dessen Unterscheidung von empirischer, pragmatischer und idealer Geschichte er bewußt aufnimmt[145]. Sicher ist der Entwurf F. C. Baurs nicht wiederholbar[146], aber sein Insistieren auf der Objektivität des Geschichtsablaufs[147], der gegenüber seine Darstellung als sekundäres Problem erscheinen muß, bleibt auch heute noch eindrucksvoll genug.

---

[143] Vgl. Senft, Wahrhaftigkeit und Wahrheit, 79.

[144] Vgl. etwa F. C. Baur, Die Epochen der kirchlichen Geschichtsschreibung (1852), in: Ausgewählte Werke Bd. 2, Stuttgart-Bad Cannstatt 1963, 247: »Es ist nicht nur der geschichtliche Stoff nach Inhalt und Umfang so vielseitig und gründlich durchforscht und kritisch verarbeitet, daß die Materialien in reicherer Fülle als je vorhanden sind, sondern es ist auch längst anerkannt, daß der Geschichtsschreiber seiner Aufgabe nur in dem Grade entsprechen kann, in welchem er frei von aller Einseitigkeit subjektiver Ansichten und Interessen, welcher Art sie auch sein mögen, sich in die Objektivität der Sache selbst versetzt, um statt die Geschichte zum Reflex seiner eigenen Subjektivität zu machen, vielmehr selbst nur der Spiegel zu sein, in welchem die geschichtlichen Erscheinungen in ihrer wahren und wirklichen Gestalt angeschaut werden.«

[145] Baur verweist in Epochen, 248, Anm. 1 auf Schelling, Vorlesungen über die Methode des akademischen Studiums, 213 f.: »Der entgegengesetzte Standpunkt des Absoluten ist der empirische, welcher wieder zwei Seiten hat, die der reinen Aufnahme und Ausmittlung des Geschehenen, welche Sache des Geschichtsforschers ist, der von dem Historiker als solchen nur eine Seite repräsentirt, und die der Verbindung des empirischen Stoffs nach einer Verstandes-Identität, oder weil die letztere nicht in den Begebenheiten an und für sich liegen kann, indem diese empirisch viel mehr zufällig und nicht harmonisch erscheinen, der Anordnung nach einem durch das Subject entworfenen Zweck, der insofern didaktisch oder politisch ist. Diese Behandlung der Geschichte in ganz bestimmter nicht allgemeiner Absicht ist, was, der von den Alten festgesetzten Bedeutung zufolge, die pragmatische heißt.«

[146] Unter der Ablehnung des Entwurfs von F. C. Baur findet sich eine eindrucksvolle Würdigung bei Overbeck, Christentum und Kultur, 180 ff. Zum Verhältnis Overbeck—Baur vgl. Emmelius, Tendenzkritik und Formengeschichte, 39 ff. Siehe auch Wrede, a. a. O., 45 f.

[147] Vgl. auch F. C. Baur, Vorrede zu 'Die christliche Lehre von der Versöhnung in ihrer geschichtlichen Entwicklung von der ältesten Zeit bis auf die neueste', in: Ausgewählte Werke, Bd. 2, Stuttgart-Bad Cannstatt 1963, VI f.: »So wenig aber geläugnet werden kann, daß Einheit und Zusammenhang die Seele jeder geschichtlichen Darstellung seyn müßen, so wenig kann dieser wesentlichen Forderung durch jenen subjektiven Pragmatismus Genüge geschehen, der an die Stelle der Objektivität der Geschichte die Subjektivität des darstellenden Individuums setzt, und zwar überall einen bestimmten Zusammenhang nachzuweisen sucht, aber ihn auch nur im Kreise äußerlicher Motive und innerhalb der engen Grenzen eines bestimmten Zeitraums findet, und, wenn er sich am höchsten erhebt, etwa die unbestimmten und abstrakten Kategorien des Idealismus und Realismus, bald so bald anders gewendet, in Anwendung bringt. Nur wenn

Der Abschied von der Geschichtsanschauung eines F. C. Baur, so konstruiert auch immer sie gewesen sein mag, kann keineswegs darüber hinwegtäuschen, daß jene Analysen, die an ihre Stelle treten und sich als empirisch verstehen, nur scheinbar vom erkennenden Subjekt absehen[148], nur sehr begrenzt den Tatsachen 'vorurteilslos' gegenübertreten[149]. Die Frage nach Kontinuität und Diskontinuität hängt deshalb im Horizont geschichtlicher Wissenschaft[150] eng mit dem Miteinander von Konstruktion und geschichtlicher Tatsache zusammen[151]. Denn der Hinweis auf die Diskontinuität zwischen urchristlicher und altkirchlicher Geschichte ist schon per se historische Konstruktion. Allerdings bezieht solche Klassifikation[152] ihr Recht aus der Hoffnung, so der Geschichte selbst gerecht zu werden[153]. Insofern sich auf solche Weise eine Subjekt-Objekt Beziehung herstellt, die keine Seite unverändert beläßt, wird beides — Klassifikation wie historische Realität, geschichtlicher Prozeß und historische Erkenntnis — aufeinander bezogen. Wenn auf diese Weise Diastase und Differenz im Strom der Geschichte[154] als konstruiert gelten können, so trifft dies allerdings

---

in der geschichtlichen Darstellung das Wesen des Geistes selbst, seine innere Bewegung und Entwicklung, sein von Moment zu Moment fortschreitendes Selbstbewußtseyn sich darstellt, ist die wahre Objektivität der Geschichte erkannt und aufgefaßt.«

[148] Das zeigt sich bereits bei Overbeck; vgl. Emmelius, Tendenzkritik und Formengeschichte, 43 f.

[149] Nicht zufällig endet deshalb solche 'Vorurteilslosigkeit', wie das Beispiel Overbeck zeigt, in Skeptizismus, ja einer gewissen Verzweiflung. Auch wenn das Vertrauen in eine Objektivität der Geschichte wahrhaft vergangen ist, so wird man dem Versuch F. C. Baurs seine Sympathie nicht versagen können.

[150] Aus der älteren Literatur vgl. z. B. H. Rickert, Die Grenzen der naturwissenschaftlichen Begriffsbildung. Eine logische Einleitung in die historischen Wissenschaften, Tübingen, ⁵1929, 394 ff. 432 ff. Zum Grundsätzlichen siehe etwa H. M. Baumgarten—J. Rüsen (Hgg.), Seminar: Geschichte und Theorie. Umrisse einer Historik, stw 98, Frankfurt 1976.

[151] Vgl. zum Folgenden vor allem Th. W. Adorno, Negative Dialektik, Frankfurt 1970, 293 ff.

[152] M. Horkheimer—Th. W. Adorno, Dialektik der Aufklärung. Philosophische Fragmente, Frankfurt 1969, 231: »Allgemeine Begriffe, von den einzelnen Wissenschaften auf Grund von Abstraktion oder axiomatisch geprägt, bilden das Material der Darstellung so gut wie Namen für Einzelnes. Der Kampf gegen Allgemeinbegriffe ist sinnlos ... Klassifikation ist Bedingung von Erkenntnis, nicht sie selbst, und Erkenntnis löst die Klassifikation wiederum auf.«

[153] Dabei freilich ist die Gefahr zu vermeiden, als ob solche Klassifikation und Konstruktion Geschichte real abbilden und widerspiegeln könne.

[154] Vgl. vor allem die 'Erkenntniskritische Vorrede' bei W. Benjamin, Ursprung des deutschen Trauerspiels, Frankfurt 1972, 7 ff.

nicht minder auf die These von der Kontinuität der Geschichte zu[155], deren ideologischer Charakter nicht minder eindeutig zu belegen ist[156]. Wird mit dieser Einsicht ernst gemacht, so geht es um die mögliche Annäherung solcher Klassifikationen an die reale Geschichte, ohne daß man sich mit dem bloßen Hinweis auf ihren konstruierten Charakter der Resignation anheimgibt[157]. Dies dürfte im Grundsätzlichen wie auch im Blick auf den Übergang vom Urchristentum zur alten Kirche[158] am ehesten zu leisten sein, wenn sich Kontinuität und Diskontinuität gegenseitig durchdringen[159].

Im Zusammenhang dieses Problems bleibt auch zu erwägen, wie weit nicht bereits innerhalb des Spektrums 'Urchristentum' mit einer weiteren Differenzierung gerechnet werden kann; hier wäre vor allem auf den viel diskutierten 'Frühkatholizismus' zu verweisen[160]. Die in diesem Kontext erörterten Phänome lassen sich gewiß nicht bestreiten — insofern hängt an der Chiffre ‚Frühkatholizismus' in der Tat wenig[161] —, auch der inhaltlichen Charakterisierung wäre weit-

---

[155] Zum Zusammenhang der Auffassung vom geschichtlichen Kontinuum und der Hegelschen 'Universalgeschichte' vgl. etwa Th. W. Adorno, Negative Dialektik, 293 ff.

[156] Vgl. Adorno, Negative Dialektik, 311.

[157] Natürlich sind Konstruktion und Klassifikation in der Geschichtswissenschaft letzte Säulen der schon zerstörten Ruine 'System'; wo von Epochen, Entwicklung, Abfolge und Zeitstufen die Rede ist, wird — unbewußt zwar, aber nicht minder eindeutig — an einen systematischen Zusammenhang erinnert. Auf solche Konstruktionen aus diesem Grunde allerdings zu verzichten hieße, dem bloßen Schein anheimzufallen. Deshalb wird an solchen Konstrukten festzuhalten sein, weil sie noch zu Leistendes einfordern.

[158] Adorno, a. a. O., 312: »Diskontinuität jedoch und Universalgeschichte sind zusammenzudenken. Diese als Residuum metaphysischen Aberglaubens durchstreichen, würde geistig ebenso bloße Faktizität als das einzig zu Erkennende und darum zu Akzeptierende befestigen, wie vordem die Souveränität, welche die Fakten dem totalen Vormarsch des Einen Geistes einordnete, sie als dessen Äußerungen bestätigte . . . Geschichte ist die Einheit von Kontinuität und Diskontinuität.«

[159] Zu ähnlichen Überlegungen bei Overbeck vgl. Courtin, Problem der theologischen Wissenschaft, 183.

[160] Vgl. E. Käsemann, Paulus und der Frühkatholizismus, in: Exegetische Versuche und Besinnungen, Bd. 2, Göttingen 1964, 239—252; H. Wagner, An den Ursprüngen des frühkatholischen Problems. Die Ortsbestimmung des Katholizismus im älteren Luthertum, Frankfurter theologische Studien 14, Frankfurt 1973; U. Luz, Erwägungen zur Entstehung des »Frühkatholizismus«. Eine Skizze, ZNW 65, 1974, 88—111; S. Schulz, Die Mitte der Schrift, Zürich 1976. Im Ansatz verwandte Thesen finden sich schon bei A. Harnack, Dogmengeschichte I, 54 ff.

[161] Käsemann, a. a. O., 239, Anm. 1: »An der bloßen Chiffre . . . hängt auch wenig, solange man sich über die dabei benutzte Perspektive und die ins Auge gefaßte

hin zuzustimmen[162]. Daß es sich hier um einen beachtlichen Neueinsatz in der Geschichte der urchristlichen Theologie handelt[163], erscheint ebenfalls als wichtig und zutreffend; der strittige Punkt aber bleibt, ob es sich hier um den alles entscheidenden Bruch handelt[164], der Urchristentum und alte Kirche in der Sache voneinander scheidet[165]. Wenn nun in der Tat die unter dem Stichwort 'Frühkatholizismus' zu subsumierenden Phänomene den Übergang zur alten Kirche zwar beschleunigen (insofern auch in der Diskontinuität erneut die Kontinuität wahrnehmen), so scheint dennoch der eigentliche Bruch mit dem Urchristentum[166] erst mit dem bereits angedeuteten Übergang im zweiten Jahrhundert gegeben zu sein[167]. Man wird also durchaus nicht nur als Kirchengeschichtler geneigt sein ». . . die Gemeinsamkeiten mit der Urchristenheit auch in dieser letzten Phase stärker als die mit der alten Kirche herauszustellen[168]«. Eine weitere geschichtliche, inhaltliche und sachliche Differenzierung innerhalb des Urchristentums bleibt dabei durchaus nicht ausgeschlossen, oder gar verhindert[169].

Schließlich ein letzter Punkt: Die Auseinandersetzung über die Unterscheidung zwischen Urchristentum und alter Kirche wie auch über den 'Frühkatholizismus' wird in ihrer Heftigkeit nur dann er-

---

Sache nicht verständigen kann.« Vgl. auch S. 240 (dieselbe Anm.): »Jedenfalls kann ich keine Kritik anerkennen, welche die Chiffre bestreitet, die durch sie anvisierten Sachverhalte jedoch nicht in ihren Impulsen und in ihrem neuen Telos historisch und theologisch besser charakterisiert. Anders kann nur nivelliert werden, wo alles auf Differenzierung ankommt.«

[162] Zu einer »Typologie« des Frühkatholizismus vgl. etwa Luz, »Frühkatholizismus«, 90 ff.

[163] Käsemann, a. a. O., 240, Anm.: »Wo man diese Aporie nicht empfindet und das ganze Neue Testament als urchristlich reklamiert, muß natürlich meine Unterscheidung der verschiedenen Etappen bis hin zur alten Kirche bloß provozierend erscheinen. Da wird man sich aber auch nicht aus letzter Unklarheit über die treibenden Kräfte und den Verlauf der frühchristlichen Geschichte lösen.«

[164] Käsemann, a. a. O., 239, Anm. 1: »Man muß diese Geschichte also von ihren Anfängen her noch einmal neu entdecken und überdenken, und zwar in ihrer Bewegung auf die im Neuen Testament sich zeigende letzte Phase hin. Solche Phase nannte ich Frühkatholizismus, weil in ihren verschiedenen Dokumentationen Grundvoraussetzungen der sich von der ersten Christenheit unterscheidenden alten Kirche sichtbar werden.«

[165] Käsemann, a. a. O., 240, Anm.: »Als Urchristenheit kann ich nur anerkennen, was seinen Schwerpunkt noch in der Eschatologie hat, die von der ursprünglichen Naherwartung in deren Wandlungen bestimmt wird.«

[166] Der Begriff des 'Urchristentums' wäre also historisch gegenüber der Bestimmung Käsemanns zu erweitern.

[167] Vgl. auch Andresen, Kirchen der alten Christenheit, 688.

[168] Käsemann, a. a. O., 239, Anm. 1.

[169] Dabei wären allerdings die kritischen Bedenken von H.-D. Altendorf, Rez. W. Bauer, 194 f. mitzubedenken.

klärlich, wenn man die dahinter liegende Sachkritik bedenkt. Nicht
erst bei Overbeck[170] läßt sich erkennen[171], daß in solcher Differenzierung die sachliche Antithese von Eschatologie und Geschichtlichkeit angesprochen werden soll[172]. Im Kontrast zur Urgeschichte wird
die sachliche Sekundarität der Kirchengeschichte[173] als eines Standes
der verlorenen Unschuld erwiesen[174]. Auch wenn die kritische Gewalt
solcher Versuche der Forschung weithin verloren gegangen ist[175] —
und dies kann wohl nicht nur als Nachteil angesehen werden[176], sondern hat auch positive Auswirkungen —, so wird die Unterscheidung
zwischen Urchristentum und alter Kirche (und die Konsequenzen, die
dies für das methodische Verhältnis von urchristlicher Wissenschaft
und Patristik hat) immer mehr als nur historische Rekonstruktion
bleiben. Das damit gegebene Versprechen einzulösen gehört zu den
kommenden Aufgaben einer Wissenschaft vom Urchristentum wie
der alten Kirche.

---

[170] Vgl. Vielhauer, Franz Overbeck, 250.

[171] Zur Sachkritik etwa bei M. Luther vgl. Harnack, Dogmengeschichte I, 343,
Anm. 1.

[172] Vielhauer, Franz Overbeck, 251, Anm. 41: ». . . da er das Verhältnis von Evangelium und Welt vom Standpunkt der historischen Empirie aus als Adaption des
Evangeliums an die Welt, d. h. als Sieg der Welt über das Evangelium beurteilen
muß. Dieses negative Urteil, das durch die unerheblichen Hinweise auf das
Christentum als geistesgeschichtliche Größe, Kulturmacht und ethischen Faktor
besser nicht bestritten werden sollte, radikalisiert das theologische Problem der
Weltbezogenheit des Evangeliums nicht nur für das Gebiet der Kirchengeschichte,
sondern auch für Exegese, Systematik und Verkündigung und könnte ein höchst
positiver Beitrag zur Lösung dieses Problems, um das es auch in der heutigen
Debatte um die 'Entmythologisierung' geht, werden.«

[173] Sachkritische Argumente leiten ja auch die Beurteilung des Frühkatholizismus
durch E. Käsemann; vgl. nur a. a. O., 245.

[174] Vgl. W. Nigg, Franz Overbeck. Versuch einer Würdigung, München 1931, 77 ff.

[175] Damit zugleich auch jener Skeptizismus, der Overbecks Geschichtsanschauung
eine eigentümliche Würde verleiht; vgl. Christentum und Kultur, 11.

[176] Vgl. etwa die These von U. Luz, »Frühkatholizismus«, 108: »Der Frühkatholizismus ist weder Abfall noch Synthese, sondern eine historische Größe sui generis . . .«

Aufgaben und Probleme einer Geschichte der frühchristlichen Literatur

I

Vor über fünfzig Jahren hat Martin DIBELIUS in seiner "Geschichte der urchristlichen Literatur" die Aufgabe einer frühchristlichen Literaturgeschichte in klassischer Weise auf den Begriff gebracht, und wer sich heute dieser Frage erneut stellt, wird gut daran tun, sich seiner Formulierung zu vergewissern:

"Der Literarhistoriker des Urchristentums, der die Entstehung dieser Schriften verständlich machen will, hat also zu zeigen, wie es zu dieser schriftlichen Betätigung der ersten Christen kam und in welcher Weise die Bücher die Eigenart ihrer Verfasser und die Bedingtheit ihrer Abfassungsverhältnisse widerspiegelten. Indem er so die Formwerdung des Christentums nach der literarischen Seite darstellt, schreibt er Literaturgeschichte des Urchristentums. Daß er dabei nicht nur bestimmte beweisbare Einzelergebnisse vorträgt, sondern diese untereinander auch nach bestem eigenen Ermessen konstruktiv verbindet, um dem Leser eine Anschauung von der Entwicklung der Dinge zu vermitteln, ist in der Sache bedingt."[1]

Sicher hat diese Aussage ihre forschungsgeschichtlichen Bedingungen, ist bestimmt durch methodische Vorgaben und verrät deutlich genug den konstruierenden bzw. rekonstruierenden Charakter ihres Vorgehens. All dies mag zutreffen, auch kritisch anzumerken sein - dennoch: Die Komplexität, die Vielfalt und der Reichtum in der methodischen Grundlegung hat sich als tragfähig erwiesen. Und wenn ich die gegenwärtigen Aufgaben einer frühchristlichen Literaturgeschichte in fünf Aspekten benennen möchte[2], so knüpfe ich ausdrücklich an das von DIBELIUS entworfene Konzept an:

---

1 M. Dibelius, Geschichte der urchristlichen Literatur, Neudr. d. Erstausg. von 1926 unter Berücks. d. Änderungen d. engl. Übers. von 1936, 3. Aufl., hrsg. v. F. Hahn, München 1975, 15. Zur forschungsgeschichtlichen Position von Dibelius und zum folgenden vgl. G. Strecker, Literaturgeschichte des Neuen Testaments, Göttingen 1992.

2 Zu weiteren methodischen Problemen der Literatur des frühen Christentums verweise ich auf meine Überlegungen: Auslegungsgeschichte und Geschichte des Urchristentums - die Überprüfung eines Paradigmas, in: Jesu Rede von Gott und ihre Nachgeschichte im frühen Christentum, FS W. Marxsen, hrsg. v. D.-A. Koch, G. Sellin und

1. Eine Geschichte der frühchristlichen Literatur hätte zunächst und vor allem jene Umstände und Bedingungen zu erfassen, genauer zu beschreiben und wiederherzustellen, unter denen jene literarischen Äußerungen entstanden sind und produziert wurden. Solche Rekonstruktion bezieht sich ausdrücklich auf einen bestimmten und bestimmbaren Bezirk der Geschichte - nämlich auf die Geschichte des frühen Christentums. Wenn in solcher Weise Literatur in der Tat als die Form- und Gestaltwerdung des frühen Christentums nach der literarischen Seite angesehen und beschrieben wird, so verweist dies ja erneut auf die enge Verbindung mit dieser Geschichte. Allerdings jener Irrtum wäre zu vermeiden, der diese Texte und diese Literatur nur als Mittel zur Erfassung solcher Geschichte verwendet, weil er sie des ihnen eigenen Anspruchs berauben würde.

2. Zugleich ist jener Weg zu bedenken, den diese Literatur mit ihren Texten und Formen innerhalb des frühen Christentums und seiner Geschichte genommen hat. Dies kann nur geschehen, sofern über die Veränderungen nachgedacht wird, die innerhalb des interpretativen Prozesses aus Übernahme und Auslegung, aus Kritik und Anerkennung überkommener Texte geschehen. Dies setzt sicher auch die Reflexion auf die Wirkungs- und Rezeptionsgeschichte solcher Literatur innerhalb der frühchristlichen Gemeinden in Kraft.

3. Allerdings nötigt die frühchristliche Literatur - und dies macht zu einem guten Teil ihre Eigenart aus - zu einer beständigen und umfassenden Einbeziehung ihrer Inhalte. Denn im Medium dieser Literatur werden ja vor allem theologische Topoi vermittelt. Mehr noch: Die Texte schließen allein schon durch ihre Form eine theologische und inhaltliche Aussage in sich. Wer deshalb nach der Geschichte der Briefform im frühen Christentum fragt, nach der Paränese, der Prophetie oder dem 'Evangelium', stellt immer auch das Problem der Theologie zur Diskussion. Dies gilt sogar von dem vielschichtigen Feld der pseudonymen oder anonymen Literatur, deren Entstehung ohne theologische Gründe schwer zu erklären ist. Nicht allein der unauflösliche Zusammenhang zwischen der Geschichte des frühen Christentums und seiner Literatur ist also zu erörtern und genauer zu bestimmen, sondern im gleichen Umfang und

---

A. Lindemann, Gütersloh 1989, 361-374; Sola Scriptura und das Kanonproblem, in: Sola Scriptura. Das reformatorische Schriftprinzip in der säkularen Welt, hrsg. v. H.H. Schmid und J. Mehlhausen, Gütersloh 1991, 61-78; Von der Unbestimmtheit des Anfangs. Zur Entstehung von Theologie im Urchristentum, in: Anfänge der Christologie, FS F. Hahn, hrsg. v. C. Breytenbach und H. Paulsen, Göttingen 1991, 25-41.

mit der gleichen Intensität wäre die Verbindung mit der Geschichte, der Entstehung und dem Fortgang frühchristlicher Theologie zu bedenken.

4. Solches Programm bleibt immer auf das Wechselspiel zwischen den beiden Textproduzenten Autor und Gemeinde angewiesen und sollte dies Gegenüber beachten. Die pointierte Hervorhebung der einen oder der anderen Seite markiert einen alten - schon forschungsgeschichtlich verifizierbaren - Streitpunkt: Bereits die Aufgabenstellung bei M. DIBELIUS ('Bedingtheit der Abfassungsverhältnisse') verbarg nur mühsam, wie sehr der individuelle Verfasser eines Textes zugunsten von Literatur als der Lebensäußerung von Gemeinden verschwindet. Nun ist bekannt, daß gerade solches Zurücktreten der individuellen Komponente zu bestimmten Problemen der formgeschichtlichen Analysen geführt hat und ihnen immer wieder als faktische und theoretische Schwäche vorgerechnet worden ist. Mag demgegenüber redaktionsgeschichtliche Methodik erneut die individuelle Herstellung von Literatur als Möglichkeit in ihre Überlegungen einbeziehen, so kann auch sie nicht leugnen, daß die Gemeinde als Dialogpartner und lebendiges Gegenüber vorhanden ist. Anders, pointiert formuliert: Während formgeschichtliches Vorgehen in erster Linie orientiert ist an der vorliterarischen Phase der Texte, sich für die 'Archäologie' der Formen und Gattungen interessiert, rückt bei der Redaktionsgeschichte erneut die individuelle Akzentuierung und Neufassung solcher tradierter Stoffe in den Vordergrund. Die Verbindung beider Aspekte ist unerläßliche Voraussetzung der frühchristlichen Literaturgeschichte; sie muß sich deshalb hüten, einen dieser Gesichtspunkte zugunsten des anderen zu vernachlässigen.[3]

5. Eine so gefaßte Geschichte der frühchristlichen Literatur läßt sich nur begreifen und verstehen als die Geschichte ihrer einzelnen Formen und Gattungen, in deren Konstituierung nun wiederum alle Einzelprobleme - Entstehung, gesellschaftliche Bedingung und individuelle Neufassung sowie inhaltliche Aussage - zu einer charakteristischen Einheit zusammenkommen.

Bedingungen von Literatur, ihr Weg und ihre Inhalte, die Interaktion zwischen Autor und Gemeinde, die Geschichte ihrer Formen - dies alles läßt sich

---

[3]   Dies kann nicht geschehen ohne die Beobachtung, daß auch die Literaturwissenschaft sich zwischen diesen beiden Polen bewegt (die sich forschungsgeschichtlich mit den Namen von de SAUSSURE und GERVINUS verbinden lassen). Hier steht auf der einen Seite die Hervorhebung des soziokulturellen Zusammenhangs als der Vorbedingung sprachlicher Kompetenz, während andererseits nun wiederum gerade die je individuelle Verwirklichung und Ausformung der Sprache bedacht wird.

zuspitzen in dem Satz: Geschichte der frühchristlichen Literatur - das ist die
Geschichte dieser Literatur in ihren Formen und Gattungen, das ist das
Nachdenken über ihre Entstehungsbedingungen, ihre Veränderungen und ihre
Wirkungsgeschichte, das ist die Reflexion auf ihre Beziehung zur Geschichte
des frühen Christentums und ihre Verbindung mit der Entwicklung seiner
Theologie.

II

Eine so gefaßte Aufgabe der urchristlichen Literaturgeschichte bleibt nun allerdings keineswegs ohne Probleme. Schon der Blick in die Zeit nach DI-
BELIUS belegt dies schlagend. Denn bisher ist gegenüber der Fülle literarkritischer Arbeiten, die sich im Grunde einem methodischen Konzept aus dem
neunzehnten Jahrhundert verpflichtet wissen, eine materielle Umsetzung und
Durchführung solcher Literaturgeschichte nur in Ansätzen gelungen. Man
sollte allerdings einen solchen Mangel nicht für zufällig halten; er hat sicher
objektive Ursachen und Bedingungen, die schon in der Aufgabenstellung begründet sind. Es ist in diesem Kontext lehrreich und eine Pointe besonderer
Art, daß in einem frühen - zumeist vergessenen - Aufsatz R. BULTMANN
solche Literaturgeschichte emphatisch abgelehnt und dabei genau diese Gründe in den Mittelpunkt gerückt hat.[4] Bultmann expliziert seine Kritik vor allem
an drei Punkten:

- Die Literatur des frühen Christentums ist von zu geringem Umfang, um eine wirkliche Geschichte zuzulassen.

- Sie umfaßt zudem einen zu kurzen Zeitraum, eine viel zu kurze Zeitspanne.

- Ihr Träger, die frühchristliche Gemeinde (im Grunde wäre sogar von den
  frühchristlichen Gemeinden zu sprechen), bildet keine Volks- und Kultureinheit.

In der Tat: Nur dann, wenn diese Probleme aufgearbeitet sind, läßt sich die
Aufgabe einer frühchristlichen Literaturgeschichte begründet lösen; sie lassen
sich - gegenüber BULTMANN modifiziert - so benennen:

---

4   R. Bultmann, Neues Testament. Einleitung II., ThR 17, 1914, 79-90; vgl. daneben
     auch den Artikel Literaturgeschichte. II. Urchristentum, RGG² 3, 1675-1677. 1680-
     1682.

Wie läßt sich diese Literatur zeitlich definieren, gibt es die Möglichkeit einer Periodisierung und damit einen historischen Erstreckungszusammenhang?

Was bedeutet die methodische Formel 'Entstehung von Literatur in ihrer Zeit'; wie ist sie in Wirklichkeit zu überführen und umzusetzen?

Wie ist der Zusammenhang mit der Theologiegeschichte des frühen Christentums zu bestimmen und welche Funktion hat in diesem Kontext der Begriff der Geschichte?

1. Im Blick auf das definitorische Problem geht frühchristliche Literaturgeschichte von der ausdrücklichen Kritik am Kanon aus. Indem sie auf eine Bestimmung ihres Gegenstandes durch den Bestand des kirchlich inaugurierten Kanons verzichtet, mußte sie an einer solchen Kritik sogar ihren eigenen Begriff gewinnen und sich darüber hinaus auf das Problem der zeitlichen Abgrenzung gegenüber der alten Kirche konzentrieren, oft sogar beschränken. Dies bedeutet, daß sich die frühchristliche Literaturgeschichte nicht auf die im Kanon gesammelten Texte einengen läßt, ihre Bestimmung auch nicht von hierher gewinnen kann. Auf der anderen Seite aber besitzt für solche inhaltliche Ausgrenzung der Prozess der Kanonisierung, der im exklusiv gefaßten Kanon ja erst zur Ruhe gekommen ist, erhebliche Bedeutung. An ihm, der selbst auf eine lange Geschichte zurückblickt, und an seinen entscheidenden Motiven läßt sich gerade die Abgrenzung der urchristlichen Literatur gegenüber der altkirchlichen Literaturgeschichte inhaltlich begründen und festmachen.[5] Solche Trennungslinie bestimmt sich literaturgeschichtlich und vom Inhalt her exemplarisch durch die ausgebildete Apologetik (und dies ist nicht nur eine chronologische Feststellung!). Alle Texte aber jenseits dieser Trennungslinie sind der frühchristlichen Literatur zuzurechnen. Auf solche Weise werden über die im neuen Testament gesammelten Schriften hinaus auch andere literarische Exponate jener Zeit bedeutsam. Damit aber konstituiert sich zugleich die Möglichkeit eines offenen, historischen Erstreckungszusammenhangs, sie wird erst eigentlich als Möglichkeit wahrgenommen. Unter den Punkten, die innerhalb dieses Erstreckungszusammenhangs wichtig werden, lassen sich zwei besonders hervorheben:

- Während des Prozesses, innerhalb dessen bestimmte frühchristliche Texte als verbindlich anerkannt werden, ist eines für fast alle Gruppen des frühen Christentums und ihre Theologie unbestritten: Das Alte Testament genießt

---

5   Vgl. dazu auch meinen Beitrag: Zur Wissenschaft vom Urchristentum und der alten Kirche - ein methodischer Versuch, ZNW 68, 1977, 200-230.

hohe Verbindlichkeit. Auch wenn seine Interpretation und diese Verbindlichkeit gewiß differenziert gesehen werden müssen und die Charakterisierung des Alten Testaments als einer 'Bibel des frühen Christentums' eine
pointierte Zuspitzung bedeutet, der Tatbestand einer solchen Vorgabe
bleibt wichtig auch für die frühchristliche Literaturgeschichte! Sie muß
immer auch Rezeptionsgeschichte sein und so die Verwendung, Auslegung
und Wirkungsgeschichte des Alten Testaments im frühen Christentum
mitbedenken. Die alttestamentlichen Texte sind deshalb nicht nur
Voraussetzung frühchristlicher Literatur, sondern sie gehören in ihrer Rezeption und ihrer Wirkung in ihrer Geschichte hinzu.[6]

- Weist dies auf ein mehr inhaltliches Problem innerhalb dieses Erstreckungs-
  zusammenhangs hin, so bleibt zu prüfen, wie weit hier noch eine weitere
  Periodisierung und Klassifizierung möglich, sogar unerläßlich ist. Solche
  Differenzierung zielt nicht in erster Linie auf die Geschichte einzelner
  Gattungen innerhalb der Geschichte des frühen Christentums. Auch wenn
  zum Beispiel gattungsgeschichtliche Untersuchungen des frühchristlichen
  Briefes von Interesse sind, so hat dieses methodische Vorgehen (in einem
  Verfahren von Längsschnitten) doch seine Gefahren: Es trennt die
  einzelnen Gattungen zu sehr voneinander und hebt sie ab von den sonstigen
  Geschehnissen der frühchristlichen Geschichte. Vielmehr sollte bedacht
  werden, ob und wie bestimmte, unterscheidbare Phasen in dieser
  Geschichte, ihrer Theologie und ihrer Literatur miteinander verbunden und
  korreliert werden können.

Solche weitergehende Differenzierung hat sich bisher vor allem am Phänomen
des 'Frühkatholizismus' orientiert. Allerdings wird gerade der Begriff des
'Frühkatholizismus' zumeist verwaschen und unpräzise gebraucht; er ist vor
allem durch die mit ihm beabsichtigte positive bzw. die negative Bewertung
durchaus nicht unbelastet.[7] Im Zusammenhang einer frühchristlichen Litera-

---

6   Erinnert sei noch einmal an die enge Verbindung zur Theologiegeschichte und die
     gemeinsame Relation zur Geschichte des frühen Christentums: Wenn hier notwendig
     der enge überlieferungsgeschichtliche Zusammenhang mit der Theologie- und Tra-
     ditionsgeschichte des nachalttestamentlichen Judentums berücksichtigt werden muß,
     so kann dies auch für die Literaturgeschichte keine nebensächliche Bedeutung haben.
7   Vgl. dazu H. Wagner, An den Ursprüngen des frühkatholischen Problems. Die Ortsbe-
     stimmung des Katholizismus im älteren Luthertum, FTS 14, Frankfurt a.M. 1973; U.
     Luz, Erwägungen zur Entstehung des "Frühkatholizismus". Eine Skizze, ZNW 65,
     1974, 88-111; G. Kretschmar, Frühkatholizismus: die Beurteilung theologischer
     Entwicklungen im späten 1. und 2. Jahrhundert nach Christus, in: Unterwegs zur Ein-
     heit, FS H. Stirnimann, hrsg. v. J. Brantschen und P. Selvatico, Frei-

turgeschichte aber kann es hier gerade nicht um eine auswählende Sachkritik gehen, als gebe es eine inhaltlich (- etwa durch die Eschatologie -) zu bestimmende, wahrhaft frühchristliche Literatur, von der sich alle anderen Texte als 'frühkatholisch' abgrenzen ließen. Entscheidend bleibt vielmehr die präzise Erfassung jener Phänomene, die bisher unter dem Begriff des 'Frühkatholizismus' subsumiert worden sind; eine solche Typologie ist erst in Ansätzen erstellt. Sie ist für die Geschichte der frühchristlichen Literatur auszuwerten. Über die begriffliche Bestimmung und die Benennung dieser Phase - ob hier vom 'Frühkatholizismus' oder der 'nachapostolischen Zeit' die Rede ist - sollte sich dann auch leichter Einigung erzielen lassen.

Dies vorausgesetzt, läßt sich eine weitere Periodisierung sowohl in der Theologie und der Geschichte allgemein als auch in der frühchristlichen Literatur beschreiben: Erinnert sei nur an die beginnende Apologetik, die ersten Kirchenordnungen und die Anfänge der Märtyrerakten. Handelt es sich bei dieser Periode, die von den Jahren 60-80 bis gegen die Mitte des zweiten Jahrhunderts reicht, um eine Größe eigener Art, so wird möglicherweise auch in den vorhergehenden Jahren eine Periodisierung zulässig und sinnvoll sein. Sicher trifft zunächst für diesen Zeitraum der Eindruck größerer Einheitlichkeit zu, aber dennoch erscheint es als möglich, gegenüber einer Phase der Entstehung der frühchristlichen Literatur eine Periode der Herausbildung dieser Literatur abzugrenzen. Auf der einen Seite stehen dann die frühen kerygmatischen Formen und Formeln, die beginnende narrative Überlieferung, die Worttradition und die ersten Briefe. Die zweite Phase der Herausbildung der frühchristlichen Literatur knüpft auf der anderen Seite an die hier gegebenen Gattungen an, verstärkt die in ihnen angelegten Tendenzen und führt sie fort. Für sie sind charakteristisch vor allem die Entstehung der Großformen, wie z.B. des Evangeliums und der Apostelgeschichten.

Nun wird sich das Recht einer solchen Periodisierung erst dann erkennen lassen, wenn sie auch in der Theologiegeschichte der Zeit nachweisbar wird. Zudem sollte die Annahme einer solchen Dreiteilung der frühchristlichen Literaturgeschichte darauf verzichten, eine irgendwie geartete Verfalls- oder

---

burg(Schweiz)/Wien 1980, 573-587; F. Hahn, Frühkatholizismus als ökumenisches Problem, Cath(M) 37, 1983, 17-35; T. Böcker, Katholizismus und Konfessionalität. Der Frühkatholizismus und die Einheit der Kirche, APPSR.NF 44, Paderborn 1989; K. Kertelge, "Frühkatholizismus" im Neuen Testament als Herausforderung für die Ökumene, in: Jesu Rede von Gott und ihre Nachgeschichte im frühen Christentum, FS W. Marxsen, hrsg. v. D.-A. Koch, G. Sellin und A. Lindemann, Gütersloh 1989, 344-360.

Entwicklungstheorie zu implizieren; sie muß sich vielmehr ihres hypothetischen und konstruierenden Charakters bewußt bleiben.[8]

2. Neben der Frage nach ihrer Definition bezeichnet Literatursoziologie das zweite Problem einer Geschichte der frühchristlichen Literatur. Zumeist wird ja von einer wie auch immer gearteten Beziehung zwischen den frühchristlichen Gemeinden und den Texten ausgegangen; das äußert sich in allgemeinen Termini wie Entstehung, Entstehungsbedingungen, Bedingtheit der Abfassungsverhältnisse. Damit soll vor allem der Gegensatz zur älteren Literarkritik evoziert werden, der solche Überlegungen von eher nebensächlicher Natur waren und sich mit ihnen nur auf dem Weg über den Autor beschäftigte. Aber zugleich macht ein solcher Ausgangspunkt den Gegensatz zu einer reinen Beschreibung von Literatur verständlich, die solche Beziehung auf die Geschichte als sekundär und höchst unerheblich - allenfalls im Horizont der Kontextualität liegend - anzusehen pflegt.

Eine doppelte Konkretion kann das Problem verdeutlichen:

- Sicher wird man die Differenz zwischen einer so gefaßten Literaturgeschichte und einer beschreibend operierenden Linguistik zunächst als unüberbrückbare Antithese auffassen. Denn linguistisches Vorgehen kann zumeist auf eine Verbindung mit der Geschichte verzichten, weil ihm der Text allein und ausschließlich Mittel- und Ausgangspunkt, Ziel der Analyse ist. Solch scharfer Gegensatz erscheint jedoch nicht als notwendig: Vielmehr wird eine Literaturgeschichte des frühen Christentums nur zu ihrem Schaden auf eine zugleich deskriptive Erfassung der Texte verzichten. Die Untersuchung von Textsorten, Textbausteinen, semantischen Einheiten sollte vielmehr im Einzelfalle eine zweckmäßige Ergänzung der genuin literatur*geschichtlichen* Fragestellung sein.

---

[8] Wenn so über die Abgrenzung hinaus eine weitere Differenzierung innerhalb des Gesamtspektrums der frühchristlichen Literatur angestrebt wird, so bleibt deshalb entscheidend, daß immer zugleich auch die Einheit in der Vielfalt mitbedacht und mitgesehen wird. Denn dies erscheint als das eigentlich Beeindruckende: daß die Geschichte der frühchristlichen Literatur innerhalb ihres historischen Erstreckungszusammenhangs so viele Gemeinsamkeiten aufweist. Erst hierdurch wird die prinzipielle Abgrenzung zur altkirchlichen Literatur möglich und sinnvoll. So sind z.B. bestimmte Formen und Gattungen für den Gesamtbereich der frühchristlichen Literatur bedeutungsvoll, selbst wenn sich an ihnen Veränderungen im Einzelnen nachweisen lassen. Die Berührungen mit der frühchristlichen Theologiegeschichte, der dies Ineinander von Einheit und Vielfalt ebenfalls vertraut ist, liegen auf der Hand.

- Es ist zugleich sicher auch zu bedenken, daß mit den bisherigen Überlegungen ein Zusammenhang zur allgemeinen Literaturwissenschaft hergestellt und involviert ist. Zumeist sieht man sich hier der Schwierigkeit gegenüber, die Fülle gängiger methodischer Schritte sinnvoll zu erfassen und einzubeziehen. Aus dieser Schwierigkeit entsteht dann leicht die Gefahr, daß man immer der angeblich letzten Mode aufsitzt. Wird jedoch auf einem strikt literatur*geschichtlichen* Standpunkt beharrt und festgehalten, so läßt sich diese Aporie vermeiden. Denn man erhält ja so einen Kompaß, der es ermöglicht, gezielt die Überlegungen der allgemeinen Literaturwissenschaft zu befragen und zu durchdringen (z.B. hinsichtlich des Literaturbegriffs!) und vor allem jene Methoden im Blick zu behalten, die an der Beziehung zwischen Literatur und Geschichte orientiert sind.

Als Modell einer Zuordnung von Literatur und Gesellschaft hat die bisherige Forschung zumeist Begriff und Vorstellung eines 'Sitzes im Leben' angeboten. 'Sitz im Leben' heißt ja, die Entstehung von Literatur und die Vielfalt ihrer Formen und Gattungen aus der Geschichte und der Mannigfaltigkeit geschichtlich-gesellschaftlicher Situationen erklären zu wollen. Erhebung des 'Sitzes im Leben' inszeniert so die Wiederherstellung der jeweiligen gesellschaftlichen Gegebenheit, die eine bestimmte Form und Gattung hervorbringt und aus sich heraussetzt. Solches Vorgehen erscheint allerdings in mehrfacher Hinsicht als im eigentlichen Sinne 'fragwürdig':

- Wie läßt sich z.B. die Beobachtung erklären und mit dem Begriff des 'Sitzes im Leben' in Einklang bringen, daß jenseits des raschen, geschichtlichen Wandels, auch des raschen Wandels der gesellschaftlichen Situation die Formen und Gattungen des frühen Christentums eine so große Tenazität, ein so großes Beharrungsvermögen besitzen?

- Gibt es nicht auch (und dies wäre eine genuin überlieferungsgeschichtliche Erwägung) bestimmte Inhalte und Stoffe, die über das frühe Christentum hinaus weiter zurückreichen? Sie sind sicherlich geschichtlich vermittelt worden, und dies ist auch niemals ohne Modifikation geschehen. Aber dennoch weisen Teile solcher formal gebundener Überlieferung über die konkrete geschichtliche Situation hinaus. Was bedeutet dies für die Bestimmung des 'Sitzes im Leben'?

- Welche Rolle spielt schließlich die individuelle Veränderung, die Formen und Gattungen erfahren können? Bedeutet dies nicht zugleich immer auch eine Alternierung des 'Sitzes im Leben'?

Mit solchen Fragen soll keineswegs der Begriff des 'Sitzes im Leben' außer Kraft gesetzt werden, nur zeigt sich an ihnen eine gewisse Einseitigkeit seiner Prämissen, die in Einzelfällen zu Schwierigkeiten führen kann. Dies dürfte - und geistesgeschichtlich erscheint dies nicht als Zufall (sondern weist auf gewisse Zusammenhänge mit der folkloristischen Fragestellung hin) - in der einseitigen und unvermittelten Herleitung der Formen und Gattungen aus der gesellschaftlichen Gegebenheit und ihren Bedingungen begründet sein. Wir begegnen darin der Vorstellung eines direkten Kausalnexus, durch den alles her- und ableitbar wird. Dies aber ist viel zu einseitig, es läßt vor allem außer acht, daß die frühchristlichen Texte in ihrem Beharren auf der strikt theologischen Aussage eine Gegenposition zur Gesellschaft und zur Geschichte beziehen. Zum mindesten muß gegenüber solcher Kausalerklärung die methodische Möglichkeit berücksichtigt werden, daß Texte nicht durch gesellschaftliche Bedingungen allein erzeugt und generiert werden; sie initiieren vielmehr auch selbst durch die Kraft ihrer Aussage Geschichte und bringen sie auf den Weg. Dies nötigt nicht nur zu einer Besinnung auf die dominierende Rolle, die der Theologie in diesen Texten zukommt, es bedeutet zugleich auch eine neue Tiefenschärfe in der Anwendung des Begriffs vom 'Sitz im Leben':

- So wird sich zunächst die Rolle der Autoren, also die Funktion individueller Veränderung, im Prozeß der frühchristlichen Literaturbildung unvoreingenommen von neuem diskutieren lassen. Die Formgeschichte hatte (gegenüber der Genieästhetik zu Recht!) auf die überindividuellen, gesellschaftlichen Grundlagen der Formen und Gattungen verwiesen und auf ihnen insistiert. Aber natürlich darf umgekehrt auch nicht übersehen werden, daß die Interpretation und Rezeption dieser Formen nicht allein gemeindliche, sondern auch individuelle Absichten deutlich und sichtbar machen kann.

- Zudem ist zu erwägen, ob nicht bestimmte religionssoziologische Fragestellungen einer solchen Literaturgeschichte und besonders der Analyse geschichtlicher Bedingungen der frühchristlichen Texte hilfreich sind. So erscheint es als sinnvoll, bei der Bestimmung von Gruppen innerhalb des frühen Christentums sich religionssoziologischer Kriterien zu bedienen. Denn eine Hervorhebung der Trägergruppen wird folgerichtig zugleich zur Erhellung der Bedingungen führen, unter denen in ihnen Literatur entstanden ist. Beispielhaft zeigt sich dies an der frühchristlichen Prophetie und ihren Texten, so hypothetisch die Einzelergebnisse hier auch bleiben mögen. Bei der Analyse der Trägergruppen wird schließlich solches, religionssoziologisches Vorgehen auch den Einfluß geographischer und sprachlicher Gegebenheiten in seine Überlegungen einbeziehen müssen.

- Schließlich wird der Begriff des 'Sitzes im Leben' auch durch die Beobachtung zu ergänzen sein, daß sich in der Folge theologischer Entwürfe und ihrer Texte so etwas wie 'Schulen' und 'Schulbildung' erkennen und nachweisen lassen. Dies sollte schon deshalb in seiner Konsequenz für die Geschichte der frühchristlichen Literatur beachtet werden, weil hier nicht nur Texte aus einer bestimmten gesellschaftlichen oder geschichtlichen Situation heraus entstehen, sondern nun umgekehrt Geschichte und neue Texte erst in Kraft setzen. Es ist an diesem Punkte in gewisser Hinsicht die größte Entfernung vom ursprünglichen Modell des 'Sitzes im Leben' erreicht, sofern hier die produktive, geschichtssetzende Kraft theologischer Entwürfe in den Blick kommt.

3. Neben das Problem der Definition der frühchristlichen Literatur und der Reflexion auf ihre Entstehungsbedingungen tritt schließlich die Überlegung, in welcher Weise Literatur, Theologie und Geschichte des frühen Christentums prinzipiell miteinander verbunden sind. Daß Beziehungen zwischen der frühchristlichen Literaturgeschichte und dem Prozeß der Theoriebildung bestehen, ergibt sich schon aus der Einsicht, daß auch die Theologie nicht von der Geschichte ihrer Zeit getrennt und isoliert werden kann. Sie ist vielmehr in einer der Literatur analogen Weise mit ihr verbunden und von ihr abhängig. Damit aber sind jene methodischen Prinzipien und Probleme, die für die frühchristliche Literaturgeschichte als kennzeichnend erscheinen, auch für die Geschichte der Theologie des frühen Christentums anzuwenden. Darüber hinaus wird zu erwägen sein, wie Literatur- und Theologiegeschichte miteinander konkret zu korrelieren sind: Noch einmal ist daran zu erinnern, daß in den frühchristlichen Texten die Form nicht beliebig auswechselbare Hülle für jeweils wechselnde Inhalte bietet. Aber zugleich wird auch der gegenseitige Satz vermieden werden müssen, daß sich die theologischen Inhalte nur zufällig mit bestimmten Formen verbinden. Vielmehr bleibt in jeder Phase der Geschichte der frühchristlichen Literatur die Analyse der theologischen Aussagen und damit die Frage nach der Theologie ganz unerläßlich.

Der Blick auf die Probleme, die aus den Aufgaben einer frühchristlichen Literaturgeschichte erwachsen, nötigt zu einer abschließenden, sie zugleich summierenden Frage: Wie verhält es sich mit dem Begriff der Geschichte, der hier angewandt wird? Ist solche Geschichte losgelöst vom jeweiligen Betrachter anzunehmen? Gibt es so etwas wie Objektivität der Erkenntnis? Oder muß nicht jede Analyse ihre je eigene Geschichte konstituieren? Mehr noch: Wie steht es in diesem Zusammenhang mit dem Inhalt jener Texte, und dies bedeutet: Wie kann ein geschichtlicher Text, der doch historischer Betrachtung und geschichtlicher Untersuchung unterworfen ist, einen Anspruch auf gegenwärtige Geltung, auf Auslegung und Interpretation für sich beanspruchen? Es kann den Blick schärfen, wenn wir sehen, daß sich auch die Geschichtswissenschaft und ihre Grundlagendiskussion ähnlichen Problemen gegenübersieht. Denn hier wie dort sind Lösungen bisher kaum gefunden worden, eins bleibt jedoch unstrittig: In einer solchen Geschichte der frühchristlichen Literatur kann die Gegenwart sich nicht nur immer wieder selbst bestätigen; dann würden die Texte nur noch zu einer Art Steinbruch verkommen und zum bloßen Spielmaterial werden. Vielmehr wird von dieser Geschichte her erst die Gegenwart und ihre Wahrheit deutlicher und offenkundig. Dieser hermeneutische Umgang mit den Texten der frühchristlichen Geschichte wird sich deshalb - auch und gerade vom Geschichtsbegriff her - nur dann für die Gegenwart und ihre Praxis fruchtbar machen lassen, wenn sich diese Gegenwart auf einen solchen, historischen Dialog einläßt. In diesem Gespräch wären dann sowohl ihre Fragen als auch die Fragen dieser Geschichte, ihrer Texte und ihrer Theologie an der Tagesordnung. Erst wenn die frühchristlichen Texte in ihrer Geschichte und Geschichtlichkeit ernstgenommen werden, können sie ihre Wahrheit entbergen.

III

Die Aufgabe und sich aus ihr ergebende Probleme einer Geschichte der frühchristlichen Literatur haben uns so an einen entscheidenden Punkt geführt. Es bleibt nur noch erforderlich, jene Konsequenzen zu benennen, die sich zugleich aus Aufgaben und Problemen ergeben. Konsequenzen - dies bedeutet gerade nicht, daß frühchristliche Literaturgeschichte instrumentalisierte, abrufbare Ergebnisse anbietet, über die sich nach Belieben verfügen ließe. Sondern es wird vor allem wichtig bleiben, ausgehend von den frühchristlichen Texten selbst jene Konsequenzen zu bedenken und als Anfrage an das Ensemble der anderen theologischen Wissenschaften zu formulieren. Nur so läßt sich zugleich das spezifische Interesse dieser Analyse der frühchristlichen Literaturgeschichte wahren:

1. Die Bestimmung der Aufgaben und die Benennung der Probleme einer frühchristlichen Literaturgeschichte hat zunächst unmittelbare Folgen für die

Behandlung und Analyse ihrer Einzeltexte selbst. Es läßt sich hier so etwas wie eine Kriteriologie, eine Kategorisierung jener Schritte gewinnen, mit denen jeweils vorgegangen werden kann. Vor allem wäre unter bewußter Aufnahme des formgeschichtlichen Vorgehens nach den Bedingungen für das Entstehen des jeweiligen konkreten, literarischen Textes zu fragen. Dazu gehört nicht allein die Reflexion auf mögliche Trägergruppen, der Zusammenhang und die Einordnung des Textes in eine Geschichte der Formen und Gattungen, sondern auch die Art und Weise wird zu bedenken sein, in der dieser Text in jener Zeit entstanden ist. Das schließt - gerade unter dem Gesichtspunkt: Entstehung von Texten in ihrer Zeit - die Überlegung in sich, wie weit solche Form und Gattung auf die Einflüsse, die Modelle und Formen anderer Traditionskreise in ihrem Ursprung zurückgeführt werden kann. An diesem Punkt hat die religionsgeschichtliche Analyse der frühchristlichen Texte ihren Platz.[9]

Wichtig bleibt deshalb vor allem die Untersuchung jenes Ortes, an dem die Texte innerhalb der Geschichte des frühen Christentums und seiner Gemeinden stehen. Dies schließt erneut religionssoziologische Überlegungen ein, indem jeweils nach jenen gemeindlichen Gruppen gefragt wird, die solche Texte formen, sie aufnehmen und auf deren Hintergrund von Praxis sie entstanden sind. Dies kann nicht geschehen ohne die Beziehung zu bedenken, die zwischen diesen Texten und der Geschichte jener Gruppen im frühen Christentum besteht.

---

9   Über das Recht solcher religionsgeschichtlichen Frage gibt es auf dem Gebiet der frühchristlichen Literatur keinen Zweifel, wohl aber sind Prämissen und methodisches Vorgehen noch nicht endgültig geklärt. Unklar ist nach wie vor die Art und Weise, in der sich religionsgeschichtliche Analyse mit der Geschichtte der frühchristlichen Literatur verbinden soll. Wiederum kann es - analog zur gesellschaftlichen Einbindung der einzelnen Formen - nicht um eine gradlinige Abhängigkeit oder eine unvermittelte Kausaltheorie gehen. Dies würde ja bedeuten: Frühchristliche Literatur ist in ihren Formen und Gattungen ein eher zufälliges Ergebnis des Zusammenströmens von Umwelteinflüssen und die Rekonstruktion der religionsgeschichtlichen Bedingungen könnte dann schon das Kontingente der frühchristlichen Texte erklären. Eben dies trifft nicht zu: Vielmehr sollte sich die Geschichte der frühchristlichen Literatur offenhalten für die Erkenntnis der Neuartigkeit dieses Traditionskreises. Noch mehr: Erst nachdem die Literaturgeschichte innerhalb der frühchristlichen Gemeinden und ihrer Geschichte verfolgt und analysiert ist (und dies bleibt die vorgängige Aufgabe!), erst dann kann berechtigt nach den religionsgeschichtlichen Bedingungen gefragt werden. Allerdings wird hier umgekehrt nun auch jeder falschen Apologetik zu widerstehen sein, als wäre auf solche religionsgeschichtliche Untersuchung grundsätzlich zu verzichten. Sie ist vielmehr schon deshalb erforderlich, weil das frühe Christentum und seine literarischen Exponate Geschichte in ihrer Zeit sind.

Sodann bleibt auch die Wirkungsgeschichte der jeweiligen Form und Gattung innerhalb der Geschichte der frühchristlichen Literatur für die Betrachtung bedeutsam. Zu fragen wäre dann, wie weit sich die Form von ihren ursprünglichen gemeindlichen Bedingungen gelöst hat und zunehmend ein Eigenleben zu führen beginnt, also eine eigene Auslegungsgeschichte initiiert.

Dies führt schließlich bei jedem Text zur Diskussion seiner Bedeutung für die Geschichte der frühchristlichen Theologie insgesamt. Daß frühchristliche Literaturgeschichte diesen Übergang zur Theologie als dem Inhalt der Texte expliziert, bleibt schon darum unerläßlich, weil nur so die genuinen Interessen der Texte selbst zur Sprache gebracht werden können.

2. Solche Konsequenz bleibt zunächst noch ganz im Horizont der frühchristlichen Literaturgeschichte selbst. Der Begriff der Geschichte weist darüber hinaus; durch ihn ist die frühchristliche Literaturgeschichte der historischen Kritik verpflichtet und ihr zugeordnet. Solche historische Kritik bedeutet zunächst auch hier das Hervorheben des unendlichen Abstandes gegenüber der Vergangenheit, die bewußte Distanzierung von ihr. Daraus entsteht dann - und dies gilt auch für die frühchristliche Literaturgeschichte - ein Verfremdungseffekt gegenüber diesen Texten. Dies wird zumeist negativ beurteilt; aber es bietet die Möglichkeit, einer allzu direkten und unvermittelten Bemächtigung der Vergangenheit und ihrer Zeugnisse zu wehren. Wenn damit zunächst der Graben der Zeit aufgerissen und bewußt gemacht wird, wenn Distanz und Verfremdung vorherrschen, dann bedeutet dies allerdings auch einen Mangel. In seiner tiefgehenden Auseinandersetzung mit dem Erbe liberaler Theologie hat R. BULTMANN immer wieder auf die hier notwendig entstehende Dialektik hingewiesen. Seine Kritik bleibt schon deshalb bedenkenswert, weil sie implizit auch für das hinter der frühchristlichen Literaturgeschichte liegende geistesgeschichtliche Konzept zutrifft. "Ihren Charakter - so R. BULTMANN - erhielt die liberale Theologie wesentlich durch die Vorherrschaft des historischen Interesses, und hier liegen ihre großen Verdienste, - Verdienste nicht nur für die Aufhellung des Geschichtsbildes, sondern vor allem für die Erziehung zur Kritik, d.h. zur Freiheit und Wahrhaftigkeit."[10] Unterstreicht BULTMANN zunächst noch das Positive, das in der Dominanz des Geschichtsbegriffs liegt, so sieht er hier zugleich den entscheidenden Ansatzpunkt seiner Kritik: "Die Geschichtswissenschaft kann überhaupt nicht zu irgendeinem Ergebnis führen, das für den Glauben als Fundament dienen

---

[10]   Vgl. bes. R. Bultmann, Die liberale Theologie und die jüngste theologische Bewegung, GuV I, Tübingen 1954[2], 1-25: 2

könnte, denn alle ihre Ergebnisse haben nur relative Geltung."[11] Trifft dies zu, so wird sich auch eine Geschichte der frühchristlichen Literatur in diesem Sinne nur als vorläufig verstehen können - sie wird sich zumindest dieser prinzipiellen Beschränkung immer bewußt sein müssen und sie zu bedenken haben. Indem sie auf solche Weise Anteil hat an der grundsätzlichen Insuffizienz der historischen Kritik, gelangt sie an Grenzen, über die sie nicht hinausgehen kann. Mehr noch: Geschichte der frühchristlichen Literatur bedarf damit der Ergänzung, aber auch der Korrektur, der Hilfe und der Erhellung durch den gesamten Kontext der theologischen Wissenschaften. Dies nötigt schließlich auch zur Auslegung der frühchristlichen Texte; bei solcher hermeneutischen Aufgabe ist dann erneut beides wichtig und beides bedeutsam:

- Eine so begriffene Geschichte der frühchristlichen Literatur wird zunächst darauf bestehen müssen, daß diese Texte historisch geworden, geschichtlich sind. Daß also in der Tat so etwas wie ein Abstand besteht, der sich nicht leichthin überbrücken läßt. Dies sollte in der gegenwärtigen Diskussion schon deshalb festgehalten werden, weil hier Texte der Tradition für die Gegenwart nur zu oft Spielmaterial sind. Wird demgegenüber zunächst von der Geschichte der frühchristlichen Literatur die Überlieferung und die Tradition als etwas Fremdes, Vorgegebenes, nicht Manipulierbares begriffen, so bedeutet dies für die Auslegung: Sie befindet sich in der Rolle des Hörens, des Vernehmens, der Wahrnehmung.

- Aber gleichzeitig (und dies darf nun genauso wenig übersehen werden!) haben die frühchristlichen Texte immer auch einen selbstverständlichen Gegenwartsbezug. Sie haben ihn schon deshalb, weil sie durch ihre Wirkungsgeschichte bis in die Gegenwart hineinreichen. Wie historische Kritik selbst niemals ohne Voraussetzungen geschieht, sondern von einem bestimmten Ort der Gegenwart her erfolgt, so werden die Texte nun auch umgekehrt in diese Gegenwart hinein ausgelegt und interpretiert. Indem sich die Geschichte der frühchristlichen Literatur von ihrer Aufgabe und ihren Problemen her diese hermeneutische Konsequenz zwischen Distanz und Vergegenwärtigung bewußt und deutlich macht, bringt sie zugleich ihr Genuinum in den Dialog mit den anderen theologischen Wissenschaften ein.

3. Die im Horizont frühchristlicher Literaturwissenschaft verbleibende Konsequenz allein genügt gewiß nicht, auch das hermeneutische Verständnis allein

---

[11]   Ebd. 3.

wird den Texten in ihrer Komplexität nicht gerecht. Beides ist unerläßlich, aber das entscheidende Dilemma wird noch nicht als gelöst erscheinen: Auf der einen Seite bleibt es noch immer bei der Historisierung der Bibelexegese, ihrer Vergeschichtlichung um den Preis ihres theologischen Charakters. Dem aber kontrastiert andererseits genauso scharf die Aktualität und die Aktualisierung des Gegenstandes um den Preis von Abstrichen an der historischen Folgerichtigkeit ihrer Interpretation.

Diese Spannung sollte nicht sofort aufgehoben werden, nur an eins bleibt noch zu erinnern: Sowohl die Bestimmung der Aufgabe der frühchristlichen Literaturgeschichte als auch die Benennung ihrer Probleme mündet in all ihren Konsequenzen ein in die Frage nach der Theologie. Dies bedeutet: Die Aufgabe einer so begriffenen Geschichte der frühchristlichen Literatur erinnert in ihren ungeklärten, offenen Problemen an die umfassende, entscheidende Bedeutung der Theologie. Als historische Wissenschaft wird sie solche Theologie nicht in allen Teilen erfassen, darstellen und umsetzen können, sie stößt hier an die Grenze ihres Begriffs. Aber ihr Recht und ihre Würde als historische Kritik hat die Geschichte der frühchristlichen Literatur gerade auch darin, um diese Grenze zu wissen und in diesem Bewußtsein auf die Sache der Theologie hinzuweisen. Dann wäre dies die letzte Konsequenz, die sich aus ihren Aufgaben und ihren Problemen ergibt.

Auslegungsgeschichte und Geschichte des Urchristentums – die Überprüfung des Paradigmas

Die Frage nach Bedeutung und Aufgabe der Auslegungsgeschichte läßt sich trotz älterer Vorarbeiten nicht trennen von jenem Habilitationsvortrag, den G. Ebeling 1946 unter dem Titel »Kirchengeschichte als Geschichte der Auslegung der Heiligen Schrift« gehalten hat[1]. In ihm – wie auch in den anderen Arbeiten Ebelings, die an diese Studie anknüpfen und sie vertiefen[2] – ging es um nicht weniger als den Versuch, prinzipiell die Kirchengeschichte in ihrer historischen und theologischen Bedeutung neu zu begründen. Daß ein solches Unterfangen herausfordernd und förderlich in einem wirken mußte, kann deshalb nicht weiter erstaunen. Es soll im folgenden nicht darum gehen, die Beweisführung Ebelings in allen Einzelheiten nachzuzeichnen, so aufschlußreich dies auch wäre. Die Schärfe seiner zentralen Aussage gründet jedoch in erster Linie auf dem unauflöslichen Zusammenhang zwischen der Kirchen- und Auslegungsgeschichte, wobei beide Größen nahezu austauschbar erscheinen:

1. Zunächst bestimmt solche Grundthese das Gebiet der Kirchengeschichte (S. 22): »Kirchengeschichte vollzieht sich da, wo in Auslegung der Heiligen Schrift das Zeugnis von Jesus Christus laut wird.« Dies hat unmittelbare Konsequenzen für die Beurteilung des Kanons: Auf der einen Seite gilt, daß auch die neutestamentlichen Texte nichts anderes darstellen als das ». . . Zeugnis von Jesus Christus in Auslegung der Heiligen Schrift . . .« (S. 22). Aber auf der anderen Seite muß das Faktum des abgeschlossenen Kanons ernst genommen werden, deshalb kann Ebeling feststellen: ». . . die im Neuen Testament vorliegende Bezeugung Jesu Christi in Auslegung der Heiligen Schrift unterscheidet sich grundsätzlich von aller nachfolgenden Auslegung der Heiligen Schrift, da diese strenggenommen immer nur Auslegung der apostolischen Auslegung . . . ist« (S. 22).

2. Im Zusammenhang von Kirchen- und Auslegungsgeschichte liegt zum zweiten das Wesen der Kirchengeschichte begründet: »Kirchengeschichte ist das, was zwischen uns und der Offenbarung Gottes in Jesus Christus steht« (S. 26). Notwendig

---

1. G. Ebeling: Kirchengeschichte als Geschichte der Auslegung der Heiligen Schrift (SGV 189), Tübingen 1947; jetzt in: ders.: Wort Gottes und Tradition. Studien zu einer Hermeneutik der Konfessionen (Kikonf 7), Göttingen 1964, S. 9-27.
2. Vgl. auch G. Ebeling: Die Geschichtlichkeit der Kirche und ihrer Verkündigung als theologisches Problem (SGV 207/8), Tübingen 1954.

erhält Überlieferung einen durchaus doppeldeutigen Charakter: sie ersetzt eigenes Verstehen und tritt damit an die Stelle der Schrift selbst (S. 26). Aber es kann auch jene».. . echte Tradition« geben, die Verstehen offenhält, mehr noch, es nicht nur zur Erinnerung herabmindert, sondern jene Vergegenwärtigung ermöglicht, die Gleichzeitigkeit der Glaubenden mit Christus eröffnet (S. 26). Dies fordert, daß Kirchengeschichte nicht einfach Wiederholung der Schrift meinen darf, sondern daß Jesus Christus gerade in der je neuen Auslegung bezeugt und deutlich wird (S. 27).

3. Aus diesen beiden Folgerungen – der Bestimmung des Gebietes der Kirchengeschichte wie auch ihres Wesens – ergibt sich schließlich für Ebeling als drittes die Notwendigkeit zur Hervorhebung der theologischen Bedeutung der Kirchengeschichte, die nur so kritisch aufgearbeitet werden kann. Kirchengeschichtliche Analyse dient zum einen». . . der radikalen kritischen Destruktion alles dessen, was sich im Laufe der Geschichte zwischen uns und Christus geschoben hat« (S. 28). Aber dies provoziert zugleich die». . . Selbsterkenntnis und Bezeugung der Kirche, wie wir sie so aus der Schrift allein nicht gewinnen können, wie wir sie aber allein durch die Schrift in der Geschichte erkennen« (S. 28).

In dieser dreifachen Entfaltung der grundsätzlichen These liegt ein Begriff von Auslegung beschlossen, der gerade nicht verengt und so mißverstanden werden darf: »Unter ›Auslegung‹ will nicht nur die ausgesprochene, sondern auch die unausgesprochene, nicht nur die bewußte, sondern auch die unbewußte, nicht nur die positive, sondern auch die negative Beziehung zur Heiligen Schrift verstanden sein« (S. 24)

Noch diese – notwendig – verkürzte Darstellung läßt vielleicht jene Faszination ahnen, mit der hier der umfassende Anspruch der Hermeneutik[3] für das gesamte Gebiet der Kirchengeschichte eingefordert wird. Dennoch sind die Thesen Ebelings in *diesem* Anspruch eigentümlich folgenlos geblieben:
Neben nur verbaler Zustimmung findet sich immer auch emphatische Ablehnung, die solchen Versuch, Kirchen- und Dogmengeschichte unmittelbar mit der Hermeneutik zu koppeln, als grundsätzlichen Irrweg ansieht[4]. Aufschlußreicher erscheint allerdings, daß aus dem Programm sehr bald ein enggefaßter Begriff der ›Auslegung‹ entwickelt wurde. In solcher Beschränkung auf die nur bewußte Aufnahme von Texten und ihre Kommentierung wird das kritische Potential der Ausgangsthese allerdings entschärft und Auslegungsgeschichte als Teil des kritischen Orga-

---

3. *J. Habermas:* Der Universalitätsanspruch der Hermeneutik, in: *ders. (Hg.):* Hermeneutik und Ideologiekritik, Frankfurt/M. 1971, S. 210-259.
4. Vgl. die Kritik bei *F. de Boor:* Kirchengeschichte oder Auslegungsgeschichte? in: ThLZ 97 (1972), S. 401-414.

nons zu einer Hilfswissenschaft unter anderen instrumentalisiert[5]. Der anfängliche Reiz der Ebelingschen Überlegungen ist darin nicht durch die Wirklichkeit der kritischen Wissenschaft eingeholt worden[6].

Dies trifft auch für ihre Aufnahme im Bereich der neutestamentlichen Wissenschaft zu. Zwar zielte dies Programm zunächst und vor allem ausdrücklich auf eine neue Begründung kirchengeschichtlicher Arbeit und behandelte neutestamentliche Texte trotz einiger Andeutungen methodisch nur am Rand. Hinzu kommt sicher die eigentümliche Unschärfe, mit der Ebeling die Bedeutung des Kanons und die Rolle der neutestamentlichen Texte in diesem Zusammenhang bestimmte. Die Folgerung, daß im Grunde auch diese Texte von der Ausgangsthese her Teil der Kirchengeschichte sein müßten, wird vermieden durch die Annahme eines ›ursprünglichen Zeugnisses‹ das zwar in den Schriften des Neuen Testament vorliegt, ihnen zugleich jedoch in der Sache vorgeordnet ist[7]. Historisch bleibt dies nur schwer einzulösen und muß als Konstrukt der kritischen Vernunft erscheinen. Läßt sich so erklären, warum das Programm einer umfassenden Auslegungsgeschichte für die neutestamentliche Wissenschaft nicht eigentlich fruchtbar geworden ist, so ist dies dennoch schwer zu begreifen:

Schon der Hinweis Ebelings, daß auch die neutestamentlichen Texte Zeugnis bzw. Auslegung von Jesus Christus sind, hätte zu denken geben müssen. Wird zudem der hermeneutische Anspruch beachtet, der sich in den drei Konkretionen hinsichtlich der Kirchengeschichte entfaltet, so läßt er sich zumindest als Postulat durchaus auf die Texte des Urchristentums anwenden:

– Auch hier wird zu fragen sein, ob sich Geschichte des Urchristentums nicht gerade dort definiert, wo das Zeugnis von Jesus Christus laut wird.

– Auch hier muß bedacht werden, wieweit sich die Texte zwischen uns und die Offenbarung Gottes in Jesus Christus schieben.

– Und schließlich wird Recht und Würde neutestamentlicher Exegese zu einem nicht geringen Teil dadurch bestimmt, daß sie den unendlichen Reichtum des Wortes Gottes in seiner Auslegung in die Welt hinein bedenkt und ihm nachgeht.

Läßt sich – so ist zu fragen – nicht auch die Geschichte des Urchristentums und seiner Theologie wesentlich unter dem Begriff der Auslegungsgeschichte zusammenfassen und so sachgemäß erklären? Es wird deshalb eine Überprüfung dieses wissenschaftlichen Paradigmas auch auf dem Gebiet des Urchristentums zu leisten

---

5. Wie nützlich allerdings solche Auslegungsgeschichte sein kann, dokumentiert *H. J. Sieben: Exegesis Patrum.* Saggio bibliografico sull' esegesi biblica dei Padri della Chiesa, Rom 1983.

6. Doch zeigen sich innerhalb der Diskussion über die Probleme der Rezeptionsästhetik eine Reihe auffallender Parallelen; vgl. *R. Warning (Hg.):* Rezeptionsästhetik, Theorie und Praxis (UTB 303), München 1975; *W. Iser:* Der Akt des Lesens. Theorie ästhetischer Wirkung (UTB 636), München 1976. Zum Ganzen vgl. auch *A. und J. Assmann:* Kanon und Zensur, in: *dies.:* Kanon und Zensur (Archäologie der literarischen Kommunikation II), München 1987, S. 7-27.

7. Vgl. vor allem Ebeling, Geschichtlichkeit, S. 76ff.

sein; dies zielt nicht nur auf die Verifikation oder Falsifikation des methodischen Anspruchs, sondern auch auf seine Grenzen und jene offenen Fragen, die sich aus ihm ergeben.

I.

Zunächst fällt auf, daß sich das hermeneutische Programm einer Auslegungsgeschichte der neutestamentlichen Texte am deutlichsten innerhalb der traditions- (bzw. der überlieferungs-)geschichtlichen Analyse erkennen und nachweisen läßt, sich hier zu einem guten Teil auch bewährt hat:

Traditionsgeschichte im Urchristentum meint grundsätzlich den Versuch der kritischen Vernunft, jenen komplizierten, hermeneutischen Diskurs nachzubilden, aus dem der jeweilige Text historisch erwachsen ist. In solcher Pointe liegt die Zielsetzung traditionsgeschichtlicher Arbeit seit ihren Anfängen[8]. Für die Durchführung des methodischen Ansatzes bedeutet dies:

Traditions- bzw. Überlieferungsgeschichte untersucht im Blick auf die urchristlichen Schriften und Textkomplexe die in ihnen enthaltenen Traditionen, Motive und Motivzusammenhänge; sie fragt zugleich nach dem Interpretationsanlaß, der zu ihrer aktuellen Aufnahme geführt hat, und nach jenen Veränderungen, die durch den jeweiligen Interpretationsvorgang verursacht wurden. Dazu gehört sowohl die Erkenntnis, daß Überlieferung einen geschichtlichen Ursprung hat, wie auch die grundlegende Beachtung der Geschichte des Urchristentums als des Rahmens dieser Traditionen. Wenn sich Traditionsgeschichte damit ausdrücklich auf das historische Segment ›Urchristentum‹ bezieht, so schließt dies ein, daß der Verstehenshorizont urchristlicher Traditionsgeschichte erhellt und der Einfluß anderer Traditionskreise auf den urchristlichen Überlieferungsprozeß überprüft wird. Ein solches methodisches Vorgehen begreift die Bausteine, die den jeweiligen Text erst gestalten, als historisch konstituiert und versteht urchristliche Theologie als einen interpretatorischen Prozeß innerhalb der Geschichte, der sich ständig mit der Überlieferung auseinandersetzt. Alle hermeneutischen Schattierungen sind bei der Erfassung diese Prozesses möglich und nachweisbar[9]:

Überlieferung kann als normativ akzeptiert und anerkannt werden, sie wird der eigenen Argumentation als bestimmend zugrunde gelegt und in dieser Funktion prinzipiell nicht verändert. Aber auch der gegenteilige Fall einer durchgreifenden Veränderung und Alternierung des überkommenen Materials bleibt methodisch zu berücksichtigen und zu bedenken. Die Rolle des jeweiligen Rezipienten läßt sich

8. *H. Paulsen:* Traditionsgeschichtliche Methode und religionsgeschichtliche Schule, in: ZThK 75 (1978), S. 20-55; *G. Lüdemann / M. Schröder:* Die Religionsgeschichtliche Schule in Göttingen. Eine Dokumentation, Göttingen 1987.
9. Vgl. *K. Berger:* Exegese des neuen Testaments. Neue Wege vom Text zur Auslegung (UTB 658), Heidelberg 1977, S. 160ff.

differenziert beschreiben; dies meint nicht nur die sozialgeschichtliche und gesellschaftliche Funktion seiner Auslegung, sondern auch das Nachdenken des individuellen oder gemeindebezogenen Anteils solcher Interpretation. Kommt zur Bestimmung des Auslegers die Reflexion über die Herkunft der aufgenommenen Traditionsstücke hinzu, so läßt sich in der Vermittlung beider das Profil der jeweiligen Aussage sehr genau benennen. Zu berücksichtigen bleibt für solche Präzisierung vor allem die Vielfalt der verwendeten Überlieferung:

Neben dem Motiv, das bei inhaltlicher Gleichheit sich als formal variabel belegen läßt, können Motivzusammenhänge nachgewiesen werden, die in typischer Weise unterschiedliche Topoi miteinander verknüpfen. Hinzu treten Traditionssplitter, für die inhaltliche und formale Merkmale charakteristisch sind, und Traditionsstücke, deren inhaltliche Verknüpfung auch formal festgelegt erscheint.

Ein solcher Entwurf von Überlieferungsgeschichte, der nach der innergemeindlichen Theologiebildung fragt, bleibt methodisch im Horizont des Urchristentums. Er grenzt sich darin gegenüber religionsgeschichtlicher Arbeit ab, die viel stärker auf den ursprünglichen Verstehenshintergrund und die Einbettung urchristlicher Theologie in der Zeit abhebt. Dennoch wird sich selbst diese religionsgeschichtliche Fragestellung methodisch durchaus der Überlieferungsgeschichte und ihren hermeneutischen Begründungen zuordnen lassen, sie hebt sie grundsätzlich nicht auf. Auch jene Einwände, die darüber hinaus immer wieder geltend gemacht worden sind, verbleiben zunächst noch im Rahmen der Überlieferungsgeschichte und kritisieren sie nur immanent:

So muß in der Tat beachtet werden, daß der Begriff der »Tradition«, der Überlieferung, durchaus vielschichtig und ideologisch besetzt zu sehen ist. Er hat gewiß nicht nur theologische, sondern höchst bedenkenswerte, geistesgeschichtliche Konnotationen[10]. Diese ideologische Einbettung des Traditionsbegriffs wird jedenfalls bei der überlieferungsgeschichtlichen Analyse einzubeziehen und vor allem im Blick auf ein dialektisches Verständnis von Überlieferung zu bedenken sein.

Sicher trifft auch der zweite Einwand zu, daß solche Rekonstruktion der hermeneutischen Bedingungen urchristlicher Texte immer Anteil hat an dem hypothetischen Charakter geschichtlicher Untersuchung und deshalb umkehrbar ist. Dies gilt um so mehr, als Überlieferung nur in Verbindung mit der Auslegung zu beobachten ist. Deshalb gelingt die Bestimmung der Überlieferung und die Hervorhebung des Anteils der Interpretation immer nur in angenäherter Form und vorläufig.

Solche Einwände müssen in ihrer Bedeutung beachtet werden, sie bleiben dennoch im Umkreis des methodisch Möglichen und zerstören nicht grundsätzlich den Horizont solcher Überlieferungsgeschichte. Dies läßt umgekehrt den Schluß als zulässig erscheinen, daß das hermeneutische Vorgehen der Überlieferungsge-

---

10. *Th. W. Adorno:* Negative Dialektik, 2. Aufl., Frankfurt/M. 1970, S. 293 ff.

schichte (als einer Gestalt der Auslegungsgeschichte) sich im Blick auf die urchristlichen Texte über weite Strecken bewährt hat. Im komplexen Miteinander von Tradition und Interpretation treten Profil und Aussage der urchristlichen Texte schärfer hervor, wie sich exemplarisch an drei neutestamentlichen Textkomplexen anschaulich machen läßt:

Die historischen und literarischen Entstehungsbedingungen der johanneischen Schriften sind außerordentlich umstritten[11], und diese Schwierigkeit, die im Material begründet liegt, hat folgerichtig zu einer Fülle von Erklärungen mit einem unterschiedlichen Grad an geschichtlicher Wahrscheinlichkeit geführt. Dennoch stimmen diese Erklärungsversuche grundsätzlich darin überein, daß sich in diesen johanneischen Schriften die Spannung zwischen Erbe und neuer Deutung entdecken läßt, mehr noch, daß dieses Gespräch gerade neues Nachdenken und neue Formen von Theologie in Kraft setzt und erst so die Entstehung der johanneischen Texte begreifbar macht.

Ähnliches trifft auch für den lang andauernden, historischen Weg zu, an dessen Ende die synoptischen Evangelien stehen[12]; auch hier wird das Modell von Traditionsübernahme und Aktualisierung dem historischen Tatbestand am ehesten gerecht, gibt ihn angemessen wieder. Das, was mit dem Begrifff der ›Redaktionsgeschichte‹ umschrieben wird[13], versucht vielschichtig den theologischen Entwurf des jeweiligen Evangelisten so zu erfassen, daß sowohl seine Auseinandersetzung mit den Traditionen als auch die Veranlassung dazu in seiner Situation und im Blick auf seine Gemeinde deutlicher hervortritt. Gewiß läßt sich auch hier an den Einzelheiten Kritik üben, die Hypothesen gehen vor allem hinsichtlich des Markusevangeliums und seiner Theologie über das Maß des methodisch Vertretbaren hinaus[14], aber der Nutzen überlieferungsgeschichtlicher Methodik für die Bestimmung des geschichtlichen Ortes der Evangelien wird dadurch nicht aufgehoben.

Daß die traditionsgeschichtliche Analyse schließlich die Erkenntnis der paulinischen Theologie wesentlich befördert hat, liegt ebenso klar am Tage, obwohl z. T. viel zu weitreichende Vermutungen vertreten wurden. Vor allem im Blick auf die Wiederherstellung vorpaulinischer Überlieferungsstücke hat sich in den letzten Jahren deshalb Problembewußtsein und Zurückhaltung ausgebildet. Aber in vielen Fällen scheint es doch gelungen, das Gewebe des paulinischen Denkens mit dem Reichtum seiner historischen Beziehungen zu veranschaulichen. Dies Bemühen entsprang zudem nur selten einer allein am Selbstzweck orientierten, losgelösten Vernunft, sondern versuchte so und nur so das Profil der paulinischen Theologie

---

11. Vgl. die Darstellung der Probleme bei *J. Becker:* Das Evangelium nach Johannes. Kapitel 1-10 (ÖTK 4,1), Gütersloh/Würzburg 1979, S. 27 ff.

12. Zu den theologischen Implikationen vgl. *A. Lindemann:* Erwägungen zum Problem einer »Theologie der synoptischen Evangelien« in: ZNW 77 (1986), S. 1-33.

13. Vgl. vor allem *W. Marxsen:* Der Evangelist Markus, Studien zur Redaktionsgeschichte des Evangeliums (FRLANT 67), 2. Aufl. Göttingen 1959.

14. *U. Luz:* Markusforschung in der Sackgasse?, in: ThLZ 105 (1980). S. 641-655.

und ihren Ort innerhalb des Urchristentums genauer zu erfassen. Darin wird nicht nur deutlich, wie nachdrücklich Paulus das Gespräch mit seinen Gemeinden auch über den Dialog mit Traditionen führt. Sondern an der Art und Weise des paulinischen Umgangs mit der Überlieferung läßt sich klar erkennen, wo die zentralen Aussagen seiner Theologie liegen.

Wenn sich das Recht der traditionsgeschichtlichen Analyse beispielhaft an urchristlichen Texten belegen läßt, so kommt damit jener vielschichtige hermeneutische Prozeß in den Blick, der zu den Konstitutiva urchristlicher Theologie und Geschichte unaufgebbar gehört. Aber sind deshalb Auslegungsgeschichte und Geschichte des Urchristentums schon deckungsgleich? In solcher Zuspitzung wird – nicht anders als bei der Kirchengeschichte – die ›Fragwürdigkeit‹ der Grundthese jedenfalls klar und eindeutig. Gerade so entbirgt überlieferungsgeschichtliches Vorgehen jene Kritik, die solcher unvermittelten Identifizierung zuwiderläuft und sie aufsprengt:

Das methodische Vorgehen erscheint wesentlich als nachzeichnende Einsicht der geschichtlichen Vernunft, die auf solche Weise erfassen möchte, wie die Genese von Theologie und Text innerhalb des Urchristentums abläuft. Solche Beschreibung hat darin Anhalt am Material selbst und benutzt folgerichtig einen offenen, weitgefaßten Überlieferungsbegriff. Nur wird sich nicht übersehen lassen, daß die urchristlichen Texte bewußt höchst selten das Miteinander von Tradition und Interpretation thematisieren. Dies aber bedeutet, daß Traditionsgeschichte die Theologiegeschichte des Urchristentums mit Hilfe einer universalen Hermeneutik wiederherstellen möchte. Ein solcher Schlüssel öffnet zwar viele Türen, aber nicht selten entspricht das entworfene Bild der Theologie den Vorstellungen des wissenschaftlich Fragenden: Theologie gerät leicht zu einer nur rezeptiven Tätigkeit, bei der sich der jeweilige Autor aus unterschiedlichen Überlieferungen bedienen mag. Ein solches Konstrukt, das sich karrikieren läßt, entspricht ganz sicher nicht geschichtlicher Wirklichkeit. Damit hängt zusammen, daß überlieferungsgeschichtliche Methode zwar nicht per definitionem, wohl aber faktisch zu wenig berücksichtigt, welche historischen und gesellschaftlichen Bedingungen den Überlieferungsvorgang steuern und entstehen lassen.

In der Diskussion mit G. Ebeling ist hin und wieder betont worden, daß sein weitgefaßter Begriff von ›Auslegung‹ eine Selbstverständlichkeit ausspricht, die gerade nicht den besonderen Charakter der Kirchengeschichte erfassen kann. Daß jeder Entwurf von theologischem Denken sich der lebendigen Auseinandersetzung mit der Überlieferung verdankt, erscheint als eine so allgemeine Wahrheit, daß ihr zwar nicht widersprochen werden kann, sie aber auch jeglicher diakritischen Kraft entbehrt. Dies trifft auch für die Geschichte der urchristlichen Theologie zu, und darin gründet sicher das Zögern, mit dem wir solcher Bestimmung des Urchristentums als Auslegungsgeschichte begegnen. Denn der zugrundegelegte Entwurf der Hermeneutik ebnet die Geschichte des Urchristentums als einen Teil der allgemeinen Geistesgeschichte ein. Damit trifft er sicher grundlegende Faktoren der Geschichte der urchristlichen Theologie, aber eine Neukonstituierung vom Begriff der Auslegungsgeschichte als dem unterscheidenden Charakteristikum her ist damit durchaus noch nicht geleistet.

II.

Diese Aporien der überlieferungsgeschichtlichen Fragestellung haben z.T. bewußt, z. T. unbedacht im Blick auf die urchristlichen Texte zu einer nicht unwesentlichen Eingrenzung geführt: Gegenüber dem umfassenden Begriff traditionsgeschichtlicher Methode, die in ihren Anfängen sich durchaus als prima scientia, als die entscheidende Wissenschaft verstand, wird nun ein genau umschriebener Terminus ›Auslegung‹ zugrunde gelegt. Solcher Begriff von ›Auslegung‹ unternimmt weniger die kritische Nachzeichnung des gesamten Vorgangs von Überlieferung und Interpretation als vielmehr die Untersuchung jener Textpassagen, die bewußt und ausdrücklich auf Überlieferungsstücke rekurrieren. Die Kritik an einer allgemeinen Überlieferungsgeschichte nötigt so auch innerhalb der neutestamentlichen Wissenschaft zu einer zurückgenommenen, instrumentalisierten Handhabung, deren Folgen sich erneut beispielhaft verdeutlichen lassen:

Besonders das Corpus Paulinum bietet hierfür reiche Anschauung. So ist nicht zu bezweifeln, daß Paulus die alttestamentlichen Texte reflektiert und bewußt herangezogen hat[15]. Daß die Entstehung der urchristlichen Theologie ohne den Rückbezug auf das Alte Testament nicht zu begreifen ist[16], trifft auch für die paulinischen Briefe zu. Wo Paulus sich auf das Alte Testament beruft, geschieht dies nicht selten in der Form des Zitats und der daran sich anschließenden Auslegung. Das bedeutet: Paulus ›interpretiert‹ diese Texte, er legt sie aus, weil er es mit normativen Schriften zu tun hat, die im Grunde ›kommentiert‹ werden müssen. Aber dennoch kann auf der anderen Seite gar nicht übersehen werden, mit welchem Ausmaß an Freiheit Paulus die alttestamentlichen Texte seinen eigenen theologischen Interessen unterordnet und dienstbar macht. Die theologische Schwierigkeit solchen Schriftverständnisses ist hier nicht zu diskutieren[17], aber mit Ph. Vielhauer wird das Miteinander von Anerkennung der Schriftautorität und tatsächlicher, durchgreifender Korrektur des Textes von der Erkenntnis der ›justificatio impii‹ her zu deuten sein[18], es hängt unmittelbar mit der Mitte paulinischer Theologie zusammen[19].

---

15. Vgl. *D.-A. Koch:* Die Schrift als Zeuge des Evangeliums. Untersuchungen zur Verwendung und zum Verständnis der Schrift bei Paulus (BHTh 69), Tübingen 1986.

16. *F. Hahn:* Das Problem »Schrift und Tradition« im Urchristentum, in: EvTh 30 (1970), S. 449-468.

17. *Ph. Vielhauer:* Paulus und das Alte Testament, In: *ders.:* Oikodome. Aufsätze zum Neuen Testament, Bd. 2 (ThB 65), München 1979, S. 196-228.

18. Vielhauer, a. a. O., S. 219.

19. Vgl. D.-A. Koch, a. a. O., S. 322 ff.

Dies trifft auch auf die sonstige Art des paulinischen Umgangs mit bewußt aufge-
nommener Tradition zu[20]: Für sie ist kennzeichnend, daß Paulus bei der inhaltlichen Bestimmung seiner Verkündigung auf festgefügte Überlieferungen zurück-
greifen kann; 1 Kor 15,1 ff., Röm 1,1 ff. und Röm 10,9 belegen dies. Die inhaltliche
Füllung seiner Botschaft wird allerdings gerade nicht auf Grund der Überlieferung,
sondern erneut von seinem Verständnis der Rechtfertigung her gewonnen (Gal
1,1 ff.), das grundsätzlich nicht der Tradition oder den Traditionen entnommen ist:
»Die Möglichkeit der Aufnahme traditioneller Formeln ist für Paulus deshalb gegeben, weil er sie für seinem Evangelium entsprechend hält. Diese Möglichkeit ist
insofern grundsätzliche Notwendigkeit, als er Apostel unter Aposteln ist und ihm
die Formeln als Ausdruck der notwendigen Einheit des Evangeliums aller Apostel
gelten.«[21] Dies aber bedeutet zugleich, daß die Art und Weise, wie die jeweilige
Überlieferung von Paulus verwandt wird, durch die jeweilige Gemeindesituation
und die paulinische Theologie bestimmt wird.

In diesem bewußten Umgang mit der Überlieferung stimmen die anderen urchristlichen Texte grundsätzlich mit Paulus überein; auch sie kennzeichnet, daß
Auslegung immer im bewußten Miteinander von Überlieferung und aktueller Situation geschieht. Dabei kann sich das Gewicht durchaus verschieben, indem gegenüber der Interpretation durch die jeweilige, konkrete Situation des Interpreten
der verpflichtende Aspekt der Tradition zunimmt[22]. Insofern bietet das Miteinander von Überlieferung und Auslegung geschichtlich in der Tat die Voraussetzung
und den Anlaß für den Übergang von der Tradition zu den ›Schriften‹ und schließlich für die Herausbildung des exklusiven Kanons[23]. Dennoch wird eine solche Ver-
schiebung des Gewichtes beherrschend erst gegen Ende der Geschichte des Urchristentums[24], und ein Autor wie Ignatius von Antiochien zeigt, daß auch im zweiten
Jahrhundert die Entscheidung für das Ende des offenen Traditionsprozesses noch
nicht gefallen ist.

Wenn ein solches Verständnis von Auslegungsgeschichte, das gegenüber dem
allgemeinen Begriff einer entschränkten Überlieferungsgeschichte die bewußte
Aufarbeitung der Tradition in der Vergegenwärtigung durch den jeweiligen Ausleger berücksichtigt, seine Plausibilität erwiesen hat, so muß allerdings noch einmal
betont werden: Es geht jetzt nicht mehr um eine umfassende, alles umschließende
Auslegungsgeschichte, sondern um ein Verständnis, das sich auf einen bestimmten
Sektor innerhalb der entstehenden, urchristlichen Theologie beschränkt, ohne die
geschichtliche Konstitution der Texte insgesamt einzubeziehen. Analog zur Kir-

---

20. Dazu vgl. nur *K. Wengst:* Der Apostel und die Tradition. Zur theologischen Bedeutung urchristlicher
    Formeln bei Paulus, in: ZThK 69 (1972), S. 145-162; *H. J. van der Minde:* Schrift und Tradition bei
    Paulus. Ihre Bedeutung und Funktion im Römerbrief (PaThSt 3), München/Paderborn/Wien 1976.
21. Wengst, a. a. O., S. 157f.
22. Vgl. vor allem F. Hahn, »Schrift und Tradition«.
23. Vgl. F. Hahn, a. a. O.
24. *W. Marxsen:* Der »Frühkatholizismus« im Neuen Testament (BSt 21), Neukirchen-Vluyn 1958.

chengeschichte wird so auch hier die auslegungsgeschichtliche Arbeit zu einer methodischen Hilfswissenschaft, die keinen umfassenden Anspruch mehr erhebt.

Das hermeneutische Programm einer Auslegungsgeschichte bewährt sich so auch im Blick auf die Geschichte des Urchristentums und seiner Theologie. Allerdings bedarf es notwendig der Differenzierung zwischen Überlieferungs- bzw. Auslegungsgeschichte. Vor allem wird zusammenfassend noch einmal zu überlegen sein, was das eigentlich Kennzeichnende in diesem hermeneutischen Geschehen ist, das ein wichtiges Moment der urchristlichen Theologie darstellt. Bedeutsam ist sicher, daß in dem Miteinander von Überlieferung und Auslegung die urchristlichen Texte auf der Notwendigkeit der gegenwartsbezogenen Interpretation beharren. Die Vergangenheit bedarf, wenn sie nicht tot sein soll, der Vergegenwärtigung. Es reicht deshalb nicht zu, den urchristlichen Theologien eine Einbindung in die Texte der Vergangenheit zu attestieren. Diese Vergangenheit kann vielmehr durchaus nicht getrennt werden von der Auslegung in die Gegenwart hinein. Aber dialektisch fällt auch das Gegenteil ins Auge: Offenkundig läßt sich die Situation der Gegenwart in den Gemeinden nicht angemessen erhellen ohne die Größe der Überlieferung. Die Gegenwart bedarf verändernd und erneuernd des Gegenbildes der Vergangenheit.

III.

Wenn mit der überlieferungs- und der auslegungsgeschichtlichen Analyse der urchristlichen Texte sich so das grundlegende Konzept Ebelings bewährt, dann kann jener hermeneutische Prozeß begriffen und erläutert werden, der diese Texte durchgehend kennzeichnet. Dies ist in jedem Fall eine weiterführende Beobachtung, auch wenn sich das Urchristentum darin von anderen religiösen Gruppen der damaligen Zeit und von der späteren, kirchengeschichtlichen Entwicklung nicht unterscheidet (sosehr dennoch Abweichungen im einzelnen zu bemerken sind). Setzt dies die enge Verbindung von Auslegungsgeschichte und Geschichte des Urchristentums teilweise ins Recht, so darf andererseits nicht übersehen werden, daß dieser hermeneutische Prozeß höchst formalisiert erscheint. Es muß deshalb inhaltlich sowohl nach dem Gegenstand solcher Auslegung als auch nach der unaufgebbaren Notwendigkeit und Unausweichlichkeit dieses interpretativen Diskurses gefragt werden:

Zunächst liegt sicher nahe, den Gegenstand der Auslegung christologisch zu bestimmen: Es wäre dann allen Texten um die ».. . Anerkennung des lebendigen Herrn in seiner Einheit mit dem geschichtlichen Jesus von Nazareth . . .«[25] zu tun. Grundsätzlich mag dieses zutreffen, nur wird zu fragen sein, ob diese Antwort allen Schattierungen des Interpretationsvorgangs wirklich gerecht werden kann; immer-

---

25. Hahn, a.a.O., S. 467.

hin widerspricht einer solchen Feststellung die Rezeption des Alten Testaments und die Vielfältigkeit des aufgenommenen Traditionsmaterials, dessen breiter Strom durchaus nicht nur christologisch kanalisiert werden kann. Das nötigt zu einer vielschichtigen Beschreibung des Gegenstandes der Auslegung; denn Gegenstand der ›Auslegung‹ kann zugleich auch die jeweilige Gegenwart des Interpreten sein. Seine Situation wird von der Überlieferung her in ein neues Licht gerückt und gerade so in ihrer Fragwürdigkeit freigelegt und erhellt. Auch darin bewahrt die Überlieferung ein Mehr an Wahrheit, welches der Stunde des Auslegers so zufällt, daß es ihn zugleich auslegt und deutet.

Das Geflecht, das die Frage nach dem Gegenstand der Auslegung in den Texten freilegt, gehört zu den Strukturmomenten der urchristlichen Theologie. Wenn Paulus z. B. in 1 Thess 4,13-18 angesichts der Beunruhigung in der Gemeinde, die über einen möglichen Vorzug der Lebenden vor den ›Entschlafenen‹ bei der Parusie des Kyrios besorgt ist, Traditionsmaterial heranzieht und dies bewußt tut (4,14 und 4,15 ff.), so legt er diese Traditionen sicher zunächst und vor allem auf die Lage der Gemeinde in Thessalonich hin aus[26]. Die Überlieferung erhält so eine aktuelle Bedeutung und einen veränderten Stellenwert, indem sie für die Situation der Gemeinde relevant gemacht wird. Aber das bildet nur die eine Seite des Prozesses: denn zugleich wird im Medium der Überlieferung auch die Lage der Gemeinde ausgelegt und gedeutet. Die Beunruhigung über die Lage der ›Entschlafenen‹ und die eigene Zukunft läßt sich in ihrer theologischen Bedeutung und Fragwürdigkeit durch das von Paulus herangezogene Traditionsmaterial erst klar und eindeutig wahrnehmen. In einem solchen Miteinander kommt es zu einer wirklichen Bearbeitung der gemeindlichen Konflikte, und deshalb kann Paulus am Ende dieser Argumentationskette paränetisch formulieren (4,18).

Die Vermittlung des Objektes im Auslegungsprozeß bestimmt die Herausbildung der urchristlichen Theologie zu einem erheblichen Teil, sie wird erst gegen Ende der Geschichte des Urchristentums zugunsten einer stärker normativ bestimmten Einbindung der Überlieferung aufgegeben. In der Betroffenheit durch die Überlieferung und in der Betroffenheit der Überlieferung durch die Gegenwart des Auslegenden kommt als Verbindendes ein christologisches Qualifikativ hinzu. Denn darin wird in der Tat nichts anderes als der ›Text‹ Jesus ausgelegt[27]; die Einsicht, daß dieser ›Text‹ dem hermeneutischen Miteinander von Auslegung und Traditionsaufnahme vorgeordnet ist und in ihm zugleich deutlich wird, hat durchaus Anhalt an den Texten:

Die Konfiguration des Markusevangeliums bestimmt sowohl das überkommene Material durch die Form ›Evangelium‹ neu, wie sich umgekehrt die Situation der Gemeinde von diesen Traditionen her definieren soll. Aber in beidem geht es – wie der Begriff ›euangelion‹ indiziert – um nichts anderes als die Botschaft von Jesu Tod und Auferstehung und den Ruf in die Nachfolge[28]. Auch wenn die Entstehung des

---

26. Vgl. zuletzt *T. Holtz:* Der erste Brief an die Thessalonicher (EKK XIII), Neukirchen-Vluyn 1986, S. 182 ff.

27. Hahn, a. a. O., S. 465; vgl. auch *W. Marxsen:* Anfangsprobleme der Christologie, Gütersloh 1960, S. 55.

28. W. Marxsen, Evangelist Markus, S. 77 ff.

Markusevangeliums als Evangelium nach wie vor zu den Rätseln der Forschung gehört, so wird es letztlich notwendig durch die Absicht, so dem vorgegebenen ›Text‹ Jesus gerecht zu werden. Dies aber bedeutet zugleich: In solcher Abgeschlossenheit eröffnet die Christologie den Prozeß der Auslegung, sie wird zum eigentlichen initium der urchristlichen Hermeneutik in ihren unterschiedlichen und z. T. weit auseinanderliegenden Schattierungen.

Wenn in dieser Abgeschlossenheit des Christusereignisses der unausweichliche Anlaß zur Auslegung erfaßt und benannt werden kann, so bestätigt diese theologische Einsicht zunächst die Beobachtung, daß jene Antriebskräfte, die im Kanon zur Ruhe kommen und stillgestellt erscheinen, bereits sehr früh aufzuzeigen sind und von Beginn an zur hermeneutischen Struktur der urchristlichen Theologie hinzugehören. Man wird in der Tat mit F. Hahn erwägen müssen, ob nicht ». . . die besonders ausgeprägte ›Tradition‹ in der Anfangszeit der Christenheit ›Richtschnur‹ für die Gemeinde sein (konnte), auch wenn der Begriff ›Kanon‹ in diesem Zusammenhang nicht ausdrücklich gebraucht worden ist«[29].

Daß allerdings dieser Begriff des Kanonischen für die Anfangszeit noch fehlt, ist kein Zufall; denn Theologie nach Ostern impliziert als Auslegung von Anfang an immer auch ›relecture‹ und Aktualisierung der Überlieferung. Das, was in dem Miteinander von historischem Jesus und kerygmatischem Christus angesprochen ist, entspricht inhaltlich durchaus dem formalen Prozeß der Hermeneutik. Der historische Jesus bedarf in der Vielfalt der Traditionen, die ihn nach Ostern bezeugen, der Auslegung durch den erhöhten Kyrios; aber die Verkündigung des Kyrios verweist immer auch auf die Überlieferung des Irdischen[30].

Wenn in dem Nachdenken über den Gegenstand der Auslegung zugleich die christologische Notwendigkeit aufscheint, so bleibt zusätzlich zu bedenken, daß diese Auslegungsgeschichte innerhalb des Urchristentums zugleich historisch und gesellschaftlich vermittelt und bedingt ist. Dies wird sich kaum durch die gewohnte Anwendung des Basis-Überbau-Modells hinreichend erklären lassen, als sei der hermeneutische Diskurs innerhalb der urchristlichen Theologie ausschließlich Resultat gesellschaftlicher Entwicklung und durch das Subjekt ›Geschichte‹ hervorgerufen. Dagegen sprechen neben grundsätzlichen Zweifeln an der einlinigen Kausalitätsvorstellung vor allem die beobachtete Vielschichtigkeit und der Reichtum in dem Miteinander von Traditionsübernahme und Auslegung. Aber es muß bedacht werden, daß der konkrete Rezeptionsanlaß und z. T. auch die Richtung der Auslegung sehr wohl Ergebnis gesellschaftlicher und gemeindlicher Praxis sein können und auf solche Praxis zielen. Wenn gegen Ende des Urchristentums das Gewicht der Tradition zunimmt und sie jetzt per se Normativität beanspruchen kann, so ist dies ein auffälliges Zeichen. Es läßt sich nicht begreifen ohne die Notwendigkeit, das Erbe eigener Vergangenheit sicherzustellen und unangreifbar zu machen. Sofern Kanon

---

29. Hahn, a. a. O., S. 459.
30. Vgl. Marxsen, Anfangsprobleme der Christologie.

und ›Kommentar‹ zu den Kennzeichen der Kirchengeschichte gegenüber dem Urchristentum gehören, dann aus diesem Grunde: Die Tradition ist prinzipiell nicht mehr veränderbar, sie wird als normativ ausgesondert und so bewahrt. Aber dieser Aspekt, im Prozeß von Überlieferung und Auslegung verstärkt die Tradition zur unantastbaren Größe zu machen, setzt schon früh ein. Indizien hierfür bieten der Prolog des Lukasevangeliums[31], die pointierte Verwendung des Begriffs der Erinnerung und das Phänomen der Pseudepigraphie[32]. Darin wird eine gemeindliche Situation greifbar, die sich der eigenen Vergangenheit als eines ausgegrenzten Sektors der Geschichte versichert. Dieser Vorgang, der unlösbar ist von der Entwicklung der urchristlichen Geschichte, erscheint in sich als vielfältig; er macht aber sichtbar, daß sich die Geschichte der Auslegung nicht trennen läßt von den gemeindlichen Bedingungen. Zugleich kehrt so in dem Miteinander von Überlieferung und Auslegung auch der innergemeindliche Kommunikationsprozeß wieder. Wenn Paulus im Dialog mit seinen Gemeinden unstrittige Topik übernimmt und an sie anknüpft und dies durch kommunikative Bemerkungen gegenüber den Briefempfängern zusätzlich unterstreicht, dann wird, vermittelt durch die Überlieferung, die Gemeinsamkeit zwischen den beiden Partnern des Dialogs hergestellt und eine Gesprächsbasis ermöglicht. Solche Nötigung zur Intersubjektivität, die erneut nicht auf das Corpus Paulinum einzuengen ist und sich von dem Wunsch nach der Sicherung der ideologischen Basis nicht lösen läßt, stellt eine auch gesellschaftlich vermittelte Motivation der urchristlichen Auslegungsgeschichte dar.

Wie bei allen anderen methodischen Schritten der urchristlichen Exegese werden Motive und Ziele, Probleme und Möglichkeiten auch bei der überlieferungsgeschichtlichen Analyse in der Phase ihres Entstehens besonders klar und eindeutig:

So wandte sich H. Gunkel – und dies trifft auch auf Eichhorn und Wrede zu – nachdrücklich gegen die gängige Literarkritik, die für ihn mit dem Namen J. Wellhausens verbunden war. Nach Gunkels Auffassung bedarf es zunächst und vor allem anderen des Nachdenkens über die geschichtliche Konstitution des Textes als Text und nicht seiner raschen Instrumentalisierung mit dem Ziel, zu gesicherten historischen Ergebnissen zu gelangen. Eine eher zufällige Bemerkung Eichhorns[33] verdeutlicht dies gerade in ihrer polemischen Zuspitzung: »Beiläufig möchte ich hier auf eine Thorheit der historischen Kritik hinweisen, die man öfters findet, als man glauben sollte. Es giebt wirklich Leute, die glauben, die älteste uns erkennbare Ueberlieferung mit dem geschichtlichen Vorgang selbst identifizieren zu müssen ... Ich gestehe, daß ich diese Ansicht für sehr beschränkt halte, ich muß sie als völlig

---

31. Vgl. *G. Klein:* Lukas 1,1-4 als theologisches Programm, in: *ders.:* Rekonstruktion und Interpretation. Gesammelte Aufsätze zum Neuen Testament (BEvTh 50), S. 237-261.

32. Vgl. zuletzt *M. Wolter:* Die anonymen Schriften des Neuen Testaments. Annäherungsversuch an ein literarisches Phänomen, in: ZNW 79 (1988), S. 1-16 (Lit.).

33. *A. Eichhorn:* Das Abendmahl in Neuem Testament (HCW 36), Leipzig 1898, S. 15.

unwissenschaftlich einfach zurückweisen.« Dies setzt voraus, daß es gesicherte historische Erkenntnis nur auf dem Weg über die Traditionsgeschichte der Texte und niemals losgelöst von ihr geben kann. An dem hier früh angesprochenen Miteinander von Text / Überlieferung und Geschichte bricht eine methodische Frage auf, die auch bei der Annahme des Paradigmas ›Geschichte des Urchristentums als Geschichte der Auslegung‹ noch nicht gelöst zu sein scheint. Denn eine solche Identifizierung führt folgerichtig zur Problematisierung der Beziehung zwischen den Texten und der ihnen zugrundeliegenden Geschichte. Dies könnte zur Folge haben, daß für uns die Texte wirklich nur noch jenes Material bieten, »... mit dessen Hilfe das hinter ihnen liegende älteste Christentum in seiner Physiognomie erfaßt und in seiner geschichtlichen Entwicklung verdeutlicht wird«[34]. Der hermeneutische Prozeß hinter und in den Texten wäre bei solcher Identifizierung dann innerhalb der Geschichte des Urchristentums allein Resultat und Ergebnis des realen Geschichtsablaufs. Das muß deshalb fraglich erscheinen, weil eben nicht nur Übereinstimmung, sondern immer auch Diastase wahrzunehmen ist. Ganz sicher läßt sich die urchristliche Geschichte für uns nicht trennen von der Geschichte ihrer Texte und der in ihnen enthaltenen Theologie. Hier kommt es zu weitgehenden Überschneidungen, so daß die Geschichte des Urchristentums in erheblichem Ausmaß als Überlieferungs- und Auslegungsgeschichte entworfen werden kann. Darin sind die Texte mehr als nur ein Stück geronnener Geschichte und mehr als nur ›Ausdruck‹ gemeindlicher Praxis. Allerdings bedeutet dies nicht, daß die Unterscheidung zwischen der Geschichte des Urchristentums und der Auslegungsgeschichte prinzipiell aufzuheben wäre. Eine Geschichte des Urchristentums kann nicht mit der Auslegungsgeschichte (auch nicht unter dem weitgefaßten Begriff der Überlieferungsgeschichte) in eins gesetzt werden. Die Frage nach dem historischen Prozeß bleibt deshalb weiterhin zu stellen. Dies schließt jedoch ein, daß zugleich das Verständnis der Geschichte neu bedacht wird[35].

---

34. *W. Wrede:* Über Aufgabe und Methode der sogenannten neutestamentlichen Theologie, Göttingen 1897, S. 41.
35. Vgl. Th. W. Adorno, Negative Dialektik, S. 292 ff.

Traditionsgeschichtliche Methode
und religionsgeschichtliche Schule

Die Schwierigkeiten, mit denen die Arbeitsgänge und methodischen Schritte neutestamentlicher Exegese konfrontiert werden, beherrschen gegenwärtig die Diskussion. Legt doch schon das Bemühen selbst, von mehreren Schritten methodischer Analyse des Neuen Testaments zu sprechen, Zeugnis von solchen Aporien ab: Mit der Instrumentalisierung wird ja zumeist der ursprünglichen Intention strikt zuwidergehandelt. Textkritik, Literarkritik, Form- und Traditionsgeschichte bedeuteten ursprünglich mehr als das beliebig verfügbare Handwerkszeug exegetischer Arbeit, sie zielten auf ein umfassendes, kritisches Verständnis der fraglichen Texte, und in diesem Sinne mußten sie notwendig Exklusivität für sich beanspruchen. Die Einengung auf *eine* Methode unter anderen hat deshalb zwar durchweg zu einer Ablösung von den originären Voraussetzungen und Bedingungen geführt; die beliebige Verwendbarkeit und Benutzbarkeit hat hierin konsequent ihren Ausgangspunkt. So wenig sich der Vorteil solcher Entwicklung – die Ermöglichung eines Einverständnisses auf breiter Grundlage bei unterschiedlichen theoretischen Prämissen – negieren läßt, er wird dann als nur scheinbar erwiesen, wenn es zur Diskussion dieser theoretischen Prolegomena kommt und gerade die Etatisierung der Methoden problematisiert wird[1]. Die Nötigung zu solcher Überprüfung wird durch ein Phänomen unterstrichen: Jede Methode wollte zum Zeitpunkt ihres Entstehens Inbegriff der historischen Kritik sein und postulierte deshalb die Einheit von Begriff und Einzelanalyse; demgegenüber werden die methodischen Arbeitsgänge heute in einen allgemeinen Kontext »historische Kritik« eingepaßt, dem damit alle Grundlagenprobleme überlassen bleiben. Von ihnen

---

[1] Solches Entgleiten methodischer Universalität, das sich in der Geschichte der Methoden neutestamentlicher Exegese deutlich nachweisen läßt, ist inhaltlich zumeist als Aufgabe des geschichtlichen Elementes zu fassen. Gerade indem durch den Zug zur Abstraktion, der einer Kriteriologie innewohnt, die Methoden konventionalisiert werden, verliert sich die Größe der historischen Konkretion, die den Methoden ursprünglich ihren kritischen Impuls verlieh.

befreit und kaum noch um ihre Lösung besorgt, kann exegetische Einzelanalyse beruhigt inszeniert werden. Gegenüber solcher Arbeitsteilung[2],
die von Grund auf die Intention der Methoden verändert und die prinzipiellen Probleme exegetischer Forschung von ihnen abstrahiert, bleibt es
wichtig, auf die ursprüngliche Absicht und die geschichtlichen Bedingungen der Methoden zu achten. Mit solchem Vorgehen, das zugleich mit
der Profilierung der Methoden auch ihrer originären Forderung nach
Exklusivität inne wird, läßt sich begründeter um das Recht und die
Funktion exegetischer Methoden streiten. Einer exemplarischen Behandlung solcher Probleme bietet sich die Traditionsgeschichte nicht nur deshalb an, weil ihre Forschungsgeschichte sich ohne große Mühe überschauen läßt[3], sondern auch weil die methodische Unsicherheit hier
besonders augenfällig ist: Weder ist es bisher über den Traditionsbegriff
selbst[4] noch über jene Prinzipien zu einem Einverständnis gekommen,
die einen Begriff von Traditionsgeschichte überhaupt erst als Möglichkeit
erkennen lassen[5]. Sieht man einmal von terminologischen Unsicherheiten

---

[2] Vgl. die Erkenntnis solcher Arbeitsteiligkeit bereits bei W. DILTHEY, Einleitung in die Geisteswissenschaften (Ges. Schriften I), 1959⁴, 3.

[3] Vgl. vor allem H.-J. KRAUS, Geschichte der historisch-kritischen Erforschung des Alten Testaments, 1969², 66 ff. 341 ff. 444 ff. 450 ff; DERS., Zur
Geschichte des Überlieferungsproblems in der alttestamentlichen Wissenschaft
(in: Biblisch-theologische Aufsätze, 1972, 278–295). Es ist kaum zufällig, daß
diese forschungsgeschichtlichen Arbeiten zumeist primär ihren Akzent auf das
Alte Testament legen und Traditionsgeschichte dann entgegen ihrer Ausgangs-
situation wie ein Spezifikum der alttestamentlichen Wissenschaft zu erscheinen
pflegt. Wenn der neutestamentlichen Forschung spezielle Analysen der historischen Bedingungen dieser Methodik fehlen, so spiegelt dies beispielhaft die
lange Zeit geringe Geltung der Traditionsgeschichte für die Exegese des Neuen
Testaments.

[4] Zum Traditionsbegriff siehe z. B. G. EBELING, Art. Tradition VII. Dogma-
tisch, in: RGG³ VI, 976–984 (Lit.); K.-H. WEGER, Art. Tradition, in: SM(D)
IV, 955–965 (Lit.). Beide Artikel haben einen mehr theologischen Traditionsbegriff und die mannigfachen, oft konfessionell geprägten Auseinandersetzungen um ihn im Auge. Es bleibt jedoch zu beachten, daß für den Anfang traditionsgeschichtlicher Analyse in der religionsgeschichtlichen Schule nicht minder wichtig ein geistesgeschichtliches Verständnis von Überlieferung und Tradition ist, dessen Ausgangspunkt vor allem im Historismus zu suchen bleibt.
Zu solchem Überlieferungsproblem vgl. TH. W. ADORNO, Ohne Leitbild. Parva
Aesthetica (es 201), 1967; DERS., Negative Dialektik, 1970.

[5] An neueren, grundsätzlich-methodologischen Arbeiten zur Traditionsge-
schichte vgl. z. B. I. ENGNELL, Methodological aspects of Old Testament study
(VT 7, 1960, 13–30); R. RENDTORFF, Hermeneutik des Alten Testaments als
Frage nach der Geschichte (ZThK 57, 1960, 27–40); H. RINGGREN, Literarkri-
tik, Formgeschichte, Überlieferungsgeschichte (ThLZ 91, 1966, 641–650); R.
RENDTORFF, Literarkritik und Traditionsgeschichte (EvTh 27, 1967, 138–153);
H. CONZELMANN, Zum Überlieferungsproblem im Neuen Testament (ThLZ 94,

ab – auch sie verweisen allerdings auf inhaltliche Probleme [6] –, so erweist sich vor allem die Definition gegenüber anderen methodischen Schritten in Abgrenzung und Übergang als ausgesprochen heikel. Alle diese unterschiedlichen Aspekte verschärfen die Frage nach der originären Intention der Traditionsgeschichte und strukturieren sie zugleich.

I

Die erste methodisch wirklich relevante, begriffliche Erfassung der Traditionsgeschichte zeigt H. Gunkels Untersuchung »Schöpfung und Chaos in Urzeit und Endzeit« (1895) [7]. Ihre Bedeutung belegt schon die zeitgenössische Kritik [8] wie auch die teilweise heftige Polemik, die sie in der

---

1969, 881–888). Von prinzipieller Bedeutung ist auch die Auseinandersetzung zwischen H. CONZELMANN, Zur Analyse der Bekenntnisformel 1.Kor. 15, 3–5 (EvTh 25, 1965, 1–11) und E. KÄSEMANN, Konsequente Traditionsgeschichte? (ZThK 62, 1965, 137–152).

[6] Hierher gehört z. B. die Differenzierung zwischen Traditions- und Überlieferungsgeschichte; vgl. H. BARTH-O. H. STECK, Exegese des Alten Testaments. Leitfaden der Methodik, 1971², 37 ff bzw. 54 ff und G. FOHRER – H. W. HOFFMANN – F. HUBER – L. MARKERT – G. WANKE, Exegese des Alten Testaments. Einführung in die Methodik (UTB 267), 1973, 99 ff bzw. 117 ff.

[7] Übrigens enthält auch GUNKELS Erstlingsschrift »Die Wirkungen des Heiligen Geistes, nach der populären Anschauung der apostolischen Zeit und nach der Lehre des Apostels Paulus. Eine biblisch-theologische Studie«, 1888 in nuce bereits Ansätze zu seinen späteren methodischen Einsichten. Das gilt nicht allein von der Absage an die historischen Grundlagen der Theologie A. Ritschls (3: »Zunächst besitzt immer die Annahme des jüdischen Einflusses eine viel größere Wahrscheinlichkeit als die des A.T.lichen. Und jedenfalls ist es ein Fehler von nicht unerheblicher Bedeutung, das Judentum überhaupt zu ignorieren.«), sondern auch von der Orientierung an einer Geschichte der Vorstellungen (1: »Denn es ist wohl unbestreitbar, daß auch die Stellung des Paulus in diesem Punkte seiner Lehre nur dann richtig verstanden und gewürdigt werden kann, wenn man sich zunächst die Vorstellungen vergegenwärtigt, welche der Apostel hierüber in christlichen Kreisen vorfand.« Die »christlichen Kreise« markieren zugleich den Punkt, an dem GUNKEL später den »Sitz im Leben« orientierte.). Zugleich sucht GUNKEL über die gewohnte Systematisierung nach »Lehrbegriffen« hinauszugehen (4: »Wir haben es in der Urgemeinde gar nicht mit einer Lehre vom Heiligen Geiste und seinen Wirkungen zu tun ...«).

[8] Als Meisterstück einer wissenschaftlichen Rezension ist vor allem die Besprechung von W. WREDE zu nennen: ThLZ 21, 1896, 623–631. WREDE stimmt nicht allein grundsätzlich GUNKEL zu, sondern hat auch die methodische Bedeutung der Analysen klar erkannt (628: »Man darf jedoch darüber die allgemeine Bedeutung nicht übersehen, die Gunkel's Methode für die Religionsgeschichte überhaupt besitzt, soweit nämlich Begriffe, Anschauungen, Gedan-

kontemporären Theologie hervorgerufen hat [9]; sie ist freilich nicht an diesem Echo zu messen [10]. Die grundsätzlichen Sätze fallen im Zusammenhang einer Analyse von Apk 12 [11]: Gunkel grenzt sein Vorgehen sowohl gegen die zeitgeschichtliche als auch gegen die literarkritische Erklärung des umstrittenen Textes ab: »Die beiden ersten Erklärungen stimmen darin überein, daß sie sich den oder die Verfasser der Apokalypse als Urheber ihrer Stoffe denken; danach wäre eine solche apokalyptische Schrift das Werk eines einzelnen Mannes, aus der Situation einer bestimmten Zeit entstanden, eine rein literarische Größe. Ganz andersartig aber sind Schriften, die im wesentlichen Codificationen einer Tradition darstellen; der eigentliche Urheber des in ihnen niedergelegten Stoffes ist nicht der Schriftsteller, sondern eine ganze Reihe von Geschlechtern; und der Stoff setzt in der Form, in der er gegenwärtig existiert, eine vielleicht jahrhundertjährige Geschichte voraus, in der auch mündliche Tradition eine Rolle spielen mag.« [12] Bei einer solchen

---

ken, Bilder, Ueberlieferungen, kurz das gesammte Gebiet der Vorstellungsgeschichte in Betracht kommt.«).

[9] Vgl. vor allem die Kritik WELLHAUSENS; dazu s. S. 26 ff. Aber auch HARNACK stand der Untersuchung und der Wirkung, die sie tat, sehr kühl gegenüber. Seine Kritik an der Untersuchung von W. ANZ (Zur Frage nach dem Ursprung des Gnostizismus [TU 15, 4], 1897), die er in ThLZ 22, 1897, 483–484 gab, dürfte in ihrer pointierten Zuspitzung doch auch auf GUNKEL gemünzt sein (484): »Doch darf ich mir vielleicht eine Warnung erlauben, obgleich man frische Triebe nicht zu früh beschränken oder gar beschneiden soll. Wenn nicht Alles trügt, gehen wir in bezug auf die Erklärung und geistige Vermittelung des Urchristenthums und der ältesten Kirchengeschichte einer Epoche entgegen, die man als alterthümelnde bezeichnen darf. Im Gegensatz zu jener Betrachtung, die die geistigen Höhepunkte einer geschichtlichen Erscheinung hervorhebt, werden wir angewiesen, vielmehr ihre breite Basis und substanzielle Natur zu studiren. Aus dem Wurzelgeflecht, aus Stamm und Rinde sollen wir Blüthe und Frucht bestimmen. Wir werden gewiß viel dabei lernen; aber mögen die Zukünftigen besonnene Lehrer bleiben, sonst giebt es einen vorzeitigen Rückschlag. Die teleologische Betrachtung der geschichtlichen Erscheinungen ist die entscheidende. Nur sofern sich etwas aus seinen Ursprüngen losgerungen hat, ist es eine Macht geworden.« Vgl. auch die Rezension HARNACKS zu H. WEINEL, Die Wirkungen des Geistes und der Geister im nachapostolischen Zeitalter bis auf Irenäus, 1899, in: ThLZ 24, 1899, 513 bis 515, die in ihren kritischen Teilen ebenfalls auf GUNKEL zielt.

[10] Vgl. dazu W. KLATT, Hermann Gunkel. Zu seiner Theologie der Religionsgeschichte und zur Entstehung der formgeschichtlichen Methode (FRLANT 100), 1969, 46 ff, bes. 56 ff.

[11] AaO 208 f. Vgl. auch bereits 14: »Wir erkennen also in Gen 1 eine Reihe nachklingender mythologischer Züge. Daraus folgt, dass Gen 1 nicht die Composition eines Schriftstellers, sondern die Niederschrift einer Tradition ist . . .«

[12] AaO 208.

Tradition muß dann die Exegese sich zum Ziel setzen, »die vielleicht sehr
complicierte und über einen langen Zeitraum sich erstreckende Vorgeschichte des Stoffes zu erforschen und daraus den gegenwärtigen Zustand der Tradition zu erklären« [13]. Solches Vorgehen bezeichnet Gunkel als traditionsgeschichtliche Methode [14] bzw. als jene Methode, die
auf die Überlieferungsgeschichte zu achten habe [15]. So verborgen und
änigmatisch diese Äußerungen Gunkels zunächst auch erscheinen mögen [16], in Verbindung mit dem materialen Beweisgang seiner Untersuchung markieren und veranschaulichen sie deutlich genug die Kriterien
traditionsgeschichtlicher Analyse: Zunächst und vor allem werden die
Texte, zumal ihre Inhalte, in ihrem jeweiligen historischen Kontext
gesehen [17]. Damit aber rückt der Rezeptionsprozeß, die Aufnahme von
Überlieferung in den Mittelpunkt methodischer Überlegungen. Unumgänglich wird zugleich die Analyse der Geschichte der Stoffe, besonders
in ihrer Vorgeschichte [18]. Denn erst durch die Erhellung dieser Ge-

---

[13] Ebd.

[14] Ebd.: »Es ist hier noch nicht der Ort, zu zeigen, wie weit diese ›traditionsgeschichtliche‹ Methode in der ApJoh anzuwenden sei, nur die Forderung
ist schon nach dem Obigen berechtigt, dass man diese Methode überall zu
erproben habe.«

[15] AaO 209: »Man ist vielleicht geneigt, sich darüber zu wundern, dass diese
auf die Überlieferungsgeschichte achtende Methode bisher so sehr zurückgetre-
ten ist; bis man die Gesetzmässigkeit dieser Erscheinung erkennt. Auch diese
ist in dem literarkritischen Zuge der modernen Exegese begründet ... Wir
haben höchst complicierte Untersuchungen über die synoptische Frage wie
über die Quellenschriften der Genesis, aber nur Ansätze zu einer Geschichte
der urchristlichen Tradition von Jesus, und noch keine Geschichte der Entstehung der Überlieferung der Vätersage.«

[16] Etwas überspitzt Klatt (s. Anm. 10), 62: »Was er später unter gattungs-
geschichtlichen Gesichtspunkten ... vorträgt, bietet er hier noch weniger gesichert auf der Basis stoffgeschichtlicher Argumentation dar, indem er für einen
Schriftsteller nicht zu erwartende literarische Zusammenhanglosigkeiten feststellt und eine literarische Einheit auf Grund ihrer stofflichen Zusammengehörigkeit postuliert.«

[17] Vgl. Wrede (s. Anm. 8), 628: »Zu Grunde liegt die Einsicht, dass fast
alle religiösen Vorstellungen, die uns bei einem bestimmten Autor begegnen,
eine längere oder kürzere Vorgeschichte haben. Auch die eigentlich produk-
tiven Autoren sind nur relativ frei in der Bildung ihrer Gedanken, zum guten
Theile sind sie gebunden durch das, was sie überkommen.«

[18] Wrede, ebd.: »Hieraus ergibt sich die Aufgabe, die Ueberlieferungs-
geschichte jeder Vorstellung, jedes Begriffs usw. ihrer ganzen Länge nach zu
verfolgen. Das Ideal ist, ihre Entstehung und dann die verschiedenen Stadien
des Processes zu erkennen, in dem sie sich abwandelt bis zu dem Momente hin,
von dem man ausgin. Erst wenn sich lückenlos das Werden der Vorstellung
von einem zum andern Stadium verfolgen läßt, ist sie geschichtlich verständlich geworden.«

schichte und dieses historischen Prozesses wird es möglich, Tradition und Theologie des jeweiligen Textes voneinander zu differenzieren. Solche Frage nach der Vorgeschichte aber drängt auf die Erhebung des Ursprungs einer Tradition und der präziseren Bestimmung ihres originären Charakters. Für Gunkel liegen so die Konstituanten traditionsgeschichtlicher Analyse in der genauen Erfassung der Geschichte einer Überlieferung (eines Stoffes, einer Vorstellung) von ihrem Beginn bis zu ihrer letzten Rezeption beschlossen. Allerdings: Eine Gewichtung bzw. eine Reflexion auf die in diesem Überlieferungsprozeß erkennbare Tendenz ist bei Gunkel nur in Ansätzen zu bemerken[19]. Nicht zu übersehen ist jedoch, daß für Gunkel faktisch der Akzent stärker auf der Vorgeschichte der Stoffe und damit auf der Archäologie des zu analysierenden Textes liegt. Unklar bleibt zugleich auch, in welchem Verhältnis Geschichte selbst und Überlieferungsgeschichte zueinander stehen[20]: Laufen beide einander parallel, wird eine Art Metahistorie konstituiert, oder ist der Traditionsprozeß Reflex des (wie auch immer zu bestimmenden) Geschichtsablaufs? Die Konsequenzen, die Gunkels Vorgehen gegenüber der gewohnten Exegese seiner Zeit, der Literarkritik, aus sich heraussetzt, bleiben auch so deutlich genug: Intendiert ist eine entschlossene Absage an eine historische Kritik, die sich nur mit dem gegebenen Text begnügt, ihn jedoch nicht als geschichtlich konstituiert begreift[21].

Zwei Aspekte, die später für die religionsgeschichtliche Schule generell charakteristisch sein sollen, fallen bereits in »Schöpfung und Chaos« auf: Einmal werden die eigenen historischen Voraussetzungen der Exegese kaum bedacht[22],

---

[19] Damit mag zusammenhängen, daß die eher zufällig fixierte letzte Rezeption eines Stoffes methodisch nicht als Problem empfunden wird. Denn die Exegese eines – oft zufällig ausgewählten – Textes kann bei der Erhellung des Überlieferungsprozesses nicht davon absehen, daß auch dieser Text nur eine historische Konkretion unter anderen ist; damit aber ist die Überlieferungsgeschichte prinzipiell offen, und die Wirkungsgeschichte eines Textes kommt in den Blick.

[20] Die Wendung, die WREDE in seiner Rezension (s. Anm. 8) der Sache gibt, geht in ihrer Pointierung doch wohl über GUNKEL hinaus; vgl. 629: »Aber auch die übliche Behandlung religionsgeschichtlicher Probleme nach literarischen Gesichtspunkten muß verlassen werden. Man beruhigt sich voreilig und oberflächlich bei einem letzten literarischen Datum, als ob damit nun die Herkunft einer Vorstellung erklärt wäre. Man übersieht, daß die zufällig übergebliebenen literarischen Zeugnisse keineswegs ebenso vielen bedeutsamen Momenten in der Geschichte der Vorstellung entsprechen, daß die ältere Stelle z. B. das Jüngere bieten kann usw. Man geht von der Annahme aus, die ganze Welt bestehe nur aus Menschen, die Bücher schreiben..., d. h. man ignoriert die Bedeutung der lebendigen mündlichen Tradition.«

[21] Die geschichtliche Einbindung des Textes kommt nur unter Begriffen wie »Kontext« oder »Umwelt« in den Blick.

[22] GUNKEL, Schöpfung und Chaos, VII: »...das aber kann der Verfasser

die Frage nach einem Vorverständnis wird von Gunkel beiseite geschoben[23], und dies soll nicht allein der von vornherein erwarteten Kritik den Grund entziehen[24], sondern zielt auf das Ideal einer dem Text adäquaten Auslegung[25].

Zum anderen erfolgt der Verweis auf die traditionsgeschichtliche Methode (bzw. die Überlieferungsgeschichte) bei Gunkel eher beiläufig; man kann nicht sagen, daß die angesprochene Sache terminologisch und in all ihren Konsequenzen präzis bestimmt ist. Vor allem Unterschied und Konvergenz mit der Religionsgeschichte werden durchaus nicht ersichtlich. Es ist deshalb durchaus zu verstehen, daß die Bedeutung traditionsgeschichtlicher Analyse bei Gunkel leicht zu übersehen war und in der Rezeption seiner Arbeit notwendig der Religionsgeschichte das Hauptgewicht zukommen mußte. Damit hängt es dann zusammen, daß der Eindruck einer gewissen Austauschbarkeit von Religions- und Traditionsgeschichte entstehen konnte, obwohl dies von Gunkel nicht intendiert ist[26].

Wenn auch Gunkel stets die Verdienste von J. Wellhausen für ein strikt historisches Verständnis des Alten Testamentes anerkannte, so

---

ehrlich versichern, dass er bemüht gewesen ist, in demütiger Unterordnung unter den Gegenstand seiner Untersuchungen den Dingen ihr Geheimnis abzulauschen und ihre eigentümliche Natur zu erkennen; auch die Überzeugung darf er aussprechen, dass das Wort wahr ist, man erkenne so viel, als man Kraft habe, zu lieben und zu verehren.«

[23] Ganz auffällig differiert davon z. B. die Stellungnahme W. Boussets: Jesu Predigt in ihrem Gegensatz zum Judentum. Ein religionsgeschichtlicher Vergleich, 1892, 9 f: »Eine voraussetzungslose Wissenschaft wird immer auf diesen Höhen der Geschichte der Menschheit eine schlechte d. h. eine kleinliche sein. Aber durch jene Art der Arbeit stellen wir das Leben Jesu sofort auf eine ganz eigentümliche besondre Höhe, wir leben bei unsrer Arbeit in dem unmittelbaren Bewusstsein, dass wir uns auf den Höhen menschlicher Geschichte befinden, dass wir es mit den allerrealsten, allerwirkungsvollsten Vorgängen des menschlichen Geisteslebens zu thun haben. Und endlich, indem wir jene Arbeit um der Erforschung der Wahrheit der geschichtlichen Erscheinung Jesu willen unternehmen, geben wir dieser wiederum eine ganz hervorragende Stellung unter allen jenen hochbedeutsamen Erscheinungen, wir treten an sie mit dem Bewusstsein heran, vor der bedeutendsten und wunderbarsten Gestalt innerhalb der Geschichte der Menschheit zu stehen. Und so ist es denn zu hoffen, dass unser Blick die nötige Weite, unsre Auffassung die nötige Grösse gewonnen hat, die notwendig ist zu der Arbeit, die uns ein Bild des historischen Jesus liefern soll.«

[24] Diese Unsicherheit hat, wie schon der Begriff der voraussetzungslosen Wissenschaft bei Bousset (s. Anm. 23) zeigt, weitreichende Ursachen. Vgl. dazu die Untersuchung bei J. v. Kempski, »Voraussetzungslosigkeit«. Eine Studie zur Geschichte eines Wortes (in: Brechungen. Kritische Versuche zur Philosophie der Gegenwart, 1964, 140–159).

[25] Dies wird ja auch als Position sowohl bei Gunkel als bei Bousset angezielt.

[26] Solche Austauschbarkeit wird dann begreiflich, wenn die historischen Voraussetzungen des Gunkelschen Verständnisses von Traditionsgeschichte bedacht werden. Vgl. S. 40 ff.

mußte der frontale Angriff auf die Position der herrschenden Literarkritik vor allem als eine Überprüfung der Stellung Wellhausens erscheinen. Und Wellhausen antwortete Gunkel in einem scharfen, oft ungerechten Artikel, in dem er vor allem die Frage nach dem Ursprung einer Tradition in den Vordergrund schob. In der Betonung dieses Aspektes sah er den entscheidenden Fehler in den Aufstellungen Gunkels [27]: »Von methodischer Wichtigkeit ist es zu wissen, daß tatsächlich ein Stoff in den Apokalypsen vorliegt, der von der Conception des Autors nicht immer völlig durchdrungen, in seinem Guß nicht immer ganz aufgegangen ist und noch öfter für unsere Erklärung einen undurchsichtigen Rest läßt; woher jedoch dieser Stoff ursprünglich stammt, ist methodisch ganz gleichgültig.« [28] Die Frage danach hat bestenfalls antiquarisches [29] Interesse, gegenüber solcher Methode [30] bleibt an das (gesunde) wissenschaftliche Sachverständnis zu appellieren: Denn der Exeget »kann zufrieden sein, wenn es ihm gelingt zu ermitteln, in welchem Sinne der Apokalyptiker selber seinen Stoff verwertet; darüber hinauszugehen hat er nicht nötig. Rückt er einen Nebenpunkt in den Vordergrund, so zeugt das nicht von Methode. Denn Methode ist die auf die Hauptsache gerichtete Fragestellung, es gehört dazu weiter nichts als Sachverständnis.« [31]

Wellhausen mußte sich freilich gerade an jenem Punkte, an dem er über alle Polemik hinaus [32] mit Gunkel in eine sachliche Auseinander-

---

[27] J. WELLHAUSEN, Zur apokalyptischen Literatur (in: Skizzen und Vorarbeiten VI, 1899, 215–249), 233: »Wozu es aber nötig ist und wozu es dienen soll, eine förmliche babylonische Reunionskammer einzurichten, lässt sich schwer begreifen. Gunkel reklamiert alles Mögliche und Unmögliche als aus Babylon entsprungen ... Das Proton Pseudos ist, dass er der Ursprungsfrage überhaupt grossen Wert beimisst.« Zur Auseinandersetzung zwischen GUNKEL und WELLHAUSEN vgl. KLATT (s. Anm. 10), 70 ff.

[28] WELLHAUSEN (s. Anm. 27), 233.

[29] WELLHAUSEN, ebd.: »Das hat vielleicht antiquarisches Interesse, ist aber nicht die Aufgabe des Theologen und des Exegeten.«

[30] WELLHAUSEN fügt dem Hinweis auf die von GUNKEL intendierte, von ihm selbst aber abgelehnte Differenzierung zwischen zeit- und traditionsgeschichtlicher Methode die Bemerkung an (ebd. 234 Anm. 2): »Man verzeihe die grässlichen Ausdrücke; ich habe sie nicht verbrochen. Methode kann weder das eine noch das andere genannt werden; denn sie ist kein Hauptschlüssel, der alle Türen öffnet.« Das dürfte neben der konkreten Auseinandersetzung bei WELLHAUSEN mit einer auch sonst verbreiteten Abneigung gegen eine isolierte Methodendiskussion zusammenhängen; vgl. z. B. auch F. OVERBECK, Christentum und Kultur. Gedanken und Anmerkungen zur modernen Theologie, 1963², 12.

[31] WELLHAUSEN (s. Anm. 27), 234.

[32] Vgl. zum Folgenden GUNKELS Erwiderung auf die Kritik WELLHAUSENS: H. GUNKEL, Aus Wellhausen's neuesten apokalyptischen Forschungen. Einige

setzung und methodische Diskussion eingetreten war, in der Reflexion auf die Funktion der originären Überlieferung für die Interpretation des Textes, von diesem eine ungenaue Aufnahme der methodischen Thesen nachweisen lassen. Gunkel konzediert Wellhausen zwar, daß seine Anfragen nicht auf nebensächliche Dinge gehen, sondern genau die kontroversen Punkte bezeichnen: »Der eigentliche Streitpunkt ist also hierbei der, ob die Frage nach der Vorgeschichte des Stoffes für den Theologen und Exegeten großen Wert habe oder nicht?«[33] Läßt man sich allerdings auf diese Frage ein, so muß für Gunkel konsequent auch das Material fremder Religionen in die Untersuchung einbezogen werden[34]; auch wenn der Wert solcher Analysen nicht bereits a priori gegeben ist, so bleiben sie dennoch zu leisten[35]. Gunkel sieht allerdings bei Wellhausen eine prinzipielle Ablehnung[36] dieser Fragestellung; auch wo Wellhausen von Fall zu Fall – zumeist durch die Sachlage genötigt – Traditionsmaterial aus anderen Traditionskreisen heranzieht, geschieht dies eher zufällig und ohne methodische Gründe. Damit aber wird für Gunkel eine weitere Zusammenarbeit mit Wellhausen nicht allein un-

principielle Erörterungen (ZWTh 42, 1899, 581–611). GUNKEL stellt zwar fest (611): »Das Persönliche ist mir dabei ganz gleichgültig, so wie ich auch denke, dass es auch Wellhausen gleichgültig ist.« Dennoch haben ihn die offenkundig polemischen Äußerungen WELLHAUSENs empfindlich getroffen; vgl. 597: »Ein Älterer aber, Hochangesehener, dessen Wort viel gilt, sollte sich doch, ehe er einen Jüngeren, der noch um die Palme ringt, verspottet, recht genau orientiren, ob er ihm Unrecht thut oder nicht.« Vgl. auch KLATT (s. Anm. 10), 72.

[33] GUNKEL (s. Anm. 32), 607.

[34] GUNKEL, aaO 607: »Da dieser Stoff aber nach meiner Behauptung mehrfach ausländischer Herkunft sein soll ..., so lautet die Frage zugleich: ist es eine wichtige Aufgabe des Theologen, den etwaigen Einfluss fremder Religionen auf das apokalyptische Judentum zu erforschen oder nicht?«

[35] GUNKEL, ebd.: »Nun ist diese Frage nach dem Werte solcher Untersuchungen keineswegs von vorne herein auszumachen, sondern sie ist einfach eine quaestio facti.«

[36] GUNKEL, aaO 610 f: »Leider klingt also aus Wellhausen's Worten eine deutliche Abneigung heraus, auf diese Fragen überhaupt einzugehen; er möchte sie – so scheint es – dem Theologen am liebsten verbieten. Dies trennt uns principiell. ... Aber Wellhausen will hier nicht mitarbeiten; er lehnt diese Forschungen principiell ab: das sei nicht Aufgabe der Theologen. Diese Abneigung an sich wundert mich freilich durchaus nicht; wir kennen diese Stimmung einer älteren Schule sehr wohl, die im letzten Grunde die Religion des Volkes Israel allein untersuchen will und behauptet, Israels Berührungen mit den Culturvölkern zu behandeln, habe kein theologisches, sondern ›vielleicht‹ antiquarisches Interesse; die zwar im allgemeinen sehr wohl von dem Einfluss fremder Religionen auf Israel weiss, die aber diese Erkenntnis in der Einzelexegese nicht anwendet ... wir kennen diese Stimmung sehr wohl, aber wir wundern uns, sie bei einem so weitblickenden Mann, den wir als unsern Bahnbrecher und Führer verehrt haben, zu finden.«

möglich, sondern auch sinnlos: »Nicht Wellhausen's Urteil über mein Werk ist es, was mich in erster Linie veranlaßt, hier zu sprechen – ich habe mir auch Urteile anderer ruhig gefallen lassen, weil ich im stillen an das Urteil der Zukunft appellire –, aber zu Wellhausen's Darstellung meiner Forschungen habe ich nicht schweigen können; denn ich kann nicht dulden, daß sich, durch Wellhausen's Autorität geschützt, schwerwiegende Mißverständnisse über die von mir vertretene Methode verbreiten, und daß so die junge Saat, die eben aufgehen will, im Keim erstickt wird.« [37]

II

Die Auseinandersetzung zwischen Gunkel und Wellhausen schließt pointiert die erste Phase einer Entwicklung ab, in der methodische Grundsätze und Prinzipien traditionsgeschichtlicher Arbeit immer deutlicher in Erscheinung treten. Dabei verweist die Widmung in »Schöpfung und Chaos« auf Albert Eichhorn [38], dessen Wirkung als Anreger weder auf die Beziehung zu Gunkel [39] eingegrenzt werden kann [40] noch sich in ihrer Bedeutung irgend unterschätzen läßt. Sie allerdings genauer zu erfassen, bleibt nicht nur wegen des – bedingt durch Charakter und Entwicklung – schmalen Oeuvres Eichhorns schwierig genug; zudem fallen

---

[37] GUNKEL, aaO 611. Man sollte bedenken, daß diese Auseinandersetzungen zwischen GUNKEL und WELLHAUSEN nicht allein von biographischem Interesse sind, sondern über die sachlichen Differenzen hinaus deutlich machen können, auf welche Weise durch polemische Kritik das der religionsgeschichtlichen Schule später oft verdachte Selbstbewußtsein hervorgerufen wurde. Dabei sollte allerdings beachtet werden, daß die methodischen Reflexionen GUNKELS in »Schöpfung und Chaos« von den Vertretern der herkömmlichen Literarkritik als provokativ empfunden werden mußten.

[38] Zu EICHHORN vgl. H. GRESSMANN, Albert Eichhorn und die religionsgeschichtliche Schule, 1914; E. BARNIKOL, Albert Eichhorn (1856–1926) (WZ [H].GS 9, 1960, 141–152).

[39] Für die Beziehung zwischen GUNKEL und EICHHORN vgl. auch W. KLATT, Ein Brief von Hermann Gunkel über Albert Eichhorn an Hugo Greßmann (ZThK 66, 1969, 1–6).

[40] Vgl. auch W. WREDE, Über Aufgabe und Methode der sogenannten Neutestamentlichen Theologie, 1897, 6: »Bei der Ausarbeitung habe ich oft mit besonderer Dankbarkeit meines Freundes A. Eichhorn in Halle gedacht, und, obwohl der Anlass manchem zu geringfügig scheinen mag, ist es mir doch eine Pflicht, hervorzuheben, dass ich in bezug auf historische Methode durch die Gespräche mit ihm am meisten gelernt habe. Hat dabei die spezielle Frage, wie eine neutestamentliche Theologie zu schreiben sei, auch keine Rolle gespielt, so bin ich mir doch klar darüber, dass ohne seinen Einfluss manches in dieser Schrift überhaupt nicht, manches anders gesagt worden wäre; an gewissen einzelnen Punkten habe ich mich direkt bestimmter Anregungen erinnert.«

alle methodisch wichtigen, schriftlichen Äußerungen Eichhorns erst in
eine chronologisch spätere Zeit[41]. Dennoch lassen sie in Verbindung
mit den Promotionsthesen[42] und dem von Eichhorn verfaßten, besonders bezeichnenden Lebenslauf[43] begründete Schlüsse auf jenen Eichhorn zu, der Gunkel und die anderen Vertreter der religionsgeschichtlichen Schule in so starkem Maße beeinflußte. Dabei fällt vor allem auf,
daß Eichhorn sich – an Radikalität und Präzision Gunkel übertref-
fend[44] – nicht nur gegen die herrschende Literarkritik als Methode,
sondern vor allem gegen das sie erst begründende Geschichtsbild wendet,
das er etwas mißverständlich als historisch-kritische Methode bezeichnet:
»Ich halte diese historisch-kritische Methode, welche jene Berichte einfach als Geschichtserzählungen nimmt, die mehr oder weniger genau den
wirklichen Vorgang wiedergeben, und die durch Vergleichung zu rektifi-
ziren sind, bis man die älteste Ueberlieferung und damit den wirklichen

---

Solche Äußerungen belegen doch wohl das Ausmaß subjektiver Verpflichtung
gegenüber A. Eichhorn, das sowohl Gunkel als auch Wrede empfanden; sie
belegen aber zugleich auch die Schwierigkeit, den Anteil Eichhorns konkret
zu erfassen und am Material nachzuweisen.

[41] Vgl. vor allem A. Eichhorn, Das Abendmahl im Neuen Testament (HCW
36), 1898.

[42] Abdruck bei Barnikol (s. Anm. 38), 144 f; die wichtigsten finden sich
auch bei Gressmann (s. ebd.), 7 f. Für den Zusammenhang einschlägig und von
herausragender Bedeutung sind vor allem die folgenden Thesen:
3 Die NTl. Einleitung muß urchristliche Literaturgeschichte sein.
7 Kirche und Tradition sind Wechselbegriffe.
11 Jede Deutung eines Mythus ist falsch, welche nicht die Entstehung und
   Ausbildung des Mythus berücksichtigt.
18 Die religiöse Betrachtung der Kirchengeschichte muß sich auf die geschichtliche Entwicklung des ganzen Menschengeschlechts beziehen.

[43] Vgl. die Wiedergabe bei Barnikol, aaO 142; z. B.: »Um noch ganz kurz
das Interesse zu bezeichnen, welches mich bei kirchenhistorischen Untersuchungen leitet, so bemerke ich, daß die unbedeutenderen Partien der Geschichte mich besonders anziehen. Es scheint mir wichtig zu sein, nicht nur
die Ideen der vorzüglichsten Männer jeder Periode kennen zu lernen, sondern
auch die von ihnen ausgegangenen Wirkungen. Die Höhen der Geschichte
erglänzen im Licht, aber ohne die tausendfachen Abschattungen an den Abhän-
gen und in den Tälern würde der Anblick ohne Reiz sein. Dies ästhetische
Interesse wird von einem andern überwogen. Die Geschichte soll die Aufgaben
der Gegenwart erkennen lehren. Dies ist nur möglich, wenn der Historiker
die Mannigfaltigkeit der bewegenden Kräfte ebenso wie den Widerstand der zu
bewegenden Massen zur Anschauung zu bringen versteht.« Das kirchenhisto-
rische Interesse dieser Äußerung leugnet nicht die Identität im kritischen
Impetus mit den speziell exegetischen Arbeiten der religionsgeschichtlichen
Schule.

[44] Vgl. etwa auch die programmatische These Nr. 13 unter den Promotionsthesen Eichhorns: »Historiker ist nur, wer die Gegenwart versteht.«

geschichtlichen Vorgang erreicht hat – Beides wird identifizirt –, für ungenügend. Hier muß die religionsgeschichtliche Methode eintreten.«[45] Gegenüber solcher Torheit[46], die Eichhorn mit scharfen Worten angreift[47], muß auf einer genauen Analyse der Geschichte der Traditionen[48] bestanden werden. In diesem Zusammenhang kann Eichhorn dann formulieren: »Vielmehr muß die Aufmerksamkeit auch, und zwar in erster Linie, sich richten auf den Stoff und seine Geschichte.«[49] Auch hier zieht er noch entschiedener die Konsequenzen aus den methodischen Prämissen, als dies Gunkel getan hatte: Die intendierte Stoffgeschichte hat sich zuerst und vor allem an der Religionsgeschichte eines Traditionsbereiches (in diesem Fall des Urchristentums) zu orien-

---

[45] EICHHORN (s. Anm. 41), 7.

[46] EICHHORN, aaO 15: »Beiläufig möchte ich hier auf eine Thorheit der historischen Kritik hinweisen, die man öfter findet, als man glauben sollte. Es giebt wirklich Leute, die glauben, die älteste uns erkennbare Ueberlieferung mit dem geschichtlichen Vorgang selbst identifiziren zu müssen. Die jüngsten Berichte, so meint man, muß jeder historisch-kritisch gebildete Theologe ablehnen, die ältesten Berichte muß man dagegen annehmen, will man nicht den Vorwurf der Willkür auf sich laden. Ich gestehe, daß ich diese Ansicht für sehr beschränkt halte, ich muß sie als völlig unwissenschaftlich einfach zurückweisen. Solche Kritiker haben den subalternen Sinn eines Aktuars; so tolerant ich bin, kann ich mich nicht milder ausdrücken.«

[47] Man wird die Koinzidenz dieser polemischen Äußerungen EICHHORNs mit bestimmten Formulierungen PAUL DE LAGARDES nicht für zufällig halten können; vgl. P. DE LAGARDE, Deutsche Schriften, 1892⁴, 152: »Es bleibt sonach, wie die Sachen liegen, für diejenigen, welche von der christlichen Religion wirklich etwas wissen wollen..., eigentlich nichts übrig, als die aus den Quellen studierte Geschichte der Kirche in sich selbst nachzuleben. Ich verstehe unter Quellen nicht die gedruckten Urkunden [!], mit denen bekannt zu sein Registratorendienst, kein Studium ist [!]: ich meine die Menschen, aus deren Herzen und Leiden das Leben der Kirche hervorgesprudelt, und welche nicht ganz so einfache Organismen sind, wie die nur aus Magen, Mastdarm, Bewunderungs- und Entrüstungsdrüse bestehenden Urwähler des neunzehnten Jahrhunderts: ich meine die Institution... ich meine den Kultus... Solches Studium wird reiche Menschen geben...«

[48] Siehe z. B. EICHHORN (s. Anm. 41), 15: »In Wirklichkeit ist es natürlich so, daß dieselben Faktoren, die innerhalb der schriftlich fixirten Tradition in für uns erkennbarer Weise wirksam gewesen sind, das Alte umzubilden, schon vorher eine entscheidende Rolle gespielt haben. Ich halte für wahrscheinlich, daß die wichtigsten Umbildungen der Traditionen in den ersten Jahrzehnten der christlichen Gemeinde stattgefunden haben. Es entsteht die Frage: Weshalb ist denn eigentlich die ältere Tradition umgebildet, die ja doch zugleich die historisch richtigere war? Die Antwort ist: Weil sie dem Bedürfnis der Gemeinde nicht genügte.«

[49] EICHHORN, ebd.

tieren [50]. Dies nötigt dann zu einer Limitierung der gewohnten religionsgeschichtlichen Erklärung, die vor allem auf den Nachweis von Abhängigkeiten der Traditionskreise untereinander drängte [51]. Zwei Aspekte
erscheinen deshalb für das Vorgehen Eichhorns als besonders charakteristisch: Auf der einen Seite bildet die explizite und dezidierte Absage
an die gewohnte Literarkritik [52] den Ausgangspunkt seiner Untersuchungen. Aber diese Negation motiviert andererseits zugleich das Bemühen, historische Texte als Ausdruck einer Geschichte und damit erst eigentlich geschichtlich zu begreifen. Sie sind gleichsam nur die Außenseite
eines weit komplizierteren Geschehens: der Geschichte der Stoffe und
Ideen [53]. Aber auch hierbei kann eine Analyse nicht stehen bleiben:
Auch diese Stoffe müssen auf dem Hintergrund eines umfassenden Ge-
schichtszusammenhanges begriffen werden, da erst dieser Zusammenhang
Veränderungen innerhalb des Überlieferungsprozesses erklärbar macht.
Allerdings: Die damit intendierte Geschichte eines Traditionsbereiches [54]
in der Vielfalt seiner Explikationen wird sich deshalb besonderen
Schwierigkeiten gegenübersehen, weil der Charakter der jeweiligen Tra-
dition durch die Bedürfnisse der Gemeinden konstituiert wird [55]. Nicht

---

[50] GRESSMANN (s. Anm. 38), 16.

[51] Nicht zufällig ist deshalb das Urteil EICHHORNS im Teil 6 seiner Untersuchung (s. Anm. 41), der diesen Problemen gilt, unsicher und widersprüch-
lich. Einerseits gilt (28): ». . . aber eine wirkliche religionsgeschichtliche Erklärung haben wir hier nicht«; auf der anderen Seite wird aber doch festgestellt
(29): ». . . es ist anzunehmen, daß ein supranaturales Essen einer himmlischen
Speise im Kultus, die das ewige Leben giebt, damals nicht befremdet hat.« In
Ansätzen wird hier bereits die Differenzierung zwischen den Fragen historischer Vermittlung und der Reflexion auf den ideologischen Horizont eines
Traditionskreises in seiner Zeit angesprochen. Solche Unsicherheit – positiv:
Vorsicht – trennt EICHHORN von GUNKEL. Dies liegt zudem darin begründet,
daß die Stoffe und Vorstellungen eines fremden Traditionskreises für EICHHORN
nur ein relativ begrenztes Gewicht bei der Analyse des urchristlichen Überlieferungsprozesses besitzen. Daß deshalb gerade dieser Teil der EICHHORNschen
Untersuchung immer wieder als Beleg für methodische Unsicherheit der religionsgeschichtlichen Schule angeführt wurde, bleibt erstaunlich genug.

[52] GRESSMANN (s. Anm. 38), 17: »Hier wird die Religionsgeschichte in Gegensatz zur Literarkritik gesetzt.«

[53] GRESSMANN, ebd.

[54] GRESSMANN, aaO 16: »Analogien aus anderen Religionen werden von
Eichhorn überhaupt nicht beigebracht; seine ganzen Untersuchungen drehen
sich ausnahmslos um die Überlieferungen des Urchristentums. Der Nachdruck
liegt demnach auf dem Worte Geschichte und genauer: Geschichte der biblischen Religion.«

[55] Auch hier wäre für die Sache erneut auf DE LAGARDE zu verweisen (s.
Anm. 47), vgl. 183: »Dazu kommt, daß Religion stets der Ausdruck des Lebens
einer Gemeinde ist . . .«

zufällig endet deshalb die Frage nach der hinter der Tradition liegenden Geschichte für Eichhorn in einer faktischen (nicht jedoch grundsätzlichen) Aporie: »Es ist die Aufgabe des Historikers, die Lücken unsers Wissens zu erkennen und nach Umfang und Bedeutung zu begrenzen; mehr vermag die Wissenschaft nicht, sie vermag diese Lücke nicht auszufüllen. Je feiner der historische Sinn und die historische Methode ausgebildet ist, desto besser vermag man zu erkennen, wo eine stetige geschichtliche Entwicklung vorliegt, und wo dies nicht der Fall ist. Für mich liegt die Schwierigkeit in der religionsgeschichtlichen Entwicklung. Was auch Jesus gesagt und gethan haben mag an jenem Abend, ich kann von da aus nicht verstehn das Kultmahl der Gemeinde mit dem sakramentalen Essen und Trinken des Leibes und Blutes Christi, wie es in der ältesten Christenheit ziemlich von Anfang an, wie es scheint, sich ausgebildet hat.«[56]

III

Die pointierten, programmatischen Äußerungen Gunkels und Eichhorns bestimmen weithin die Untersuchungen der religionsgeschichtlichen Schule[57]; sie werden dabei nicht nur übernommen, sondern z. T. auch methodisch verfeinert und expliziert. Dann aber muß auffallen, daß der Terminus »Traditionsgeschichte« bzw. »traditionsgeschichtlich« kaum noch Verwendung findet; wo er noch erscheint, geschieht dies eher beiläufig

---

[56] EICHHORN (s. Anm. 41), 30 f. Die Schwierigkeiten, die Diastase zwischen der (hier vorösterlichen) Geschichte und den traditionsbildenden Gemeinden zu überbrücken, lassen sich in ähnlicher Weise auch in formgeschichtlichen Arbeiten beobachten; dies hat nicht nur spezifisch formgeschichtliche Gründe, sondern wird vor allem durch den Einsatz bei der nachösterlichen Gemeinde verursacht: Hier wie dort bilden die soziologischen Gruppen des Urchristentums den Ausgangspunkt der Analysen.

[57] Zur religionsgeschichtlichen Schule vgl. u. a. C. CLEMEN, Die religionsgeschichtliche Methode in der Theologie, 1904; A. HEGLER, Kirchengeschichte oder christliche Religionsgeschichte? (ZThK 13, 1903, 1–38); M. REISCHLE, Theologie und Religionsgeschichte, 1904; E. TROELTSCH, Rez. M. Reischle, Theologie und Religionsgeschichte (ThLZ 29, 1904, 613–617); M. RADE, Art. Religionsgeschichte und religionsgeschichtliche Schule, in: RGG¹ IV, 2183 bis 2199 (Lit.); E. TROELTSCH, Die »kleine Göttinger Fakultät« von 1890 (ChW 34, 1920, 281–283); GRESSMANN (s. Anm. 38); H. GUNKEL, Die Richtungen der alttestamentlichen Forschung (ChW 36, 1922, 64–67); F. HOLMSTRÖM, Das eschatologische Denken der Gegenwart, 1936; G. W. ITTEL, Urchristentum und Fremdreligionen im Urteil der religionsgeschichtlichen Schule (Diss. phil. Erlangen), 1956. Zum Ganzen vgl. auch W. NIGG, Geschichte des religiösen Liberalismus, 1937; dazu M. RADE, Religiöser Liberalismus. Glosse zu W. Niggs »Geschichte des religiösen Liberalismus« (ZThK 19, 1938, 243–261).

und ohne methodischen Anspruch. Das läßt sich z. B. an den programmatischen Äußerungen im Oeuvre W. Boussets zeigen [58].

Viel zu wenig Beachtung findet in diesem Zusammenhang die fulminante Arbeit, mit der Bousset methodisch die Diskussion eröffnete: »Jesu Predigt in ihrem Gegensatz zum Judentum. Ein religionsgeschichtlicher Vergleich« (1892). Schon zu Beginn macht sich das Bewußtsein des Neuartigen kräftig bemerkbar[59]: »Der neue Weg, der hier eingeschlagen, besteht in der Forderung einer konsequent – nicht bloß vereinzelt – angewandten Heranziehung der religiösen Gedanken- und Stimmungs-Welt des Spätjudentums zum Verständnis der geschichtlichen Erscheinung Jesu. Es wird die Aufgabe gestellt, die Persönlichkeit Jesu ... von dem Boden aus zu begreifen, auf dem sie erwachsen ist, vom Boden des Spätjudentums. – Vor allem aber wird hier energisch die Aufgabe erfaßt, ein wirklich geschichtliches Verständnis zu gewinnen, im großen Stil, am wesentlichen zu arbeiten.«[60] Nicht nur die Absage an die religionsgeschichtlichen Prämissen der Theologie A. Ritschls[61], sondern auch die Charakterisierung des »Spätjudentums« werden in einer Schärfe gegeben[62], wie sie nicht nur bei Bousset, sondern auch bei den anderen Vertretern der religionsgeschichtlichen Schule später nicht mehr anzutreffen sind. Methodisch ist für Bousset die »religionsgeschichtliche Vergleichung« entscheidend: »Die Arbeit, die hier begonnen ist, muß auf eine religionsgeschichtliche Vergleichung Jesu und des Judentums in großem Stil hinausgeführt werden, eine Vergleichung, in der ebenso sehr auf die gemeinsamen Züge wie auf den Gegensatz zwischen Jesus und dem Judentum geachtet wird, in der die grundlegende Frage erst entschieden werden kann, ob man Jesus von vornherein mehr im Rahmen des Judentums oder mehr im Gegensatze zu ihm verstehen soll, ob man auf Grund der gemeinsamen Basis erst die originalen Züge verstehen, oder von diesen den Ausgangspunkt nehmen und dann erst auf die wunderbaren Verknüpfungen und Verschlingungen achten soll, in denen das Neue

---

[58] Zu Bousset vgl. A. F. Verheule, Wilhelm Bousset. Leben und Werk, Amsterdam 1973.

[59] Diesem methodischen Impetus wird die häufig anzutreffende Einordnung der Arbeit in die Geschichte der Leben-Jesu-Forschung (vgl. z. B. A. Schweitzer, Geschichte der Leben-Jesu-Forschung, 1951[6], 236 ff), so naheliegend sie zunächst auch ist, nicht gerecht.

[60] Bousset, aaO 5 f. Bousset verweist dabei (Anm. 2) unter anderen auf J. Weiss und H. Gunkel.

[61] Das gilt vor allem pointiert von der Betonung der neuen Größe »Spätjudentum«. Vgl. aber auch aaO 43: »Nicht Altisrael mit seinen alten naiven, von engem Horizont umgrenzten Vorstellungen ist Jesus im Vergleich zur Seite zu stellen, sondern dem Judentum mit seinem transcendenten abstrakten Gottesbegriff.« Vor allem aber 104: »Auf den Reichsgottesgedanken Jesu kann sich die moderne Dogmatik nicht berufen [!], wenn sie diesen Gedanken verwertet, um das Christentum den modernen Kulturideen anzunähern. Aber insofern sie dies nicht kann, wird auch jede Dogmatik, die in dieser Richtung arbeitet, im Interesse des Christentums abzulehnen sein.«

[62] AaO 32: »Das Spätjudentum ist durchaus und ganz Pharisäismus und nichts weiter als Pharisäismus.« 38: »Im Spätjudentum ist keine wirkliche lebendige Kraft, kein schöpferischer Geist.«

mit dem Alten in der Gestalt Jesu verbunden erscheint.«[63] Das Modell, mit dem Bousset diese methodischen Prinzipien konkret anwendet, orientiert sich an den geschichtlichen Phänomenen von Kontinuität[64] und Diskontinuität[65], von Traditionsabhängigkeit und Traditionsbruch[66]. Hierfür spielt nicht nur die Relation zwischen dem schöpferischen Individuum und der Gemeinschaft[67] – ein Grundthema der religionsgeschichtlichen Schule –, sondern auch die Interdependenz zwischen Begriff und zugrunde liegendem Geschichtsablauf eine entscheidende Rolle[68].

1895 erscheint dann Boussets Arbeit: »Der Antichrist in der Überlieferung des Judentums, des neuen Testaments und der alten Kirche«. Nachdrücklich wird schon zu Beginn auf Gunkel verwiesen: »An diesem Punkt berührt sich nun die vorliegende Studie mit der hier neue Bahnen

---

[63] AaO 6 f. Vgl. auch 9: »Nur auf dem Wege religionsgeschichtlicher Vergleichungen ... lässt sich ein offenes Auge gewinnen für das wesentliche und unwesentliche ...«

[64] AaO 78 f: »Denn es ist ein allgemeines Gesetz, das bei aller Entwickelung der Frömmigkeit sich nachweisen lässt, dass die Begriffe, die Vorstellungen, die einmal geprägten Formen und Formeln [!] langlebiger sind als die hinter ihnen und ihnen zu Grunde liegende Welt der Stimmungen, der unausgesprochenen aber empfundenen und gefühlten. Kein schöpferischer Genius ... kann ganz von vorne anfangen, kann aus seiner Haut heraus und sich eine völlig neue Sprache bilden, die ganz das ausdrückt, was er meint, im innern lebt und fühlt. Er wird immer mit überkommenen Worten und Vorstellungen arbeiten müssen, hier sind die Schranken seiner Endlichkeit.«

[65] 79: »Und umgekehrt: die alten Begriffe und Formeln werden natürlich nicht rein, nicht ganz und voll übernommen, das frisch pulsierende Leben beginnt die Hülle zu sprengen, diese beginnt Risse und Sprünge zu zeigen.« Vgl. zu diesen beiden Aspekten auch 80: »Denn das freilich muss zugestanden werden, dass solche Begriffe nicht Kleider sind, die man beliebig an- und ablegen kann, sondern dass sie einmal übernommen natürlich auch wieder ihrerseits die Gesammtstimmung mächtig beeinflussen.«

[66] Dabei ist nicht zu verkennen, daß für Bousset gerade in der Diskontinuität das eigentliche Movens der Geschichte zu sehen ist. Das hängt mit seinem eigenen traditionskritischen Interesse zusammen. Vgl. dazu aaO 75 f. Bousset verweist hier bezeichnenderweise auf de Lagarde (»der grössten unsrer Theologen einer«).

[67] AaO 76: »Es ist immer die Art grosser schöpferischer Geister gewesen, dass die Kreise, in denen das Leben ihrer Zeit pulsierte, ihnen zu eng waren, dass sie die Zirkel und Kreise des alltäglichen Lebens störten, sie waren immer berufslos, weil sie berufen waren.«

[68] AaO 79: »Wenn man nun nicht vorweg die veränderte Grundstimmung, das neue Leben, das neugeboren unter der alten Hülle lebt, kennt, so wird man eben ratlos vor allen jenen Inkonsequenzen und Sprüngen stehen und durch voreilige kritische Operationen hier zu ändern und zu bessern suchen. Die vorliegende Arbeit hat den umgekehrten Weg eingeschlagen, es ist freilich ein schweres Unternehmen, hinter das ausgesprochene Wort auf die dahinterliegende Sache zu sehen, hinter die zusammenfassenden Begriffe auf das was recht eigentlich das innerste Leben, der süsseste Kern ist.«

einschlagenden und weisenden Arbeit von Gunkel ›Schöpfung und Chaos‹. Es ist für mich eine Pflicht der Dankbarkeit, hier sogleich am Anfang darzulegen, inwieweit ich von dieser Arbeit Anregung und Förderung erhalten habe. Namentlich hinsichtlich der Methode und der Fragestellung ist diese Anregung eine sehr große gewesen, und ich betone dies hier im Anfang um so lieber, als ich gezwungen bin, hinsichtlich der Resultate im einzelnen Gunkel sehr oft zu widersprechen.«[69] Konsequenter noch, als dies bei Gunkel geschieht, versucht Bousset, die gesamte Überlieferungsgeschichte von ihrem Ursprung bis zu ihrer letzten Ausformung zu rekonstruieren[70]. Dabei dürfte für ihn erneut bezeichnend sein[71] – und hierin liegt wiederum eine Nuancierung der Auffassungen Gunkels vor[72] –, daß die Tradition grundsätzlich problematisiert, in ihrer Bedeutung destruiert wird[73]: »In die innern Dinge, in das was lebt und wirklich Kraft hat in jeder Religion, führen uns diese Forschungen nicht hinein. Denn der Kern und das Mark einer jeden Religion liegt in dem ihr eigentümlichen, nicht in dem, was eine Nation und eine Religion von der andern übernommen hat, liegt in den originalen Schöpfungen von Persönlichkeiten und nicht in dem, was eine Generation der andern überliefert.«[74] Traditionsgeschichtliche Analyse ermöglicht für Bousset so gerade die Überlieferungskritik.

---

[69] AaO 2 f. Vgl. auch 8: »Der von G.(unkel) zuerst mit aller Energie aufgestellten Traditionsmethode und der von ihm zuerst energisch vertretenen Anschauung von der Stabilität eschatologischer Überlieferung folge auch ich.«

[70] AaO 11: »Im zweiten Teil gebe ich dann eine Rekonstruktion der Überlieferung, eine Darstellung ihres Ursprungs und ihrer Geschichte.« Die Geschichte der Überlieferung bricht deshalb für Bousset konsequent nicht mit der Kanonisierung ab, sondern umfaßt Textzeugen, die einer weit späteren Zeit angehören. Vgl. für dies methodische Vorgehen auch die Monographie eines Bousset-Schülers: W. Lueken, Michael. Eine Darstellung und Vergleichung [!] der jüdischen und der morgenländisch-christlichen Tradition vom Erzengel Michael, 1898.

[71] Aufschlußreich ist auch die Rezension A. Jülichers: ThLZ 21, 1896, 375–379.

[72] Vgl. z. B. Gunkel, Schöpfung und Chaos, 118: »Der Theologe wird gut tun, auch den Mardukmythus mit Pietät zu behandeln; man ehrt seine Eltern nicht dadurch, dass man von den Urahnen gering denkt.« Das hebt sich doch von der grundsätzlichen Kritik Boussets ab; allerdings fährt auch Gunkel im selben Zusammenhang fort: »Aber trotzdem haben wir ein Recht, Gen 1 ganz anders zu werten als jenen alten Mythus ... in Gen 1 vermögen wir den Gott, an den wir glauben, wiederzufinden; alle anderen Kosmogonien sind uns nur interessante Antiquitäten.«

[73] Daß sich dies mit methodischen Äußerungen aus »Jesu Predigt in ihrem Gegensatz zum Judentum« berührt, zeigt, daß Bousset hier an einer ihm schon feststehenden, negativen Einschätzung der Tradition festhält.

[74] Bousset, Antichrist, 10.

Hatten sich schon im »Antichrist« Differenzen gegenüber Gunkel erkennen lassen, so verstärken sie sich in der Kommentierung der Apokalypse durch Bousset[75]. Zwar wird erneut Gunkels Verdienst hervorgehoben[76], aber die schon bei ihm selbst beginnende Unschärfe, zwischen Religions- und Traditionsgeschichte unterscheiden zu können, ist bei Bousset evident geworden. Tritt die Überlieferungsgeschichte terminologisch nahezu in den Hintergrund, so dokumentieren die Texte, in denen Bousset den Terminus noch verwendet[77], die definitorische Schwierigkeit, zwischen beiden Größen zu trennen. Die Nähe von Religions- und Traditionsgeschichte droht bei Bousset zur Austauschbarkeit zu werden. Damit wird für die weiteren Arbeiten der religionsgeschichtlichen Schule[78] eine Tendenz vorgezeichnet, die durchweg an dem Verschwinden der Termini »Überlieferungs-« bzw. »Traditionsgeschichte« zu erkennen ist: Die Religionsgeschichte hat gegenüber traditionsgeschichtlicher Analyse sich zumindest nominell durchsetzen können. Die Ursachen hierfür liegen allerdings tiefer und lassen sich auch nicht auf Bousset beschränken[79].

---

[75] W. BOUSSET, Die Offenbarung Johannis (KEK XVI), (1896[5]) 1906[6]. In diesem Zusammenhang vgl. auch W. BOUSSET, Rez. C. Rauch, Die Offenbarung des Johannes (ThLZ 20, 1895, 436–438).

[76] BOUSSET (s. Anm. 75), 121: »Dann ist durch Gunkel eine neue Methode in der Erklärung der Apk eingeführt, die man die traditionsgeschichtliche nennen kann. Unbewußt hatte man diese freilich schon hier und da angewandt... Aber es bleibt Gunkel das Verdienst, daß er dieselbe mit vollem Bewußtsein und konsequent durchgeführt hat. Durch ihn wurde die Forschung mit allem Nachdruck darauf hingewiesen, wie stark in aller Apokalyptik das einfach traditionelle Element sei. Und daraus ergab sich die Forderung, daß man das ganze Material solcher weitergegebenen Vorstellungen und Traditionen in möglichst umfassender Weise überblicken müsse, ehe man an die einzelne Apokalypse, die Erforschung ihrer Eigentümlichkeit und historischen Bestimmtheit gehen könne.«

[77] BOUSSET, aaO 119: »Die traditionsgeschichtliche und religionsgeschichtliche Betrachtungsweise soll nicht an Stelle, sondern neben die zeitgeschichtliche und literarkritische Methode treten.« Der Kontext zeigt, daß BOUSSET zwischen Traditions- und Religionsgeschichte nicht differenziert.

[78] An weiteren methodologischen Äußerungen BOUSSETS vgl. noch: Zur Methodologie der Wissenschaft vom Neuen Testament (ThR 2, 1899, 1–15); Die Religionsgeschichte und das neue Testament (ThR 7, 1904, 265–277. 311 bis 318. 353–365); Das Wesen der Religion, 1906[3]; Die Mission und die sogenannte Religionsgeschichtliche Schule, 1907.

[79] Dies zeigt sich ja schon an der faktischen Nähe beider Methoden bei GUNKEL, Schöpfung und Chaos. Zu den geistes- und theologiegeschichtlichen Voraussetzungen für die Schwierigkeit, an diesem Punkte zu differenzieren, vgl. S. 45 ff.

So ist es nur folgerichtig, wenn sich die Traditionsgeschichte bei W.
Wrede [80] der Sache nach unter dem Etikett der Religionsgeschichte fin-
det [81]. Wrede, der mit seinen programmatischen Äußerungen in den
Streit um die Umwandlung der theologischen Fakultäten in religionsgeschichtliche Abteilungen eingreift [82], analysiert die unterschiedlichen
Motivationen, die zur religionsgeschichtlichen Forschung nötigen: Einmal handelt es sich »um die ganz allgemeine Forderung des Studiums aller
Religion außerhalb der der beiden Testamente und zwar im historischen
Interesse« [83]. »Zweitens versucht man die Religion des Urchristentums ...
in Beziehung zu setzen zur Religionsgeschichte.« [84] Unter den weiteren
drei Punkten, die Wrede noch hinzufügt [85], wird bei der vierten Motivation eine Erkenntnis Eichhorns wieder aufgenommen: »Viertens handelt
es sich um die Tendenz, das Urchristentum selbst ... religionsgeschichtlich zu erforschen und zu erfassen, das will sagen, die Geschichte des Urchristentums so zu schreiben, wie man sonst ein Kapitel der allgemeinen

[80] Methodologische Äußerungen Wredes finden sich neben der in Anm. 8
genannten Rezension vor allem in: Über Aufgabe und Methode der sogenannten neutestamentlichen Theologie, 1897; Das theologische Studium und die
Religionsgeschichte (in: Vorträge und Studien, 1907, 64–83).

[81] Zu dem Programm Wredes vgl. vor allem G. Strecker, William Wrede
(ZThK 57, 1960, 67–91). Strecker betont zu Recht über die tatsächlich vorliegende Terminologie hinaus die traditionsgeschichtliche Bedeutung der Arbeiten Wredes. Vgl. zum Ganzen auch W. Wiefel, Zur Würdigung William
Wredes (ZRGG 23, 1971, 60–83).

[82] Die Diskussion um dies Thema war vor allem durch Harnack pointiert
zugespitzt worden; Harnack setzte sich dabei mit Thesen M. Rades auseinander: A. Harnack, Die Aufgabe der theologischen Fakultäten und die allgemeine Religionsgeschichte (in: Reden und Aufsätze II, 1906², 159–187).
Er lehnt eine solche Umwandlung scharf ab; vgl. 172: »Wir wünschen, daß die
theologischen Fakultäten für die Erforschung der christlichen Religion bleiben,
weil das Christentum in seiner reinen Gestalt nicht eine Religion neben anderen ist, sondern die Religion.« Die Antwort der religionsgeschichtlichen Schule
auf dies Problem ist nicht einhellig, wobei eine mittlere Linie überwiegt: nicht
Umwandlung, wohl aber religionsgeschichtliche (bzw. religionswissenschaft-
liche) Vorlesungen. Vgl. dazu Wrede, Religionsgeschichte (s. Anm. 80), 83.

[83] Wrede, aaO 65.

[84] Wrede, ebd. Es ist unschwer zu erkennen, daß sich unter der Abbre-
viatur »Religion des Urchristentums« ein Programm verbirgt, das in scharfer
Antithese zur damaligen »biblischen« bzw. »neutestamentlichen Theologie« steht.
Dazu vgl. vor allem den Entwurf Wredes in: Über Aufgabe und Methode
(s. Anm. 80); vgl. z. B. 80.

[85] Dabei überwiegt das systematische Interesse; Wrede, aaO 65: »Drittens
betont eine Gruppe in Religionsgeschichte das Wort Religion.« AaO 66: »Das
fünfte ... Interesse liegt im Unterschied von allem bisher Genannten auf dem
Boden der systematischen Theologie, der Dogmatik und Apologetik.«

Religionsgeschichte schreibt.«[86] Das impliziert auch bei Wrede einen Gegensatz zur herrschenden Literarkritik[87] und bedeutet zugleich, »daß die religionsgeschichtliche Behandlung hier nichts weiter bedeutet als eine realgeschichtliche«[88]. Wrede konzentriert sich allerdings auf die beiden ersten Motivationen und erörtert in diesem Zusammenhang vor allem die seit Gunkel wichtige Problematik der Traditionsherleitung auch aus anderen Traditionskreisen. Trotz aller berechtigten Einwände[89] ist die Notwendigkeit solcher Herleitung für Wrede evident: »In gewissen Fällen kann aus der Natur der christlichen Stoffe auf eine außerchristliche Herkunft geschlossen werden. In andern erhebt sich das Postulat einer solchen Erklärung aus der Tatsache, daß die Ideen sich weder aus der Art israelitischer Anschauung, also aus der Kontinuität der religiösen Entwicklung, noch aus der Initiative oder Erfindung einzelner religiöser Persönlichkeiten begreifen lassen. Dazu kommt dann drittens, daß tatsächlich vorhandene Parallelen den Gedanken eines Zusammenhanges nahelegen oder aufnötigen.«[90]

---

[86] AaO 65.

[87] Vgl. dazu den gesamten Zusammenhang in: Über Aufgabe und Methode (s. Anm. 80), 17 ff. WREDE setzt sich hier zunächst mit der herrschenden Methode der Lehrbegriffe auseinander. Das aber steht in engem Zusammenhang mit der gewohnten Literarkritik (25 ff), die eben darum problematisch wird. Nicht nur gilt (27): »Das mikrologische Vergleichen und Unterscheiden verschiedener Autoren ist gerade ebenso vom Übel wie der Kleinkram der Begriffsunterschiede bei demselben Autor. Auch hier gehören die Schnitzel unter den Tisch.« Sondern positiv bedeutet dies (28): »In einer lebendigen Religion ist fast jede bedeutsame Wandlung der Anschauungen durch religionsgeschichtliche Processe und nur zum geringsten Teile durch den Einfluss der Lectüre bedingt. Mithin erfordert sie auch eine religionsgeschichtliche, nicht blos eine literarische Erklärung. Die Literarkritik verdeckt dies.«

[88] WREDE, aaO 65. Inhaltlich deckt dies präzis den Satz STRECKERS ab (aaO [s. Anm. 81] 71): »Damit ist ausgesagt, was die wesentliche Folgerung Wredes aus der historisch-kritischen Methode ausmacht und wodurch sein Werk eine besondere Bedeutung in der Geschichte der neutestamentlichen Wissenschaft erhalten hat: Das Verhältnis der neutestamentlichen Schriften zu dem hinter ihnen liegenden, sie umschließenden traditionsgeschichtlichen Zusammenhang ist als Problem erkannt, nicht als Zusammenhang literarischer Zeugen einer ideengeschichtlichen Entwicklung Tübinger Provenienz, sondern als der Exponenten eines bewegten geschichtlichen Lebens, dessen eigentliche Entfaltung sich als ihre Voraussetzung in ihnen darstellt.«

[89] Vgl. WREDE, aaO 71: »Hieraus ergibt sich, daß die Ableitung einer christlichen oder jüdischen Idee aus einer bestimmten einzelnen Religion nur mit größter Vorsicht vollzogen werden kann, und daß es manchmal sicherer ist, daß die Heimat der Idee überhaupt im Oriente, als daß sie gerade in der babylonischen oder persischen Religion liegt.« Vgl. auch 73.

[90] WREDE präzisiert dies noch im Anschluß an die Diskussion zwischen WELLHAUSEN und GUNKEL. Zwar (aaO 74): »Jede Herübernahme von Mythen in eine andere Religion heißt Umschmelzung, in eine höhere Religion heißt

IV

Schon das eigentümlich Schwankende in der Begrifflichkeit – mal wird von Religionsgeschichte, mal von Traditionsgeschichte gesprochen – ist ein Symptom; und was Greßmann an Eichhorn konstatierte: »So sehr bei Eichhorn die Phantasie entwickelt ist, so wenig gilt dies von dem systematischen Denken« [91], trifft weithin auf die gesamte religionsgeschichtliche Schule zu. Mehr noch: Die Flut der Publikationen, die Differenziertheit der verschiedenen Standpunkte und das Unausgeglichene in den methodischen Äußerungen der Vertreter der religionsgeschichtlichen Schule lassen es zunächst als unerklärlich erscheinen, daß diese Gruppe als eine argumentative Einheit angesehen wurde. Und doch muß ihre Auffassung bei ihren Gegnern [92] den Eindruck von Geschlossenheit erweckt haben. Und in der Tat lassen sich bei allen Vertretern der religionsgeschichtlichen Schule etwa zur Traditionsgeschichte trotz aller Schattierungen und Nuancen immer wieder ähnliche Gedanken belegen, die eine gewisse Summierung zulassen, ihr jedenfalls heuristischen Nutzen geben.

Erneut muß hierbei beachtet werden, daß ein präzises terminologisches Verständnis von Traditionsgeschichte nicht durchgängig zu erkennen ist; im Grunde läßt sich sogar gegenüber dem Ansatz bei Eichhorn und Gunkel eine rückläufige Bewegung feststellen. Das erklärt sich nicht allein aus einer (möglicherweise theologisch bzw. philosophisch bedingten) Abneigung gegen den Traditionsbegriff[93]. Eher wird schon zutreffen, daß das Schlagwort der Religionsgeschichte als der weiter gefaßte Begriff trotz aller damit gegebenen Unschärfen das Feld für sich behaupten konnte. Zudem kann nicht übersehen

---

Weiterentwicklung und Veredlung. Aber im übrigen ist Wellhausens Verdikt schwer zu begreifen.« Denn (75): »Aber eine ebenso berechtigte, ebenso notwendige Aufgabe ist es, das, was in einem Text fremdartig, sonderbar berührt, so daß es als Schöpfung des christlichen Autors nicht zu verstehen ist, zu erklären. Erklären aber heißt, in den Zusammenhang einer geschichtlichen Entwicklung stellen.«

[91] Gressmann (s. Anm. 38), 19.

[92] Einen guten Einblick in die Struktur und den Beweisgang der zeitgenössischen Kritik bietet vor allem Reischle (s. Anm. 57). Neben dem Versuch, der religionsgeschichtlichen Schule eine bestimmte geistesgeschichtliche Linie zuzuordnen (4 ff), sieht Reischle vier Gefahren gegeben: Einmal wird eine »Neigung zu evolutionistischen Konstruktionen« (29) deutlich. Die zweite Gefahr ist »die Ueberschätzung der Analogie und ihre Umsetzung in Abhängigkeitsverhältnisse« (30). Drittens »stellt sich bei der Forschung nach dem ursprünglichen religiösen Erlebnis die Neigung ein, es möglichst drastisch und urwüchsig zu schildern«, und schließlich ist eine vierte Gefahr »die Ueberschätzung der Form gegenüber dem Inhalt« (32 bzw. 33).

[93] Eine solche Abneigung wird sich noch am ehesten bei Bousset feststellen lassen. Vgl. dazu S. 34 ff; zu den Ursachen s. S. 51 f.

werden, daß der Begriff der »Traditionsgeschichte« bei Gunkel an versteckter Stelle evoziert wird. Dennoch dürfte das allmähliche Verschwinden des Terminus letztlich eine tiefere Ursache gehabt haben: Die Betonung der Ursprungsfrage, die Erörterung der Stellung des Urchristentums innerhalb der Religionen seiner Zeit, das Problem der Absolutheit des Christentums ließen die Analyse der Traditionsentwicklung innerhalb des Urchristentums faktisch zurücktreten. Die Sache aber bleibt vorhanden[94]; sie wurde nur immer häufiger unter dem Stichwort einer »Religionsgeschichte des Urchristentums«[95] erörtert.

Den entscheidenden Ausgangspunkt für alle Vertreter der religionsgeschichtlichen Schule bildete der scharfe Gegensatz gegen die Literarkritik und ihre bisherige, beherrschende Stellung[96]. Gegenüber der Einengung auf den schriftlichen Text, gegenüber einem Textfetischismus, wie er nach Meinung der religionsgeschichtlichen Schule für die Vertreter der Literarkritik charakteristisch ist[97], muß auf der Erkenntnis beharrt werden, daß auch Texte nur einen sektoralen Ausschnitt der gesamten geschichtlichen Entwicklung bieten können[98]. Sie bleiben in dieser Funktion deshalb nicht nur zu ergänzen durch andere Zeugnisse einer realen Geschichte, sondern es muß vor allem präzis erfaßt werden, was eine solche Interdependenz von Text und konstituierender Geschichte bedeutet[99]. Die religionsgeschichtliche Schule verwies an diesem Punkte

---

[94] Insofern wird man den späteren, oft apologetischen Äußerungen GUNKELS eine Berechtigung nicht absprechen können; vgl. GUNKEL (s. Anm. 57), 66: »Wenn wir also damals ›Religionsgeschichte‹ auf unser Banner schrieben, so dachten wir nicht an eine ›Geschichte der Religionen‹, sondern an eine Geschichte der biblischen Religion.«

[95] Hier wäre vor allem WREDES Über Aufgabe und Methode (s. Anm. 80) zu nennen.

[96] Eben darum ist die religionsgeschichtliche Schule mit dem faktischen Ende eines weit gefaßten Begriffs von Literarkritik gleichzusetzen, wie er z. B. von EICHHORN in der Identifikation von Literarkritik und historischer Kritik gerade angegriffen wird.

[97] Besonders charakteristisch sind hier erneut die pointierten Bemerkungen WREDES (Über Aufgabe und Methode [s. Anm. 80], 28 ff); vgl. z. B. 28 f: »Ein vierter Fehler der in Rede stehenden Methode ist endlich, dass sie die neutestamentliche Theologie als eine Succession von einzelnen Lehrbegriffen … auffasst, die höchstens durch eine chronologische Anordnung und gelegentliche Vergleiche und Rückblicke in Beziehung zu einander gesetzt werden. Trotzdem hierin gern das eigentlich Wissenschaftliche des Verfahrens gesehen wird, muss man behaupten, dass es den Ansprüchen, die wir an eine wirkliche Geschichtsdarstellung machen müssen, keineswegs genügt, ja zum guten Teil den Verzicht auf solche Geschichtsdarstellung bedeutet.«

[98] Notwendige Konsequenz ist dann aber auch der Verzicht auf die Grenze des neutestamentlichen Kanons; vgl. WREDE, aaO 11. Vgl. auch G. KRÜGER, Das Dogma vom neuen Testament, 1896.

[99] Man sollte bedenken, daß solche Relation zwischen Text und Geschichte begrenzt in der ästhetischen Diskussion des Realismusproblems wiederkehrt.

immer erneut auf die Inhalte, die Stoffe, die Ideen. An ihnen wird die historische Tiefendimension eines Textes signifikant: Nicht der jeweilige Autor allein bestimmt den Text, nicht allein seine historische Situation, sondern die Überlieferung und die Geschichte der sozialen Gruppe, zu der er gehört, spielen eine entscheidende Rolle.

In diesen Zusammenhang gehört ein allen Vertretern der religionsgeschichtlichen Schule gemeinsames Thema: Die skizzierten Prämissen führen bei allen zu der Frage nach der Relation von Autor und Tradition bzw. nach dem geschichtlichen Verhältnis von Individuum und Kollektiv. Die sich eigentlich anbietende Konsequenz, die schriftstellerische Persönlichkeit stärker determiniert zu sehen[100], wird selten gezogen[101]. Man sucht ihr zumeist auszuweichen[102], wobei den verlegenen Formulierungen nicht selten anzumerken ist, daß hier ein Tabu berührt wird[103].

Wird so die Frage nach den Inhalten, den Stoffen intendiert, so muß deren Herkunft, ihre Geschichte und die Art und Weise ihrer jeweiligen Auf-

Die religionsgeschichtliche Schule insistiert methodisch darauf, daß ein Text Geschichte nicht unvermittelt abbildet (so die ältere Literarkritik). Dies geschieht vielmehr stets vermittelt, wobei die Konfiguration eines Textes aus seinen Inhalten inhaltlich den Umschlag bezeichnet.

[100] Die Kritiker haben hier zumeist scharfsichtiger geurteilt; vgl. z. B. B. Duhm, Das Buch Jesaja (HK III, 1), 1922⁴, 123 f: »Man darf sich freuen, den Mann zu kennen, der einen solchen Gedanken, wenn auch ohne volles Bewußtsein seiner unermeßlichen Folgen, zum ersten Mal empfangen hat. Daß es kritischer und historischer sei, weltumwandelnde Gedanken aus einer halb unbewußt erfolgten Ansammlung von Ansichten und Reflexionen zu erklären, das Große nicht durch große Männer getan, sondern durch die namenlose Masse oder durch die Gärung der Stoffe selbst ausgebrütet zu denken, das ist ein Satz, der aus dem Neid des geistigen Proletariers [!] entsprungen ist, ein Satz, der der Naturgeschichte, nicht der Menschheitsgeschichte entnommen ist und vor allem nicht der Geschichte der Religion, denn die Religion, zumal die biblische, stellt überall die Person in den Vordergrund.«

[101] Vgl. auch die scharfe Ablehnung bei de Lagarde (s. Anm. 47), 219 ff.

[102] Selbst den abgewogenen Ausführungen Wredes wird man unschwer apologetisches Interesse anmerken können (Über Aufgabe und Methode, 53): »Dass wir bei diesem Erklären und historischen Analysieren die Bedeutung der Persönlichkeiten ... verkennen müssten, fürchte ich nicht. Weshalb sollte man nicht anerkennen können, dass die Eigenart und die Arbeit des Individuums selbst vieles erklärt, was ohne sie nicht erklärt werden kann? Ich glaube, die erklärende Methode wird uns am gehörigen Orte die Bedeutung der Persönlichkeit sogar in der denkbar schärfsten Beleuchtung zeigen. Nur freilich hören wir auf, den Einzelnen schon darum zum Schöpfer eines Gedankens zu machen, weil wir ihn zufällig zuerst bei ihm finden, und ferner aus der Persönlichkeit begreifen zu wollen, was nun einmal nicht aus ihr begriffen werden kann.«

[103] Dies belegt erneut die Schwäche der religionsgeschichtlichen Schule, entstandene Probleme systematisch zu durchdenken. Wie auch sonst bildet E. Troeltsch die einzige Ausnahme; vgl. vor allem: Der Historismus und seine Probleme (Ges. Schriften III), 1922.

nahme untersucht werden. Hierin wird man wohl das Zentrum der traditionsgeschichtlichen Analyse in der religionsgeschichtlichen Schule sehen müssen: Wird mit der Untersuchung der Geschichte der Stoffe ernst gemacht, dann bedeutet das vor allem die Frage nach ihrem Ursprung und ihrer ursprünglichen Bedeutung. Von dieser Ursprungsfrage her (so hypothetisch sie auch immer zu lösen sein wird) [104] läßt sich erst eine wirkliche Geschichte der Stoffe schreiben – in ihrer hermeneutischen Bewegtheit von Traditionsübernahme und Neuinterpretation. Das bedeutet aber, daß für die religionsgeschichtliche Schule an diesem Punkte eine Differenzierung gegenüber einer umfassenden Religionsgeschichte notwendig irrelevant wird; denn wenn die Ursprungsfrage im Mittelpunkt steht, so kann der jeweils zu analysierende Religions- bzw. Traditionskreis nur Ausgangspunkt, nie aber Grenze sein.

Es sollte doch deutlich sein, mit welcher Notwendigkeit solche sich aus der Forschung ergebende, ihr nicht aufgezwungene Erkenntnis das Problem der Absolutheit der eigenen Religion (hier: des Christentums) angehen muß[105]. Von den gegebenen und sich historisch bestätigenden Prämissen her kann es methodisch jedenfalls eine solche Absolutheit nicht geben[106]. So unausweichlich diese Erkenntnis ist, faktisch ist sie in der religionsgeschichtlichen Schule nicht immer gewonnen worden[107].
Auf der anderen Seite hat die zunehmende Konzentration auf die Ursprungsfrage (in Verbindung mit der fehlenden Unterscheidung zwischen Methode und Objekt dieser Methode) die religionsgeschichtliche Analyse des Urchristentums selbst nicht immer gefördert[108]. Der Ansatz Eichhorns, sich zunächst

---

[104] Daß das Hypothetische (bzw. das Aporetische) des Vorgehens die methodischen Prämissen außer Kraft setze, wird deshalb bestritten; vgl. neben Eichhorn (s. S. 33) noch Wrede, Über Aufgabe und Methode, 51.

[105] Auch hier sei erneut auf das gesamte Oeuvre E. Troeltschs verwiesen; vgl. für diesen Zusammenhang z. B. H.-G. Drescher, Glaube und Vernunft bei Ernst Troeltsch. Eine kritische Deutung seiner religionsphilosophischen Grundlegung (Diss. theol. Marburg), 1957; W. Bodenstein, Neige des Historismus. Ernst Troeltschs Entwicklungsgang, 1959.

[106] Vgl. Bousset, Mission (s. Anm. 78), 18: »Ich meine ... wir werden einen Weg nicht gehen, wir werden nicht versuchen, an Stelle jener dogmatischen Theorie in erster Linie und ausschließlich den religionswissenschaftlichen Beweis für die unbedingte Überlegenheit und Vollendung des Christentums zu setzen, d. h. an Stelle eines dogmatischen Intellektualismus den rein theoretisch wissenschaftlichen.« Die Lösung, die Bousset vorschlägt (19: »Es gibt hier nur einen Weg, der zur Sicherheit führt, den der in sich ruhenden religiösen Überzeugung und Erfahrung.«), dürfte mit seiner Wendung zu Fries zusammenhängen; vgl. Verheule (s. Anm. 58), 382 ff.

[107] Nicht zufällig hatte Bousset seiner Äußerung den Satz eingefügt: »... und bin mir dabei freilich bewußt, auf Widerspruch auch in unsern eigenen Reihen zu stoßen ...«

[108] Das setzt wenigstens z. T. die Kritik Wellhausens, das Grundübel reli-

an der Traditionsentwicklung eines Bereiches zu schulen und dann erst nach dem Ursprung der jeweiligen Überlieferung zu fragen, wird immer mehr verlassen zugunsten des punktuellen Nachweises von Abhängigkeit, wobei die Frage nach der geschichtlichen Vermittlung kaum noch Beachtung findet.

Zugleich erhält damit auch jedes Stadium der geschichtlichen Entwicklung des jeweiligen Stoffes das ihm eigene Gewicht. Nicht bloß antiquarisches Interesse soll bezweckt sein, wie dies Wellhausen in seiner Polemik Gunkel vorgeworfen hatte, sondern es wird abgezielt auf die jeweilige geschichtliche Situation in ihrem Miteinander von Tradition und Innovation.

Die Summierung der wichtigsten Gedanken der religionsgeschichtlichen Schule entbirgt allerdings zugleich auch Fragen, deren Lösung in der religionsgeschichtlichen Schule selbst nur sehr fragmentarisch und unvollkommen vorliegt: So fällt auf, daß gerade im Blick auf die Traditionsgeschichte die Anstrengung des Begriffs von Anfang an zwiespältig ist. Auf der einen Seite geht das Bestreben auf eine Art Grundlagenwissenschaft, die zu einem umfassenden Verständnis der neutestamentlichen Texte führt und die prinzipielle Möglichkeit hierfür aufzeigt. Andererseits jedoch lassen sich Tendenzen nicht übersehen, die der Traditionsgeschichte nur eine arbeitsteilige Rolle im Gesamtprozeß der exegetischen Untersuchungen zugestehen wollen. Diese Zwiespältigkeit erklärt zugleich die Schwierigkeit einer klaren Definition und Abgrenzung von Traditions- und Religionsgeschichte. Das Problem wurde durch die Verbindung des Begriffs der Religionsgeschichte mit einem allgemeinen, mehr phänomenologisch orientierten Verständnis von Religion sogar noch zusätzlich verschärft. Wichtig dürfte auch sein, daß eine präzise Bestimmung der Relation zwischen Stoff und Geschichte der religionsgeschichtlichen Schule nicht gelungen ist. Denn das methodische Programm einer Geschichte des Urchristentums, auf deren Hintergrund eine Geschichte der Stoffe erst Sinn erhält, ist kaum als eingelöst zu betrachten. Hierher gehört auch die Frage, in welchem Ausmaß die jeweiligen Inhalte von der Geschichte (bzw. einer bestimmten gesellschaftlichen Konstellation) konstituiert wurden. Prinzipiell konnte die religionsgeschichtliche Schule es durchaus bejahen [109], faktisch jedoch gerät gerade die

---

gionsgeschichtlicher Analyse liege in der Pointierung der Ursprungsfrage, ins Recht.

[109] Exemplarisch erneut WREDE, Über Aufgabe und Methode, 56: »Die üblichen biblisch-theologischen Erörterungen erwecken meist den Eindruck, als seien die urchristlichen Anschauungen rein durch die Macht des Gedankens erzeugt, als schwebe die Welt der Ideen ganz als eine Welt für sich über der äusseren Geschichte. Mit dieser Meinung werden wir brechen müssen: die urchristliche Gedankenwelt ist sehr stark durch die äussere Geschichte bedingt, das muss kräftig zur Geltung kommen.«

Traditionsgeschichte der religionsgeschichtlichen Schule häufig zu einer losgelösten Bewegung im Reich der Ideen. Verständlich wird dies, wenn man die grundsätzliche Aporie des Geschichtsbegriffs für die religionsgeschichtliche Schule in die Überlegungen einbezieht. Wo er nicht einfach unreflektiert übernommen wird (oft unter Einbeziehung der »Entwicklungs«terminologie) [110], enden die methodischen Erwägungen in Verlegenheiten [111]. Es ist ähnlich wie beim Religionsbegriff: Beide sind so weit gefaßte Oberbegriffe, daß sie zwar jede Konkretion abdecken können, zugleich aber jeglicher Schärfe und näheren Bestimmung entbehren.

V

Die Frage nach den Bedingungen und den historischen Voraussetzungen, unter denen die überlieferungsgeschichtliche Methode in der religionsgeschichtlichen Schule entstanden ist, bleibt schon deshalb schwer zu beantworten, weil die religionsgeschichtliche Schule diese Frage zumeist als unsachgemäß zurückwies: »Ich sehe von der Untersuchung nach den halben und ganzen, bewußten oder unbewußten Vorläufern der religionsgeschichtlichen Forschung (namentlich im rationalistischen Zeitalter) ab. Diese Frage wird bekanntlich gerne von Gegnern der religionsgeschichtlichen Forschungen in die Debatte geworfen: Es giebt nichts Neues unter der Sonne, auch die religionsgeschichtliche Arbeit ist ja gar nichts Neues! Die ganze Frage hat wirklich nur antiquarisches Interesse. Es kommt darauf an, daß die Arbeit getan werde; ob man ihr zugesteht, daß die Bahnen, die sie einschlägt, absolut neue seien, ist gänzlich gleichgültig.« [112] Diese doch recht unwirsche Verweigerung wirkt um so über-

---

[110] WREDE, aaO 44 ff, z. B. 44: »Man muss von der neutestamentlichen Theologie erwarten, dass sie, soweit das irgend möglich ist, die Entwicklung und die Entwicklungen klar zu stellen sucht.« Vgl. auch (anders nuanciert) BOUSSET, Die Religionsgeschichte (s. Anm. 78), 364.

[111] Erneut wäre hier als die eine Ausnahme TROELTSCH zu nennen.

[112] BOUSSET, Die Religionsgeschichte (s. Anm. 78), 273 Anm. 1. In der Tendenz ähnlich GUNKEL (s. Anm. 57), 65: »Kein Wunder, daß sich auch die ›religionsgeschichtliche Schule‹, zumal sie bei ihrem ersten Auftreten den Zeitgenossen höchst überraschend kam und sofort in heftige Kämpfe verwickelt ward, gewisse Mißdeutungen über ihre Entstehungsgeschichte und ihre Grundgedanken hat fallen lassen müssen, so daß sogar einige ihrer Mitglieder die ursprüngliche Linie nicht immer in völliger Reinheit innegehalten haben.« 66: »Die ›Schule‹ entstand nicht ... durch den Einfluß der orientalischen Ausgrabungen ... und Entdeckungen, auch nicht durch den der ›Allgemeinen Religionsgeschichte‹, mit der sie zunächst nichts zu tun hatte, sondern sie war eine durchaus innertheologische Bewegung ...«

raschender[113], wenn man an jene Intensität denkt, mit der gerade Bousset die Traditionen des Urchristentums unter eben diesen Kriterien analysiert hat. Dennoch hat sie ihre Wirkung getan: Eine geistes- bzw. theologiegeschichtliche Einbindung der religionsgeschichtlichen Schule ist bis heute nur in Ansätzen gelungen[114]. Das liegt sicher weithin im Desinteresse der religionsgeschichtlichen Schule begründet, die eigenen Auffassungen zu systematisieren und in einen Dialog mit der theologischen oder kulturellen Tradition zu bringen[115]. Das gewiß nicht zu Unrecht Impressionistische religionsgeschichtlicher Analysen – eine Mischung aus der Euphorie der Gründerjahre und der Skepsis Nietzsches – spiegelt sich auch in der Montage von Zitaten und literarischen Reminiszenzen.

Nicht unterschätzt werden darf der faktische Zwang zu religionsgeschichtlicher Arbeit, auch wenn dies von Gunkel z. B. strikt geleugnet wird[116]. Die explosionsartige Ausweitung der Quellen und Texte auf dem Gebiete der Orientalistik und klassischen Philologie, die gegen Ende des 18. und im Verlauf des 19. Jahrhunderts erfolgte[117], ist schwerlich gering zu veranschlagen[118].

---

[113] Sie entspricht in ihrem polemischen Charakter gerade der Kritik Wellhausens an Gunkel, in der Frage nach dem Ursprung liege das proton pseudos!

[114] Vgl. z. B. Ittel (s. Anm. 57), 7 ff. Die Äußerungen Ittels entspringen mehr der eigenen Verlegenheit als dem Bewußtsein, eine Lösung des Problems gefunden zu haben. Das Muster solcher Analyse hat schon Reischle (s. Anm. 57) gegeben; nach der akzeptablen Prämisse (16): »Die Wissenschaftsbewegung steht aber immer in engstem Zusammenhang mit der gesamten Stimmung der Zeit; sie bildet den Hintergrund auch für die religionsgeschichtliche Losung in der Theologie« präsentiert er eine bunte Reihe von Namen (Schopenhauer, Nietzsche, Carlyle, Lagarde, Bonus, Kierkegaard, Naumann). Ansätze zu einer wirklichen Einordnung der religionsgeschichtlichen Schule in ihrer Zeit vor allem bei Klatt (s. Anm. 10).

[115] Wo ein solcher Versuch erfolgt, die Herkunft der eigenen Theorie sich bewußt zu machen, differieren die Äußerungen erheblich. Während Gunkel z. B. jegliche Verpflichtung gegenüber de Lagarde emphatisch zurückweist, wird dieser von Bousset (aber auch von Troeltsch) durchaus als geschichtlicher Zeuge des eigenen Denkens angeführt. Zu diesem Problemkreis vgl. jetzt auch F. Regner, »Paulus und Jesus« im 19. Jahrhundert. Beiträge zur Geschichte des Themas »Paulus und Jesus« in der neutestamentlichen Theologie von der Aufklärung bis zur Religionsgeschichtlichen Schule (Ev.-theol. Diss. Tübingen), 1974.

[116] Vgl. o. Anm. 112.

[117] Zusammenstellung bei H. Pinard de la Boullaye, L'Étude comparée des Religions I.II, Paris 1925/29 (bes. I, 176 ff). Weniger brauchbar L. H. Jordan, Comparative Religion. Its Genesis and Growth, Edinburgh 1905.

[118] Zur Forschungsgeschichte der Religionsgeschichte vgl. vor allem (neben Pinard de la Boullaye) noch: E. Hardy, Zur Geschichte der vergleichenden Religionsforschung (ARW 4, 1901, 45–66. 97–135. 193–228); J. Wach, Religionswissenschaft. Prolegomena zu ihrer wissenschaftstheoretischen Grundle-

Was zuvor (auch noch während der Aufklärung) eher einem gewiß nützlichen Kuriositätenkabinett glich, stellte sich nun als ein geschlossener Zusammenhang dar, der sich nicht mehr verdrängen ließ. Solche faktische Gegebenheit nötigte, wo nicht zu einer religionsgeschichtlichen, so doch zumindest zu einer religionsvergleichenden Lösung[119].

Die Frage nach den historischen Bedingungen, welche die Theorie religionsgeschichtlicher Analyse ermöglicht haben, kann deshalb nicht beiseite geschoben werden. Dabei ist nun gerade jener Fehler zu vermeiden, den man gewiß nicht zu Unrecht der religionsgeschichtlichen Schule angekreidet hat: das bloße Suchen nach Analogien oder die Betonung von Abhängigkeiten bzw. der Ursprungsfrage. Vielmehr wäre in dem interpretativen Prozeß zwischen Gewordenem und Neuem bei der religionsgeschichtlichen Schule gerade der Innovation ein erheblicher Rang zuzuweisen; auf diese Weise würde man auch ihrem eigenen Anspruch, Neubeginn und Anfang zu sein, gerecht werden. So wird man z. B. dem Begriff der »Traditionsgeschichte« bei Gunkel durchaus den Charakter des Neuartigen zuweisen können[120]. Die geschichtlichen Bedingungen, die zur Theoriebildung in der religionsgeschichtlichen Schule und damit zur Konstituierung traditionsgeschichtlicher Methode geführt haben, lassen sich dennoch in großen Zügen feststellen:

---

gung, 1924, bes. 1 ff; G. MENSCHING, Geschichte der Religionswissenschaft, 1948; K. RUDOLPH, Die Religionswissenschaft an der Leipziger Universität und die Entwicklung der Religionswissenschaft (SSAW.PH 107, 1), 1962; A. D. NOCK, The Study of the History of Religion (in: Essays on Religion and the Ancient World I, Oxford 1972, 331–340); K. RUDOLPH, »Historia Religionum«. Bemerkungen zu einigen neueren Handbüchern der Religionsgeschichte (ThLZ 98, 1973, 401–418).

[119] Das gilt, wenn auch modifiziert, in verwandter Weise von der Entwicklung in der klassischen Philologie, die in manchen Zügen der religionsgeschichtlichen Schule voraufgeht bzw. mit ihr parallel verläuft. Vgl. vor allem die Arbeiten USENERS, bei denen zudem noch der Zusammenhang mit der älteren Mythenforschung zu beachten bleibt; z. B. H. USENER, Das Weihnachtsfest I–III (Religionsgeschichtliche Untersuchungen I), 1889, X ff. Vgl. auch DERS., Mythologie (ARW 7, 1904, 6–32). Zu USENER s. WACH (s. Anm. 118), 10 Anm. 4.

[120] Dennoch bleibt es überraschend, daß sich der Terminus prononciert bei – WELLHAUSEN findet; vgl. J. WELLHAUSEN, Prolegomena zur Geschichte Israels, 1927⁶, 13: »Der zweite Teil, in mancher Hinsicht abhängig vom ersten, weist den Einfluß der jeweils herrschenden Vorstellungen und Tendenzen auf die Gestaltung der historischen Tradition nach und verfolgt die verschiedenen Phasen in der Auffassung und Darstellung derselben; er enthält so zu sagen eine Geschichte der Überlieferung.« Dazu s. dann 163 ff. 219 f. 293 f. Diese terminologische Übereinstimmung – die Auseinandersetzung zwischen GUNKEL und WELLHAUSEN jedenfalls erstaunlich erscheinen läßt – kann allerdings nicht darüber hinwegtäuschen, daß die inhaltlichen Unterschiede gravierend

Sie liegen zum einen in jener allgemeinen geistesgeschichtlichen Bewegung, die vom (vor allem englischen) Deismus her[121] über die Aufklärung zur Frage nach bzw. zur Feststellung der historischen Gewordenheit konkreter Religion führen mußte[122]. Allerdings: Historische Analyse, besonders historische Analyse der Religion kann hier nicht Selbstzweck, sondern nur Instrument der kritischen Vernunft sein, die in der Zerstörung einer Welt des Scheins und mit Hilfe des Nachweises der Geschichtlichkeit jeglicher Erscheinung nur desto heller das Reich des mündigen Bürgers herausstellen wollte. Die Gefahren solchen Vorgehens, das seinem historischen Objekt zweifellos Gewalt antut[123], brauchen hier nicht erörtert zu werden – sie liegen in seiner Dialektik begründet –; deutlich ist jedenfalls, daß es konsequent bei einer Vergleichung[124] der verschiedenen Religionen enden muß[125], wobei das Ziel häufig in der Destruktion der konkreten Religion zugunsten eines Ideals von Religion zu sehen ist.

---

sind: Für WELLHAUSEN ist alle Tradition zunächst und vor allem als *historische* Tradition zu interpretieren.

[121] Vgl. dazu vor allem E. TROELTSCH, Aufsätze zur Geistesgeschichte und Religionssoziologie (Ges. Schriften IV), 1925; vgl. etwa 429 ff und dazu die Ergänzungen von TROELTSCH ebd. 845 ff. Daneben s. noch HEGLER (s. Anm. 57), 4 ff; G. E. BURCKHARDT, Die Anfänge einer geschichtlichen Fundamentierung der Religionsphilosophie bei Herder I. Grundlegende Voruntersuchungen (Diss. phil. Halle), 1908; WACH (s. Anm. 118), 7 ff.

[122] Charakteristische Beispiele solcher Kritik finden sich vor allem bei Voltaire; vgl. dazu BURCKHARDT (s. Anm. 121), 35; TROELTSCH (s. Anm. 121), 470 ff, bes. 473 f.

[123] F. OVERBECK, Ueber Entstehung und Recht einer rein historischen Betrachtung der Neutestamentlichen Schriften in der Theologie, 1871, 18 f: »Diese und andere Wahngebilde der protestantischen Scholastik riefen in der Wissenschaft den Rationalismus hervor, in welchem wir nun den Verstand im Zustand der Empörung sehen, d. h. sich so leidenschaftlich behaupten, dass er seinem historischen Object nicht weniger Gewalt anthut und der Aufgabe eines historischen Verständnisses der Schrift auch nicht näher kommt...«

[124] Wie überhaupt der Unterschied zwischen Religionsphänomenologie und strikter Religionsgeschichte in der Sache sehr früh einsetzt; er bleibt auch dann zu beachten, wenn man sieht, wie wenig die religionsgeschichtliche Schule faktisch auf ihn Rücksicht genommen hat. Vgl. jedoch E. TROELTSCH, Zur religiösen Lage, Religionsphilosophie und Ethik (Ges. Schriften II), 1922², 502 ff: »Die eine [scil. Interessenrichtung] ist die besondere auf die Geschichte des Christentums selbst gerichtete historische Forschung. Hier bedeutet religionsgeschichtliches Denken nicht eine allgemeine Religionsphilosophie..., sondern die ganz konkrete Erklärung... der biblischen Religion... Die zweite... Interessenrichtung möchte ich die religionsphilosophische oder prinzipiell-theologische nennen.«

[125] Vgl. dazu auch WACH (s. Anm. 118), 12: »...daß man promiscue von Religionswissenschaft, Religionsgeschichte und Religionsphilosophie spricht, ist

Die Grundtendenzen der religionsgeschichtlichen Schule lassen sich nun allerdings noch wesentlich stärker gerade in jener Bewegung erkennen, die prinzipielle Kritik am Geschichtsverständnis der Aufklärung ist, im Historismus [126]. Dabei sollte beachtet werden, daß hier das Erbe der Aufklärung nicht aufgegeben worden ist, sofern der Ausgangspunkt erneut die Erkenntnis der prinzipiellen Geschichtlichkeit aller Erscheinungen ist. Daß allerdings ein qualitativer Umschlag erfolgt ist [127], zeigt die charakteristische Neufassung von Termini wie Tradition [128] oder Geschichtlichkeit, die nun einen positiven Klang erhalten [129].

Nun mag man in der Tat einwenden, daß diese historischen Bedingungen der religionsgeschichtlichen Schule als Selbstverständlichkeiten, als gültige Resultate bisheriger Kultur erschienen sind und von ihr deshalb

---

nicht etwa nur eine gleichgültige Namensfrage, sondern dokumentiert schon für sich die ungenügende Scheidung der Sachen.«

[126] Vgl. dazu neben den Arbeiten von TROELTSCH noch F. MEINECKE, Die Entstehung des Historismus (Werke III), 1959 (bes. wichtig 276 ff zum Traditionalismus bei Ed. Burke). Für die Entwicklung der Religionsgeschichte vgl. BURCKHARDT (s. Anm. 121). Zum ganzen Zusammenhang vgl. die Untersuchung von J. RÜSEN, Begriffene Geschichte. Genesis und Begründung der Geschichtstheorie J. G. Droysens, 1969.

[127] Nachdrücklich wäre in diesem Zusammenhang auch an Hegel zu erinnern; dies um so mehr, als er in seinen Jugendschriften noch der Kritik der Aufklärung am Christentum als der positiven Religion verhaftet bleibt. Vgl. dazu z. B. K. WOLF, Die Religionsphilosophie des jungen Hegel (Diss. phil. München), 1960 (Lit.); M. RIEDEL, Wissen, Glauben, Wissenschaft: Religionsphilosophie als kritische Theologie (in: System und Geschichte. Studien zum historischen Standort von Hegels Philosophie [es 619], 1973, 65–95).

[128] So hat der Traditionsbegriff bei Hegel noch einen ausgesprochen negativen Akzent; vgl. z. B. Phänomenologie des Geistes, 535 f (HOFFMEISTER). Daß Hegel diesen Sprachgebrauch (und damit die intendierte Sache) beibehalten hat, belegt der von W. LÜTGERT (Die Religion des deutschen Idealismus und ihr Ende III [BFChTh II, 10], 1925, 464) mitgeteilte Brief Hegels an Tholuck vom 3. 7. 1826: »Verdient die hohe christliche Erkenntniß von Gott als dem Dreyeinigen nicht eine gantz andere Ehrfurcht, als sie nur so einem äußerlich historischen Gange zuzuschreiben? In Ihrer gantzen Schrift habe ich kein(e) Spur eines eigenen Sinns für diese Lehre fühlen und finden können. Ich bin ein Lutheraner und durch Philosophie ebenso gantz im Luthertum befestigt; ich lasse mich nicht über solche Grundlehre mit äußerlich historischer Erklärungsweise abspeisen; ... Mir ist es ein Greuel, dergleichen auf eine Weise erklärt zu sehen, wie etwa die Abstammung und Verbreitung des Seidenbaues, der Kirschen, der Pocken u.s.f. erklärt wird.«

[129] Vgl. dazu L. v. RENTHE-FINK, Geschichtlichkeit. Ihr terminologischer und begrifflicher Ursprung bei Hegel, Haym, Dilthey und Yorck (AAWG.PH III, 59), 1964. Die Übergänge von der Aufklärung zum Historismus sind dabei außergewöhnlich schwer zu bestimmen; für F. Baader vgl. z. B. D. BAUMGARDT, Franz von Baader und die philosophische Romantik, 1927.

gar nicht reflektiert wurden[130]. Bewußte Anklänge finden sich deshalb
vor allem gegenüber der genuin theologischen Tradition[131]. Nicht allein
an Schleiermacher[132], sondern vor allem auch an F. Chr. Baur[133],
nicht allein an Wellhausen[134], sondern auch an B. Duhm[135] wäre zu
erinnern. Aber auch der Einfluß von Einzelgängern wie P. de Lagarde[136] oder selbst B. Bauer[137] kann nicht übersehen werden[138].

---

[130] Deshalb wird eine präzise (etwa an einen konkreten Entwurf gebundene)
Herleitung immer mißlich sein. Das gilt auch gegenüber den Beobachtungen bei
E. Fascher, Die formgeschichtliche Methode. Eine Darstellung und Kritik
(BZNW 2), 1924, 5 ff.

[131] Es sei noch einmal an Gunkel erinnert (Richtungen [s. Anm. 57], 66:
»eine durchaus innertheologische Bewegung«). Zum Folgenden vgl. vor allem
C. Senft, Wahrhaftigkeit und Wahrheit. Die Theologie des 19. Jahrhunderts
zwischen Orthodoxie und Aufklärung (BHTh 22), 1956.

[132] § 10 in Schleiermachers »Der christliche Glaube« kann ja in nuce
traditions- bzw. religionsgeschichtliches Vorgehen begründen: »Jede einzelne
Gestaltung gemeinschaftlicher Frömmigkeit ist Eine theils äußerlich als ein
von einem bestimmten Anfang ausgehendes geschichtlich-stätiges, theils inner-
lich als eigenthümliche Abänderung alles dessen, was in jeder ausgebildeten
Glaubensweise derselben Art und Abstufung auch vorkommt, und aus beiden
zusammengenommen ist das eigenthümliche Wesen einer jeden zu ersehen.«
Vgl. zu Schleiermacher die Analysen bei Senft (s. Anm. 131), 12 ff. S. auch
K. E. Welker, Die grundsätzliche Beurteilung der Religionsgeschichte durch
Schleiermacher, 1965.

[133] Zu F. Chr. Baur vgl. Senft (s. Anm. 131), 47 ff. S. auch W. Geiger,
Spekulation und Kritik. Die Geschichtstheologie Ferdinand Christian Baurs
(FGLP X, 28), 1964; P. C. Hodgson, The Formation of Historical Theology.
A Study of Ferdinand Christian Baur, New York 1966. Zur kritischen Rezep-
tion Baurs in der religionsgeschichtlichen Schule vgl. Wrede (s. Anm. 40),
45 f.

[134] Der Einfluß Wellhausens ist ja trotz aller Kritik der religionsgeschichtlichen Schule an ihm überhaupt nicht zu verkennen. So schließt sich z. B. die
Skizze israelitischer Religion, die Bousset in »Jesu Predigt in ihrem Gegensatz
zum Judentum« gibt (11 ff), weitgehend an Wellhausen an; vgl. auch Gressmann (s. Anm. 38), 26, der von Harnack und Wellhausen sagt: »Beide betrachten die Religionsgeschichtler zwar eher als ihre ungeratenen Söhne, aber sie
können die Vaterschaft nicht ableugnen.«

[135] Vgl. dazu E. Troeltsch, Zur theologischen Lage (ChW 12, 1898, 627
bis 631. 649–657), bes. 649 ff.

[136] Zu de Lagarde vgl. H. Karpp, Lagardes Kritik an Kirche und Theologie (ZThK 49, 1952, 367–385); H.-W. Schütte, Theologie als Religionsgeschichte (NZSTh 8, 1966, 11–120). Für die religionsgeschichtliche Schule vgl.
das Vorwort bei Troeltsch, Ges. Schriften II (s. Anm. 124).

[137] Vgl. J. Mehlhausen, Dialektik, Selbstbewußtsein und Offenbarung. Die
Grundlagen der spekulativen Orthodoxie Bruno Bauers in ihrem Zusammen-
hang mit der Geschichte der theologischen Hegelschule dargestellt (Diss. theol.
Bonn), 1965. Was Mehlhausen im Blick auf Bauers »Kritik der evangelischen
Geschichte des Johannes« konstatiert (82: »Die hermeneutische Pointe des

Sucht man die Tendenz zu summieren, die diesem breit gefächerten und verschieden nuancierten Erbe innewohnt, so liegt sie im wesentlichen in der konsequenten Historisierung aller kirchlichen Überlieferung [139]. Es gibt für die religionsgeschichtliche Schule prinzipiell keinen Bereich, der dieser Geschichtlichkeit entnommen werden kann [140], die Geschichte ist zur alles verzehrenden Macht geworden [141]. Das sich daraus ergebende Vorgehen besitzt stark kritischen Charakter und trachtet konsequent danach, in der Vergeschichtlichung zugleich aller Überlieferung die ihr immanente Macht zu nehmen. Darüber hinaus ist nicht zu übersehen, daß es in diesem Erbe auch so etwas wie eine liebende Versenkung in das Reich der Vergangenheit gibt; hier wird das Vergangene, das Uranfängliche als das Unverfälschte, von keiner Institution Getrübte akzeptiert [142]. Die Betonung der Ursprungsfrage, das antiquarische Interesse der religionsgeschichtlichen Schule [143] hat hierin auch eine historische Komponente. Es verbinden sich so, in der historischen Konsti-

---

gesamten Unternehmens liegt offensichtlich darin, daß nun nicht im herkömmlichen rationalistischen Sinne Ursprüngliches und Nachträgliches plan voneinander geschieden wird, sondern dass die ungeteilte Traditionsmasse einem vom Historiker in Gang gesetzten rückläufigen ›Entwicklungsprozeß‹ unterworfen werden soll. Die Traditionsgeschichte soll den Exegeten zur ›wirklichen Geschichte‹ zurückführen.«), entspricht nicht von ungefähr Gedanken der religionsgeschichtlichen Schule. Vgl. jetzt auch E. Barnikol, Bruno Bauer. Studien und Materialien, Assen 1972. Bauer war allerdings bereits gegen Ende des 19. Jh.s weithin unbekannt; immerhin stammt eine der wenigen gerechten Würdigungen, die er damals erfahren hat, von W. Wrede, Das Messiasgeheimnis in den Evangelien, 1901, 280 ff.

[138] Auch die Bedeutung A. Ritschls ist nicht gering zu veranschlagen; dies zeigt gerade die heftige Auseinandersetzung mit der Ritschl-Schule.

[139] Vgl. dazu die von A. Pfeiffer, Franz Overbecks Kritik des Christentums (SThGG 15), 1975, 66 zitierten Sätze aus dem Nachlaß Overbecks (ONB A 235): »Das für menschliche Betrachtungsweise klarste Symptom davon, daß es mit der Religion zu Ende geht, ist, daß sie zur Zeit unter uns ganz Historie, ganz historisch geworden ist ... So bereite sie sich denn auf dieses Ende vor, sie hat unter uns Menschen keine Entschuldigung mehr dafür, wenn sie diese Vorbereitung noch unterläßt.«

[140] Vgl. R. Bultmann, Die liberale Theologie und die jüngste theologische Bewegung (GuV I, 1954², 1–25), 2.

[141] Für die Tendenz s. auch Overbeck (s. Anm. 123), 4 f.

[142] Es sei noch einmal an den ambivalenten Charakter erinnert, den Termini wie »Tradition« und »Geschichtlichkeit« forschungsgeschichtlich haben.

[143] Vgl. Troeltsch (s. Anm. 124), 413: »Der originale Sinn einer historischen Erscheinung ist in den Ursprüngen am kräftigsten und reinsten enthalten; und wenn ein solcher Satz für zusammengesetzte Kulturgebilde wie etwa die Renaissance nur bedingt gelten kann, so gilt er doch unbedingt von den prophetisch-ethischen Religionen, die ihr ganzes Leben aus der grundlegenden Persönlichkeit empfangen ...«

tution des Erkenntnisinteresses der religionsgeschichtlichen Schule, Traditionskritik und zugleich Anerkennung der Überlieferung und ihrer Macht [144].

Ließ sich diese Dialektik von Kritik und Akzeptation in der religionsgeschichtlichen Schule schon bei der Verwendung der traditionsgeschichtlichen Analyse beobachten [145], so wird sie erneut deutlich, wenn über die ideologischen Voraussetzungen hinaus nach den gesellschaftlichen Komponenten gefragt wird, die das methodische Vorgehen der religionsgeschichtlichen Schule in seiner Zeit als sachlich evident und überzeugend erscheinen ließen. Die Lösung dieser Frage wird erneut durch objektive Schwierigkeiten behindert und erschwert [146]: Von den Selbstaussagen der Vertreter der religionsgeschichtlichen Schule wird man nur sehr begrenzt ausgehen dürfen. Viel stärker wären schon Phänomene wie die »Christliche Welt«, deren Jahrgänge aufschlußreiche Einblicke in die soziokulturellen und sozioökonomischen Bedingungen der religionsgeschichtlichen Schule bieten können [147], in die Betrachtung einzubeziehen. In diesen Kontext gehört auch die Tendenz zur Popularisierung, die der religionsgeschichtlichen Schule eigen ist [148]. Aber das eigentümliche Schwanken zwischen Kritik und Anerkennung historischer Gegebenheiten in der materialen Forschung der religionsgeschichtlichen Schule hat vor allem seine Korrespondenz im politischen Verhalten [149]: Wie sich die Vertreter der religionsgeschichtlichen Schule nicht zufällig auf die Seite derer stellten, die mit der verfaßten Kirche in Konflikt gerieten [150], so ist auf der anderen Seite das Bemühen durchaus nicht zu verkennen, bestehende kirchliche Verhältnisse durch das Verstehen ihrer

---

[144] Beides sehr schön verbunden bei Usener (s. Anm. 119), XII.

[145] Man vgl. z. B. die Differenzen zwischen Gunkel und Bousset im Telos ihrer traditionsgeschichtlichen Arbeit.

[146] Ansätze zu einer solchen Analyse finden sich vor allem bei Klatt (s. Anm. 10); s. aber auch schon J. Rathje, Die Welt des freien Protestantismus, 1952, 92.

[147] Vgl. dazu Rathje (s. Anm. 146).

[148] Hierher gehört nicht nur die Unzahl der popularisierenden Veröffentlichungen der religionsgeschichtlichen Schule, die einen Überblick über sie so sehr erschweren, sondern vor allem ein so eindrucksvolles und respektables Unternehmen wie die erste Auflage der RGG; an ihm wird deutlich, daß die religionsgeschichtliche Schule von ihrem Programm her durchaus in der Lage war, das Organon der theologischen Wissenschaften zu überblicken. Auch auf Zeitschriften wie die ThR wäre zu verweisen.

[149] Vgl. dazu Nigg (s. Anm. 57).

[150] Die »Fälle« jener Zeit finden ihre nahezu lückenlose Dokumentation in den Jahrgängen der ChW. Vgl. Rathje (s. Anm. 146), zum Grundsätzlichen auch Troeltsch (s. Anm. 124), 134 ff.

historischen Ursachen gerade zu stützen [151]. Und wie ein besonderes Interesse an sozialen Fragen für alle Vertreter der religionsgeschichtlichen Schule zutrifft [152], so wird auch hier das Bestehende nur sehr begrenzt zum grundsätzlichen Problem [153].

In dieser Ambivalenz und Inkonsequenz hat das Zurücktreten religionsgeschichtlicher Analysen, das gewöhnlich mit dem Beginn des ersten Weltkrieges (als einer Art Offenbarungseid der bestehenden Theologie) verbunden wird, nicht zuletzt seinen Grund: Nicht so sehr die Überwindung durch die »dialektische Theologie« [154] als vielmehr die Schwäche, das Ergebnis der eigenen Forschung mit einem theoretischen Entwurf zu vermitteln [155], läßt den kritischen Impuls der religionsgeschichtlichen Schule erlahmen [156].

VI

Nun hat allerdings das augenfällige Verschwinden der traditionsgeschichtlichen Analysen schon während der Blüte der religionsgeschichtlichen Schule selbst und dann vor allem in der Zeit nach dem ersten Weltkrieg doch auch innerwissenschaftliche Gründe. Gerade an jenen Punkten, die schon in der religionsgeschichtlichen Schule von Anfang an Aporien hatten erkennen lassen, setzt deshalb die Kritik an. Die unterschiedlichen Aspekte, die traditionsgeschichtliche Analyse zu einer

---

[151] In der Erörterung der Missionsproblematik wird diese ambivalente Haltung der religionsgeschichtlichen Schule besonders deutlich. Vgl. dazu neben TROELTSCH auch BOUSSET, Mission (s. Anm. 78).

[152] Dies wird durch die Nähe zu Naumann dokumentiert, die bei der religionsgeschichtlichen Schule durchweg nachzuweisen ist. Aber auch an das Verhalten einem Manne wie P. Göhre gegenüber ließe sich erinnern.

[153] Die in ihrer Pointierung ungerechte (oft auch sachlich nicht zutreffende) Kritik OVERBECKS enthält deshalb ein gerüttelt Maß an Wahrheit; vgl. z. B. aaO (s. Anm. 30) 15 f.

[154] Daß deren Kritik eine bedeutende Rolle gespielt hat, kann gewiß nicht bestritten werden (und wäre deshalb gesondert zu untersuchen); vgl. z. B. die Auseinandersetzung bei BULTMANN (s. Anm. 140). Aber die Polemik der »dialektischen Theologie« konnte doch weithin von jenen Aporien ausgehen, zu denen die religionsgeschichtliche Schule selbst konsequent gelangen mußte.

[155] Nicht unterschätzt werden darf dabei, daß ein erheblicher Teil der materialen Ergebnisse der religionsgeschichtlichen Schule in seiner unmittelbaren Evidenz von der Forschung akzeptiert werden mußte und akzeptiert wurde. Die ihm ursprünglich immanente Kritik konnte dann leicht in Vergessenheit geraten.

[156] Dabei wäre noch zu prüfen, in welcher Weise das Interesse der religionsgeschichtlichen Schule nach dem ersten Weltkrieg von anderen Gruppierungen übernommen werden konnte (z. B. von den »religiösen Sozialisten« oder der »dialektischen Theologie«).

gewiß spannungsreichen Einheit zusammengefügt hatte, beginnen immer mehr auseinanderzutreten. So kommt es zu einer wachsenden Isolierung religionsgeschichtlicher Arbeit, die immer weniger berücksichtigt, daß der Einbettung in einen Gesamtrahmen doch auch die Analyse der Traditionsentwicklung eines Traditionskreises entsprechen sollte. Noch entscheidender aber ist, daß im Unterschied zu den Anfängen der religionsgeschichtlichen Schule selbst das Ideal einer Ideengeschichte nicht mehr genügt, sondern diese Stoffgeschichte durch eine Geschichte der ihr korrespondierenden Formen ergänzt und fortgeführt wird[157]. Charakteristisch erkennbar wird diese Wende erneut an dem Oeuvre Gunkels, wenn man »Schöpfung und Chaos« und den Genesis-Kommentar nebeneinanderhält[158].

In der neutestamentlichen Forschung wäre vor allem auf die Arbeit von M. Dibelius: »Die urchristliche Überlieferung von Johannes dem Täufer« (1911) zu verweisen. Hier tritt die Verbindung von Traditions- und Formgeschichte deutlich hervor: Zwar wird der methodische Ansatz Eichhorns (auch dessen Wendung gegen die Literarkritik klingt wieder an) noch aufgenommen: »Die Analyse wird sich mehr auf die Scheidung von Vorstellungen im Text zu konzentrieren haben, als auf die Herausarbeitung der Urschrift und eventueller späterer Interpolationen.«[159] Aber Dibelius ergänzt dies doch sofort durch die Hinzufügung literarischer (bzw. formaler) Kriterien: »Ohne weiteres heben sich oft von dem Gesammelten die Zutaten des Sammlers ab: Angaben über den Wechsel von Ort und Zeit, Bemerkungen pragmatischer Art, isolierte, nach der mündlichen Tradition wiedergegebene Herrnsprüche, die oft nur einem Stichwort zuliebe angehängt sind, endlich die sog. Sammelberichte mit allgemeinen Angaben über Krankenheilungen. Aber auch die Tradition, die den Evangelisten schon mündlich oder schriftlich fixiert vorlag, weist verschiedene, uns zum Teil noch deutlich erkennbare Formen auf.«[160]

---

[157] Vgl. H. Gunkel, Reden und Aufsätze, 1913, VII: »Inzwischen ist der Religionsgeschichte die zukunftsreiche Literaturgeschichte an die Seite getreten ...«

[158] Dazu s. vor allem Klatt (s. Anm. 10), 104 ff.

[159] Dibelius, aaO 3 f.

[160] Dibelius, aaO 4. Beide Aspekte lassen sich ohne Schwierigkeiten auch in späteren Arbeiten von Dibelius nachweisen; vgl. M. Dibelius, Die Formgeschichte des Evangeliums, 1961⁴, 10. 14. 25 ff; z. B. 29: »Hier sollte nur gezeigt werden, welche Rolle den Gemeinden der geschilderten Art bei dem Traditionsprozeß zukommt: sie haben die Überlieferung bereitgestellt, die dann in den Evangelien verwertet wurde. In ihrem Kreis hat sie die Festigkeit erlangt, die uns erlaubt von Form zu reden. Dieses Stadium des ganzen Überlieferungsvorgangs aber ist das früheste, das von einer solchen konstruierenden Betrachtung noch zu erreichen ist. Hier liegt der Anfang der uns erkennbaren Geschichte des Evangelien-Stoffes auf griechischem Sprachboden.« Die Formgeschichte ist für Dibelius weithin Sektor, Stadium des umfassenderen Prozesses urchristlicher Traditionsbildung.

Die originären Intentionen der Überlieferungsgeschichte sind so zu einem beträchtlichen Teil wieder in Religionsgeschichte und Formgeschichte auseinandergetreten. Das hat nicht nur Vorteile mit sich gebracht: Die Religionsgeschichte verlor auf diese Weise das Korrektiv einer auf einen Traditionskreis bezogenen Traditions- und Formgeschichte; in der Formgeschichte aber ließ sich das Ziel einer geschichtlichen Einbindung der Formen immer schwerer realisieren [161].

Reflektiert man noch einmal – nun aber unter Einbeziehung der Forschungsgeschichte – jene Schwierigkeiten, die eine genaue Bestimmung des Begriffs von Traditionsgeschichte methodisch bereiten, so sind sie gerade von der Forschungsgeschichte her als konsequent zu begreifen: Sie liegen nicht nur im unklaren Verhältnis zur Literarkritik und Formgeschichte, sondern vor allem in der schwer zu bestimmenden Relation zur Religionsgeschichte begründet. Schließlich wäre noch das ungenaue Verständnis des Traditionsbegriffs zu nennen. Mag man dies zunächst nur für vordergründige Definitions- und Abgrenzungsschwierigkeiten halten, sie lassen sich auf jenes Ziel zurückführen, das die religionsgeschichtliche Schule zwar projektierte, aber nicht erreichte: die Geschichte des Urchristentums. Denn auf dem Hintergrund einer solchen Geschichte würden sich alle methodischen Schritte – sei es Literarkritik, sei es Formgeschichte, sei es Traditionsgeschichte – einzeichnen lassen; auch der Begriff der Tradition dürfte sich dann präzisieren lassen. Von einer solchen Geschichte des Urchristentums her wäre sowohl die religionsgeschichtliche Verankerung des Urchristentums in seiner Zeit als auch die Traditionsentwicklung des konkreten Traditionskreises anzuvisieren und einer begründeten Lösung und Kritik zuzuführen.

---

[161] Wenn es vor allem nach dem zweiten Weltkrieg zu einer kräftigen Neubelebung traditionsgeschichtlicher Arbeit gekommen ist, so liegt dies auch in solchen Nachteilen begründet. Diese neue traditionsgeschichtliche Analytik hat aber neben dem Rekurs auf die religionsgeschichtliche Schule noch andere forschungsgeschichtliche Ursachen: Zum einen ist für neutestamentliche Untersuchungen vor allem der Bereich der Symbol- und Bekenntnisforschung zu nennen; in ihm blieb das Interesse an der geschichtlichen Entwicklung von Stoffen und den Bedingungen ihrer Veränderung wach. Auf der anderen Seite hat es gerade im Bereich der alttestamentlichen Untersuchungen eine Kontinuität und Fortentwicklung der Überlieferungsgeschichte im Sinne der religionsgeschichtlichen Schule gegeben. Schließlich ist auch die skandinavische Motiv- und pattern-Forschung nicht ohne Einfluß geblieben.

Sozialgeschichtliche Auslegung
des Neuen Testaments

Seit der Aufklärung bestehen Recht und Würde historischer Kritik und ihrer Hinwendung zu den Texten des frühen Christentums in der Freilegung des Befreiungspotentials, das dieser Überlieferung innewohnt. Wird seine Kraft durch Kritik, Vernunft und Verstehen emanzipiert und aus den Fesseln fremder Bestimmtheit gelöst, dann öffnet sich nicht nur für die Texte eine neue Möglichkeit der Wirksamkeit, sondern zugleich wird auch das Verstehen selbst und darin der mündige Mensch in einer tieferen Dimension verändert. Dies verhält sich mit der Intention sozialgeschichtlicher Exegese und Schriftauslegung nicht anders, sie ist darin zutiefst hermeneutisch. Ihre Mitte liegt in einer doppelten Pointe: Sie befreit die Texte der Überlieferung aus dem Gefängnis bisheriger Auslegung, und sie leistet, indem sie dies tut, einen Beitrag zur eigenen Befreiung. Darin begreift sich die sozialgeschichtliche Auslegung über den hermeneutischen Anspruch hinaus als zutiefst emanzipatorisch und befreiend.

Gerade weil solches Verstehen geschichtlich sich bestimmt, hat es aber auch eine geschichtliche Stunde und einen historischen Ort. Zwar ist es nicht unüblich, auf die unterschiedlichen Vorstufen und Voraussetzungen sozialgeschichtlicher Auslegung im 19. und 20. Jahrhundert hinzuweisen. Begrenzt mag dies zutreffen, sofern bestimmte Überlegungen bei Engels und Kautsky die Konstellation von Ideologie und ihrer gesellschaftlichen Bedingtheit als gegeben annehmen. Es trifft auch darin zu, daß die Untersuchung von E. Troeltsch und M. Weber die prinzipielle methodische Möglichkeit eines solchen Ansatzes erweisen konnten. Schließlich hat E. Lohmeyer solche Erwägungen auf die Geschichte des frühen Christentums und seiner sozialen Gruppen ausgeweitet, und das vielschichtige Werk von M. Dibelius tendiert in eine verwandte Richtung. Dennoch: Die vielfältigen Schattierungen bereits in der Begriffsbildung – sozialgeschichtliche, sozialwissenschaftliche bzw. materialistische Bibelauslegung, Exegese der Befreiung – verweisen in der zweiten Hälfte der 60er Jahre auf eine neue Art der Annäherung an die Texte des frühen Christentums. Niemals hat sie deshalb ihren gesellschaftlichen Ausgangspunkt verleugnet, der eng mit der Wahrnehmung des ökumenischen Kontextes verbunden und in den Auseinandersetzungen angesichts der gesellschaftlichen Bedingungen und Konflikte in Europa verortet war.

Indem die Auslegung der Texte bewußt nicht absah von der Gegenwart der Rezeption und die Lektüre nicht vereinzelte, sondern als eine gemeinschaftliche Erfahrung zu beschreiben suchte, war sie ganz bei ihrer Gegenwart. Aber dies geschah in der Hoffnung, auf solche Weise die vergangene Überlieferung grundstürzend anders zu lesen. Die Entscheidung über die Wahrheit jener fernen Texte fand so nicht nur in historischer Distanz statt, sondern vor allem in einer Gegenwart, deren Gewichte die Waage des Verstehens erst zum Einstand zu bringen schienen. Dieser hermeneutische Prozeß wurde aber nicht subjektiv begriffen, sondern vermittelte sich durch den Gedanken der gesellschaftlichen Totalität als objektiv. Er erst setzte die kritischen, verkannten, unterdrückten Möglichkeiten in der Überlieferung des frühen Christentums frei und eröffnete ihnen den Weg in die Gegenwart. Dies allerdings mußte, nicht anders als bei den Methoden der historischen Kritik, die bisherigen Wege der Interpretation durchgreifend und polemisch destruieren. Der idealistische Kerker, in dem die | Texte durch die Jahrhunderte hindurch eingesperrt zu sein schienen, der Alptraum einer Überlieferung, die seit Generationen auf den Köpfen lastete, alles dies schien durch solche neue Lesart der Texte aufgehoben.

Der Gott der kleinen Leute ...

Was sich als ein Versprechen in dem Impuls der beginnenden sozialgeschichtlichen Auslegung äußerte, löste die Praxis der folgenden Jahre zu einem erheblichen Teil ein. Es ist wichtig, sich dies auch deshalb in die Erinnerung zurückzurufen, weil gegenwärtig viele Ergebnisse dieser Auslegung als Selbstverständlichkeit betrachtet werden. Das heute Akzeptierte und als allgemeingültig Anerkannte betrifft zunächst und vor allem die materiale Seite der frühchristlichen Texte. In ungeahnter Weise trat klar hervor, mit welcher Intensität sie in die Lebenswirklichkeit ihrer Zeit hineingehörten und mit ihr verbunden waren. Sicher hätte vieles bereits früher erkannt werden können, manche Hinweise waren der Forschung auch durchaus vertraut, aber in der Zuordnung und dem Anspruch der sozialgeschichtlichen Auslegung wurde das Material neu gelesen. Die Texte ließen sich nicht anders interpretieren als im Kontext ihrer geschichtlichen und soziokulturellen Bedingungen. Selbst wenn die Interdependenz zwischen Literatur und Gesellschaft von Beginn an innerhalb der sozialgeschichtlichen Auslegung unterschiedlich beschrieben wurde und darin strittig bleiben sollte, die Tatsache solcher Beziehung blieb zweifelsfrei. Sie hat sich in vielen Untersuchungen bewährt und das Verständnis der Texte vertieft und befördert.

Dies zeigt sich beispielhaft an der frühen Jesusüberlieferung, deren Schwerpunkte sich erst durch die Einzeichnung in die sozialen Bedingungen der Gemeinden, die sie weitertrugen, klarer umreißen lassen. Das verkürzende Stichwort des „Wanderradikalismus", das die auch gesellschaftliche Dimension der Jesusbewegung begrifflich zu fassen sucht, steht für eine solche Überlegung. Nicht minder thematisiert dieser Zusammenhang eines befreiten Lesens der Texte auch die Rolle der marginalisierten Gruppen in der Jesusbewegung. Die Hinwendung zu den Kindern, den Entrechteten, die fundamentale Rolle der „Armen" in den frühen Gemeinden, die herausragende Stellung der Frauen (hier finden sich erste Berührungen mit der Frauenbewegung und einer feministischen

Lesart der Überlieferung) – alles dies ist durch die sozialgeschichtliche Auslegung nachhaltig auf die Tagesordnung gesetzt worden.

Auch die Frage nach dem „Antijudaismus" der ersten Gemeinden hat in der Rückbindung an den geschichtlichen Prozeß eine schärfere Zuspitzung erfahren, wenngleich sie in ihrer Bedeutung nicht von Anfang an erkannt worden ist. Gerade weil die Texte Hand und Fuß bekommen, lassen sie sich neu lesen, sie werden in eine gesellschaftliche Perspektive gerückt.

Es darf nicht verwundern, daß von der sozialgeschichtlichen Auslegung zunächst jene Textbereiche besonders hervorgehoben wurden, in denen sich die materiale Basis leicht nachweisen ließ. Dies reichte jedoch bald nicht mehr aus, sondern weitete sich zu einem gesellschaftlichen Verstehen auch der strikt theologischen Aussagen. Besonders die paulinische Theologie wurde hierfür wichtig, weil sie am Übergang in einen städtischen Kontext jene gesellschaftlichen Veränderungen anschaulich machte, die weit in die theologischen Überlegungen hineinreichten. Es betraf die paulinischen Aussagen zur Tora, sein Verständnis der Sünde als eine Macht, aber auch die besondere Form der paulinischen Mission und seines Apostolats, dessen Zeichenhaftigkeit in den Leidenskatalogen zugleich die Vorfindlichkeit der Welt als zerstört und korrupt auf den Begriff brachte.

Weil sich der methodische Anspruch der sozialgeschichtlichen Auslegung nicht eingrenzen ließ, sind noch zwei weitere Hinweise notwendig. Die Formen und Gattungen, die Literatur des frühen Christentums, sein ästhetischer Ausdruck werden in | dieser Hinsicht gesellschaftlich begriffen und zur Widerspiegelung der soziokulturellen Bedingungen. Dies schloß in sich die Wahrnehmung der in den Texten enthaltenen Handlungsanweisungen. Weil die eigene Praxis das Verstehen des Vergangenen so befördert hatte, konnten die Texte selbst nicht mehr als praxisfern interpretiert werden. Darin trat die Hinwendung zum „Gott der kleinen Leute" in eine unmittelbare Beziehung zur eigenen Zeit. Mehr noch: Das Mißtrauen, mit dem eine solche Auslegung alle bisherige Interpretation notwendig betrachten mußte, sah sich stets von neuem bestätigt. Andererseits aber ordnete sich das eigene, darin genauere Verstehen der Überlieferung in einen ökumenischen, umspannenden Zusammenhang ein. Das Gespräch mit Theologinnen und Theologen aus einem anderen theologischen Horizont schien so erst möglich zu werden.

Zurück zur Methode

Was W. Dilthey in seiner „Einleitung in die Geisteswissenschaften" 1883 erstmalig mit Blick auf die Arbeitsteilung der modernen Industriegesellschaft beschreiben konnte, sollte sich auch bei der sozialgeschichtlichen Auslegung wiederholen. Dilthey evozierte das Bild eines großen Maschinenbetriebes, in dem der einzelne nur noch den eigenen, kleinen Arbeitsbereich kennt, ihm aber das Gesamte schon längst entschwunden ist. Verdeutlicht werden soll: Der umfassende Anspruch des Verstehens, wie er der Aufklärung inhärent war, wird notwendig zu einem Instrument unter anderen. Er erhält als Methode einen umgrenzten, klar definierten Bereich an Aufgaben zugewiesen und verliert seine dominierende Stellung.

Was hier anschaulich gemacht wird, trifft auch auf die Wege des Verstehens der frühchristlichen Texte zu. Die anfängliche Absicht und der Wunsch, den einen, alles aufschließenden Zugang zu erhalten, verschwindet und macht einer methodischen Sicherheit Platz, die unabhängig vom Auge der Rezeption instrumentalisiert werden kann. Dieser Vorgang hat sich bei der sozialgeschichtlichen Auslegung wiederholt und nicht aufhalten lassen. Erleichtert wurde solche Instrumentalisierung durch kritische Einwände, die von Beginn an diesem Weg des Verstehens beigestellt waren. Vor allem der Hinweis auf den projektiven Charakter der sozialgeschichtlichen Exegese findet sich schon früh: Die Texte verkämen zu bloßen Spiegelungen der eigenen Wünsche, und je größer der Wiedererkennungswert sei, desto ungenauer ließen sich die Texte als fremde Größe wahrnehmen, sie seien gerade deshalb der Subjektivität solcher Auslegung zu entziehen. Die gewisse Ödnis solcher Projektion verwies zudem auf das Herrschaftsproblem der Aufklärung, sofern der emanzipatorische Anspruch sozialgeschichtlicher Auslegung in der Abforderung der immer gleichen Themen (oft auch: Erlebnisse) gegenüber den Texten einen Zwang auszuüben schien. Die Autoritätsfixierung, die jenen ursprünglichen Inhalten, um deren Wiederherstellung es der befreiten Vernunft zu tun war, ein prinzipiell höheres Recht einräumte und darin das Problem des Kanons souverän beiseiteschob, markierte zudem seit Anfang der sozialgeschichtlichen Auslegung eine offene Frage. Alles dies schien nun durch die Inszenierung eines eigenen methodischen Instrumentariums abgegolten zu sein, das ohne Subjektivität eine „sozialgeschichtliche Methode" erst möglich machte.

Gegenüber diesem unaufhaltsamen Prozeß ist nicht selten Kritk geäußert worden. In der Tat läßt sich kaum bestreiten, daß auf diese Weise der umfassende, radikale Anspruch eines umfassenden Verstehens des frühen Christentums mit Hilfe einer sozialgeschichtlichen Auslegung aufgegeben wurde. Dieser Anspruch wanderte aus in Orte des wilden Denkens, nicht anders wie dies zuvor der Text- und Literarkritik, der Form- und Religionsgeschichte widerfahren war. Das mußte Wehmut auslösen, zumal hintergründig auch gesellschaftliche Veränderungen hineinspielten. Dennoch sind die auch positiven Faktoren solchen Übergangs nicht leicht zu ignorieren. Auf dem Wege | der Methode wird zugleich erkennbar, in welch hohem Maße das sozialgeschichtliche Verstehen sich durchgesetzt hat und konsensfähig geworden ist.

Vielleicht wird die sozialgeschichtliche Vernunft erst so jenen Anspruch wahrnehmen, den Th. W. Adorno für ästhetische Gebilde formuliert hat (Ästhetische Theorie, S. 335): „Gesellschaftlich aber ist Kunst weder nur durch den Modus ihrer Hervorbringung, in dem jeweils die Dialektik von Produktivkräften und Produktionsverhältnissen sich konzentriert, noch durch die gesellschaftliche Herkunft ihres Stoffgehalts. Vielmehr wird sie zum Gesellschaftlichen durch ihre

Gegenposition zur Gesellschaft, und jene Position bezieht sie erst als autonome.“ Was in diesen Sätzen methodisch angelegt ist, hat die sozialgeschichtliche Auslegung bisher in Ansätzen freigelegt und ausgeführt. Die Autonomie der frühchristlichen Texte bedarf wie der Modus ihrer Hervorbringung allerdings noch genauer und subtiler Analyse.

Vor einer neuen Unübersichtlichkeit?

Mit der Instrumentalisierung der sozialgeschichtlichen Methode kehrte ihr emanzipatorischer Anspruch in anderen Lesearten der Texte wieder, die sich auf der einen Seite der feministischen Auslegung, auf der anderen der psychoanalytischen bzw. -therapeutischen Exegese zuordnen lassen. Wieder finden sich Beispiele für die Befreiung der Texte aus dem Gefängnis des bisherigen Verstandes, wieder meldet sich der Anspruch eines umfassenden Verstehens, das alle anderen Wege als verfehlt beschreiben muß, wieder eine Hemeneutik des Verdachts.

Eine sozialgeschichtliche Auslegung, die der eigenen Anfänge eingedenk ist, wird dies zwar nicht unkritisch, aber doch mit Sympathie wahrnehmen. Denn die in diesen neuen Zugängen aufleuchtende Bemächtigung der Texte erscheint als vertraut, als vertraut auch die Sicherheit, mit der diese Auslegungen sich selbstbewußt absolut setzen. Zugleich kann aber nicht übersehen werden, in welchem Ausmaß das Erbe sozialgeschichtlicher Interpretation in diesen Zugängen gegenwärtig ist. Dies betrifft besonders die feministische Auslegung der frühchristlichen Texte. Mag die Wahrscheinlichkeit nicht gering erscheinen, daß in analoger Weise zur sozialgeschichtlichen Methode auch diesen Erwägungen die Nötigung zur methodischen Definition beschieden ist, so hat sich durch sie in jedem Fall das Verstehen der frühchristlichen Texte breit aufgefächert. Es vollzieht sich nicht mehr einlinig, sondern in differenten Nuancen. Dies ist auch deshalb nur folgerichtig, weil in solcher Vielfalt etwas von der Polyvalenz und dem hermeneutischen Reichtum der Texte selbst auftaucht. Daß sich ihr Inhalt und ihr Wahrheitsanspruch den Methoden entzieht und in anderen Formen des Verstehens gegenwärtig wird, erscheint deshalb zugleich als Hinweis auf die Fremdheit der Texte.

Nicht notwendig bedeutet dies schon die Aufgabe der hermeneutischen Implikationen der sozialgeschichtlichen Auslegung; sie ist nur in den Zusammenhang der anderen Zugänge zu integrieren und auf sie zu beziehen. In ihrem methodischen Proprium hat sie deshalb Teil an jenen hermeneutischen Überlegungen, die zwischen der Vergangenheit der Überlieferung und der Gegenwart der Auslegung einen Brückenschlag versuchen.

Allerdings haben sich die Diskussionslinien in der Auslegung der frühchristlichen Texte in den letzten Jahren kennzeichnend verschoben. Nicht mehr die Frage nach den Bedingungen des Textes, nach seiner Vorgeschichte und seinem vielfältigen gesellschaftlichen wie kulturellen Kontext steht im Mittelpunkt, nicht mehr geht es zunächst um eine diachrone Reflexion, sondern um den Text in seiner Eigenart und Besonderheit. Das Geflecht seiner sprachlichen Beziehungen auf der synchronen Ebene, seine „Textur", gilt es zu entschlüsseln, bevor überhaupt der Weg in eine Welt „hinter den Text" zurückführen kann (und folgerichtig unterbleibt deshalb dieser Schritt | zumeist). Die darin aufscheinende Gegensätzlichkeit ist früheren Auslegungen der frühchristlichen Texte nicht fremd, sondern eingentümlich vertraut.

In gewisser Weise begegnen sich noch einmal das Beharren der Orthodoxie auf der Schrift und allein der Schrift (und die eigentümlichen Konsequenzen, die aus solchem „sola scriptura" gezogen werden können, erscheinen gegenwärtig wieder einsichtiger) und jene Bewegung der Aufklärung, die den Text nur als Echo einer vorgängigen Geschichte sehen kann. Die These W. Wredes, daß die Texte allein die Außenseite der eigentlichen Geschichte darstellen, kennzeichnet jenes Extrem, vor dem gegenwärtige Interpretation zurückschrickt, um sich fast zwanghaft dem Text und allein ihm zuzuwenden.

Allerdings verweist die Heftigkeit der Auseinandersetzung, auch weit über den Bereich der exegetischen Forschung hinaus, auf einen gesamtgesellschaftlichen und wissenschaftstheoretischen Zusammenhang. Sie macht zugleich erkennbar, daß es sich auch um einen christologischen Streitpunkt handelt: Ist doch die Wahrheit Jesu von Nazareth nicht jenseits der Texte anzusiedeln, sondern in ihnen so enthalten, daß sie die Schrift zugleich übersteigt und kritisierbar macht.

Es sollte deutlich sein, daß die sozialgeschichtliche Auslegung mit ihrem Beharren auf den ökonomischen wie gesellschaftlichen Konstitutiva der Texte die Überlegung nicht aufgeben darf, was Überlieferung in der Zeit erst möglich macht, sie wird deshalb in keinem Fall auf die diachrone Fragestellung verzichten können. Allerdings fordert die veränderte Diskussion sie so heraus, daß sie sehr genau bestimmen muß, in welcher Hinsicht der Text und sein Inhalt als gesellschaftlich begriffen werden können.

Eine bloße Produktionsästhetik, die zu sehr alten Kausalitätsmodellen verhaftet bleibt, reicht nicht mehr aus. Sie muß ergänzt werden durch eine Textästhetik, die ernst nimmt, daß in der Sprache und Form der Texte verschlüsselt die Zeit und ihre Geschichte Eingang gefunden haben. Erst so, und wenn die Überlegungen der Rezeptionsästhetik einbezogen werden, die auf jene Strategien achten, mit denen die Texte ihre Aufnahme steuern, erst so kann gegenwärtig die Intention der sozialgeschichtlichen Auslegung bewahrt bleiben. Auf ihr angesichts der neuen Unübersichtlichkeit zu insistieren hieße, jene Hermeneutik der Befreiung zu bewahren, die nicht nur die Wahrheit des Textes festhält, sondern in der Gemeinschaft der Lesenden die Gegenwart nicht verfehlt.

Rudolf Bultmann 1933

In einem Gespräch während der Nacht vom 11. auf den 12. November 1933 – gegen Ende eines Jahres, das auch für den deutschen Protestantismus schicksalhafte Bedeutung gewinnen sollte – eröffnete Karl Barth (zu Besuch in Marburg) Rudolf Bultmann, er habe im Grunde damit gerechnet, daß Bultmann sich den ,Deutschen Christen' anschließen werde. Denn dies wäre doch seinem theologischen Ansatz (und mehr noch: der Theologie Gogartens) angemessen. Bultmann muß diese Aussage schwer getroffen haben, er kommt immer wieder auf sie zurück. Und Barth selbst, der zunächst (in einem Brief vom 10. VII. 1934) seinen Irrtum unumwunden zugibt, verweist zur Entschuldigung auf die allgemeine Lage jenes Jahres, in dem es „(...) am Platze war, zunächst einmal Allen Alles zuzutrauen". Aber er fügt durchaus polemisch hinzu: „Nach meiner Beobachtung war es so, daß alle Leute, die in irgend einem positiven Sinne mit einer natürlichen Theologie od. dgl. arbeiteten, D. C. werden *konnten* und es dann meistens vorübergehend oder endgültig auch *wurden*. A posse ad esse valet consequentia. Daß ich Ihnen nun hinsichtlich des esse Abbitte zu tun habe, ist mir deutlich. Aber das Andere werden Sie mir dann doch erklären müssen: inwiefern nun gerade in *Ihrer* Fundamentaltheologie jenes posse *nicht* vorlag."[1] Diese Episode macht vielleicht im Blick auf das Werk Bultmanns und im Kontext jenes Jahres die Konturen des Problems deutlicher: Es geht natürlich zunächst um die Rolle, die dieses Jahr in und für die Theologie R. Bultmanns gespielt hat. Aber dies hat sicher auch zu tun mit der Frage, ob sich sein konkretes Verhalten stimmig aus dem theologischen Ansatz herleiten läßt oder durch andere Faktoren bestimmt wurde (also: noch einmal die Frage Barths an Bultmann). Und es nötigt grundsätzlich zur Diskussion, was Exegese und verantwortete Beschäftigung mit neutestamentlichen Texten in einer solchen Konfliktsituation leisten kann.

Bei der Behandlung dieser komplexen Fragen, die sich ganz gewiß noch nicht schlüssig beantworten lassen, ist es sinnvoll, zunächst die Quellen zur Kenntnis zu nehmen (I), sie auf dem Hintergrund des Werkes von Bultmann und des deutschen Protestantismus jener Zeit zu bedenken (II) und aus beidem Konsequenzen zu ziehen und Punkte für die Diskussion zu benennen (III).

---

[1] Karl Barth – Rudolf Bultmann. Briefwechsel 1922–1966, hrsg. v. Bernd Jaspert, Karl Barth GA V/1, Zürich 1971, 152 f.

I.

Bei den Quellen handelt es sich – neben verstreuten Äußerungen und briefli-
chen Bemerkungen (bzw. noch unediertem Material) – im wesentlichen um die
folgenden Texte, die auf Bultmann selbst zurückgehen bzw. von ihm mitverfaßt
und mitverantwortet wurden:

a) Das ‚Gutachten der Theologischen Fakultät der Universität Marburg zum
Kirchengesetz über die Rechtsverhältnisse der Geistlichen und Kirchenbeamten‘
(verfaßt: September 1933)[2]. Dieses Gutachten, von der Fakultät geschlossen
verantwortet, beantwortet eine Anfrage, die sich auf eine Regelung der Altpreu-
ßischen Union bezog, den staatlichen Arierparagraphen auch in den kirchlichen
Bereich zu übertragen (ohne daß der Staat dies ausdrücklich verlangt hatte). Die
Fakultät kam in ihrer Antwort zu dem Ergebnis: Diese Gesetzgebung der
Altpreußischen Union sei „(…) unvereinbar mit dem Wesen der christlichen
Kirche (…)"[3]; eine Diskriminierung der nichtarischen Kirchenmitglieder kom-
me deshalb nicht in Frage. Wer sie zu Christen minderen Rechts und minderer
Würde mache, verstoße gegen den theologischen Grundsatz, daß die Glieder der
Kirche untereinander Brüder seien. Gegenüber solcher grundsätzlichen Einsicht
in das Wesen der Kirche könne auch der Einwand nicht gelten, daß Rasse und
Volkstum als Schöpfungsordnungen von der Kirche zu respektieren seien. Mehr
noch: ein solcher Verstoß gegen elementare Grundsätze der Ekklesiologie pro-
voziere den status confessionis. Aufschlußreich ist, in welcher Weise zur Stüt-
zung dieses eindrücklichen Ergebnisses theologisch bzw. exegetisch argumentiert wird: die entscheidenden Schrifttexte, die auch in den anderen Dokumenten
immer wiederkehren, sind Apg 10 (vor allem V. 34 f.!), der Epheserbrief (als
Paradigma der Einheit von Juden und Heidenchristen), Gal 3,28 und 1 Kor 12,13.

b) Eine etwas andere Zielsetzung verfolgt der zweite Text, an dessen Abfassung und Verbreitung (neben Hans von Soden!) Bultmann ebenfalls entscheidend beteiligt war: ‚Neues Testament und Rassenfrage. (Professoren und Do-
zenten der Neutestamentlichen Wissenschaft)‘[4] (verfaßt: September/Oktober
1933). Diese Erklärung wurde von den meisten Neutestamentlern Deutschlands
unterschrieben; allerdings geschah dies nicht ohne Ausnahme und es muß hinzugefügt werden, daß einige Unterzeichner ihre Unterschrift im Blick auf die
'ausländische Greuelpropaganda' und eine ähnliche Aktion nicht-deutscher Wissenschaftler (die ebenfalls von Bultmann ausging[5]) zurückgezogen haben (so
z. B. Julius Schniewind und Karl Heim). Die Ergebnisse der Stellungnahme

---

[2] HEINZ LIEBING, Die Marburger Theologen und der Arierparagraph in der Kirche. Eine
Sammlung von Texten aus den Jahren 1933 und 1934, aus Anlaß d. 450jährigen Bestehens d.
Philipps-Universität Marburg i. Auftr. d. Fachbereichs Evangelische Theologie neu hrsg.,
Marburg 1977, 9 ff. (= ThBl 12, 1933, Sp. 289–294).

[3] Ebd., 10.

[4] Ebd., 16 ff. (= ThBl 12, 1933, 294–296).

[5] Vgl. dazu ERICH DINKLER, Neues Testament und Rassenfrage. Zum Gutachten der Neutestamentler im Jahre 1933, ThR 44, 1979, 72 ff.

lassen sich in fünf Punkte zusammenfassen: 1. Kirche ist für das Neue Testament ‚Kirche aus Juden und Heiden'. 2. Für die Zugehörigkeit zu ihr ist allein Glaube und Taufe maßgebend. 3. Nach neutestamentlichem Verständnis sind als kirchliche Amtsträger sowohl Juden und Heiden geeignet. 4. Die Kirche verdankt ihr Dasein in der Welt allein dem Heiligen Geist; und 5. (zusammenfassend): „(…) wir sind daher der Meinung, daß eine christliche Kirche in ihrer Lehre und in ihrem Handeln diesen Standpunkt grundsätzlich nicht aufgeben darf."[6]

c) Provoziert durch einen Aufsatz von Georg Wobbermin[7] äußerte sich R. Bultmann schließlich selbst explizit: ‚Der Arier-Paragraph im Raume der Kirche' (entstanden wohl Oktober/November 1933).[8] Dieser detaillierte Aufsatz ist ein Muster wissenschaftlich-theologischer Polemik: ironisch und bissig zugleich (Wobbermin wird ständig als der ‚existentielle Religionspsychologe' angesprochen), tiefschürfend und von großer Klarheit. Schon der Titel des Aufsatzes benennt zu einem Teil das Programm Bultmanns: es geht ihm vor allem um den Raum, den Bereich der Kirche; und deshalb läßt sich für ihn die Frage nach dem Arier-Paragraphen in der Kirche auch nur von dem neutestamentlichen Kirchenverständnis und den Bekenntnisschriften aus beantworten: „(…) hier handelt es sich mir nur um die Frage, ob innerhalb der kirchlichen Gesetzgebung der Arier-Paragraph erträglich ist oder nicht, d.h. ob er schrift- und bekenntnisgemäß ist oder nicht."[9] Diese Frage diskutiert Bultmann vor allem an Hand des neutestamentlichen Kirchenbegriffs sehr detailliert, ohne daß hier alle Einzelheiten nachgezeichnet werden können. Es geht in alledem darum, daß an der Sache der Kirche durch die Kirche selbst festgehalten wird. „Und wenn die Verkündigung der Kirche durch ihr strenges Festhalten an ihrer Aufgabe heute bedroht ist? Danach zu fragen ist nicht ihre Sache. Hat sie denn vergessen, daß das Wort vom Kreuz dem natürlichen Menschen(!) Aergernis und Torheit ist? Darf sie sich anmaßen, diesem Aergernis und dieser Torheit etwas abzubrechen und sich um den Preis einer Verfälschung des Wortes den Beifall der Volksstimmung zu erschleichen?"[10] Dies bedeutet für Bultmann geradezu: „Will die Kirche im Neuen Reich für Volk und Staat zum Segen wirken, so kann sie es nur, wenn sie unbeirrt und tapfer ihren eigentlichen Auftrag erfüllt; nur wenn sie sich nicht darüber täuscht, daß ihre kritische Aufgabe sie in ständiger Spannung zum Volksbewußtsein hält."[11]

d) Bultmann hat dann später noch einmal in einem kurzen Beitrag – erneut in der Konfrontation mit Wobbermin – seine Position verdeutlicht: ‚Zur Antwort

---

[6] Liebing, Die Marburger Theologen und der Arierparagraph, 18.

[7] Georg Wobbermin, Zwei theologische Gutachten in Sachen des Arier-Paragraphen kritisch beleuchtet, ThBl 12, 1933, 356–359 (= DPfBl 37, 1933, 601–603; zu weiteren Erscheinungsorten vgl. den Zusatz der Schriftleitung der Theologischen Blätter: ThBl 12, 1933, 359, Anm. 1).

[8] Liebing, Die Marburger Theologen und der Arierparagraph, 32 ff. (= ThBl 12, 1933, 359–370).

[9] Ebd., 32.

[10] Ebd., 41.

[11] Ebd., 41 f.

auf Herrn Professor D. Wobbermins Artikel: „Nochmals die Arierfrage in der Kirche.“‚[12] Diese Äußerung enthält substantiell nichts Neues; nur ein kurzer Abschnitt ist auch in seiner sprachlichen Gestalt nicht ohne Aufschluß: „Herr Wobbermin will mich wieder verleiten, auf die deutsche Judenfrage einzugehen. Nun gut! Wenn die Deutsche Evangelische Kirche an der Bekämpfung eines jüdisch-kulturbolschewistischen Literatentums mitzuarbeiten hat, so hat sie das nicht durch die Einführung des Arierparagraphen in die kirchliche Gesetzgebung zu tun (...), sondern durch die Erfüllung ihres Auftrags, durch die Predigt des Evangeliums.“[13]

e) Der Überblick über die Texte wäre allerdings unvollständig, wenn nicht jene (zu selten beachteten!) Worte herangezogen würden, die Rudolf Bultmann zu Beginn des Sommersemesters 1933 an den Anfang seiner Vorlesung stellte.[14] Diese Worte sind nicht nur deshalb spannend, weil sie einen Einblick in verschleiernde Sprache bieten (sie laden geradezu ein, ‚doppelt‘ zu hören), sondern vor allem, weil sie ausdrücklich nicht auf den Bereich der Kirche beschränkt bleiben und zu allgemeinen, gesellschaftlichen Phänomenen Stellung beziehen. Bultmann greift drei Zeiterscheinungen an: die ‚Vorschußlorbeeren‘, das Denunziantentum und die Diffamierung. Und wichtig ist, daß vor allem der letzte Punkt für Bultmann sich besonders in der Behandlung der Juden zeigt: „Ich muß als Christ das Unrecht beklagen, das gerade auch den deutschen *Juden* durch solche Diffamierung angetan wird (...)“. Wenn diese drei Mißstände von Bultmann angegriffen werden, so geschieht dies, weil nach seinem Verständnis so „(...) der christliche Glaube selbst in Frage gestellt ist (...)“,[15] es gibt hier nur ein Entweder – Oder.

Summieren wir diese Quellen, so ergibt sich: Alle Äußerungen R. Bultmanns, die in sich und zusammengenommen ein höchst geschlossenes Bild ergeben, konzentrieren sich auf die Frage, ob und wie der staatliche Arierparagraph auf den Bereich der Kirche angewandt und übertragen werden kann. Solche Konzentration entbirgt allerdings – und auch dies zeigt sich an den Quellen – die prinzipielle Frage nach der Beziehung von Staat und Kirche (in der Hervorhebung einer Diastase wird die Anknüpfung an bestimmte, vor allem lutherische Traditionen sich nicht übersehen lassen!). Allerdings – und dies ergibt sich für Bultmann folgerichtig aus dem theologischen Befund -: im kirchlichen Bereich kann es eine Anwendung und Übernahme des Arierparagraphen nie und nimmer geben; dies würde dem Wesen der Kirche und dem neutestamentlichen Verständnis von Gemeinde zentral zuwiderlaufen.

Eine solche Antithese wird in den Dokumenten unmittelbar aus der ‚Schrift‘ hergeleitet und z.T. auch noch durch den Verweis auf die Bekenntnisschriften

---

[12] Ebd., 53 f. (= DtPfrBl 38, 1934, 87 f.).

[13] Ebd., 53.

[14] GÜNTHER VAN NORDEN, Der deutsche Protestantismus im Jahr der nationalsozialistischen Machtergreifung, Gütersloh 1979, 339–341 (gekürzt) (= ThBl 12, 1933, Sp. 161–166).

[15] NORDEN, Der deutsche Protestantismus, 340.

legitimiert. Es muß hervorgehoben werden, daß sich spezifische Theologumena Bultmanns aus jener Zeit kaum nachweisen lassen. Dies liegt sicher an der Gattung ‚Erklärung' (und an der Suche nach einem gemeinsamen Nenner des Konsensfähigen), zumal sich gerade in der Auseinandersetzung mit Georg Wobbermin auch andere Motive nachweisen lassen, die sehr viel stärker mit der Theologie Bultmanns konform sind. Aber bemerkenswert bleibt dies dennoch, weil sich darin ja der Anlaß zur Anfrage K. Barths verbergen könnte.

II.

Diese Analyse der Quellen muß nun allerdings – wenngleich dies nur ansatzweise geschehen kann – in einer doppelten Weise historisch vertieft und zugleich ausgeweitet werden:

1. Alle diese Dokumente stehen in einer Situation des Dialogs; die Geschehnisse des deutschen Protestantismus in diesem Jahr bilden insgesamt die (dunkle) Folie, vor der sie sich klar abheben lassen. Und in diesem Kontext bleiben sie ein ganz erstaunliches (fast singuläres) Faktum, das zu den zustimmenden Kundgebungen des deutschen Protestantismus jenes Jahres überhaupt nicht paßt. Gerade weil der breite Konservatismus des Protestantismus so überaus anfällig für den Faschismus sich erwies, wird das Profil der Stellungnahmen Bultmanns noch eindeutiger und schärfer: Dies gilt um so mehr, wenn beachtet wird, daß mit der Hervorhebung des ‚Arierparagraphen' als des Konfliktpunktes eine neuralgische Zone des Protestantismus berührt wird.

Solche dialogische Situation der Dokumente und ihre singuläre Rolle zeigt sich etwa im Gegenüber zu zwei anderen Äußerungen: Auf der einen Seite wäre hier zu nennen das ‚Theologische Gutachten über die Zulassung von Christen jüdischer Herkunft zu den Ämtern der deutschen evangelischen Kirche', das von Paul Althaus und Werner Elert verfaßt worden ist[16]; doch wohl ein ‚schändliches Dokument', das wesentlich vom Gedanken der Volkskirche her argumentiert und zugleich die Frage nach dem völkischen Verhältnis von Deutschtum und Judentum als eine Frage biologisch-geschichtlicher Art angeht. Von daher kommt es zu dem Schluß: „Die Kirche muß daher die Zurückhaltung ihrer Judenchristen von den Aemtern fordern."[17] Auf der anderen Seite ließe sich nennen der Beitrag von Martin Niemöller ‚Sätze zur Arierfrage in der Kirche', der zwar ebenfalls hier den status confessionis als gegeben ansieht, aber in den praktischen Konsequenzen sehr zurückhaltend und vorsichtig argumentiert.[18]

Es läßt sich allerdings auch nicht bestreiten, daß auch Verbindungslinien und Ähnlichkeiten im Verhalten R. Bultmanns mit anderen Stellungnahmen inner-

---

[16] LIEBING, Die Marburger Theologen und der Arierparagraph, 20ff. (=ThBl 12, 1933, Sp. 321–324).

[17] Ebd., 22.

[18] MARTIN NIEMÖLLER, Sätze zur Arierfrage in der Kirche, JK 1, 1933, 269–271.

halb des deutschen Protestantismus bestehen. So ist das Bemühen, die Eigenständigkeit der Kirche kräftig hervorzuheben und so zu betonen, auch sonst anzutreffen, ein gängiges Merkmal jenes Jahres. Zumeist wird dies in der Erforschung
des kirchlichen Widerstandes gegen den Nationalsozialismus positiv hervorgehoben; gerade indem die Kirche bei ihrer ‚eigentlichen‘ Sache geblieben sei, habe
sie den Versuchungen des Regimes besonders trotzen können. Dies wird sich –
worauf Martin Greschat gerade in einem Beitrag hingewiesen hat[19] – so jedenfalls
nicht sagen lassen: eine solche Haltung konnte durchaus mit einer positiven
Einstellung zum Nationalsozialismus Hand in Hand gehen. Die Wahrung der
Eigenständigkeit der Kirche hob Anpassungsleistungen durchaus nicht auf. Allerdings: gerade die Diskussion des Arierparagraphen bildete unter diesem
Aspekt einen besonders kritischen Punkt, weil hier von den Vertretern kirchlicher Eigenständigkeit dieses Axiom nicht selten aufgegeben wurde. Auch hier
kommt also der Position Bultmanns eine besondere Bedeutung zu. Gerade wenn
in der Diastase von Kirche und Staat die Eigenständigkeit der Kirche so kräftig
hervorgehoben wird, so ist dies immer auch ein Stück verschleiernder Rede,
verhangener Sprache. Die Erklärung Bultmanns aus der Vorlesung belegt dies:
denn sie macht deutlich, daß ihm sehr wohl bewußt war, daß seine Haltung nicht
ohne Folgen für den gesamten gesellschaftlichen Bereich sein konnte. Insofern
erscheint der Rückzug in die Burg der Kirche und die Hervorhebung des ‚Eigentlichen‘ zuweilen als eine Haltung der Verteidigung, die den Konflikt eher verdeckt als daß sie ihn benennt. In diesem Kontext bleibt wichtig (und auch dies hat
Greschat sehr deutlich und m.E. richtig hervorgehoben), daß das Geschehen
innerhalb des deutschen Protestantismus nicht ohne Parallelen in der Entwicklung des NS-Staates verläuft. Die auffallende Zurückhaltung des Regimes gegenüber den kirchlichen Konflikten weist auf Spannungen innerhalb des Machtap-
parates hin; nicht zufällig bildet die Re-Konstituierung alter Machteliten im
Anschluß an die Ausschaltung der SA auch einen Einschnitt in der kirchlichen
Auseinandersetzung: die Zeit des ‚wilden‘ Kirchenkampfes ist vorbei.

Wenn so die Einbindung der Bultmannschen Haltung in die Situation des
Protestantismus bedacht wird, so läßt sich summierend festhalten: In der Konzentration auf die Frage des Arierparagraphen und dem beharrlichen Festhalten
an diesem Punkte nimmt Bultmann innerhalb des deutschen Protestantismus des
Jahres 1933 eine Sonderstellung ein: seine Entschiedenheit läßt sich im Grunde
nur vergleichen mit Äußerungen Dietrich Bonhoeffers.[20]

2. Bleibt dies noch auf der synchronen Ebene, so muß der Quellenbefund noch
vertieft werden im Blick auf die theologische Arbeit R. Bultmanns in den Jahren
1933–1945. Dabei ergibt sich ein ambivalentes Bild: denn die Stellungnahmen
sind in der Folgezeit eher zurückhaltend, fehlen z.T. ganz. Besonders charakteri-

---

[19] MARTIN GRESCHAT, Bekenntnis und Politik. Voraussetzungen und Ziele der Barmer
Bekenntnissynode, EvTh 44, 1984, 524–542, v.a. 533 ff.
[20] DIETRICH BONHOEFFER, Gesammelte Schriften II, hrsg. v. Eberhard Bethge, München
1959, 44–53, 62–69.

stisch hierfür erscheint in mancher Hinsicht der Konflikt mit K. Barth über die Frage der Eidesleistung im Jahre 1934, wobei allerdings der Anteil Hans von Sodens nicht gering zu veranschlagen ist.[21] Aber auf der anderen Seite muß ja gesehen werden, daß gerade diese Jahre für Bultmann durch eine außerordentliche wissenschaftliche Produktivität gekennzeichnet sind. Eine kleine Auswahl kann dies deutlich machen: die Kommentierung des Johannesevangeliums[22], der Beginn der ‚Theologie des Neuen Testaments‘[23], eine Reihe von wissenschaftlichen Einzelstudien, die bedeutenden Artikel im Theologischen Wörterbuch zum Neuen Testament (etwa der Artikel ‚gnosis‘!)[24] und der bekannte ‚Entmythologisierungsaufsatz‘[25]. So imponierend dies auch erscheint, diese Ambivalenz gibt in der hermetischen Abgeschlossenheit dieser Studien zur aktuellen Situation doch sehr zu denken. Wie läßt sich dieser Befund – gerade von den Äußerungen aus dem Jahre 1933 her – verstehen? Wird hier die ‚eigentliche Arbeit‘ geleistet? Aber ist nicht auch diese so ‚a-politische‘ Theologie immer auch ein Politikum? Hier bleibt im Einzelnen noch vieles offen und diskutabel.

Ist nicht auch der Vortrag über ‚Neues Testament und Mythologie‘[26] ein politisches Faktum? Bestimmte Äußerungen Bonhoeffers aus jener Zeit – und die Zustimmung zu Bultmanns Thesen – könnten in diese Richtung weisen.[27] Und auf der anderen Seite belegt der Briefwechsel Hans von Sodens die tiefe Beunruhigung gerade innerhalb der Bekennenden Kirche über solche Stellungnahme.[28] Da melden sich Fragen, ob nicht Bultmann ohne Rücksicht auf die Außenwirkung die Basis der Kirche in Frage stelle! Liegt möglicherweise – über das Jahr 1933 hinweg – eine viel stärkere Kontinuität zur Theologie Bultmanns vor, eine Aufnahme alter Themen? Dies scheint wohl noch zu einfach zu sein; aber die Erfahrung des totalitären Staates wird – vermittelt zwar – auch in diesen Thesen gegenwärtig. Die Studie gewinnt so durchaus politischen Charakter (mag dies ihrem Autor durchaus nicht bewußt geworden sein!): Was bedeutet z.B. das Interesse an der Entmythologisierung der Rede von den Mächten und die Evokation der Verfügbarkeit des Menschen in diesem Zusammenhang?

Auch das großartige Werk des Johanneskommentars lohnt eine solche Lektüre ‚gegen den Strich‘: auch in ihm erscheint die Intensität der theologischen Deu-

---

[21] Vgl. u.

[22] BULTMANN, Das Evangelium des Johannes, KEK II, 10., neubearb. Aufl. Göttingen 1941, [21]1986.

[23] BULTMANN, Theologie des Neuen Testaments, (1948–1953), 9. Aufl., durchges. und erg. v. Otto Merk, Tübingen 1984.

[24] BULTMANN, Art. γινώσκω κτλ, in: ThWNT 1 (1933), 688–719.

[25] BULTMANN, Neues Testament und Mythologie. Das Problem der Entmythologisierung der neutestamentlichen Verkündigung, Nachdruck der 1941 erschienenen Fassung hrsg. v. Eberhard Jüngel, BEvTh 96, München 1988.

[26] Ebd.

[27] Abgedruckt in EBERHARD BETHGE, DIETRICH BONHOEFFER. Theologe, Christ, Zeitgenosse, München 1986, 799f.

[28] Vgl. etwa den Brief Hans von Sodens an Bernhard Heppe vom 31. Mai 1942, in: Theologie und Kirche im Wirken Hans von Sodens. Briefe und Dokumente aus der Zeit des Kirchenkampfes 1933–1945, hrsg. v. E. Dinkler und E. Dinkler-von Schubert, Göttingen 1984, 342–346.

tung nicht ohne Reflex der politischen Erfahrung, des Bedrängenden jener Jahre. Wenn Bultmann in seiner Kommentierung so kräftig das Individuum in seiner Entscheidung in den Mittelpunkt rückt, dann ist dies ja nicht nur ,eigentliche' Exegese (so wenig die Ergebnisse ohne Anhalt am Text sind!), sondern vermittelt auch die politische Situation. Dabei läßt sich eine Dialektik erkennen: die Hervorhebung des Individuellen verstärkt auf der einen Seite den Zug ins Private, suggeriert etwas, was schon längst vergangen ist. Sie bringt in der Individualisierung des Einzelnen seine Auslieferbarkeit geradezu auf den Begriff. Dennoch wird auf der anderen Seite gerade so der Einzelne als Hoffnung gegen allen totalitären Druck festgehalten.

III.

Eine Beschäftigung mit der Position R. Bultmanns im Jahr 1933 nötigt, gerade wenn sie in ihrer historischen Tiefe bedacht wird, zu einer Reihe von Konsequenzen und Fragen. Fünf Aspekte scheinen mir in besonderer Weise der Diskussion bedürftig zu sein:

1. Zunächst sollte wissenschaftsgeschichtlich die Wahrnehmung neutestamentlicher Forschung während der Zeit des Nationalsozialismus stärker berücksichtigt werden, die Zeit nicht länger aus unserer Reflexion ausgespart bleiben. Dies erscheint vor allem auch als eine historiographische Aufgabe: diese Zeit ist z. T. in ihren Veröffentlichungen, Texten und Diskussionen, was die neutestamentliche Wissenschaft betrifft, noch gar nicht zur Kenntnis genommen worden. Die Negativbeispiele sind zwar in der Regel noch bekannt: Namen wie Gerhard Kittel, Walter Grundmann, Karl Georg Kuhn und Georg Bertram belegen die Korrumpierbarkeit der Wissenschaft in jenen Jahren. Aber wichtiger mag sein, daß diese Autoren sowohl in jener Zeit als auch nach 1945 am wissenschaftlichen Diskurs weiter beteiligt bleiben. Dies nötigt wohl erneut zu der Frage, ob es so etwas wie ,unpolitische' Exegese überhaupt geben kann, oder ob nicht auch sie durch bestimmte politische Notwendigkeiten bestimmt wurde. Vielleicht erscheint die Kontinuität aber auch die Spannung im Oeuvre R. Bultmanns deshalb als so aufregend, weil ja dem Autor jegliches Paktieren mit dem Nationalsozialismus vollkommen fern lag.

2. Auch die Frage nach dem Gespräch zwischen Bultmann und Barth wird von diesem Jahr 1933 her noch einmal bedacht werden müssen. Denn die grundsätzliche Skepsis von Barth – das posse seines Vorwurfs – wird beibehalten, die Fragwürdigkeit der Theologie Bultmanns bleibt für ihn bestehen. Dies läßt sich durch zwei charakteristische Begebenheiten illustrieren: In der Auseinandersetzung über die staatliche Eidesleistung im Jahre 1934 geht die Meinung beider grundsätzlich auseinander, wobei bestimmte Motive des Jahres 1933 wiederkehren. Barth wollte den Eid auf Adolf Hitler nur mit der Klausel ,soweit ich es als evangelischer Christ verantworten kann' leisten; dem widersprachen Bultmann und Hans von Soden entschieden, wobei die Begründung bedeutsam ist: Wieder spielt die Differenz zwischen Staat und Kirche eine wichtige Rolle; dem Staat ist

das Recht auf eine solche Eidesleistung gerade – so Bultmann – nicht zu versagen.[29] Für Bultmann dürfte gerade an der Unterschiedlichkeit seiner Stellungnahme 1933 und 1934 etwas von dem deutlich geworden sein, was die ethische Entscheidung als die konkrete Entscheidung des Individuums unverzichtbar macht. Das erinnert schwerlich zufällig an seine Beschreibung der jesuanischen Ethik als den Ruf in die Entscheidung des Einzelnen vor Gott. Da ist auf der anderen Seite die Ablehnung zweier Predigten von Bultmann durch Barth. Auch in diesem Fall wird – gerade wenn die Predigten herangezogen werden – sichtbar, daß es sich um eine prinzipielle, nicht nur zufällige Divergenz gehandelt hat.[30]

3. M. E. wird gerade von R. Bultmanns Verhalten im Jahre 1933 aus auch seine prinzipielle Stellung in den Fragen einer ‚politischen Theologie' noch einmal zu durchdenken sein. Bultmann hat sich 1958 dezidiert zu diesen Fragen geäußert[31] und vor den Gefahren der Reaktion wie der ‚Politisierung' nachhaltig gewarnt. Die Kirche könne und dürfe keine Weisung in politischen Fragen geben, denn „(…) ein politisches Urteil in einer konkreten politischen Situation ist nicht das Wort Gottes."[32] Und das meint für die Aufgabe der Theologie, sie müsse deutlich machen, „(…) daß der christliche Glaube keinerlei innerweltliche Sicherheit gibt, daß er aber, als der Glaube an Gottes offenbare Gnade, die Freiheit schenkt, getrost durch Dunkelheit und Rätsel hindurchzuschreiten und die Verantwortung für die Tat in der Einsamkeit eigener Entscheidung zu wagen und zu tragen."[33] Dies erscheint als in sich konsequent und folgerichtig, es nimmt auch Motive auf, die aus dem Werk Bultmanns hinreichend bekannt sind. Aber es deckt (zum Glück möchte man sagen!) sich nicht nahtlos mit dem Verhalten im Jahre 1933: hier werden ja sehr wohl verbindliche Regeln vom Evangelium her aufgestellt, und diese Regeln reichen doch in den Bereich des Politischen hinein. Es geht durchaus nicht nur um das Wagnis eigener Entscheidung. Aber wie ist diese Spannung zu interpretieren: läßt sich ‚Bultmann gegen Bultmann' ins Feld führen, oder macht diese Spannung nicht gerade deutlich, daß die freie Entscheidung des Einzelnen auch gesellschaftliche Überzeugungskraft gewinnen kann (daß dies jedenfalls für bestimmte ‚Situationen' zutrifft und wichtig wird!).

4. Aber auch darin ist die Rolle von Bultmann im Jahre 1933 exemplarisch, daß sie Chancen und Gefahren einer Aktualisierung von neutestamentlichen Texten zeigt. Überraschend genug verraten ja die grundsätzlichen Stellungnahmen, die auf den status confessionis verweisen, einen eher unreflektierten Biblizismus, der hinter der hermeneutischen Diskussion jener Jahre, vor allem auch den Überlegungen Bultmanns, weit zurück bleibt. Dieses Phänomen wiederholt sich bis in

---

[29] Vgl. dazu den Briefwechsel zwischen Barth und Bultmann vom 27. XI. und 3. XII. 1934 und zwischen von Soden und Barth vom 2. XII. und 5. XII. 1934, in: Karl Barth – Rudolf Bultmann. Briefwechsel, 155–158, 269–279.

[30] Karl Barth – Rudolf Bultmann. Briefwechsel, 161–166.

[31] BULTMANN, Gedanken über die gegenwärtige theologische Situation, in: Ders., Glauben und Verstehen III, Tübingen [3]1965, 190–196.

[32] Ebd., 195.

[33] Ebd., 196.

die Gegenwart hinein, wenn es um die Aktualisierung historischer Texte zum Zwecke ethischer Handlungsanweisung geht. Liegt dies also in der Natur der Sache? Entscheidet das ethisch richtige Verhalten in der Gegenwart über die angemessene Deutung der neutestamentlichen Texte? Ein angemessenes Vorverständnis ergibt ,naturwüchsig' die ,richtige' Exegese?!

5. Damit aber kommt die Frage in diesen vielfältigen Nuancen in die Gegenwart zurück, sie holt uns ein: im historischen Nachdenken über die Rolle der neutestamentlichen Wissenschaft in der Zeit des deutschen Faschismus; in der Spannung zwischen Barth und Bultmann pointiert sie die offene Frage nach der ethischen Konkretion und der individuellen Entscheidung gegenüber einer prinzipiellen Handlungsanweisung; die Widersprüche innerhalb des Bultmannschen Werks vermitteln die Einsicht, daß auch die ,unpolitische' Theologie, die beim ,Eigentlichen' bleibt, sich immer politisch verhält; in der hermeneutischen Vorgehensweise schließlich die Frage, wie unsere Gegenwart den Umgang mit den Texten kennzeichnet.

Bibliographische Nachweise

Werdet Vorübergehende ...
(unveröffentlicht)

Einheit und Freiheit der Söhne Gottes – Gal 3, 26–29
ZNW 71, 1980, 74–95

Schisma und Häresie. Untersuchungen zu 1 Kor 11, 18.19
ZThK 79, 1982, 180–211

Mk 16,1–8
NT 22, 1980, 138–175

Die Witwe und der Richter (Lk 18,1–8)
ThGl 74, 1984, 13–39

Ignatius von Antiochien
in: Alte Kirche I, hrsg. v. Martin Greschat, GK 1, Stuttgart 1984, 38–50

Kanon und Geschichte. Bemerkungen zum 2. Petrusbrief
in: Auslegung Gottes durch Jesus, Festgabe f. Herbert Braun zu seinem 80. Geburtstag, hrsg.
v. Luise u. Willy Schottroff, Mainz 1983, 194–204

Papyrus Oxyrhynchus I.5 und die ΔΙΑΔΟΧΗ ΤΩΝ ΠΡΟΦΗΤΩΝ
NTS 25, 1978/79, 443–453

Das Kerygma Petri und die urchristliche Apologetik
ZKG 88, 1977, 1–37

Erwägungen zu Acta Apollonii 14–22
ZNW 66, 1975, 117–126

Die Wunderüberlieferung in der Vita Apollonii des Philostratos
(unveröffentlicht)

Prolegomena zur Geschichte der frühchristlichen Theologie
(unveröffentlicht)

Von der Unbestimmtheit des Anfangs. Zur Entstehung von Theologie im Urchristentum
in: Anfänge der Christologie, Festschrift f. Ferdinand Hahn zum 65. Geburtstag, hrsg. v.
Cilliers Breytenbach u. Henning Paulsen, Göttingen 1991, 25–41

Synkretismus im Urchristentum und im Neuen Testament
in: Neu glauben? Religionsvielfalt und neue religiöse Strömungen als Herausforderung an
das Christentum, hrsg. v. Wolfgang Greive u. Raul Niemann, Gütersloh 1990, 34–44

Die Bedeutung des Montanismus für die Herausbildung des Kanon
VigChr 32, 1978, 19–52

Sola Scriptura und das Kanonproblem
in: Sola Scriptura. Das reformatorische Schriftprinzip in der säkularen Welt, hrsg. v. Hans
Heinrich Schmid u. Joachim Mehlhausen, Gütersloh 1991, 61–78

Zur Wissenschaft vom Urchristentum und der alten Kirche – ein methodischer Versuch

ZNW 68, 1977, 200–230

Aufgaben und Probleme einer Geschichte der frühchristlichen Literatur

in: Bilanz und Perspektiven gegenwärtiger Auslegung des Neuen Testaments. Symposion zum 65. Geburtstag von Georg Strecker, hrsg. v. Friedrich-Wilhelm Horn, Berlin/New York 1995, 170–185

Auslegungsgeschichte und Geschichte des Urchristentums – die Überprüfung eines Paradigmas

in: Jesu Rede von Gott und ihre Nachgeschichte im frühen Christentum. Beiträge zur Verkündigung Jesu und zum Kerygma der Kirche, Festschrift f. Willi Marxsen zum 70. Geburtstag, hrsg. v. Dietrich-Alex Koch, Gerhard Sellin u. Andreas Lindemann, Gütersloh 1989, 361–374

Traditionsgeschichtliche Methode und religionsgeschichtliche Schule

ZThK 75, 1978, 20–55

Sozialgeschichtliche Auslegung des Neuen Testaments

JK 54, 1993, 601–606

Rudolf Bultmann 1933

(unveröffentlicht)

Bibliographie der veröffentlichten und nachgelassenen Schriften von Henning Paulsen (1970 bis 1996)

1. Veröffentlichte Schriften

1970

Ferdinand Hahn und Henning Paulsen, Die Geschichte des Predigt- und Abendmahlsgottesdienstes, B: Spätjudentum und Urchristentum (Literaturbericht), JbLH 15, 1970, 207–218

1974

Überlieferung und Auslegung in Römer 8, WMANT 43, Neukirchen-Vluyn 1974

1975

Erwägungen zu Acta Apollonii 14–22, ZNW 66, 1975, 117–126

1977

Das Kerygma Petri und die urchristliche Apologetik, ZKG 88, 1977, 1–37
Zur Wissenschaft vom Urchristentum und der alten Kirche – ein methodischer Versuch, ZNW 68, 1977, 200–230

1978/79

Studien zur Theologie des Ignatius von Antiochien, FKDG 29, Göttingen 1978
Die Bedeutung des Montanismus für die Herausbildung des Kanons, VigChr 32, 1978, 19–52
Traditionsgeschichtliche Methode und religionsgeschichtliche Schule, ZThK 75, 1978, 20–55
Papyrus Oxyrhynchus I.5 und die διαδοχὴ τῶν προφητῶν, NTS 25, 1978/79, 443–453

1980

Einheit und Freiheit der Söhne Gottes – Gal 3,26–29, ZNW 71, 1980, 74–95
Mk XVI 1–8, NT 22, 1980, 138–175
Art. ἔνδειξις, in: EWNT I, 1098 f
Art. ἐνδυναμόω, in: EWNT I, 1101 f
Art. ἐνδύω (ἐνδύνω), in: EWNT I, 1103–1105
Art. ἐνεργέω, in: EWNT I, 1106–1109

Art. ἰσχυρός, in: EWNT II, 509–511

Art. ἰσχύω, in: EWNT II, 511–513

1982

Schisma und Häresie. Untersuchungen zu 1 Kor 11,18.19, ZThK 79, 1982, 180–211

1983

Kanon und Geschichte. Bemerkungen zum zweiten Petrusbrief, in: Auslegung Gottes durch Jesus, Festgabe f. Herbert Braun zu seinem 80. Geburtstag, hrsg. v. Luise u. Willy Schottroff, Mainz 1983, 194–204

Art. φρονέω, in: EWNT III, 1049–1051

Art. φύσις, in: EWNT III, 1063–1065

1984

Ignatius von Antiochien, in: Alte Kirche I, hrsg. v. Martin Greschat, GK 1, Stuttgart 1984, 38–50

Die Witwe und der Richter (Lk 18,1–8), ThGl 74, 1984, 13–39

(Rez.) Robert Jewett, Paulus-Chronologie. Ein Versuch, München 1982, ThZ 40, 1984, 85–87

1985

(W. Bauer/) Die Briefe des Ignatius von Antiochia und der Polykarpbrief, HNT 18/Die Apostolischen Väter II, Tübingen 1985

1986

Exegesen zu Luk 1,26–33; 17,7–10; 23,33–49; 24,36–45; 15,1–3.11b-32, in: Gottesdienstpraxis A III 4, hrsg. v. Erhard Domay u. Horst Nitschke, Gütersloh 1986, 14–15; 46–47; 71–72; 75–77, 103–104

Art. Apostolische Väter, in: EKL I, 231–234

1987

Exegesen zu 2 Kor 1,18–22; 4,16–18; 6,1–10; (11,18.23b-30) 12,1–10, in: Gottesdienstpraxis A IV 4, hrsg. v. Erhard Domay u. Horst Nitschke, Gütersloh 1987, 14–15; 74–76; 45–47; 40–42

Art. Jakobusbrief, in: TRE XVI, 488–495

1988

Mk XVI 1–8 (1980), in: Zur neutestamentlichen Überlieferung von der Auferstehung Jesu, hrsg. v. Paul Hoffmann, WdF 522, Darmstadt 1988, 377–415

Exegesen zu Joh 17,1(2–5)6–8; 20,11–18; 21,15–19, in: Gottesdienstpraxis A V 4, hrsg. v. Erhard Domay u. H. Nitschke, Gütersloh 1988, 62–63; 71–73; 79–80

Art. Apostolische Väter, in: WBC, Gütersloh/Zürich 1988, 82–84
Art. Judasbrief, in: TRE XVII, 307–310

1989

Auslegungsgeschichte und Geschichte des Urchristentums – die Überprüfung eines Paradigmas, in: Jesu Rede von Gott und ihre Nachgeschichte im frühen Christentum. Beiträge zur Verkündigung Jesu und zum Kerygma der Kirche, Festschrift f. Willi Marxsen zum 70. Geburtstag, hrsg. v. Dietrich-Alex Koch, Gerhard Sellin u. Andreas Lindemann, Gütersloh 1989, 361–374
Exegesen zu 1 Kor 15,19–28; 1 Kor 9,16–23; 1 Kor 3,9–15, in: Gottesdienstpraxis A VI 4, hrsg. v. Horst Nitschke, Gütersloh 1989, 81–83; 116–118; 143–145

1990

Synkretismus im Urchristentum und im Neuen Testament, in: Neu glauben? Religionsvielfalt und neue religiöse Strömungen als Herausforderung an das Christentum, hrsg. v. Wolfgang Greive u. Raul Niemann, Gütersloh 1990, 34–44
Exegesen zu Joh. 13,1–15(34–35); Joh 15,1–8; Joh 16,23b-28(29–32)33; Joh 15,26–16,4; Joh 14,23–27, in: Gottesdienstpraxis A I 4, hrsg. v. Horst Nitschke, Gütersloh 1990, 68–70; 84–85; 89–91; 94–95; 96–97

1991

(Hg.) Anfänge der Christologie. Festschrift für Ferdinand Hahn zum 65. Geburtstag, hrsg. v. Cilliers Breytenbach u. Henning Paulsen, Göttingen 1991
Sola Scriptura und das Kanonproblem, in: Sola Scriptura. Das reformatorische Schriftprinzip in der säkularen Welt, hrsg. v. Hans Heinrich Schmid u. Joachim Mehlhausen, Gütersloh 1991, 61–78.
Von der Unbestimmtheit des Anfangs. Zur Entstehung von Theologie im Urchristentum, in: Anfänge der Christologie, Festschrift f. Ferdinand Hahn zum 65. Geburtstag, hrsg. v. Cilliers Breytenbach u. Henning Paulsen, Göttingen 1991, 25–41
Exegesen zu Hebr. 1,1–3(4–6); Hebr. 4,12–13; Hebr. 4,14–16; Hebr. 5,7–9, in: Gottesdienstpraxis A II 4, hrsg. v. Horst Nitschke, Gütersloh 1991, 23–25; 55–57; 60–61; 69–71

1992

Der Zweite Petrusbrief und der Judasbrief, KEK XII/2, Göttingen 1992
(Hg.) Die Apostolischen Väter. Griechisch-deutsche Parallelausgabe auf der Grundlage der Ausgaben von Franz Xaver Funk, Karl Bihlmeyer u. Molly Whittaker, mit Übersetzungen v. Martin Dibelius u. Dietrich-Alex Koch, neu übersetzt und hrsg. v. Andreas Lindemann u. Henning Paulsen, Tübingen 1992
Exegesen zu Mt 24,1–14; 28,1–10; 21,14–17 (18–22); 21,28–32, in: Gottesdienstpraxis A III 4, hrsg. v. Erhard Domay u. Horst Nitschke, Gütersloh 1992, 10–11, 86–87, 99–100, 147–149

Art. Literaturgeschichte 2. Neues Testament, in: EKL III, 133–138
Art. Paränese, in: EKL III, 1046–1047
Art. Pseudepigraphen 2. Neues Testament, in: EKL III, 1381–1383
Art. ἔνδειξις, in: ²EWNT I, 1098f
Art. ἐνδυναμόω, in: ²EWNT I, 1101f
Art. ἐνδύω (ἐνδύνω), in: ²EWNT I, 1103–1105
Art. ἐνεργέω, in: ²EWNT I, 1106–1109
Art. ἰσχυρός, in: ²EWNT II, 509–511
Art. ἰσχύω, in: ²EWNT II, 511–513
Art. φρονέω, in: ²EWNT III, 1049–1051
Art. φύσις, in: ²EWNT III, 1063–1065

1993

Sozialgeschichtliche Auslegung des Neuen Testaments, JK 54, 1993, 601–606

1995

Aufgaben und Probleme einer Geschichte der frühchristlichen Literatur, in: Bilanz und Perspektiven gegenwärtiger Auslegung des Neuen Testaments. Symposion zum 65. Geburtstag von Georg Strecker, hrsg. v. Friedrich-Wilhelm Horn, Berlin/New York 1995, 170–185

1996

Art. Ignatius von Antiochien, in: RAC XVII, 933–953

2. Nachgelassene Schriften

Die Geschichte der frühchristlichen Literatur
Die Geschichte des frühen Christentums
Prolegomena einer Geschichte der frühchristlichen Theologie
Rudolf Bultmann 1933
Werdet Vorübergehende …
Die Wunderüberlieferung in der Vita Apollonii des Philostratos

Stellenregister

(in Auswahl)

Die kursiven Seitenzahlen verweisen auf die Fußnoten

Altes Testament

Neues Testament

Frühchristliche Schriften

Altkirchliche Schriften

Übrige griechische und römische Schriften

Autorenregister

(in Auswahl)

Sachregister

(in Auswahl)

Wissenschaftliche Untersuchungen zum Neuen Testament

Alphabetische Übersicht der ersten und zweiten Reihe

Anderson, Paul N.: The Christology of the Fourth Gospel. 1996. *Band II/78.*
Appold, Mark L.: The Oneness Motif in the Fourth Gospel. 1976. *Band II/1.*
Arnold, Clinton E.: The Colossian Syncretism. 1995. *Band II/77.*
Avemarie, Friedrich und *Hermann Lichtenberger* (Hrsg.): Bund und Tora. 1996. *Band 92.*
Bachmann, Michael: Sünder oder Übertreter. 1992. *Band 59.*
Baker, William R.: Personal Speech-Ethics in the Epistle of James. 1995. *Band II/68.*
Balla, Peter: Challenges to New Testament Theology. 1997. *Band II/95.*
Bammel, Ernst: Judaica. Band I 1986. *Band 37* – Band II 1997. *Band 91.*
Bash, Anthony: Ambassadors for Christ. 1997. *Band II/92.*
Bauernfeind, Otto: Kommentar und Studien zur Apostelgeschichte. 1980. *Band 22.*
Bayer, Hans Friedrich: Jesus' Predictions of Vindication and Resurrection. 1986. *Band II/20.*
Bell, Richard H.: Provoked to Jealousy. 1994. *Band II/63.*
Bergman, Jan: siehe *Kieffer, René*
Betz, Otto: Jesus, der Messias Israels. 1987. *Band 42.*
– Jesus, der Herr der Kirche. 1990. *Band 52.*
Beyschlag, Karlmann: Simon Magus und die christliche Gnosis. 1974. *Band 16.*
Bittner, Wolfgang J.: Jesu Zeichen im Johannesevangelium. 1987. *Band II/26.*
Bjerkelund, Carl J.: Tauta Egeneto. 1987. *Band 40.*
Blackburn, Barry Lee: Theios Anēr and the Markan Miracle Traditions. 1991. *Band II/40.*
Bockmuehl, Markus N.A.: Revelation and Mystery in Ancient Judaism and Pauline Christianity. 1990. *Band II/36.*
Böhlig, Alexander: Gnosis und Synkretismus. Teil 1 1989. *Band 47* – Teil 2 1989. *Band 48.*
Böttrich, Christfried: Weltweisheit – Menschheitsethik – Urkult. 1992. *Band II/50.*
Bolyki, János: Jesu Tischgemeinschaften. 1997. *Band II/96.*
Büchli, Jörg: Der Poimandres – ein paganisiertes Evangelium. 1987. *Band II/27.*
Bühner, Jan A.: Der Gesandte und sein Weg im 4. Evangelium. 1977. *Band II/2.*
Burchard, Christoph: Untersuchungen zu Joseph und Aseneth. 1965. *Band 8.*
Cancik, Hubert (Hrsg.): Markus-Philologie. 1984. *Band 33.*
Capes, David B.: Old Testament Yaweh Texts in Paul's Christology. 1992. *Band II/47.*
Caragounis, Chrys C.: The Son of Man. 1986. *Band 38.*
– siehe *Fridrichsen, Anton.*
Carleton Paget, James: The Epistle of Barnabas. 1994. *Band II/64.*
Crump, David: Jesus the Intercessor. 1992. *Band II/49.*
Deines, Roland: Jüdische Steingefäße und pharisäische Frömmigkeit. 1993. *Band II/52.*
– Die Pharisäer. 1997. *Band 101.*
Dietzfelbinger, Christian: Der Abschied des Kommenden. 1997. *Band 95.*
Dobbeler, Axel von: Glaube als Teilhabe. 1987. *Band II/22.*
Du Toit, David S.: Theios Anthropos. 1997. *Band II/91*
Dunn, James D.G. (Hrsg.): Jews and Christians. 1992. *Band 66.*
– Paul and the Mosaic Law. 1996. *Band 89.*
Ebertz, Michael N.: Das Charisma des Gekreuzigten. 1987. *Band 45.*
Eckstein, Hans-Joachim: Der Begriff Syneidesis bei Paulus. 1983. *Band II/10.*
– Verheißung und Gesetz. 1996. *Band 86.*
Ego, Beate: Im Himmel wie auf Erden. 1989. *Band II/34.*
Eisen, Ute E.: siehe *Paulsen, Henning.*
Ellis, E. Earle: Prophecy and Hermeneutic in Early Christianity. 1978. *Band 18.*
– The Old Testament in Early Christianity. 1991. *Band 54.*
Ennulat, Andreas: Die ›Minor Agreements‹. 1994. *Band II/62.*
Ensor, Peter W.: Jesus and His ›Works‹. 1996. *Band II/85.*
Feldmeier, Reinhard: Die Krisis des Gottessohnes. 1987. *Band II/21.*
– Die Christen als Fremde. 1992. *Band 64.*
Feldmeier, Reinhard und *Ulrich Heckel* (Hrsg.): Die Heiden. 1994. *Band 70.*

Fletcher-Louis, Crispin H.T.: Luke-Acts: Angels, Christology and Soteriology. 1997. *Band II/94.*
Forbes, Christopher Brian: Prophecy and Inspired Speech in Early Christianity and its Hellenistic Environment. 1995. *Band II/75.*
Fornberg, Tord: siehe *Fridrichsen, Anton.*
Fossum, Jarl E.: The Name of God and the Angel of the Lord. 1985. *Band 36.*
Frenschkowski, Marco: Offenbarung und Epiphanie. Band 1 1995. *Band II/79* – Band 2 1997. *Band II/80.*
Frey, Jörg: Eugen Drewermann und die biblische Exegese. 1995. *Band II/71.*
– Die johanneische Eschatologie. Band I. 1997. *Band 96.*
Fridrichsen, Anton: Exegetical Writings. Hrsg. von C.C. Caragounis und T. Fornberg. 1994. *Band 76.*
Garlington, Don B.: ›The Obedience of Faith‹. 1991. *Band II/38.*
– Faith, Obedience, and Perseverance. 1994. *Band 79.*
Garnet, Paul: Salvation and Atonement in the Qumran Scrolls. 1977. *Band II/3.*
Gräßer, Erich: Der Alte Bund im Neuen. 1985. *Band 35.*
Green, Joel B.: The Death of Jesus. 1988. *Band II/33.*
Gundry Volf, Judith M.: Paul and Perseverance. 1990. *Band II/37.*
Hafemann, Scott J.: Suffering and the Spirit. 1986. *Band II/19.*
– Paul, Moses, and the History of Israel. 1995. *Band 81.*
Hartman, Lars: Text-Centered New Testament Studies. Hrsg. von D. Hellholm. 1997. *Band 102.*
Heckel, Theo K.: Der Innere Mensch. 1993. *Band II/53.*
Heckel, Ulrich: Kraft in Schwachheit. 1993. *Band II/56.*
– siehe *Feldmeier, Reinhard.*
– siehe *Hengel, Martin.*
Heiligenthal, Roman: Werke als Zeichen. 1983. *Band II/9.*
Hellholm, D.: siehe *Hartman, Lars.*
Hemer, Colin J.: The Book of Acts in the Setting of Hellenistic History. 1989. *Band 49.*
Hengel, Martin: Judentum und Hellenismus. 1969, ³1988. *Band 10.*
– Die johanneische Frage. 1993. *Band 67.*
– Judaica et Hellenistica. Band 1. 1996. *Band 90.*
Hengel, Martin und *Ulrich Heckel* (Hrsg.): Paulus und das antike Judentum. 1991. *Band 58.*
Hengel, Martin und *Hermut Löhr* (Hrsg.): Schriftauslegung im antiken Judentum und im Urchristentum. 1994. *Band 73.*
Hengel, Martin und *Anna Maria Schwemer* (Hrsg.): Königsherrschaft Gottes und himmlischer Kult. 1991. *Band 55.*
– Die Septuaginta. 1994. *Band 72.*
Herrenbrück, Fritz: Jesus und die Zöllner. 1990. *Band II/41.*
Hoegen-Rohls, Christina: Der nachösterliche Johannes. 1996. *Band II/84.*
Hofius, Otfried: Katapausis. 1970. *Band 11.*
– Der Vorhang vor dem Thron Gottes. 1972. *Band 14.*
– Der Christushymnus Philipper 2,6-11. 1976, ²1991. *Band 17.*
– Paulusstudien. 1989, ²1994. *Band 51.*
Hofius, Otfried und *Hans-Christian Kammler:* Johannesstudien. 1996. *Band 88.*
Holtz, Traugott: Geschichte und Theologie des Urchristentums. 1991. *Band 57.*
Hommel, Hildebrecht: Sebasmata. Band 1 1983. *Band 31* – Band 2 1984. *Band 32.*
Hvalvik, Reidar: The Struggle for Scripture and Covenant. 1996. *Band II/82.*
Kähler, Christoph: Jesu Gleichnisse als Poesie und Therapie. 1995. *Band 78.*
Kammler, Hans-Christian: siehe *Hofius, Otfried.*
Kamlah, Ehrhard: Die Form der katalogischen Paränese im Neuen Testament. 1964. *Band 7.*
Kieffer, René und *Jan Bergman (Hrsg.):* La Main de Dieu / Die Hand Gottes. 1997. *Band 94.*
Kim, Seyoon: The Origin of Paul's Gospel. 1981, ²1984. *Band II/4.*
– »The ›Son of Man‹« as the Son of God. 1983. *Band 30.*
Kleinknecht, Karl Th.: Der leidende Gerechtfertigte. 1984, ²1988. *Band II/13.*
Klinghardt, Matthias: Gesetz und Volk Gottes. 1988. *Band II/32.*
Köhler, Wolf-Dietrich: Rezeption des Matthäusevangeliums in der Zeit vor Irenäus. 1987. *Band II/24.*
Korn, Manfred: Die Geschichte Jesu in veränderter Zeit. 1993. *Band II/51.*

Wissenschaftliche Untersuchungen zum Neuen Testament

Koskenniemi, Erkki: Apollonios von Tyana in der neutestamentlichen Exegese. 1994. *Band II/61.*
Kraus, Wolfgang: Das Volk Gottes. 1996. *Band 85.*
- siehe *Walter, Nikolaus.*
Kuhn, Karl G.: Achtzehngebet und Vaterunser und der Reim. 1950. *Band 1.*
Laansma, Jon: I Will Give You Rest. 1997. *Band II/98.*
Lampe, Peter: Die stadtrömischen Christen in den ersten beiden Jahrhunderten. 1987, ²1989. *Band II/18.*
Lau, Andrew: Manifest in Flesh. 1996. *Band II/86.*
Lichtenberger, Hermann: siehe *Avemarie, Friedrich.*
Lieu, Samuel N.C.: Manichaeism in the Later Roman Empire and Medieval China. ²1992. *Band 63.*
Loader, William R.G.: Jesus' Attitude Towards the Law. 1997. *Band II/97.*
Löhr, Gebhard: Verherrlichung Gottes durch Philosophie. 1997. *Band 97.*
Löhr, Hermut: siehe *Hengel, Martin.*
Löhr, Winrich Alfried: Basilides und seine Schule. 1995. *Band 83.*
Maier, Gerhard: Mensch und freier Wille. 1971. *Band 12.*
- Die Johannesoffenbarung und die Kirche. 1981. *Band 25.*
Markschies, Christoph: Valentinus Gnosticus? 1992. *Band 65.*
Marshall, Peter: Enmity in Corinth: Social Conventions in Paul's Relations with the Corinthians. 1987. *Band II/23.*
Meade, David G.: Pseudonymity and Canon. 1986. *Band 39.*
Meadors, Edward P.: Jesus the Messianic Herald of Salvation. 1995. *Band II/72.*
Meißner, Stefan: Die Heimholung des Ketzers. 1996. *Band II/87.*
Mell, Ulrich: Die »anderen« Winzer. 1994. *Band 77.*
Mengel, Berthold: Studien zum Philipperbrief. 1982. *Band II/8.*
Merkel, Helmut: Die Widersprüche zwischen den Evangelien. 1971. *Band 13.*
Merklein, Helmut: Studien zu Jesus und Paulus. 1987. *Band 43.*
Metzler, Karin: Der griechische Begriff des Verzeihens. 1991. *Band II/44.*
Metzner, Rainer: Die Rezeption des Matthäusevangeliums im 1. Petrusbrief. 1995. *Band II/74.*
Mittmann-Richert, Ulrike: Magnifikat und Benediktus. 1996. *Band II/90.*
Niebuhr, Karl-Wilhelm: Gesetz und Paränese. 1987. *Band II/28.*
- Heidenapostel aus Israel. 1992. *Band 62.*
Nissen, Andreas: Gott und der Nächste im antiken Judentum. 1974. *Band 15.*
Noormann, Rolf: Irenäus als Paulusinterpret. 1994. *Band II/66.*
Obermann, Andreas: Die christologische Erfüllung der Schrift im Johannesevangelium. 1996. *Band II/83.*
Okure, Teresa: The Johannine Approach to Mission. 1988. *Band II/31.*
Paulsen, Henning: Studien zur Literatur und Geschichte des frühen Christentums. Hrsg. von Ute E. Eisen. 1997. *Band 99.*
Park, Eung Chun: The Mission Discourse in Matthew's Interpretation. 1995. *Band II/81.*
Philonenko, Marc (Hrsg.): Le Trône de Dieu. 1993. *Band 69.*
Pilhofer, Peter: Presbyteron Kreitton. 1990. *Band II/39.*
- Philippi. Band 1 1995. *Band 87.*
Pöhlmann, Wolfgang: Der Verlorene Sohn und das Haus. 1993. *Band 68.*
Pokorný, Petr und *Josef B. Souček:* Bibelauslegung als Theologie. 1997. *Band 100.*
Prieur, Alexander: Die Verkündigung der Gottesherrschaft. 1996. *Band II/89.*
Probst, Hermann: Paulus und der Brief. 1991. *Band II/45.*
Räisänen, Heikki: Paul and the Law. 1983, ²1987. *Band 29.*
Rehkopf, Friedrich: Die lukanische Sonderquelle. 1959. *Band 5.*
Rein, Matthias: Die Heilung des Blindgeborenen (Joh 9). 1995. *Band II/73.*
Reinmuth, Eckart: Pseudo-Philo und Lukas. 1994. *Band 74.*
Reiser, Marius: Syntax und Stil des Markusevangeliums. 1984. *Band II/11.*
Richards, E. Randolph: The Secretary in the Letters of Paul. 1991. *Band II/42.*
Riesner, Rainer: Jesus als Lehrer. 1981, ³1988. *Band II/7.*
- Die Frühzeit des Apostels Paulus. 1994. *Band 71.*
Rissi, Mathias: Die Theologie des Hebräerbriefs. 1987. *Band 41.*
Röhser, Günter: Metaphorik und Personifikation der Sünde. 1987. *Band II/25.*

Rose, Christian: Die Wolke der Zeugen. 1994. *Band II/60.*

Rüger, Hans Peter: Die Weisheitsschrift aus der Kairoer Geniza. 1991. *Band 53.*

Sänger, Dieter: Antikes Judentum und die Mysterien. 1980. *Band II/5.*

– Die Verkündigung des Gekreuzigten und Israel. 1994. *Band 75.*

Salzmann, Jorg Christian: Lehren und Ermahnen. 1994. *Band II/59.*

Sandnes, Karl Olav: Paul – One of the Prophets? 1991. *Band II/43.*

Sato, Migaku: Q und Prophetie. 1988. *Band II/29.*

Schaper, Joachim: Eschatology in the Greek Psalter. 1995. *Band II/76.*

Schimanowski, Gottfried: Weisheit und Messias. 1985. *Band II/17.*

Schlichting, Günter: Ein jüdisches Leben Jesu. 1982. *Band 24.*

Schnabel, Eckhard J.: Law and Wisdom from Ben Sira to Paul. 1985. *Band II/16.*

Schutter, William L.: Hermeneutic and Composition in I Peter. 1989. *Band II/30.*

Schwartz, Daniel R.: Studies in the Jewish Background of Christianity. 1992. *Band 60.*

Schwemer, Anna Maria: siehe *Hengel, Martin*

Scott, James M.: Adoption as Sons of God. 1992. *Band II/48.*

– Paul and the Nations. 1995. *Band 84.*

Siegert, Folker: Drei hellenistisch-jüdische Predigten. Teil I 1980. *Band 20* – Teil II 1992. *Band 61.*

– Nag-Hammadi-Register. 1982. *Band 26.*

– Argumentation bei Paulus. 1985. *Band 34.*

– Philon von Alexandrien. 1988. *Band 46.*

Simon, Marcel: Le christianisme antique et son contexte religieux I/II. 1981. *Band 23.*

Snodgrass, Klyne: The Parable of the Wicked Tenants. 1983. *Band 27.*

Söding, Thomas: Das Wort vom Kreuz. 1997. *Band 93.*

– siehe *Thüsing, Wilhelm.*

Sommer, Urs: Die Passionsgeschichte des Markusevangeliums. 1993. *Band II/58.*

Souček, Josef B.: siehe *Pokorný, Petr.*

Spangenberg, Volker: Herrlichkeit des Neuen Bundes. 1993. *Band II/55.*

Speyer, Wolfgang: Frühes Christentum im antiken Strahlungsfeld. 1989. *Band 50.*

Stadelmann, Helge: Ben Sira als Schriftgelehrter. 1980. *Band II/6.*

Strobel, August: Die Stunde der Wahrheit. 1980. *Band 21.*

Stuckenbruck, Loren T.: Angel Veneration and Christology. 1995. *Band II/70.*

Stuhlmacher, Peter (Hrsg.): Das Evangelium und die Evangelien. 1983. *Band 28.*

Sung, Chong-Hyon: Vergebung der Sünden. 1993. *Band II/57.*

Tajra, Harry W.: The Trial of St. Paul. 1989. *Band II/35.*

– The Martyrdom of St.Paul. 1994. *Band II/67.*

Theißen, Gerd: Studien zur Soziologie des Urchristentums. 1979, ³1989. *Band 19.*

Thornton, Claus-Jürgen: Der Zeuge des Zeugen. 1991. *Band 56.*

Thüsing, Wilhelm: Studien zur neutestamentlichen Theologie. Hrsg. von Thomas Söding. 1995. *Band 82.*

Tsuji, Manabu: Glaube zwischen Vollkommenheit und Verweltlichung. 1997. *Band II/93*

Twelftree, Graham H.: Jesus the Exorcist. 1993. *Band II/54.*

Visotzky, Burton L.: Fathers of the World. 1995. *Band 80.*

Wagener, Ulrike: Die Ordnung des »Hauses Gottes«. 1994. *Band II/65.*

Walter, Nikolaus: Praeparatio Evangelica. Hrsg. von Wolfgang Kraus und Florian Wilk. 1997. *Band 98.*

Watts, Rikki: Isaiah's New Exodus and Mark. 1997. *Band II/88.*

Wedderburn, A.J.M.: Baptism and Resurrection. 1987. *Band 44.*

Wegner, Uwe: Der Hauptmann von Kafarnaum. 1985. *Band II/14.*

Welck, Christian: Erzählte ›Zeichen‹. 1994. *Band II/69.*

Wilk, Florian: siehe *Walter, Nikolaus.*

Wilson, Walter T.: Love without Pretense. 1991. *Band II/46.*

Zimmermann, Alfred E.: Die urchristlichen Lehrer. 1984, ²1988. *Band II/12.*

Einen Gesamtkatalog erhalten Sie gern vom
Mohr Siebeck Verlag, Postfach 2040, D–72010 Tübingen.